Christian Solmecke, Petra Arends-Paltzer, Robin Schmitt

Legal Tech

Die digitale Transformation in der Anwaltskanzlei

Liebe Leserin, lieber Leser,

Legal Tech erobert den deutschen Rechtsmarkt und bringt viele Veränderungen für Ihren Alltag als Anwalt mit sich. Was im ersten Moment zahlreiche Fragen aufwirft, entpuppt sich auf den zweiten Blick als große Chance: Gestalten Sie die Digitalisierung aktiv mit, statt sich von ihr überholen zu lassen.

Dieses Buch bietet einen umfassenden Überblick über die Möglichkeiten, die Legal Tech Ihnen eröffnet. Es beschreibt neue Geschäftsfelder, stellt Marketing-Strategien für die digitale Akquise vor und zeigt Ihnen Wege, wie Sie Ihren Alltag in der Kanzlei oder Rechtsabteilung mit Kanzleisoftware und modernen Workflows effektiver gestalten können. Dabei versteht sich dieses Buch nicht nur als theoretische Abhandlung, sondern ist als Praxisbuch konzipiert. Die zahlreichen Beispiele aus verschiedenen Bereichen laden dazu ein, eigene Strategien zu entwickeln und aktiv umzusetzen.

Die Autoren Christian Solmecke, Petra Arends-Paltzer und Robin Schmitt leben diese digitale Transformation bereits. Christian Solmecke ist Medienrechtsanwalt und nutzt sehr erfolgreich verschiedene Online-Marketing-Kanäle für die Mandantenakquise. Petra Arends-Paltzer berät Anwälte bei der Implementierung digitaler Geschäftsmodelle und ist Mitgründerin der Swiss Legal Tech Conference. Zusammen mit Robin Schmitt, der für die Kölner Kanzlei Wilde Beuger Solmecke im Bereich Internetrecht arbeitet, bilden sie ein schlagkräftiges Autorenteam, das alle Facetten des Legal Tech für Sie ausleuchtet. Sie geben Ihnen einen Leitfaden an die Hand, wie Sie die Möglichkeiten der Digitalisierung sicher, seriös und effektiv nutzen können, um Vertrauen zu schaffen, Ihre Mitarbeiter zu entlasten und um mehr Zeit für das Wichtigste an Ihrem Job zu haben: Ihre Mandanten.

Ein Wort noch in eigener Sache: Dieses Buch wurde mit großer Sorgfalt lektoriert und produziert. Sollten Sie dennoch Fehler finden oder inhaltliche Anregungen haben, scheuen Sie sich nicht, mit mir Kontakt aufzunehmen. Ihre Fragen und Änderungsvorschläge sind jederzeit willkommen.

Ihr Stephan Mattescheck
Lektorat Rheinwerk Computing

stephan.mattescheck@rheinwerk-verlag.de
www.rheinwerk-verlag.de
Rheinwerk Verlag · Rheinwerkallee 4 · 53227 Bonn

Auf einen Blick

TEIL I Was ist Legal Tech
1	Anwendungsfelder	25

TEIL II Moderne Marketing-Strategien
2	Einstieg und Herangehensweise	85
3	Den besten Marketing-Dienstleister finden	111
4	Positionierung auf dem Markt	117
5	Umsetzung Ihrer strategischen Positionierung mit Landingpages	133

TEIL III Digitale Akquise
6	Website und Blog	153
7	Newsletter	239
8	Social Media	253
9	Pressearbeit	313

TEIL IV Digitale Abarbeitung
10	Einführung: Anwaltsarbeit im Zeitalter der Digitalisierung	325
11	Brauche ich eine Kanzleisoftware?	333
12	Cloud Computing als Turbo für die Anwaltschaft	369
13	Digitale Workflows	387
14	Besonderes elektronisches Anwaltspostfach	425
15	Umgang mit Daten in der modernen Kanzlei	431

TEIL V Legal Tech 3.0 – ein Ausblick
16	Neue digitale Businessmodelle	471
17	Ein Blick ins Ausland – wie digitalisiert sich die Welt?	483

Impressum

Wir hoffen, dass Sie Freude an diesem Buch haben und sich Ihre Erwartungen erfüllen. Ihre Anregungen und Kommentare sind uns jederzeit willkommen. Bitte bewerten Sie doch das Buch auf unserer Website unter **www.rheinwerk-verlag.de/feedback**.

An diesem Buch haben viele mitgewirkt, insbesondere:

Lektorat Stephan Mattescheck, Simone Bechtold
Korrektorat Friederike Daenecke, Zülpich
Herstellung Kamelia Brendel
Typografie und Layout Vera Brauner
Coverfoto iStock 543457176 © weiXx; 695593558 © Kanizphoto;
Fotolia: 183658421 © rcfotostock; 145740409 © rcfotostock
Einbandgestaltung Nadine Kohl
Satz SatzPro, Krefeld
Druck Beltz Grafische Betriebe GmbH

Dieses Buch wurde gesetzt aus der TheAntiquaB (9,35/13,7 pt) in FrameMaker.
Gedruckt wurde es auf chlorfrei gebleichtem Offsetpapier (90 g/m²).
Hergestellt in Deutschland.

Das vorliegende Werk ist in all seinen Teilen urheberrechtlich geschützt. Alle Rechte vorbehalten, insbesondere das Recht der Übersetzung, des Vortrags, der Reproduktion, der Vervielfältigung auf fotomechanischen oder anderen Wegen und der Speicherung in elektronischen Medien.

Ungeachtet der Sorgfalt, die auf die Erstellung von Text, Abbildungen und Programmen verwendet wurde, können weder Verlag noch Autor, Herausgeber oder Übersetzer für mögliche Fehler und deren Folgen eine juristische Verantwortung oder irgendeine Haftung übernehmen.

Die in diesem Werk wiedergegebenen Gebrauchsnamen, Handelsnamen, Warenbezeichnungen usw. können auch ohne besondere Kennzeichnung Marken sein und als solche den gesetzlichen Bestimmungen unterliegen.

Bibliografische Information der Deutschen Nationalbibliothek:
Die Deutsche Nationalbibliothek verzeichnet diese Publikation in der Deutschen Nationalbibliografie; detaillierte bibliografische Daten sind im Internet über *http://dnb.d-nb.de* abrufbar.

ISBN 978-3-8362-6356-6

1. Auflage 2019
© Rheinwerk Verlag, Bonn 2019

Informationen zu unserem Verlag und Kontaktmöglichkeiten finden Sie auf unserer Verlagswebsite **www.rheinwerk-verlag.de**. Dort können Sie sich auch umfassend über unser aktuelles Programm informieren und unsere Bücher und E-Books bestellen.

Inhalt

Geleitwort 13
Einführung 17

TEIL I   Was ist Legal Tech

1   Anwendungsfelder   25

1.1	**Legal Tech für Kanzleien**	28
	1.1.1 Juristische Datenbanken	29
	1.1.2 Kanzleimanagementsysteme, Kanzleisoftware und -Apps	33
	1.1.3 Auslagerung von Rechtsprozessen	40
	1.1.4 Management von Rechtsprozessen bzw. »Legal Project Management« für Kanzleien	47
1.2	**Legal Tech für Rechtsabteilungen**	50
	1.2.1 Die digitale Rechtsabteilung der Zukunft	51
	1.2.2 Auslagerung von Rechtsprozessen: Outsourcing	63
1.3	**Legal Tech für Endkunden**	65
	1.3.1 Legal-Tech-Anbieter rund um das Thema »Verkehr«	66
	1.3.2 Legal Tech rund um das Thema »Finanzen«	70
	1.3.3 Legal Tech im Sozialrecht	71
	1.3.4 Legal Tech rund um das Thema »Scheidung«	72
	1.3.5 Legal Tech und Vertragsmanagement	74
	1.3.6 Legal Tech und Sammelklagen	76
	1.3.7 Rechtshilfe bei allgemeinen Verträgen	78
	1.3.8 Weitere Legal-Tech-Unternehmen für Endkunden	80

TEIL II   Moderne Marketing-Strategien

2   Einstieg und Herangehensweise   85

2.1	**Wie kann ich zielgerichtete Konzepte entwickeln?**	85
2.2	**Wie kann ich eine Nische für mich finden und diese ausbauen?**	88
	2.2.1 Klassische Nischen	89

5

	2.2.2	Nischen im digitalen Umfeld	96
	2.2.3	Nischen im Bereich neuer Technologien	100
	2.2.4	Blockchain, Smart Contracts und Initial Coin Offering	105

3 Den besten Marketing-Dienstleister finden — 111

3.1	Welche Dienstleister gibt es und wo sind sie nötig?		111
	3.1.1	Eigenes Marketing mit Landingpages	111
	3.1.2	Der Einsatz von Marketing-Dienstleistern	112
3.2	Mit welchen Kosten muss ich rechnen?		114

4 Positionierung auf dem Markt — 117

4.1	Wie definiere ich meine Zielgruppe?	117
4.2	Wie lokalisiere ich meine Zielgruppe?	121
4.3	Wie kommuniziert meine Zielgruppe?	124
4.4	Wie agieren meine Wettbewerber?	130

5 Umsetzung Ihrer strategischen Positionierung mit Landingpages — 133

5.1	Merkmale von Landingpages		134
5.2	Homepage versus Landingpage		136
5.3	Die Konzeption einer Landingpage		139
	5.3.1	Angebot an die Zielgruppe: Praxisbeispiel Erbrecht	139
	5.3.2	Überzeugende Überschrift und visuelle Gestaltung	140
	5.3.3	Handlungsaufforderung – Call-to-Action	141
	5.3.4	Ihre Lösung – Ihr Angebot!	142
	5.3.5	Navigation der Zielgruppe auf die Landingpage	143
5.4	Anbieter von Landingpages		146
5.5	E-Mail-Autoresponder-Systeme		148

TEIL III Digitale Akquise

6 Website und Blog 153

6.1	Aufbau der Internetpräsenz	154
	6.1.1 Orientierung	155
	6.1.2 Wahl des Dienstleisters und der Technologie	156
6.2	Veröffentlichungen	160
	6.2.1 Die Website mit Leben füllen	160
	6.2.2 Neuigkeiten aus der Kanzlei	165
	6.2.3 Aktuelle Rechtsnachrichten	166
	6.2.4 Evergreen Content	170
	6.2.5 Aufsätze, Bücher und E-Books	172
	6.2.6 Verwaltung der Inhalte	174
6.3	Bewertungen durch Mandanten und Zertifikate	176
	6.3.1 Welche Bewertungssysteme gibt es?	176
	6.3.2 Bewertungsaufforderungen an den Mandanten	179
	6.3.3 Umgang mit schlechten Bewertungen	180
	6.3.4 Auszeichnungen und Zertifikate	183
6.4	Kostenlose Software als Akquisebeschleuniger	185
6.5	SEO	189
	6.5.1 Technische Voraussetzungen	190
	6.5.2 Schaffen Sie eine Grundlage für guten SEO-Content	196
	6.5.3 Guten Content produzieren	200
	6.5.4 Inhalt und Leistungen gut zugänglich machen	202
	6.5.5 Google My Business & Local SEO	206
6.6	SEA	207
	6.6.1 Anleitung für Ihre erste SEA-Kampagne	210
	6.6.2 Die SEA-Landingpage	218
	6.6.3 Google Ads-Pflegeprogramm	221
6.7	Tracking	223
	6.7.1 Funktion und Implementierung von Webtracking	223
	6.7.2 Einsatzmöglichkeiten von Webtracking	232
	6.7.3 Webtracking und Datenschutz	236

7 Newsletter — 239

7.1	Sinn und Zweck eines Newsletters	239
7.2	Technische Umsetzung	241
	7.2.1 Auswahl des Dienstleisters	241
	7.2.2 Anpassung an die aktuelle Rechtslage	246
7.3	Zusammenstellung des Inhalts	248
7.4	Muster-Einwilligungserklärung in die Zusendung von Werbung per E-Mail	249
	7.4.1 Einwilligung in den Erhalt eines Newsletters	249
	7.4.2 Einwilligung in Erhalt eines Newsletters mittels eines Newsletter-Dienstleisters	250

8 Social Media — 253

8.1	YouTube	255
	8.1.1 Wer traut sich vor die Kamera?	256
	8.1.2 Welche Inhalte bringen Geschäft?	263
	8.1.3 Wie mache ich meinen Kanal bekannt?	267
8.2	Facebook	273
	8.2.1 Persönliche Seite vs. Kanzlei-Seite	275
	8.2.2 Optimale Gestaltung einer Kanzlei-Seite	280
	8.2.3 Häufigkeit und Inhalt der Postings	284
	8.2.4 Wie mache ich meine Facebook-Seite bekannt?	285
	8.2.5 In Facebook-Gruppen mitdiskutieren	288
8.3	Twitter	289
	8.3.1 Twitter als Themenlieferant	292
	8.3.2 Eigene Postings	293
8.4	Instagram	296
	8.4.1 Taugt Instagram als Akquise-Instrument für Anwälte?	297
	8.4.2 Postings vs. Stories – Was funktioniert besser?	300
8.5	Sonstiges	302
	8.5.1 Karrierenetzwerke – XING und LinkedIn	302
	8.5.2 Welche Anwaltssuchmaschinen nutzt der Markt?	305
8.6	Wie gestaltet man ein Impressum?	308
	8.6.1 Inhalt der Impressumspflicht	308
	8.6.2 Platzierung und Erreichbarkeit	309

9 Pressearbeit — 313

9.1	Lohnt sich aktive Pressearbeit?	314
9.2	Kommunikation mit Journalisten	316
	9.2.1 Einen eigenen Presseverteiler aufbauen	316
	9.2.2 Die erste Pressemitteilung	318
	9.2.3 Umgang mit Presseanfragen	320
9.3	Eigenes Presse-Team	321

TEIL IV Digitale Abarbeitung

10 Einführung: Anwaltsarbeit im Zeitalter der Digitalisierung — 325

11 Brauche ich eine Kanzleisoftware? — 333

11.1	Der Prozess der Digitalisierung: Wo fange ich an und worauf muss ich achten?	334
11.2	Gängige Kanzleisoftware auf dem Markt	339
	11.2.1 Offline-Lösungen	340
	11.2.2 Cloud-Lösungen	346
	11.2.3 Sonstige	353
11.3	Entscheidung und Implementierung	354
11.4	Arbeit mit der elektronischen Akte	357
	11.4.1 Die elektronische Akte im Kanzlei-Alltag	357
	11.4.2 Mit der elektronischen Akte zu Gericht	363
	11.4.3 Mandantenzugriff	366

12 Cloud Computing als Turbo für die Anwaltschaft — 369

12.1	Was ist Cloud Computing?	372
	12.1.1 Anwendungsbeispiele	373
12.2	Praktischer Nutzen für den Anwalt	375

12.3	Besondere Anforderungen an Cloud-Lösungen in Kanzleien	377
12.4	Technische und organisatorische Umsetzung	380
12.5	Cloud-Lösungen für jeden Anwendungsbereich	382
	12.5.1 Google G-Suite	383
	12.5.2 TeamDrive	383
	12.5.3 WebMerge	384
	12.5.4 Bereits angesprochene Dienste	385

13 Digitale Workflows 387

13.1	Sekretariat	389
	13.1.1 Wie arbeitet das Sekretariat in einer digitalisierten Kanzlei?	390
	13.1.2 Wie ist der Wandel zu bewältigen?	394
	13.1.3 Beispiel: Leitfaden zum Umgang mit E-Akten	396
	13.1.4 Sonderfall: Externes Anwaltssekretariat	405
13.2	Anwälte	409
	13.2.1 Arbeit mit der digitalen Agenda	410
	13.2.2 Arbeiten mit Timesheets	412
	13.2.3 Arbeiten mit Textbausteinen und automatisierten Dokumenten	416
	13.2.4 Terminsvertreter digital finden und beauftragen	420
13.3	Automatisiere, was automatisiert werden kann!	423

14 Besonderes elektronisches Anwaltspostfach 425

15 Umgang mit Daten in der modernen Kanzlei 431

15.1	Bedeutung des Datenschutzes	432
15.2	Rechtliche Grundlagen	434
	15.2.1 Gesetzeswerke	434
	15.2.2 Wesentliche Funktionen des Datenschutzrechts	437
15.3	Besonderheiten für Anwälte und Kanzleien	441
	15.3.1 Berufsrecht	441
	15.3.2 Strafrecht	445
	15.3.3 Zusammenwirken von Berufsrecht und Datenschutzrecht	447

15.4	Der praktische Kanzleidatenschutz im Einzelnen	448
	15.4.1 Datenschutz im Netz	448
	15.4.2 Mandatsverhältnis und Kanzleiorganisation	449
	15.4.3 Elektronische Arbeitsgeräte	452
	15.4.4 Kommunikation	456
	15.4.5 Datenschutzbeauftragter	461
	15.4.6 Auskunftspflichten	463
	15.4.7 Verwaltung der Daten und Datensicherheit	465

TEIL V Legal Tech 3.0 – ein Ausblick

16 Neue digitale Businessmodelle — 471

16.1	Digitale Businessmodelle	474
	16.1.1 Das Franchise-Modell	474
	16.1.2 Das Horseback-Modell	476
	16.1.3 Das Walmart-Modell	477
	16.1.4 Das Affiliate-Modell	479
16.2	Neue digitale Marktplätze	480

17 Ein Blick ins Ausland – wie digitalisiert sich die Welt? — 483

17.1	Vereinigtes Königreich Großbritannien	483
17.2	Frankreich	484
17.3	Osteuropäische Staaten	485
17.4	Asiatische Staaten	486
17.5	Grenzen der Digitalisierung	487

Index — 491

Geleitwort

Recently, I was invited to give opening remarks at a conference of law firm CIOs. One of the participants asked me whether – in light of the changing market conditions – I think that law firms should build software products instead of or in addition to delivering services, and how that would change the business model of law firms.

My answer to that question was a perhaps oversimplified »*I believe that if you don't do it, your competition will*«. After my presentation, I was somewhat unsure if my response was really the right way to answer that question. However, as the day went on, more and more participants started to describe the new kind of roles they have assumed at their firms focusing on strategies to productize the different areas of legal expertise the law firm possesses.

Law firms might follow different approaches in digitizing their services. Some might do it in-house, others might work with outside vendors who are increasingly offering self-service tools for legal experts to create digital services. In light of the conversations that happened at this event, I am more convinced than ever that most firms will have to embrace the tools that legal tech has to offer if they want to stay in business. Certainly, given the pressures on firms to change their service delivery model, lawyers and law firms around the world pay more attention to legal tech than ever before. Also, there has been much media coverage about the supposedly imminent disruption of the legal market by start-ups that use AI technologies to do legal things.

While the idea of an AI-powered robolawyer that can completely replace a human lawyer mostly amounts to hype, there are technologies that are already changing the way legal services are delivered to clients. The specific challenge for law firms is to understand how to take advantage of these technologies to power their legal practice. What tools to use, what vendors to work with, what processes to change and to optimize, how to find clients in this new market, what marketing channels to use, and so on.

This book is an excellent guide for those looking for answers to these questions. The authors are not only excellent writers, but more importantly they write with the authority that comes with having tried different options to solve the challenges their own legal practices have been facing. They generously share their experience in this book in a great step-by-step »how-to«. However, it is not only a »how-to« book. It is a book that is couched in a deep understanding of the broader forces that are changing the legal services market and the insights of lawyers who know the law governing the new emerging business models. On top of that, the book is not only compelling in its practical insight and »how-to« instructions, but also in the entertaining voice the authors use to deliver their points. Most readers will also appreciate the handy summary of the main points of every chapter and the real-world practical examples offered throughout the book.

The book starts with a chapter on legal tech for law firms, first focusing on innovations in legal search as well as in practice management. The authors also address the ever more important issue of legal process outsourcing offering some very practical suggestions in this connection. Here, and in other places, the book addresses both the technical options that lawyers have today and the legal questions that some of these options raise (such as questions around client confidentiality when working with LPOs). As successful practicing lawyers who have been thinking about these issues for many years, the authors offer a very informed perspective on the legal issues surrounding these new business models. The book, however, does not restrict itself to the viewpoint of the law firm. It also addresses the unique perspective of the in-house legal department addressing AI and contract analytics, document automation, compliance and risk management, chatbots, and blockchain. In this connection it also examines the business models underlying the delivery of legal services and analyzes the new models as represented by alternative legal service providers such as Axiom. Chapter 1 closes with an astute analysis of the exploding field of consumer-facing legal tech, again offering us a great selection of examples for legal services provided on the internet. Chapter 2 is dedicated to the growing number of LegalTech companies, introducing the concepts and the people behind them. Chapters 3–5 are all about helping practitioners develop their marketing insights. How to build a brand, what channels to use, who can help and how much to pay.

I am strongly convinced that in the future legal professionals will have to approach legal solutions in the same way engineers solve a computational problem. In addition to providing their legal expertise, they will have to think about how they can use technology to share their expertise in the most efficient and cost-effective way. Certain technologies will replace certain tasks that are currently still handled by human legal professionals, and certain technologies will be technologies that *enhance* human legal professionals, allowing them to focus on the high-level legal strategy and decision-making that only humans can do. In any event, this is a great time to learn about the many new avenues and opportunities opened by legal technology. This book is a great read and entry point into the future of legal practice. Have a fun read!

Dr. Roland Vogl ist Anwalt, Universitätsdozent und Experte für geistiges Eigentum, Medienrecht, Innovation und Rechtsinformatik an der renommierten Stanford University in Kalifornien sowie geschäftsführender Vorstand von *CodeX*, des Stanford Center for Legal Informatics.

Einführung

Die Technik hat sich in den letzten beiden Jahrzehnten rasant weiterentwickelt. Die sogenannte »digitale Revolution« beeinflusst nahezu jeden Lebensbereich und macht es daher unmöglich, sie zu ignorieren. Ob es der neue Laptop, das leistungsstarke Smartphone oder die sprachgesteuerte Kaffeemaschine ist – vieles davon gilt mittlerweile als normal und ist fest in unseren Alltag integriert. Die seit dem Jahrtausendwechsel heranwachsende Generation kennt die Zeit ohne Internet und Computer schon gar nicht mehr und nimmt diese Dinge als selbstverständlich wahr.

Wie viel Digitalisierung wir in unser Leben lassen, können wir zu einem großen Teil selbst entscheiden. Zwar etablieren Unternehmen wie auch der Staat zunehmend neue digitale Standards. Allerdings ist niemand gezwungen, sich »smarte« Geräte anzuschaffen, elektronisch zu kommunizieren oder mit dem Handy zu bezahlen. Das können wir – zumindest noch – selbst entscheiden.

Im Berufsleben ist das etwas anders. Neue Technologien und vor allem das Internet bieten zahllose Möglichkeiten, die Digitalisierung aktiv für sich zu nutzen. Natürlich ist auch das zunächst einmal optional. Gleichwohl hat sich die vermeintliche Wahlfreiheit schnell erledigt, wenn Sie als Angestellter plötzlich mit einem neuen IT-System arbeiten müssen. Als Selbstständiger kommt der Veränderungsdruck von modernen und innovativen Konkurrenten. Schließlich haben die Kunden eine andere Erwartungshaltung als noch vor zwanzig Jahren. Davon abgesehen, müssen potenzielle Kunden überhaupt auf Sie aufmerksam werden – Werbung ohne Internet ist wenig erfolgversprechend.

Es ist daher nicht verwunderlich, dass sich auch der Rechtsmarkt verändert hat. Es gibt völlig neue Rechtsgebiete und Kanzleien, die ihre gesamte Existenz auf dem Internet aufgebaut haben. Rechtsdienstleister haben bestimmte anwaltliche Tätigkeiten automatisiert und bieten sie für attraktive Pauschalpreise über das Internet an. Viele Rechtssuchende informieren sich vor dem Gang zum Anwalt erst auf einschlägigen Websites über etwaige Lösungen ihrer Probleme – während dort aktive Anwälte versuchen, diese potenziellen Mandanten durch geschickte Werbung für sich zu gewinnen.

Wer in der juristischen Branche arbeitet, der kommt nicht umhin, sich zumindest in Grundzügen mit den neuen Gegebenheiten auseinanderzusetzen. Viel von dem, was derzeit auf dem Rechtsmarkt passiert, firmiert unter der Bezeichnung *Legal Tech*. Doch was steckt dahinter? Was bedeutet das für Menschen, die im deutschen Rechtsmarkt arbeiten, und lohnt es sich überhaupt, Zeit in eine Auseinandersetzung mit dem Thema zu investieren?

Wir wollen mit diesem Buch Ihr Interesse für Legal Tech wecken. Wir wollen diesen scheinbar inflationär genutzten Trend-Begriff mit Leben füllen und Ihnen helfen, sich in der digitalisierten Welt des Rechts zurechtzufinden und durchzusetzen. Damit ist jedoch nicht Schluss, dieses Buch soll kein bloßes Lexikon sein. Vielmehr wollen wir Ihnen verdeutlichen, wie Sie die Digitalisierung für sich nutzen können. Wir zeigen Ihnen innovative Strategien, wie Sie im Internet gezielt Mandanten ansprechen und Legal Tech zur Optimierung Ihrer alltäglichen Arbeit einsetzen.

An wen sich dieses Buch richtet

Mit diesem Buch richten wir uns an Praktiker aus der Welt des Rechts. Da wir viele Erfahrungen aus der Kanzlei Wilde Beuger Solmecke teilen werden, dürften Leser, die auch in einer Rechtsanwaltskanzlei arbeiten, von einigen Kapiteln in besonderem Maße profitieren. Allerdings haben wir beim Schreiben Wert darauf gelegt, dass dieses Buch auch für andere Personen geeignet ist, die in der juristischen Branche arbeiten – immerhin ist Legal Tech kein Thema, das allein Kanzleien betrifft. Auch Personen, die allgemein an modernen Technologien, insbesondere im rechtlichen Bereich und an den Veränderungen auf dem Rechtsmarkt interessiert sind, werden auf Ihre Kosten kommen.

Auf keinen Fall wollen wir nur Kanzlei-Partner oder andere Führungspersonen ansprechen. Zudem ist es unerheblich, ob Sie angestellt oder selbstständig sind. Wir decken in diesem Buch ein breites Spektrum an Themen ab, die allen Legal-Tech-Interessierten eine informative Lektüre bieten. Dabei geben wir an vielen Stellen Tipps, die in verschiedenen Arbeitsverhältnissen genutzt werden können. Kleine und mittelständische Kanzleien sowie Einzelanwälte werden den größten Nutzen aus diesem Buch ziehen können.

Schließlich wollen wir mit diesem Buch zwei Personenkreise adressieren:

- ▶ Anwälte, für die der Anwaltsberuf nicht mehr neu ist, die aber auf der Höhe der Zeit bleiben oder sich aktiv weiterentwickeln wollen
- ▶ Neueinsteiger, die sich zu Berufsbeginn über die aktuelle Lage informieren und entsprechend auf den digitalen Rechtsmarkt vorbereiten wollen

Was Sie in diesem Buch erwartet

Das gesamte Buch besteht aus 5 Teilen, um dem umfangreichen Thema etwas mehr Struktur zu geben. Im **ersten Teil** widmen wir uns ganz allgemein dem Begriff *Legal Tech* und dessen Bedeutung für den Anwalt. Dazu betrachten wir in Kapitel 1 zunächst die verschiedenen Anwendungsfelder von Legal Tech und stellen Ihnen einige Legal Techs für Kanzleien, Rechtsabteilungen und Endkunden vor.

Nachdem wir die Grundlagen geklärt haben, können wir im **zweiten Teil** des Buches konkreter werden und Sie an modernes Marketing heranführen. Kapitel 2 beschäftigt sich daher mit der Entwicklung von Marketing-Konzepten. Da das alles mit Arbeit und Zeitaufwand verbunden ist, machen wir Sie in Kapitel 3 mit verschiedenen Dienstleistern bekannt, die einen Großteil dieser Arbeit übernehmen können. All das nutzt Ihnen jedoch nichts, wenn Sie keine Ahnung haben, wo Sie überhaupt Ihre Zielgruppe finden. Das Internet ist groß und Ihr Angebot ist unter Umständen sehr speziell. Um Sie mit Ihrem Wunschmandanten zusammenzuführen, haben wir das Kapitel 4 der Frage gewidmet, wie man sich auf dem Markt positioniert. Wenn Ihre Marketing-Kampagne dann zumindest in der Theorie steht, fehlt noch die Umsetzung. Wie diese in der Praxis aussehen kann, zeigen wir in Kapitel 5 am Beispiel der sogenannten *Landingpage*.

Nach der Lektüre der ersten beiden Teile sollten Sie ein abstraktes Verständnis von Legal Tech und modernem Marketing haben. In den beiden folgenden Teilen bauen wir darauf auf und werden konkret. Im **dritten Teil** dieses Buches steht die digitale Mandantenakquise im Vordergrund. Den Anfang macht in Kapitel 6 die Website. Sie ist das Kernstück Ihrer Aktivität im Internet und wir widmen ihr uns allen nötigen Einzelheiten – vom Aufbau der Website und deren Inhalt bis hin zur Suchmaschinen-Werbung und dem Einsatz moderner Tracking-Technologie. Ein häufig vergessenes, weil totgeglaubtes Werbeinstrument ist der Newsletter. Warum sich ein Kanzlei-Newsletter lohnt und wie er auszusehen hat, erklären wir in Kapitel 7. Im Anschluss wenden wir uns einem Instrument zu, das von Anwälten häufig gemieden wird, aber aus Marketing-Sicht sehr effizient ist: Social Media. Kapitel 8 stellt nicht nur eine Einführung in die verschiedenen sozialen Netzwerke dar, sondern gibt auch wertvolle Tipps zur aktiven Nutzung der populären Plattformen, die bis zu 90 % aller deutschen Internetnutzer erreichen. Zum Abschluss des dritten Teils machen wir noch einen kleinen Abstecher in die klassische Welt der Medien: Kapitel 9 behandelt die Pressearbeit von Anwälten, insbesondere die Kommunikation mit Journalisten und den Aufbau eines eigenen Presseverteilers.

Jede noch so effektive Akquise ist nutzlos, sofern die neuen Mandate nicht angemessen abgearbeitet werden können. Wie Legal Tech bei dieser Arbeit helfen kann, ist Thema des **vierten Teils**. Falls Sie noch keine wirkliche Vorstellung von digitaler Anwaltsarbeit haben, dann ist das kein Problem. In Kapitel 10 geben wir eine Einführung in die Anwaltsarbeit im Zeitalter der Digitalisierung. Hier wollen wir Sie für die Veränderungen des Anwaltsberufs und für die Möglichkeiten sensibilisieren, die sich durch Legal Tech bieten. In Kapitel 11 beantworten wir ausführlich eine Frage, die sich viele Anwälte und Kanzleien stellen: »Brauche ich eine Kanzleisoftware?« In diesem Zusammenhang werden wir vermehrt auf die Technologie des *Cloud Computings* zu sprechen kommen. Was es damit genau auf sich hat und welchen Nutzen Anwälte daraus ziehen können, erläutern wir in Kapitel 12. Auf dieser Grundlage sehen wir uns die Arbeit innerhalb einer modernen Kanzlei genauer an. In Kapitel 13 stellen wir dar, wie die Digitalisierung der Kanzlei zu bewältigen ist. Dabei legen wir Schwerpunkte auf das Sekretariat und die Anwaltschaft. Zudem wollen wir Sie mit diesem Kapitel ermutigen, selbst aktiv zu werden und Legal Tech zur Optimierung Ihrer Arbeitsläufe einzusetzen. Danach stellen wir in Kapitel 14 kurz das elektronische Anwaltspostfach vor, das natürlich auch unter den Begriff Legal Tech fällt. Zum Abschluss des vierten Teils werfen wir noch einen Blick in das Gesetz. Denn bei allen behandelten modernen Technologien spielt ein Rechtsgebiet eine besondere Rolle: das Datenschutzrecht. Kapitel 15 beinhaltet daher ausführliche Informationen zu verschiedenen Fragen rund um den gesetzeskonformen Einsatz von Legal Tech. Dabei haben wir zum einen die Datenschutz-Grundverordnung und zum anderen das anwaltliche Berufsrecht berücksichtigt.

Das Buch endet schließlich im **fünften Teil** mit einem Blick in die Zukunft. In Kapitel 16 erkunden wir neue digitale Businessmodelle und Möglichkeiten für Anwälte, hieran zu partizipieren. Um noch ein paar Ideen für die Zukunft zu sammeln und sich das eine oder andere abzugucken, richten wir in Kapitel 17 unseren Blick auf das Ausland. Da viele Länder im Bereich Legal Tech schon sehr viel weiter als Deutschland sind, lohnt sich die Lektüre dieses Kapitels auch dann, wenn Sie selbst nicht international aufgestellt sind.

Wie Sie immer auf dem Laufenden bleiben

Der Digitalisierungsprozess wird auch in Zukunft weiter voranschreiten und neue Veränderungen mit sich bringen. Es kann daher nie schaden, sich regelmäßig zu informieren. Im Folgenden haben wir ein paar Anlaufstellen aufgelistet, über die Sie sich abseits dieses Buches auf dem Laufenden halten können.

Weitere Informationen:
- *www.wbs-law.de* – Auf der Webseite der Kanzlei WBS finden Sie täglich Neues aus der digitalen Welt des Rechts. Gerne können Sie auch den wöchentlichen Newsletter abonnieren. Weitere Informationen finden Sie in den sozialen Netzwerken (z. B. hier: *www.facebook.com/die.aufklaerer*) und auf dem YouTube-Kanal (*www.youtube.com/user/KanzleiWBS*).
- *www.rheinwerk-verlag.de* – Im Rheinwerk Verlag werden zahlreiche Praxishandbücher zu verschiedensten Themen aus den Bereichen IT und Marketing veröffentlicht.
- *https://legal-tech-blog.de* – Der *Legal Tech Blog* berichtet auf Deutsch und Englisch über die Veränderungen in der juristischen Branche.

- *www.allaboutlegaltech.de* – Die juristische Quereinsteigerin Daniella Domokos versucht mit ihrer Website eine Schnittstelle zwischen Journalisten, Juristen, Entwicklern und Ingenieuren zu schaffen. Sie hilft auf diese Weise Juristen, die technischen Grundlagen für Legal-Tech-Anwendungen zu verstehen.
- *www.legal-tech.de* – Diese Website beantwortet alle Fragen rund um das Thema Legal Tech, gibt Tipps und informiert über Neuigkeiten.
- *www.lexisnexis.at/produkte/legal-trigger* – Das Informations- und Service-Magazin *Legal Trigger* erscheint mehrmals im Jahr im Lexis Nexis Verlag. Es vermittelt den Lesern praktisch anwendbares Wissen im Bereich Legal Tech.
- *http://legaltech.nrw* – Alle Leser aus Nordrhein-Westfalen sollten den *Legal Tech Meetups NRW* einen Besuch abstatten. In entspannter Atmosphäre diskutieren Anwälte und andere Interessierte über aktuelle Entwicklungen in der Legal-Tech-Szene.

Danksagung

Nun wollen wir noch ein paar Worte des Dankes loswerden. Unser Dank gilt zunächst den mittlerweile über 260.000 Abonnenten des YouTube-Kanals der Kanzlei WBS sowie allen anderen Nutzern der Kanzlei-Social-Media-Angebote, die für zahlreiche Themenvorschläge und Inspirationen gesorgt haben.

Wir danken unseren Gastautoren. Das sind zum einen Sebastian Erlhofer, Martina Kölsch, Josef Fischer, Tobias Häring und Dorothea Brenner von der mindshape GmbH, die einen sehr informativen und praxisrelevanten Beitrag zu den Themen SEO, SEA und Tracking verfasst haben. Zum anderen danken wir Dr. Roland Vogl von der Stanford Law School für das Geleitwort.

Ganz besonders danken wir Sibel Kocatepe für die tatkräftige Unterstützung bei der rechtzeitigen Fertigstellung dieses Buches.

Schließlich bedanken wir uns beim Rheinwerk Verlag und insbesondere bei unserem Lektor Stephan Mattescheck sowie bei unserer Korrektorin Friederike Daenecke.

TEIL I
Was ist Legal Tech

Kapitel 1
Anwendungsfelder

Legal Tech ist ein Begriff, der in der jüngsten Zeit vermehrt in der Fachpresse kursiert. Der Wortteil »Legal« gibt dabei schon einen ersten Anhaltspunkt dafür, dass Juristen im Fokus stehen, und der Teil »Tech« (kurz für »Technology«) weist deutlich darauf hin, dass die Digitalisierung nun auch Einzug bei den Juristen gefunden hat. Doch viel mehr kann man dem Begriff nicht entnehmen. Dabei besteht doch der eigentlich interessante Teil darin, zu wissen, in welchen Bereichen Legal Tech eine Rolle spielt. Es gibt aber fast keinen Bereich, in dem Legal Tech nicht zum Einsatz kommt oder bald zum Einsatz kommen wird. Es gibt Legal Tech für Kanzleien, Rechtsabteilungen und für den Endkunden.

Legal Tech ist das Thema der Stunde. MeetUps und Legal-Tech-Konferenzen schießen wie Pilze aus dem Boden. Ist das jetzt alles Hype oder nicht, werden Sie sich fragen? Was auch immer es ist, das Thema ist »heiß«. Ein zuverlässiger Indikator dafür, welche Themen bewegen, sind die sogenannten *Google Trends*. Seit August 2016 sieht man eine enorme Zunahme der Begriffe *Legal Tech* und *Legaltech* (siehe Abbildung 1.1).

Dabei bedeutet Legal Tech im Rechtsbereich eigentlich nur, dass juristische Arbeitsabläufe und Transaktionen mithilfe intelligenter Software, die »lernfähig« ist, unterstützt oder in hohem Maß automatisiert werden können. Verträge können digital analysiert und auch erstellt werden; intelligente Computerprogramme können Arbeiten in einem Bruchteil der Zeit erledigen. Dies spart Zeit und erleichtert zugleich tägliche Arbeitsabläufe.

Dies ist letztlich auch der Grund dafür, dass monatlich neue Anbieter auf dem Markt erscheinen – mit dem Anspruch, dass alles, was digitalisiert werden kann, auch digitalisiert werden wird bzw. digitalisiert werden muss. Das Motto dieser Anbieter lautet: »Nach oben gibt es keine Grenzen.«

1 Anwendungsfelder

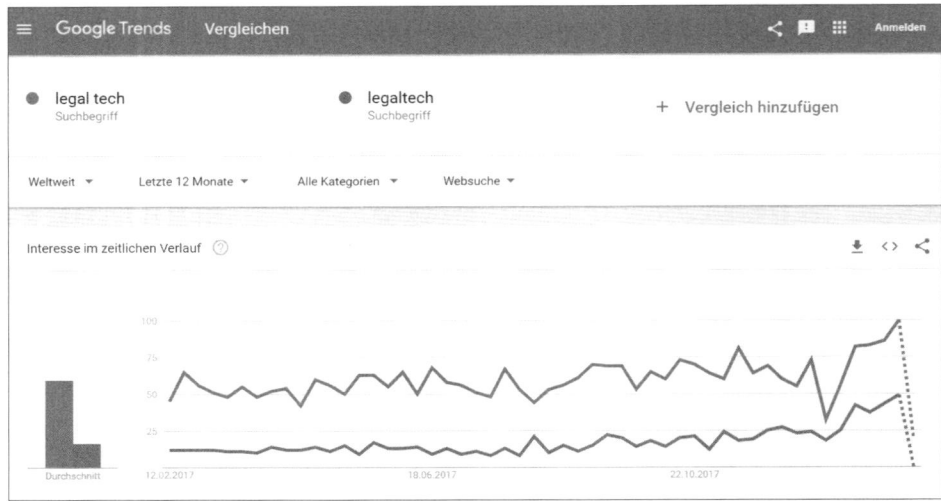

Abbildung 1.1 Der Begriff »Legal Tech« in den »Google Trends«

Im Zusammenhang mit diesem Megatrend werden auch neue (rechtliche) Themen relevant, z. B. Datensicherheit, Datenschutz, Cyberkriminalität, Führung im digitalen Zeitalter, Aus- und Weiterbildung, soziale Medien, Sharing Economy usw.

Die Digitalisierung, von der wir alle täglich hören, hat damit auch Einzug bei den Juristen gehalten und kann künftig nicht mehr weggedacht werden. Dabei geht es nicht um den Einsatz einzelner Technologien, sondern vielmehr um die Kombination verschiedener Methoden und digitaler Technologien, die neue Potenziale aus der Vernetzung von Menschen, Produkten, Maschinen, Systemen und Unternehmen erschließen. Während die Industrie ohne Digitalisierung nicht mehr vorstellbar wäre, steckt die Digitalisierung im Rechtsbereich jedoch noch in den Kinderschuhen.

Die Anwendungsfelder für Legal Tech sind vielfältigster Natur. Wir möchten Ihnen in diesem Kapitel die für Sie relevantesten vorstellen. Wir konzentrieren uns dabei auf Legal Tech für Anwälte in Kanzleien und Unternehmen. Vorstellen werden wir Ihnen auch die Legal-Tech-Lösungen, die von sogenannten »Rechtsdienstleistern« den Endkunden – also Ihren potenziellen Mandanten – angeboten werden. Die folgenden beiden »Landkarten« (siehe Abbildung 1.2 und Abbildung 1.3) geben Ihnen einen Überblick über die Legal-Tech-Landschaft in Deutschland.

Ebenfalls sehr anschaulich ist die von Dominik Tobschall zusammengestellte Landkarte der deutschen Legal-Tech-Start-ups. Sie unterscheidet insgesamt 10 verschiedene Legal-Tech-»Typen« (siehe Abbildung 1.3) – in Anlehnung an die aus den USA stammenden Klassifizierungen.

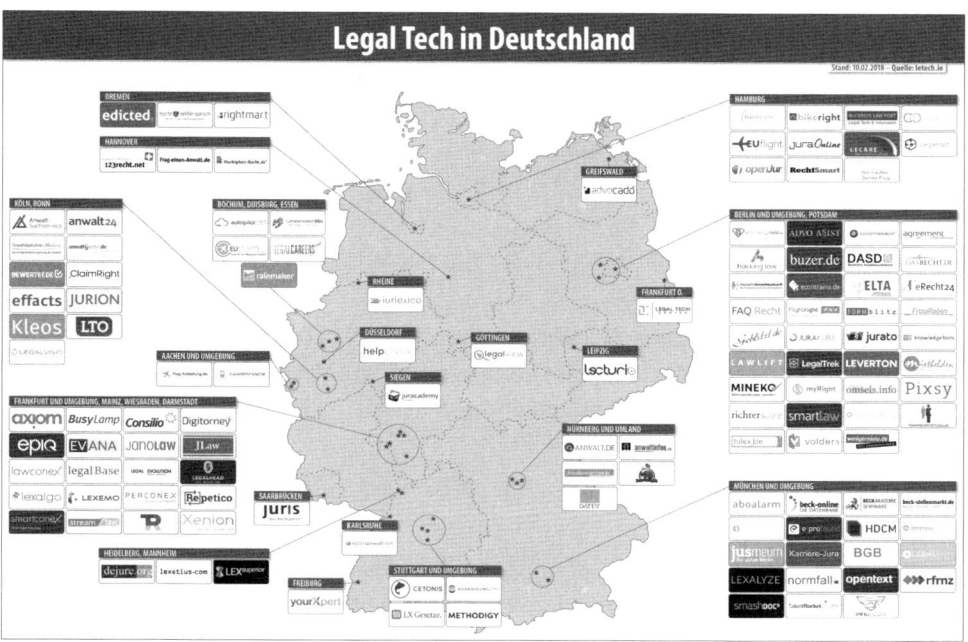

Abbildung 1.2 Diese »Legal-Tech-Landkarte« stammt von Jimmy Vestbirk, dem Gründer des britischen Start-ups »Legal Geek«.

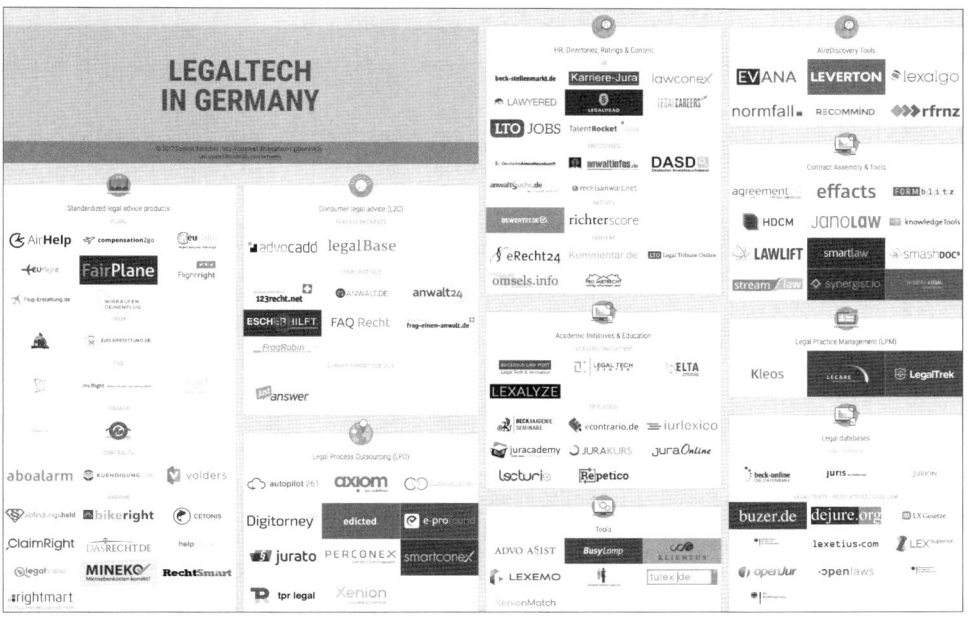

Abbildung 1.3 Legal Tech in Deutschland – mit freundlicher Genehmigung zur Verfügung gestellt von Dominik Tobschall

> **Hinweis**
> Diese Legal-Tech-Namen bzw. -Klassifizierungen sollten Sie zumindest einmal gehört haben, damit Ihnen der Umgang mit Legal-Tech-»Buzz-Wörtern« vertraut wird. Wir stellen Ihnen diese »Buzz-Wörter« im Einzelnen vor, damit Sie mit dem einschlägigen Vokabular vertraut sind und sich im Dschungel des Legal Tech zurechtfinden.

Wenn man sich diese Landkarten anschaut, dann kann eigentlich kaum mehr von Hype die Rede sein.

»Gekommen, um zu bleiben«, heißt es in einem LTO-Beitrag von Ingo Mahl vom 09.09.2017. Er berichtet von seinem ersten Legal-Tech-Meetup in Berlin im Jahre 2015 mit 9 Teilnehmern. 2018 ist die Darstellung der Legal-Tech-Landkarte eine kartografische Herausforderung geworden.

Waren es am Anfang noch Start-ups, die die Szene beherrschten, sind heute alle Großen mit an Bord: Wolters Kluwer, der Beck Verlag, das Handelsblatt. Die Geschwindigkeit, mit der sich der Legal-Tech-Markt entwickelt, ist enorm.

Im Folgenden werden wir Ihnen einige dieser Legal-Tech-Unternehmen vorstellen. Wir beginnen mit den Angeboten für Rechtsanwaltskanzleien, bevor wir uns dann mit den Modellen für Rechtsabteilungen von Unternehmen und Produkten für den Endkunden beschäftigen. In Kapitel 2 erläutern wir dann, wer sich hinter diesen Anbietern verbirgt und was ihren Erfolg ausmacht. Im Anschluss daran werden wir auch die Zukunft der Legal-Tech-Unternehmen betrachten.

> **Hinweis**
> Teilweise können Sie die in diesem Kapitel vorgestellten Legal-Tech-Lösungen sowohl in einer Kanzlei als auch in Rechtsabteilungen nutzen, wie z. B. Chatbots, Textverarbeitungssysteme und die Automatisation von Dokumenten. Wir stellen die einzelnen Lösungen im Legal-Tech-Bereich jeweils in derjenigen Rubrik vor (Legal Tech für Kanzleien bzw. Rechtsabteilungen), von der wir glauben, dass sie dort besser angesiedelt sind.

1.1 Legal Tech für Kanzleien

In puncto Arbeitserleichterung gibt es aus unserer Sicht fünf große Anwendungsfelder, auf denen Legal Tech Ihnen das Leben als Anwalt erleichtert und die Sie sich daher näher anschauen sollten. Auch wenn die Vorbereitung dafür etwas Atem benötigt und Sie zunächst sowohl Zeit als auch Geld investieren werden müssen, lässt sich eins jedenfalls vorab festhalten: Es lohnt sich!

> **Hinweis**
> Die aus unserer Sicht wichtigsten Anwendungsfelder von Legal Tech für Kanzleien, die Ihnen auf Dauer die anwaltliche Arbeit erleichtern werden, sind:
> - juristische Datenbanken
> - Kanzleimanagement-Systeme, -Software und -Apps
> - Auslagerung von Rechtsprozessen (*Legal Process Outsourcing*)
> - Management von Rechtsprozessen (*Legal Project Management*)
> - Automatisierung von Dokumenten und künstliche Intelligenz

Richtig eingesetzt, bietet Ihnen Legal Tech viele Möglichkeiten, sich den Arbeitsalltag zu erleichtern. Sie werden erstaunt sein, wie einfach Sie Legal Tech in Ihre tägliche Arbeit integrieren können. Sie sollten von diesen Angeboten Gebrauch machen. Aber das setzt natürlich voraus, dass Ihnen diese Hilfsmittel auch bekannt sind. Denn nur, wenn Sie wissen, welche Anbieter es auf dem Markt gibt und welche Alternativen und Angebote existieren, können Sie die für Sie richtige Legal-Tech-Lösung implementieren und damit viel Zeit und Geld sparen.

1.1.1 Juristische Datenbanken

Wir alle wissen, dass anwaltliche Praxis nicht nur vom Know-how des Juristen bestimmt wird, sondern dass unsere Arbeitsmittel eine wichtige Rolle spielen. Der Zugriff auf juristische Datenbanken ist dabei essenziell und ermöglicht eine flexible anwaltliche Arbeit zu jeder Zeit und von jedem Ort der Welt aus. Der digitale Abruf juristischer Informationen dürfte für die meisten von Ihnen nichts Neues sein. Dabei gibt es zahlreiche Anbieter und neue erscheinen fast monatlich auf dem Markt – mit kostenpflichtigen Angeboten ebenso wie kostenlosen.

Selbstverständlich behaupten die kostenpflichtigen Datenbanken von sich, ihren Preis auch wert zu sein, und das kann man grundsätzlich auch so unterschreiben. Sie haben quasi eine Garantie dafür, dass die Informationen in den Datenbanken immer *up to date* sind. Genau damit werben ihre Anbieter, die dies einerseits durch eine Vielzahl juristischer Mitarbeiter und anderseits zunehmend auch durch den Einsatz von Legal Tech sicherstellen. Im Folgenden gehen wir auf die drei wichtigsten (und kostenpflichtigen) Datenbanken näher ein.

beck-online

Die im Jahr 2001 gegründete juristische Fachdatenbank *beck-online* (https://beck-online.beck.de) bietet online 150 Fachmodule nach Rechtsgebieten und ist wohl der bekannteste Dienstleister. Neben Kommentaren und Formularbüchern aus dem Verlag

C.H.Beck sowie aus dem Nomos Verlag werden auch die dem jeweiligen Rechtsgebiet zugrunde liegenden Gesetze angeboten.

Ausgewertet werden überwiegend die hauseigenen Beck-Produkte. Die Dichte an Standardwerken ist sehr hoch: Rechtsprechung, Gesetzestexte und Fachliteratur können in verschiedenen Modultypen abonniert und den eigenen Bedürfnissen entsprechend zusammengestellt werden. Es gibt fast nichts, was es bei beck-online nicht gibt.

Die Auswahl ist riesig, die Kosten hängen davon ab, wie viel Sie konsumieren. Im Rahmen der Detailsuche können Sie bei beck-online nach spezieller Literatur suchen und dabei aus einem Pool von mehr als 180 Zeitschriften auswählen. Die hauseigenen Werke des Beck Verlages können in keiner anderen Datenbank online abgerufen werden, wodurch der Verlag versucht, seine Marktposition weiter auszubauen. Während der Verlag eine zunächst vierwöchige Testphase kostenlos anbietet, variieren die Preise danach entsprechend den gewünschten Modulen und möglichen Rabatten. Die Vertragsdauer beträgt in der Regel sechs Monate mit einer vierwöchigen Kündigungsfrist. Das Angebot kann währenddessen von drei Personen gleichzeitig genutzt werden.

LexisNexis bzw. Jurion

Die Datenbank *LexisNexis* wurde 2010 an das Unternehmen Wolters Kluwer verkauft. Seit 2012 wird sie unter der Marke *Jurion* (www.jurion.de) fortgeführt. Jurion bietet Fachliteratur aus einem breiten Angebot renommierter Fachverlage in einer digitalen Rechtsdatenbank an. Die Daten und Informationen werden durch zahlreiche hauseigene Verlage wie Heymanns, Luchterhand und Werner und von diversen Lizenzpartnern (z. B. C.F. Müller, Deutscher Anwaltverlag, Gieseking, De Gruyter, Zerb Verlag) gespeist. Der Shop bietet derzeit über 1.000 digitale Bücher, Fachmodule und weitere Artikel aus allen Rechtsgebieten, z. B. Arbeitsrecht, Erbrecht und Wirtschaftsrecht.

In der Seitennavigation können Sie nach Rechtsgebieten, Verlagen und Fachmodulen filtern sowie nach Bestsellern und Neuerscheinungen suchen. Auch bei Jurion variieren die Preise je nach Modulen und Rechtsgebieten. Sie können zwischen einem monatlichen und einem jährlichen Abonnement wählen. Der Shop selber ist sehr ansprechend und benutzerfreundlich gestaltet.

Juris

Ein weiterer bedeutender Anbieter auf dem Markt ist die Datenbank *Juris* (www.juris.de). Sie umfasst mit einer bis ins Jahr 1947 zurückreichenden Sammlung relevanter Entscheidungen zu allen Rechtgebieten mehr als eine Million Dokumente. Nutzern wird dabei neben eine umfassenden Sammlung an gerichtlichen Entscheidungen auch eine große Auswahl an Gesetzestexten, Normen sowie Kommentierungen geboten, die um ein vielfältiges Angebot an hauseigenen Zeitschriften, Handbüchern, Arbeitshilfen und Kommentaren ergänzt wird.

Durch die weitreichende Verlinkung der einzelnen Inhalte ermöglicht Juris einen schnellen und einfachen Zugang zu sämtlichen relevanten Rechtsinformationen. Auf Basis von Kooperationen mit renommierten Verlagen werden zudem Hunderte juristische Kommentare, Zeitschriften und Handbücher angeboten. Auch hier basieren die Preise darauf, wie viel Sie online konsumieren.

> **Hinweis**
>
> Es gibt zahlreiche weitere Datenbankanbieter, wie z. B. den *Bundesanzeiger*, die *Handelsblatt Fachmedien*, den *Haufe Verlag* oder den *Otto Schmidt Verlag*. Mit welcher Datenbank Sie letztlich arbeiten, hängt nicht nur von Ihrem Fachgebiet, sondern auch von Ihren persönlichen Vorlieben ab – insbesondere also auch davon, mit welcher Benutzeroberfläche Sie am besten vertraut sind und zurechtkommen.

Kostenlose Datenbanken

Kostenlose Portale bieten vor allem Primärinhalte, wie die Gesetze des Bundes (*www.gesetze-im-netz.de*) oder die vom Bundesministerium für Justiz zur Verfügung gestellte Gesetzessammlung (*www.rechtsprechung-im-internet.de*).

Daneben findet sich mit *EUR-Lex* (siehe Abbildung 1.4) die Datenbank zum Recht der Europäischen Union (*http://eur-lex.europa.eu/homepage.html*).

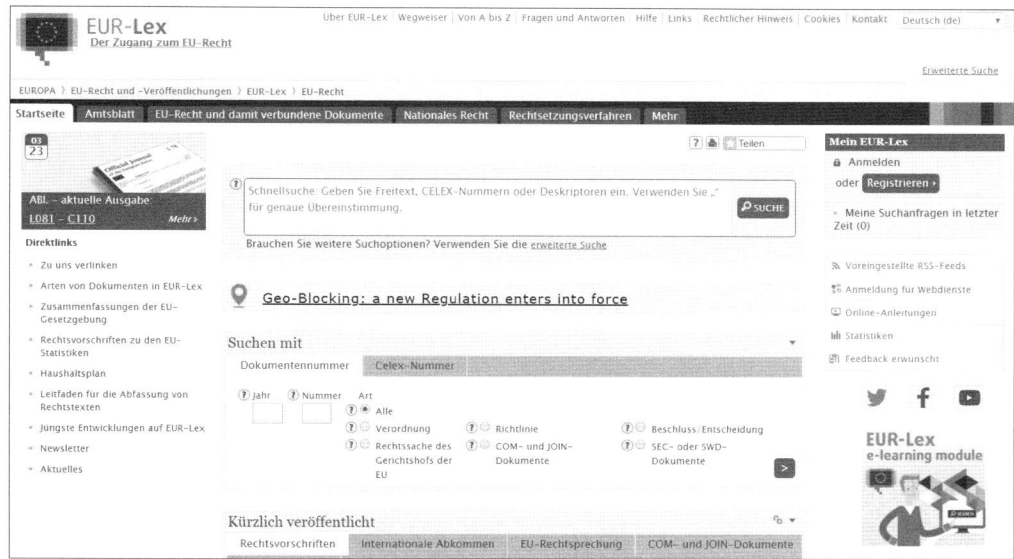

Abbildung 1.4 Kostenlose Datenbank mit dem Zugang zum Recht der Europäischen Union

Die Zielgruppe dieser kostenlosen Datenbanken sind jedoch primär die Bürger, denen ein »unbeschränkter Zugang zum Recht« ermöglicht werden soll. Die für Ihre anwaltliche Tätigkeit oftmals erforderlichen tiefergehenden Erläuterungen werden Sie in den kostenlosen Datenbanken nicht finden.

> **Hinweis**
> Eine ganz hervorragende Zusammenfassung zu den zahlreichen kostenlosen (und kostenpflichtigen) Datenbanken bietet das *Datenbank-Infosystem DBIS* der Christian-Albrechts-Universität in Kiel (*https://www.fachbib.jura.uni-kiel.de/de/literaturrecherche/datenbanken*). Hier können Sie sehen, welche Datenbanken frei im Netz oder frei via Uninetz zugänglich sind, vom Abgeordnetenhaus Berlin bis zur Gesetzessammlung Zürich finden Sie hier (fast) alles.

Daneben gibt es zahlreiche weitere kostenfreie Plattformen, auf denen Rechtsinformationen abgerufen werden können. Dazu gehört das aus dem Hause Wolters Kluwer stammende Online-Magazin LTO (*www.lto.de*). Auf diesem Online-Marktplatz, der sich gleichermaßen an Referendare wie Anwälte wendet, finden Sie zahlreiche Musterdokumente, Formulare und Tabellen. Vom Arbeitsrecht bis zur ZPO werden Ihnen Basisinformationen angeboten, die Sie umsonst herunterladen und verwenden können (*https://www.lto.de/juristen/muster-dokumente*). Zudem werden umsonst kostenlose Online-Rechnern rund um die Themen Job, Familie und Finanzen angeboten.

> **Praxistipp**
> Auf die frei verfügbaren Musterunterlagen können Sie (unter Einhaltung der Lizenzbedingungen) von Ihrer Homepage aus verlinken und sie damit Ihren Mandaten anbieten. Selbst wenn es sich hier um einfache Musterverträge handelt, können diese eine enorme Erleichterung für Ihren Mandanten bieten. Dazu eignen sich beispielsweise Unterlagen zu Themen wie Elterngeld, Pflegegeld oder Kindesunterhalt.

Zu den freien Kommunkations- und Kooperationsplattformen gehören auch z. B. *JuraWiki* (*www.jurawiki.de*) oder *Juracafe* (*www.juracafe.de*). Diese bieten Studenten, Referendaren, jungen Rechtsanwälten und auch Nichtjuristen eine Menge nützlicher Tipps sowie ein Forum zum Austausch. Bei JuraWiki können Sie sowohl Ihr Wissen erweitern als auch mit eigenen Beiträgen, Ergänzungen, Korrekturen usw. die bereits vorhandenen (kostenlos zur Verfügung gestellten) Informationen vervollständigen.

> **Achtung!**
> Die Verlässlichkeit der zur Verfügung gestellten Informationen ist bei diesen kostenlosen Angeboten jedoch eingeschränkt. Denn auf diesen Plattformen kann jeder-

> mann – auch anonym – Beiträge verfassen und auch editieren. Hier kann man also durchaus Gefahr laufen, dass die Angaben nicht zutreffend sind.

Anwälte, die sich für den Austausch mit anderen interessieren oder auch einfach nur bei den aktuellen juristischen Diskussionen mitlesen möchten, werden auch in sozialen Netzwerken fündig. So gibt es beispielsweise auf Facebook die geschlossene Facebook-Gruppe *Jura Fragen/Antworten* (*www.facebook.com/groups/Jura.Fragen.Antworten*) mit fast 26.000 Mitgliedern, die sich auch über juristische Fragen und Antworten im Studium, Referendariat und zum Karriereeinstieg austauschen. In Gruppen wie *Jurafakten* (*www.facebook.com/jurafakten*) können Sie sich über »skurrile Fakten und Rechtslücken aus dem Alltag« amüsieren.

> **Fazit**
>
> Die großen Datenbanken wie *beck-online*, aber auch *Juris* und *Jurion* werden von den meisten Anwälten schon allein deshalb favorisiert, weil die Recherche angesichts der Datenfülle und der ständigen Aktualität effizient durchgeführt werden kann.
>
> Die kostenfreien Anbieter stellen eine gute Ergänzung dar, weil hier ebenso schnell recherchiert werden kann und es zusätzliche, teils rechtspolitische Informationen gibt, die einen Blick über den Tellerrand ermöglichen.
>
> Wenn Sie sich nur grundlegend informieren wollen, dann leisten die kostenlosen Plattformen eine gute Einsteigerarbeit. Wenn Sie die Datenbanken hingegen in Ihrer täglichen Arbeit einsetzen möchten, dann kommen Sie wahrscheinlich nicht umhin, einen der kostenpflichtigen Anbieter zu abonnieren.

1.1.2 Kanzleimanagementsysteme, Kanzleisoftware und -Apps

Die meisten von Ihnen arbeiten seit Jahren mit Kanzleimanagementsystemen, sodass wir an dieser Stelle auf eine umfassende Erläuterung verzichten und uns auf eine kurze Vorstellung der wichtigsten Punkte beschränken möchten.

AnNoText

AnNoText (*www.annotext.de*) ist seit 40 Jahren auf dem Markt. Seit 2002 gehört es dem Unternehmen *Wolters Kluwer*. AnNoText unterstützt außer digitalem Diktieren wesentliche Geschäftsprozesse einer Kanzlei, unter anderem Mahnverfahren, Zwangsvollstreckungen, integriertes Masseninkasso und Rechnungswesen. Mit einer zentralen Datenbank und der mobilen Akte ist ein professionelles Dokumentenmanagement möglich. Buchhaltungs- und Rechnungswesen werden von dieser Software ebenso übernommen wie ein Forderungsmanagement für Zwangsvollstreckungs- und Betreibungsmaßnahmen.

Advolux

Advolux (www.advolux.de) aus dem Hause *Haufe* ist ein mächtiges Tool für Anwaltskanzleien. Es bietet eine Client-Server-Architektur zur Verteilung von Aufgaben auf Rechner innerhalb eines Netzwerks sowie Schnittstellen zu offenen und proprietären (herstellerspezifischen) Standards und Schnittstellen, wie z. B. EGVO und EDA.

Ferner werden mobiles Arbeiten, Dokumentenmanagement wie z. B. Volltextsuche sowie umfangreiche Suchfunktionen über alle Akten, Verfahren, Personen, Rechnungen, Termine usw., Adressverwaltung und diverse Kommunikationsportale (Adressen- und Kalenderfunktionen) angeboten. Auch die neueste beA-Version (03.09.2018) ist in Advolux jetzt verfügbar. Eine Einzelplatz-Lizenz kostet 42,22 EUR zzgl. USt im Monat. Bei mehreren Lizenzen sinkt der Preis pro Lizenz.

Anwaltsgebühren Online

Viele von Ihnen arbeiten mit *AnwaltsGebühren Online (https://anwaltsgebuehren.online)*, einem Angebot aus dem *Deutsche Anwaltsverlag*. AnwaltsGebühren Online ist eine Abrechnungslösung, die Ihnen als Anwalt viel Arbeit abnimmt. Neben der Erfassung aller Leistungspositionen werden insbesondere auch Sonderfälle in der Honorarabrechnung erfasst.

Zusätzlich besteht noch der Vorteil, dass Sie aufgrund von hinter dem Portal stehenden Fachkollegen immer auf dem neusten Stand sind. Nutzen können Sie diesen Service für einen monatlichen Betrag von 29 EUR zzgl. USt. Wenn Sie bedenken, wie schnell man Abrechnungspositionen einmal »vergessen« hat oder wie viel Zeit Sie damit verbringen, die Honorierung von Sonderfällen zu recherchieren, wird schnell klar, dass AnwaltsGebühren Online in jede Kanzlei gehört.

DATEV und RA-MICRO

Erwähnung finden muss in diesem Zusammenhang natürlich auch *DATEV*. Es gibt wohl kaum einen Steuerberater oder Wirtschaftsprüfer, der nicht mit Produkten der Firma DATEV (*www.datev.de/web/de/startseite/startseite-ra*) vertraut ist. Inzwischen stehen aber auch die Anwälte im Fokus des Dienstleisters. Das Nürnberger Verlagshaus hat sich auf die Fahnen geschrieben, den Anwaltsmarkt weiter auszubauen, und bietet mit 200 PC-Programmen, Cloud-Diensten wie Online-Anwendungen, Datenverarbeitung und Datenarchivierung im Rechenzentrum bis hin zu Outsourcing-Leistungen dafür gute Voraussetzungen.

Noch besetzt diese Spitzenposition bei den Kanzleimanagementsystemen allerdings das im Jahre 1981 gegründete und auf Kanzleisoftware spezialisierte Unternehmen *RA-MICRO* (*www.ra-micro.de*). Der Marktführer hat eine umfangreiche Kanzleisoftware entwickelt, die alltägliche Handgriffe automatisiert und den Kanzleialltag vereinfacht. Von der Dokumentenerstellung über die Akten- und Adressverwaltung, die Verwaltung von Forderungen bis zur Finanz- und Aktenbuchhaltung bietet RA-MICRO Lösungen zu fast allen Problemen der täglichen anwaltlichen Arbeit.

Cloud-Kanzleisoftware: Legalvisio, Kleos und Rainmaker

Legalvisio ist eine neuartige Cloud-Kanzleisoftware, die von der Anwaltskanzlei *Wilde Beuger Solmecke* entwickelt wurde (*www.legalvisio.de*). Sie ist darauf spezialisiert, anwaltliche Verfahren, Prozesse und Schriftsätze zu einem hohen Grad zu automatisieren.

Diese Software entstand aus dem Bedürfnis der eigenen Kanzlei heraus, die mehrere Tausend Mandate gegen die Musik- und Filmindustrie vertritt. Schon vor Jahren hat die Kanzlei einen eigenen Entwickler eingestellt, um die umfangreichen Prozesse zu optimieren und zu managen. Entwickelt wurde ein Grundstock an Software, die sich im täglichen Einsatz bewährt hat. Daraus entstand die Idee, diese Software weiterzuentwickeln und auch anderen Anwälten zur Verfügung zu stellen.

Legalvisio hat bereits den *STP Legal Innovation Award 2018* gewonnen und wird mittlerweile für alle Anwälte in Deutschland angeboten.

Daneben gehören *Kleos* (*www.kleos.wolterskluwer.com/de*) von Wolters Kluwer und *Rainmaker* (*https://rainmaker.de*) ebenfalls in die Kategorie moderner Cloud-basierter Software, die den Markt neu aufrollen. Die Vorteile liegen auf der Hand: Keine Installation, keine Backups, und alle Weiterentwicklungen und Updates erfolgen zentral.

> **Hinweis**
> Einen guten Überblick über alle Anbieter Cloud-basierter Kanzleisoftware erhalten Sie über die Website *www.jurawiki.de/AnwaltsSoftware*!

Kostenlose Apps: Legal Tribune Online & Co.

Es gibt eine Vielzahl von (kostenlosen) juristischen Apps, vor allem für angehende Juristen zur Vorbereitung auf die juristischen Staatsexamen, z. B. *Lex Superior* (*www.lex-superior.com*). Diese App beinhaltet alle Gesetze des Bundes und die studienrelevanten Vorschriften des Europarechts sowie der Landesrechte.

Aber auch die bekannten Anbieter juristischer Repetitoren wie *Alpmann Schmidt* (*https://itunes.apple.com/co/app/alpmann-schmidt-jura-app/id976490537?mt=8*) und *Hemmer* (*www.hemmer-shop.de/app/hemmerapp-das-frageantwortsystem-der-hemmerskripten-als-app-179.html?fbclid=IwAR3NFsDkzaPaDM4bQnRafwg0aGmAl1c v84thO4QvSzqzRLMKQWHoeFlItek*) bieten kostenlose Apps für Studenten.

> **Hinweis**
> Auch wenn diese Apps für Studierende konzipiert wurden, spricht nichts dagegen, diese auch als Anwalt im täglichen Gebrauch zu verwenden. Da es aber erfahrungsgemäß mühsam ist, mit Smartphone-Apps juristische Sachverhalte zu erarbeiten, sind Apps doch eher etwas für die *Digital Natives*, für die das Smartphone jedes andere Hilfsmittel/Gerät ersetzt.

Daneben gibt es auch zahlreiche Apps zum Nachschlagen von Gesetzen und für Infos rund ums Thema Recht. Dazu gehören zum Beispiel die empfehlenswerte App von *Legal Tribune Online* (https://itunes.apple.com/de/app/legal-tribune-online/id465092573), die im App Store jedoch nur für iOS-Geräte zur Verfügung steht.

Auch die *juris Nachrichten*-App (https://itunes.apple.com/app/juris-nachrichten/id411663926) ist gut aufgebaut und versorgt Sie rund um die Uhr kostenlos mit Nachrichten und aktuellen Meldungen aus allen Rechtsgebieten.

Mit über 700 Gesetzen trumpft die App *LX Gesetze* (https://gesetze-app.de) auf. Sie punktet vor allem durch den Offline-Zugang, durch den sich alle Gesetze in der App jederzeit auch ohne Internetverbindung durchsuchen lassen. Egal ob Arbeitsrecht, Baurecht, Steuerrecht, Strafrecht oder Zivilprozessrecht – LX Gesetze deckt die wichtigsten Rechtsgebiete ab. Mit nur einer App haben Sie Zugriff auf die aktuelle VOB/A und VOB/B 2016, die DSGVO, das BDSG 2018, die BRAO und das GVG – sowie auf über 700 weitere Gesetze.

Kostenpflichtige Apps

Die Frage, ob sich die Investition in eine kostenpflichtige App lohnt, kann pauschal nicht beantwortet werden. Man muss jedoch sagen, dass es durchaus zahlreiche Apps gibt, die ihr Geld wert sind – insbesondere dann, wenn Sie ein Leben als digitaler Nomade führen und quasi von jedem Ort aus arbeiten möchten.

Trifft dies auf Sie zu, dann sollten Sie sich zum Beispiel einmal *Dictate + Connect* näher anschauen. Es handelt sich dabei um eine beliebte App, mit der Sie auf Ihrem iPhone oder iPad immer ein Aufnahmegerät dabeihaben, das mehr kann als die meisten digitalen High-End-Diktiergeräte und dabei zugleich einfacher und intuitiver bedienbar ist. Dictate + Connect bietet hervorragende Tonqualität, beeindruckend exakte Sprachaktivierung, sichere Verschlüsselung und eine Fülle an Übertragungsmöglichkeiten für Ihre Diktate. Die App kostet um die 15 EUR und ist ihren Preis unserer Auffassung nach wert.

Für weniger als 1 EUR können Sie mit der *jur§App* eine mobile Berechnungshilfe für Juristen erwerben. Diese App bietet Ihnen eine Sammlung praktischer Berechnungshilfen und Tabellen für die tägliche Arbeit als Jurist.

Ebenfalls für weniger als 1 EUR hilft *RVG-Pro* Rechtsanwälten bei der Berechnung von Gebührensätzen. Anstatt mühsam in den einschlägigen Tabellen zu blättern muss man nur noch einige Multiplikatoren für den Streitwert, die Anwalts- und Gerichtskosten einstellen, und schon werden die Gebühren berechnet.

Wenn Sie als Anwalt international tätig sind und schnell einmal in die juristisch exakte englische Sprache wechseln müssen, dann hilft Ihnen sicher die *International Legal English App*, die Sie für unter 4 EUR erwerben können.

> **Hinweis**
>
> Wenn Sie einen hervorragenden kostenfreien Übersetzungsdienst nutzen wollen, dann schauen Sie einmal bei *DeepL* (*www.deepl.com/translator*) vorbei (siehe Abbildung 1.5). Dabei handelt es sich um einen Übersetzungsdienst, der alle bislang vorhandenen Übersetzungshilfen (z. B. den Google Translator) in den Schatten stellt. Denn der Gegencheck zeigt, dass DeepLs Übersetzungen deutlich häufiger richtig sind als die der großen amerikanischen Onlinedienste.
>
>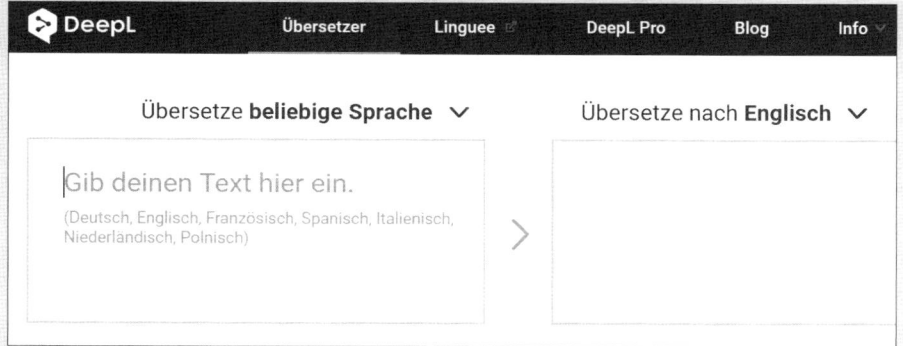
>
> **Abbildung 1.5** Die Kölner Firma »DeepL« schlägt mit ihrem Übersetzungsdienst (Maschine Learning) Giganten wie »Google« oder »Facebook«.

Textverarbeitungssysteme

Viele von Ihnen wünschen sich sicher eine »Alles in einem Dokument«-Version, die die komplette Entstehungsgeschichte eines Dokuments auf Knopfdruck und in einem Dokument darstellen könnte. Denn das mühsame Suchen bestimmter Änderungen und Kommentierungen in den Vorversionen von Textdokumenten (siehe Abbildung 1.6) kostet enorm viel Zeit und wohl auch Nerven.

Denn wenn diese Dokumente intern mit Kollegen abgestimmt und/oder mit Geschäftspartnern verhandelt werden mussten, dann gab es dafür bisher kaum strukturierte Lösungen und Arbeitsabläufe. Vielmehr stieg durch die Vielzahl der Dokumentenversionen und Kommunikationskanäle (E-Mails, Kommentare etc.) die Komplexität mit zunehmender Anzahl der Bearbeiter und Versionen schnell an. Dabei wurde wertvolle Zeit vergeudet und im Ergebnis nicht mehr als ein »suboptimales« Ergebnis erzeugt.

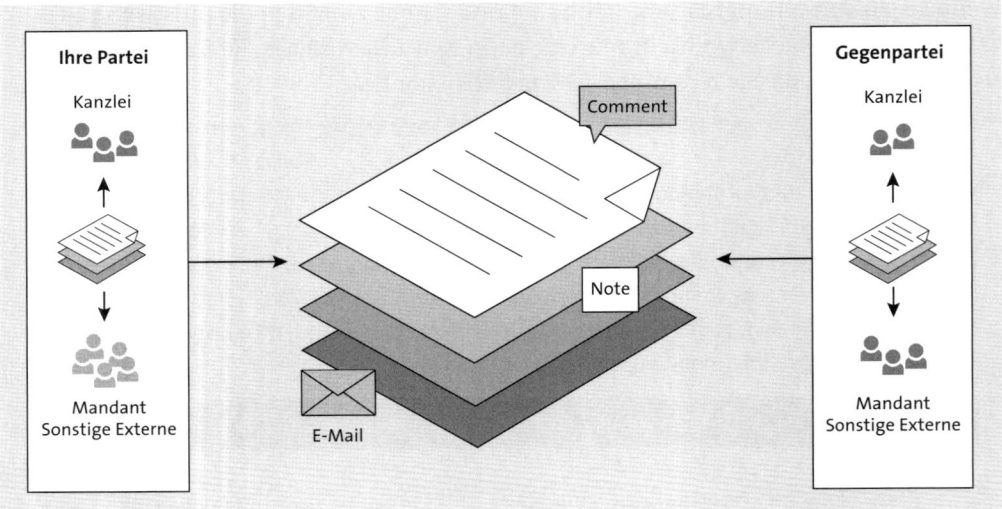

Abbildung 1.6 Nervige Verwaltung einer Flut von Versionen, Änderungen und Kommunikation

Die Münchener Firma *Smashdocs* (www.smashdocs.net/de) möchte dem nun ein Ende bereiten und hat dazu ein Produkt auf den Markt gebracht, mit dem Sie gemeinsam mit Kollegen, Mandanten und Vertretern der Gegenseite juristische Dokumente aller Art erstellen, überarbeiten und verhandeln können.

Das von Smashdocs eingesetzte sogenannte *Document Assembly System* (Dokumentenmanagementsystem) erstellt keine Word- oder PDF-Dokumente mehr, sondern sendet und verarbeitet den Dokumenteninhalt einfach direkt in Smashdocs. Es können dann sofort beliebig viele Nutzer, die in verschiedenen Rollen organisiert sind, das Dokument zeitgleich oder zeitversetzt abstimmen, um es im nächsten Schritt dann mit der Gegenseite zur Verhandlung zu teilen, die ebenfalls auf der Smashdocs-Plattform abläuft. Ist die Abstimmung/Verhandlung beendet, wird online ein Dokument in perfektem Design (z. B. als Word- oder PDF-Dokument) produziert. Dieses Dokument kann dann zur Weiterverarbeitung an andere Anwendungen übergeben werden, z. B. an ein Dokumentenmanagement- oder Vertragsverwaltungssystem (siehe Abbildung 1.7).

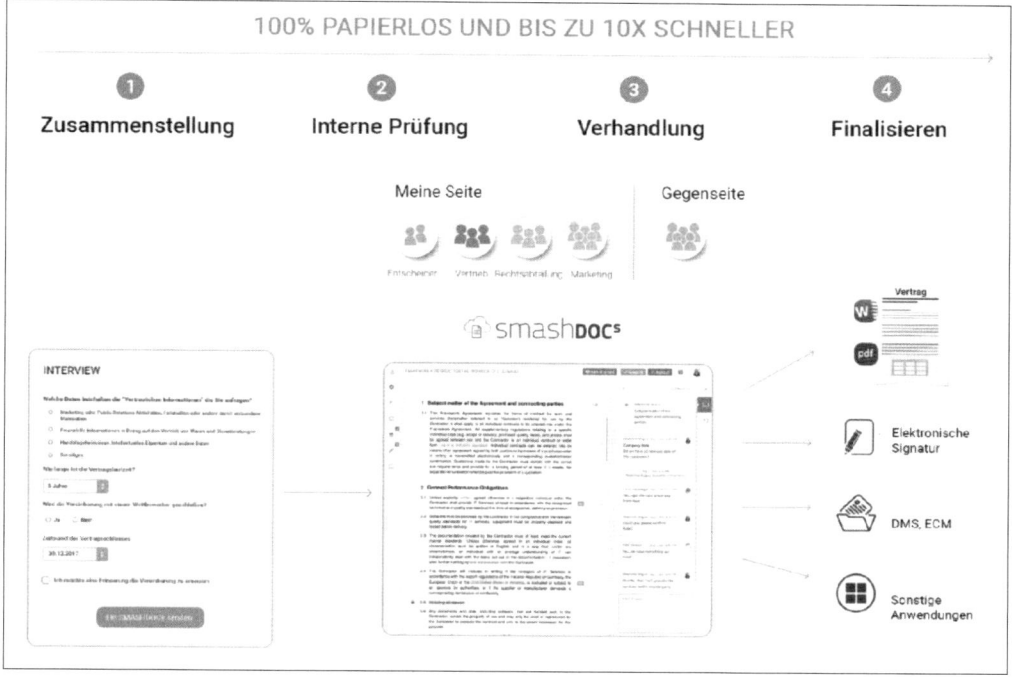

Abbildung 1.7 Endlich das Word/PDF-Chaos beenden!

Mit diesen Systemen können Sie neue Änderungen in Sekunden nachvollziehen und damit eine revisionssichere Verlaufsdokumentation erstellen. Insbesondere wenn Sie mit mehreren Kollegen an Dokumenten arbeiten, ist eine solche moderne Cloud-Software, die zentral auf einem Server installiert wird und auf die alle Nutzer über einen Webbrowser zugreifen können, ein sehr sinnvolles Investment. Preise werden auf der Website nicht genannt. Sie variieren jedoch nach den Nutzungsanforderungen der Kanzlei bzw. Rechtsabteilung.

Alternativ können diejenigen unter Ihnen, die zusammen mit anderen Nutzern von überall her Dokumente erstellen, ändern und bearbeiten möchten, auch *Google Docs* benutzen (*www.google.com/intl/de_ch/docs/about*). Auf dessen Website heißt es: »Google Docs erweckt Ihre Dokumente zum Leben. Mit den cleveren Bearbeitungs- und Design-Tools gelingt jede Text- und Absatzformatierung. Sie können aus Hunderten von Schriftarten auswählen sowie Links, Bilder und Zeichnungen hinzufügen. Und das alles kostenlos.«

Fazit

Kanzleimanagementsysteme sind wohl ein Muss in der heutigen Zeit, und für die meisten von Ihnen sind sie eine Selbstverständlichkeit. Smartphone-Apps richten sich an eine jüngere Generation. Wer sich in der Arbeit mit dem Smartphone zu Hause fühlt, für den sind juristische Apps hilfreich und nützlich.

Der Markt für Kanzleimanagementsysteme, Kanzleisoftware und Apps wird eher größer als kleiner werden, und die großen Player werden zunehmend von neuen Mitspielern, wie z. B. dem Übersetzungsdienst *DeepL* angegriffen werden. Finden Sie den für Sie richtigen Dienst, dann kann dies Ihren Arbeitsalltag enorm vereinfachen!

1.1.3 Auslagerung von Rechtsprozessen

Der ständig steigende Kostendruck, die Forderung nach einem messbaren Wertbeitrag von Rechtsabteilungen zum Erfolg des Unternehmens, aber auch der »war for talent«, also der Kampf um neue Mitarbeiter, rufen nach schlanken Prozessen zur Leistungserstellung in Rechtsabteilungen und Anwaltskanzleien.

Outsourcing-Geschäftsmodelle begegnen diesen Herausforderungen und decken damit ein Marktbedürfnis. Dies setzt jedoch voraus, dass Sie sich auf Hilfe von außen auch einlassen und sich von dem Druck befreien, alles auf den eigenen Schultern tragen zu müssen. Erweitern Sie Ihre Kanzlei durch Kollegen im ganzen Bundesgebiet. Nutzen Sie die Angebote, die Ihnen diese Services zur Verfügung stellen. Positionieren Sie sich als Unternehmer mit Zugriff auf digitale und analoge Experten, und nutzen Sie die Angebote, die Ihnen Ihre Arbeit erleichtern.

Wenn Sie bei Google »Legal Process Outsourcing Deutschland« eingeben, erhalten Sie Millionen an Ergebnissen. Daran sehen Sie, dass die Auslagerung von Rechtsprozessen auch in Deutschland angekommen ist. Dennoch fällt es vielen Anwälten schwer, die Arbeit auszulagern.

Die erfolgreiche Auslagerung anwaltlicher Dienstleistungen an Dritte setzt aber voraus, dass Sie genau das können. Wenn Sie diese Services einmal ausprobieren und die Vorteile für sich entdeckt haben, dann wird es Ihnen viel leichter fallen, diese Dienste für sich in Anspruch zu nehmen. In Zeiten extremer Arbeitsbelastung haben Sie dadurch die Möglichkeit, sich zusätzliche Expertise oder auch zusätzliche Arbeitskräfte auf Stundenbasis oder projektbezogen »einzukaufen« – und das ist einfacher und kostengünstiger, als Sie denken.

> **Praxistipp**
> Fokussieren Sie sich auf Ihre ureigene Kernkompetenz, und lagern Sie einzelne Rechtsprozesse aus. Wenn Sie in Arbeit ersticken, dann sind die im englischsprachigen Raum *Legal Process Outsourcing* oder kurz *LPO* genannten Anbieter Ihre Rettung. LPO gibt es auch in Ihrer Nähe – denn sie sind digital und somit überall zugänglich und einzusetzen.

Die Einschaltung Dritter ist für Rechtsanwälte sehr sinnvoll und manchmal wirtschaftlich auch notwendig. Dieses Bedürfnis hat auch der Gesetzgeber wahrgenommen. Er hat das »Gesetz zur Neuregelung des Schutzes von Geheimnissen bei der Mitwirkung Dritter an der Berufsausübung schweigepflichtiger Personen« vom 30. Oktober 2017 erlassen und verkündet (BGBl. 2017 Teil I Nr. 71, S. 3618 ff.). Seit dem 09.11.2017 sind dessen Regelungen in Kraft.

Im Wesentlichen ändert dieses Gesetzes Vorschriften des Strafgesetzbuchs (StGB) und der Bundesrechtsanwaltsordnung (BRAO), die einer Einschaltung Dritter bislang im Wege standen. Eine Neuregelung des Berufsgeheimnisses (§ 43 e BRAO) erleichtert zudem Anwälten das Outsourcing von Dienstleistungen. So können Sie Schreib- und Telefondienste, Übersetzungen, Aktenarchivierungen, Fernwartungen der IT und sogar die Datenspeicherung in einer Cloud an externe Dienstleister auslagern, ohne dafür jedes Mal die Zustimmung Ihrer Mandanten einholen zu müssen.

> **Hinweis**
> Legal-Tech-Anbieter tragen den Bedenken hinsichtlich der Verschwiegenheitspflicht aber Sorge, indem sich jeder Auftragnehmer bereits bei seiner Registrierung zur konkludenten Abgabe einer Verschwiegenheitserklärung gegenüber den späteren Auftraggebern verpflichtet.

Gleichzeitig erlegt das Gesetz Ihnen aber straf- und berufsrechtlich entsprechende Compliance-Pflichten auf. Dadurch wird das Spannungsverhältnis zwischen dem anwaltlichen Interesse an flexibler Gestaltung seines operativen Geschäfts und dem Interesse des Mandanten an höchster Vertraulichkeit seiner Informationen aufgelöst.

> **Hinweis**
> Die neue Rechtslage ermöglicht es also stärker als zuvor, dass Anwälte sich bei ihrer Mandatsarbeit innovativer Lösungen bedienen, wie Legal-Tech-Plattformen, die bei der Auslagerung einzelner Aspekte der juristischen Arbeit helfen.

Im Folgenden stellen wir Ihnen einige Legal-Tech-Anbieter und deren Leistungsprofil vor. Dabei unterscheiden wir zwischen Anbietern, die sich mit ihren Angeboten an die Wirtschaft und die großen Rechtsabteilungen richten, z. B. *Axiom*, *Clarius Legal* oder auch *Xenion* (siehe Abschnitt 1.2), und solchen, die den Einzelanwalt oder eine mittelständische Kanzlei im Fokus haben.

edicted

Zu den LPOs, die sich an kleinere und mittelständige Kanzleien richten, gehört *edicted*, (www.edicted.de), an der seit November 2016 die Verlagsgruppe C.H.Beck beteiligt ist (siehe Abbildung 1.8).

Abbildung 1.8 »edicted« – eine Plattform, auf der Anwälte Aufträge vergeben und sich auch um Aufträge bemühen können

Anwälte können auf dieser Plattform genau definierte Aufträge vergeben und die entsprechenden zum Fall gehörenden Daten dort hochladen. Sobald dies geschehen ist, schlägt edicted Ihnen online einen Experten vor, der nach der automatischen Analyse Ihres Falles Ihren Fachkriterien am meisten entspricht.

Möchten Sie das nicht, dann haben Sie die Möglichkeit, einen Experten aus der Liste der registrierten Experten selbst auszuwählen. Wenn Sie diese zweite Möglichkeit wählen, erscheint im weiteren Verlauf eine Liste all der Experten, die die Qualifikationen mitbringen, die Sie für Ihren Auftrag angefordert haben.

Im Anschluss daran nimmt der von Ihnen bestimmte Kollege/Experte Kontakt zu Ihnen auf, und Sie können gegebenenfalls weitere Einzelheiten mündlich besprechen oder aber den auf der edicted-Plattform angebotenen Chat benutzen. Ebenfalls online können dort auch online Terminsvertreter gebucht werden.

Um die Zuverlässigkeit dieses Angebots abzusichern, gibt es heutzutage zahlreiche Online-Recherche-Tools, mit denen die Richtigkeit der Angaben und Unterlagen der verschiedenen Teilnehmer geprüft werden kann. Diese Tools kommen aus dem Bereich des *Pre-Employment Screenings*, mit dem Arbeitgeber die Richtigkeit der Bewerberangaben in Lebensläufen vor deren Einstellung prüfen. Sie können also ziemlich sicher sein, dass die entsprechenden Prüfmechanismen installiert sind und Sie an einen qualifizierten Kollegen geraten, der Ihnen aus einem zeitlichen Engpass helfen kann.

> **Praxistipp**
>
> Mit ein, zwei Klicks können Sie Ihr Kollegennetzwerk bundesweit erweitern. Sie bestimmen die Qualifikation und sonstigen Anforderungen Ihres neuen »Zeitmitarbeiters« und können gegenüber Ihren Mandanten als interdisziplinäres Team auftreten.
>
> Sollten Sie Ihrerseits besondere Qualifikationen haben, die Sie bundesweit Ihren Kollegen zur Verfügung stellen möchten, dann gibt es auf allen diesen Plattformen die Möglichkeit, dass Sie sich ihrerseits um Aufträge bemühen. Das kann insbesondere für Sie dann einmal von Interesse sein, wenn Sie freie Kapazitäten haben. Der Einstieg in dieses unter Umständen lukrative Zusatzgeschäft ist denkbar einfach und online abzuwickeln. Sie müssen lediglich Ihre Daten sowie Ihren Lebenslauf, Zeugnisse und sonstige Referenzen hochladen.

Wenn Sie sich z. B. bei edicted näher über diese Prozesse informieren möchten, dann können Sie auf der Website *www.edicted.de/webdemo* eine (kostenlose) Webdemo an einem Tag Ihrer Wahl (20 Minuten) buchen.

LAW APOYNT

Ein ähnliches Businessmodell verfolgt *LAW APOYNT* (*www.law-apoynt.de*), das bundesweit Kontakt zu Fachanwälten, Steuerberatern und Spezialisten bietet, die interdisziplinär und agil für Sie arbeiten (siehe Abbildung 1.9). Mit dem Slogan »Von Anwälten für Anwälte entwickelt und für mittelständische Kanzleien optimiert« wirbt LAW APOYNT im Ergebnis damit, wie eine Großkanzlei zu agieren. Der einzige Unterschied besteht darin, dass die einzelnen Anwälte nicht alle unter einem Dach sitzen, sondern bundesweit und ortsunabhängig tätig werden.

LAW APOYNT stellt die Manpower und die Qualität einer großen Fachkanzlei, gepaart mit Legal Tech, zur Verfügung, wobei Letzteres großgeschrieben wird. Über eine elektronische Akte haben Sie jederzeit und ortsunabhängig über Ihr Smartphone, das Tablet oder den PC Einblick in den Bearbeitungsstand und können bequem Nachrichten und Unterlagen austauschen. Das Hoch- und Herunterladen von Daten erfolgt auf der Plattform, und die Akten werden in einer Cloud gespeichert – die Online-Arbeit kann beginnen. Auf der Plattform selbst können Sie Ihr Anliegen schildern und dann per Telefon, WhatsApp oder Skype-Videokonferenz kommunizieren und mit Ihrem Interimskollegen den Fall besprechen. LAW APOYNT ist daneben auch eine Plattform für Mandanten, die also direkt hier einen Anwalt suchen können.

Abbildung 1.9 »LAW APOYNT« – eine Plattform, die für Sie neue Mandate generieren kann

> **Achtung!**
> Wichtig zu wissen: LAW APOYNT will Exklusivität. »Quality first« heißt es auf der Website! Und weiter »Tausende Anwälte auf einer Plattform zu versammeln, ist nicht unser Ansatz. Das überzeugt uns nicht. Wir wollen Essenz und keine Verwässerung.«

Das Erfordernis der Exklusivität ist eine deutliche Ansage an all die Portale wie z. B. *Anwalt.de*, die jeden Anwalt aufnehmen, der dabei sein möchte. Denn solche Portale sind eigentlich nichts anderes als die nicht gedruckten »Gelben Seiten« der Anwaltschaft. Aus unserer Sicht ist auch der Wert für den Endkunden, der angesichts der Fülle der angebotenen Dienstleistungen kaum den für sich richtigen Anwalt finden kann, nicht wirklich ersichtlich.

Daher hat LAW APONYT aus unserer Sicht den besseren Ansatz gewählt. Durch die Exklusivität arbeiten Sie pro Stadt nur mit ausgesuchten Partneranwälten zusammen. Dadurch können Sie sich als sogenannter Premiumpartner Exklusivität in Ihrem Fachgebiet für Ihre Stadt oder sogar bundesweit sichern.

> **Hinweis**
> Das ist vor allem dann interessant, wenn Sie versuchen möchten, sich in einem Fachgebiet als lokaler Experte zu etablieren. Statt selbst online Werbung zu schalten, überlassen Sie das dem Unternehmen, das Ihnen wiederum in Ihrem Fachgebiet Exklusivität zusichert. Das Unternehmen betreibt extensives und zielgenaues Marketing, um neue Mandanten im Netz zu finden.

Diese Exklusivität gibt es natürlich nicht umsonst: Wenn Sie als Premiumpartner tätig werden wollen, dann bedeutet das zum einen, dass Sie schnell sein müssen

(»first come – first serve« oder »wer zuerst kommt, mahlt zuerst«) und dass Sie zum anderen für diese Exklusivität natürlich auch zahlen müssen.

Um als alleiniger und exklusiver Partner von LAW APOYNT im Amtsgerichtsbezirk Ihrer Kanzlei mit dem eigenen Fachgebiet (inklusive Konkurrenzschutz) gelistet zu werden, müssen Sie eine Aufnahmegebühr von 99 EUR sowie eine monatliche Grundgebühr von 99 EUR zahlen. Näheres zu den Gebühren gibt es unter *www.law-apoynt.de/partner/preise*. Als Premiumpartner müssen Sie den Vertrag über eine Laufzeit von 12 Monaten abschließen.

> **Praxistipp**
> - Die Vorteile von LAW APOYNT:
> - Wenn Sie als Fachanwalt in einem Randgebiet tätig sind, dann spielt es überhaupt keine Rolle mehr, wo Sie wohnen!
> - Da dieser Online-Dienst Anbieter und Nachfrager zusammenbringt, haben Sie theoretisch den Zugang zu Mandaten im ganzen Bundesgebiet.
> - Die Plattform übernimmt für Sie das zielgenaue Marketing und tritt mit erheblichen Investitionen in Vorleistung, womit Sie sich kostenintensive lokale Anzeigenschaltungen sparen.

Advo Assist

Ein weiteres Unternehmen, das Sie unbedingt noch kennen sollten, ist *Advo Assist* (*www.advo-assist.de/kollegenauftrag*, siehe Abbildung 1.10). Es verbindet auf einer digitalen Plattform Anwälte, die dort Mandate abgeben, Aufträge vergeben oder Deutschlands größtes Online-Netzwerk für Terminsvertretungen mit über 5.000 Anwälten nutzen können.

> **Hinweis**
> Fast unvorstellbar ist aus heutiger Sicht auch, dass die drei Gründer kurz nach der Lancierung ihrer Dienstleistung mit einer Unterlassungsklage eines Mitbewerbers konfrontiert waren, der die berufsrechtliche Zulässigkeit des Geschäftsmodells infrage stellte. Der 4. Zivilsenat des OLG Karlsruhe hatte allerdings schon im Jahr 2013 eine klare Antwort: Danach ist eine Internetplattform zur Suche nach Terminsvertretern nicht wettbewerbswidrig.

Registriert sind mehr als 5.000 Anwälte aus knapp 4.000 Kanzleien, vor allem Anwälte aus kleineren Kanzleien mit 2 bis 20 Anwälten. Die Anmeldung ist kostenlos, Mitgliedsbeiträge fallen nicht an, Vermittlungshonorare erst nach Leistung, und bei einer Terminsvertretung zahlen Sie 19 % der frei vereinbarten Summe plus Umsatzsteuer. In der Regel müssen einem Terminsvertreter pauschal ca. 100 EUR gezahlt werden. Beauftragt man einen Fachanwalt, schlägt dies mit ca. 150 EUR pro Vertretung zu Buche.

Abbildung 1.10 »Advo Assist«

Praxistipp
- Die Vorteile von Advo Assist:
- Anstelle eines eigenen Teams können Sie einen externen Spezialisten nutzen, der in Ihrem Namen zeitlich begrenzt agiert.
- Für Sie als beauftragender Anwalt sind diese Plattformen kostenlos und Sie können in kürzester Zeit auf einen großen Kollegenpool zugreifen!
- Durch die Terminsvertretungen sparen Sie wertvolle Zeit, da Sie nicht eigens anreisen müssen, um den Gerichtstermin wahrzunehmen.
- Sie werden professionell vor Gericht von einem Terminsanwalt vertreten, Ihr Mandant kann sich bei Fragen oder Problemen jedoch stets vertrauensvoll an Sie wenden.
- Sie sind und bleiben der hauptbevollmächtigte Anwalt.

Anwälte sollten diesen neuen Entwicklungen mit Gelassenheit und Spannung entgegentreten. Die üblichen anwaltlichen Mittel, Konkurrenz erst einmal mit Unterlassungsklagen zu überziehen, ist möglicherweise der falsche Weg.

Die Digitalisierung wird man auf Dauer nicht mit Mitteln des Berufsrechts bekämpfen können. Es werden neue Unternehmen in den Markt treten und »Rechtsdienstleistungen« anbieten, die mit dem anwaltlichen Berufsrecht überhaupt nichts zu tun haben, weil dahinter keine Anwälte stehen. Das Berufsrecht ist dann diesen Unternehmen gegenüber ein ziemlich stumpfes Schwert. Anstatt neue und innovative Ideen zu bekämpfen, sollten sich Anwälte überlegen, wie sie an diesen Geschäftsmodellen partizipieren können. Die Vorteile liegen auf der Hand!

Fazit

Vor allem kleine und mittlere Kanzleien profitieren von den beschriebenen Plattformen. Rechtliche Recherchen sind Zeitfresser. Vielen Kanzleien fehlt es an Strukturen, um zeitaufwendige Aufgaben effektiv erledigen zu lassen. Dies liegt entweder daran, dass keine juristischen Mitarbeiter wie Studenten, Referendare oder andere Juristen zur Verfügung stehen, oder daran, dass eine solche Hilfskraft nicht fest angestellt werden kann.

Mit Plattformen wie edicted, Advo Assit oder LAW APOYNT können Sie Experten für Ihren Fall mit an Bord holen und zeitliche Engpässe steuern. Sie können zudem auch als kleinere oder mittlere Kanzlei nach außen ganz anders auftreten. Wenn Sie diese Dienstleistungen in Ihre eigenen Prozesse integrieren, machen Sie Ihr Unternehmen effektiver und profitabler.

1.1.4 Management von Rechtsprozessen bzw. »Legal Project Management« für Kanzleien

Eine weitere Möglichkeit, Legal Tech in Ihre Kanzlei zu integrieren, liegt im Bereich des Managements komplexer Rechtsprozesse. Im Zuge der Digitalisierung und Globalisierung verändert sich der Beruf eines Anwalts: In vielen Fällen braucht es zur Umsetzung größerer Mandate neben einem Anwalt auch IT-Experten sowie Fachspezialisten. Anwälte brauchen zunehmend Know-how, das weit über die eigentliche Juristerei hinausgeht.

Beim Management von Rechtsprozessen geht es darum, dass sichergestellt wird, dass rechtliche Standards und Vorschriften eingehalten werden. Es geht aber auch darum, große Projekte so zu managen, dass sie weder zeitlich noch finanziell aus dem Ruder laufen. Viele Sachverhalte sind heute so komplex, dass sie gar nicht mehr von nur einem Berufsträger bewerkstelligt werden können. Es braucht in Zukunft also interdisziplinäre Teams, die für alle Beteiligten ein Gewinn sind.

Praxisbeispiel

Stellen Sie sich vor, ein technologielastiges Unternehmen beauftragt Ihre Kanzlei mit der Implementierung der Datenschutz-Grundverordnung. Als Anwalt ohne IT-Kenntnisse und Erfahrungen im Projektmanagement sind Sie einer solchen Aufgabe kaum gewachsen. Die Lösung bieten interdisziplinäre Teams!

Komplexe Großvorhaben verlangen ein ganzheitliches Projektmanagement in allen Realisierungsphasen. Wir brauchen deshalb in Zukunft Legal-Project-Manager, die in der Regel große Projekte mit komplexen Daten und Dokumenten steuern können und neben fundierten juristischen Kenntnissen vor allem über betriebswirtschaftliches und IT-Fachwissen verfügen. Dabei steuern Legal-Project-Manager große Projekte mit komplexen Daten und Dokumenten.

> **Praxisbeispiel**
>
> Um es einmal zu verdeutlichen: Anwaltskanzleien, die bei großen Projekten mit alternativen Honorarvereinbarungen wie Fest- oder Pauschalhonoraren, Kostenlimits und Erfolgsprämien arbeiten, müssen in der Lage sein, diese komplexen Strukturen zu managen.
>
> Der Legal-Project-Manager ist nicht nur für das Management von Terminen sowie von Risiken und das oftmals auch in internationalen Konstellationen zuständig, er muss das Mandatsmanagement zudem kaufmännisch unterstützen, ist also für die Budgetplanung und das Budget-Monitoring zuständig.
>
> Es sind also komplexe und fachübergreifende Anforderungen, die an den Legal-Project-Manager gestellt werden. Schlussendlich geht es darum, Finanzen, Rechtsdokumente und Verträge zentral und revisionssicher in digitalen Akten zu verwalten und Arbeitsprozesse zu automatisieren.

Unterstützt wird die Arbeit der Legal-Project-Manager zudem durch Cloud-basierte Software wie beispielsweise *Kleos* von Wolters Kluwer (*www.kleos.wolterskluwer.com/de*, siehe Abbildung 1.11). Dabei handelt es sich um eine moderne Cloud-basierte Software, die Akten- und Dokumentenmanagement- sowie Finanzmanagement-Software anbietet und somit wertvolle Hilfe bei der Umsetzung größerer rechtlicher Projekte leistet. Der Vorteil Cloud-basierter Software besteht natürlich darin, dass Sie als Anwalt keine teure IT-Landschaft installieren müssen, die hoch spezialisierte IT-Anforderungen erfüllen muss. Sie können diese Management-Software auch mit handelsüblichen PCs oder Laptops von überall aus nutzen.

Erwähnung finden muss in diesem Zusammenhang auch die von der Kanzlei Wilde Beuger Solmecke entwickelte Software Legalvisio, (*www.legalvisio.de*, siehe Abbildung 1.12), die als neuartige Cloud-Kanzleisoftware darauf spezialisiert ist, anwaltliche Verfahren, Prozesse und Schriftsätze zu einem hohen Grad zu automatisieren. Auch diese Software, die von der Mandanten- und Aktenverwaltung bis zur Finanzbuchhaltung Lösungen anbietet, ist selbstverständlich Cloud-basiert.

Abbildung 1.11 »Kleos« – eine Cloud-basierte Projekt-Management-Software von »Wolters Kluwer«

Abbildung 1.12 Die Projekt- und Kanzleimanagement-Software Legalvisio

Bisher haben Großkanzleien bei umfangreichen Projekten auf für große Unternehmen entwickelte Software zurückgegriffen. Konkret handelt es sich dabei zum Beispiel um Software, die speziell für die Rechtsabteilungen entwickelt wurde, um Rechtsdokumente und Verträge zentral und revisionssicher in einer elektronischen Akte zu managen. Da die komplett digitale Abbildung von Geschäftsvorgängen mit in (Groß-)Unternehmen oft eingesetzten Standardsystemen wie SAP kaum realisierbar ist, sehen sich kleine und mittelständische Unternehmen daher mit der Frage konfrontiert, wie sich Dokumente einerseits digitalisieren und andererseits optimal mit dem vorhandenen, führenden System verknüpfen lassen, um einen durchgängigen Informationsfluss sicherzustellen.

Die Antwort auf diese Probleme liefern in SAP integrierte *Legal Process Management Tools*. Einen solchen Service hat zum Beispiel die in Norderstedt ansässige Firma *Circle Unlimited AG* (*www.circle-unlimited.de/unternehmen*) entwickelt.

Da das Legal-Project-Management in Deutschland noch in den Kinderschuhen steckt, wundert es nicht, dass die Anbieter von *Legal Process and Project Management* überwiegend noch aus den angelsächsischen Ländern stammen. Einen Platz ganz vorne hat sich *LegalTrek* (*https://legaltrek.com*) erarbeitet, dessen Zielgruppe mittelständische Anwaltskanzleien oder Rechtsabteilungen sind. Angeboten werden umfangreiche Services von der Zeiterfassung bis zur Finanz- und Budgetkontrolle. Diese bietet Echtzeit-Reporting über Abrechnung und Ressourcenauslastung und steigert durch genaue und zeitnahe Abrechnung die Rentabilität. Projektbezogene Informationen werden in einer einzigen Datei gespeichert, die es jederzeit ermöglicht, personalisierte (währungsunterstützte) Rechnungen für alle Mandanten zu erstellen.

Festhalten lässt sich letztlich, dass der Markt für rechtliche Dienstleistung im Umbruch ist: Globalisierung und Digitalisierung haben die Anforderungen an rechtliche Dienstleistungen erheblich verändert. Dies erfordert, dass sich Kanzleien zunehmend wie Unternehmen aufstellen, um komplexe Projekte steuern zu können.

1.2 Legal Tech für Rechtsabteilungen

Rechtsabteilungen sehen sich heute mit einem viel härteren Wettbewerbsdruck konfrontiert als noch vor einigen Jahren. Ihre Leistung wird vom Unternehmen Jahr für Jahr auf den Prüfstand gestellt und dabei sehr viel genauer analysiert. Zwar halten Rechtsabteilungen deutscher Unternehmen Legal Tech für unverzichtbar, aber fraglich ist, ob sie dafür auch wirklich die erforderlichen Schritte übernehmen.

In einer von Wolters Kluwer 2018 herausgegebenen Studie (abrufbar unter *http://cli.institute/studien/legal-technology*) wird der Frage nachgegangen, wie sich Rechtsabteilungen aufstellen sollen und können sowie welche Informationstechnologien schon in die Rechtsabteilungen Einzug gehalten haben. Digitale Vertragsakten, intelligente Compliance-Management-Systeme und innovative Enterprise-Legal-Management-Lösungen sind in vielen Unternehmen praxiserprobte Hilfsmittel. Zukünftig werden Künstliche-Intelligenz-Plattformen und deren selbstlernende Algorithmen die Art und Weise von juristischer Arbeit entscheidend verändern. Mit welchen Herausforderungen und Hürden Rechtsabteilungen durch die Einführung von Legal Tech rechnen müssen und wie sich die Arbeit in Rechtsabteilungen durch Legal Tech in fünf bzw. zehn Jahren entwickeln wird, sind zentrale Themen dieser Studie.

> **Hinweis**
> Die Wolters-Kluwer-Studie zum Einsatz von Legal Tech in Rechtsabteilungen zeigt dabei Folgendes auf:
> - Die obersten Ziele, die mit der Einführung von Legal Tech in der Rechtsabteilung verfolgt werden, sind die Optimierung von Arbeitsabläufen (42,52 %) und die Optimierung von Kosten (23,95 %).
> - Hoffnungen richten sich auch auf die Verbesserung des Risikomanagements, auf die Verbesserung der Mandanteninformation und auf die Verbesserung der Kommunikation mit dem Management.
> - Die größte Herausforderung wird in funktionsfähigen und sicheren Datenschnittstellen gesehen, über die Dritten ein rechtssicherer Zugriff auf Daten gestattet werden soll.
> - Jeder fünfte Befragte fürchtet, dass neue Arbeitsabläufe und ein höherer Weiterbildungsaufwand der Juristen in Richtung IT erforderlich werden.

Zahlreiche Rechtsabteilungen arbeiten heute schon mit Legal Tech. Wenn die Juristen in den Rechtsabteilungen Legal-Tech-Anwendungen nutzen – und das tun sie mehrheitlich –, dann vornehmlich (63,4 %) für Online- Recherchen und Abfragen in juristischen Datenbanken.

Sie nutzen ferner Legal-Tech-Software zur Kostenkontrolle, zur elektronischen Rechnungsstellung und zum Workflow- und Dokumentenmanagement. Weniger als 10 % der Leiter Recht haben bereits Legal Tech 2.0 (wie z. B. *Data Analytics & Forecast*) im Einsatz. Mit noch avancierteren Anwendungen wie Blockchain-Technologie und eDiscovery befassen sich weniger als 3 % der Rechtsabteilungen.

1.2.1 Die digitale Rechtsabteilung der Zukunft

Roboter oder auf künstlicher Intelligenz basierende IT-Lösungen werden Anwälte in absehbarer Zukunft nicht ersetzen. Aber werden sie mehr als nur Routineaufgaben für sie erledigen können? Rechtsabteilungen in Unternehmen sind heute mehr denn je gefordert, sich besser und früher in die Unternehmensprozesse zu integrieren, die eigenen Abläufe zu optimieren und die Kosten zu senken. Dabei stellt sich jedoch die Frage, welche Bereiche betroffen sind und wie die oben genannten Forderungen in Zukunft in den Rechtsabteilungen umgesetzt werden.

Künstliche Intelligenz

Der Begriff *künstliche Intelligenz* (KI) geistert seit einiger Zeit durch die Medien, und man kann schon sagen, dass KI ein sehr polarisierendes Thema ist. Um einen Kommentar von Mark Zuckerberg aus dem Jahr 2017 zu zitieren: »Wenn Sie gegen KI argumentieren, dann argumentieren Sie gegen sicherere Autos und dagegen, dass Menschen besser diagnostiziert werden, wenn sie krank sind.« (Quelle: *http://uk.businessinsider.com/mark-zuckerberg-said-elon-musks-doomsday-ai-predictions-are-irresponsible-2017-7?IR=T*)

Der kürzlich verstorbene Stephen Hawking glaubte sogar, »die Entwicklung der vollen Künstlichen Intelligenz könnte das Ende der menschlichen Rasse bedeuten«. (Quelle: *https://portal.speexx.com/magazine/en/6639*)

Weil KI von großen Datenmengen lebt, ist sie bislang vor allem in Bereichen hilfreich, in denen Massen digitaler Informationen vorliegen, beispielsweise bei der Bilderkennung in sozialen Netzwerken. Große Erfolge feiert KI auch in der Medizin: Der IBM-Computer *Watson* hat Zusammenhänge in der Krebstherapie gefunden, die vorher unerkannt waren, weil er weltweit auf medizinische Datenbanken zugreifen kann.

Im Gegensatz dazu beruht die juristische Bewertung von Sachverhalten nicht auf massenhaften Textdaten, sondern erfordert ein tiefes Wissen in der Rechtssprache, die in jedem Land variiert. Rechtsprechung und Gesetzgebung ändern sich ständig. Die Datenakquise ist kompliziert, weil nicht alle Unterlagen frei verfügbar sind. Noch kann KI den Juristen also nicht ersetzen. KI kommt aber bereits bei einfachen, wiederholenden Tätigkeiten zum Einsatz.

Viele Internetunternehmen stehen in den Startlöchern, um Strategien für künstliche Intelligenz in Unternehmen und in Rechtsabteilungen zu entwickeln. Denn es muss nicht in alle Ewigkeit so bleiben, dass die Software dem Menschen nur lästige, repetitive Arbeit abnimmt. Je mehr künstliche Intelligenz und *Machine Learning* auf dem Vormarsch sind, desto mehr werden auch komplexere Sachverhalte mittels KI analysiert werden können.

Viele Forscher »bohren« derzeit in Spezialgebieten wie Jura. Dieser Markt ist zum einem riesig und zum anderen bisher kaum im Fokus gewesen. Viele Internetkonzerne sind angesichts der hohen Honorare sehr interessiert daran, die Geschäftsmodelle von Anwälten anzugreifen, um sich selbst einen Teil vom »Honorarkuchen« abzuschneiden.

Während bisher Rechtsabteilungen häufig damit beschäftigt waren, Dokumente zu lesen und zu analysieren, um alle wichtigen Fakten dann in eine Excel-Tabelle aufnehmen und zu sortieren, soll diese Aufgabe nun eine Software übernehmen, die direkt aus allen Dokumenten die relevanten Details erkennt und analysiert.

> **Praxisbeispiel**
>
> Ein Beispiel für den Einsatz von KI in der Rechtsabteilung ist die Software *Leverton* (*www.leverton.ai*, siehe Abbildung 1.13), die Verträge lesen und mittels künstlicher Intelligenz selbstständig analysieren und interpretieren kann. Nehmen wir an, Sie haben einen Mandanten, der Immobilienfonds kauft, mit einer Gewerbeimmobilie im Ausland. Nun kommt es zu einem riesigen Wasserschaden, der zahlreiche Geschäfte und deren Waren beschädigt. Die juristische Arbeit besteht nun darin, festzustellen, wer für den Schaden verantwortlich ist, ob und wenn ja, welche Versicherung eintritt und wer schlussendlich haftet. In der Vergangenheit war ein solcher Fall ein juristischer Super-GAU, der das Durcharbeiten von Hunderten von Dokumenten bedeutete – und das im schlimmsten Falle noch in einer fremden Sprache.
>
> Diese Arbeit soll nun die auf künstlicher Intelligenz basierende Leverton-Software übernehmen, die automatisch relevante Informationen aus Dokumenten extrahieren und so einen einfachen Zugriff auf strukturierte Daten ermöglichen soll. Mit der Leverton-Software soll es per Knopfdruck möglich sein, die Stellen anzeigen zu lassen, an denen die Haftung geregelt ist – und sich die Vertragsinhalte auch gleich auf Deutsch (oder in eine andere Sprache übersetzt) anzeigen zu lassen.

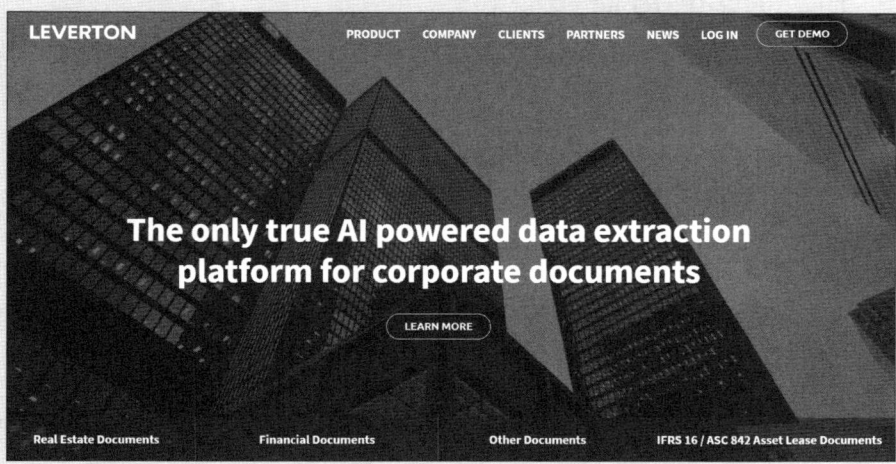

Abbildung 1.13 KI made by »Leverton«

Aber es gibt weitere Beispiele, wie Rechtsabteilungen bereits KI in der täglichen Arbeit einsetzen.

> **Praxisbeispiel**
>
> Unter dem ständig steigenden Kostendruck sah sich die große amerikanische Bank *J.P.Morgan* gezwungen, wiederkehrende Arbeiten zu automatisieren. J.P.Morgan hat deshalb 2016/2017 in maschinelles Lernen investiert und ein Programm mit dem Namen *COIN* (Contract Intelligence) entwickelt.
>
> COIN analysiert und interpretiert gewerbliche Kreditverträge mithilfe von KI. Durch COIN wurden schon im ersten Jahr 360.000 Anwaltsstunden eingespart. Die Software prüft Dokumente in Sekundenschnelle, wobei die maschinell erstellten Dokumente kaum fehleranfällig sind. Mithilfe von COIN konnte J.P.Morgan Fehler bei der Kreditvergabe erheblich reduzieren – Fehler, von denen die meisten auf menschliche Fehlinterpretation zurückzuführen waren. J.P.Morgan arbeitet zurzeit daran, die Technologie überall dort einzusetzen, wo durch die Einspeisung von Daten Muster und Beziehungen in komplexen Verträgen erkannt werden können.

Das sind erste Anwendungsbeispiele, die zeigen, in welche Richtung wir uns im Bereich der KI entwickeln werden. Wie eingangs erwähnt, haben es sich zahlreiche Start-ups auf die Fahnen geschrieben, die Businessmodelle der Anwälte mithilfe von KI anzugreifen, da es sich hier um einen sehr lukrativen Markt handelt. Und je besser auch die sogenannten *semantischen Spracherkennungsprogramme* werden, desto eher ist damit zu rechnen, dass eine führende KI-Software, die in Zusammenarbeit mit Spracherkennung entwickelt wird, sich durchsetzen und den Markt zur Analyse von (Standard-)Verträgen aufrütteln wird.

> **Praxistipp**
>
> Wenn Sie bedenken, welche (lästige und unbequeme) Arbeit Ihnen mit KI abgenommen werden kann, betrachten Sie diese Entwicklungen sicher mit anderen Augen. Denken Sie nur an das Thema *Due Diligence*! Wo früher der Anwalt stapelweise Verträge durchforsten musste, wird dies nun von einem Algorithmus und KI übernommen. Zahlreiche, mühevolle Arbeitsstunden können eingespart werden.

Ein weiterer Vorreiter in Sachen KI für Juristen ist das kanadische Unternehmen *Kira* (*www.kirasystems.com*).

Anwälten obliegt es oft, zahlreiche Unterlagen (z. B. M&A-Dokumente) einer Due-Diligence-Prüfung zu unterziehen. Traditionell ist dies ein arbeitsintensiver manueller Prozess, bei dem große Mengen schlecht organisierter Daten und Dokumente überprüft werden müssen – ein zeitraubender manueller Prozess, der mit Ungenauigkeiten und hohen Kosten verbunden ist.

Kira setzt künstliche Intelligenz ein, um die Dateien automatisch in maschinenlesbare Formen zu konvertieren, und verwendet dazu maschinelle Lernmodelle, mit deren Hilfe automatisch die Bestimmungen bzw. Formeln gefunden werden, die Sie in der Suche vorgegeben haben.

> **Hinweis**
>
> Kira wird in den USA schon von vielen großen Anwaltskanzleien sowie den *Big Four* der Wirtschaftsprüfungsgesellschaften mit Erfolg genutzt. Auch in Deutschland nutzen erste Kanzleien Kira, so z. B. *DLA Piper* und auch *CMS*. Die meisten Projekte liegen noch in der Erprobungsphase.

»Die Erkennung von typischen Regelungsgegenständen bei einer Vielzahl von Verträgen war schon immer eine Herausforderung für Großkanzleien. Mithilfe maschinenlernender Technologien können wir unseren Anwälten neue Mittel an die Hand geben, um die knappe Zeit noch intensiver für hochwertige inhaltliche Arbeit zu nutzen«, sagt Dr. Frederik Leenen, Counsel und Leiter Legal Tech bei CMS in Deutschland. (Quelle: *https://cms.law/de/DEU/News-Information/CMS-baut-Legal-Tech-mit-der-maschinenlernenden-Software-Kira-weiter-aus*)

In dieselbe Richtung geht das englische Unternehmen *RAVN* (*https://imanage.com/product/ravn*), das kürzlich von *iManage* gekauft wurde. RAVN ist ebenfalls eine hochmoderne Plattform, auf der künstliche Intelligenz mit Dokumenten- und E-Mail-Management verknüpft wird.

RAVN hat eine bahnbrechende, auf künstlicher Intelligenz basierende Technologie, die *Applied Cognitive Engine* (ACE) entwickelt. Sie ist in der Lage, in Sekundenschnelle eine große Anzahl von strukturierten und unstrukturierten Daten zu erfassen und diese Daten dann automatisch in Produkttypen zu kategorisieren.

Nennenswert ist in diesem Zusammenhang auch das von IBM entwickelte Computerprogramm *Watson* (*www.ibm.com/watson*), das nicht nur Begriffe aus einer gewaltigen Datenmenge herausfiltern, sondern sie auch sortieren, analysieren und mit dem so erlangten Wissen auf Fragen antworten kann. Die einen sehen darin ein wertvolles Hilfsmittel, die anderen warnen vor Fehlurteilen.

Tatsache ist jedenfalls, dass man die Digitalisierung im Rechtsbereich nicht aufhalten kann, ob einem das gefällt oder nicht. Vielmehr nimmt die Entwicklung in Sachen KI Fahrt auf: Unternehmen, Universitäten und Anwaltskanzleien wie *Freshfields Bruckhaus Deringer*, *Linklaters*, *Berwin Leighton Paisner*, *Dentons* oder *Travers Smith* investieren bereits erhebliche Summen in KI. Und auch Asien ist auf dem Vormarsch: Etliche Universitäten wie die *Peking University Law School* (siehe Abbildung 1.14) setzen auf das Pferd KI und investieren in Forschung und Ausbildung.

1 Anwendungsfelder

Abbildung 1.14 Forschung zu künstlicher Intelligenz an der »Peking University Law School«

Automatisierung von Dokumenten und Kostenersparnis

Die großen Themen der nächsten Jahre dürften auch *Dokumentenautomatisierung* und die *digitale Signatur* sein, da sich so Kosten massiv senken und Prozesse enorm beschleunigen lassen.

Der Marktführer in Sachen Dokumentenautomatisation kommt aus den USA: Seit über 20 Jahren ist *HotDocs* (www.hotdocs.com) im Bereich der Automatisierung von Dokumenten tätig und hat mehr als 1 Million Anwender (siehe Abbildung 1.15).

Mit dieser Software und aufgrund einer hervorragenden Microsoft-Integration lassen sich durch Eingabe von Daten und Informationen die verschiedensten Dokumente erstellen. So kann HotDocs beispielsweise im Rahmen einer Gesellschaftsgründung auf Grundlage der eingegebenen Daten gleich sämtliche zur Gründung erforderlichen Dokumente wie die Handelsregister-Anmeldung, die Gründungsurkunde und den Gesellschaftsvertrag generieren. HotDocs stellt dabei aber lediglich das Grundgerüst zur Verfügung – eine intelligente und automatisierte Vertragserstellung bietet HotDocs nicht.

Ein Nachteil der Anwendung besteht jedoch darin, dass das Erstellen der Vorlagen mühsam ist und Basis-Programmierkenntnisse des Anwenders erfordert. Der Dokumentenerstellungsprozess muss formal definiert und festgelegt werden. Ebenso müssen Textbausteine hinterlegt werden. Auch wenn HotDocs das Gegenteil behauptet, ist daher ein gewisses Maß an IT-Kenntnissen erforderlich. Das Arbeiten mit den Textbausteinen und den verschiedenen Applikationen sowie die Kontrolle derselben ist komplex, schwierig und sehr zeitaufwendig. Wer nicht ständig am Ball bleibt, hat daher Mühe, mit diesem System zu arbeiten. Da HotDocs zudem noch sehr teuer ist – je nach Lizenz müssen schnell einmal mehrere Tausend Euro pro Jahr einkalkuliert werden –, lohnt sich eine Anschaffung nur für solche Anwälte, die mit einer Vielzahl standardisierter Dokumente arbeiten.

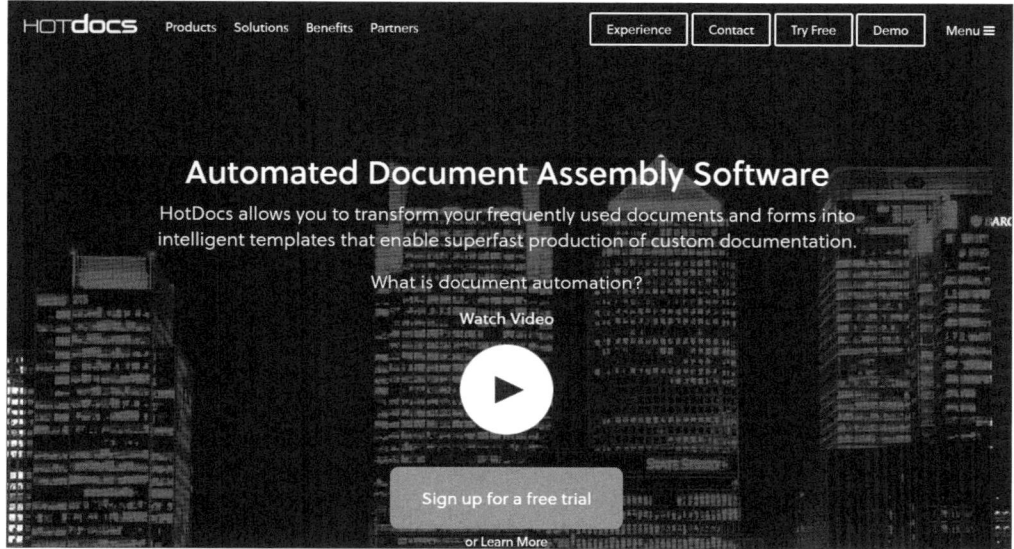

Abbildung 1.15 Die US-Firma »HotDocs« ist seit mehr als 20 Jahren auf dem Markt.

Neben HotDocs sind seit 2015 auch im deutschsprachigen Raum einige Start-ups mit dem Ziel »Automatisieren von Dokumenten« an den Start gegangen, allen voran die Berliner Firma *Lawlift* (www.lawlift.de).

Lawlift (siehe Abbildung 1.16) ist eine Software für Anwälte, mit der sogenannte intelligente Vorlagen erstellt, bearbeitet und verwendet werden können. Die Anwendung hat eine intuitiv verständliche Benutzeroberfläche. Der Nutzer legt einen Fragenkatalog und Textelemente an und verknüpft beides über Regeln. So entsteht, der rechtswissenschaftlichen Logik folgend, eine Wenn-dann-Struktur wie bei Tatbeständen und Rechtsfolgen.

Daraus erzeugt die Software eine intelligente Vorlage, z. B. für eine Datenschutzerklärung oder einen Arbeitsvertrag. Auf die einmal erstellte Vorlage kann der Nutzer immer wieder zugreifen, um daraus in wenigen Minuten Dokumente zu erstellen, die an einen individuellen Sachverhalt angepasst sind. Der Vorteil besteht dabei darin, dass der Anwender über keinerlei Programmierkenntnisse verfügen muss, sondern direkt mit der Arbeit beginnen kann, ohne eine Zeile Code schreiben zu müssen.

1 Anwendungsfelder

Abbildung 1.16 Dokumentenautomatisierung mit »Lawlift«

> **Hinweis**
> Wenn Sie in Ihrer Kanzlei damit beginnen möchten, Ihre Dokumente zu automatisieren, dann gibt es eine ganze Reihe weiterer Anbieter, zum Beispiel *knowledgeTools* (*www.knowledgetools.de*), das neben der Erstellung von Vertragsgeneratoren auch umfassende Dienstleistungen im Bereich Vertrags- und Fallmanagement anbietet (siehe Abbildung 1.17).

Abbildung 1.17 Erstellung von Vertragsgeneratoren mit »knowledgeTools«

> In diesem Zusammenhang sollten aber auch noch Legal-Tech-Unternehmen wie *Legito* (www.legito.com/DE/de), *DocEngine* (https://www.docengine.ch) und *Autorupt* (https://autorupt.ch) genannt werden, die sich alle auf die Automatisierung juristischer Dokumente spezialisiert haben. Diese Unternehmen arbeiten mit monatlichen Abo-Systemen, die je nach Anzahl der Nutzer und Anzahl der Dokumente preislich variieren. Für Kanzleien und Rechtsabteilungen mit bis zu 10 Nutzern kann die monatliche Lizenz zum Beispiel bei Lawlift schon für 79 EUR erworben werden.
>
> Nicht ungenannt bleiben sollten auch *SmartDocuments* (https://smartdocuments.eu/de), die im Bereich der Kundenkommunikation und Dokumentenerstellung von Notaren, Ministerien, Länderverwaltungen, Banken, Versicherungen und multinationalen Unternehmen vor allem in den Niederlanden eingesetzt werden.

Die zuvor genannten Automatisierungssysteme zeichnen sich dadurch aus, dass Verträge und Dokumente – um es einmal mit einfachen Worten zusammenzufassen – auf einer »Wenn-dann-Struktur« aufgebaut sind.

Sie als Anwalt/Jurist haben den Vertrag »in der Hand«. Sie können alle Vertragselemente mit eigenen Regeln (sogenannten *Konditionen*) versehen und somit Ihre eigenen Verträge bzw. Vertragsmuster fertigen und mithilfe der genannten Systeme automatisieren.

Die Vorlagen können regelmäßig von mehreren Nutzern bearbeitet werden, wobei der Hauptsachbearbeiter festlegen kann, wem welche Bearbeitungsrechte eingeräumt werden. Änderungen können in »Realtime« nachverfolgt werden.

Es existieren zahlreiche Programmierschnittstellen, sogenannte *APIs* (Application Programming Interfaces), die es ermöglichen, Änderungen an einem Dokument in alle verwandten Dokumente zu implementieren.

Die oben genannten Automatisierungssysteme setzen in der Regel zudem das gesamte Vertragsmanagement auf und pflegen dieses. Sie archivieren digital bestehende Verträge und übernehmen für Sie auch das Hosting, die Wartung und das Backup der Cloud-Server: Sie müssen sich weder um die Software noch um die IT kümmern, dies wird durch die Anbieter vollständig übernommen. Mit diesen Systemen können jedoch nicht nur Verträge erstellt werden.

> **Praxisbeispiel**
>
> Die Kölner Anwaltskanzlei Wilde Beuger Solmecke nutzt den schon erwähnten Anbieter SmartDocuments, um auf Tausende Filesharing-Klagen der Film- und Musikindustrie zu reagieren. Dauerte eine Klageerwiderung, die aus Mustertexten zusammengebaut werden musste, anfangs noch etwa 90 Minuten, hat sich diese Zeit

> durch den Einsatz der Dokumentenautomatisierung auf 15 Minuten verkürzt. Das Anlegen des ersten Musterdokuments dauerte zwar etwa 15 Stunden, doch angesichts von 1.000 bearbeiteten Klageerwiderungen war diese Zeitinvestition schnell wieder eingespielt.

Compliance- und Risikomanagement-Software

Um gesetzliche und unternehmensinterne Vorgaben zu erfüllen, reicht eine isolierte Betrachtungsweise einzelner Risiken vielfach nicht aus. Vielmehr ist es erforderlich, Risiken ganzheitlich zu betrachten und in die Unternehmenssteuerung zu integrieren. Unternehmen werden täglich mit einer Vielzahl von Risiken konfrontiert. Während bestimmte Unsicherheiten als Teil des Geschäfts akzeptiert werden (müssen), können gerade rechtliche Risiken ernsthafte oder gar existenzbedrohende Folgen haben.

> **Praxisbeispiel**
> Eine einzige verpasste Kündigungs- oder Verlängerungsfrist, das Übersehen einer Wettbewerbs- oder Vertraulichkeitsvereinbarung, die Wiederholung einer bereits abgemahnten Marketingmaßnahme oder ein Verstoß gegen datenschutzrechtliche Bestimmungen kann erhebliche Geschäftseinbußen, Vertragsstrafen, Bußgelder und teilweise sogar strafrechtliche Sanktionen auslösen.

Um als Unternehmen, Geschäftsführung und Rechtsabteilung nachhaltig erfolgreich zu sein, sollten im Rahmen einer Digitalisierungsstrategie konkrete Lösungen für ein akzeptiertes Risikomanagement entwickelt werden. Insbesondere mit der Thematik *Compliance* beschäftigen sich zahlreiche Unternehmen und bieten digitale Lösungen an, wie zum Beispiel die Firma *SAS* (www.sas.com/de_ch/solutions/risk-management.html). Integrierte Plattformen zeigen zuverlässig an, inwieweit risikopolitische Vorgaben im Unternehmen eingehalten werden. Damit wird die Zusammenarbeit von Governance-, Risk- und Compliance-Verantwortlichen unterstützt, und durch die Automation werden die Kosten für das Risikomanagement gesenkt.

Ein weiterer Anbieter von Legal Tech im Bereich Compliance ist *Otris* (www.otris.de/produkte/otris-compliance-richtlinienmanagement/?gclid=EAIaIQobChMIuMCSy5eh2gIV5pPtChOUnwGuEAAYASAAEgInZPD_BwE). Diese Firma hat ein komplettes Compliance-Management-System erstellt. Mit ihm wird sichergestellt, dass die Regeln nicht nur das Unternehmen selbst binden, sondern auch von Organen, Führungskräften und Mitarbeitern eingehalten werden.

Einsatz von Chatbots in der Rechtsabteilung

Bei *Chatbots* handelt es sich um technische Dialogsysteme, die mit einem Nutzer innerhalb einer Chat-Umgebung (wie zum Beispiel im Facebook Messenger) per Text oder Sprache automatisiert kommunizieren können. Chatbots sind virtuelle Assistenten und dienen als Kommunikationsschnittstelle.

Ein Chatbot arbeitet mit *Natural Language Processing* (NLP), einem künstlichen Intelligenzfeld, das sich mit der Interaktion zwischen menschlichen Sprachen und Computern beschäftigt. Es geht im Ergebnis um automatisierte Kommunikation, die entweder durch einen Austausch in einer Chat-Schnittstelle (z. B. *Facebook Messenger*) oder durch einen Dialog mittels Sprache (z. B. *Siri*, *Amazon Alexa*) erfolgt. Der vom Benutzer bereitgestellte Text oder Ton wird vom Bot analysiert und verarbeitet und zu entsprechenden Reaktionen bzw. Antworten verarbeitet. Kontinuierliche Forschung und Entwicklung im Bereich KI und Machine Learning fördern die Entwicklung intelligenterer Bots mit natürlichen, präzisen und intelligenten Antworten. Siehe dazu auch die Ausführungen von Patrick Prior unter *http://advobot.de/2018/04/26/160*.

Viele Unternehmen erkennen, wie wichtig eine intelligente Art der Interaktion und Kommunikation mit Anwendern wie Mitarbeitern oder Kunden ist, und setzen Chatbots beispielsweise für eine einfache Kommunikation im Personalwesen ein, um so einen Arbeitsprozess zeit- und kostenmäßig zu optimieren.

> **Praxisbeispiel**
>
> Chatbots kommen bereits bei Versicherungen, Banken, E-Commerce und High-Tech-Unternehmen sowie bei Fluggesellschaften zum Einsatz. Auch erste Rechtsabteilungen denken über den Einsatz von Chatbots als neue digitale Gesprächspartner nach.
>
> Die Rechtsabteilung der *Schweizerischen Bundesbahn* mit über 9.000 Mitarbeitern in drei verschiedenen Sprachzonen plant, einen Chatbot als Kommunikationsschnittstelle im Bereich »Human Resources und Arbeitsrecht« aufzubauen. Der Einsatz der Chatbots soll sich auf solche Anfragen beschränken, die regelmäßig und in gleicher Art gestellt werden, deren Bearbeitung aber wertvolle Zeit kostet. Der Chatbot ist quasi der virtuelle Assistent und beantwortet Standardfragen, z. B. nach der Anzahl von Urlaubstagen, angesammelten Überstunden oder Fragen zum Mutterschutz. Wenn der Chatbot gut aufgesetzt ist, kann er vor allem großen Unternehmen eine wertvolle Hilfe sein. Noch befindet sich das Projekt in der Pilotphase, aber der baldige Einsatz ist fest eingeplant.

Der Chatbot soll also entlasten, und diese Aufgabe kann er bei einfachen und regelmäßig wiederkehrenden Anfragen auch leisten. Ein Chatbot benötigt zudem keine Pause und auch keinen Urlaub und arbeitet rund um die Uhr, um den Kunden Rechtshilfe zu bieten, wann immer sie gebraucht wird.

Einsatz von Blockchain in der Rechtsabteilung oder Kanzlei?

Blockchain ist in aller Munde (siehe Abbildung 1.18), aber was ist das eigentlich? Das Bedürfnis nach einer Technologie, die manipulationssicher ist, wird immer wichtiger. Gerade im Bereich Recht ist es besonders wichtig, dass Datensicherheit gewährleistet ist. Im Bereich von Rechtsdienstleistungen können Sicherheitsrisiken in Bezug auf sensible Daten nicht akzeptiert werden.

Abbildung 1.18 Harald Schmidts Tweet zu Blockchain

Die Voraussetzung für alle Verbindungen zwischen juristischer Arbeit und digitalisierter Anwendung ist eine sichere und störungsfreie Technologie. Das ist zum einen wichtig, um eine gleichbleibend hohe Qualität zu gewährleisten, aber auch, um Haftungsfragen, die aus einer Sicherheitslücke resultieren könnten, von vornherein auszuschließen.

Die Blockchain kann genau das leisten, indem sie Datensätze speziell sichert und gegen nachträgliche Veränderungen oder Manipulationen schützt: Was einmal in der Blockchain gespeichert ist, kann nicht mehr geändert werden – es ist somit fälschungssicher und bleibt für immer nachvollziehbar. Außerdem erfolgt die Verkettung auf Basis zahlreicher dezentraler Computer, womit eine Blockchain unabhängig von einer zentralen Vermittlungsinstanz ist.

Insbesondere das Merkmal der Dezentralisierung und die Nutzung eines gleichberechtigten Netzwerks macht die Blockchain-Technologie unabhängig von einem übergeordneten Dritten und ist somit losgelöst von notwendigen Parametern wie Vertrauen und Verlässlichkeit, die bisher immer im Raum standen, wenn z. B. Notare tätig wurden. Die hinter der Blockchain liegende *Distributed-Ledger-Technologie* könnte aufwendige Verifizierungen und Authentifizierungen im Vertrags- und Immobilienrecht bald überflüssig machen.

> **Praxisbeispiel**
> Heutzutage ist es in Singapur auf der Online-Plattform *Averspace* (https://averspace.com) bereits möglich, dass Wohneigentümer Kaufverträge ohne Beteiligung eines Maklers oder Notars abschließen. Die Stadt Chicago, Illinois/USA, arbeitet gerade daran, ihr Grundbuch auf eine komplett neue (Blockchain-)Basis zu stellen. Die Einsatzmöglichkeiten scheinen unendlich zu sein.

»Prädestiniert für die Blockchain-Technologie sind kleinteilige, repetitive Geschäftsprozesse wie zum Beispiel Vertragsverhältnisse, an denen ihrerseits wieder viele kleinteilige Verträge beteiligt sind. Hier ermöglicht die Blockchain ein effizientes Vertragsmanagement.«, erklärt Marion Peyinghaus von *CCPMRE* (https://ccpmre.de).

Möglich werden solch intelligente, sich selbst abschließende Verträge – sogenannte *Smart Contracts* – durch das Zusammenspiel mit dem *Internet of Things*, also der Automatisierung von allem. Aber in der Praxis wird die Technologie erst erprobt. Immobilientransaktionen stehen dabei im Fokus, und die Zukunft wird zeigen, wie Rechtsabteilungen mit der Blockchain-Technologie arbeiten werden. Noch befindet sich hier vieles in den Kinderschuhen.

Große Erwartungen hat man dabei im Hinblick auf das Urheberrecht. Mit der Blockchain-Technologie will man urheberrechtlich geschützten Werken wie Musik oder Literatur im digitalen Umfeld einen sicheren Hort geben, indem diese und die mit ihnen verbundene Lizenzierung zentral auf einer Blockchain gemanagt werden. Man verspricht sich von der Blockchain-Technologie, dass sie die seit Langem erwartete Transparenz in die Urheberrechtskette bringt, die Risiken der Online-Piraterie verringert, die Kontrolle über digitale Kopien ermöglicht und einen zivilisierten Markt für digitale Zweitnutzungen schafft.

Außerdem wird erwartet, sogenannte *Open-Source-Lizenzen* mit Einnahmequellen zu kombinieren und so den Autoren via Kryptowährungen und Smart Contracts zu fairen Vergütungen zu helfen. Noch muss aber auch hier viel getan werden. Es müssen Regeln zur Erleichterung des Vertrauens der Nutzer in Blockchain-Datensätze geschaffen werden. Ferner müssen Transaktionen mit Kryptowährungen sowie der Status von Smart-Verträgen und deren Rechtsfolgen legalisiert werden.

1.2.2 Auslagerung von Rechtsprozessen: Outsourcing

Das Geschäftsmodell der Wirtschaftskanzleien entspricht dem von Handwerksbetrieben. Sie rechnen ab, indem sie ihre Arbeitsstunden zählen; mehr Umsatz ist nur mit mehr Personal, höheren Stundensätzen oder längeren Arbeitstagen erreichbar (vlg. *www.nzz.ch/wirtschaft/den-wirtschaftskanzleien-erwaechst-eine-neue-konkurrenz-1.18523284*). Mandanten kritisieren dieses Modell und sind auch nicht länger bereit, diese Stundenhonorare zu bezahlen. Dennoch eignet sich dieses Abrechnungsmodell für außergewöhnlich schwierige, schwer im Voraus abschätzbare Rechtsprobleme, wie sie sich beispielsweise bei Unternehmenskäufen stellen. Plötzlich heißt es, einen Berg von Arbeit zu bewältigen, der zudem noch »maßgeschneidert« abgeliefert werden muss.

Genau dieser Markt liegt im Visier der *Outsourcing*-Firmen. Denn die Auslagerung von Prozessen, das sogenannte Outsourcing-Geschäftsmodell begegnet diesen Herausforderungen, indem es Zugang zu hochwertigen juristischen Dienstleistungen bietet und damit ein Marktbedürfnis deckt.

Diese Geschäftsmodelle positionieren sich als Konkurrenten der Großkanzleien und versuchen durch den verstärkten Einsatz von Legal-Tech-Unternehmen, auch Rechtsabteilungen als Kunden zu gewinnen. Sie verbinden juristische Expertise auf völlig neuartige Weise mit Methoden und Techniken aus anderen Disziplinen, wie Strategieberatung, Projektmanagement und IT.

> **Praxisbeispiel**
>
> Ein sehr erfolgreiches LPO ist das US-Unternehmen *Axiom Global* (http://go.axiom-law.com/germany/en), das im Jahr 2000 gegründet wurde und mittlerweile über 1.200 Angestellte beschäftigt – mehrheitlich Anwälte. Seit Ende 2014 ist Axiom in der Schweiz und seit Mitte 2017 auch in Deutschland tätig. Axiom steht teilweise auch in Konkurrenz zu großen Beratungsfirmen wie *PricewaterhouseCoopers* oder *Ernst & Young*.
>
> Dass das Legal Outsouring ein riesiger Markt zu werden scheint, zeigen auch die zahlreichen Neugründungen im deutschen Markt mit Unternehmen wie *Clarius Legal* (https://clarius.legal), *Perconex* (www.perconex.de) sowie *TPR Legal* (https://tpr-legal.com).

Rechtsabteilungen, die den Kostendruck in den Griff bekommen müssen, greifen zunehmend auf LPOs und deren Dienstleistungen zurück, da diese binnen kürzester Zeit internationale und interdisziplinäre Teams zusammenstellen können.

Zum Zuge kommen dann insbesondere *Legal-Outsourcing-Anbieter*, die für sich den Anspruch erheben, mit einer Kombination von juristischem Fachwissen und Technologie die Bearbeitung von Verträgen günstiger und schneller zu erledigen als Kanzleien oder Rechtsabteilungen. Zudem bieten sie insbesondere die zeitlich befristete Entsendung von juristischem Fachpersonal, sogenannte *Secondments*. Sie sind dann sinnvoll, wenn Aufgaben die Kapazität des internen Teams überschreiten oder eine Spezialisierung erfordern. Für die Firmen bietet sich somit neben der Mandatierung einer Kanzlei und der internen Erledigung noch ein dritter Weg an, um rechtliche Aufgaben anzugehen.

Zielkundschaft dieser Geschäftsmodelle sind demnach vor allem die Rechtsabteilungen der großen Unternehmen. Im Fokus stehen aber auch Investoren von Start-ups, die ein vitales Interesse daran haben, dass ihr Investment auch erfolgreich wird, und daher auch auf eine externe Rechtsabteilung für Start-ups setzen. Eine solche Rechtsabteilung bietet zum Beispiel die Firma *WK Legal* an (www.wklegal.de/rechtsabteilung). Mit diesem dauerhaften Ersatz für nicht bestehende interne Rechtsabteilungen erwächst vor allem den Wirtschaftskanzleien Konkurrenz.

1.3 Legal Tech für Endkunden

Die Geschichte der Legal-Tech-Unternehmen ist jung: Keine 20 Jahre ist es her, dass Standarddokumente, wie zum Beispiel Arbeitsverträge, Leasing- und Mietverträge, Testamente, Handelsregister- und Trademark-Anmeldungen rund um die Uhr online zum Download für Endkunden angeboten werden.

> **Praxisbeispiel**
>
> *Legal Zoom* (www.legalzoom.com) wurde von den beiden Anwälten Brian Lee und Robert Shapiro gegründet und startete mit 10 webbasierten Produkten mit einem Fokus auf Nachlassplanung sowie Geschäftsaufbau für kleinere und mittlere Unternehmen. Schon bald weiteten sie ihr Geschäftsmodell jedoch auch auf Privatpersonen und Gründer aus.

Der Grund für den Erfolg dieser Unternehmen liegt darin, dass viele Unternehmer und Privatpersonen – nach Schätzungen bis zu 70 % – aus Angst vor den Kosten eines Anwalts keine Rechtsberatung in Anspruch nehmen. Das sind zum einen Personen, die sich Rechtsberatung tatsächlich nicht leisten können, und zum anderen aber eben auch solche, die schlicht und ergreifend nicht bereit sind, für anwaltliche Dienstleistungen (so viel) zu zahlen. In den USA wird diese Kundengruppe unter dem Begriff *A2J* (Access to Justice) zusammengefasst. Und genau diese Gruppe lag und liegt im Fokus der Legal-Tech-Anbieter.

Innerhalb kürzester Zeit folgten in den USA mit *Rocket Lawyer* (www.rocketlawyer.com) und *Legal Base* (www.legalbaselaw.com) zahlreiche Nachahmer des Legal-Zoom-Modells. Diese und andere sogenannte *Alternative Legal Service Providers* (ALSP) haben mit ihren Konzepten einen bisher quasi brachliegenden Markt erobert und erreichen Zielgruppen, die bisher keine (oder nur ungenügende) Rechtsleistungen in Anspruch genommen haben. Welche rechtlichen Bereiche dabei besonders fokussiert werden, wird im Folgenden erläutert.

1.3.1 Legal-Tech-Anbieter rund um das Thema »Verkehr«

Haben Sie sich schon einmal die »Allgemeine Geschäftsbedingungen – Beförderungsbedingungen für Fluggäste und Gepäck« beispielsweise der *Deutschen Lufthansa* oder die »Terms and Conditions« von *Easy Jet* angeschaut und wissen, welche Konsequenzen die Verspätung oder gar die Annullierung eines Fluges hat?

Die Vielzahl der Flugbucher macht dies nicht, weiß aber inzwischen in etwa, dass die europäische Fluggastrechteverordnung 261/2004 Passagieren je nach Flugstrecke einen Anspruch von 250 bis 600 EUR pro Person zuspricht, wenn sich der Flug erheblich verspätet oder ganz ausfällt. Aber auch wer das weiß, weiß noch immer nicht genau, unter welchen Bedingungen er diesen Anspruch geltend machen kann, und vor allem auch nicht, wie und gegen wen. Denn selbst wenn Passagiere herausfinden, wie sie das Flugunternehmen kontaktieren können, zahlen Airlines häufig nicht freiwillig. Dann einen Anwalt zu beauftragen ist für viele keine Option, da dieser im Regelfall mehr Geld kostet als ihr Anspruch wert ist. Das Risiko, am Ende auf Kosten sitzen zu bleiben, ist vielen zu hoch. Dies hat sich jedoch nun mit den Möglichkeiten des Legal Tech grundlegend geändert.

Flightright

Einer der Pioniere ist der Rechtsanwalt Philipp Kadelbach mit seinem Unternehmen *Flightright* (www.flightright.de/home, siehe Abbildung 1.19). Kadelbach gründete die Plattform, nachdem er selbst Geschädigter von Flugverspätungen wurde und die Airline auf seine Schreiben nicht reagierte.

Abbildung 1.19 Geltendmachung von Fluggastrechten und Kosten

Das wollte er sich nicht gefallen lassen und entschied sich 2010 gemeinsam mit seinem Freund Dr. Sven Bode, das Start-up Flightright zu gründen. Kadelbach nahm sich das »Handbuch Reiserecht« vor und stellte fest, dass die rechtlichen Regelungen für den Laien kompliziert und intransparent sind. Das war letztlich die Geburtsstunde von Flightright, einer Internetplattform, die es Kunden effektiv ermöglicht, ihre Ansprüche bei Verspätungen oder Flugausfällen gegen die Airline geltend zu machen. Ein Anwaltshonorar muss dabei nur im Erfolgsfall gezahlt werden, und es beträgt einen kleinen Anteil des Anspruchs gegen die Airline.

> **Praxistipp**
>
> Wie funktioniert die Fluggastentschädigung?
> 1. Der Kunde gibt seine Flugnummer und das Datum an, um die voraussichtliche Entschädigungssumme angezeigt zu bekommen.
> 2. Anhand von Flugdatenbanken und den Buchungsunterlagen prüft Flightright, ob alle Angaben stimmen und ob der Anspruch berechtigt ist.
> 3. Wenn das der Fall ist, formulieren die Anwälte von Flightright ein klassisches Anspruchsschreiben an die entsprechende Airline und fordern die Entschädigung ein.
> 4. Der Fluggast erteilt den Betreibern der Plattform die Vollmacht für die Geltendmachung seiner Ansprüche und tritt im Erfolgsfall 25 % der Entschädigungssumme zuzüglich Mehrwertsteuer als Honorar an diese ab.
> 5. Sollte Flightright den Streit verlieren, muss der Kunde nicht zahlen.

Mittlerweile reagieren die Airlines in 70 % aller Fälle schon auf das erste Schreiben und zahlen die Forderungen. Die Airlines kennen Flightright inzwischen und wissen, dass dieses Unternehmen nicht locker lässt, wenn sie nicht zahlen, obwohl der Anspruch auf Entschädigungszahlung berechtigt ist. Die Fälle, die gleichwohl vor Gericht kommen, gewinnt Flightright in 98 % aller Fälle. Inzwischen hat das Unternehmen für seine Kunden über 100 Millionen EUR an Entschädigungszahlungen durchgesetzt.

Geblitzt.de

Es gibt viele Bereiche, in denen Verbraucherrechte ganz bewusst nicht beachtet werden und die Verbraucher kaum Möglichkeiten haben, ihre Rechte durchzusetzen. Denn einerseits kennen viele Menschen ihre Rechte gar nicht, und andererseits gehen selbst die Wissenden aus Angst vor den Kosten nicht zum Anwalt.

Nach dem Vorbild des Flightright-Modells haben andere Start-ups vergleichbare Lösungen für Verbraucher auch auf anderen Gebieten eingesetzt. Dazu gehört auch die Plattform *Geblitzt.de*, die schon zahlreiche Male als Schrecken der Bußgeldstellen bezeichnet wurde. Sie hat einen fulminanteren Start in das Jahr 2018 hingelegt (siehe Abbildung 1.20).

Bereits im Rahmen des *51. Verkehrsgerichtstages* 2013 wurde eine Studie von Verkehrsexperten veröffentlicht, wonach sich von 15.000 Bescheiden 8 % als unzulässig oder falsch erwiesen und weitere 25 % in ihrer Beweisführung zumindest mangelhaft waren. Die Gründe reichen dabei vom unkenntlichen Foto über fehlerhaft ausgefüllte Formulare bis hin zu falsch geeichten Radargeräten.

Abbildung 1.20 »Geblitzt.de« macht der Bußgeldstelle der Stadt Köln das Leben schwer.

Praxisbeispiel

Eine Anlage auf der A3 am Heumarer Dreieck blitzte im Jahre 2017 von März bis September Hunderttausende Autos zu Unrecht, denn die Beschilderung nach einer Baustelle war nicht ausreichend. Es geht um rund 274.000 vermeintliche Verkehrsverstöße!

Der Schaden für die fälschlicherweise geblitzten Autofahrer dürfte sich auf rund 7,6 Millionen EUR belaufen: Geht man von 13 Millionen EUR Bußgeldern für 470.000 Auslösungen der Anlage im gesamten Jahr 2016 aus, kommt man für den Zeitraum der abgeschlossenen Verfahren von März bis September 2017 auf diesen von der Stadt eingenommenen Betrag bei etwa 274.000 gemessenen Verstößen.

Dennoch wird ein Großteil aller Bußgelder akzeptiert und bezahlt. Ursachen hierfür sind das eigene Schuldbewusstsein, mangelndes Wissen um Alternativen oder die Angst vor zusätzlichen Anwaltskosten und langwierigen Gerichtsprozessen. Viele Betroffene zahlen Bußgelder und erhalten Punkte, ohne zu wissen, dass dies verhindert werden kann.

> **01.01.2018 – 10:52 Uhr**
>
> Köln – **Hunderttausende Autofahrer wurden 2016 auf der A3 unrechtmäßig geblitzt. Die Stadt Köln nahm dadurch rund elf Millionen Euro an Bußgeldern ein. Mittlerweile hat sie etwa 1,3 Millionen Euro zurückerstattet. Es dürfte noch mehr werden.**
>
> ▶ Die Blitzer-Panne von der A3! Wegen eines nicht richtig ausgeschilderten Tempolimits rauschten am Heumarer Dreieck massenweise Autofahrer in die Foto-Falle. Die Anlage löste bereits bei 60 statt 80 km/h aus!
>
> Dutzende Opfer ließen ihre Knöllchen beim Internet-Portal „geblitzt.de" prüfen, legten erfolgreich Widerspruch am Amtsgericht Köln ein. Erst nach einigem Hin und Her stimmte der Stadtrat einem „freiwilligen Ausgleichsprogramm" für die zu Unrecht geblitzten Fahrer zu.
>
> Insgesamt seien 27 860 Anträge auf Rückzahlung wegen unrechtmäßiger Strafen gestellt worden, sagte eine Sprecherin der Stadt. In rund 10 000 Fällen laufe die Bearbeitung aber noch.

Abbildung 1.21 Schlagzeile in »Bild Online« am 01.01.2018

Jan Ginhold, der diese Problematik kannte, gründete daher im Mai 2013 sein Unternehmen Geblitzt.de und prüft seitdem kostenlos Bußgeldbescheide auf ihre Richtigkeit. Er bringt damit das Milliardengeschäft der Kommunen mit Bußgeldbescheiden ins Wanken. Das Angebot von Geblitzt.de klingt verlockend: Eine Dienstleistung, die bei einem anderen Anwalt bis zu 800 EUR kostet, gibt es dort gratis. Die Betreiber erklären, dass sie den Vertragsanwälten eine Software an die Hand geben, mit der in kürzester Zeit die Erfolgsaussichten beurteilt werden können. Geblitzt.de übernimmt die Kosten, wenn der Prozess verloren wird.

Damit die Bescheide auch vor Gericht der rechtlichen Prüfung standhalten, muss die Kommune den Verkehrsverstoß lückenlos dokumentieren können. Darin liegt jedoch gerade das Problem, da viele Bescheide Formfehler oder Fehler bei der Bedienung der Messgeräte aufweisen, was zu einer Einstellung des Verfahrens führen kann – eine Garantie für eine Einstellung des Verfahrens gibt Geblitzt.de jedoch nicht. Im Ergebnis ist Geblitzt.de jedoch ein weiteres Beispiel dafür, wie sich Ansprüche mithilfe von Legal Tech und vor allem ohne anfängliche Anwaltskosten durchsetzen lassen.

1.3.2 Legal Tech rund um das Thema »Finanzen«

Legal-Tech-Firmen haben ebenfalls den großen Markt erkannt, der sich im Bereich »Finanzen« auftut. Denn auch hier geht es um das klassische »David gegen Goliath«-Modell: Wie wende ich mich als Endverbraucher gegen die Macht der Banken?

Die Geburtsstunde für dieses Businessmodell ist eine Entscheidung des Bundesgerichtshofs (Urteil vom 28.10.2014, Az. XI ZR 348/13 und XI ZR 17/14), wonach all diejenigen Kreditnehmer, die ab 2004 einen Kreditvertrag abgeschlossen hatten, die zusätzlich zu Unrecht erhobenen Gebühren bis zum 31.12.2014 zurückverlangen konnten.

Was die wenigsten Verbraucher aber wussten, war, dass sie zur Verhinderung der Verjährung dieser Ansprüche verjährungshemmende Maßnahmen ergreifen mussten. Die von den Verbraucherzentralen zur Verfügung gestellten und von vielen Kunden verwendeten Musterschreiben waren jedoch nicht ausreichend, um die Verjährung zu unterbrechen. Dies wohl wissend, haben die Banken schlicht und ergreifend auf die Mahnschreiben nicht reagiert und durch schlichtes Nichtstun die berechtigten Ansprüche ihrer Kunden vereitelt. Die Beauftragung eines Rechtsanwalts haben jedoch viele Kunden gescheut, da sie häufig nicht einmal wussten, ob in ihrem Fall Bearbeitungsgebühren erhoben wurden und wenn ja, wie diese zurückgefordert werden konnten, ohne das Kostenrisiko für einen Rechtsanwalt tragen zu müssen.

Eine schnelle Lösung für dieses Problem bot damals *bankright.de*, das im Spätsommer 2014 von Dr. Sven Bode gegründet wurde und heute unter dem Namen *myright.de* firmiert (siehe Abbildung 1.22). Dr. Sven Bode unterstützte mit seiner umfassenden Rechtsexpertise Bankkunden bei der Durchsetzung ihrer Rechte gegenüber Banken und Sparkassen. Sein Ziel war es, den Bankkunden einfach und ohne Kostenrisiko auf Augenhöhe mit den Banken und Sparkassen bei der Anspruchsdurchsetzung zu bringen.

Abbildung 1.22 »bankright.de« wurde im Sommer 2014 von einem der Mitgründer von »flightright.de« gegründet, um Bankkunden zu ihren Rechten zu verhelfen.

Der Vorteil von bankright.de gegenüber einem Anwalt besteht darin, dass bankright.de rein erfolgsbasiert arbeitet und damit ein Honorar auch nur im Erfolgsfall fällig wird. Dass im Erfolgsfall gezahlt werden muss, versteht sich für alle Beteiligten von selbst. Immerhin tragen die Online-Legal-Tech-Plattformen die Kosten der Entwicklung und müssen dafür entsprechend entlohnt werden. Innerhalb von drei Monaten wurden bei bankright.de über 6.000 Fälle rechtshängig gemacht. Insgesamt flossen so über 1,5 Millionen EUR an geprellte Verbraucher zurück.

> **Achtung!**
> Mit Spannung darf erwartet werden, welches Legal-Tech-Unternehmen sich der am 04.07.2017 veröffentlichten Entscheidung (Az. XI ZR 562/15) des BGH zu Firmenkrediten annehmen wird. Auch hier herrscht der gleiche Tenor: Banken dürfen von Unternehmen keine Bearbeitungsgebühren für Kreditverträge verlangen. Als Entgelt für die Gewährung des Kredits dürfen sie ausschließlich einen Zins beanspruchen, den sie zur Deckung aller entstehenden Kosten verwenden müssen. Die Berechnung einer zusätzlichen Bearbeitungsgebühr neben dem Zins ist unzulässig, da damit Kosten für Bearbeitungs- und Verwaltungsaufwand in unzulässiger Weise auf den Kunden abgewälzt werden. Der BGH setzt also seine Rechtsprechung zu den Verbraucherkrediten aus dem Jahre 2014 konsequent fort und gibt eine weitere Steilvorlage für die Geltendmachung von Ansprüchen im Online-Wege.

1.3.3 Legal Tech im Sozialrecht

Sogar im Bereich Sozialrecht finden sich Möglichkeiten, mit Legal Tech zu arbeiten. Im vergangenen Jahr mussten die Jobcenter 226.215 Hartz-IV-Bescheide zurücknehmen. Bei 46.395 weiteren konnten Bezieher vor Gericht erfolgreich gegen ihre Bescheide vorgehen. Der Grund: Viele Hartz-IV-Bescheide sind fehlerhaft, schlecht vorbereitet oder schlecht dokumentiert. Das berichtet die »Bild«-Zeitung. Demnach legten im Jahr 2017 insgesamt 639.138 Hartz-IV-Empfänger Widerspruch gegen ihre Bescheide ein. Ein gutes Drittel bekam recht, die Jobcenter gaben 226.215 Beschwerden ganz oder zumindest teilweise statt.

Diesem Problem haben sich die Betreiber der Plattform *hartz4widerspruch.de* angenommen, hinter der die Firma *Rightmart* steht und eine kostenlose Prüfung von Hartz-IV-Bescheiden ermöglicht.

Die Website *hartz4widerspruch.de* hat seit der Gründung über 10.000 Hartz-IV-Bescheide mit einer Erfolgsquote von etwa 40 % geprüft. Da die Prüfung der Bescheide stets kostenlos ist, rechnet das Startup in den erfolgreichen Fällen die normale Gebühr gegenüber dem Jobcenter ab. Unterliegt Rightmart hingegen, nimmt es vom jeweiligen Amtsgericht die sogenannte Beratungshilfe in Anspruch, die Bürgern mit geringem Einkommen außerhalb eines Gerichtsverfahrens laut dem Beratungshilfegesetz zusteht. Für den Mandanten kostet der Dienst dadurch in keinem Fall etwas. Rightmart dagegen verdient in jedem Fall zwischen 200 und 300 EUR netto pro Mandat – eine Win-win-Situation.

Abbildung 1.23 Deutschlands größte Kanzlei im Sozialrecht wurde 2016 gegründet.

1.3.4 Legal Tech rund um das Thema »Scheidung«

Scheidung online – geht das? Wer bei Google »Online Scheidung« eingibt, erhält mehr als 500.000 Einträge. Der vielfach erweckte Eindruck, die gesamte Scheidung erfolge online und sei besonders kostengünstig, trifft allerdings nicht ganz zu. Denn beim Termin der Ehescheidung vor dem Familiengericht müssen die Ehegatten persönlich anwesend sein. Und auch die Scheidungskosten sind regelmäßig überall dieselben.

Scheidungsmanagement

Dennoch bietet auch dieser Lebensbereich unendlich viel Potenzial für Legal Tech, wie das Beispiel der *Scheidungsmanagerin* Brigitte Kaps zeigt. Sie hat sowohl selbst als auch in ihrem Freundeskreis oft genug erfahren müssen, dass es bei einer Scheidung um so viel mehr geht als nur um die Scheidung der Ehe an sich. Es gilt an die Kinder zu denken, psychologische Hilfe ist gefragt, ebenso finanzieller Rat oder auch Betreuung durch einen Seelsorger.

Daraus ist die Idee entstanden, eine »Rundum-Begleitung« für alle Phasen einer Scheidung oder Trennung zu lancieren. Kurz entschlossen gründete sie in der Schweiz die Firma *only1life* (*www.only1life.ch*), die seit 2017 auch einen Ableger in München hat.

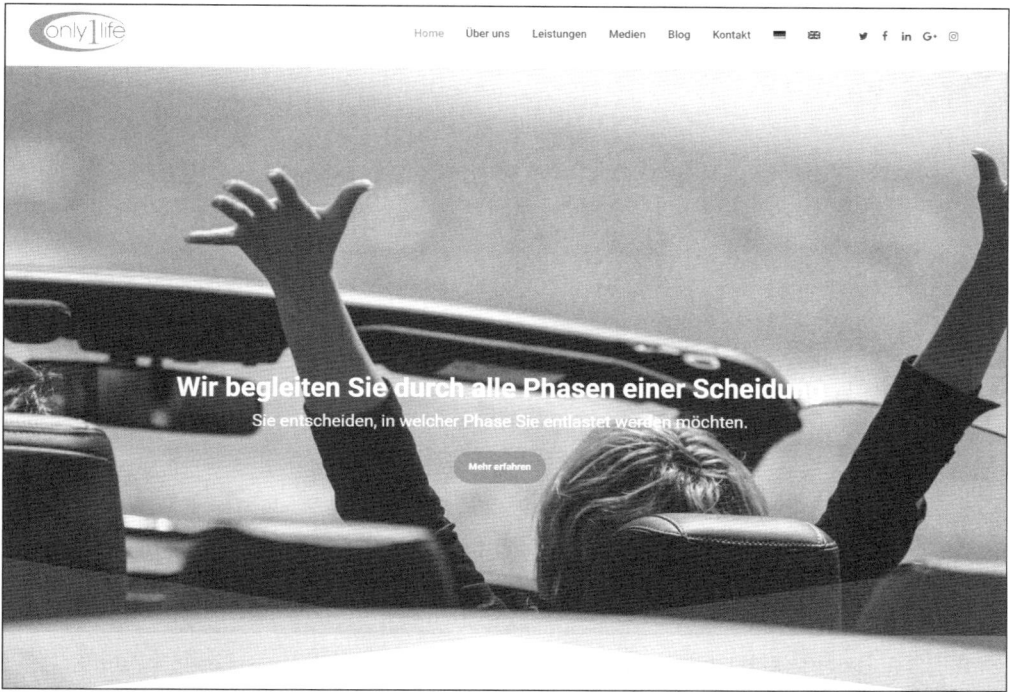

Abbildung 1.24 Mit über 20 Partnern bietet »only1life« online Hilfe rund um das Thema Scheidung und Trennung an.

Zu den Service- und Beratungsleistungen gehören Finanz-, Versicherungs- und Anlageberatung, Rechtsberatung, psychologische Beratung, kurzfristige Wohnungsvermittlung, Beratung zum Thema Scheidungskinder und Betreuung, PR und Scheidungskommunikation in den Medien, Lifestyle-/Einrichtungsberatung und Stilberatung.

Das Besondere an Unternehmen wie only1life besteht darin, dass sich die Online-Hilfe nicht nur auf das »rechtliche« Problem der Scheidung konzentriert, sondern vielmehr die gesamte Problematik einer Trennung abdeckt, was offensichtlich einem Kundenbedürfnis entspricht.

Reine Scheidungsportale

Daneben gibt es zahlreiche weitere Unternehmen, die »Online-Scheidungen« anbieten (siehe Abbildung 1.25), wobei man sich darüber klar sein muss, dass online nur ein großer Teil des Schriftverkehrs abgewickelt werden kann. Aber der Vorteil dieser Portale besteht natürlich darin, dass Betroffenen der Gang zum Anwalt erspart bleibt und sie das Portal rund um die Uhr erreichen können.

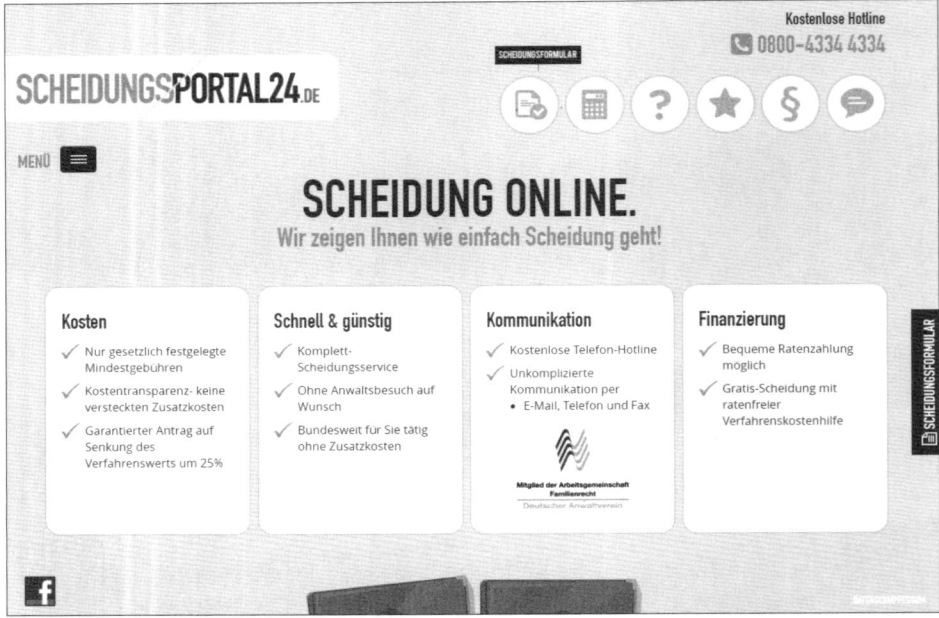

Abbildung 1.25 »Scheidungsportal24.de«

1.3.5 Legal Tech und Vertragsmanagement

Zahlreiche weitere Legal-Tech-Unternehmen bieten ebenfalls sehr nützliche Rechtshilfen an. Ein solcher Bereich ist zum Beispiel die Online-Abwicklung von Verträgen.

Kündigung von Online-Verträgen

Sicher haben auch Sie schon einmal festgestellt, dass der Abschluss eines Vertrags gefühlt nur zwei Klicks dauert, seine Kündigung jedoch denkbar kompliziert und gerade nicht online durchführbar ist. Oder Sie kündigen zwar fristgerecht, jedoch entspricht Ihre Kündigung nicht den AGB des Unternehmens und wird von diesem nicht akzeptiert. Der Verbraucher stellt sich an dieser Stelle verschiedene Fragen:

- Wer liest schon die AGB?
- Sind solche AGB denn überhaupt wirksam?
- Welche Rechte habe ich und wie setze ich diese durch?

Auch hier scheuen viele den Gang zum Rechtsanwalt aus Furcht vor immensen Kosten und akzeptieren im Zweifel eher die Verlängerung des Vertrages, obwohl dieser durchaus rechtswirksam hätte gekündigt werden können.

1.3 Legal Tech für Endkunden

An dieser Stelle setzt das Geschäftsmodell von *aboalarm* (www.aboalarm.de) an, das auf seiner Webseite seinen Nutzern über 20.000 rechtssichere und anwaltlich geprüfte Vorlagen für Online-Kündigungsschreiben anbietet (siehe Abbildung 1.26).

Abbildung 1.26 »aboalarm« bietet zudem eine Vertragsverwaltung aller Online-Verträge an, die Sie abgeschlossen haben.

Die meisten Dienste von aboalarm (z. B. die Kündigungsschreiben, das Kündigungsadressbuch, die Kündigungserinnerung und der Vertragscheck) sind kostenlos. Lediglich der Kündigungsversand über aboalarm kostet etwas: Wenn über die Website von aboalarm gekündigt wird, liegt der Preis zwischen 3,99 und 4,99 EUR pro Kündigung.

Einen vergleichbaren Dienst bietet *Kündigung.org* (www.kuendigung.org) an. Auch hier entstehen Kosten nur dann, wenn die Kündigungen mit dem Direktversand durch Kündigung.org verschickt werden.

Für den Endkunden sind diese Legal-Tech-Portale überaus sinnvoll und decken einen großen Bedarf, da hier bezahlbarer Rechtsrat geboten wird, der jederzeit zur Verfügung steht. Für einen Otto Normalverbraucher ist es zudem fast unmöglich, rechtswirksame Kündigungsschreiben aufzusetzen. Für alle Beteiligten ist es in der Regel wirtschaftlich uninteressant, einzelne AGB durch einen Anwalt auf ihre Rechtswirksamkeit überprüfen zu lassen. Online-Portale wie *aboalarm* oder *kuendigung.org* überprüfen die AGB eines großen Unternehmens einmal, aktualisieren diese und stellen das Ergebnis dann Tausenden von Nutzern gegen ein geringes Entgelt zur Verfügung: ein Geschäftsmodell, das für alle Beteiligten Sinn macht.

Automatisierte Mahnverfahren

Sollten Ihre Vertragspartner ihren vertraglichen Pflichten nicht nachkommen, dann können Anbieter wie *CleMa* (*www.clevermahnen.de*) Sie dabei unterstützen, offene Forderungen bei der Gegenseite anzumahnen. Dazu müssen Sie die offenen Rechnungen einscannen und auf der Website hochgeladen – alles Weitere übernimmt CleMa. Der gesamte Service ist dabei kostenlos. Denn nachdem das erste Mahnschreiben automatisch erzeugt und damit für CleMa kostenneutral ist, fallen die Gebühren erst mit der Beauftragung der Kooperationsanwälte an, die dabei nach dem Rechtsanwaltsvergütungsgesetz (RVG) abrechnen. Wie Sie sicher wissen, können Sie diese Kosten jedoch wiederum von Ihrem Schuldner ersetzt verlangen.

> **Hinweis**
> Auf der Website heißt es: »Um diesen Prozess für Sie so reibungslos wie möglich zu gestalten, lässt sich die CleMa Ihren Anspruch auf Ersatz der Rechtsanwaltskosten abtreten. Im Gegenzug übernehmen wir für Sie die Rechtsanwaltskosten. Auf diese Weise werden die Rechtsanwaltskosten von Ihnen direkt auf die CleMa umgeleitet – und das selbst dann, wenn sich der Schuldner als zahlungsunfähig herausstellen sollte!«

1.3.6 Legal Tech und Sammelklagen

Sammelklagen sind vor allem in den USA verbreitet. Sie werden dort als *class action* bezeichnet. In Deutschland gibt es Sammelklagen in dieser Form dagegen (noch) nicht. Seit dem 1. November 2018 gibt es das Gesetz zur Einführung einer zivilprozessualen Musterfeststellungsklage, mittels derer Verbraucher die Möglichkeit haben, in Fällen wie dem VW-Abgasskandal, von dem in Deutschland knapp 3 Millionen Menschen betroffen sind, gemeinsam gegen Unternehmen vorzugehen. Auf diese Weise können zum Beispiel von der Manipulation der VW-Autos Betroffene geschlossen gegen den Automobilkonzern VW klagen.

Bei einer *Sammelklage* erhält nicht nur der unmittelbare Kläger Ansprüche, wenn seine Klage erfolgreich ist, sondern auch alle anderen Personen, die vom selben Sachverhalt in gleicher Weise betroffen sind wie der Kläger. Um diese Ansprüche zu erhalten, müssen Betroffene also nicht selbst klagen. Die US-amerikanische Bezeichnung *class action* bezieht sich darauf, dass Einzelne nicht mehr nachweisen müssen, dass sie individuell von einer Sache betroffen sind, sondern nur noch ihre Zugehörigkeit zu der betroffenen Gruppe (*class*) beweisen müssen. Die VW-Abgasaffäre eignete sich grundsätzlich dazu, etwas Vergleichbares wie die US-Sammelklage auch in Deutschland auf den Weg zu bringen, da auf diese Weise die fast identischen Ansprüche vieler Verbraucher gegenüber einem Konzern geltend gemacht werden können.

Der VW-Konzern erklärte Millionen von betroffenen Autofahrern im Jahr 2016, in Deutschland gäbe es kein Recht auf Entschädigung. In der Folge gründeten Dr. Sven Bode und Jan-Eike Andresen (bekannte Akteure von flightright.de und bankright.de) die Online-Firma *myRight.de*, über die die Geschädigten ihre Ansprüche geltend machen können (siehe Abbildung 1.27). Inzwischen haben viele Gerichte auch in Deutschland den VW-Konzern zum Rückkauf der Autos oder zum Schadensersatz verurteilt.

Abbildung 1.27 »myRight« und der VW-Abgasskandal

Das Geschäftsmodell von myRight unterscheidet sich kaum von allen bisher vorgestellten Modellen. Auch myRight verspricht den Geschädigten die Geltendmachung ihrer Rechte und fordert eine Bezahlung nur im Erfolgsfall. Der Vorteil besteht darin, dass myRight (und andere vergleichbare Unternehmen) über die Daten der potenziellen Anspruchsgegner verfügen und deshalb mit einer ganz anderen Macht gegenüber Konzernen auftreten können als beispielsweise ein einzelner Anwalt, der lediglich zwei oder drei Mandanten vertritt.

> **Praxistipp**
>
> Wer seine Ansprüche im VW-Abgasskandal von myRight geltend machen lassen möchte, der muss folgendes Verfahren durchlaufen:
>
> ▶ Um seine Rechte zu wahren, kann grundsätzlich jeder, der vom Abgasskandal betroffen ist, myRight beauftragen.
> ▶ Danach kümmert sich myRight um die Abwicklung und tritt gegebenenfalls noch mit dem Geschädigten per E-Mail oder Telefon in Kontakt.
> ▶ Die Rechte werden nicht nur durch myRight vertreten, sondern auch durch führende Anwaltskanzleien: Im Abgasskandal hat myRight die US-amerikanische Kanzlei *Hausfeld* mandatiert, die schon das Verfahren gegen VW in den USA geführt hat.

- Der Kunde zahlt keine Anwalts- oder Gerichtskosten. Nur im Erfolgsfall geben die Kunden einen Teil des Erlöses an myRight ab, womit für die Kunden kein Kostenrisiko besteht.
- Sämtliche Kosten für Anwälte, Gerichte, Gutachter trägt myRight; es müssen auch keine Anzahlungen geleistet werden.

1.3.7 Rechtshilfe bei allgemeinen Verträgen

Musterverträge, Vorlagen für Arbeitszeugnisse und Kündigungsschreiben, Formulare für Steuern, für Gesundheit und Vorsorge, Musterbriefe und Checklisten, Bewerbungsvorlagen etc. gibt es heutzutage im Internet wie Sand am Meer.

> **Praxistipp**
>
> Für wenig Geld gelangen Sie zu rechts- und abmahnsicheren Dokumenten:
>
> - Musterverträge stellen für kleinere und mittlere Unternehmen eine große Hilfe dar, da man quasi in allen Standardsituationen auf gut vorformulierte Schreiben und Dokumente zurückgreifen kann.
> - Viele Dokumente werden kostenfrei angeboten.
> - Gerade Online-Shops tun gut daran, ihre AGB auf dem neusten Stand zu halten. Schon ab 9,99 EUR pro Monat können Sie online AGB-Pakete mit kurzen Mindestlaufzeiten erwerben, die alle einen Update-Service erhalten.

Ein gutes Beispiel dafür ist der Anbieter *Formblitz* (www.formblitz.de), der über 10.000 Muster, Formulare und Vorlagen zum sofortigen Download anbietet – teils kostenlos, teils produktbezogen kostenpflichtig. Einmal heruntergeladen, können die Dokumente am Computer bearbeitet und beliebig oft verwendet werden.

Bei Formblitz gibt es aber nur vorgefertigte Dokumente. Will man seine Dokumente selbst anhand eines »Frage/Antwort/Wenn-dann-Prinzips« individuell erstellen, dann sollte man sich das seit 2016 zu Wolters Kluwer gehörende Unternehmen *Smartlaw* (www.smartlaw.de) näher anschauen. Smartlaw stellt online zahlreiche Verträge und Rechtsdokumente zur Verfügung, die in Zusammenarbeit mit Fachanwälten entwickelt wurden. Zurzeit gibt es mehr als 190 Dokumente, die Unterlagen zu den Themen »Business und Unternehmen«, »Vermieten und Immobilien« sowie »Familie und Privates« zur Verfügung stellen. Jedes einzelne dieser Dokumente können Sie mit einem intuitiven Frage-Antwort-Dialog in wenigen Minuten selbst erstellen. All das ganz ohne juristisches Know-how – denn das übernimmt Smartlaw: In Zusammenarbeit mit Rechtsexperten wird ein Erstellungsprozess so gestaltet, dass er dem Gespräch mit dem Rechtsanwalt nachempfunden ist.

Die Verträge sind immer auf dem neusten Stand. Der Nutzer muss sich hier für eines der vier vorgeschlagenen Abomodelle entscheiden (siehe Abbildung 1.28). Er zahlt monatlich einen Betrag, der davon abhängt, für welches Modell er sich entschieden hat. Dieses skalierbare Businessmodell ist an Vorbilder aus den USA angelehnt, z. B. an *LegalZoom* oder *Rocket Lawyer*.

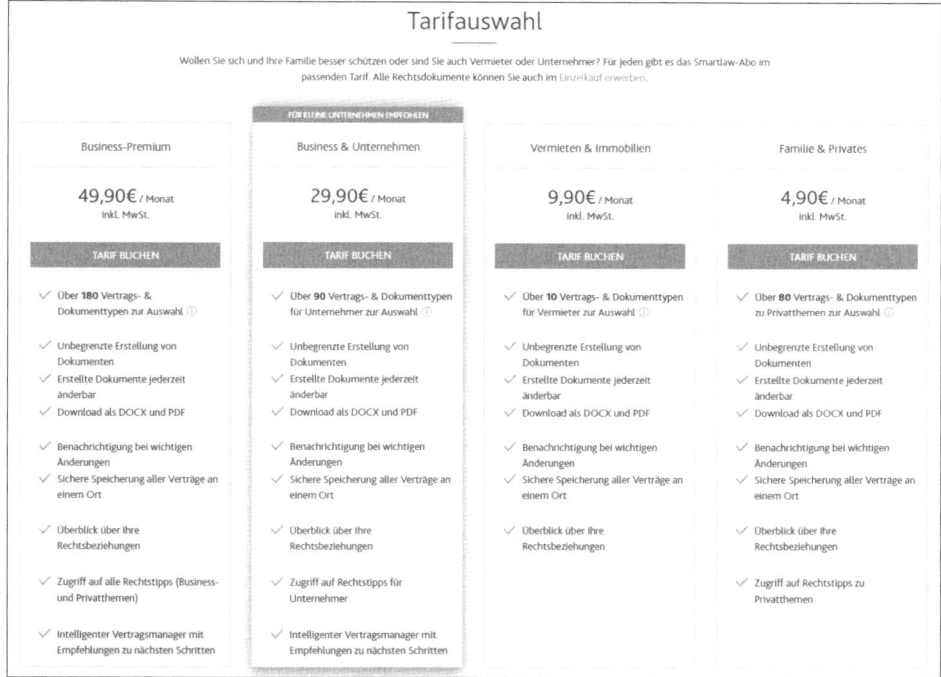

Abbildung 1.28 Das Abomodell von »Smartlaw«

> **Hinweis**
>
> Zusammen mit *Trusted Shops* hat die Kölner Medienrechtskanzlei Wilde Beuger Solmecke skalierbare Abmahnschutz-Produkte entwickelt (*https://shop.trusted-shops.com/de/abmahnschutzpaket-pro*).
>
> Mithilfe eines Generators kann beispielsweise eine DSGVO-konforme Datenschutzerklärung erstellt werden. Dieses Angebot haben über 100.000 Unternehmen genutzt und die Anwälte mit einem Link auf die Kanzlei in der Datenschutzerklärung »bezahlt«. Damit wurde Wilde Beuge Solmecke bei Google in kurzer Zeit zum Experten zum Thema Datenschutz. Und ganz nebenbei hat die Kanzlei innerhalb weniger Monate einen riesigen Unternehmens-Newsletter mit über 120.000 Empfängern aufgebaut. Denn wer den kostenlosen Generator benutzen wollte, wurde gefragt, ob er auch den Newsletter erhalten will, was die meisten Nutzer bejaht haben.

1.3.8 Weitere Legal-Tech-Unternehmen für Endkunden

Das Internet hat die Nutzung von Musik, Filmen und Computerspielen fundamental verändert. Bilder werden aus dem Internet heruntergeladen und auf der eigenen Webseite oder dem Blog gepostet, oftmals ohne die Bildrechte erworben zu haben.

Täglich werden 2 Milliarden Bilder ins Internet hochgeladen und geteilt – 85 % davon ohne gültige Lizenz. Denn Bilder im Internet sind zwar frei zugänglich, dürfen jedoch in den allermeisten Fällen nicht einfach so verwendet werden. Ohne Klärung der Nutzungsbedingungen und ohne die ausdrückliche Zustimmung des Bildurhebers oder Rechteinhabers darf kein Foto für kommerzielle Zwecke verwendet werden. Viele Nutzer fragen sich, welche Produktfotos sie als Inhaber eines Online-Handels auf ihrer Webseite einstellen dürfen und wie bzw. von wem sie die Lizenzen erwerben können.

Abbildung 1.29 Urheberrecht im Netz

Die Urheber dieser Bilder fragen sich umgekehrt, wie sie Rechtsverletzungen nachverfolgen können und wie entsprechende Lizenzansprüche durchgesetzt werden können. Eine Lösung für Urheber bieten dabei Plattformen wie *Copytrack* (*www.copytrack.com*, siehe Abbildung 1.29), die unerlaubt genutzte Fotos mittels einer Software in 140 Ländern der Welt aufspürt. Dies funktioniert, indem jedermann seine eigenen Bilder auf diese Plattform hochladen und einen entsprechenden Betrag zur Lizenzierung einstellen kann. Das Unternehmen sichert die Urheberansprüche ihrer Kunden, um erfolgreich deren Ansprüche aus Urheberrechtsverletzungen geltend zu machen (siehe Abbildung 1.30).

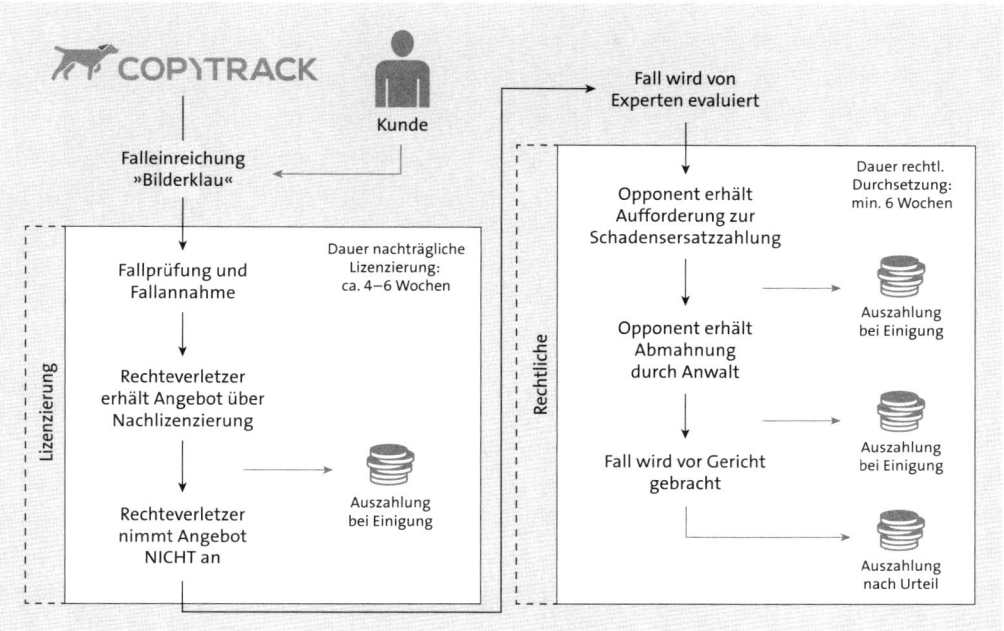

Abbildung 1.30 So sieht der Prozess zur Geltendmachung der Rechte aus.

Zunächst wird dazu mit dem illegalen Nutzer Kontakt aufgenommen, dem dann die Möglichkeit geboten wird, die Bilder nachträglich zu lizenzieren. Macht er davon keinen Gebrauch, wird ein formelles Mahnverfahren eingeleitet und unter Umständen auch eine gerichtliche Durchsetzung der Ansprüche geprüft.

Die Nutzung von Copytrack ist grundsätzlich kostenfrei. Lediglich im Erfolgsfall erhält Copytrack eine Erfolgsprovision: Der Kunde erhält 70 % der erlösten Lizenzgebühren oder Entschädigung ausgezahlt und Copytrack erhält 30 %. Nur wenn die Ansprüche über einen Anwalt im Ausland durchsetzt werden müssen, erhält Copytrack 50 % der Forderungshöhe. Die Abrechnung erfolgt automatisch.

TEIL II
Moderne Marketing-Strategien

Kapitel 2
Einstieg und Herangehensweise

Bevor Sie sich mit der Frage beschäftigen, was erlaubt ist (das anwaltliche Werberecht wird im Wesentlichen in den §§ 6–10 BORA sowie §§ 43b, 49b und 59a geregelt), sollten Sie sich grundsätzlich entschließen, für sich zu werben. Denn Henry Fords legendäres Zitat »Wer nicht wirbt, stirbt« ist heute aktueller als jemals zuvor.

Das Gießkannen-Prinzip oder der Wille, es jedem recht zu machen – so sehen viele Marketing-Kampagnen von Anwaltskanzleien aus. Wenn Sie für alle alles machen wollen, dann werden Sie niemals erfolgreich sein, und zwar deshalb nicht, weil Sie sich so kein Profil und kein Unterscheidungskriterium aufbauen können. Alles für alle anbieten ist kein Marketing, sondern ein sogenanntes »Chinese Menu«, also eine Speisekarte, deren Angebote den Leser schier erschlagen, ohne »Charakter« zu haben.

Um ein erfolgreiches Online-Marketing aufzubauen, müssen Sie sich zunächst einmal über Ihre eigenen Stärken im Klaren sein. Dann können Sie in einem zweiten Schritt auch Ihre Zielgruppe (Branche, soziodemografische Merkmale) mit maßgeschneiderten Marketingkonzepten ansprechen und so online neue Mandanten gewinnen. Wie Sie dies am besten umsetzen können, möchten wir Ihnen in diesem Kapitel erläutern.

2.1 Wie kann ich zielgerichtete Konzepte entwickeln?

Um Ihr Konzept zu entwickeln, sollten Sie sich fragen, was Sie und Ihre Kanzlei so einzigartig macht, dass jemand bei Ihnen und nicht bei Ihrem Mitbewerber Rat suchen sollte. Nur wenn Sie diese Frage beantwortet haben, können Sie ein zielgenaues Marketingkonzept entwickeln. Nehmen Sie sich die Zeit, und organisieren Sie zusammen mit Ihrem Team zum Beispiel einen *Mindmapping*-Workshop. Wenn Sie das nötige Budget haben, können Sie auch einen Workshop-Leiter organisieren; zwingend nötig ist dies jedoch nicht. Denn Sie können einen solchen Workshop auch ohne Hilfe Dritter organisieren.

> **Praxistipp**
>
> *Mindmapping* ist eine Visualisierungstechnik, bei der ein Sachverhalt »sichtbar« wird. Es geht also um die Visualisierung und Strukturierung von Ideen. Als Anwälte benutzen wir vorwiegend die linke Gehirnhälfte, die für analytisches Denken zuständig ist. Die rechte Gehirnhälfte ist für das bildliche Vorstellungsvermögen zuständig und wird oft vernachlässigt. Sie ist es aber, die Geschichten in Bilder transformieren kann. Die Technik des Mindmappings hilft Ihnen dabei, Ideen sichtbar zu machen.
>
> Wie kann dies in der Praxis umgesetzt werden? Orientieren Sie sich im Wesentlichen an den folgenden Punkten:
>
> - Konzentrieren Sie sich auf ein zentrales Thema (z. B. »Scheidung« oder »Start-up«).
> - Ordnen Sie im Team Begriffe diesen Themen zu, schreiben Sie diese auf ein leeres Papier, und verbinden Sie diese Begriffe.
> - Benutzen Sie freie webbasierte Mindmapping-Tools, die Ihnen bei der Begriffsfindung helfen, z. B. *Coggle* (https://coggle.it), *Mindmeister* (www.mindmeister.com/de) oder *X-Mind* (www.xmind.net/de).
> - Stellen Sie sich folgende Fragen: »Was wollen Sie und Ihr Team anders/besser machen, um sich von der Masse zu unterscheiden? Wie wollen Sie das machen?« Positionieren Sie sich und Ihr Team in diesem Umfeld, und filtern Sie Ihre Einzigartigkeit heraus!

Eine *Standortbestimmung* oder auch ein sogenanntes Mindmapping ist deshalb sehr wichtig, um ein zielgenaues Marketing zu starten. Sie bauen sich somit ein *Alleinstellungsmerkmal* auf. Es handelt sich dabei um etwas, was nur Sie haben und was nicht so schnell kopiert werden kann. Dies ist für Sie deshalb von besonderer Bedeutung, weil Sie nur so aus der Masse herausstechen und potenzielle Mandanten bestimmte Rechtsbereiche direkt mit Ihnen assoziieren.

In einer digitalen Welt ist es wichtig, diese Alleinstellungsmerkmale zu etablieren, die Sie einzigartig machen und die nicht sofort von Ihrer Konkurrenz kopiert werden können. Dazu müssen Sie Ihrer oben beschriebenen Grundpositionierung noch etwas hinzufügen, was Ihre Konkurrenz nicht so schnell kopieren kann, nämlich Ihre Persönlichkeit. Denn Sie müssen nicht der Beste sein, um Erfolg zu haben, sondern nur für Einzelne wichtig sein. Diese Nische finden Sie, wenn Sie Ihre *Einzigartigkeit* kennen. So gelangen Sie auch zu Ihrer optimalen Marketingpositionierung.

Diese Einzigartigkeit herauszufinden, fällt den meisten von uns schwer. Kein Wunder: Wer ist schon wirklich in der Lage, sich selbst mit einem Blick von außen zu betrachten? Fragen Sie deshalb Mandanten, Freunde, Kollegen und Familie, und stellen Sie so ein Bild von sich zusammen, das Sie später auch aktiv vermarkten müssen.

> **Praxisbeispiel**
>
> Wenn Sie Ihre Freizeit in einem Motorradclub verbringen und die besten Motorradtouren zwischen Waterkant und Ammersee kennen, dann sollten Sie darüber nachdenken, ob Sie hier nicht über Insiderwissen verfügen, das Ihr Kollege auf der gegenüberliegenden Straßenseite nicht hat.
>
> Sind Sie zudem Fachanwalt für Arbeitsrecht, dann denken Sie einmal darüber nach, ob Sie sich nicht für genau diese Zielgruppe (Motorradfahrer und Arbeitsrecht) positionieren sollten.
>
> Verfügen Sie über spezielle empatische Fähigkeiten, mit Menschen umzugehen, die üblicherweise am Rande der Gesellschaft stehen, wie Prostituierte oder auch die »Hells Angels«, dann denken Sie darüber nach, sich hier zu positionieren.
>
> Dass dies durchaus realistisch ist, zeigt das Beispiel des Zürcher Anwalts Valentin Landmann, der sich – nachdem er in den 90er-Jahren selbst angeklagt war – fortan als »Milieu-Anwalt« einen Namen machte. Er verteidigte Prostituierte, gründete 1998 in Zürich das Bordell »Petite Fleur« und verteidigte so ziemlich alles, was kein anderer Anwalt »anfassen« wollte. Er gehört heute zu den sogenannten Star-Anwälten in der Schweiz. Zu seinen Mandanten gehören wegen Steuerhinterziehung angeklagte Banker ebenso wie Mitglieder der Rockergruppe »Hells Angels«.
>
> Die andere Seite der Medaille bedient der Zuger Anwalt Urs Mühlebach, der von den politisch Linksgerichteten der Schweiz als »Milliadärsschlepper« beschimpft wird. Der Grund dafür ist, dass er sich ausschließlich auf überaus vermögende ausländische Unternehmer konzentriert, die in der Schweiz pauschal besteuert werden. Er bringt dieser Klientel die Privilegien des schweizerischen Steuersystems nahe, die dieser Gruppe häufig gar nicht bekannt sind, und verhandelt mit den örtlichen Behörden über eine Pauschalbesteuerung dieser Milliardäre.

Was haben beide Anwälte aus dem Praxisbeispiel gemeinsam? Sie haben sich Positionen aufgebaut, die kaum kopiert werden können! Sie wollen überhaupt nicht überall der Beste sein! Sie konzentrieren sich darauf, für Einzelne wichtig zu sein! Und diese Rechnung ist aufgegangen. Viele Anwälte sind oftmals nicht bereit, diesen Schritt zu gehen, weil sie ja selbst wissen, wer sie sind.

Auch wenn die Anwälte selbst sich natürlich im Klaren darüber sind, was sie selbst ausmacht, vergessen sie dennoch häufig die Tatsache, dass sie sich für jemanden positionieren müssen, der sie nicht kennt. Das bedeutet, dass Sie sich und Ihr Team auch mit den Augen eines Dritten sehen müssen, der online Rechtsrat sucht. Lassen Sie sich deshalb bei dieser Positionierung helfen. Es gibt zahlreiche Online-Tools, die diese Dienste kostenfrei zur Verfügung stellen. Eines davon ist z. B. *Soovle* (*https://soovle.com*, siehe Abbildung 2.1). Es liefert Ihnen aus verschiedenen Plattformen wie Wikipedia, Google, Bing, YouTube oder Amazon relevante Suchbegriffe zu »Ihren Themen«.

Abbildung 2.1 Ideen rund um ein Thema sammeln mit »Soovle«:
Es bietet Zugriff auf diverse Quellen.

Bei der eigenen Positionierung hilft es, mit Suchbegriffen zu arbeiten, die Ihre potenziellen Mandanten eingeben könnten. Tools wie Coggle (*https://coggle.it*) oder auch Mindmeister (*www.mindmeister.com/de*) helfen Ihnen dabei, indem sie Ihre Ideen und Themen anhand von relevanten Suchbegriffen visualisieren. Warum ist das so wichtig?

Nach einem solchen Visualisierungsprozess wissen Sie viel eher, wo Sie stehen und wie Sie sich positionieren müssen, um Ihre Einzigartigkeit herauszustellen. Bei den meisten dieser Mindmaps können Sie zudem Freunde, Mitarbeiter und Kollegen einladen, deren Ideen Sie aufnehmen können. Auf diese Weise können Sie Ihre Team-Meetings auch online abhalten. Sie werden überrascht sein, wie einfach es ist, Klarheit über Ihre eigene Positionierung zu gewinnen. Und Sie werden vielleicht auch überrascht sein, dass der eine oder andere im Team eine ganz andere Sicht der Dinge hat.

2.2 Wie kann ich eine Nische für mich finden und diese ausbauen?

Wenn Sie im Rahmen eines Team-Meetings, einer Mindmapping-Session oder einer Beratung Ihre Einzigartigkeit bestimmen konnten, dann werden Sie auch Ihre Nische finden. Denn eines ist sicher: Egal wie viele Anwälte und Fachanwälte es gibt, es gibt immer etwas, was Sie einzigartig macht.

Das gilt es im Online-Kanzleimarketing einzusetzen. Denn die Mandanten von heute möchten auch die »persönliche« Seite Ihres Anwalts kennenlernen. Und da die meisten Menschen Sie online und nicht persönlich »kennenlernen«, müssen Sie Ihre menschliche Seite online zeigen, um auch im digitalen Umfeld neue Mandanten zu gewinnen.

Mit Fotos von Ihnen im Anzug oder Kostüm vor einer beeindruckenden Bibliothek locken Sie im Online-Zeitalter allerdings keine Katze mehr hinter dem Ofen hervor. Vielmehr müssen Sie wortwörtlich Ihrer Seite eine Stimme verleihen und so auch Ihre Einzigartigkeit zeigen. Es gibt zahlreiche Beispiele dafür, wie Anwälte (auch und gerade Einzelanwälte) ihre Persönlichkeit einsetzen und sich so erfolgreich in einer Nische positionieren.

Im Folgenden zeigen wir Ihnen zunächst klassische Beispiele für Nischen auf. Im Anschluss daran erläutern wir, wie Sie die neue digitale Welt und deren Anforderungen an Rechtsberatung einsetzen können, um sich in Ihrer Nische erfolgreich zu positionieren.

2.2.1 Klassische Nischen

Zu den klassischen Nischen gehören der Sport, Tiere, Musik, spezielle Verbrecherszenen, Senioren sowie spezielle Branchen, z. B. die Holzbranche oder die Automobilbranche. Wenn man in Nischen erfolgreich sein will, sollte man etwas von der Materie verstehen. Im Idealfall sollte man daher selbst Teil der Praxis sein. Denn Voraussetzung für eine erfolgreiche Positionierung – egal in welcher Branche bzw. in welchem Rechtsgebiet – ist immer, dass Sie glaubwürdig sind, da Ihnen potenzielle Mandanten nur dann vertrauen.

Im Folgenden zeigen wir Ihnen anhand einzelner Beispiele, welche Nischen es gibt, und veranschaulichen zugleich mit Praxisbeispielen, wie Rechtsanwälte sich erfolgreich in diesen Nischen etabliert haben.

Praxisbeispiel Automobilrecht

Stefan Kruse nennt sich selbst »Der rasende Anwalt« (*www.rae-kruseundbruederle.de/#home*, siehe Abbildung 2.2). Er kommt aus dem Automobilsport, hat selbst an zahlreichen Rennen teilgenommen und hat aus seinem Hobby seine Berufung gemacht. Er ist Fachanwalt für Verkehrsrecht – was an sich natürlich noch keine einzigartige Qualifikation ist. Seit 2008 ist er aber auch *Beisitzender Richter Sportgericht Motorrad* beim DMSB (*Deutscher Motor Sport Bund*) in Frankfurt am Main.

Mit seiner Kanzlei konzentriert er sich schwerpunktmäßig auf die Gruppe der Motorsportler. Auf seiner Webseite gibt er Einblick in seine Sportlerkarriere. Es bedarf keiner weiteren Erklärung, dass sich ein Motorsport-Interessent, der anwaltlicher Hilfe bedarf, bei einem solchen »Kollegen« wohler fühlt als bei einem normalen Verkehrsrechtsanwalt.

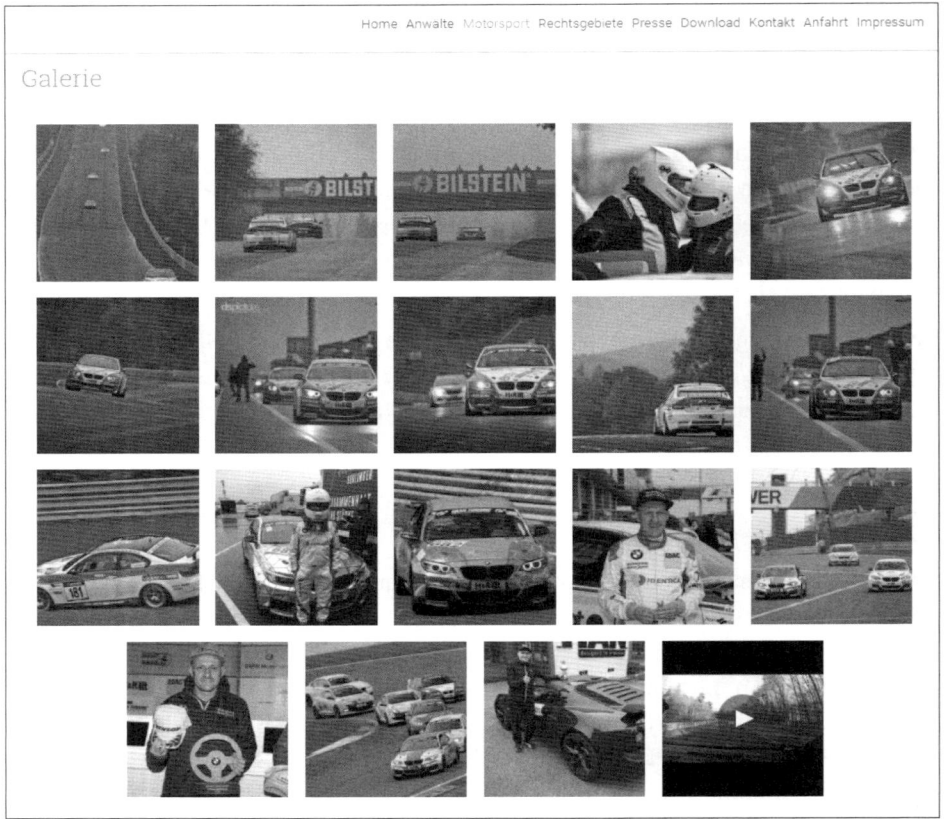

Abbildung 2.2 Nische »Motorsport«: Die Kanzlei »Kruse & Brüderle«

Praxisbeispiel Sportrecht

Ein weiteres gutes Beispiel für die Positionierung in einer Nische ist die Kanzlei *Schneideranwälte* (*www.schneideranwaelte.de*) in Karlsruhe (siehe Abbildung 2.3). Einer der Partner, Dr. Markus Schneider, hat sein Hobby in seinen Beruf integriert. In seiner Jugend hat er bis zu den A-Junioren beim heutigen Bundesligisten FSV Mainz 05 gespielt, und er spielt noch heute in der Senioren-Herrenmannschaft. Zugleich ist er Lehrbeauftragter für Sportrecht an der Universität Karlsruhe sowie im Vorstand des Badischen Fußballverbandes. So ist es auch kein Zufall, dass er sich als Anwalt einen Namen gemacht hat, der die Interessen von Fußballern und Spielervermittlern vertritt.

2.2 Wie kann ich eine Nische für mich finden und diese ausbauen?

Abbildung 2.3 Nische »Fußball«: Rechtsrat vom Experten, der selbst Fußball spielt

Praxisbeispiel Hunderecht

Die Rechtsanwältin Kristina Thrams, die Vorstandsmitglied sowie Ehrenratsmitglied des *Deutschen Retriever Clubs e.V.* ist, positioniert sich deutschlandweit als *Kanzlei für Hunderecht* (www.hundekanzlei.de, siehe Abbildung 2.4). Sie ist zudem Mitglied im *Tierwork e.V.* und hat sich als Expertin erfolgreich in der Nische »Hunderecht« positioniert.

Abbildung 2.4 Nische im Bereich »Hunderecht«

Praxisbeispiel Pferde- und Jagdrecht

Die Rechtsanwältin Anne Wettstein aus Ratzeburg hat ihre Liebe zu Pferden in ihren Anwaltsberuf integriert und wohl bundesweit die einzige Kanzlei für Pferderecht mit einem Pferdeparkplatz etabliert (siehe Abbildung 2.5). Dies macht sie auch auf ihrer Website deutlich, wo es heißt:

»*Da meine Tätigkeit als Rechtsanwalt den Interessenschwerpunkt auf das Gebiet Pferderecht setzt, bietet meine Kanzlei – vermutlich deutschlandweit einzigartig – eine Besonderheit: In meiner Kanzlei sind sowohl Mandanten, als auch ihre Pferde willkommen, denn auf dem Grundstück der Rechtsanwaltskanzlei befindet sich auch ein Pferdeparkplatz. Frisches Wasser und ein kleines Leckerli, welches dem vierbeinigen Freund die Wartezeit verkürzen wird, sind immer vorhanden.*«

Rechtsanwältin Wettstein kennt die Spezialurteile der Rechtsprechung, was sie zur Spezialistin in dieser Nische macht. Die Tatsache, dass sie Pferdenärrin ist, trägt dabei wesentlich zur Etablierung ihrer Nischenpositionierung bei.

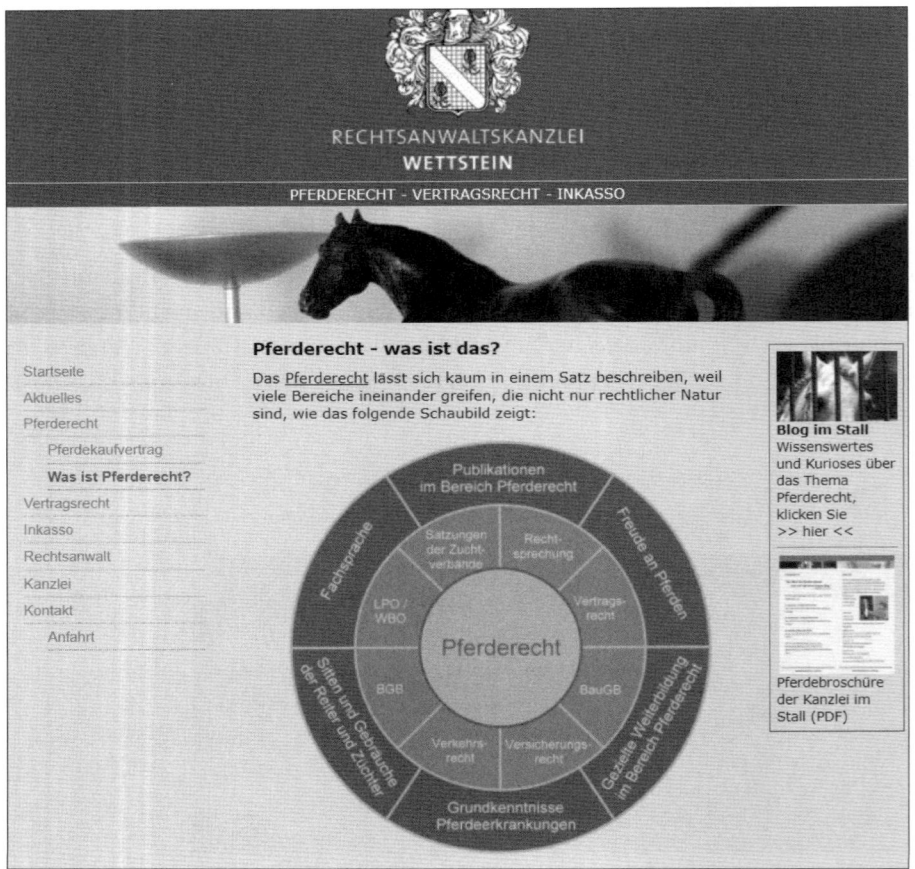

Abbildung 2.5 Nische »Pferderecht«

Weitere Beispiele erfolgreicher Nischenpositionierungen findet man zum Beispiel im Bereich des Jagdrechts. Auch hier sind Anwälte immer dann erfolgreich, wenn sie selbst einen Bezugspunkt zur Materie haben.

Praxisbeispiel Holzrecht

Holzrecht, so einfach heißt die Nische, in der sich die Kanzlei *Sumowski & Gosewinkel* (*http://holzrecht.de*) etabliert hat (siehe Abbildung 2.6). Hier geht es weniger darum, dass die Anwälte Erfahrungen im Holzhandel haben, sondern vielmehr darum, dass sie eine Branche für sich entdeckt haben und diese systematisch bearbeiten. Die Beratung umfasst alle für die Holzbranche wesentlichen Rechtsgebiete: branchenspezifisches Holzhandelsrecht, Kaufvertragsrecht, Werkvertragsrecht, Wettbewerbsrecht, internationales Kaufrecht, Importrecht und Arbeits- und Sozialversicherungsrecht.

Abbildung 2.6 Holzrecht: die Nische der Anwälte »Sumowski & Gosewinkel«

Praxisbeispiel Musikrecht

»Rechtssicher rocken« ist das Motto des *Metal-Anwalt.de* (*http://www.metal-anwalt.de*, siehe Abbildung 2.7). Auch hier zeichnet sich der Anwalt hinter *Metal-Anwalt.de* durch Insiderkenntnisse aus, was ihn wiederum zur glaubwürdigen ersten Adresse auf seinem Rechtsgebiet macht.

Er selbst schreibt auf seiner Homepage, die im Übrigen mit einem »unterstützenden« Bild das Thema aufgreift, warum man mit ihm arbeiten soll:

»WARUM METAL-ANWALT? Seit Anfang der 90er-Jahre bin ich treuer Anhänger des Heavy Metal in all seinen Varianten. Natürlich habe ich auch selbst Jahre lang versucht, auf meiner Ibanez selbst zum Gitarrengott zu werden – vergeblich! So beschränkte sich mein Beitrag zur Musik auf den Besuch von Festivals (Wacken Open Air), Konzerten und den Erwerb diverser Tonträger. Doch ich kann mehr, als nur passiv zu genießen: Ich kann Jura!«

Hier hat jemand seine Nische gefunden und kann glaubwürdig mit dieser Zielgruppe kommunizieren.

Abbildung 2.7 Nische »Rechtssicher rocken!«

Music & Law (www.musicandlaw.com) heißt die Website des Anwalts Dr. Christian Alexander Bauer (siehe Abbildung 2.8). Er war an der Realisierung des Musik-Streamingdienstes *AMPYA* beteiligt und ist Berater bei *ProSiebenSat.1 Media SE*. Hier sehen Sie ein Beispiel dafür, dass man sich auch in eine Nische »einarbeiten« kann, ohne selbst Musiker zu sein. Es geht um glaubwürdige Expertise – und die kann man sich auch erarbeiten. Das ist das A und O, wenn Sie sich erfolgreich in einer Nische platzieren wollen.

Abbildung 2.8 Eine weitere Nische in der Musikbranche

Praxisbeispiel Seniorenrecht

Der Nische »Seniorenrecht« hat sich der Diplom-Kaufmann und Rechtsanwalt Markus Libera (*https://seniorenanwalt24.de*) verschrieben (siehe Abbildung 2.9). Fokussiert auf Senioren, ist er mittlerweile an sieben Standorten in Deutschland und auch in Zürich vertreten. Er bietet Dienstleistungen an, die insbesondere im Alter von Interesse sind. Dazu gehören zum Beispiel rechtliche Auseinandersetzungen rund um Themen wie Kranken-, Renten- und Pflegeversicherungen, Streitigkeiten um Pflegestufen und Hilfsmittel oder das Erbrecht. Hier wird eine (finanzstarke) Zielgruppe mit den richtigen Themen gezielt angesprochen.

Abbildung 2.9 Nische »Seniorenrecht«

Praxisbeispiel Hafen-, Chemie- und Industrieparkrecht

Rechtsanwalt Prof. Dr. Müggenborg (*www.rechtsanwalt-mueggenborg.de*) ist deutschlandweit der erste Jurist, der sich auf das Gebiet der Chemie-Industrie und Industrieparks spezialisiert hat (siehe Abbildung 2.10). Da Häfen ähnlich strukturiert sind wie Industrieparks, hat er seine Expertise auf das Hafenrecht ausgeweitet und den *Deutschen Hafenrechtstag* ins Leben gerufen.

Seine Kanzlei unterstützt Industrieparknutzer bei der rechtsicheren Vertragsgestaltung und der Organisation des eigenen Bereichs und entwickelt konkrete maßgeschneiderte Störfallkonzepte, damit die Akteure nicht in Konflikt mit dem Straf- oder dem Haftungsrecht geraten.

Abbildung 2.10 Nische »Industrieparkrecht/Hafenrecht«

2.2.2 Nischen im digitalen Umfeld

Digitalisierung und neue Rechtsgebiete sind die Nischen der Zukunft. Rechtsanwälte, die sich hier frühzeitig und glaubwürdig positionieren, werden zu den Gewinnern gehören. Aber auch hier heißt es: Sie müssen qualifiziert sein, um glaubwürdig »rüberzukommen«.

2.2 Wie kann ich eine Nische für mich finden und diese ausbauen?

Wie Sie sich diese Qualifikationen erarbeiten ist das eine: Sie können Vorträge anlässlich der (wie Pilze aus den Boden schießenden) MeetUps halten, Sie haben vielleicht selbst den ersten Commodore 64 zerlegt und wieder zusammengebaut oder Sie arbeiten mit Freunden in der Blockchain-Szene an alternativen Finanzierungsmodellen.

Was auch immer es ist, Sie müssen Ihre Qualifikation glaubhaft nachweisen können, damit Menschen Ihnen vertrauen. Auf der Webseite zu behaupten, Experte auf diesem neuen Rechtsgebiet zu sein, reicht nicht aus. Wir zeigen Ihnen jetzt einige glaubhafte Beispiele, wie sich Kollegen in diesen neuen Nischen positioniert haben.

Praxisbeispiel

Wer in der Start-up-Szene »performen« will, sollte dazugehören. Wer meint, mit einem Kapuzenpullover bekleidet bei MeetUps Mandanten abholen zu können, liegt falsch. Um glaubhaft zu wirken, braucht es etwas mehr. Dieses »Etwas mehr« hat *Smartup Law* (www.smartuplaw.ch), die Kanzlei der jungen Anwältin Elena Walder-Schiavone (siehe Abbildung 2.11), weil die Anwältin tatsächlich eine Nähe zu dieser Szene aufweist. Mit ihrer Rechtsberatung startet sie genau da, wo die Beratung durch vorgefertigte Online-Verträge der Legal-Tech-Unternehmen endet.

Viele Start-up-Unternehmen lassen sich heutzutage die Dokumente für die Firmengründung aus Kostengründen online erstellen. Das kann durchaus Sinn machen. Aber was kommt danach? Oder muss der Gründer vorher schon vieles beachten? Hier setzt die Anwältin an. Auf ihrer Website schafft sie Transparenz über die Kosten ihrer Tätigkeit, was bei der Start-up-Szene gut ankommt. Und dann macht sie noch etwas, worauf wir im Laufe dieser Kapitel noch zu sprechen kommen: Sie holt Referenzen ein und lässt Dritte für sie sprechen – die neue Form der Mundpropaganda.

Abbildung 2.11 Nische »Start-ups«

Die *Gaming-Industrie* sowie der Bereich *Glückspiele* bzw. *Wettspiele* und die daraus folgenden Rechtsfragen sind Nischen, die es lohnt, näher zu betrachten. Wer von Ihnen kennt schon die *International Masters of Gaming Law*? Mittlerweile gehören zu dieser Gruppe mehr als 350 Anwälte aus über 34 Staaten – Tendenz: steigend (siehe Abbildung 2.12).

Der Glückspielsektor und insbesondere der Online-Glücksspielsektor entwickelt sich weltweit rasant. Denken Sie nur einmal an Poker, Sportwetten, Internet-Kasinos, Lotto und Lotterien – die Liste lässt sich beliebig fortsetzen. Die oben genannten International Masters of Gaming Law veranstalten zahlreiche Konferenzen und Events und informieren ihre Mitglieder über die immer komplexeren sogenannten *Cross-Border-Regulatorien*, die insbesondere im Online-Glückspiel Anwendung finden.

Abbildung 2.12 Nische »Glücksspielrecht«: Website der Vereinigung »International Masters of Gaming Law«

Clevere Anwälte können sich in dieser Nische positionieren und damit ihr Tätigkeitsfeld weit über Deutschland hinaus ausdehnen.

Praxisbeispiel
Zu dieser Sparte gehört zum Beispiel die Kanzlei von Dr. Martin Bahr (*www.dr-bahr.com*), die sich unter anderem auf rechtliche Aspekte des Glücks- und Gewinnspiels spezialisiert hat (siehe Abbildung 2.13). Mit einer solchen Positionierung können Sie deutschlandweit neue Mandanten akquirieren.

2.2 Wie kann ich eine Nische für mich finden und diese ausbauen?

Abbildung 2.13 Online-Rechtsberatung in einer Nische

Wenn Sie als Anwalt Anregungen erhalten möchten, wie Sie sich am besten in diesem Rechtsgebiet Ihre Nische aufbauen, dann raten wir Ihnen, sich einmal mit »verwandten« Themen zu beschäftigen und die Webseite *Automatisch Verloren* anzuschauen (*www.automatisch-verloren.de/de/gluecksspiel/unterschiedliche-gluecksspielarten/online-gluecksspiele.html*, siehe Abbildung 2.14).

Abbildung 2.14 Hier sehen Sie genau, wie Sie sich in der Nische »Online-Glücksspiel« positionieren können.

> **Praxistipp**
> Von besonderer Wichtigkeit ist, dass Sie sich darüber informieren, mit welchen (Rechts-)Problemen sich die Nutzergemeinde auseinandersetzt. Denn nur so ist es Ihnen als Anwalt auch möglich, sich in dieser Nische zu platzieren.

2.2.3 Nischen im Bereich neuer Technologien

Die neuen Technologien bringen zahlreiche neue Möglichkeiten, sich als Anwalt zu positionieren. Dazu gehören zum Beispiel die folgenden Bereiche:

- Augmented Reality
- Sharing Economy
- Internet der Dinge
- 3D-Drucker
- Big Data
- künstliche Intelligenz
- semantische Spracherkennung
- Chatbots
- Wearables
- selbstfahrende Autos
- E-Commerce
- Initial Coin Offering
- Blockchain

Alle genannten neuen Technologien bieten hervorragende Möglichkeiten für Anwälte, sich in diesen Nischen zu positionieren. Wir zeigen Ihnen im Folgenden einige Beispiele.

Augmented Reality

Sie haben sicher schon den Begriff *Augmented Reality* oder auf Deutsch »erweiterte Realität« gehört. Wie der Name schon verrät, handelt es sich dabei um Bereiche, in denen die virtuelle Realität und die Realität miteinander verbunden sind. Erweiterte Realität kann in praktisch allen Bereichen des Alltags zum Einsatz kommen.

Die Anwendungsbereiche sind dabei ebenso vielfältig wie die rechtlichen Auswirkungen dieser neuen Technik, die bisher nur in Grundzügen erkennbar sind. Persönlichkeitsrechte, Datenschutz, Lizenzen und Fragen der Haftung rund um Aspekte der Produkthaftpflicht, Produzentenhaftung und Haftungsgrenzen sind neue Fragestellungen, die untersucht werden müssen. Arbeiten Sie sich in diese Themen ein, werden Sie ein Experte, und positionieren Sie sich dann für Ihre Zielgruppe. Wie genau das geht, zeigen wir Ihnen in Kapitel 4, »Positionierung auf dem Markt«.

> **Praxisbeispiel**
>
> Vielleicht sind Ihnen bei der Übertragung von Fußballspielen die digitalen Einblendungen von Entfernungen bei Freistößen mithilfe eines Kreises oder einer Linie aufgefallen – das ist erweiterte Realität.
>
> Diese Technik kann man sich auch im Arbeitsalltag zunutze machen. So können sich beispielsweise Monteure den nächsten Arbeitsschritt direkt in ihr Sichtfeld einblenden lassen, Soldaten oder Katastrophenhelfer könnten sich Ziele und Gefahrenzonen im Gelände anzeigen lassen, und Designer könnten mit tatsächlich und virtuell anwesenden Kollegen am selben dreidimensionalen Modell arbeiten. Vielleicht haben Sie auch schon von der *Augmented Reality App* gehört, die der Möbelhersteller IKEA schon 2013 zusätzlich zum Katalog herausgebracht hat. Dem einen oder anderen sagt vielleicht auch die Augmented Reality App des Automobilherstellers BMW etwas, die Technikern ihre Arbeit Schritt für Schritt vorgibt.

Sharing Economy

»Sharing is caring!« heißt die Devise in dieser Nische, die das systematische Ausleihen von Gegenständen oder das gegenseitige Bereitstellen von Räumen und Flächen, insbesondere durch Privatpersonen und Interessengruppen, im Fokus hat. Im Mittelpunkt steht dabei der Gemeinschaftskonsum.

> **Praxisbeispiel**
>
> Klassische Beispiele sind *Airbnb*, »Carsharing«-Anbieter wie z. B. *Mobility.ch*, *car2go*, *DriveNow*, *Flinkster* oder *Stadtmobil*. Dazu zählen auch Taxidienste wie *Uber* oder der von Google finanzierte Uber-Rivale *Lyft*, der Taxidienst *Gett*, an dem Volkswagen beteiligt ist, oder auch die *MyTaxi*-App von Daimler. Aber auch Plattformen wie *Teil dein Zeug*, *Kleiderkreisel* und *Camp in my Garden* gehören in diese Kategorie.

Die Ökonomie des Teilens ist in der Zwischenzeit zu einem nicht mehr zu unterschätzenden Wirtschaftsfaktor geworden. Er bringt zudem viele disruptive Entwicklungen mit sich und sollte von Ihnen als Anwalt nicht unbeachtet bleiben. Denn hier bieten sich für Anwälte unzählige Möglichkeiten, sich in einer Nische zu positionieren, um eine Vielzahl aufkommender Fragen zu beantworten (siehe Abbildung 2.15).

Zum Beispiel ist nicht abschließend geklärt, wie viel Regulierung die *Sharing Economy* braucht, ob sich die aufkommenden Fragestellungen durch geltendes Recht beantworten lassen und welche rechtlichen Implikationen die Zukunft des Teilens mit sich bringt.

Abbildung 2.15 Rechtsfragen rund um die Zukunft des Teilens
(Quelle: Hans Vivek auf https://unsplash.com)

Internet der Dinge

Dank Chips, Funksendern und Sensoren können und werden alle Hardware-Tools mit dem Internet verbunden werden. Dank Cloud-Computing werden Tausende weitere hinzukommen. Firmen werden die enormen Datenmengen verarbeiten, analysieren und jederzeit sicher zur Verfügung stellen können. Mit dem Internet der Dinge entwickeln sich viele neue Möglichkeiten für Konsumenten – gleichzeitig entstehen aber auch neue Risiken, etwa im Bereich der Cybersicherheit, Vertragsgestaltung, Haftungsfragen und beim Umgang mit Daten. Arbeitsbereiche werden ebenso wie die eigenen vier Wände vernetzt.

Die mittelständische Kanzlei *SKW Schwarz* hat diese Trends erkannt und widmet sich diesen neuen Themen. Die Kanzlei positioniert sich als Dienstleister, der sowohl aktuelle als auch zukunftsweisende Rechtsberatung anbietet (siehe Abbildung 2.16).

> **Praxistipp**
>
> Positionieren Sie sich in diesen neuen Rechtsgebieten – der Markt ist riesig. Dann sind Sie auch mit dabei, wenn es im Bereich von Softwarefirmen zu großen M&A-Transaktionen kommt, wie z. B. bei der jüngsten Übernahme des Softwareentwicklers *ProSyst* durch *Bosch*.

Abbildung 2.16 »SKW Schwarz« mit einem Fokus auf Zukunftsthemen

3D-Technologie

Weitere attraktive Nischen sind Themen rund um die 3D-Technologie. Mit den 3D-Druckern wird in den kommenden Jahren ein ähnlich radikaler Wandel in Industrie und Gesellschaft ausgelöst wie der Wandel, der durch die Verbreitung von Computern, Druckern oder des Internets ausgelöst wurde.

Wissenschaftlich verbirgt sich hinter dem Schlagwort *3D-Drucker* die Welt der additiven Fertigung, auch *generative Fertigung*, *Digital Fabrication* oder *Additive Manufacturing* genannt. 3D-Drucker drucken also in sogenannten additiven Verfahren, d. h. Schicht um Schicht, bis man das dreidimensionale Modell vor sich hat. Durch den 3D-Druck können physische Objekte dreidimensional auf der Grundlage einer digitalen Vorlage ausgedruckt werden.

Mit dieser Technik kommen gewaltige disruptive Veränderungen auf uns zu: Lieferketten und Logistik werden nicht mehr erforderlich sein, wenn Teile und Produkte vor Ort gedruckt werden können. Die 3D-Technologie wird von tiefgreifenden Veränderungen der Produktionsprozesse begleitet, was ein Treiber für eine gesellschaftliche Veränderung sein wird.

Das Potenzial der additiven Fertigungsverfahren wird in Deutschland bereits von vielen Universitäten, Forschungseinrichtungen und Unternehmen erkannt.

Praxistipp

Schon im Jahre 2014 hat die Firma *Local Motors* das erste Auto aus dem 3D-Drucker gefertigt. An der *ETH Zürich* wird derzeit an einem funktionsfähigen Herz aus Silikon gearbeitet, das von einem 3D-Drucker hergestellt werden soll.

Wenn diese Nische Ihr Interesse geweckt hat, dann arbeiten Sie sich ein und werden Sie Experte! Folgende Rechtsfragen stellen sich rund um das Thema 3D-Druck:

- rechtliche Implikationen auf Forschungs-, Entwickler- und Anwenderseite
- Bedeutung von Normen für die Markteinführung
- Gewährleistungs- und Haftungsrisiken
- Compliance-Anforderungen und Managerhaftung bei 3D-Druck-Projekten
- Relevanz von Patenten und Schutz von geistigem Eigentum
- Unsicherheit zwischen dem Bestehen etwaiger Schutzrechte und einer möglichen Nutzungsfreiheit
- 3D-Software und *Reverse Engineering*

Die rechtlichen Aspekte der additiven Fertigung sind riesig, und hier bietet sich für Anwälte ein enormes Betätigungspotenzial. Erste Anwälte haben dies erkannt, so auch Dr. Tristan Wegner aus Hamburg, der sich selbst den *3D-Drucker Anwalt* nennt (*www.owlaw.de*) (siehe Abbildung 2.17).

Abbildung 2.17 Nische: Der »3D-Drucker Anwalt« aus Hamburg

Grundvoraussetzung für eine erfolgreiche Platzierung in dieser Nische ist natürlich, dass Sie sich auch mit den technischen Hintergründen auseinandersetzen, um als glaubwürdiger Partner wahrgenommen zu werden. Sie müssen sich in diese neuen Themen einarbeiten. Denn wie immer gilt auch hier: Ohne Fleiß kein Preis!

> **Hinweis**
>
> Zahlreiche weitere neue Technologien (wie Roboter und Drohnentechnik, Big Data, künstliche Intelligenz, Chatbots und Wearables) bieten Ihnen Möglichkeiten, sich als Anwalt in einer zukunftsträchtigen Nische zu positionieren und Ihr Online-Business aufzubauen.
>
> Voraussetzung ist, dass Sie die weiteren (technischen und gesellschaftlichen) Entwicklungen aufmerksam im Auge behalten, um auf die ständig neuen Veränderungen rechtlich adäquat reagieren zu können. Und was wichtiger ist: Sie müssen sich in den entsprechenden Kreisen (Social-Media-Gruppen, Seiten, Unternehmen) bewegen und dort auch online präsent sein, um wahrgenommen zu werden.

2.2.4 Blockchain, Smart Contracts und Initial Coin Offering

Abschließend möchten wir Ihnen noch einen weiteren zukunftsträchtigen Rechtsmarkt vorstellen, bei dem es sich lohnt, näher hinzuschauen: *Blockchain*, *Smart Contracts*, *Kryptowährungen* und *Initial Coin Offering* sind hier die entscheidenden Schlagworte.

Blockchain

Es vergeht kein Tag, an dem Sie nicht mit dem Thema Blockchain in Berührung kommen. Die wenigsten wissen jedoch, was genau sich hinter diesem Buzzword verbirgt (siehe Abbildung 2.18).

Dank des Kryptowährungs-Trends ist der Begriff *Blockchain* inzwischen vielen bekannt, jedoch meistens nur im Zusammenhang mit digitalem Geld. Dabei kann die Technologie viel mehr und gilt durch ihre Beschaffenheit als besonders sicher. Aber was genau ist die Blockchain?

Einer der versierten Anwälte auf diesem Gebiet ist Florian Glatz, kurz der *Blockchainlawyer*, der auch Präsident des *Bundesverbands Blockchain* ist (*www.blockchain.lawyer/imprint*). Er erklärt Blockchain als eine neue digitale Infrastruktur, über die Transaktionen jeder Art abgewickelt werden können. Das Besondere daran ist, dass es sich um eine gemeinsam von allen Wirtschaftsteilnehmern betriebene Infrastruktur handelt.

Abbildung 2.18 Harald Schmidt bringt es auf den Punkt: Viele reden über ein Thema, von dem sie wohl wenig verstehen.

Heute benutzen alle Teilnehmer der Wirtschaftsmärkte eigene Lösungen – man kann auch von Datensilos reden. Das hat zur Folge, dass Transaktionen über zeitaufwendige und teure Wege ablaufen, weil immer Mittelsmänner wie Google, Amazon, Alibaba, der Notar, das Grundbuchamt, Banken und Versicherungen gebraucht werden.

> **Praxisbeispiel**
> Ein klassisches und weitverbreitetes Beispiel ist die Bank mit Transaktionsgeschäften von Geldern zwischen zwei Personen: eine Person, die bezahlt, und eine andere, die Geld bekommt. Es gibt aber auch andere Konstellationen. Notare beispielsweise haben die Aufgabe, sicherzustellen, dass die Parteien sich verstehen, und sind häufig auch Vollzugsvollstrecker. Ein weiteres Beispiel kann das Gericht sein, das in bestimmten Situationen Gelder oder Waren als Garantie entgegennimmt. Soweit und sofern sich die Aufgabe dieser Drittpersonen nur auf vertrauensvolle Vermittlung beschränkt, werden sie durch die Blockchain-Technologie möglicherweise ersetzbar sein.

Ein großer Teil der heutigen Automatisierung scheitert daran, dass es keine Schnittstellen zwischen den verschiedenen IT-Systemen und keine gemeinsamen Standards gibt. Mit der Blockchain-Technologie wird sich dieses Paradigma ändern: Die Wirtschaftsteilnehmer, etwa im Bankensektor oder im Versicherungswesen, betreiben gemeinsam eine Plattform und nutzen alle dieselben Transaktionsformate beziehungsweise Datenstandards. Das Blockchain-Paradigma bricht damit die bestehende Diversität, wodurch es mehr Möglichkeiten der Standardisierung und somit der Automatisierung gibt.

2.2 Wie kann ich eine Nische für mich finden und diese ausbauen?

Die Blockchain ist also ein transparentes öffentliches Register, durch das sich nachvollziehen lässt, ob Vereinbarungen korrekt eingehalten oder verletzt wurden. Durch die neue Technologie könnten im Rechtsalltag viele traditionelle Hilfskonstruktionen und Formvorschriften abgelöst werden. Wir bewegen uns nicht mehr in den Datensilos und Strukturen der Banken, Versicherungen oder der Internetgiganten, sondern Transaktionen werden auf einer von allen Teilnehmern genutzten »Kette« (der *Chain*) betrieben, die einzelnen Transaktionen werden durch die Beteiligten bestätigt und in einem unveränderbaren Block (eben der *Blockchain*) gespeichert und abgewickelt.

Blockchain und Recht – das ist nicht etwa Zukunftsmusik, sondern wird schon in zahlreichen Ländern eingesetzt.

Praxisbeispiel

Das schwedische Start-up *ChromaWay* hat einen Coup gelandet und hat zusammen mit dem schwedischen Grundbuchamt eine Umstellung des Grundbuchs auf eine Blockchain-Lösung erarbeitet (siehe Abbildung 2.19). Dadurch erhofft sich das schwedische Grundbuchamt in Zukunft Einsparungen in Höhe von 100 Millionen EUR.

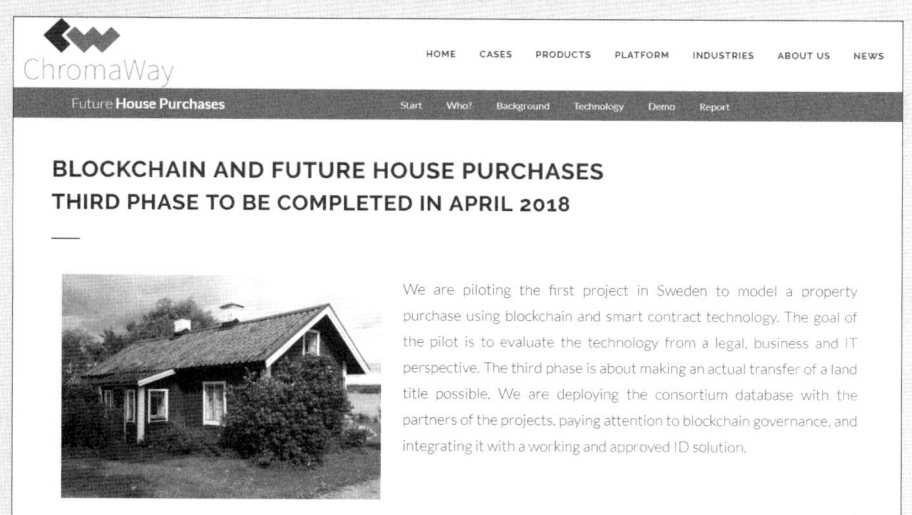

Abbildung 2.19 Schwedisches Grundbuch und Blockchain

Nach der erfolgreichen Testphase im Sommer 2017 hat die Schweizer Stadt Zug eine Blockchain-basierte digitale ID für alle Einwohner lanciert. Die digitale ID der Stadt Zug befindet sich nun in der Pilotphase. Verschiedene konkrete Anwendungen für entsprechende Dienstleistungen der Stadt Zug sind in Evaluation, so z. B. ein einfacher Zugang zu allen elektronischen Behördendienstleistungen der Stadt Zug, ein Blockchain-basierter Fahrradverleih, ein digitalisiertes Parking-Management oder das Ausleihen von Büchern ohne Bibliotheksausweis.

> Aber Spitzenreiter im Bereich Blockchain-Technologie ist Estland. Schon im Oktober 2014 führte die estnische Regierung ihr *e-Residency*-Programm ein. Es sieht so aus, als ob es keinen Bereich gibt, in dem Blockchain nicht zum Einsatz kommen wird: Wer in Estland wählen geht, macht das am Laptop. Dank eines Chips im Personalausweis können die Esten sich online ummelden, einen neuen Ausweis beantragen, eine Firma anmelden und vieles mehr. Behördengänge mit Wartenummer sind weitestgehend überflüssig.

In die enthusiastischen Diskussionen über das schier unbegrenzte Zukunftspotenzial mischt sich jedoch eine gewisse Unsicherheit bezüglich Sicherheit und Anwendungsmöglichkeiten der Blockchain-Technologie. Für Juristen stellt sich die Frage, wie stark die klassischen Formen der Beweisbarkeit durch die neue Technik der Blockchain ersetzt werden oder ersetzt werden können.

Ob das geschieht, hängt von der Frage der Akzeptanz und damit verbunden vom Vertrauen der Benutzer in die neue Technologie ab. Durch die Blockchain-Technologie könnte der Rechtsalltag in vielen Bereichen vereinfacht werden. Unabhängige und neutrale Drittpersonen, die bisher zwischen Parteien vermitteln, könnten durch die Blockchain- Technologie ersetzt werden, solange sich ihre Aufgaben ausschließlich auf die Vermittlung beschränkt. Hier bieten sich für Anwälte vielfältige Möglichkeiten.

> **Achtung!**
> Die Blockchain-Technologie wird die Welt verändern. Anwälte, die sich sowohl mit der Technologie als auch mit den (internationalen) rechtlichen Rahmenbedingungen auskennen, können sich hier hervorragend positionieren.

Initial Coin Offering

Initial Coin Offering (ICO) ist im Ergebnis nicht anderes als eine neue Form der Start-up- und Firmenfinanzierung. Dabei werben Start-ups mit ihrer Geschäftsidee bei Investoren für Risikokapital und teilen ihnen im Gegenzug *Token* zu, eine jeweils neu geschaffene Kryptowährung. Dieses Modell setzt bei den Start-ups an, für die die Frage der Finanzierung seit jeher eine schwierige Angelegenheit ist. ICO soll hier eine neue Finanzierungsquelle darstellen.

ICO haben sich in der Schweiz in hohem Tempo zu einer institutionalisierten Finanzierungsform mit Risikokapital entwickelt. Institutionalisiert deshalb, weil diese Form der Kapitalaufnahme inzwischen auch ein interessantes Geschäftsfeld für die großen Wirtschaftskanzleien geworden ist. ICO funktionieren im Kern ähnlich wie die klassischen, IPO genannten Börsengänge. Statt Franken oder Dollar erhalten die Start-ups jedoch digitale Kryptowährungen, die sie teilweise selbst kreieren.

2.2 Wie kann ich eine Nische für mich finden und diese ausbauen?

Die Start-ups geben den risikofreudigen Investoren auch etwas Digitales: neu geschaffene, handelbare Coins ihres Projekts. Diese berechtigen etwa zum Partizipieren an künftigen Einnahmen oder an Dienstleistungen des Projekts. Was genau der Gegenwert ist, bestimmt das Start-up selbst. Die meisten Firmen und Projekte, die in diesen Monaten ICOs lancieren, bieten Internetdienstleistungen an (siehe hierzu auch den Beitrag vom Marc Badertscher in der Handelszeitung *https://www.handelszeitung.ch/blogs/bits-coins/starthilfe-fuer-firmen-dank-bitcoin-und-co-1280267*):

- Die einen entwickeln eine Plattform, die Asset-Managern das Verwalten von digitalen Assets erleichtert.
- Andere wollen es jedem Computerbesitzer ermöglichen, nicht gebrauchte Computerpower quasi auszuleihen und dafür Geld zu bekommen.
- Wiederum andere bauen ein neues soziales Netzwerk mit Monetarisierungsanreizen.
- Ein weiteres Projekt könnte eine globale Lotterie-App sein.
- Ein Projekt entsteht im Strombereich, ein anderes bei internationalen Geldüberweisungen.

Bei allen Projekten spielt die Blockchain-Technologie eine entscheidende Rolle. Denn sie verspricht den einfachen Umgang mit Geld, Identitäten und Rechten im Internet. Ohne klassischen Mittelsmann, schnell, günstig, vollautomatisiert. Coins für ein ICO zu schöpfen, auszugeben und zu kontrollieren ist im Zeitalter von Blockchains eine einfache Sache. Wer will, kann sich einen eigenen Coin in wenigen Klicks erschaffen. Das Verteilen, Versenden und Verkaufen der neuen Projekt-Coins ist ebenfalls keine Hexerei.

> **Praxistipp**
>
> Dass dies ein riesiges lukratives neues Geschäftsfeld ist, zeigt die Tatsache, dass bei der Zuger Wirtschaftskanzlei *MME* – einem der Pioniere auf diesem Gebiet – heute bereits mehr als sechs Anwälte dauerhaft mit diesem Thema beschäftigt sind (*www.mme.ch*). Und dass Anwälte ihre eigene Kryptowährung kreieren, also eigene Coins herausbringen, mit denen die Mandanten dann ihre Leistungen erwerben können, ist nicht in allzu weiter Ferne!

Kryptowährungen

Alle Rechtsfragen rund um das Thema Kryptowährungen sind eine weitere zukunftsträchtige Nische. Der Hype um die Kryptowährung *Bitcoin* ist ungebrochen groß. Unerwartete Höchststände von bis zu 20.000 USD pro Bitcoin Ende 2017 und der darauffolgende Zusammenbruch – das war definitiv nichts für konservative Anleger.

Aber Kryptowährungen sind nach wie vor attraktiv als Portfolio-Beimischung für risikoaffine Investoren.

Kryptowährungen werden zukünftig zahlreiche rechtliche Fragen aufwerfen, die es zu beantworten gilt. Besonders Privatpersonen stehen vor einem scheinbar unlösbaren Problem, wenn es um die Beantwortung rechtlicher Fragestellungen zu dem Thema Bitcoin geht. Was passiert beispielsweise, wenn die eigene Wallet gehackt wird oder das Finanzamt behauptet, man habe Steuern hinterzogen? Hier hat sich seit einiger Zeit sehr erfolgreich die Kanzlei *Feil* etabliert (*www.recht-freundlich.de*) (siehe Abbildung 2.20).

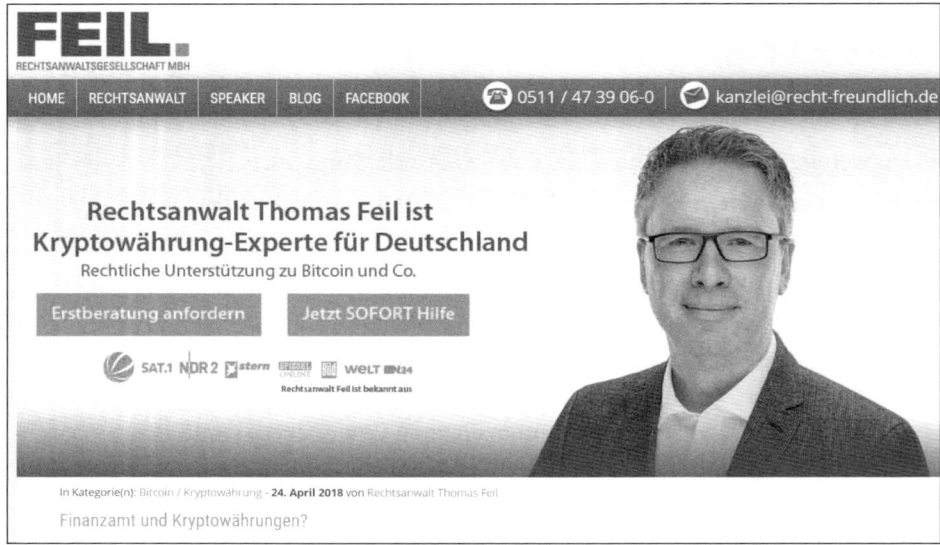

Abbildung 2.20 In allen großen Medien zum Thema »Kryptowährungen« vertreten – eine zukunftsträchtige Nische für Anwälte

Zusammenfassend lässt sich daher sagen, dass die Digitalisierung keine Bedrohung ist, sondern cleveren Anwälten eine Vielzahl neuer, lukrativer Beschäftigungsmöglichkeiten bietet. Aber das setzt voraus, dass Sie sich als Anwalt mit dieser Materie beschäftigen und sich dann auch online entsprechend vermarkten. Der Markt ist riesig, und fast jeden Tag kommen neue, spannende Betätigungsfelder für innovative Anwälte hinzu!

Kapitel 3
Den besten Marketing-Dienstleister finden

Marketing und Anwälte – diese Kombination stößt bei der Mehrzahl der Anwälte immer noch auf wenig Gegenliebe. Aber in Anbetracht der Konkurrenz durch Legal-Tech-Unternehmen und der Tatsache, dass Sie ohne Marketing keine Online-Präsenz aufbauen können, führt am Marketing auf Dauer kein Weg mehr vorbei.

Mehr als 160.000 zugelassene Rechtsanwälte werben in Deutschland um die Gunst von Mandanten. Zugleich ist das Internet zu einer wichtigen Werbeplattform für das Kanzleimarketing geworden, da immer mehr Menschen online nach Rechtsbeistand und Hilfe in Rechtsfragen suchen. Die Zeiten, in denen Sie Kunden aus Ihrem privaten Umfeld akquiriert haben, sind zwar nicht vorbei – aber am Online-Marketing führt kein Weg mehr vorbei!

In diesem Kapitel möchten wir Ihnen einen Überblick darüber geben, welche Marketing-Dienstleister es gibt und welche Kosten damit verbunden sind.

3.1 Welche Dienstleister gibt es und wo sind sie nötig?

Online-Marketing ist für fast jeden Unternehmer ein Muss. Da aber traditionell eher konservative Anwälte sich mit Werbung nach wie vor schwertun, ist die Anzahl der Marketing-Dienstleister für Anwälte in Relation zur tatsächlichen Anwaltsdichte eher gering. Daneben besteht aber auch die Möglichkeit, seine Marketing-Strategie selbst umzusetzen.

Nun stellt sich Ihnen sicherlich die entscheidende Frage: Was kann ich selbst machen und was sollte ich an Dritte delegieren? Die Beantwortung dieser Frage hängt im Wesentlichen davon ab, für welche Form des Marketings Sie sich entscheiden.

3.1.1 Eigenes Marketing mit Landingpages

Am besten wäre es daher natürlich, wenn Sie sich die vorgestellten aktiven Marketing-Techniken selbst aneignen würden. Dazu sollten Sie sich zunächst einen allgemeinen Überblick über die möglichen Strategien des Online-Marketings verschaffen, damit Sie auf dieser Basis entscheiden können, welche Methode sich für Ihr Kanzleikonzept am besten eignet. Mit einer geeigneten Fachlektüre kann Ihnen dies durchaus in überschaubarer Zeit gelingen.

> **Praxistipp**
>
> Einen guten allgemeinen Überblick über die einzelnen Strategien des Online-Marketings und die damit verbundenen rechtlichen Fallstricke gibt Ihnen zum Beispiel das Praktiker-Handbuch »Recht im Online-Marketing«, das von Christian Solmecke und Sibel Kocatepe verfasst und ebenfalls im Rheinwerk Verlag publiziert wurde.

Im Anschluss daran sollten Sie sich gezielt mit der von Ihnen favorisierten Marketing-Methode auseinandersetzen. Wir gehen im Folgenden davon aus, dass Sie sich für ein aktives Marketing mit Landingpages entscheiden. Was genau Landingpages sind und wie sie zum Einsatz kommen, erfahren Sie in Kapitel 5.

> **Hinweis**
>
> Um es vorwegzunehmen: Bei dieser Art des Marketings müssen Sie selbst Zeit und Wissen investieren. Sie müssen das Grobkonzept und die Strategie im Wesentlichen vor Augen haben und dann eben auch juristischen und allgemeinverständlichen »Inhalt« liefern.

Wenn Sie sich entschieden haben, in welcher Nische Sie sich positionieren wollen, dann ergibt sich daraus zwangsläufig auch Ihre Zielgruppe. Die Recherchearbeiten, die wir in den vorausgehenden Kapiteln vorgestellt haben, können Sie entweder selbst machen oder auch delegieren.

Sofern Sie sich für das Delegieren entscheiden, müssen Sie klare Vorgaben machen. Die rechtliche Umsetzung – nämlich die Konzeption der Landingpage und das attraktive (rechtliche) Angebot (Checkliste, Videos, Tipps etc.) – sollte jedenfalls in Kooperation mit Experten erfolgen, wenn Sie sich selbst nicht zutrauen, kurze und prägnante Texte für die richtige Zielgruppe zu konzipieren.

3.1.2 Der Einsatz von Marketing-Dienstleistern

Viele Marketing-Dienstleister kommen aus der Anwaltsbranche. Sie operieren zudem eher mit klassischem Suchmaschinen-Marketing und der Optimierung von Webseiten mit Keywords.

Die hier vorgestellten aktiven Marketing-Strategien werden unserer Erfahrung nach bisher kaum oder gar nicht angeboten. Das hängt ganz sicher damit zusammen, dass einerseits diese Marketing-Techniken im deutschsprachigen Raum noch relativ neu sind (in den USA werden sie schon seit Längerem erprobt) und andererseits jemand vom Fach sein muss, um vernünftige (rechtliche) Marketing-Strategien aufzubauen.

Viele Anwälte setzen deshalb auf die sogenannten Anwaltssuchportale wie *Anwaltsauskunft.de* oder *Anwalt24.de* und legen sich hier ein Profil an, mit dem sie die potenzielle Kundschaft ansprechen wollen. Neben dem Profil finden Interessenten dort die Kontaktdaten, die betreuten Rechtsgebiete, mögliche Fachanwaltstitel und Fremdsprachenkenntnisse der Anwälte. Außerdem erfährt der Besucher, in welchen Arbeitsgemeinschaften des Deutschen Anwaltvereins der Anwalt Mitglied ist. Die Beiträge sind suchmaschinenoptimiert und werden mit der Anwaltssuche verknüpft.

Bei diesen Portalen läuft alles darauf hinaus, dass jemand, der sucht, Sie findet. Aber mit strategischem und aktivem Online-Marketing haben diese Portale eigentlich nichts zu tun: Sie sind im Grunde nichts anderes als die guten alten Branchenbücher, die neuen Gelben Seiten quasi. Und genau darin besteht auch das Problem: Der Suchende findet nicht nur Sie, sondern gleichzeitig auch Ihre gesamte Konkurrenz! Daher sind Suchportale der falsche Ort für diejenigen, die sich eine eigene Präsenz aufbauen möchten.

Erforderlich ist vielmehr, dass Sie mit spezialisierten Marketingexperten zusammenarbeiten. Dies ist jedoch auch leichter gesagt als getan, da es erst einige wenige Dienstleister gibt, die neben der dafür erforderlichen digitalen Kompetenz auch über die fachlichen Kompetenzen verfügen.

> **Praxistipp**
>
> Sie können zum Beispiel auf Anbieter wie *Kanzleimarketing.de* oder auch auf das Unternehmen *Mandatum* (www.mandatum.consulting/werbung-fur-rechtsanwalte) zurückgreifen.
>
> Viele andere (allgemeine) Agenturen werben mit der klassischen Suchmaschinenoptimierung für Anwälte, so z. B. die Agenturen *seonest* (www.seo-nest.de/suchmaschinenoptimierung-rechtsanwalt) oder die *SeoAgenturBerlin* (www.seoagenturberlin.net/kanzleimarketing).
>
> Einige wenige Unternehmen arbeiten zudem mit Landingpages für Anwälte, z. B. die Hamburger Agentur *AlsterCloud* (www.alstercloud.de/landingpage-anwaelte).
>
> Werfen Sie auch einmal einen Blick auf die Dienstleistungen des Rechtsanwalts *Ralf Zosel* (https://ralfzosel.de/lexikon/landingpage), der selbst vom Fach ist und zugleich seit Jahren Kanzleimarketing für Anwälte betreibt. Dasselbe gilt auch für das Unternehmen von *Daniel Levelev* (https://anwaltonlinemarketing.de).

Für Sie als Anwalt ist es allerdings unglaublich wichtig, dass Sie zumindest die Grundbegriffe des Online-Marketings verstehen und Ihnen insbesondere die Unterschiede zwischen den hier vorgestellten aktiven Marketing-Strategien via Landingpage und dem Suchmaschinenmarketing bekannt sind. Denn dies ist die Grundvoraussetzung für eine gute Marketing-Strategie, die auf Ihre Bedürfnisse abgestimmt ist.

> **Hinweis**
> Wenn Sie als Anwalt bisher mit Suchmaschinenmarketing und *Google Ads* Erfolge gehabt haben und zufrieden sind, dann spricht alles dafür, dass Sie dabei bleiben sollten. Wenn Sie mit einer SEO-Agentur bereits gut aufgestellt sind und Ihre Website für die sogenannte Google-Keyword-Suche optimiert haben und Sie so bereits neue Mandanten gewinnen, dann bleiben Sie dabei. Denn hier lautet das Motto: *Never change a winning team!*

Wenn Sie aber bisher noch kein Online-Marketing betrieben haben, dann raten wir Ihnen, dem Thema »aktives Marketing mit Landingpages« Aufmerksamkeit zu schenken. Denn eines ist sicher: Die Zukunft des Online-Marketings liegt nicht in der Suchmaschinenoptimierung. Und das nicht deshalb, weil das alle machen und es dann zum Schluss gar keine Unterscheidungsmerkmale gibt, sondern vor allen Dingen, weil Sie bei dieser (passiven) Art des Marketings wenig Kontrolle über die Inhalte haben.

Zugegeben, Sie haben Ihre Website mit allen für die (Google-)Suche erdenklichen Keywords gespeist, Sie haben viel Inhalt publiziert und verlinkt, was Sie als Experte ausweist, aber das macht auch Ihr Konkurrent – der möglicherweise noch von derselben Agentur vertreten wird. Google belohnt das mithilfe zahlreicher Algorithmen natürlich, indem Kunden, die suchen, auch das beste Ergebnis erhalten. Denn nur so sind sie zufrieden und nehmen die Dienste von Google auch weiter in Anspruch.

> **Achtung!**
> Wenn Ihr Erfolg als Anwalt davon abhängt, dass jemand auf das erste und nicht auf das vierte Suchergebnis anklickt – und das können Sie als Anwalt niemals beeinflussen, egal wie viel Geld Sie für Ihr optimales Ranking ausgeben –, dann hängt Ihr Marketing in einem hohen Maße vom Zufall ab. Wenn Sie hingegen aktives Marketing betreiben, dann können Sie Ihr Marketing wesentlich gezielter steuern. Der Nachteil besteht natürlich darin, dass Sie dafür wesentlich mehr Zeit und Arbeit investieren müssen.

3.2 Mit welchen Kosten muss ich rechnen?

Geld für Marketing auszugeben ist für viele von uns etwas Neues. Und da die wenigsten von uns in der Materie zu Hause sind, wird Marketing nicht wirklich ernst genommen. Aber Online-Marketing ist in einer digitalisierten Welt ein Muss und sollte heutzutage genauso zu Ihrer Kanzlei gehören wie Ihr Büro, Ihr (Fach-)Anwaltstitel und Ihre Mitarbeiter. Nur wenn Sie Marketing aus diesem Blickwinkel heraus betrachten, werden Sie Erfolg haben. Dazu gehört es dann auch, ein Budget für das Online-Marketing einzurichten.

> **Hinweis**
> Wenn Sie mit Ihrer Marketing-Strategie starten, müssen Sie in Zukunft dabeibleiben. Einfach mal sechs Monate »Online-Marketing« zu betreiben oder gelegentliche Marketing-Maßnahmen »zwischendurch« bringen nichts und kosten nur unnötig Geld. Erst nach einem längeren Zeitraum wird der Erfolg messbar und auch sichtbar. Erwarten Sie keine Wunder in kürzester Zeit!

Die Kosten für Online-Marketing lassen sich pauschal nicht beziffern. Gehen Sie davon aus, dass auf jeden Fall erst einmal *Installationskosten* auf Sie zukommen:

- Installation der Systeme: ca. 3.000 bis 5.000 EUR
- jährliche Kosten für Landingpage-Vorlagen: ca. 600 EUR
- jährliche Kosten für E-Mail-Autoresponder-Systeme: ca. 600 EUR
- Konzeption der einzelnen Projekte/Landingpages: 500 bis 2.000 EUR je nach Größe und Umfang des Projekts
- gegebenenfalls neue Server- bzw. Cloud-Lösungen: ca. 500 EUR pro Jahr
- Kosten für die Online-Werbung: etwa 1.500 bis 3.000 EUR pro Jahr

Das sind alles ganz grobe Schätzungen – nach oben gibt es praktisch keine Begrenzungen.

Stellen Sie sich im Vergleich dazu einmal vor, was eine halbe Arbeitskraft für das Marketing kosten würde, und rechnen Sie dann noch die Kosten für die diversen Online-Tools zusammen. Dann haben Sie ungefähr einen Anhaltspunkt, was der Aufbau eine Online-Präsenz kostet. Oder anders zusammengefasst – Sie müssen in den ersten zwei Jahren mindestens 25.000 EUR in die Hand nehmen, um Ihre Online-Präsenz aufzubauen.

Je mehr Sie sich selbst damit beschäftigen, desto weniger brauchen Sie Unterstützung von Dritten. Sie haben dann in den Folgejahren nur noch die Kosten der Internet-Tools (Landingpage, E-Mail-Autoresponder) sowie der Online-Werbung. Dann können Sie mit Kosten von 12.000 bis 15.000 EUR pro Jahr rechnen.

Und wenn Sie einmal darüber nachdenken, wie viel Zeit eine Ihrer Angestellten mit der Bearbeitung von Excel-Listen und dem Versenden von Newslettern verbringt und wie viel eine einzige Anzeige in Ihrer Lokalzeitung (die spätestens nach 2 Tagen im Müll landet) kostet, dann fällt es Ihnen vielleicht leichter, mit Ihrer Online-Präsenz zu starten.

Kapitel 4
Positionierung auf dem Markt

Wenn Sie Ihre Nische und somit auch Ihr Alleinstellungsmerkmal gefunden haben, gilt es jetzt, sich mit einer guten Positionierungsstrategie einen Platz auf dem digitalen Markt zu erobern. Mit der richtigen Positionierung erreichen Sie Ihren Wunschmandanten rund um die Uhr online. Gießkannen-Prinzip war gestern!

Um sich erfolgreich auf dem Markt positionieren zu können, müssen Sie in jedem Fall Ihre Wunschmandanten, das Marktumfeld, die Trends und auch Ihre Wettbewerber kennen. Das erfordert einigen Rechercheaufwand, der sich lohnt, wenn er richtig betrieben wird. Denn dann führt er Sie zielgenau zu Ihren zukünftigen Mandanten.

Die vier wesentlichen Positionierungsschritte sind:

- Definition Ihrer Zielgruppe
- Lokalisierung der Zielgruppe
- Kommunikationswege der Zielgruppe
- Analyse der Wettbewerber

Im Folgenden sehen wir uns diese Schritte im Detail an.

4.1 Wie definiere ich meine Zielgruppe?

Wer Ihre Zielgruppe ist, das müssen Sie letztendlich natürlich selbst bestimmen. Schauen Sie sich Ihre Kanzlei an, und untersuchen Sie, mit welchen Mandanten Sie die besten Umsätze gemacht haben. Aufschluss gibt auch die Antwort auf die Frage, welches Rechtsgebiet Sie favorisieren oder in welcher (neuen) Nische Sie sich zukünftig positionieren möchten. Das sind alles Fragen, die Sie sich stellen müssen, um Ihre Zielgruppe zu definieren. Und diese Definition fällt für jeden Anwalt anders aus. Aber es gibt einige Spielregeln, die für jeden gelten, der sich im Netz positionieren möchte.

Zunächst müssen Sie sich immer vergegenwärtigen, dass man Sie nicht kennt. Sie müssen sich also präsentieren, und zwar von Ihrer besten Seite. Im Grunde genommen läuft die Online-Mandanten-Akquisition nicht anders als die Offline-Akquisition: Sie müssen Vertrauen aufbauen. Und wie macht man das als Anwalt? Mit verständlichen und guten Inhalten, die Kompetenz und Fachwissen ausstrahlen.

4 Positionierung auf dem Markt

Damit Sie Inhalte produzieren, die Ihre Zielgruppe interessieren, müssen Sie sich fragen, mit wem Sie zukünftig zusammenarbeiten möchten. Denn nur, wenn Sie genau wissen, wer Ihre Wunschmandanten sind und wo diese sich online aufhalten, können Sie Inhalte produzieren, die interessieren. Operieren Sie dazu aus der Perspektive Ihres Kunden heraus!

> **Hinweis**
> Für eine richtige Online-Positionierung ist es wichtig zu wissen, wie Ihre Zielgruppe »tickt«. Selbst wenn Sie glauben, das alles schon zu wissen, machen Sie sich die Mühe und recherchieren Sie einmal in Ruhe Ihre Zielgruppe – Sie werden überrascht sein, was Sie bisher alles übersehen haben.

Im Folgenden stellen wir Ihnen anhand eines Beispiels vor, wie Sie eine Zielgruppe definieren und sich dann im Markt positionieren. Als Beispiel nehmen wir die Zielgruppe »Start-up-Unternehmen«.

Um sich gegenüber Ihrer Zielgruppe richtig positionieren zu können, brauchen Sie Basiswissen über deren soziografisches Umfeld. Wenn Sie sich im Bereich Start-up-Unternehmen einen Namen machen wollen, dann ist der *Deutsche Startup Monitor* (http://deutscherstartupmonitor.de) ein »must read« für Sie (siehe Abbildung 4.1). Er wird im Auftrag des *Bundesverbandes Deutsche Startups* jährlich von der Wirtschaftsprüfungsgesellschaft *KPMG* erstellt. Hier gibt es alle wichtigen Informationen, um sich dieser Zielgruppe richtig anzunähern.

Abbildung 4.1 »DSM 2017«-Studie der »KPMG« – Standort der Start-ups

Um sich bei dieser Gruppe richtig in Szene zu setzen, müssen Sie wissen, wie alt die Start-up-Gründer sind (zumindest laut der DSM Studie 2017). Nicht verwunderlich: Sie sind mit einem Durchschnittsalter von 35,3 Jahren jung.

Für eine erfolgreiche strategische Positionierung ist es aber auch wichtig zu wissen, in welchen Branchen die Start-ups tätig sind (siehe Abbildung 4.2). Dass die Branchen *IT-Entwicklung* und *Software as a Service* die beiden Spitzenplätze einnehmen, mag nicht überraschen. Aber ein näherer Blick in die Studie zeigt dann zum Beispiel auch, dass ein absolutes Wachstum in der Branche *Fin Tech* zu verzeichnen ist.

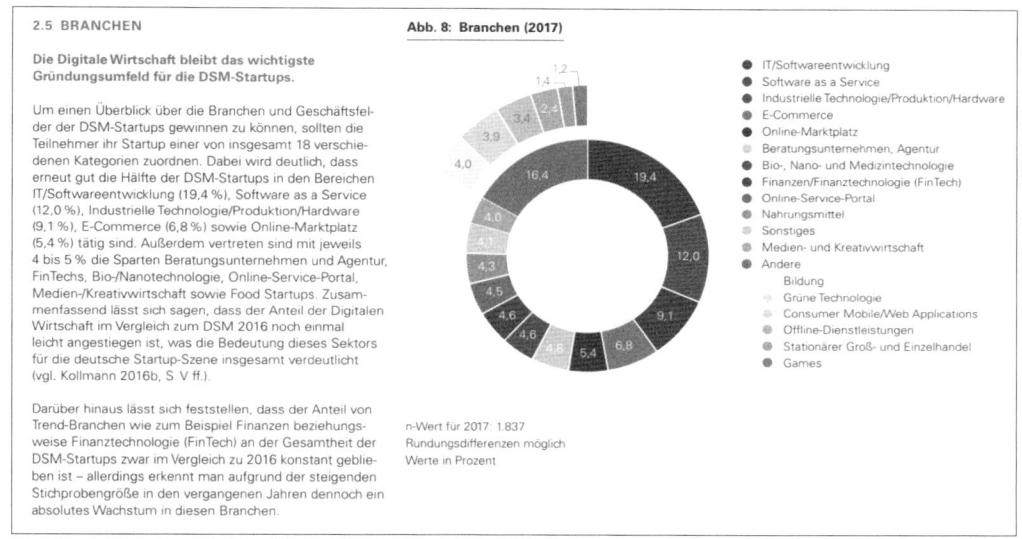

Abbildung 4.2 Branchen der Start-ups (Quelle: DSM-Studie der KPMG)

Wichtig zu wissen ist aber auch, wie sich das Geschlechterverhältnis darstellt. Legen Sie ein Augenmerk auf die Gründerinnen, sie sind nämlich klar im Kommen (siehe Abbildung 4.3). Ebenfalls von besonderer Bedeutung ist auch die fachliche Ausbildung der Start-up-Gründer. Diese verraten Ihnen beispielsweise Studien wie DSM-Studie 2017 der KPMG, wonach vier von fünf Gründern einen Hochschulabschluss vorzuweisen haben.

Für eine zielgruppengerechte Positionierung sollten Sie schließlich auch noch wissen, welche Nationalitäten die Mitarbeiter in Start-ups haben. Denn dies entscheidet darüber, ob Sie sich eher national oder eher international präsentieren müssen. Wie Abbildung 4.4 sehr deutlich zeigt, müssen Sie sich in Städten wie Berlin, Hamburg oder München internationaler präsentieren als beispielsweise in Stuttgart oder in Kleinstädten.

4 Positionierung auf dem Markt

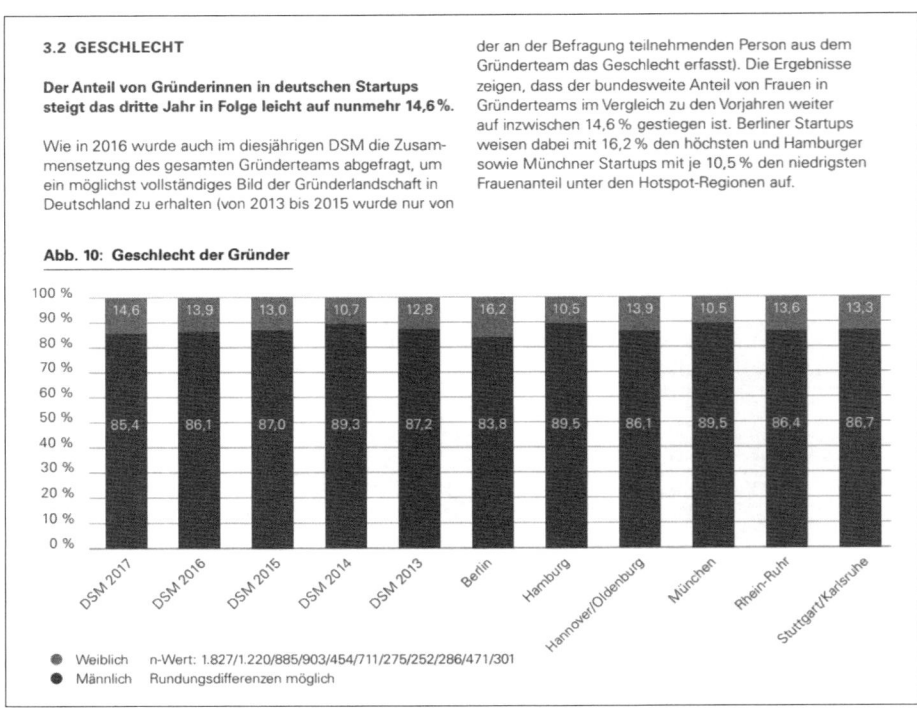

Abbildung 4.3 Die Zahl der Gründerinnen ist das dritte Jahr in Folge angestiegen. (Quelle: DSM-Studie der KPMG)

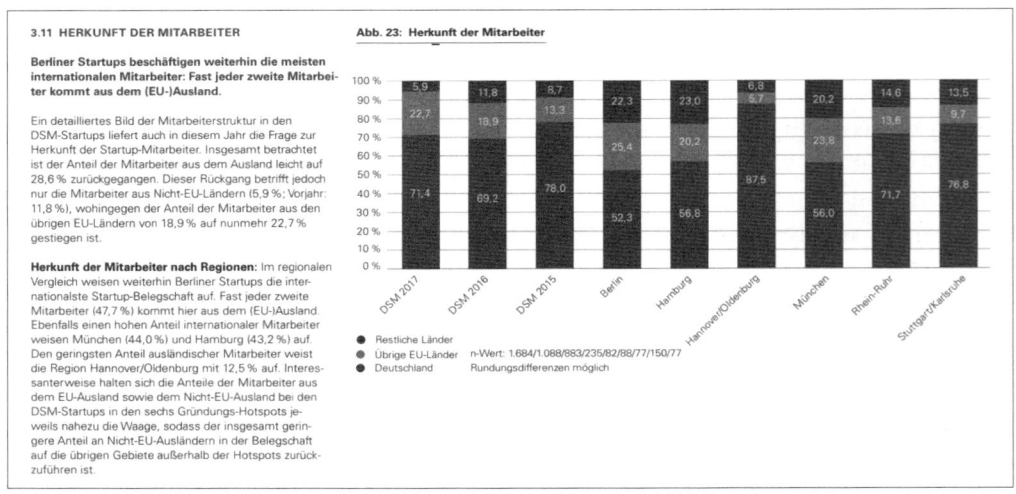

Abbildung 4.4 Herkunft der Mitarbeiter (Quelle: DSM-Studie 2017 der KPMG))

Dies liegt schlicht daran, dass in Berlin fast jeder zweite Mitarbeiter (47,7 %) aus dem (EU-)Ausland kommt. Wenn Sie als Anwalt diese Zielgruppe erreichen wollen, sollten

Sie alle Ihre Marketing-Aktivitäten auf Englisch durchführen, um nicht die Hälfte potenzieller Mandanten von vornherein durch die Sprachbarriere auszuschließen.

> **Hinweis**
> Wer auch immer Ihre Zielgruppe ist – machen Sie sich die Mühe, und versuchen Sie, diese genau kennenzulernen und zu definieren.

4.2 Wie lokalisiere ich meine Zielgruppe?

Wenn Sie die soziodemografischen Merkmale Ihrer Zielgruppe genau kennen, müssen Sie als Nächstes herausfinden, wo im Netz sich Ihre Zielgruppe aufhält. Das ist deshalb wichtig, weil Sie wissen müssen, welche Probleme diese Zielgruppe bewegen und worüber in diesen Gruppen diskutiert wird. Denn Sie sind es schließlich, der Lösungen zu den Problemen offerieren muss, die in diesen Gruppen diskutiert werden.

Geben Sie dazu einmal bei Google den Suchbegriff »Blog« in Kombination mit der Bezeichnung Ihrer Zielgruppe an. Um bei unserem Beispiel zu bleiben, wäre dies also der Suchbegriff »blog start-up deutschland«. Abbildung 4.5 zeigt Ihnen die Ergebnisse dazu. Hier erhalten Sie wertvolle Informationen über Ihre Zielgruppe.

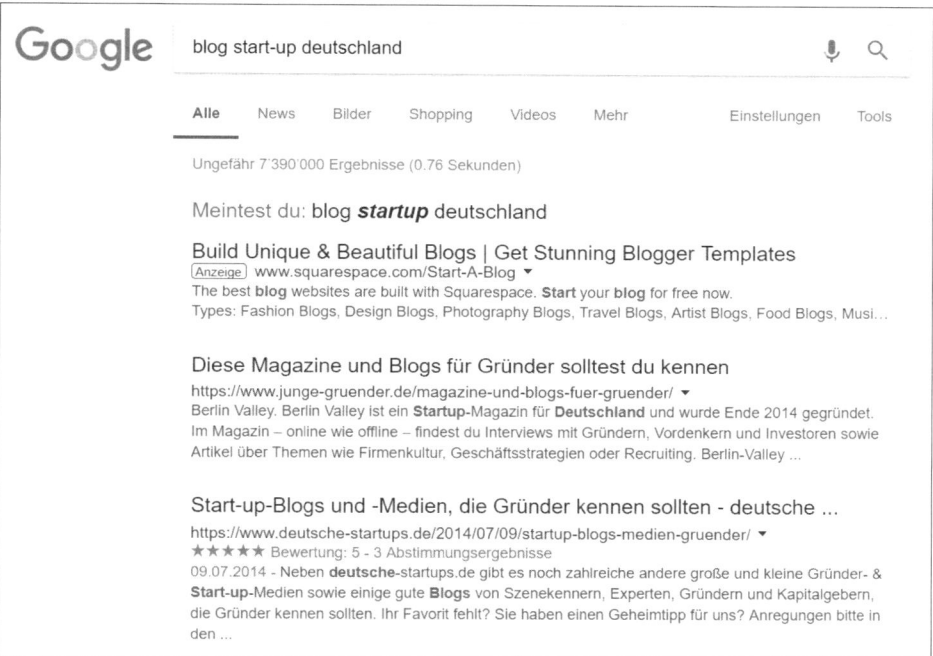

Abbildung 4.5 Google-Suche zu »blog start-up deutschland«

Auch die von Google immer unten auf der Seite angezeigten Treffer für »Ähnliche Suchanfragen« sollten Sie nicht außer Acht lassen, da sie Aufschluss darüber geben, wie andere Nutzer diesen Begriff »suchen« (siehe Abbildung 4.6).

Abbildung 4.6 Schauen Sie nach, welche Begriffe andere Nutzer suchen.

Nicht außer Acht lassen sollten Sie auch die zahlreichen Foren, in denen sich Ihre Zielgruppe tummelt (siehe Abbildung 4.7). Denn anders als bei einem Blog tauschen sich in den Foren die Gründer selbst untereinander aus.

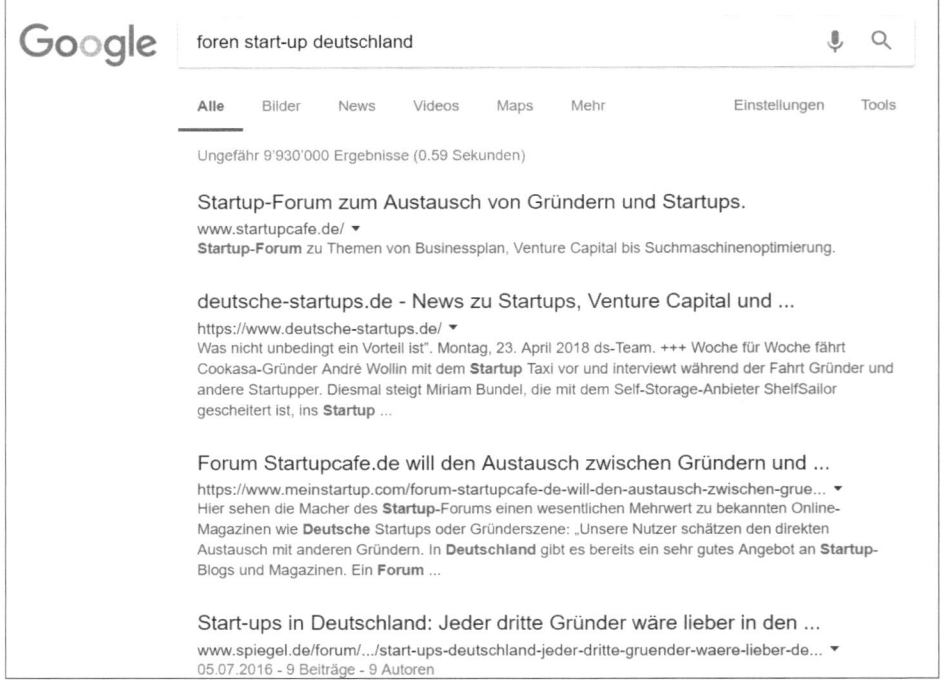

Abbildung 4.7 Die Suche in den Foren wird von den wenigsten genutzt. Interessante Foren finden Sie am besten über eine entsprechende Google-Suche.

Auf der Internetplattform *StartupCafé* (www.startupcafe.de) beispielsweise erfahren Sie so einiges aus der Szene, angefangen von Gerüchten bis hin zu Finanzierungsfragen und Events, die in Ihrer Nähe stattfinden. Das sind quasi die Insider-Informationen, die Sie hier direkt von Ihrer Zielgruppe geliefert bekommen.

Damit Sie wirklich zielgenaues Marketing aufsetzen können, müssen Sie in Ihre Zielgruppe eintauchen. Schauen Sie sich beispielsweise an, mit welchen Schwierigkeiten diese Unternehmen bei der Finanzierung zu kämpfen haben. Auch ein genauerer Blick hinter die Kulissen kann sehr aufschlussreich sein. Fakt ist, dass viele Start-ups scheitern. Deshalb ist es wichtig, dass Sie sich neben den Erfolgsgeschichten (siehe Abbildung 4.8) auch Geschichten über Pleiten anschauen. Denn auch die gehören zum Markt.

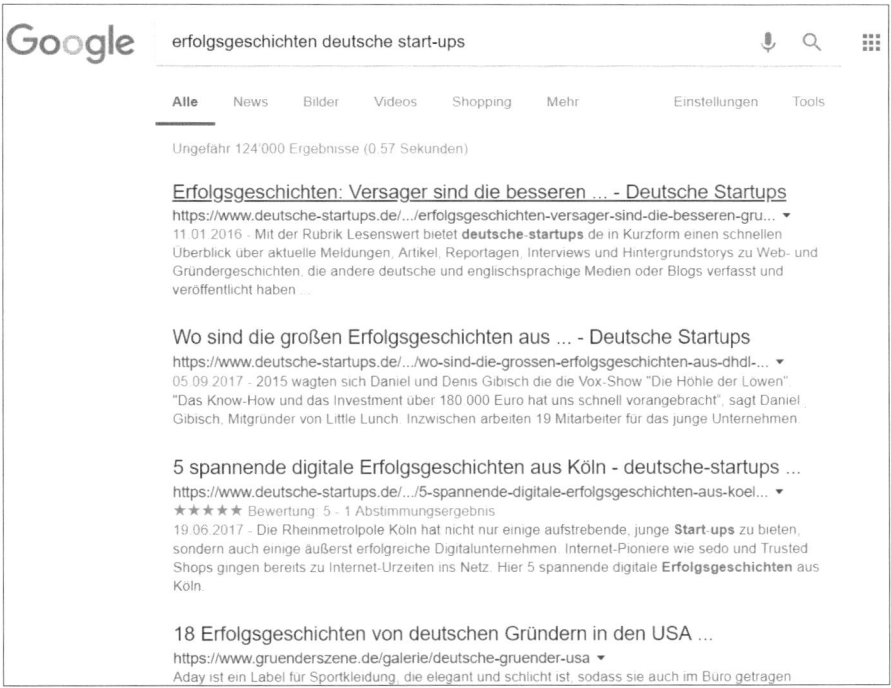

Abbildung 4.8 Erfolgsgeschichten deutscher Start-ups

Wenn Sie diese Recherchen gemacht haben, dann wissen Sie, wo bei Ihrer Zielgruppe der Schuh drückt – und genau hier müssen Sie sich mit Ihren Marketing-Aktivitäten positionieren. Bei Start-ups sind das im Wesentlichen die folgenden Probleme:

▶ Finanzierungen (Venture Capital)
▶ Vertragsgestaltungen zu Venture-Capital-Beteiligungen
▶ Elemente eines Beteiligungsvertrags (Verwässerungsschutz, Garantien, Satzung, Gesellschaftervereinbarung, Geschäftsführerdienstvertrag, Wettbewerbsverbot)

Zu diesen aktuellen Problemen der Zielgruppe müssen Sie nun Lösungen anbieten – beispielsweise durch »Tipps zur Verhandlung eines Beteiligungsvertrages«.

4.3 Wie kommuniziert meine Zielgruppe?

Wenn es um das Thema »Mandanten-Akquise in den sozialen Netzwerken« geht, lautet die Standardantwort vieler Anwälte in etwa so: »Meine Mandanten sind nicht im Internet unterwegs, sicher nicht auf Facebook oder Instagram.«

Die Realität sieht jedoch inzwischen in einer Vielzahl der Fälle anders aus. Denn Tatsache ist, dass laut des *Google Consumer Barometers* 95 % der Jüngeren täglich online sind. Aber auch in der Gruppe der über 55-Jährigen gibt es Online-Aktivitäten: Zwei Drittel dieser Altersgruppe sind online, fast die Hälfte sogar täglich. Und diese Gruppe ist auf dem Vormarsch!

Wenn Sie als Anwalt Social Media ignorieren, ignorieren Sie schlicht und ergreifend mehr als 50 % der Bevölkerung. So gibt es zum Beispiel nicht eine einzige Partei im Deutschen Bundestag ohne Social-Media-Präsenz. Unternehmerverbände sind im Netz genauso vertreten wie alle großen deutschen und internationalen Unternehmen.

Selbst wenn Sie für sich persönlich entscheiden, nicht in den Social Media unterwegs sein zu wollen, müssen Sie dies beruflich anders handhaben, wenn Sie digital erfolgreich werden wollen: An sozialen Netzwerken geht heute kein Weg mehr vorbei. Wenn Sie sich näher mit Ihrer Zielgruppe beschäftigen, dann müssen Sie die einschlägigen Gruppen und Seiten in den sozialen Netzwerken kennen.

Die meisten Menschen konzentrieren sich bei einer Recherche auf die reine Namenssuche und nehmen gar nicht wahr, nach wie viel mehr Kriterien man in den einschlägigen Social-Media-Plattformen suchen kann.

> **Praxisbeispiel**
>
> Auf XING können Sie zum Beispiel gezielt außer nach Namen und Jobs auch nach Unternehmen und Gruppen suchen (siehe Abbildung 4.9). Die Suche nach dem Schlagwort »Start-Up« in der Rubrik GRUPPEN bringt mehr als 100 Ergebnisse. Wenn Sie gezielt Informationen über die Zielgruppen in Ihrer Nähe abrufen möchten, dann suchen Sie mit Ihrem Suchbegriff in der Rubrik UNTERNEHMEN (siehe Abbildung 4.10).
>
> Diese Gruppensuche funktioniert natürlich auch auf *LinkedIn*, dem Berufsnetzwerk schlechthin. Für die Suche nach Gruppen gibt es zwei Methoden: Sie können Gruppen nach ihrem Namen oder nach einem Stichwort suchen, oder Sie können die Ihnen von LinkedIn empfohlenen Gruppen durchsuchen.

4.3 Wie kommuniziert meine Zielgruppe?

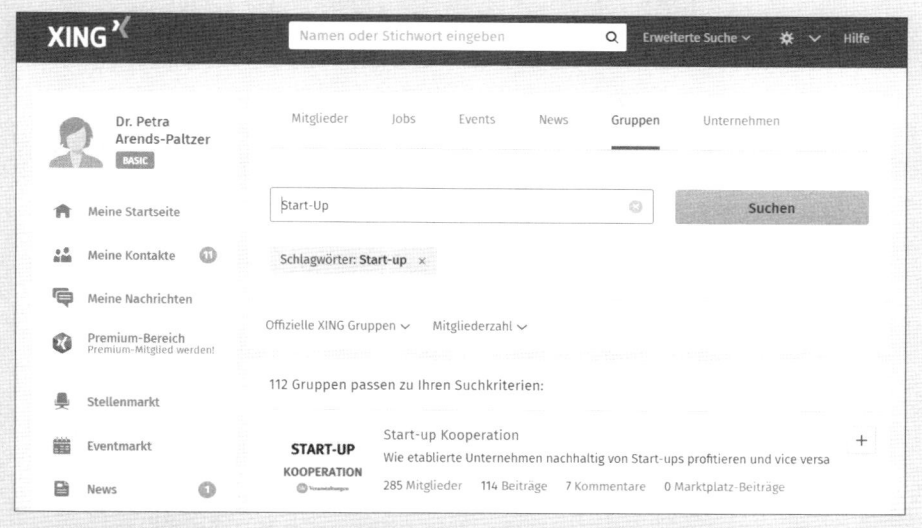

Abbildung 4.9 Suche nach Gruppen auf XING

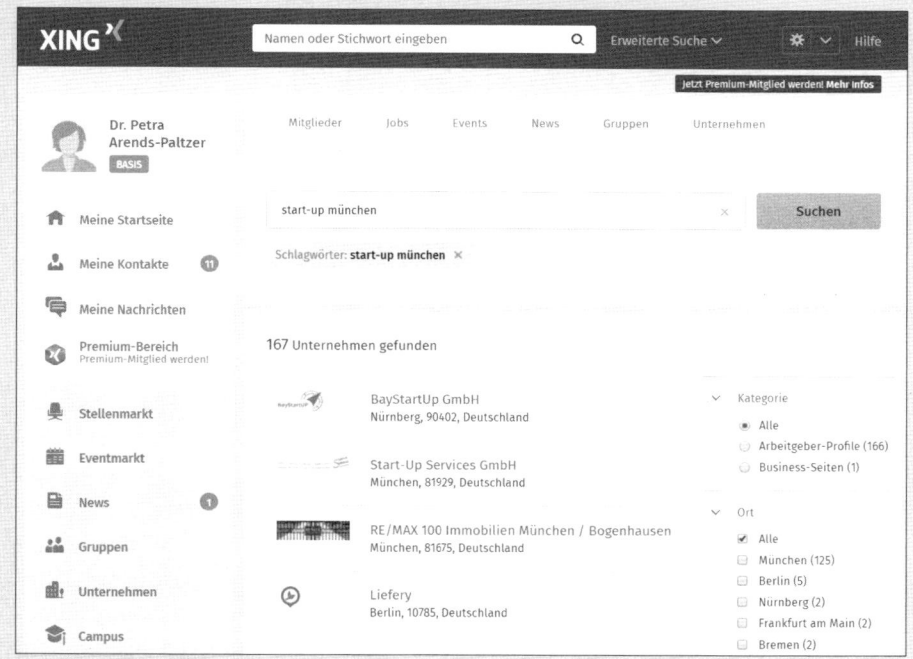

Abbildung 4.10 Die Eingabe von »start-up münchen« in der Suchrubrik »Unternehmen« liefert 167 Treffer.

Wissen Sie bereits, wen Sie suchen möchten, dann geben Sie den Suchbegriff ein. Sie erhalten dann Gruppenvorschläge, die Ihrem Suchbegriff entsprechen (siehe Abbildung 4.11).

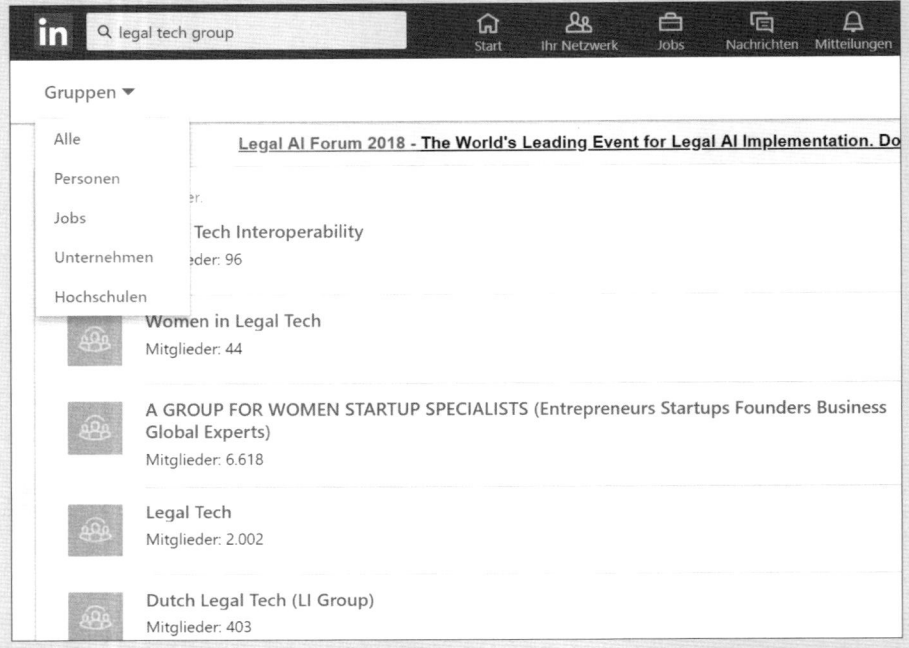

Abbildung 4.11 Suchen nach Gruppen

Sie haben aber auch die Möglichkeit, die Ihnen von LinkedIn empfohlenen Gruppen zu durchsuchen. Klicken Sie rechts oben auf Ihrer LinkedIn-Startseite auf das Symbol für APPS, und wählen Sie im daraufhin angezeigten Menü die Schaltfläche GRUPPEN. Klicken Sie oben auf der Seite auf ENTDECKEN, um sich vorgeschlagene Gruppen anzeigen zu lassen. Sie können dann eine Mitgliedschaftsanfrage senden, indem Sie unter der Beschreibung der Gruppe auf MITGLIED WERDEN klicken.

Jetzt können Sie nach Gruppe, Unternehmen und anderen Kriterien suchen. Bei vielen dieser Gruppen müssen Sie die Aufnahme beantragen (siehe Abbildung 4.12). Gruppenmanager überprüfen eventuell Ihre Anfrage auf Mitgliedschaft oder bitten um zusätzliche Informationen, um sicherzustellen, dass Sie den Mitgliedschaftskriterien entsprechen. Ob Sie als Mitglied bestätigt werden, entscheidet der Gruppenmanager allein. Zur Mitgliedschaft in einer nicht öffentlichen Gruppe ist eine Einladung erforderlich.

4.3 Wie kommuniziert meine Zielgruppe?

Abbildung 4.12 In den meisten Gruppen müssen Sie die Aufnahme beantragen.

Die Diskussionen in den Gruppen geben Ihnen einen sehr guten Überblick darüber, was die Gruppenmitglieder aktuell bewegt. Hier erhalten Sie wertvolle Insider-Informationen, die sonst nur schwer zu erhalten sind (siehe Abbildung 4.13). Sie haben zudem die Möglichkeit, sich an diesen Diskussionen zu beteiligen und sich dadurch einen Namen als Experte zu machen. So bauen Sie Vertrauen auf.

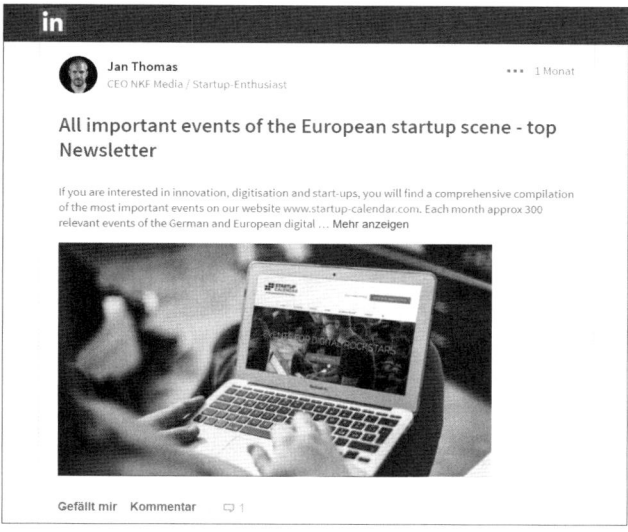

Abbildung 4.13 In Social-Media-Gruppen werden Informationen ausgetauscht, die ansonsten nicht ohne Weiteres verfügbar sind.

Schließlich sollten Sie sich auch die Gruppen und Seiten auf Facebook anschauen. Die meisten suchen lediglich nach Namen und Personen (siehe Abbildung 4.14), dabei spielen sich auch hier die Diskussionen in den Seiten und Gruppen ab (siehe Abbildung 4.15).

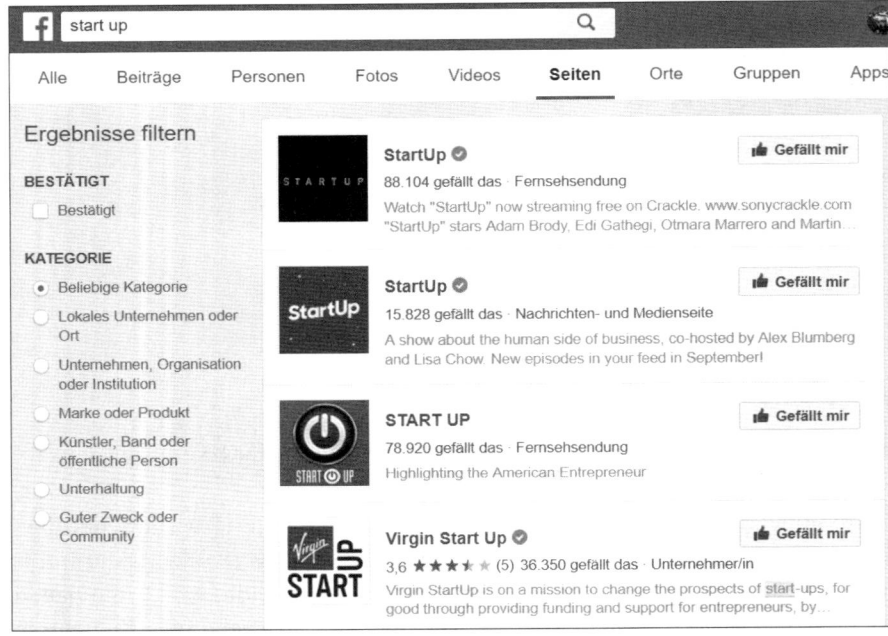

Abbildung 4.14 Suchen in den Seiten von »Facebook«

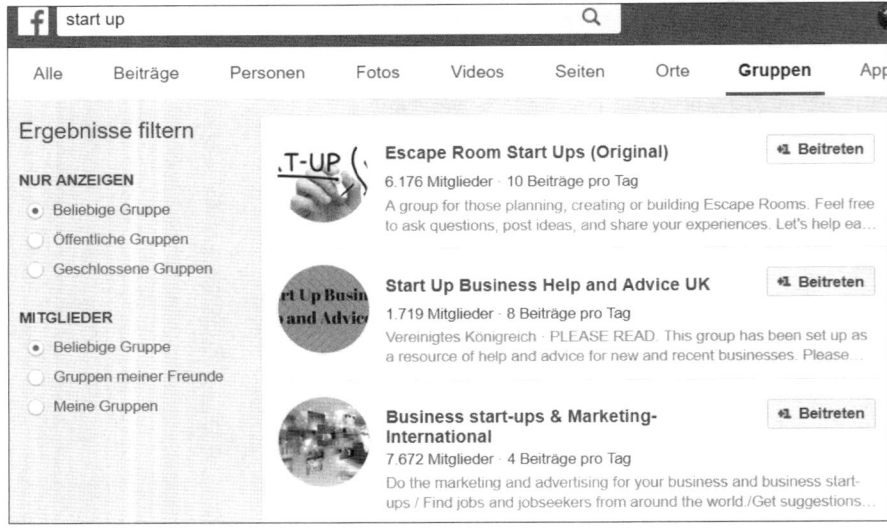

Abbildung 4.15 Suche in den »Facebook«-Gruppen

Auch YouTube, Instagram und Twitter dürfen Sie im Rahmen einer Recherche nicht vernachlässigen. Auf YouTube (siehe Abbildung 4.16) finden Sie auch Ihre Wettbewerber. Wenn Sie dann genau so wie dargestellt recherchieren, dann erfahren Sie Einzelheiten, die auf den ersten Blick nicht ersichtlich sind.

> **Praxisbeispiel**
>
> Haben Sie als Anwalt zum Beispiel einen Fokus auf die Gründerinnen der Start-up-Szene gelegt, dann erfahren Sie in diesen Gruppendiskussionen, dass sich Frauen anderen Problemen ausgesetzt sehen als ihre männlichen Kollegen. Dies ist für Sie als Anwalt im Zuge Ihrer Positionierung sehr wichtig.

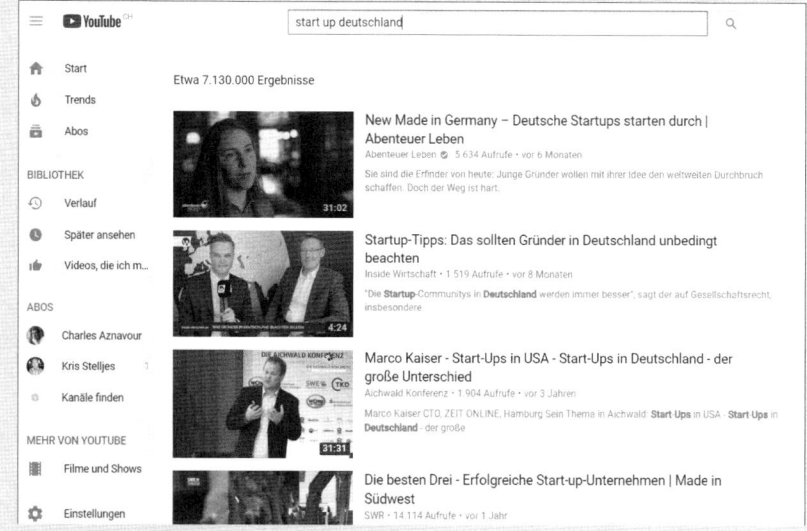

Abbildung 4.16 Start-ups auf »YouTube«

Unterschätzen Sie niemals die Macht dieser Netzwerke, denn hier werden Sie vor allem weiterempfohlen. *Digitales Empfehlungsmarketing* nennt man das, und es funktioniert! Konsumenten vertrauen auf Empfehlungen. In Zeiten, in denen das Internet zunehmend zum Sprachrohr der Verbraucher avanciert, müssen Sie sich als Anwalt mit digitalem Empfehlungsmarketing auseinandersetzen, um das Potenzial des *electronic word-of-mouth* voll ausschöpfen zu können.

> **Hinweis**
>
> Eine Vielzahl potenzieller Mandanten sucht im Internet nach Empfehlungen für anwaltliche Beratung. Denn wenn man selbst keinen geeigneten Anwalt kennt und auch Freunde und Bekannte niemanden empfehlen können, dann will man wenigstens jemanden beauftragen, den die Netzgemeinde empfehlen kann. Dies zeigen die folgenden Abbildungen.

4 Positionierung auf dem Markt

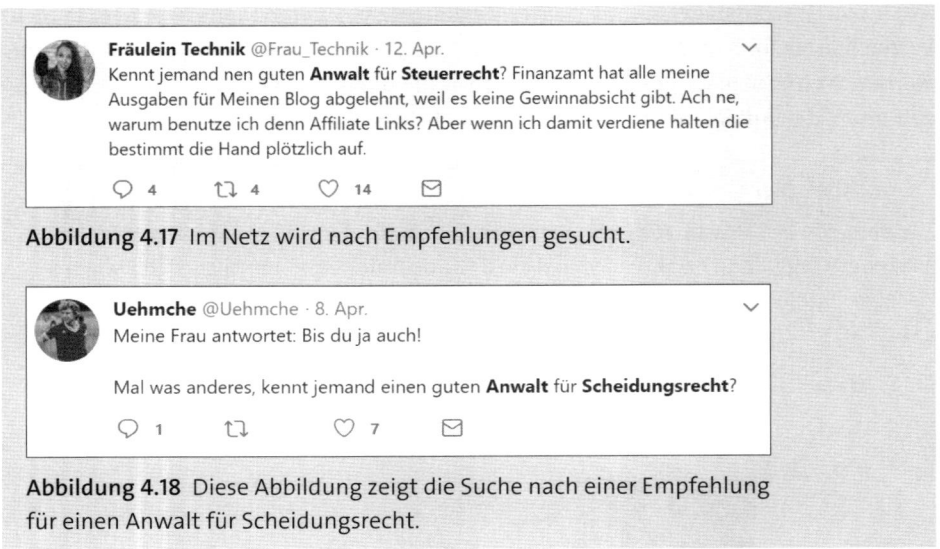

Abbildung 4.17 Im Netz wird nach Empfehlungen gesucht.

Abbildung 4.18 Diese Abbildung zeigt die Suche nach einer Empfehlung für einen Anwalt für Scheidungsrecht.

4.4 Wie agieren meine Wettbewerber?

Bevor Sie sich selbst positionieren, sollten Sie analysieren, wo sich Ihre Wettbewerber aufhalten (siehe Abbildung 4.19) und wie sich diese in den sozialen Netzwerken positionieren (siehe Abbildung 4.20).

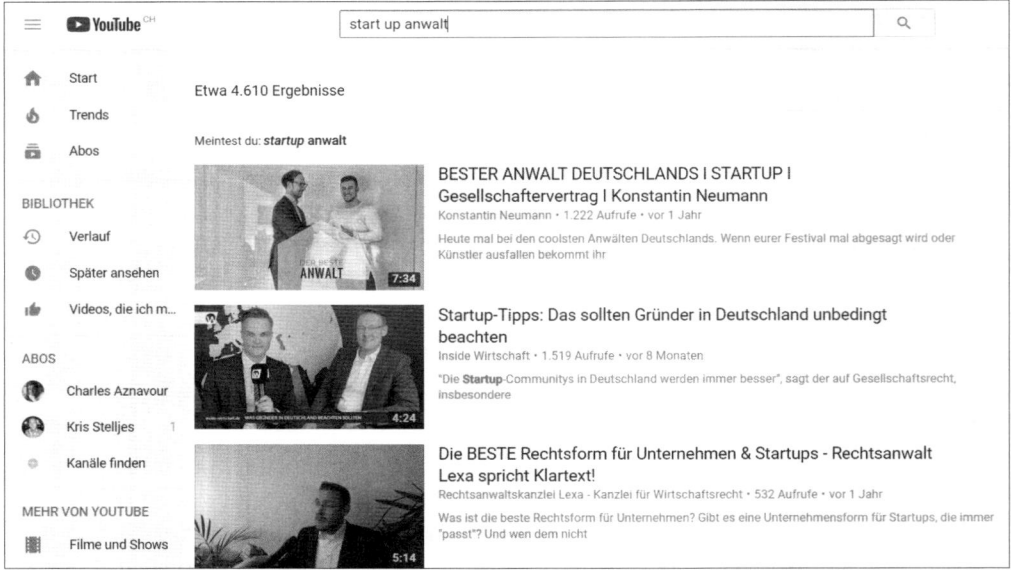

Abbildung 4.19 Hier sind Ihre Wettbewerber!

4.4 Wie agieren meine Wettbewerber?

Von Ihren Wettbewerbern können Sie sehr viel lernen – im Guten wie im Schlechten. Dazu sollten Sie sich zunächst einmal die Top-Social-Media-Profile Ihrer Konkurrenz anschauen. Auch hier gilt wieder: Diese Profile gibt es auf allen vorgestellten Plattformen.

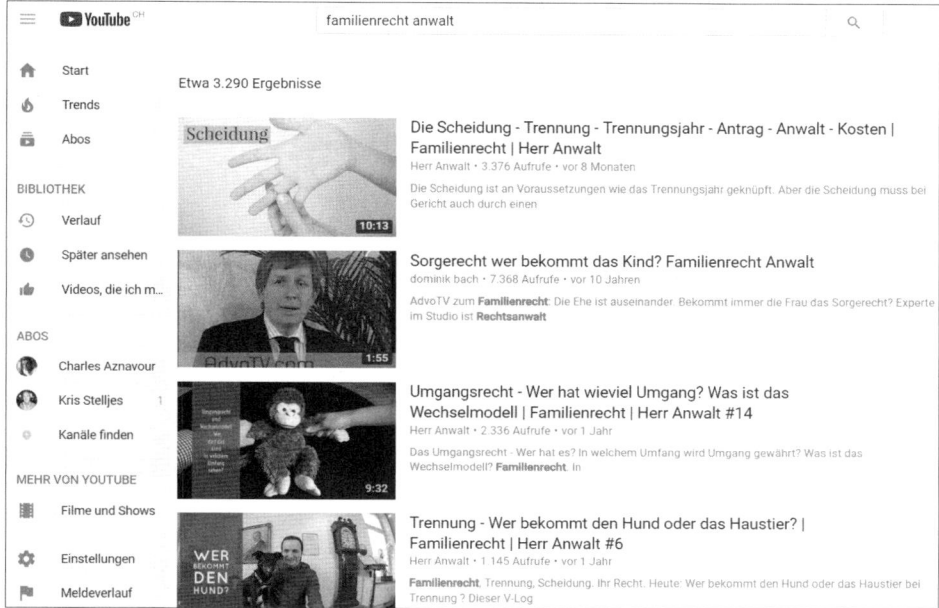

Abbildung 4.20 Geben Sie Ihre Suchbegriffe ein, und schauen Sie sich an, wie sich Ihre Mitbewerber positionieren.

Wenn Sie sich selbst auch auf der Videoplattform YouTube als Anwalt präsentieren wollen, dann sollten Sie das »professionell« machen. Das heißt, Sie sollten mit kurzen und prägnanten Videos präsent sein. Lassen Sie diese Videos von einem Profi machen – nichts ist schlimmer als eine amateurhafte Aufzeichnung, in der Sie professionell ein seriöses Problem erklären wollen.

Um soziale Netzwerke effektiv nutzen zu können, ist es wichtig, zu wissen, wie die einzelnen Social-Media-Plattformen genutzt werden. Dies gilt nicht nur für YouTube, sondern auch für alle anderen sozialen Plattformen.

Praxisbeispiel

Der Kurznachrichtendienst *Twitter* mit über 300 Millionen Nutzern weltweit wird oftmals von Anwälten verwendet, weil er mit einer Begrenzung auf 280 Zeichen beispielsweise dazu einlädt, zwischen zwei Verhandlungen eine Nachricht zu »zwitschern«.

Bei Twitter geht es nicht unbedingt um die Anzahl der Follower! Auch Accounts mit einer kleineren Anzahl von Followern können sehr wertvoll sein. Twitter listet die Accounts nach der Aktivität auf, die auf diesen Konten stattfindet, nicht nur nach der Größe der Follower! Nutzen Sie bei Twitter vor allem die erweiterte Suche, um detaillierte Ergebnisse über Ihre Wettbewerber zu erhalten. Gute Anwälte kommen dann schon mal auf einige Tausend Follower (siehe Abbildung 4.21).

Abbildung 4.21 Der Twitter-Account des Rechtsanwalts Martin Steiger aus Zürich

Seien Sie selbst auf diesen Plattformen präsent, und verfolgen Sie, was die Konkurrenz macht. Für alle, die im Einzelnen wissen wollen, wie sie sich am besten als erfolgreicher Twitter-Anwalt präsentieren, empfehlen wir den Beitrag von Rechtsanwalt Jan Christian Seevogel, abrufbar unter www.thomashutter.com/index.php/2010/04/twitter-in-4-schritten-zum-erfolgreichen-twitter-anwalt-gastbeitrag.

Die sozialen Netzwerke sind in einem gewissen Sinne wesentlich besser als Plattformen wie Anwalt.de oder andere »Berufsplattformen« wie XING oder LinkedIn, da hier auch Privatpersonen ihre Informationen teilen und wesentlich glaubwürdigere »echte Bewertungen von echten Kunden« abgeben.

Hinweis

Wenn Sie diesen Rechercheprozess hinter sich haben, dann wissen Sie, wer Ihre Zielgruppe ist, wo sich diese aufhält und welche Probleme sie bewegen. Sie sind dann in der Lage, Antworten auf Fragen bzw. Probleme Ihrer Zielgruppe zu geben. Zudem wissen Sie auch sehr genau, wie sich Ihre Mitbewerber positionieren, was ein entscheidender Vorteil ist, wenn Sie sich in Ihrer Nische strategisch neu positionieren möchten.

Kapitel 5
Umsetzung Ihrer strategischen Positionierung mit Landingpages

Hinter der Idee einer Landingpage steht die Erkenntnis, dass die Aufmerksamkeitsspanne aller Menschen immer geringer wird. Niemand macht sich mehr die Mühe und navigiert auf Ihrer Webseite, wenn ihn nur ein einziges Thema interessiert. Er möchte unmittelbar Antworten zu einem einzigen Problem erhalten, das ihn bewegt. Aus diesem Grunde haben Marketingexperten Landingpages entwickelt. Was genau dahinter steckt, möchten wir Ihnen in diesem Kapitel erklären.

Die Aufmerksamkeitsspanne des Menschen ist zwischen dem Jahr 2000 und 2013 von zwölf auf acht Sekunden gesunken – und liegt damit unter der eines Goldfischs. Der bleibt immerhin neun Sekunden aufmerksam. Das bedeutet: Kein Mensch wühlt sich durch Ihre Homepage, um Antworten auf seine Fragen zu erhalten. Dabei spielt es überhaupt keine Rolle, wie gut oder schlecht Ihre Homepage ist. Jeder von uns möchte Antworten zu konkreten Fragen erhalten, und zwar hier und jetzt. Genau da setzen Landingpages an.

Die meisten von Ihnen werden das Wort Landingpage schon einmal gehört haben, aber was genau verbirgt sich dahinter? Eine Landingpage ist im Ergebnis nichts anderes als *eine* einzige Webseite, mit der Sie einen potenziellen Kunden auf ein einziges Thema hinweisen und dabei das Ziel verfolgen, diesen Kunden zu einer gezielten Aktion zu bewegen.

Praxisbeispiel
Ziele können etwa der Verkauf von Produkten, das Einschreiben in Ihren E-Mail-Newsletter, der Download von sogenannten *Freebies* (das sind Dinge, die Sie kostenlos zur Verfügung stellen, wie z. B. Videos, Checklisten, Webinare etc.) oder die Weiterleitung der Besucher zu einer anderen Seite sein. Sie richten die Landingpage deshalb genau an den Bedürfnissen Ihres Wunschkunden aus, der Informationen zu einem Thema auf einer Seite kurz, knapp und prägnant erhalten soll. Beachten müssen Sie dabei jedoch die neuen Regelungen der DSGVO, die eine Koppelung von Freebies mit der Preisgabe von E-Mail-Adressen nur bedingt erlauben.

Bei einer Landingpage handelt es sich demnach um eine Webseite zur Bewerbung einer bestimmten Dienstleistung bzw. eines bestimmten Service. Sie enthält immer einen sogenannten *Call-to-Action*: Der Besucher der Webseite wird dabei zu einer Handlung aufgefordert, die einzig das Ziel der Kontaktanbahnung, die sogenannte *Lead Generation*, verfolgt. Es handelt sich dabei um eine aktive Form des Marketings, die Sie gestalten und bei der Sie gezielt auf die Zielgruppe zugehen.

Landingpages haben das Ziel, Vertrauen zu schaffen, indem Dienstleistungen den Menschen offeriert werden, die Sie schon »online kennengelernt haben«. Da Sie Ihre Zielgruppe genau kennen, wissen Sie, was diese bewegt, und können dementsprechend handeln und Lösungen zu Problemen offerieren. Sie nehmen das Zepter in die Hand, anstatt darauf zu warten, »gefunden« zu werden. Denn wenn es möglich ist, dass Sie im Netz gefunden werden, dann ist es auch möglich, dass Sie Ihre Mandanten im Netz finden. Das ist letztlich die Strategie hinter dem Einsatz von Landingpages.

5.1 Merkmale von Landingpages

Aktives Marketing – so kann man die Arbeit mit Landingpages am besten beschreiben. Sie möchten Ihre Zielgruppe mit maßgeschneiderten Angeboten erreichen und mit Ihrer Expertise überzeugen. Sie haben Lösungen zu Problemen, weil Sie Ihre Zielgruppe genau kennen und deshalb auch wissen, was diese Gruppe bewegt.

Die Arbeit mit Landingpages setzt aber voraus, dass Sie sowohl umfangreiche Recherchen betreiben als auch genauste Kenntnisse über Ihre Zielgruppe erlangt haben. Sie müssen zudem bereit sind, sich den immer neuen Herausforderungen und Problemstellungen Ihrer Zielgruppe zu widmen. Dabei müssen Sie strategisch und vorwärtsgewandt denken und mit wirklich wertvollem Inhalt und Lösungen arbeiten.

> **Praxisbeispiel**
>
> Wenn Ihre Wunschmandanten aus der bereits beispielhaft genannten Start-up-Community kommen, dann können Sie diese Gruppe zum Beispiel mit dem Thema »Beteiligungsverträge« ansprechen (siehe Abbildung 5.1). Nach Ihren Recherchen wissen Sie nämlich, dass dieses Thema jene Gruppe immer wieder beschäftigt. Wenn Sie sich hier als Anwalt positionieren wollen, dann sollten Sie diese Zielgruppe nun mit kurzen und wertvollen Tipps zu diesem Thema ansprechen. Wenn ein potenzieller Kunde den Button HIER GEHT ES ZU DEN TIPPS anklickt, dann müssen Sie etwas Besonderes liefern, wie zum Beispiel eine Checkliste mit den Tipps!

Machen Sie nicht den Fehler, Ihren Besucher nach dem Anklicken auf Ihre Homepage weiterzuleiten. Warum? Er wird dort nicht die Antwort auf seine Frage innerhalb der schon erwähnten 8 Sekunden Aufmerksamkeitsspanne finden – selbst dann nicht, wenn Sie möglicherweise auf Ihrer Homepage schon Ausführungen zum Thema »Beteiligungsverträge« gemacht haben. Es ist so gut wie ausgeschlossen, dass sich jemand sich die Mühe macht, auf Ihrer Homepage zu navigieren, um dort Informationen zum Thema »Beteiligungsverträge« zu suchen.

Abbildung 5.1 Beispiel einer Landingpage, um die Start-up-Szene anzusprechen

Sie müssen speziell für diese Landingpage ein »korrespondierendes« Geschenk machen. Denn das Ziel von Landingpages besteht darin, mit einem Thema das sprichwörtliche Licht am Ende des Tunnels aufzuzeigen und die kurze Aufmerksamkeitsspanne Ihrer Zielgruppe zu nutzen. Dazu eignen sich beispielsweise Checklisten oder Webinare (siehe Abbildung 5.2).

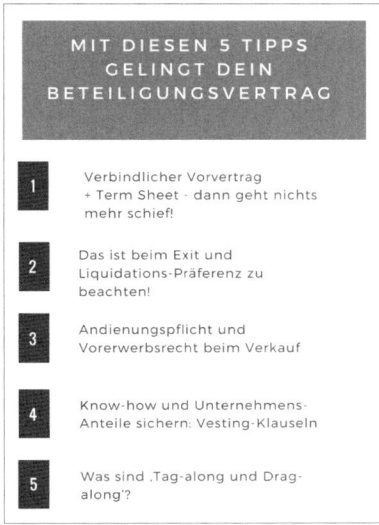

Abbildung 5.2 Geben Sie Ihrer Zielgruppe etwas Nützliches an die Hand! Checklisten sind ein einfaches und erfolgversprechendes Tool.

Grundvoraussetzung dafür ist jedoch, dass Sie Jura für alle verständlich erklären. Wenn Sie Erfolg haben wollen, dann müssen Sie aus der Masse heraustreten und sich möglicherweise auch einen neuen Sprachstil angewöhnen. Denn gute Landingpages sind einfach zu verstehen. Sie sind außerdem *mobile responsive*, also auf jedem mobilen Endgerät lesbar, insbesondere auf dem Smartphone, verwenden eine klare Sprache und haben ein sauberes Design.

Verabschieden Sie sich also vom komplizierten Juristendeutsch – das liest keiner, und das versteht vor allen Dingen kein normaler Mensch! Auch müssen Sie unter Umständen bereit sein, Ihre Tonalität und Ihr Auftreten den Gepflogenheiten Ihrer Zielgruppe anzupassen. Sie müssen Ihre neuen Kunden mit kurzen und prägnanten Informationen erreichen. Im englischsprachigen Raum heißt die Devise dazu: »Keep it simple and smart.«

Diese Regeln gelten auch, wenn Ihre Zielgruppe Unternehmer sind und Sie die neue Unternehmenssteuerreform erklären. Ihr Besucher muss sofort erkennen, um was es geht. Lassen Sie alle unnötigen Worte weg.

5.2 Homepage versus Landingpage

Vorweg: *Homepage* und *Landingpage* sind zwei ganz verschiedene Paar Schuhe. Die Begriffe werden oft durcheinandergeworfen oder synonym benutzt. Aber das ist nicht richtig und kann schnell zu Missverständnissen führen.

Die *Homepage* ist Ihre Visitenkarte oder die nicht gedruckte Broschüre. Dort geben Sie einen Überblick über Ihre Services und stellen sich – ähnlich wie in einer Broschüre – Seite für Seite vor. Auf der Homepage haben Sie auch die Möglichkeit, mit sogenannten Unterseiten weitere Informationen über sich, Ihre Fachgebiete, Ihre Ausbildung etc. zu geben. Wenn Sie Ihre Webseite konzipieren, dann unterstellen Sie, wie Ihr Besucher auf Ihrer Webseite wohl navigieren wird, und erstellen analog Ihre Seite.

Möglicherweise geht Ihr Besucher aber ganz anders vor. Im schlimmsten Fall bedeutet das, dass er nie dort landet, wo Sie ihn gerne haben möchten. Sie haben sich also die ganze Arbeit gemacht, aber gleichwohl Ihren Homepage-Besucher nie erreicht.

> **Hinweis**
>
> Viele Anwälte neigen dazu, die Homepage mit allen möglichen Informationen zu überfrachten, von denen sie glauben, ein Besucher würde sich dafür interessieren. Aber in Zeiten kurzer Aufmerksamkeitsspannen erreichen Sie Ihre Kunden mit solchen Seiten nicht. Wenn Sie also ein Thema in den Fokus stellen wollen, dann machen Sie das nicht mit Ihrer Webseite, sondern mit einer Landingpage.

Selbstverständlich können Sie Landingpages in Ihre Webseite integrieren. Dann müssen Sie aber sicherstellen, dass Ihr potenzieller Mandant dort tatsächlich *nur* die Informationen zu diesem einen Thema erhält und dass keine Navigationsmöglichkeiten zu anderen Unterseiten Ihrer Webseite möglich sind.

> **Praxisbeispiel**
>
> Für die Lancierung einer neuen Produktlinie eines großen Unternehmens wurde eine neue Webseite erstellt. Das Ziel dieser Webseite war es, dass sie die Besucher außer für das neue Produkt auch für weitere Produkte derselben Serie begeistert. Die Entwickler gingen von einem bestimmten Navigationsverhalten ihrer Besucher aus und setzten die Seite entsprechend auf. Als sie dann Testpersonen baten, auf dieser Seite zu navigieren, mussten sie feststellen, dass diese sich ganz anders verhielten als angenommen.
>
> Das bedeutet: Selbst wenn Sie mit Testpersonen die Navigation Ihrer Homepage getestet haben und sich selbst auf Ihrer Homepage wohlfühlen, heißt das im Ergebnis nichts. Jeder Besucher hat ein unterschiedliches Navigationsverhalten. Wenn Sie sicher sein wollen, dass Ihre Botschaft auch ankommt, dann müssen Sie mit Landingpages arbeiten.

Eine *Landingpage* ist eine einzige Seite mit einem einzigen Angebot, auf der Besucher landen oder zu der sie mit Marketing-Strategien gezielt hingeführt werden. Aber das Arbeiten mit Landingpages will gelernt sein. Und es ist natürlich wichtig, dass Sie diese Landingpages (als Unterseiten) in Ihre Homepage integrieren.

> **Praxisbeispiel**
>
> Jemand wird von den landesweit bekannten Abmahnanwälten der Kanzlei *Waldorf Frommer* wegen des Vorwurfs des illegalen Filesharings urheberrechtlich geschützter Werke abgemahnt und sucht im Internet nach Hilfe, und zwar mit dem Begriff: »Abmahnung Kanzlei Walldorf Frommer«.
>
> Eine richtig gute Landingpage sieht dann so aus wie die von der Rechtsanwaltskanzlei *Wilde Beuger Solmecke*, die Betroffene bei der Verteidigung gegen eine Abmahnung unterstützt. Sie enthält einen erklärenden Text, der das Problem beschreibt und eine Lösung anbietet. Ganz Wichtig: Ihre Kontaktdaten sollten leicht auffindbar sein, damit der Betroffene sich direkt bei Ihnen melden kann.

Abbildung 5.3 Landingpage der Rechtsanwaltskanzlei »Wilde Beuger Solmecke« zum Thema »Abmahnung«

Womöglich werden Sie sich nun fragen, was diese Seite eigentlich auszeichnet. Die Antwort ist simpel: Sie gibt *nur* Informationen zu diesem einen Thema und es gibt keine Navigation zu anderen Themen. Der Kunde erhält Input zu einem Thema und zahlreiche Calls-to-Action wie die Möglichkeit zur Kontaktaufnahme für eine kostenlose Erstberatung per Telefon oder E-Mail, ohne dass er dafür auf die Homepage weitergeleitet wird.

Der Vorteil dieser Marketing-Methode im Vergleich zum klassischen *Push Marketing* oder auch *Outbound Marketing*, bei dem Sie die Kunden auf das Thema bzw. Problem (zu dem Sie die Lösung haben) erst einmal aufmerksam machen müssen, besteht darin, dass Sie den Kunden mit der Nase auf die Lösung stoßen können.

Dies ist besonders dann richtig und wichtig, wenn es sich – wie es bei juristischen Sachverhalten fast immer der Fall ist – um erklärungsbedürftige Produkte und Probleme handelt. Hier sind Landingpages und *Content-Marketing*-Strategien der Weg zum Ziel, da sie Ihre Mandanten mit genau den Themen abholen, die diese bedrücken.

5.3 Die Konzeption einer Landingpage

Wenn Sie erfolgreich mit Landingpages arbeiten wollen, dann müssen Sie die vier wesentlichen Elemente einer Landingpage kennen und sicher einsetzen können:

- Angebot an die Zielgruppe
- überzeugende Überschriften und Bilder, die Ihr Angebot unterstützen
- Handlungsaufforderungen (Call-to-Action)
- Ihre Lösung – Ihr Angebot!

5.3.1 Angebot an die Zielgruppe: Praxisbeispiel Erbrecht

Wenn Sie Anwalt für internationales Erbrecht sind, dann können Sie Ihre Zielgruppe mit der in Abbildung 5.4 dargestellten Landingpage ansprechen.

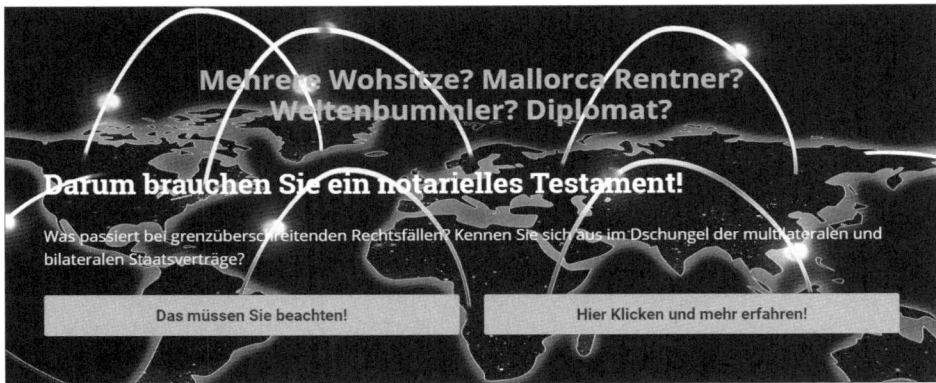

Abbildung 5.4 Landingpage im Erbrecht

Vermögende Kunden mit mehreren Wohnsitzen sind eine Ausgangslage, die im Erbfall einige Probleme nach sich ziehen kann. Wenn Sie über Expertise im internationalen Erbrecht verfügen, dann ist das Ihre Zielgruppe, die Sie online erreichen müssen. Die Überschrift muss bereits das potenzielle Problem ansprechen. Dies geht beispielsweise so: »Mehrere Immobilien im Ausland: Wie wird das im Erbfall behandelt?« Sie haben die Antworten auf die Fragen – bieten Sie die Lösungen an!

Hinter den beiden gelben Buttons liegt dann die Lösung des Problems. Um zur Lösung zu kommen, fordern Sie Ihre Zielgruppe zum Anklicken auf und bieten Ihren Besuchern Antworten zum Thema mit einem kurzen und prägnanten Text. Solche Texte zu schreiben will gelernt sein! Wer dies nicht beherrscht, der sollte professionelle Unterstützung in Anspruch zu nehmen.

5.3.2 Überzeugende Überschrift und visuelle Gestaltung

Es kann nicht oft genug betont werden: Die Aufmerksamkeitsspanne Ihrer potenziellen Mandanten ist begrenzt. Die Kunst besteht darin, Menschen während einer ganz kurzen Zeit für sich zu begeistern. Wenn Sie das schaffen, dann bleiben Ihre Besucher am Ball und sind schon bald Ihre Mandanten. Um sie zu erreichen, müssen Sie einerseits mit einer verständlichen Sprache sprechen und andererseits Ihre Botschaft auch visuell unterstützen.

> **Praxisbeispiel**
> Sind Sie Anwalt und spezialisiert im Bereich des Vergaberechts, dann könnte eine solche Landingpage zum Beispiel so wie in Abbildung 5.5 aussehen.
>
>
>
> **Abbildung 5.5** Landingpage zum Vergaberecht – ein Bild unterstützt Ihre Botschaft.

Wenn Sie Ihre Mandanten erreichen wollen, dann müssen Sie mit Bildern arbeiten, denn Bilder transportieren wie kein zweites Medium bereits einen Teil Ihrer Botschaft. Das ist eine der Erklärungen dafür, weshalb sich Plattformen wie YouTube so rasant entwickelt haben und zu absolut ernst zu nehmenden Marketingplattform geworden sind. Da Anwälte vornehmlich mit Sprache operieren, unterschätzen sie oftmals die Wichtigkeit der Bilder.

Verwenden Sie zudem kontrastreiche Farben, um alle Text- und sonstigen Elemente hervorzuheben. Weniger Farben und ein sauberes Farbschema führen zu höheren Erfolgen. Reduzieren Sie Schriftarten und -größen: Verwenden Sie auf Ihren Landingpages nicht mehr als zwei verschiedene Schriftarten bzw. nicht mehr als drei Schriftgrößen.

5.3 Die Konzeption einer Landingpage

> **Praxistipp**
>
> Wie auch immer Sie sich positionieren, nutzen Sie die Macht der Bilder. Viele Anbieter von Landingpages liefern eine Auswahl von Bildern. Aber Sie können auch kostenpflichtige Bild-Anbieter wie z. B. *Shutterstock* (*www.shutterstock.com/de*) kontaktieren oder auch Bilder und Videos einsetzen, die Sie unter Einhaltung der Lizenzbedingungen kostenlos nutzen können, wie zum Beispiel solche der Plattform *Pixabay* (*https://pixabay.com/de*) oder *Fotolia* (*www.fotolia.com*).

5.3.3 Handlungsaufforderung – Call-to-Action

Sie sprechen mit Landingpages Ihre potenziellen Mandanten direkt an und bieten ihnen Lösungen für die von Ihnen zuvor identifizierten Probleme. Sie sind es daher auch, der die Besucher Ihrer Landingpage zu einer Handlung auffordern muss.

In den bereits genannten Beispielen fordern Sie die Besucher Ihrer Landingpage dazu auf, einen Button anzuklicken, und bitten sie, ihre E-Mail-Adresse dort zu hinterlegen. Das ist der Beginn des Aufbaus einer Beziehung zu einer bisher unbekannten Person, die aber sehr bald Ihr Mandant sein könnte. Wenn die Besucher dann dem dargestellten Call-to-Action folgen, dann könnte ein *Pop-up-Fenster* erscheinen, das ähnlich wie das in Abbildung 5.6 aussehen könnte.

Abbildung 5.6 Mit diesem Formular starten Sie die Beziehung zu Ihrem Besucher und zukünftigen Mandanten.

> **Achtung!**
>
> In diesem Zusammenhang möchten wir erwähnen, dass Sie im Rahmen digitaler Werbung selbstverständlich zuvor die Einwilligung des Besuchers einholen müssen, was sich rechtssicher am besten mithilfe des *Double-Opt-In*-Prozesses erreichen können.
>
> Wenn Ihnen dieses Verfahren auf Anhieb nichts sagt, dann können Sie sich eingehend darüber in dem Praktiker-Handbuch »DSGVO für Website-Betreiber« informie-

ren, das von Christian Solmecke und Sibel Kocatepe verfasst wurde und ebenfalls im Rheinwerk Verlag erschienen ist.

Oder Sie besuchen den kostenlosen DSGVO-Kurs der Rechtsanwältin Sabrina Keese-Haufs (*https://elopage.com/dsgvo-praxis-infografik?utm_source=acmp_Blog&utm_medium=podcast&utm_campaign=acmp_dsgvo_LPtoFreebie*).

5.3.4 Ihre Lösung – Ihr Angebot!

Und zu guter Letzt: Sie müssen Ihrem potenziellen Mandanten ein interessantes Angebot unterbreiten. Dabei muss es sich um etwas handeln, was für ihn nützlich ist und gezielt seine Fragen beantwortet. Sie wissen, wo bei Ihrer Zielgruppe der Schuh drückt, und genau da müssen Sie ansetzen. Bieten Sie mit Ihrem Angebot einen Mehrwert. Das kann ein kurzes Video sein, in dem Sie Lösungen zu den Problemen Ihrer Zielgruppe präsentieren, es kann ein Handbuch sein – oder aber eine simple Checkliste (siehe Abbildung 5.8).

Praxisbeispiel

Wenn Sie als Anwalt für Familienrecht tätig sind, dann sollten Sie sich an dem überaus erfolgreichen Unternehmen *only1life* orientieren. Arbeiten auch Sie mit Emotionen; unterschätzen Sie nicht die Kraft derselben. Oder anders gesagt, wenn Sie Menschen online erreichen wollen, dann sollten Sie immer die Themen *Love, Life, Money* im Auge behalten. Das sind Themen, mit denen Sie im Endeffekt jeden Menschen erreichen können. Eine Landingpage zum Thema Scheidung könnte dann zum Beispiel so aussehen:

Abbildung 5.7 Landingpage zum Thema Scheidung und Kinder

Checklisten erfreuen sich großer Beliebtheit, denn der Nutzer geht davon aus, dass derjenige, der eine Checkliste offeriert, sich schon durch die Regelflut gearbeitet hat und somit echten Mehrwert bieten kann. Denken Sie daran: Wir alle sind froh, wenn jemand für uns schon einen Teil der Arbeit gemacht hat. Wenn Sie Ihrer potenziellen Mandantschaft ein interessantes Angebot unterbreiten, dann können Sie sicher sein, dass Sie auch mandatiert werden, wenn es komplizierter wird. Denn Sie haben sich innerhalb Ihrer Zielgruppe einen Namen gemacht und Expertise gezeigt – das sind die neuen Wege im digitalen Marketing, die Sie als Anwalt beherrschen sollten. Und auch wenn es für den einen oder anderen Anwalt kaum verständlich ist: Sie müssen geben, bevor Sie nehmen! So funktioniert digitaler Vertrauensaufbau in der heutigen Zeit.

Abbildung 5.8 Das Angebot muss stimmen und verlockend sein!

5.3.5 Navigation der Zielgruppe auf die Landingpage

Spätestens jetzt werden Sie sich fragen, wie Sie es schaffen, dass Ihre Zielgruppe diese Landingpages auch sieht. Alle vorgestellten Social-Media-Plattformen wie LinkedIn, YouTube, XING, Facebook oder Instagram bieten die Möglichkeit, personalisierte Werbung auf ihren Seiten zu schalten, um so potenzielle Mandanten zu erreichen.

Voraussetzung, um auf diesen Plattformen Ihre Werbung schalten zu können, ist natürlich, dass Sie über eine Präsenz auf diesen Seiten verfügen. Sie müssen also für sich bzw. Ihre Kanzlei ein LinkedIn-, XING- oder Facebook-Profil anlegen, um dann dort auch Online-Marketing betreiben zu können.

> **Praxishinweis**
>
> Wie einfach das geht, erfahren Sie für das Netzwerk Facebook auf der Webseite *www.facebook.com/business/learn/set-up-facebook-page*, für *LinkedIn* über *www.linkedin.com/help/linkedin/answer/1091/erstellen-einer-linkedin-unternehmensseite?lang=de* und für *XING* über *https://faq.xing.com/de/categories/xing-business-pages*.

Danach legen Sie Ihre Zielgruppe nach den soziodemografischen Merkmalen fest, die Sie zuvor ermittelt haben (Alter, Geschlecht, Interessen, Beruf etc.), und bestimmen, wer Ihre Werbung bzw. Ihre Landingpage sieht.

Auf diese Weise können Sie sicherstellen, dass Ihre Werbung die richtigen Adressaten erreicht. Selbstverständlich müssen Sie dafür bezahlen, aber Sie können Ihr Tagesbudget und auch die Laufzeitdauer Ihrer Anzeige bzw. Landingpage festlegen. In Abbildung 5.9 sehen Sie, wie typischerweise die Anzeigen (Landingpages) aussehen, die Sie in den Newsfeeds in der Mitte der Seite oder auch am rechten Rand Ihrer Social-Media-Plattformen finden.

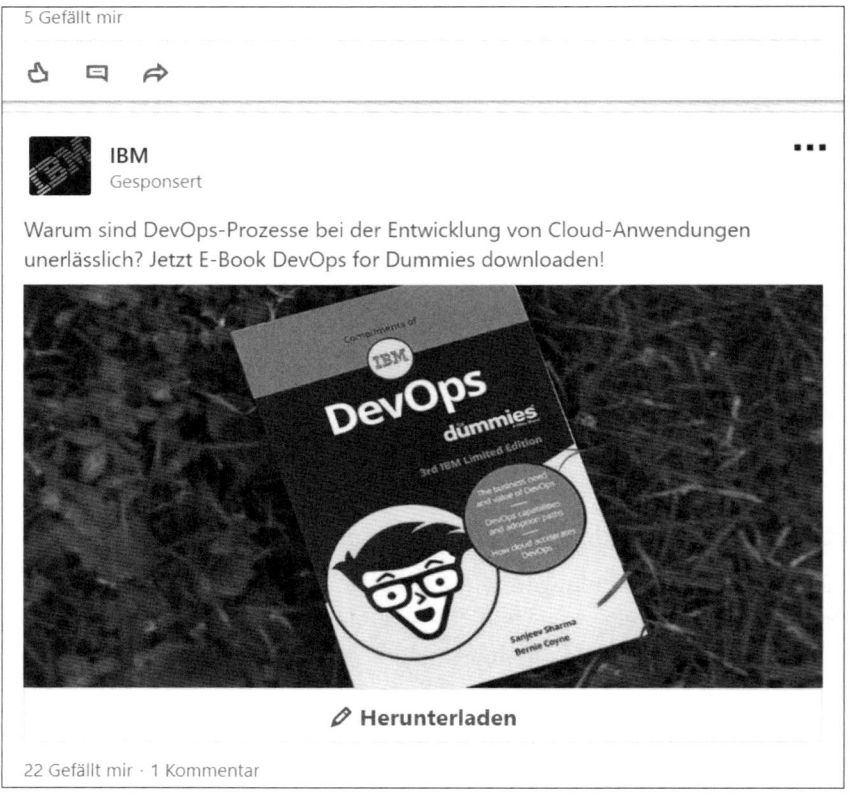

Abbildung 5.9 Geben statt nehmen – von »IBM« gesponserte Anzeige auf »LinkedIn«

Egal auf welcher Social-Media-Plattform Sie sichtbar sein wollen, alle bieten sogenannte Werbeanzeigenmanager an. Hier können Sie so ziemlich alle Kriterien festlegen, um mit Ihrer Botschaft auch die richtigen Menschen zu erreichen. Selbstverständlich können Sie hier Ihre Budgets und die Laufzeit Ihrer Werbung selbst festlegen. Die einzelnen Plattformen halten dazu umfassende Informationen bereit (siehe Abbildung 5.10).

5.3 Die Konzeption einer Landingpage

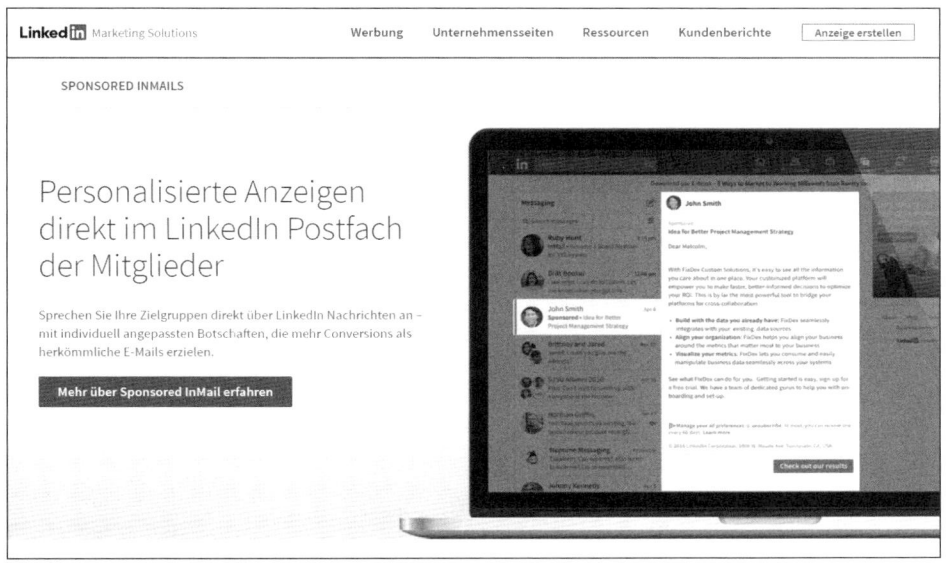

Abbildung 5.10 »LinkedIn« hält auf seiner Website alle Details zur Werbung bereit.

Praxisbeispiel

Ebenfalls vorstellen möchten wir Ihnen den Werbeanzeigenmanager von Facebook (siehe Abbildung 5.11), mit dem Sie die Möglichkeit haben, Ihre Zielgruppe genau einzugrenzen und so mit einem maßgeschneiderten Angebot zielgenau Werbung zu schalten (siehe Abbildung 5.12).

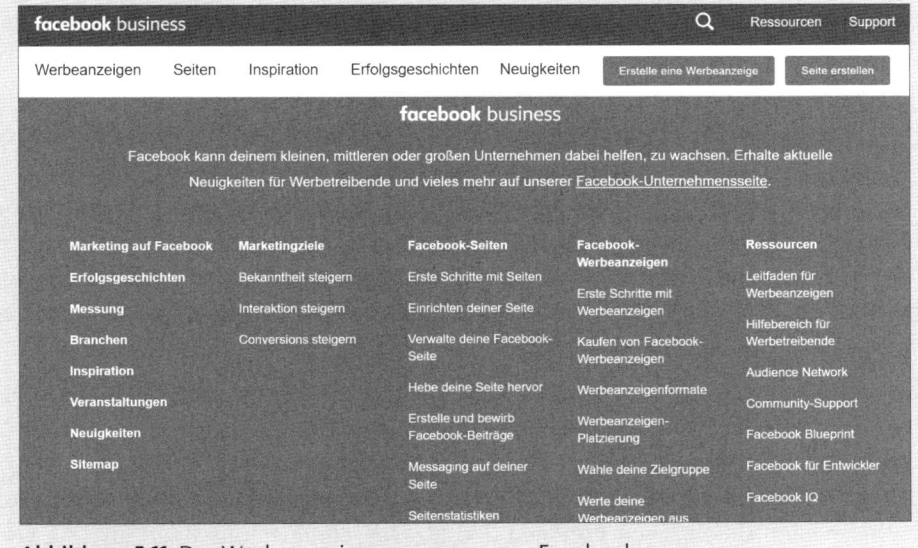

Abbildung 5.11 Der Werbeanzeigenmanager von »Facebook«

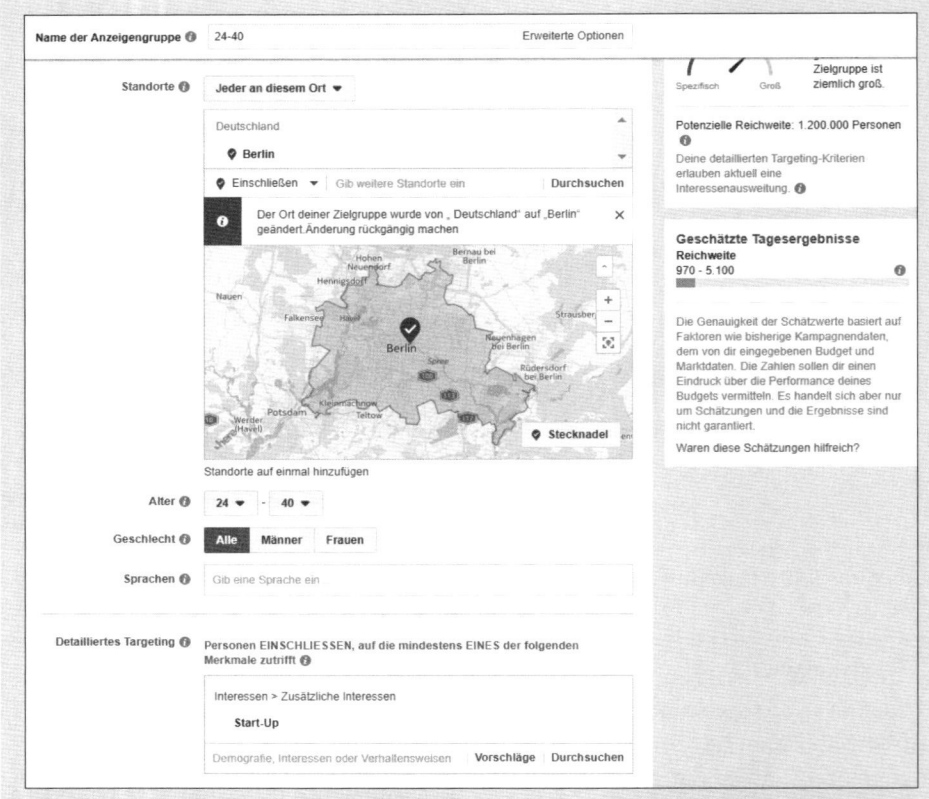

Abbildung 5.12 Der »Facebook«-Werbeanzeigenmanager ermöglicht eine genaue Eingrenzung Ihrer Zielgruppe, z. B. »Start-up Berlin, Alter 24–40«.

5.4 Anbieter von Landingpages

Es gibt in der Zwischenzeit viele Anbieter von Landingpages. Die besten kommen aus den angelsächsischen Ländern, nur wenige werden allerding in deutscher Sprache angeboten. Das Unternehmen *Unbounce* (https://unbounce.com/de) kommt ursprünglich aus den USA. Es gibt in der Zwischenzeit jedoch auch eine deutsche Website mit zahlreichen hervorragenden Landingpage-Vorlagen (siehe Abbildung 5.13).

Zu den ersten (und besten) Anbietern zählt der Weltmarktführer *Leadpages* (www.leadpages.net), dessen Angebot jedoch nur auf Englisch erhältlich ist. Leadpages ist monatlich ab 49 USD zu erhalten (siehe Abbildung 5.14). Wer sich in der englischen Sprache zu Hause fühlt, für den ist Leadpages die erste Adresse. Es gibt zu praktisch allen Lebenslagen Vorlagen und Muster, die fortlaufend auf ihre *Conversion* überprüft werden. Die Vorlagen sind dank *Drag & Drop* einfach zu bedienen. Es gibt zahlreiche sogenannte APIs, das sind Schnittstellen, mit denen Sie zum Beispiel E-Mail-Autoresponder-Systeme einbinden können.

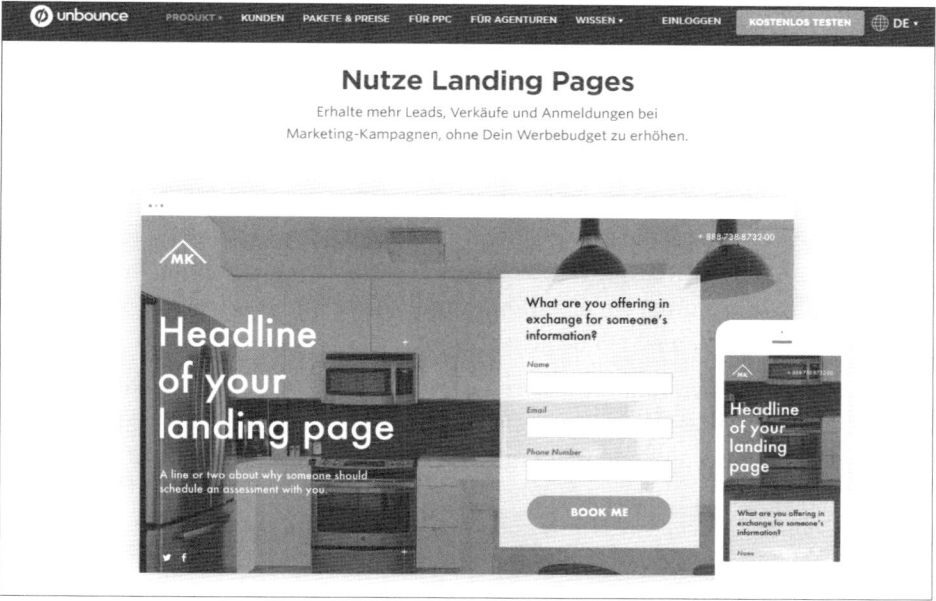

Abbildung 5.13 Landingpage von »Unbounce« – erhältlich ab 79 USD pro Monat

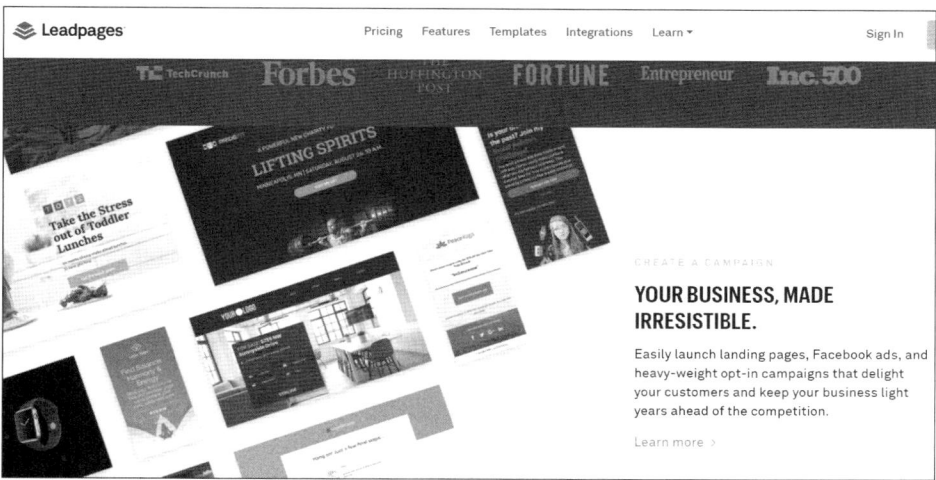

Abbildung 5.14 Landingpages vom Weltmarktführer »Leadpages«

In diesem Zusammenhang sollte auch noch *Instapage* (*https://instapage.com*) Erwähnung finden, wobei auch dieses Angebot nur auf Englisch zur Verfügung steht. Schauen Sie sich die Anbieter einmal in Ruhe an – alle bieten kostenfreie Probeabos (meistens für 30 Tage) und zahlreiche nützliche Informationen zum Thema Online-Marketing an. Da Sie es sind, der schlussendlich mit diesen Seiten arbeiten muss, ist es auch Ihre Entscheidung, ob Sie mit einem deutsch- oder englischsprachigen Anbieter zusammenarbeiten wollen.

5.5 E-Mail-Autoresponder-Systeme

Was ist ein Autoresponder? Ein Autoresponder ist ein E-Mail-Marketing-Tool, das automatisiert E-Mails versendet. Der Autoresponder ist ein Bestandteil einer E-Mail-Marketing-Software. Diese Dienste bieten Ihnen an, Ihren gesamten E-Mail-Verkehr zu automatisieren. Einmal eingerichtet, können E-Mail-Autoresponder für eine Vielzahl von verschiedenen E-Mail-Sequenzen eingesetzt werden.

Denn nachdem Sie nun zahlreiche Beispiele für Landingpages gesehen haben, fragen Sie sich sicherlich, wie Sie es jetzt noch (automatisiert) schaffen, Kontakt mit Ihren potenziellen Kunden aufzunehmen und mit diesen rund um die Uhr zu kommunizieren. Sie haben natürlich die Möglichkeit, mit jedem einzelnen Besucher, der an Ihren Angeboten (Checkliste, Tipps oder Video) interessiert ist, direkt zu kommunizieren und Ihr Angebot (Webinar, Video, Checkliste) persönlich zu verschicken.

Auf Dauer und insbesondere dann, wenn die Anzahl von interessierten Besuchern ansteigt, empfiehlt es sich jedoch, stattdessen eben dieses E-Mail-Autoresponder-System einzurichten und die Kommunikation mit Ihren Mandanten zu automatisieren. Denn statt mit unzähligen Listen verschiedene Mandanten zu verschiedenen Themen anzusprechen, können Sie das alles dank der E-Mail-Autoresponder-Systeme automatisieren. Sie gruppieren Ihre Kontakte – erstellen also online Listen – und automatisieren dann die Korrespondenz mit Ihren Mandanten und solchen, die es werden sollen.

Ganz besonders wichtig sind dabei sogenannte *Follow-up-E-Mails* – oft auch *Autoresponder-* oder *Triggermails* genannt. Das sind aktionsbasierte E-Mails. Mit diesem Instrument können Sie den Versand von wiederkehrenden E-Mails automatisieren. Mit anderen Worten: Wenn Sie einen komplexeren Sachverhalt erklären wollen, dann empfiehlt es sich, das in mehreren Schritten zu machen. In der ersten E-Mail erklären Sie die Grundbegriffe, in der zweiten E-Mail gehen Sie ins Detail, und in der dritten E-Mail bieten Sie zum Beispiel eine kostenlose telefonische Beratung an.

Follow-up-E-Mails sind hervorragend dazu geeignet, überzeugende Inhalte in einer Serie von aufeinander aufbauenden E-Mails zu präsentieren. Einmal aufgesetzt, sind diese E-Mail-Listen immer verfügbar und einsetzbar. Sie bestimmen, wer welche Nachrichten (Checklisten, Videos) erhält, und Sie bestimmen auch, wie und ob Sie die weitere Korrespondenz mit Ihren Besuchern fortführen wollen. Ob Sie jemanden, der auf Ihre E-Mail nicht geantwortet hat, nach einigen Tagen noch einmal auf Ihre

E-Mail aufmerksam machen wollen oder ob Sie diese Gruppe von Besuchern nicht weiterverfolgen möchten, liegt ganz in Ihrer Hand. Eine solche E-Mail-Kampagne könnte dann z. B. so aussehen wie in Abbildung 5.15. Sie bestimmen, wann was geschehen soll, basierend auf den »Handlungen« Ihrer Besucher.

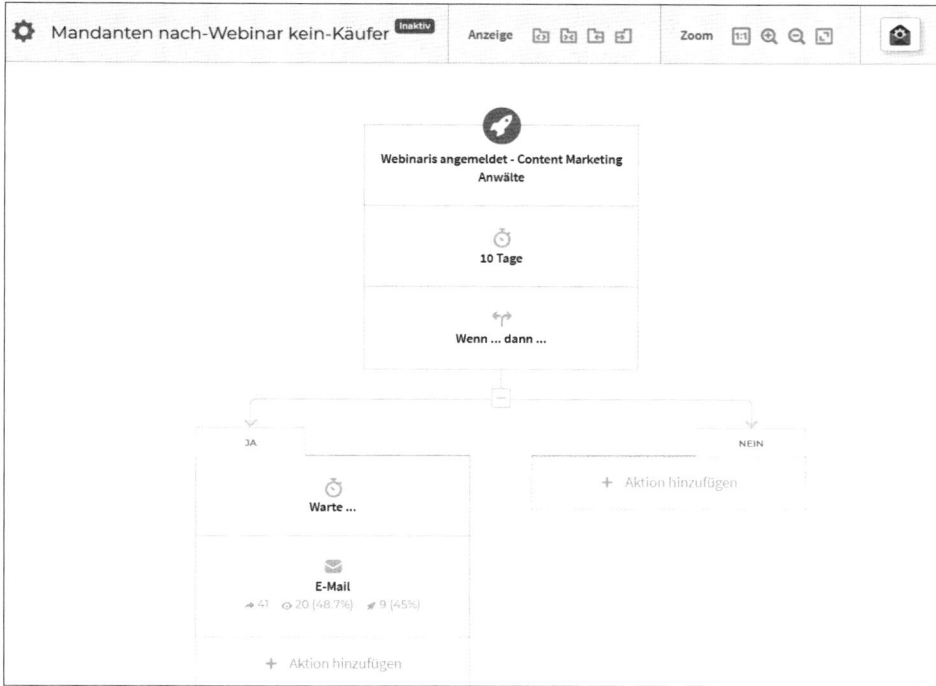

Abbildung 5.15 Besucher haben am Webinar teilgenommen und nicht gekauft – Sie entscheiden jetzt (wenn/dann), was nun automatisiert weiter geschehen soll.

Nach dem erstmaligen Set-up brauchen Sie nicht mehr an den Versand weiterer E-Mails zu denken. Sie haben ja bestimmt, was wann geschehen soll, und die Autoresponder-Systeme versenden Ihre E-Mails zuverlässig 24 Stunden am Tag an 365 Tagen im Jahr. Der Versandzeitpunkt wird für jeden einzelnen Empfänger individuell berechnet. Dadurch erreichen Ihre E-Mails die richtigen Menschen zur richtigen Zeit.

Was aber das Wichtigste ist: Alle diese E-Mail-Autoresponder-Systeme können Sie mit Ihren Landingpages verbinden. Dank sogenannter APIs (Programmierschnittstellen) sind Sie in der Lage, einem Besucher, der auf Ihren Button klickt, automatisiert E-Mails zukommen zu lassen. So bauen Sie automatisch Ihre E-Mail-Listen auf. Dank der *Tags* (Etiketten), die Sie den einzelnen Kampagnen zuordnen, wissen Sie ganz genau, welcher Besucher sich für welches Thema interessiert, und Sie können diese Besucher in der Folge dann auch zielgenau mit diesen maßgeschneiderten Informationen kontaktieren.

Hinweis

Der Marktführer in Sachen Autoresponder im deutschsprachigen Raum ist *Klick-Tipp* (*www.klick-tipp.com*, siehe Abbildung 5.16). Klick-Tipp bietet ein E-Mail-Analytics-Tool sowie ein E-Mail-Statistik-Tool. Für jede E-Mail werden damit die wichtigsten Erfolgskennzahlen wie das Öffnen, Klicks, Austragungen, Bounces (also unzustellbare E-Mails), Browser-Ansichten etc. in übersichtlichen Charts dargestellt. SmartTags (Etiketten/Label) offenbaren sogar Empfänger, die Ihre E-Mail geöffnet (oder nicht geöffnet) beziehungsweise die in Ihrer E-Mail auf einen Link geklickt (oder nicht geklickt) haben. So wissen Sie jederzeit, welche Ihrer E-Mails Resultate bringen, und Sie erfahren auch, wo noch Potenzial schlummert. Die Kosten für einen einfachen E-Mail-Versand sind überschaubar, das Starterpaket gibt es ab 27 EUR pro Monat.

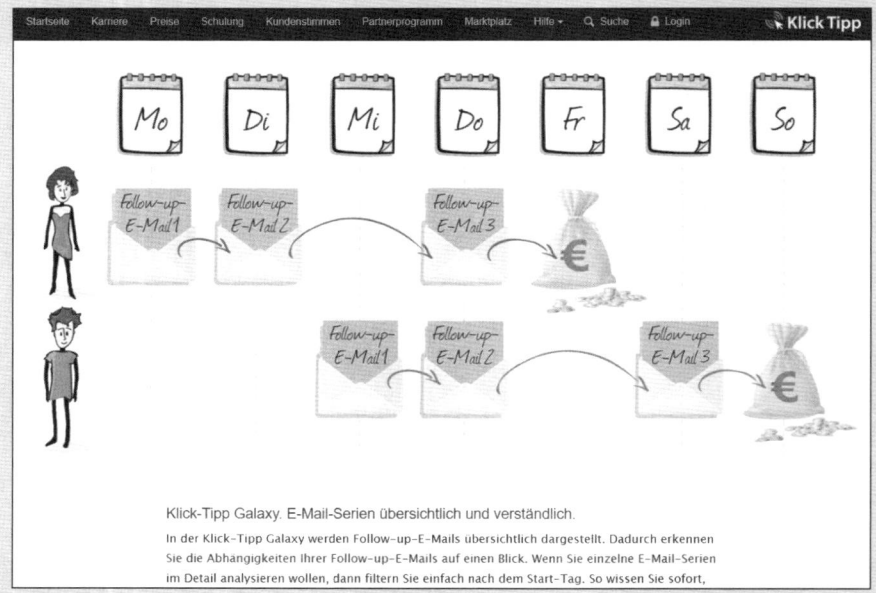

Klick-Tipp Galaxy. E-Mail-Serien übersichtlich und verständlich.
In der Klick-Tipp Galaxy werden Follow-up-E-Mails übersichtlich dargestellt. Dadurch erkennen Sie die Abhängigkeiten Ihrer Follow-up-E-Mails auf einen Blick. Wenn Sie einzelne E-Mail-Serien im Detail analysieren wollen, dann filtern Sie einfach nach dem Start-Tag. So wissen Sie sofort,

Abbildung 5.16 Das E-Mail-Autoresponder-System vom deutschen Marktführer »Klick-Tipp«

Denjenigen von Ihnen, die es gewohnt sind, mit englischsprachigen Programmen zu arbeiten, empfehlen wir, sich die amerikanischen Marktführer *MailChimp* (https://mailchimp.com) und *AWeber* (*www.aweber.com*) näher anzuschauen.

Sofern Sie in Ihrer Kanzlei noch von Hand mit Excel-Listen arbeiten (eine Kundenliste für Weihnachten, eine weitere für bestimmte Rechtsgebiete und eine dritte für Geburtstagswünsche), sollten Sie sich diese Anbieter unbedingt anschauen und Ihre E-Mail-Korrespondenz automatisieren, ganz gleich, ob Sie mit Landingpages arbeiten oder (noch) nicht. Sie ersparen sich auf diese Weise viel Arbeit und Zeit – und das für einen monatlichen Beitrag von unter 30 EUR.

TEIL III
Digitale Akquise

Kapitel 6
Website und Blog

Die Website ist Dreh- und Angelpunkt Ihres Wirkens im Internet und verdient daher besondere Aufmerksamkeit. Eine gut gepflegte Website stellt nicht nur Ihre digitale Visitenkarte dar, sondern fungiert gleichfalls als Schaltzentrale für jegliche Ihrer Online-Aktivitäten. Hierbei geht es um weit mehr als um die bloße Information über Ihre Arbeit. Erfolgreiche Websites bieten einen Mehrwert – für die Besucher ebenso wie für den Betreiber.

Websites sind elementarer Bestandteil des Internets und existieren daher in Hülle und Fülle. Jeder kann seine eigene Online-Präsenz unproblematisch in wenigen Minuten erstellen und für jeden verfügbar machen. Das bedeutet auf der einen Seite einen schnellen Einstieg ohne zeitintensive, bürokratische Hürden. Auf der anderen Seite fällt es gerade deshalb umso schwerer, sich gegen diese Massen an Websites durchzusetzen. Stellen Sie sich das Internet als Ozean mit vielen kleinen Inseln vor. Ihre Aufgabe ist es, eine dieser Inseln zu besetzen, auszubauen und zu einem solchen Anziehungspunkt zu entwickeln, dass sie auf jeder Seekarte verzeichnet ist.

Zugegeben, das klingt nach ungeheurem Aufwand für ein scheinbar aussichtsloses Unterfangen. Die richtige Vorbereitung, ein wenig Gespür für die Funktionsweisen des Netzes sowie die Bedürfnisse der Nutzer können jedoch Wunder bewirken.

Zur Verdeutlichung eine kurze Anekdote: Im Jahr 2006 war die Website der Kanzlei WBS (*www.wbs-law.de*) nur eine unter vielen. Ein ähnlicher Fokus auf den Online-Bereich wie heute bestand noch nicht, weshalb die Website eher vernachlässigt wurde. Das sollte sich ändern, als Christian Solmecke im Stau am Autobahnkreuz Köln-Nord im lokalen Radiosender WDR2 die Nachricht über die Zerschlagung eines internationalen Tauschbörsenrings hörte. Von 180 Hausdurchsuchungen in ganz Deutschland war dort die Rede. Doch was sich in den Medien nach einem gigantischen Coup der Strafverfolgungsbehörden gegen das organisierte Verbrechen anhörte, sah in der Wirklichkeit völlig anders aus. Das wusste Christian Solmecke deshalb, weil einer dieser vermeintlichen »Verbrecher« sein Mandant war: ein 16-jähriger Jugendlicher, der Musik im Internet getauscht hatte. Dass dieses scheinbare Missverständnis des tatsächlichen Sachverhalts durch die Medien aufgeklärt werden musste, war Christian Solmecke klar. Die zum damaligen Zeitpunkt einzige Möglichkeit, sich Zugang zum öffentlichen Diskurs zu verschaffen, stellte der bis dato wenig beachtete Kanzlei-Blog dar. Die umgehend dort veröffentlichte Klarstellung aus anwaltlicher Sicht wurde plötzlich von anderen Bloggern referenziert. Entsprechende Verlinkungen der Kanzlei-Website verbreiteten sich in der Szene und führten schließlich dazu, dass auch die kritisierten klassischen Medien aufmerksam wurden. Noch am Abend desselben Tages fand sich Christian Solmecke im *ZDF heute-journal* wieder und wurde um seine juristische Einschätzung der Situation gebeten.

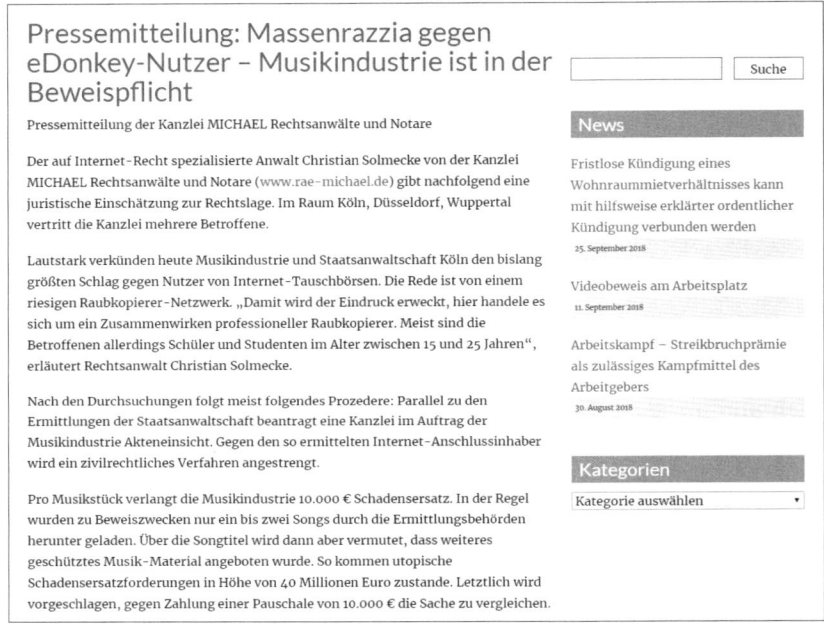

Abbildung 6.1 Hier der Blogeintrag, der den Anstoß gab

Dieses Erlebnis machte eine Sache ganz deutlich: Websites sind keine bloß passiven Werbetafeln in der Online-Welt; sie können genutzt werden, um Meinungen zu verbreiten und Menschen zu erreichen.

6.1 Aufbau der Internetpräsenz

Die erste Hürde ist – wie so oft – der Anfang. Wer hier bereits richtig plant, spart sich bei der weiteren Entwicklung der Site viel Zeit und Nerven. Dabei sollten Sie sich immer eines vor Augen halten: Gute Websites informieren nicht nur, sie stellen darüber hinaus eine Dienstleistung dar. Damit ist nicht gemeint, dass potenzielle Mandanten bereits mit einem Besuch der Website die Lösung ihres Problems in den Händen halten sollen – das ist in den meisten Fällen sowieso nicht möglich und würde Ihnen nur die Arbeit wegnehmen. Trotzdem sollten Sie Ihren Website-Besuchern Inhalte liefern, die über eine Kontaktadresse und ein nettes Bild hinausgehen.

6.1.1 Orientierung

Die Konkurrenz im Internet ist hoch. Wie in vielen anderen Bereichen des Lebens auch, hat der erste Eindruck beim Besuch einer Website große Auswirkungen auf das weitere Verhalten. Um ein besseres Gefühl hierfür zu bekommen, sollten Sie das einmal selbst testen: Wählen Sie ein rechtliches Schlagwort wie »Mietminderung« oder »Schmerzensgeldanspruch« aus, fügen Sie den Begriff »Anwalt« hinzu, und nehmen Sie Stichproben von Kanzleiauftritten auf den ersten Google-Suchseiten.

Welche Website gefällt Ihnen am besten und warum? Welche Mittel werden eingesetzt, um Sie auf der Seite zu behalten? Wie ist die Nutzererfahrung: Fühlen Sie sich optisch angesprochen, ist die Website leicht zu navigieren und haben Sie das Gefühl, Ihnen wird geholfen?

Überhaupt hilft es zur Orientierung, sich ein Bild vom Markt zu machen, denn von genau diesem möchten Sie sich in der Folge abheben. Voraussetzung hierfür ist selbstverständlich, dass Sie Ihre Zielgruppe definiert haben und Ihre direkte Konkurrenz kennen.

> **Praxistipp: Pflicht und Kür der Website**
> Wir empfehlen bei der Erstellung der Website ein zweiteiliges Vorgehen: Zunächst sollte die eigene Marke aufgebaut werden (sogenanntes *Brand Building* bzw. *Markenbildung*) – das ist die Pflicht. Wiedererkennungswert ist ein wichtiger Faktor, um in der umkämpften Online-Welt zu bestehen. Die Etablierung einer Marke bildet jedoch nur das Fundament – Sie wollen expandieren! Dazu bedarf es in einem zweiten Schritt der unmittelbaren Akquise. Hierbei geht es darum, gefunden oder gar empfohlen zu werden, potenzielle Mandanten anzusprechen und die Möglichkeiten der (sozialen) Netzwerke zu nutzen, um die Aufmerksamkeit auf Ihre Website zu lenken. Ein derart aktiver Einsatz der Website stellt die Kür dar.

Sobald Sie ein grobes Bild Ihrer zukünftigen Internetpräsenz im Kopf haben, können Sie sich konkreter fragen, wohin Sie überhaupt wollen. Websites lassen sich in vielfältiger Weise aufziehen, weshalb eine frühzeitige Planung des ungefähren Weges unbedingt zu empfehlen ist. In den folgenden Kapiteln werden wir genauer auf die einzelnen Elemente der Website eingehen. Ob Sie alle dort angesprochenen Inhalte verwirklichen oder gar darüber hinausgehen, hängt von Ihrem konkreten Vorhaben, der jeweiligen Themenauswahl und der gewünschten Zielgruppe ab.

Einen wesentlichen Teil dieser Vorüberlegungen sollten die Medien einnehmen, die Sie auf der Website präsentieren wollen. Ein ansprechendes Design und die passenden Bilder oder Videos können darüber entscheiden, ob Besucher auf Ihrer Website verweilen oder zum nächsten Google-Suchergebnis übergehen. Mit Blick auf die Etablierung der eigenen Marke ist von lieblosen Platzhaltern oder einem generellen Hinausschieben von Designfragen dringend abzuraten. Mit jeder erneuten optischen Überarbeitung der Website nimmt ein etwaiger Wiedererkennungswert Schaden.

> **Praxistipp – Optischer roter Faden**
> Sind Sie mit Ihrer Kanzlei bereits auf sozialen Netzwerken vertreten oder planen dies für die Zukunft? Dann entwickeln Sie frühzeitig ein einheitliches Design-Konzept. In den meisten sozialen Netzwerken treten Sie äußerlich mit einem kleinen rechteckigen Profilbild auf. Das ist eine gute Gelegenheit, sich bereits jetzt um ein Logo zu kümmern. Auch eine bestimmte Farbwahl hilft bei der Etablierung der eigenen Marke. Egal wo Nutzer im Internet auf Ihre Kanzlei stoßen, sie sollte sofort erkennbar sein.

Auf lange Sicht nicht empfehlenswert ist die Verwendung sogenannter *Stockfotos*. Das sind vorgefertigte Archivfotos, die für vergleichsweise geringe Beträge auf entsprechenden Fotoarchiv-Websites zu erwerben sind. Diese Fotos sind zwar meist hochwertig und in vielfältigen Ausführungen verfügbar, jedoch mangelt es ihnen an der nötigen Authentizität. Gerade Rechtsanwälte sollten den persönlichen Kontakt mit ihren Mandanten nicht scheuen. Wer sich jedoch hinter generischen Fotos fremder Menschen versteckt, der verpasst die Chance dieses ersten Kontakts und fördert in keiner Weise seinen Wiedererkennungswert.

Neben inhaltlichen Überlegungen ist es auch nicht verkehrt, sich bereits jetzt Gedanken zum Thema Tracking und Suchmaschinenoptimierung zu machen. So können der Aufbau der Website und die zugrunde liegende Infrastruktur den Erfolg der späteren Möglichkeiten beeinflussen. Konkrete Informationen dazu finden Sie in Abschnitt 6.5 bis Abschnitt 6.7.

> **Checkliste für die Orientierung:**
> - Zielgruppe definieren
> - Konkurrenten ausmachen
> - Bereits bestehende Websites vergleichen und Anregungen finden
> - Die eigenen Themen festlegen
> - Ein grundlegendes Design-Konzept entwickeln
> - Finanzielle und zeitliche Möglichkeiten abschätzen
> - Die Realisierbarkeit zukünftiger Projekte im Hinterkopf behalten

6.1.2 Wahl des Dienstleisters und der Technologie

Sobald die Planung der eigenen Website konkretere Züge annimmt, stellt sich die Frage nach dem Dienstleister und der jeweiligen Technologie. Da die wenigsten Juristen die erforderlichen Kenntnisse und entsprechende Zeit zur vollständig eigenen Programmierung der Website haben dürften, ist auf einen spezialisierten Dienstleister zurückzugreifen. Hier die richtige Auswahl zu treffen ist ob der schieren Masse nicht einfach. Um den Umfang des Buches nicht zu sprengen, konzentrieren wir uns im Folgenden auf die zwei wesentlichen Faktoren: Geld und Zeit.

Online-Baukästen

Am kostengünstigsten und mit dem geringsten Aufwand verbunden sind sogenannte *Baukästen*. Dienstleister wie *Weebly* (www.weebly.com/de) stellen einem alle für den Aufbau einer Website erforderlichen Mittel zur Verfügung, sodass ein passabler Online-Auftritt bereits in wenigen Stunden zu realisieren ist (siehe Abbildung 6.2).

Des Weiteren bieten die meisten Baukästen genügend Funktionen an, um die eigene Website äußerlich professionell zu gestalten und mit ein wenig mehr zeitlicher Investition einen rundum ansprechenden Webauftritt zu schaffen. Auch in finanzieller Hinsicht erleichtern gestufte Abo-Modelle im (monatlich) einstelligen Bereich den Einstieg.

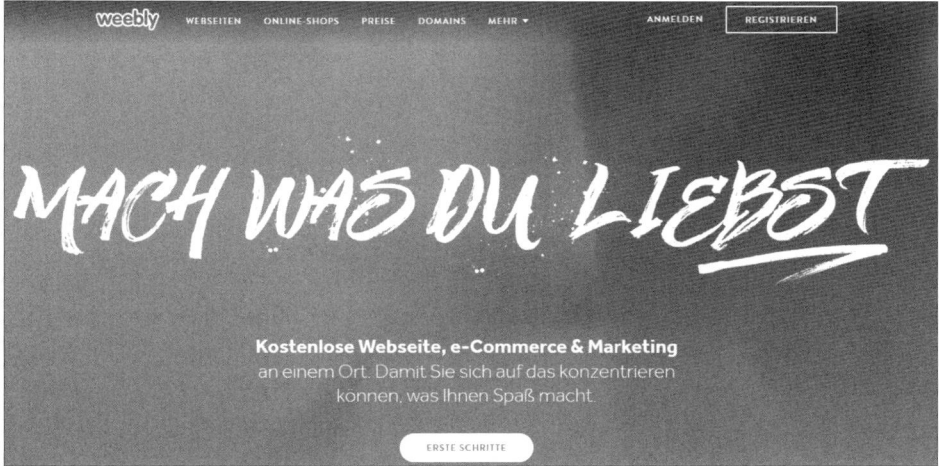

Abbildung 6.2 Die Startseite des Baukasten-Anbieters »Weebly«

Diese Option ist insbesondere für junge Anwälte und solche, die allein arbeiten, geeignet, um schnell Zugang zum Internet zu erhalten, ohne große bzw. dauerhafte Investitionen zu tätigen.

Ein Nachteil der Baukästen ist zum einen das oftmals sehr generische Erscheinungsbild. So viele »individuelle« Gestaltungsmöglichkeiten die Dienstleister auch anbieten, eine Abgrenzung von der Konkurrenz ist schwer zu realisieren. Zum anderen werden Sie eher früher als später an die Grenzen von Baukästen-Seiten stoßen. Ähnlich wie bei der optischen Gestaltung ist auch in anderen Bereichen eine Individualisierung nur sehr eingeschränkt möglich. Beim Einbau neuer Funktionen, bei der Verknüpfung mit anderen Websites, bei der Einbindung von Drittinhalten und auch beim Tracking sind Sie an die technischen Voraussetzungen des jeweiligen Baukasten-Dienstleisters gebunden.

Wer also von Anfang an vorhat, die Website zum Kernstück der eigenen Online-Aktivität zu machen, sich langfristig mit ihr zu etablieren, oder auch einfach die entsprechenden Mittel zur Verfügung hat, dem ist von Online-Baukästen eher abzuraten.

Content-Management-Systeme

In diesen Fällen bieten sich *Content-Management-Systeme* (CMS) an (siehe Abbildung 6.3). Ähnlich wie bei den Baukästen stellen auch Anbieter wie *WordPress* (*https://de.wordpress.com*) oder *Typo3* (*https://typo3.org/*) entsprechende Grundbausätze zur Verfügung. Die Zusammenstellung der Website mit einem CMS erfordert jedoch deutlich mehr Aufwand und ein Einarbeiten in die umfangreichen Funktionen und Angebote. Zwar bietet WordPress auch vorinstallierte Versionen an. Aus SEO-Sicht (siehe Abschnitt 6.5) ist es aufgrund der maximalen Anpassungsmöglichkeiten hingegen das Beste, das CMS auf einem eigenen Server zu installieren. Beim Kostenfaktor liegen beide Varianten nah beieinander, der größte Unterschied ist also definitiv der zusätzliche zeitliche Aufwand.

Abbildung 6.3 Die Logos der drei CMS-Anbieter WordPress, Joomla! und Typo3

Wer gewillt ist, entsprechend Arbeitszeit und -kraft zu investieren, dem steht die Tür zu einer personalisierten und zukunftsfähigen Website offen. Letzteres ist ein weiterer großer Vorteil gegenüber den Baukästen: Die technische Infrastruktur des CMS wird vom Anbieter regelmäßig gepflegt und auf dem aktuellsten Stand gehalten. Technische Herausforderungen, wie die Darstellung der Website in unterschiedlichen Browsern und auf mobilen Endgeräten, sind Sache des Anbieters. Darüber hinaus kann die eigene Website laufend durch neue Plugins erweitert werden. Schließlich stellen die CMS-Anbieter ihren Nutzern gute bis sehr gute Tracking-Werkzeuge zur Verfügung.

Damit sind CMS für all jene geeignet, die entweder bereits etwas technisch versierter sind oder sich nicht vor einer intensiveren Einarbeitung in die Website-Erstellung scheuen. Außerdem sind CMS den reinen Baukästen immer dann vorzuziehen, wenn die geplante Website auf lange Sicht zu einem Kernstück der Kanzlei in der Online-Welt ausgebaut werden soll.

Agenturen

So gut die gängigen CMS auch sind, sie werden es nicht jedem recht machen können. Denn auch CMS haben ihre Nachteile: Es besteht die Abhängigkeit von einem bestimmten Anbieter, das Design- und Funktionsangebot wird nicht allen Sonderwünschen entsprechen, und die vollständige Kontrolle über Website und Datenfluss liegt – jedenfalls sofern Sie das CMS nicht selbst hosten – bei einem Dritten.

Aus diesem Grund ist auf eine weitere Option bei der Erstellung einer Website hinzuweisen: die Beauftragung einer professionellen Agentur. Ohne Frage die teuerste und zeitintensivste Variante, bietet die Zusammenarbeit mit einer Agentur jedoch auch die größtmögliche Kontrolle über die Website. Vom Design über die Funktionen bis hin zum Tracking bestimmen Sie, wie zu verfahren ist.

Suchen Sie sich am besten eine Agentur, die sich neben der grundlegenden technischen Konzeption auch gleichzeitig um das Design Ihrer Website kümmert. Auf diese Weise verhindern Sie Verzögerungen, etwa durch Kommunikationsprobleme, und sorgen dafür, dass Ihre Ideen tatsächlich realisiert und später auch zeitnah überarbeitet werden können. Darüber hinaus sollten Sie sich selbst ein Bild von der Arbeitsweise der Agentur machen: Ein frühzeitiger persönlicher Kontakt und die ausführliche Diskussion Ihrer Vorstellungen fördern nicht nur die zukünftige Zusammenarbeit, sondern wirken auch bösen Überraschungen effektiv entgegen.

Expertentipp – Überprüfen Sie die Agentur auf Herz und Nieren

Ihre Website soll das Aushängeschild Ihrer Kanzlei werden. Mit dieser wichtigen Aufgabe dürfen Sie selbstverständlich nur Profis betrauen. Ob eine Agentur Ihre Voraussetzungen erfüllt, können Sie anhand der folgenden Punkte überprüfen:

- Recherchieren Sie die Agentur. Wie wird sie bewertet? Mit wem hat sie bereits zusammengearbeitet? Lassen Sie sich Screenshots der Arbeit zeigen.
- Kennt sich die Agentur mit CMS aus?
- Vermeiden Sie versteckte Kosten. Ist ein Pauschalpreis möglich?
- Erarbeiten Sie zusammen ein Pflichtenheft.
- Erkundigen Sie sich nach dem Backup- und Update-Verhalten der Agentur.
- Wie wichtig sind der Agentur die Themen Datenschutz und -sicherheit?

> - Machen Sie sich nicht abhängig: Wer hat bei Vertragsende die Rechte an der Website? Sind Sie in der Lage, Ihre eigene Seite zu verwalten?
> - Websites sind Langzeitprojekte. Sind Sie der Überzeugung, dass eine Betreuung durch die Agentur auch in Zukunft sichergestellt ist?

Zuletzt ist zu Agenturen Folgendes zu sagen: Gute Entwickler gehen mit Ihnen mit. Das heißt, sie verstehen Sie, reagieren auf Sonderwünsche und geben Anregungen für Verbesserungen. Daher spielt bei der Arbeit mit Agenturen neben den finanziellen und fachlichen Faktoren auch das Zwischenmenschliche eine große Rolle. Die besten Ergebnisse erzielen Sie daher, wenn Sie sich persönlich von der Eignung der verantwortlichen Entwickler überzeugen.

6.2 Veröffentlichungen

Der erste Schritt ist genommen und die Website steht. Theoretisch könnte die Seite bereits jetzt ans Netz gehen, doch mit den eigentlichen Inhalten fehlt der wichtigste Teil noch. Darum wollen wir uns in den folgenden Abschnitten kümmern.

6.2.1 Die Website mit Leben füllen

Auch hier bietet es sich wieder an, strategisch vorzugehen: Was soll definitiv auf die Website, worauf können Sie verzichten und welche zukünftigen Projekte schweben Ihnen vor?

Welche Inhalte kommen in Betracht?

Grundsätzlich können die Inhalte einer Website grob in drei Kategorien gegliedert werden. Zum einen gibt es den Pflichtteil. Jede Website muss zwingend gewisse Informationen bereithalten, konkret das Impressum und die Datenschutzerklärung. Zur Erklärung, warum das so ist und wie genau diese Website-Bestandteile auszusehen haben, sei auf das ebenfalls im Rheinwerk Verlag erschienene Buch »Recht im Online-Marketing« von Christian Solmecke und Sibel Kocatepe verwiesen.

> **Praxistipp: Rechtstexter von Trusted Shops nutzen**
>
> Zur Erstellung der für jede Website erforderlichen Rechtstexte können Sie auf den Trusted Shops *Rechtstexter* zurückgreifen. Das Tool ist kostenlos und generiert nach Eingabe aller relevanten Informationen rechtssichere Texte wie ein Impressum oder eine Datenschutzerklärung.
>
> Den Rechtstexter erreichen Sie unter folgendem Link:
>
> *https://shop.trustedshops.com/de/rechtstexte*

Daneben gibt es den sogenannten *Evergreen Content*, also solche Inhalte, die auf Dauer zur Website gehören, ohne große Änderungen zu erfahren. Exemplarisch können Kontaktmöglichkeit, Vorstellungsseite (siehe Abbildung 6.4) und lexikonartige Hinweistexte genannt werden. Im Einzelnen beschäftigen wir uns damit in Abschnitt 6.2.4.

Abbildung 6.4 Auf jeder Kanzlei-Seite Pflicht: die Vorstellung der Anwälte und Mitarbeiter

Schließlich gibt es noch eine dritte Kategorie an Inhalten, die der größten Pflege bedarf: Aktuelle Nachrichten, Informationen über Gerichtsurteile oder Gesetzesvorhaben und Ähnliches müssen verwaltet, kontrolliert und bei Bedarf aktualisiert werden.

Folglich stellt sich auch an diesem Punkt wieder die Frage, wie viel Zeit Sie in die Erstellung und anschließende Pflege Ihrer Website investieren wollen. Während Evergreen Content anfangs zeitintensiver ist, verlangen aktuelle Inhalte nach einer kontinuierlichen Pflege.

> **Praxistipp: Kleine Brötchen backen**
>
> Nehmen Sie sich gerade zu Beginn nicht zu viel vor! Fotos wollen geschossen, Filme gedreht und Texte geschrieben werden. Allein werden Sie mehrere Baustellen auf einmal nicht bewältigen können. Das ist auch gar nicht erforderlich – sobald die Website im Kern erst einmal läuft, reicht es aus, die meisten Inhalte sukzessive hinzuzufügen. Legen Sie daher gerade am Anfang sehr viel Wert darauf, Ihr Zeitmanagement richtig einzuschätzen und die Pflege der Website in den Kanzleialltag zu integrieren.

Woher kommen die Inhalte?

Da die eigene Erstellung der Inhalte also je nach Vorhaben einen nicht unerheblichen Zeitaufwand mit sich bringt, muss die Herkunft bzw. die Urheberschaft der Inhalte geklärt werden.

Denkbar ist zunächst die Aufteilung der Inhaltserstellung auf alle Kanzleimitarbeiter. So könnte sich jeder Anwalt um seinen eigenen Tätigkeitsbereich kümmern. Sie werden jedoch schnell feststellen, dass diese Lösung nicht optimal ist. Nicht jeder wird hierauf Lust haben, was der Qualität der Inhalte nicht unbedingt zuträglich sein wird. Des Weiteren provoziert eine derartige Einbindung aller Mitarbeiter lange Diskussionen darüber, welche Texte wo platziert werden und wie auszusehen haben.

Empfehlenswert ist daher die Beschäftigung von zusätzlichen Mitarbeitern, die sich primär um die Erstellung und Verwaltung der Inhalte kümmern. Diese Art der Tätigkeit ist beispielsweise gut für Studenten geeignet.

Je nach Größe der Kanzlei, den zur Verfügung stehenden Mitteln und dem geplanten Vorhaben die Website betreffend, bietet sich das nicht für jeden an. Wer dennoch nicht auf aktuelle Inhalte oder Evergreen Content verzichten möchte, kann auf externe Anbieter zurückgreifen. Dienstleister wie *edicted* (www.edicted.de), *Anwaltstexte* (https://anwaltstexte.com) oder *Erklärvideo* (www.erklaervideo.de) stellen bereits fertige Inhalte bereit oder fertigen diese auf Wunsch für Sie an. Das ist nicht ganz günstig, spart Ihnen aber immerhin eine Menge Zeit. Obwohl mitunter individuell für Sie erstellt, werden diese externen Inhalte in der Regel nicht an die Authentizität eigener Inhalte herankommen. Falls Sie also planen, regelmäßig Inhalte zu veröffentlichen, ist es empfehlenswert, kanzleiinterne Ressourcen zu nutzen.

Eine weitere Möglichkeit stellt das Mieten von Inhalten dar, was unter anderem von Dienstleistern wie *Soldan* (www.soldan.de/kanzlei-services/kanzleimarketing/homepage-content), *Lexplain* (www.deubner-online.de/lexplain/demo) und *ERV Mandanteninformationen* (www.erv-online.de) angeboten wird (siehe Abbildung 6.5). Bei der bloßen Miete ist zu beachten, dass die entsprechenden Inhalte häufig nicht suchmaschinenrelevant sind, da sie lediglich eingebunden werden, aber nicht originär auf Ihrer Seite zu finden sind.

Abbildung 6.5 Die »Hans Soldan GmbH« stellt Rechtsanwälten unter anderem vorgefertigte Inhalte für ihre Websites zur Verfügung.

Da gerade die Produktion von Videoinhalten sehr zeitaufwendig und kostenintensiv ist, kann sich hier die Miete von Erklärvideos für Ihre Website ganz besonders lohnen (siehe Abbildung 6.6). Dabei handelt es sich meist um Videos mit gezeichneten Inhalten, die Ihren Mandanten eine bestimmte Rechtsfrage so einfach wie möglich vermitteln sollen. Optimalerweise bauen Sie diese Videos dann auf Ihrem Blog oder beispielsweise im Newsletter ein. Sind Sie zum Beispiel Spezialist für das Arbeitsrecht, so bietet sich ein Erklärvideo zum Thema »Was tun bei einer Kündigung?« an. Können Sie Datenschutzerklärungen für Ihre Mandanten erstellen, dann ist ein Video zum Thema DSGVO möglicherweise angebracht.

Neben der Website *anwalt-erklaervideos.de* bietet auch der Deubner Verlag unter *www.deubner-online.de/lexplain* die Miete solcher multimedialen Inhalte an (siehe Abbildung 6.7). Schon ab 39,00 EUR monatlich kommen Sie so zu eigenen Videoinhalten, ohne diese selbst produzieren zu müssen. Natürlich sollten Sie vorher schauen, ob Sie sich mit den angebotenen Inhalten auch selbst identifizieren können. Optimal ist es, wenn Sie sich für gemietete Videos entscheiden, bei denen auch noch ein Intro oder ein Abspann mit Ihrem Logo gezeigt wird. Das beeindruckt potentielle Neumandanten auf jeden Fall!

Abbildung 6.6 Auf anwalt-erklaervideos.de können Erklärvideos zu allen gängigen Anwaltsthemen gemietet werden.

Wir möchten nicht verschweigen, dass die Produktion eigener Videos immer besser ankommt als gemietete Videos. Der Aufwand dafür ist jedoch ungleich größer. Gemietete Videos sind innerhalb weniger Minuten in Ihre Website eingebaut und lassen Sie durch Kompetenz schnell aus der Masse der zahlreichen Anwälte, die um neue Mandanten buhlen, hervorstechen. Sollten Sie es jedoch tatsächlich noch individueller mögen und gerne Ihre eigenen Videos produzieren wollen, so geben wir Ihnen in Abschnitt 8.1, »YouTube«, Tipps und Hilfestellungen für das Aufsetzen und Betreiben des eigenen YouTube-Kanals.

Abzuraten ist von Massenproduzenten wie *Clickworker* (*www.clickworker.de*) oder *Textbroker* (*www.textbroker.de*). Über diese Plattformen können Sie zwar Inhalte nach individuellen Wünschen in Auftrag geben. Da es sich bei den Erstellern aber grundsätzlich um Personen ohne Fachkenntnisse handelt, eignen sich diese Anbieter nicht für den juristischen Bereich.

Abbildung 6.7 Erklärvideo zum Thema »Unterhalt« des Deubner Verlages

6.2.2 Neuigkeiten aus der Kanzlei

In den folgenden Abschnitten wollen wir uns mit einigen konkreten Website-Inhalten beschäftigen.

Um sich den Besuchern Ihrer Website menschlich und nahbar zu präsentieren, sollten Sie überlegen, einen Teil Ihres Kanzleialltags öffentlich zu machen. Die Kontaktaufnahme mit einem Anwalt fällt vielen Menschen sehr schwer, denn der Bedarf einer rechtlichen Beratung bedeutet in der Regel ein unangenehmes Problem. Diese Hürde zu nehmen fällt erheblich leichter, wenn Sie sich selbst und Ihre Kanzlei im Internet freundlich und authentisch präsentieren. Geben Sie Ihren Mandanten das Gefühl, Sie zu kennen, bevor überhaupt ein persönlicher Kontakt stattgefunden hat!

Dafür eignet sich eine eigene Rubrik zu Neuigkeiten aus der Kanzlei. Hier berichten Sie über Kanzleiveranstaltungen, Fortbildungen und gemeinsame Freizeitaktivitäten (siehe Abbildung 6.8). Fügen Sie Bilder vom Sommerfest oder der Weihnachtsparty hinzu, teilen Sie aufregende Erlebnisse wie große Gerichtsprozesse mit, und vermitteln Sie so ein anderes Bild als das des anzugtragenden ernsten Arbeitstiers. Beliebt sind zudem Erwähnungen der Kanzlei in den Medien – ob das Fachmagazine, die lokale Tageszeitung oder überregionale Magazine sind, spielt keine Rolle. Eine authentische Mischung aus Persönlichkeit und Kompetenz kann viel bewirken.

6 Website und Blog

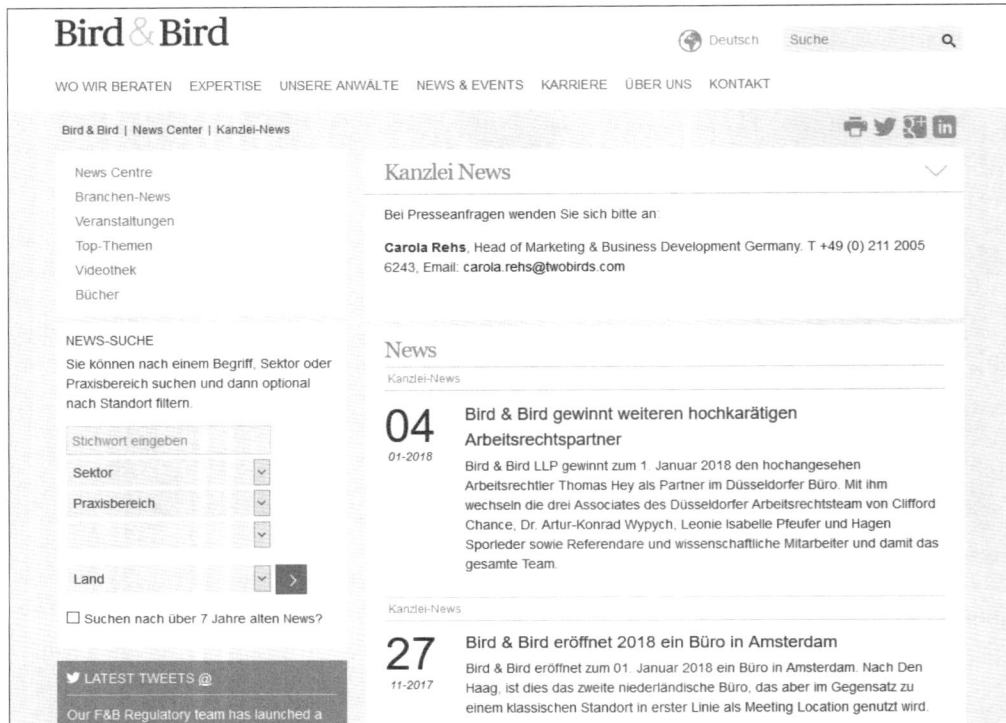

Abbildung 6.8 Die Kanzlei »Bird & Bird« berichtet in einer separaten Rubrik regelmäßig über alle Neuigkeiten, die die Kanzlei betreffen.

6.2.3 Aktuelle Rechtsnachrichten

Während die Kanzleinachrichten nicht viel mehr als ein kleines Extra auf Ihrer Website sind, ist die regelmäßige Veröffentlichung von aktuellen Rechtsnachrichten mit ungleich mehr Aufwand verbunden. Im Gegensatz zu Evergreen Content müssen die Nachrichten stets auf dem neuesten Stand gehalten, etwaige Updates zeitnah eingepflegt und missverständliche oder überholte Informationen gelöscht werden.

Warum der Aufwand?

Die Aussicht auf den erheblichen zeitlichen Arbeitsaufwand rechtfertigt die Frage, worin überhaupt der Nutzen liegt. Im Wesentlichen gibt es zwei Gründe dafür, die Kanzlei-Website als Blog für aktuelle Nachrichten zu nutzen.

Zum einen zeigen Sie den Besuchern Ihre Arbeit. Versetzen Sie sich in die Rolle eines hilfesuchenden rechtlichen Laien. Eine nett gestaltete Website mit freundlich lächelnden Personen mag ansprechend sein. Der stets aktuelle Blog mit Informationen rund um relevante Rechtsthemen inklusive anwaltlicher Einordnung hingegen macht fachlich Eindruck, wie in Abbildung 6.9 zu sehen ist. So zeigen Sie, dass Sie auf der Höhe der Zeit sind und sich mit den gegenwärtig bedeutenden Themen beschäftigen. Bestenfalls verdeutlichen Sie Ihre Kompetenz dadurch, dass Sie zu ausgewählten Rechtsnachrichten einen kurzen Text mit Ihrer eigenen Meinung bzw. Einschätzung schreiben.

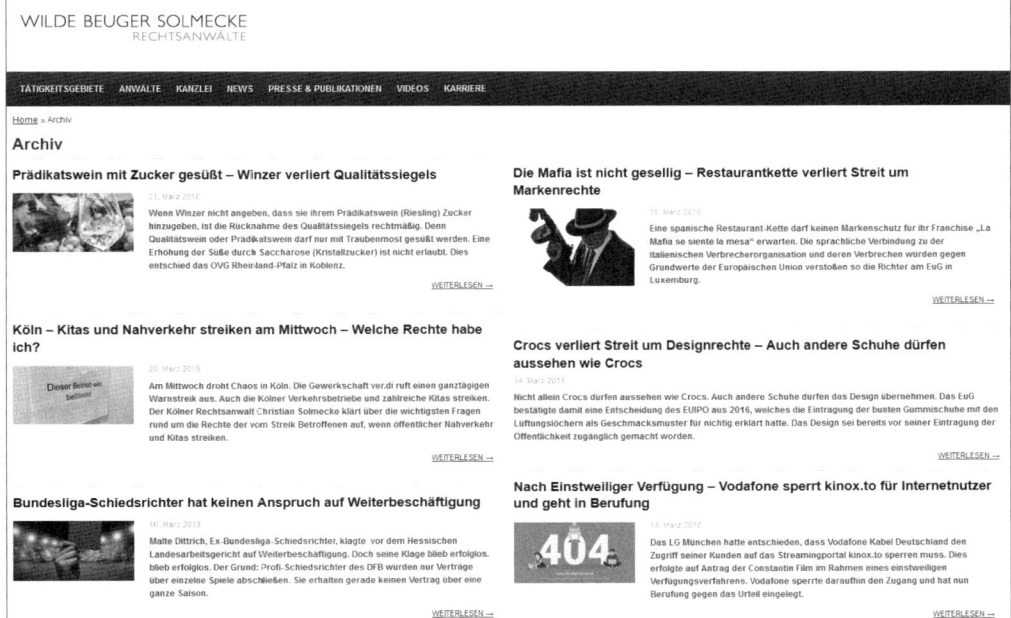

Abbildung 6.9 Aktuelle Meldungen zu verschiedenen rechtlichen Themen auf der Website der Kanzlei »WBS« (wbs-law.de)

Darüber hinaus ist ein laufend bearbeiteter Nachrichten-Blog aus suchmaschinentechnischer Sicht eines der besten Mittel, um gute Ergebnisse zu erzielen. Je nach Relevanz der behandelten Themen könnte Ihr Blog auch schnell in den Fokus der klassischen Medien geraten, was Ihnen wiederum mehr Aufmerksamkeit beschert.

> **Praxistipp: Passen Sie sich dem Google-Algorithmus an**
>
> War es vor einigen Jahren noch förderlich, so viele Inhalte wie möglich zu produzieren, stellt Google nun berechtigterweise Qualität über Quantität. Aus diesem Grund sollten Sie ähnlich klingende Meldungen vermeiden, Doppelungen löschen und aktuell noch laufende Nachrichten im Text selbst updaten. Lange und ausführliche, bei Bedarf nachträglich überarbeitete Texte sind gegenüber vielen kurzen Einzelmeldungen klar zu bevorzugen.

Schließlich dürfen Sie nicht vergessen, dass die Auseinandersetzung mit Rechtsnachrichten auch Ihnen selbst hilft. Sie bleiben informiert, verlieren nicht den Anschluss und kommen so zwangsläufig mit dem in Kontakt, was Anwälte, Gerichte und Gesetzgeber ebenso wie die Öffentlichkeit gerade beschäftigt.

Wo finde ich verwertbare Nachrichten?
Um einen auf lange Sicht nicht zu bewältigenden Aufwand sowie qualitativ schlechte Artikel zu vermeiden, sollten Sie sich nur auf die Themen konzentrieren, die für Ihre Kanzlei wichtig sind. Die Fülle an Neuigkeiten hängt stark von den einzelnen Rechtsgebieten ab. Im Folgenden finden Sie ein paar Tipps, wie Sie die für Sie relevanten Neuigkeiten zeitnah auf den Schirm bekommen.

Mit dem Online-Dienst *Twitter* werden wir uns später noch beschäftigen (siehe Abschnitt 8.3). Es lohnt sich aber bereits jetzt, darauf hinzuweisen, dass sich ein guter Überblick über die einschlägigen Twitter-Accounts von Juristen eignet, um Rechtsnachrichten zu finden. Legen Sie sich also einen Account an, und folgen Sie Ihren twitternden Kollegen.

> **Praxistipp: Ralf Zosels Liste twitternder Juristen**
>
> Der Jurist und Online-Marketing-Experte Ralf Zosel hat eine Liste *twitternder Juristen* erstellt. Diese erreichen Sie unter:
>
> *https://twitter.com/RalfZosel/lists/twitternde-juristen*
>
> Weitere Informationen finden Sie im *JuraWiki* unter:
>
> *www.jurawiki.de/TwitterndeJuristen*

Einen ähnlichen Effekt, nur ohne Twitter, erreichen Sie mit einem RSS-Feed. Das orangefarbene RSS-Symbol haben Sie sicherlich schon häufig im Internet gesehen, schließlich ist es auf den meisten Websites zu finden. Mit einem Klick abonnieren Sie den RSS-Feed einer bestimmten Website und werden im Anschluss bei Neuigkeiten umgehend über Ihren Browser informiert. In Abbildung 6.10 sehen Sie den RSS-Feed der Kanzlei WBS. Alle Informationen rund um RSS-Feeds sowie eine Sammlung funktionierender RSS-Reader finden Sie unter *www.rss-readers.org*.

Ein guter Indikator dafür, ob bestimmte Rechtsnachrichten gut ankommen bzw. viele Reaktionen oder Interaktionen generieren, sind *soziale Netzwerke* wie Facebook oder Twitter. Überprüfen Sie die Profilseiten Ihrer Kollegen auf die Anzahl von Likes und Kommentaren unter aktuellen Posts. Themen, die die Menschen beschäftigen, können Sie über die sozialen Netzwerke schnell ausmachen und sich dann entsprechend »dranhängen«. Hierbei sollten Sie jedoch beachten, dass sich niemand für Ihre zigste Nacherzählung des Sachverhalts interessiert. Bei populären Themen punkten Sie mit einer rechtlichen Einordnung und Ihrer persönlichen Meinung.

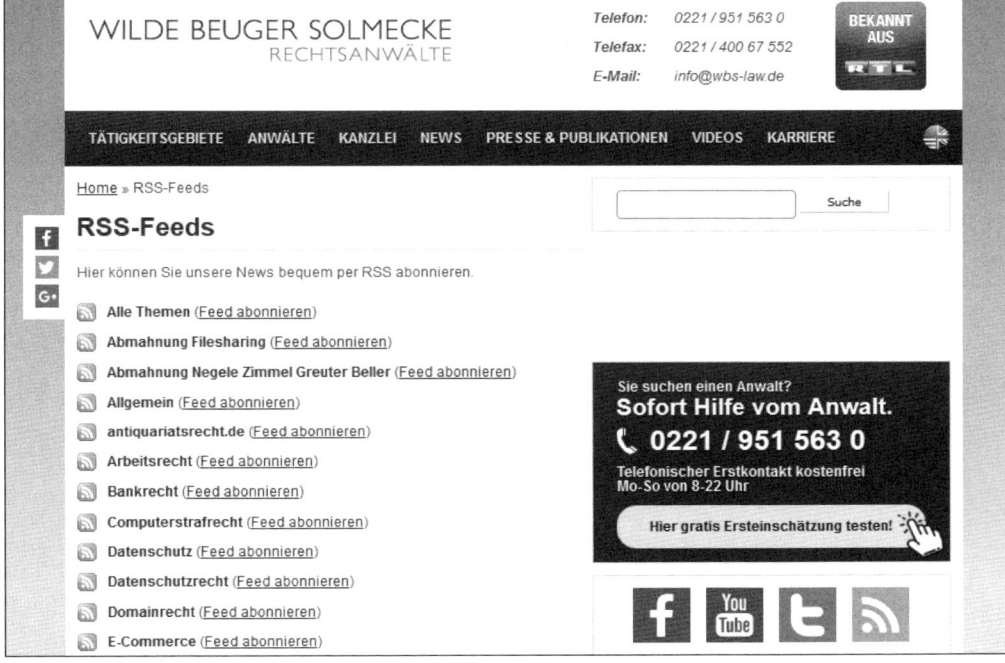

Abbildung 6.10 RSS-Feeds auf der Website der Kanzlei »WBS«: Unten im Bild sehen Sie neben den Logos sozialer Netzwerke ganz rechts auch das markante orangefarbene RSS-Symbol.

Schlussendlich sollten Sie nicht nur hinter den Nachrichten der anderen herrennen, sondern auch eigene produzieren. Verwerten Sie zum Beispiel von Ihnen geführte interessante Gerichtsprozesse, erstrittene Urteile und komplizierte Rechtsfragen.

> **WBS-Anekdote: Das Morpheus-Urteil**
>
> Am 15.11.2012 hat sich der BGH im sogenannten »Morpheus«-Urteil der Frage gewidmet, inwiefern Eltern für die Urheberrechtsverletzungen ihrer Kinder im Internet haften. Diesen von der Kanzlei WBS betreuten und auch in den klassischen Medien viel beachteten Fall hat Christian Solmecke zum Anlass für mehrere Artikel und Videos zu diesem Thema genommen. Eine Art Live-Berichterstattung per Twitter und der anschließende Videoblog vor den Toren des BGH wurden tausendfach geklickt (siehe Abbildung 6.11).

Abbildung 6.11 Christian Solmecke gibt dem ZDF am Tag der Entscheidung des Morpheus-Urteils durch den BGH ein Interview. Die Kanzlei »WBS« berichtete über den Verhandlungstag live in ihrem Kanzlei-Blog.

Berücksichtigen Sie immer die Tatsache, dass Sie aufgrund Ihrer Fachkenntnis auf rechtlichen Gebieten einen Vorteil gegenüber klassischen Journalisten haben. Nutzen Sie diesen Vorteil, und bieten Sie Ihren Website-Besuchern so einen Mehrwert.

Praxistipp: Denken Sie um die Ecke und vor allem praktisch!

Nehmen Sie auch ganz normale Nachrichten zum Anlass, sich rechtliche Gedanken zu machen. Überlegen Sie, was Ihre potenziellen Mandanten interessieren könnte.

Wenn wieder einmal eine Streaming-Plattform geschlossen wird, dann diskutieren viele Juristen über die rechtlichen Folgen für die Betreiber. Was Otto Normalverbraucher aber interessiert, ist die Frage, ob er selbst rechtliche Probleme bekommen könnte. Denkbar wäre auch eine allgemeinere Auseinandersetzung mit der rechtlichen Lage beim Streaming, den rechtlichen Hintergründen von Internetsperren oder schlicht der Bedeutung des Urheberrechts im Internet. Seien Sie kreativ!

6.2.4 Evergreen Content

Evergreen Content gehört aufgrund seiner Langlebigkeit zu den wichtigsten Website-Inhalten. Dementsprechend gewissenhaft sollten Sie auch bei der Erstellung vorgehen. Auf juristischen Websites bietet es sich an, abstrakte Rechtsthemen und -fragen als Evergreen Content einzusetzen. Dabei kann die Darstellung auf unterschiedliche Art und Weise erfolgen.

Bei stark spezialisierten Anwälten sind *Frequently Asked Questions* (FAQ) beliebt. Ein rechtliches Themengebiet wird also anhand der Fragen erklärt, die Mandanten am häufigsten stellen.

Sollten Sie viele verschiedene Rechtsgebiete bearbeiten, noch dazu weitreichende wie beispielsweise Miet-, Verkehrs- oder Erbrecht, bietet sich eine strukturiertere Darstellung an (siehe Abbildung 6.12). Bilden Sie Oberbegriffe, Unterkategorien und Schwerpunkte, und erschließen Sie so das gesamte Gebiet. Am Ende sollten aussagekräftige Schlagwörter übrig bleiben, zu denen Sie erklärende Texte in verständlicher Sprache verfassen.

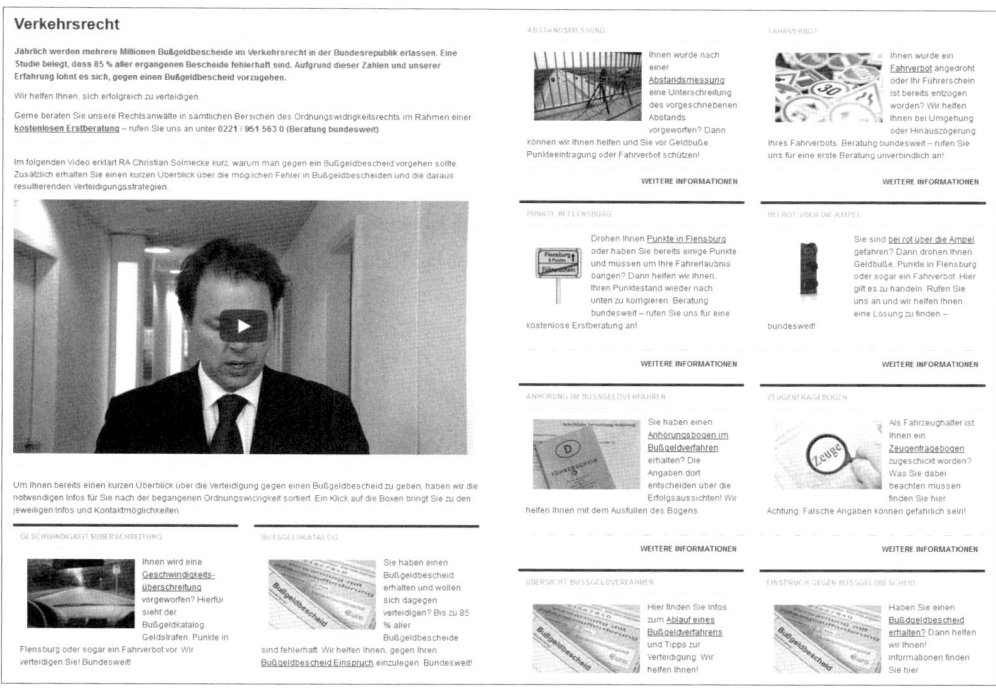

Abbildung 6.12 Die Übersichtsseite der Kanzlei »WBS« zum Bereich Verkehrsrecht: Neben einer allgemeinen Einführung in Videoform verlinken die Unterkategorien auf Themen wie »Fahrverbot«, »Bußgeldkatalog« und »Punkte in Flensburg«.

Zum Beispiel bieten sich beim Mietrecht Artikel zu den Themen Mietminderung, Eigenbedarfskündigung und Schönheitsreparaturen an. Diese Texte, lexikonartig verfasst, werden in zehn Jahren genauso relevant sein wie heute. Im Falle von Rechtsänderungen durch Gerichtsurteile oder neue Gesetze überarbeiten Sie den Text entsprechend, was sich in der Regel jedoch nie auf mehr als ein paar Sätze auswirken dürfte. Aktuelle Rechtsnachrichten können bei Bedarf auf den jeweiligen Evergreen Content verweisen und stellen dadurch eine Ergänzung dar, werden diesen aber nie ersetzen können.

> **Praxistipp: Die richtige Gewichtung**
> Aus eigener Erfahrung raten wir Ihnen dazu, den Evergreen Content mit ca. 2/3 gegenüber aktuellen Nachrichtentexten mit ca. 1/3 zu gewichten. Bei WBS haben wir lange Jahre die Prioritäten falsch gesetzt – mit dem Ergebnis, dass wir schlussendlich 14.000 News-Texte zu allen möglichen Themen auf der Website hatten. Damit haben wir jedoch nicht nur unsere Leser, sondern auch den Google-Algorithmus verwirrt. Umfangreiche themenspezifische Texte, eingebettet in eine verständliche Struktur, kommen weitaus besser an.

Sie können Ihren Evergreen Content optimieren, indem Sie ihn durch zusätzliche Inhalte wie anschauliche Grafiken, Videos und herunterladbare Inhalte anreichern. Auch Checklisten und Fragebögen sind gerade bei längeren Texten gerne gesehen, da sie die wichtigsten Punkte noch einmal zusammenfassen. Insbesondere bei der Erstellung der oben genannten FAQs empfehlen wir Ihnen einen Blick auf die *Google Trends* (https://trends.google.de/trends) zu werfen. Hier können Sie bestimmte Suchbegriffe eingeben und erfahren, welche Anfragen mit diesen Begriffen am häufigsten gestellt werden. So erfahren Sie beispielsweise, dass die Kombination von »Mietrecht« und »Schimmel« dreimal so häufig gesucht wird wie »Mietrecht« und »Haustiere«. So erhalten Sie bereits im Vorfeld eine Einschätzung zum Suchverhalten potenzieller Mandanten.

6.2.5 Aufsätze, Bücher und E-Books

Mit Büchern und insbesondere wissenschaftlichen Aufsätzen dürften die meisten Juristen mehr Erfahrung haben als mit dem Verfassen von Website-Texten. Gleichwohl sind beide Arbeiten gar nicht so verschieden, weshalb es sich lohnt, einen kurzen Blick auf klassische juristische Veröffentlichungsmedien zu werfen.

Wer schreibt überhaupt noch Bücher?

Bisher haben wir uns viel damit beschäftigt, welche Intentionen dahinterstecken, eine Website mit Inhalten zu füllen. Dabei sollten Sie bis jetzt eine Sache festgestellt haben: Um schnelles Geld geht es hier nicht. Wenn überhaupt ein finanzieller Faktor eine Rolle spielt, dann das Vorhaben, um auf lange Sicht Mandate zu generieren. In der analogen Welt ist das nicht anders. Aufsätze werden selten vergütet und das Schreiben von Büchern hat noch keinen Juristen reich gemacht.

Neben dem bereits angesprochenen Werbeeffekt können aber auch weitere Faktoren Sie zu schriftstellerischen Tätigkeiten motivieren. So eignen sich gerade Bücher sehr gut, um Erfahrungen weiterzugeben. Sie bündeln Ihr Wissen zu einem bestimmten Thema und halten es fest, um es anschließend einer bestimmten Zielgruppe zu vermitteln. Des Weiteren können Sie sich mit Büchern und Aufsätzen in den wissenschaftlichen Diskurs einbringen und dadurch bestehende Positionen stärken, angreifen oder neue begründen. Als Rechtsanwalt können Sie durch entsprechende Veröffentlichungen aktiv die rechtliche Debatte beeinflussen.

> **Praxistipp: Machen Sie sich einen Namen**
> Wer konstant zu bestimmten Rechtsthemen veröffentlicht, fällt auf – nicht nur bei Mandanten, sondern auch bei Kollegen. Beispielsweise haben wir bei WBS zahlreiche Mandate im Bereich Filesharing durch Empfehlungen von anderen Anwälten bekommen, die durch unsere Veröffentlichungen auf uns aufmerksam geworden waren.

Wie Sie vielleicht merken, ist ein gut gepflegter, qualitativ hochwertiger Rechts-Blog im Internet den klassischen juristischen Veröffentlichungsformen nicht unähnlich.

Richtig veröffentlichen

Eine nicht zu unterschätzende Gefahr besteht darin, dass das eigene schriftstellerische Erzeugnis nicht angemessen publiziert wird. Informieren Sie sich im Vorfeld über die für Sie in Betracht kommenden Verlage. Hier ist das Marketing-Konzept ein wichtiger Punkt, da Sie sich mit Ihrem Buch ebenso wie mit Ihrer Website von der Konkurrenz abheben wollen.

Dazu wieder eine Empfehlung von uns: Nehmen Sie einen Teil des Marketings selbst in die Hand. Handeln Sie mit dem Verlag aus, einen Ausschnitt des Buches beliebig selbst verwerten zu können. Eine solche Vorschau können Sie dann auf Ihrer Website zum kostenlosen Download anbieten, an Mandanten verschenken oder als Dankeschön etwa für eine Newsletter-Anmeldung freischalten.

Sofern für Sie die Akquise im Mittelpunkt steht und der Vertrieb durch einen professionellen Verlag niederrangig ist, empfiehlt sich eine Veröffentlichung im Selbstverlag. Mit *Kindle Direct Publishing* von Amazon (*https://kdp.amazon.com/de_DE*) oder *Books on Demand* (*www.bod.de*) können Sie Ihr Buch als gedruckte Version und E-Book selbst vertreiben (siehe Abbildung 6.13).

Abbildung 6.13 Über die Website »Books on Demand« können Sie Bücher als E-Book und Printversion selbst veröffentlichen.

> **WBS-Anekdote – E-Books verschenken**
>
> In der Vergangenheit haben wir bei WBS bereits mehrere Schriftwerke im Selbstverlag herausgebracht. Das 50-seitige Handbuch »Filesharing – Ein Leitfaden für Eltern« steht als PDF für jeden kostenlos zum Download bereit und wurde mehr als 200.000-mal heruntergeladen (Link zum PDF: *www.wbs-law.de/wp-content/uploads/2012/06/Filesharing-Handbuch-WILDE-BEUGER-SOLMECKE.pdf*). Ein ähnlicher Leitfaden erreichte knapp 100.000 Downloads. Als Christian Solmecke von einem Verlag 1.500 Euro für die Erstellung eines Buchs zum Social-Media-Recht angeboten bekam, verzichtete er auf das Geld und vereinbarte einen anderen Deal: Der Verlag darf das gedruckte Buch verkaufen und alle Einnahmen behalten und Christian Solmecke hat das Recht, das E-Book zu verschenken. Während der Verlag 280 Exemplare verkaufte, erreichte Christian Solmecke 40.000 Downloads des E-Books.

6.2.6 Verwaltung der Inhalte

Zu diesem Zeitpunkt sollten Sie alles Wesentliche zur Erstellung einer Website und der Veröffentlichung von Inhalten wissen. Bevor wir zu den fortgeschrittenen Hilfestellungen rund um die Website übergehen, widmen wir uns abschließend noch einem häufig vernachlässigten Thema: der Verwaltung der Website-Inhalte.

Nur gepflegte Websites sind erfolgreiche Websites

Alle Inhalte auf einer Website bedürfen einer dynamischen Pflege. Hinsichtlich des Evergreen Contents ist eine Überprüfung in größeren Zeitabständen von mehreren Monaten mehr als ausreichend. Dazu bieten sich Update-Pläne an, in denen Sie die Überprüfungsintervalle festlegen.

> **Expertentipp – Workflows nutzen**
>
> Je nach zugrunde liegender Technologie können die einzelnen Inhalte mit Ablaufdaten versehen und dadurch in den Workflow eingespeist werden. Das vereinfacht Update-Pläne und stellt sicher, dass nichts vergessen wird.

Nachrichten sollten nach einem bestimmten Zeitraum archiviert und auf ihre Relevanz für die Website überprüft werden. Oftmals bietet es sich sogar an, Rechtsnachrichten nach einer Weile mit dem passenden Evergreen Content zu verschmelzen. Bei Weitem nicht alle Inhalte bedürfen einer Überarbeitung oder Löschung; es schadet jedoch nicht, dies zu überprüfen. Aufgrund Ihrer eigenen Internet-Recherchen wissen Sie sicherlich, dass nichts ärgerlicher ist als veraltete und schlimmstenfalls falsche Informationen auf Kanzleiseiten.

Zweitverwertung von Inhalten

Falls Sie neben der Website auch Profile in sozialen Netzwerken betreiben, sollten Sie die auf der Website eingestellten Inhalte stets auf ihre Eignung zur Zweitverwertung prüfen. Rechtsnachrichten mit starkem Praxisbezug können beispielsweise auf Facebook gut ankommen (siehe Abbildung 6.14). Kurze Kommentare und Einschätzungen zu öffentlich diskutierten Gerichtsurteilen sind auf Twitter gern gesehen. Darüber hinaus sind die etwas persönlicheren Neuigkeiten aus der Kanzlei wie für die sozialen Netzwerke gemacht. Nutzen Sie Überschneidungspotenzial, und optimieren Sie Ihre Inhaltsverwertung.

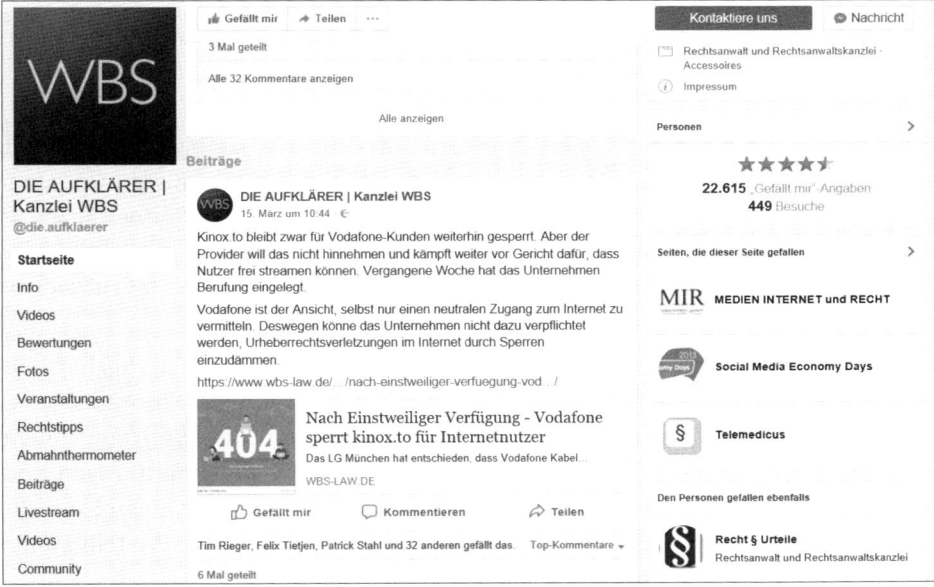

Abbildung 6.14 Dieser Post auf der Facebook-Seite der Kanzlei »WBS« ist nichts anderes als ein Ausschnitt des am Ende des Posts verlinkten Artikels auf der Kanzlei-Website. Wer sich für das Thema interessiert, wird somit direkt auf die Website weitergeleitet.

> **Praxisbeispiel – Eine einzige Meldung vielfach nutzen**
>
> Nehmen wir an, für die nächste Woche ist ein Blitzermarathon angekündigt. Das können Sie zum Anlass nehmen, in einem ausführlichen Artikel auf Ihrer Website über die rechtlichen Hintergründe einer solchen Aktion sowie über die möglichen Folgen bei Verstößen aufzuklären. Auf den fertigen Artikel weisen Sie anschließend in einem kurzen Teaser auf Twitter hin. In einem Facebook-Post fassen Sie den Artikel kurz zusammen, verlinken erneut und bitten Ihre Gefolgschaft um Reaktionen. Optimalerweise widmen Sie sich dem Thema ein weiteres Mal in einem Video auf YouTube.

Wie Sie dabei im Einzelnen vorgehen, erklären wir in Kapitel 8. Bereits vorweg können Sie sich merken, dass jedes soziale Netzwerk seine Eigenheiten hat, weshalb die zweitverwerteten Inhalte stets etwas angepasst werden müssen. Die eigentliche Recherche und Erstellung des Textes erfolgt jedoch nur ein einziges Mal. Mit etwas Übung und Geschick können Sie mit vergleichsweise geringem Aufwand von allen wichtigen Online-Kanälen auf einmal profitieren.

6.3 Bewertungen durch Mandanten und Zertifikate

Ihre Reaktion, wenn wir Ihnen vorschlagen, sich aktiv von Mandanten im Internet bewerten zu lassen, ist vermutlich im ersten Moment diese:

»*Auf keinen Fall, das kann nicht gut gehen!*«

Ja, offen Bewertungen zuzulassen führt auch zu unfairen und ungerechtfertigt schlechten Kommentaren, die sich potenzielle Mandanten durchlesen könnten. Dennoch ist das tatsächlich die beste Möglichkeit, die Bewertungen Ihrer Kanzlei in gewissem Maße zu kontrollieren. Bewertet werden Sie so oder so, das können Sie nicht verhindern. Zudem sind unzufriedene Mandanten immer lauter als zufriedene – eine Beschwerde ist leichter geschrieben als ein Lob.

Aber genau da können Sie ansetzen. Wenn Sie aktiv auf Ihre Mandanten zugehen und um ehrliche Bewertungen bitten, wird auch die Art Mandant tätig, die ihre Zufriedenheit grundsätzlich nicht in Form von Internet-Bewertungen nach außen trägt. Indem Sie von sich aus Bewertungssysteme integrieren, zu Rezensionen ermutigen und auch mit negativen Bewertungen verantwortungsvoll umgehen, strahlen Sie nicht nur Authentizität aus, sondern gewinnen ein Stück Kontrolle über die teils so gefürchteten Kundenmeinungen.

> **Praxistipp: Mit gefälschten Bewertungen täuschen Sie die wenigsten**
> Es kann nicht oft genug betont werden: Fälschen Sie keine Bewertungen! Auch wenn die allgemeine Medienkompetenz noch ausbaufähig ist, so fallen übertrieben positive Rezensionen schnell auf. Sie wollen keinen »Zu unglaublich, um wahr zu sein«-Effekt provozieren. Warum sollte Ihnen ein Mandant sein Rechtsproblem anvertrauen, wenn er bereits Ihren Bewertungen misstraut?

6.3.1 Welche Bewertungssysteme gibt es?

Zu den bekanntesten Bewertungssystemen gehört *Google My Business* (*www.google.de/business*). Dieser Google-Service ermöglicht Ihnen die Verwaltung Ihres Kanzlei-Eintrags auf Google Maps, öffnet Bewertungen durch andere Google-Nutzer und zeigt das Ergebnis bei Google-Suchen an (siehe Abbildung 6.15). Mehr dazu finden Sie im SEO-Abschnitt 6.5.

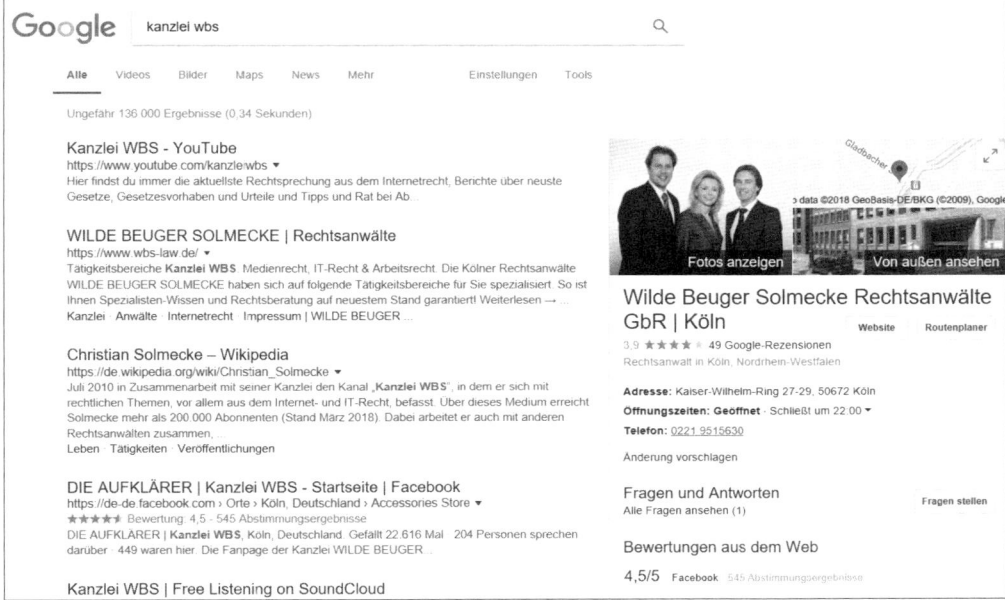

Abbildung 6.15 Bei einer Google-Suche nach der Kanzlei »WBS« erscheint an der rechten Seite sofort der Google-Business-Eintrag.

Die Plattform *Yelp* (www.yelp.de) legt den Fokus auf die Nutzer. Hier lassen sich Restaurants, Bars oder auch Kanzleien nach verschiedenen Faktoren wie Kosten, Nähe und Spezialisierung filtern und anschließend anhand der Bewertungen vergleichen (siehe Abbildung 6.16).

Bei Plattformen wie *eKomi* (www.ekomi.de) und *Trusted Shops* (https://business.trustedshops.de) liegt der Fokus mehr auf der Zusammenarbeit mit dem bewerteten Unternehmen. Die über diese Plattformen eingereichten Bewertungen können Sie auf Ihrer eigenen Website einbinden und somit als Werbung nutzen. Abhängig davon, wie gut die Bewertungen ausfallen, können Sie Ihre Website mit einem Gütesiegel versehen. Trusted Shops geht sogar noch einen Schritt weiter und bietet eine Zertifizierung von Dienstleistungs-Websites an. Wer die dafür erforderliche Prüfung besteht, darf sich mit einem entsprechenden Zertifikat schmücken, das ähnlich dem bekannten TÜV-Siegel Vertrauen fördern soll. Wie die Gütesiegel von eKomi und Trusted Shops aussehen, können Sie Abbildung 6.17 entnehmen.

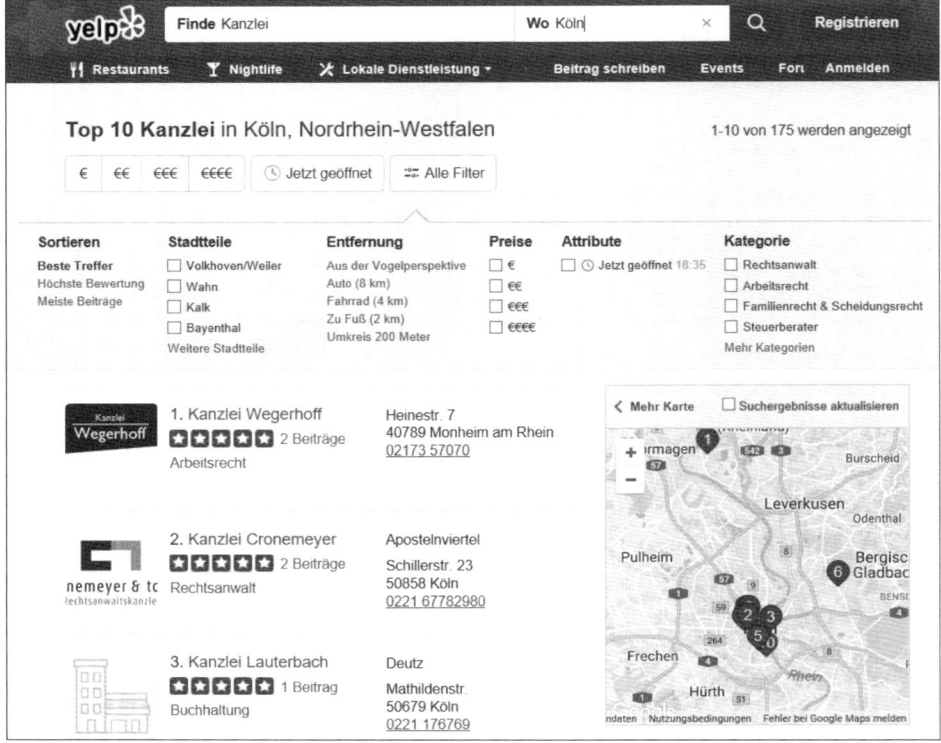

Abbildung 6.16 Oben sehen Sie die Filtermöglichkeiten und unten die Ergebnisse für die Suche nach Kanzleien in Köln.

Abbildung 6.17 Links die Gütesiegel von »eKomi« und rechts das von »Trusted Shops«

Schließlich bieten viele CMS ein integriertes Bewertungssystem an. Empfehlenswert ist das zum Beispiel, um Bewertungen einzelner Website-Inhalte einzuholen. So können beispielsweise Texte separat bewertet und unter Umständen auch kommentiert werden.

> **Praxistipp: Synergien mit Google Ads nutzen**
>
> Informieren Sie sich, ob die von Ihnen eingesetzten Bewertungssysteme mit Google Ads zusammenarbeiten. Ist das der Fall, so kann die Bewertung in Form von Sternen bereits bei den Google-Suchergebnissen angezeigt werden. Unterschiedliche Bewertungssysteme auf diese Weise zu verwenden, kann allerdings den Nachteil haben, dass Herkunft und Bedeutung der einzelnen Bewertungen für den Internetnutzer nicht mehr eindeutig erkennbar sind.

6.3.2 Bewertungsaufforderungen an den Mandanten

Haben Sie sich für eines oder mehrere Bewertungssysteme entschieden, sollten Sie ein Konzept entwickeln, wie Sie Mandanten auf die Bewertungsmöglichkeit hinweisen. In der Vergangenheit hat es sich bewährt, dem Mandanten zusammen mit der Rechnung eine Bewertungsaufforderung zu schicken. Diese Kombination erspart zusätzliche Mitteilungen, zumal die meisten Mandate sowieso zu diesem Zeitpunkt enden.

> **ACHTUNG – rechtliche Fallstricke**
>
> 1. Fordern Sie *jeden* Mandanten zur Bewertung auf. Das Herauspicken einzelner Mandate stellt einen Wettbewerbsverstoß dar.
> 2. Informieren Sie unbedingt jeden Mandanten zu Beginn der Vertragsbeziehungen über die spätere Bewertungsaufforderung. Anderenfalls kann die ungewollt zugeschickte Bewertungsaufforderung als rechtswidriger Spam eingestuft werden (AG Düsseldorf, Urt. v. 27.10.2014 – 20 C 6875/14; AG Hannover, Urt. v. 03.04.2013 – 550 C 13442/12; vgl. auch OLG Köln, Urt. v. 30.03.2012 – I-6 U 191/11).
> 3. Formulieren Sie Bewertungsaufforderungen stets neutral. Vermeiden Sie in jedem Fall finanzielle Anreize für das Abgeben einer Bewertung (OLG Hamm, Urt. v. 23.11.2010 – I-4 U 136/10).

Inhaltlich sollten Sie neben einem bloßen Hinweis auf das Online-Bewertungsformular in einem kurzen Text den Ablauf der Bewertung beschreiben. Die wenigsten Mandanten werden nach Ende ihres Falls noch Lust haben, lange Aufsätze zu verfassen oder sich mit endlosen Fragekatalogen zu beschäftigen. Versuchen Sie, den Bewertungsprozess so einfach wie möglich zu gestalten.

6.3.3 Umgang mit schlechten Bewertungen

Egal wie Sie es angehen, um schlechte Bewertungen werden Sie nicht herumkommen. Aus diesem Grund wollen wir nun einen kleinen Exkurs zum Umgang mit derartigen Mandantenreaktionen einschieben.

Berechtigte und fundierte Negativ-Bewertungen

Ob und wie Sie gegen unliebsame Bewertungen vorgehen können, ist wie immer nicht abstrakt zu bestimmen. Maßgeblich ist zu unterscheiden, ob die Bewertung eine Tatsachenbehauptung oder Meinungsäußerung darstellt. Letztere sind rechtlich nur dann angreifbar, wenn sie die Grenze zur Schmähkritik überschreiten. Mandanten, die negative Bewertungen beispielsweise damit begründen, dass sie »nicht ernst genommen« wurden, das Auftreten des Prozessvertreters als »schwach« empfunden haben oder sich schlicht »nicht wohlfühlten«, äußern in der Regel subjektive Empfindungen, die nur schwer dem Beweis zugänglich sind.

> **Sonderproblem – Sternbewertungen und ähnliche bildliche Darstellungen**
> Bewertungen, die sich rein auf eine optische Darstellung beschränken (Sterne, Daumen, Punkte und Ähnliches, aber auch Schulnoten) sind grundsätzlich als Meinungsäußerung aufzufassen (BGH, Urt. v. 23.06.2009 – VI ZR 196/08). Das ist dann ärgerlich, wenn Sie von jemandem ohne weiteren Kommentar mit nur einem Stern oder der Note »mangelhaft« bewertet werden. Ohne begründenden Text fehlt Ihnen hier jegliche Angriffsfläche. Allenfalls wenn Sie nachweisen können, dass der Urheber der Bewertung nie Mandant von Ihnen war, besteht die Möglichkeit, hiergegen vorzugehen (so jedenfalls das LG Hamburg, Urt. v. 12.01.2018 – 324 O 63/17; anders jedoch das LG Augsburg, Urt. v. 17.07.2017 – 022 O 560/17).

Ebenfalls akzeptieren müssen Sie negative Bewertungen, die zwar Tatsachenbehauptungen darstellen, aber fundiert sind. Kritik aufgrund verpasster Fristen, unterbliebener Aufklärungen oder falscher Beratung ist nur angreifbar, sofern Sie das Gegenteil beweisen können.

Wir empfehlen, nur gegen Bewertungen vorzugehen, wenn Sie sich Ihrer Position sehr sicher sind. Nicht nur sind die rechtlichen Voraussetzungen oftmals schwammig; ein zu rigoroses Vorgehen gegen Mandantenbewertungen kann schnell zu einem Imageschaden führen. Sie wollen nicht als die Kanzlei gelten, die »mit Kritik nicht umgehen kann« oder gar einer »Zensurbehörde gleicht«.

> **Praxistipp: Akzeptieren Sie Kritik, und gehen Sie darauf ein**
> Aus diesem Grund raten wir zu einer anderen Herangehensweise. Lassen Sie schlechte Bewertungen stehen, und gehen Sie aktiv auf die Kritik ein. Bei den meisten Be-

wertungssystemen ist es möglich, auf Nutzerkommentare zu antworten. Auf diese Weise können Sie eine Gegendarstellung abgeben, die präsent unter der negativen Bewertung für alle einsehbar ist. Alternativ können Sie einen berechtigterweise kritisierten Fehler eingestehen. Potenzielle Mandanten, die sich anhand der Bewertungen informieren, fassen das unter Umständen sogar als Pluspunkt auf: Ihnen liegt die Zufriedenheit Ihrer Mandanten am Herzen und Sie versuchen, aus Ihren Fehlern zu lernen. Wie eine Gegendarstellung aussehen könnte, zeigt Abbildung 6.18.

Achtung: Beachten Sie bei derartigen Antworten bzw. Gegendarstellungen, dass Sie nicht gegen das Anwaltsgeheimnis verstoßen. Also keine Interna ausplaudern!

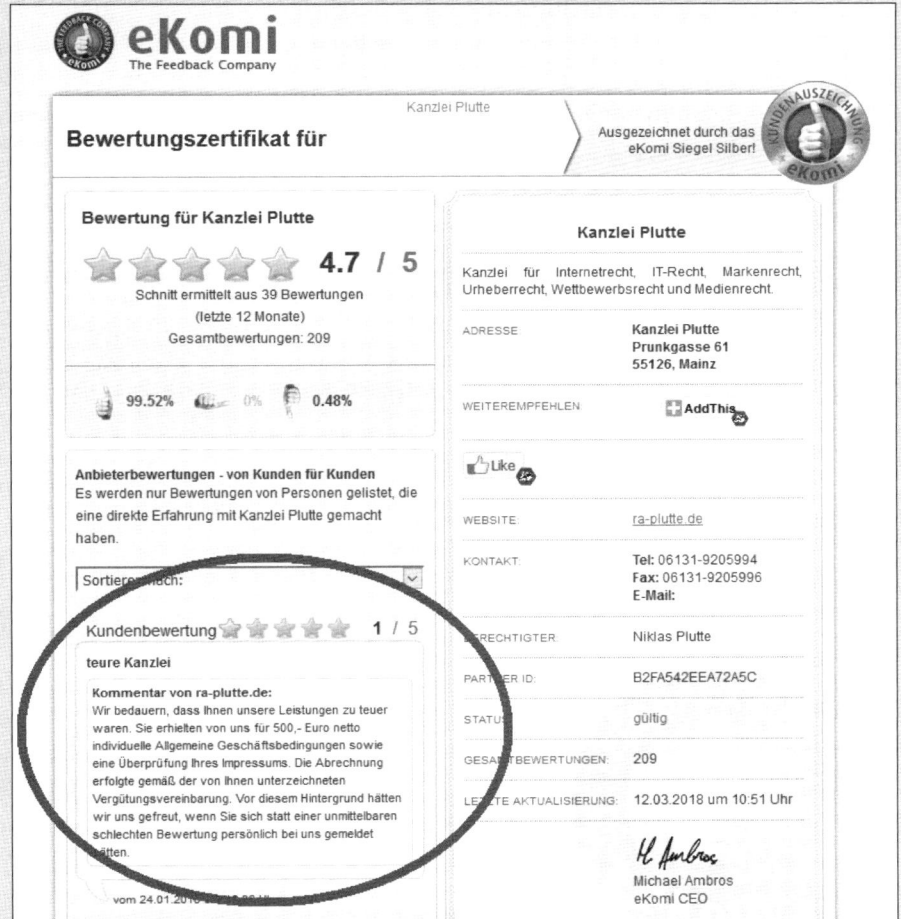

Abbildung 6.18 Hier hat die »Kanzlei Plutte« mit einem eigenen Kommentar auf eine schlechte Bewertung geantwortet und ist darüber hinaus inhaltlich auf den knappen Vorwurf »teure Kanzlei« eingegangen.

Ungerechtfertigte und beleidigende Negativ-Bewertungen

Im Falle von tatsächlich haltlosen, ungerechtfertigten oder gar beleidigenden Bewertungen stehen Ihnen selbstverständlich rechtliche Instrumente zur Seite. Schmähkritik ebenso wie unwahre Tatsachenbehauptungen verletzen das allgemeine Persönlichkeitsrecht (das sich auch auf Unternehmen erstreckt). Die Verbreitung bewusster Lügen kann zudem geschäftsschädigend sein, von der strafrechtlichen Relevanz mal abgesehen. Dennoch sind Schadensersatzansprüche aufgrund des nur schwer zu beziffernden Schadens selten erfolgversprechend.

Darüber hinaus sind Sie primär daran interessiert, die negative Bewertung so schnell wie möglich zu löschen. Zielführender sind folglich Beseitigungs- und Unterlassungsansprüche, je nach Einzelfall im einstweiligen Rechtsschutz. Rein praktisch gesehen ist ein weiterer Weg noch erfolgversprechender: der Kontakt mit dem jeweiligen Bewertungssystem. Nicht nur kann eine Löschung von Bewertungen, die gegen die Nutzungsbedingungen der jeweiligen Plattform verstoßen, relativ schnell veranlasst werden. Gegen anonyme Kommentarverfasser ist meist auch kein anderer Weg realisierbar.

> **Aktuelle Rechtslage – Löschpflichten von Host-Providern**
>
> Der BGH hat mit Urteil vom 01.03.2016 (VI ZR 34/15) entschieden, dass Host-Provider zwar nicht zur Vorabkontrolle von Kommentaren verpflichtet sind. Eine Löschpflicht entsteht aber, sobald der Host-Provider Kenntnis von Rechtsverletzungen erlangt. Welcher Aufwand dem Host-Provider etwa bei der Sachverhaltsaufklärung zuzumuten ist, bestimmt sich anhand einer umfassenden Interessenabwägung.
>
> *Tipp:* Weisen Sie den Betreiber des Bewertungssystems nicht bloß auf rechtsverletzende Bewertungen hin, sondern begründen Sie Ihre Auffassung und liefern Sie optimalerweise entsprechende Unterlagen mit. Auch sollten Sie immer einen Screenshot der Bewertung sichern.

Fake-Bewertungen

Sogenannte *Fake-Bewertungen*, also bewusst gefälschte Bewertungen, stellen das größte Problem dar. Grundsätzlich können hier zwei Kategorien unterschieden werden. Die eine Art von Fake-Bewertungen kann auch als *Trollen* bezeichnet werden, also das bewusste Provozieren durch ironische oder stark überspitzte Kommentare: »Gesicht des Anwalts gefällt mir nicht, 2 Sterne.« Hierzu können auch positive Rezensionen in Kombination mit einer schlechten Stern-Bewertung gezählt werden, wie Abbildung 6.19 auf eine sehr humoristische Art zeigt. Die Widersprüchlichkeit solcher Troll-Bewertungen ist jedem Leser offensichtlich, trotzdem wollen Sie das verständlicherweise nicht hinnehmen. Das müssen Sie auch nicht, da es sich hierbei eindeutig um ungerechtfertigte Bewertungen handelt, die unproblematisch dem

Löschanspruch unterliegen. Da Trolle allerdings meist aus der Anonymität heraus agieren, sollten Sie die Hilfe des Betreibers des Bewertungssystems in Anspruch nehmen.

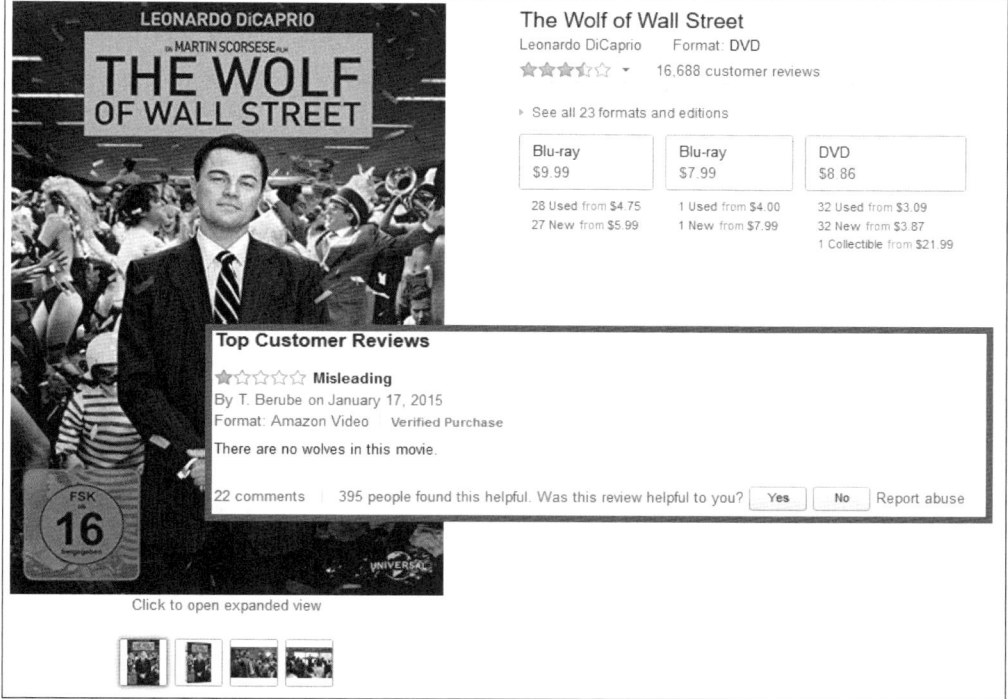

Abbildung 6.19 Diese Bewertung des Films »The Wolf of Wall Street« auf Amazon ist offensichtlich »fake«. Die negative Sterne-Bewertung ist ärgerlich, aufgrund der Popularität des Kommentars hat man sich aber wohl gegen eine (berechtigte) Löschung entschieden.

Die andere Art der Fake-Bewertungen betrifft das bewusste Fälschen von Bewertungen zur zielgerichteten Auf- oder Abwertung eines Dienstes. Das ist nicht nur ungerechtfertigt, sondern verletzt abhängig vom Absender auch das Wettbewerbsrecht und berechtigt zur Abmahnung. Davon abgesehen, verletzt derartiges Verhalten im Regelfall die Richtlinien der jeweiligen Bewertungsplattformen und hat einen Ausschluss zur Folge.

6.3.4 Auszeichnungen und Zertifikate

Jeder schmückt sich gern mit Auszeichnungen. Den meisten Juristen dürften beispielsweise die *Juve Awards* und die *Legal Top 500* bekannt sein. Daneben gibt es zahlreiche weitere Ehrungen und Preise, wie etwa das Ranking der renommiertesten Rechtsberater des Handelsblatts (*www.handelsblatt.com/unternehmen/beruf-und-*

buero/buero-special/die-komplette-liste-deutschlands-beste-kanzleien-und-anwaelte-2017/19959484.html), die *GC Powerlist* (*www.legal500.com/assets/pages/cc100/2014/cc100.html*), den *Kanzleimonitor* (*www.kanzleimonitor.de/index.php/de/home-kanzleimonitor*) oder aber auch verschiedene Ehrungen durch Universitäten.

Haben Sie eine derartige Auszeichnung erhalten, sollten Sie damit auch werben und einen entsprechenden Hinweis auf Ihrer Website platzieren, wie das zum Beispiel die Kanzlei *Beiten Burkhardt* in Abbildung 6.20 demonstriert. Wie bereits an anderer Stelle erwähnt, ist es für potenzielle Mandanten nicht so einfach, die fachliche Kompetenz einer Kanzlei allein anhand der Website einzuschätzen. Juristische Auszeichnungen hingegen stellen selbst für Laien Indikatoren dar, die jedenfalls Vertrauen schaffen.

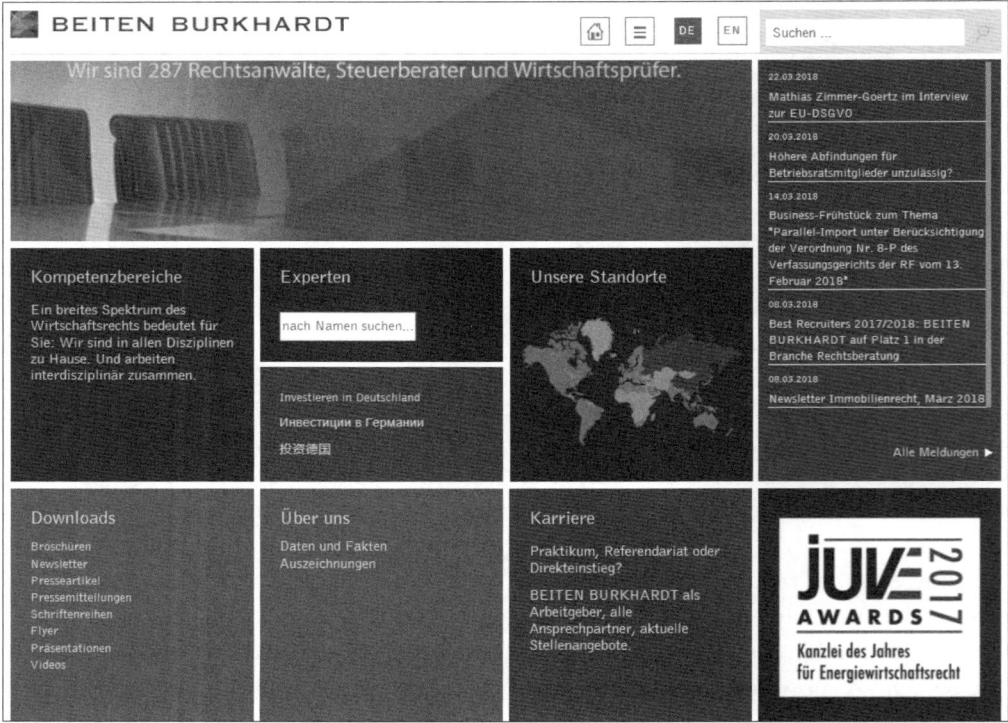

Abbildung 6.20 Die Kanzlei »Beiten Burkhardt« präsentiert auf ihrer Startseite prominent die Auszeichnung der »Juve Awards 2017« im Bereich Energiewirtschaftsrecht.

Schließlich steht es Ihnen offen, Ihre Kanzlei durch den TÜV nach der Norm DIN ISO 9001:2008 zertifizieren zu lassen. Neben dem bekannten TÜV-Siegel für die Website ermöglicht das auch die Aufnahme in das Netzwerk der Rechtsschutzversicherungen. Allerdings ist der Zertifizierungsprozess zeitaufwendig und teuer. Hinzu kommen jährliche Audits und die Tatsache, dass die Prüfung nach drei Jahren erneut zu erfolgen hat. Gleichwohl wird die Zertifizierung mittlerweile auch von anderen Stellen als dem TÜV angeboten, weshalb eine intensive Beschäftigung mit den Leistungen der verschiedenen Anbieter empfohlen wird. Nähere Informationen finden Sie auf der Seite der *Deutschen Akkreditierungsstelle DAkkS* (www.dakks.de).

Bevor Sie sich jedoch aufwendig um die vielen Zertifizierungen und Auszeichnungen bemühen, sollten Sie deren Relevanz für Ihre Zielgruppe abschätzen. So haben wir bei WBS beispielsweise die Erfahrung gemacht, dass Privatkunden mit TÜV-Siegeln in Verbindung mit Kanzleien nichts anfangen können. Industriekunden hingegen legen umso mehr Wert auf entsprechende Zertifizierungen.

6.4 Kostenlose Software als Akquisebeschleuniger

Für alle, die ihrer Website noch das i-Tüpfelchen aufsetzen wollen, finden sich im nun folgenden Abschnitt ein paar Ideen und Inspirationen, die Sie gern zum Anlass nehmen können, sich selbst weiterführende Gedanken zur Website-Optimierung zu machen.

Ganz am Anfang haben wir darauf hingewiesen, dass Sie die Website als Dienstleistung verstehen sollen. Was bietet sich da besser an, als tatsächlich kleine Dienstleistungen auf der Website bereitzuhalten, die von den potenziellen Mandanten kostenlos genutzt werden können? Damit meinen wir in die Website eingebettete Software, mit der Website-Besucher interagieren und aus der sie einen Vorteil ziehen können. Weil ein passenderer Begriff fehlt, nennen wir diese Software-Schnipsel im Folgenden ganz abstrakt *Tools*, also »Werkzeuge«.

Eines dieser Tools kennen Sie sicherlich; es handelt sich um den Prozesskostenrechner. Potenzielle Mandanten können die Eckdaten ihres Falles in eine Maske eingeben und erhalten eine Kosteneinschätzung. Dieses Ergebnis ist, wie gesagt, nur eine Schätzung. Aber während sich andere Kanzleien auf ihren Websites mit ellenlangen, unnötig komplizierten Erklärungstexten zur Kostenberechnung begnügen, liefert ein simpler Prozesskostenrechner ein verständliches Ergebnis in weniger als einer Minute. Selbstverständlich ist es löblich, auf der Website über die Kosten aufzuklären – glauben Sie aber nicht, dass auch nur ein einziger juristischer Laie nach (unwahrscheinlicher) Lektüre Ihres Artikels seine voraussichtlichen Kosten ebenso abschätzen kann wie mit einem Rechner.

Abbildung 6.21 Die Kanzlei »König&Dey« bietet auf ihrer Website nicht nur den abgebildeten RVG-Rechner, sondern auch einen Promille- sowie einen Fahrtkostenrechner an.

Wie Sie in Abbildung 6.21 erkennen, haben Sie die Möglichkeit, kreativ zu werden. Warum also nicht auch einen Promillerechner anbieten? In anderen Branchen gibt es diese Online-Rechner schon seit Langem: Sie können die Kosten für Krankenkassenzuzahlungen, Elektrofahrzeuge, Pflegeheime, Taxis oder auch Bestattungen online berechnen. Mittlerweile hat sich das auch im rechtlichen Bereich durchgesetzt. Rechner gibt es beispielsweise für Scheidungskosten (*www.asp-rechtsanwaelte.de/anwalt-fuer-familienrecht-scheidungsanwalt/ehescheidung/scheidungskostenrechner*), das gerichtliche Mahnverfahren (*www.mahngerichte.de/de/kostenrechner.html*), Notar- bzw. Grundbuchkosten (*www.interhyp.de/notar-grundbuchkostenrechner*) und Bußgelder (*www.radarfalle.de/recht/bgrechner*).

Sie werden sich jetzt vielleicht fragen, warum Sie den Aufwand treiben sollten, selbst solche Tools zu entwickeln, wenn es sie doch bereits gibt. Allerdings wollen Sie potenzielle Mandanten mit Ihrer Website überzeugen und nicht an die Websites Dritter verlieren. Die Verweildauer ist eine enorm wichtige Währung im Internet, nach der sich Websites sogar ranken lassen. Wer Ihre Website aufruft, soll sie bestenfalls erst wieder verlassen, wenn er gefunden hat, was er sucht. Tools wie der Prozesskostenrechner helfen dabei, Website-Besucher an Sie zu binden.

Gleichwohl sollten Sie nun nicht hergehen und sämtliche bereits existierenden Rechner-Tools auf Ihrer Website einbauen. Eine Kanzlei für Mietrecht benötigt keinen Scheidungskostenrechner. Überlegen Sie, welche Ihrer regulären Leistungen sich in ein kostenloses Website-Tool umfunktionieren lassen. Was könnte dem Website-Besucher als potenziellem Mandanten Ihrer Kanzlei einen Mehrwert bieten?

Hierzu zwei Beispiele aus eigener Produktion: Ein großer Teil des Geschäfts der Kanzlei WBS dreht sich um die Online-Welt, insbesondere Abmahnungen sind ein häufiges Thema. Aus diesem Grund steht auf der Website seit einiger Zeit der *Abmahncheck* zur freien Verfügung (siehe Abbildung 6.22). Website-Betreiber können hier ihre Website-URL eingeben und auf Herz und Nieren überprüfen lassen. Die Software durchstöbert die jeweilige Website und sucht nach häufigen Abmahngründen, etwa nach fehlenden Informationen im Impressum oder nach der Datenschutzerklärung.

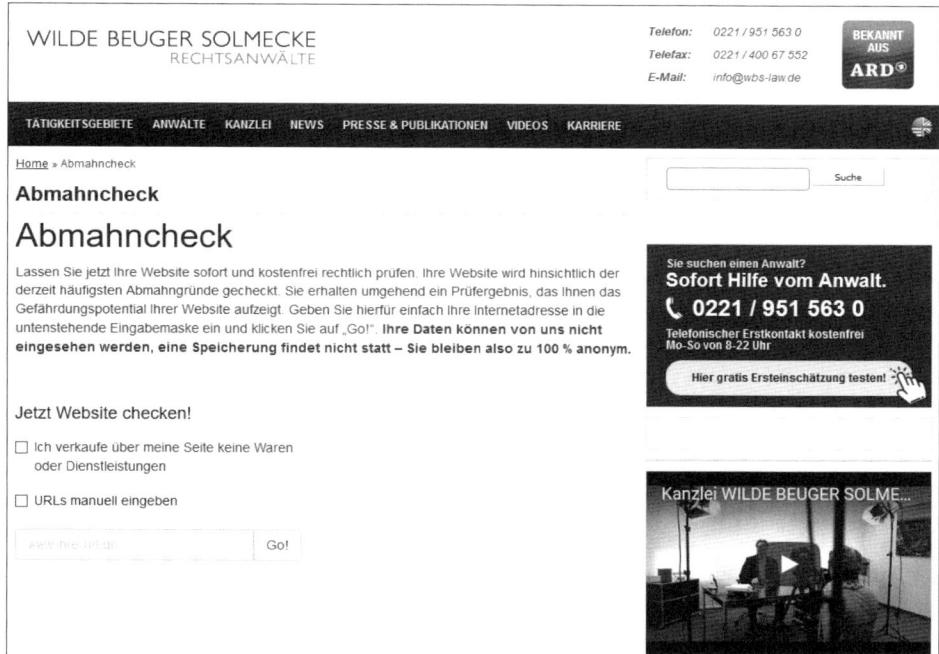

Abbildung 6.22 Der »WBS-Abmahncheck«. Mit Eingabe einer URL in das Textfeld startet das Programm seine Suche nach Abmahnrisiken.

WBS-Anekdote – Abmahn-Angst

Als der Abmahncheck das erste Mal online ging, haben sich tatsächlich nur wenige Personen getraut, diesen zu nutzen. Grund: Es bestand die Angst, dass durch den Abmahncheck aufgedeckte Verstöße umgehend von der Kanzlei abgemahnt würden. Folglich musste ein Aufklärungsvideo her, das den Umgang mit dem Tool erläuterte.

Ein weiteres Tool ist der *Datenschutzerklärung-Generator* (siehe Abbildung 6.23). Datenschutzerklärungen sind stark formalisiert; mit den relevanten Informationen, unter anderem zum Verantwortlichen, den eingesetzten Tracking- bzw. Analysetools und verknüpften sozialen Netzwerken lässt sich ein vollständiger Rechtstext wirksam aus einzelnen Bausteinen zusammensetzen. Das Tool wurde tausendfach genutzt; »bezahlt« wird mit einem Backlink auf die Kanzlei.

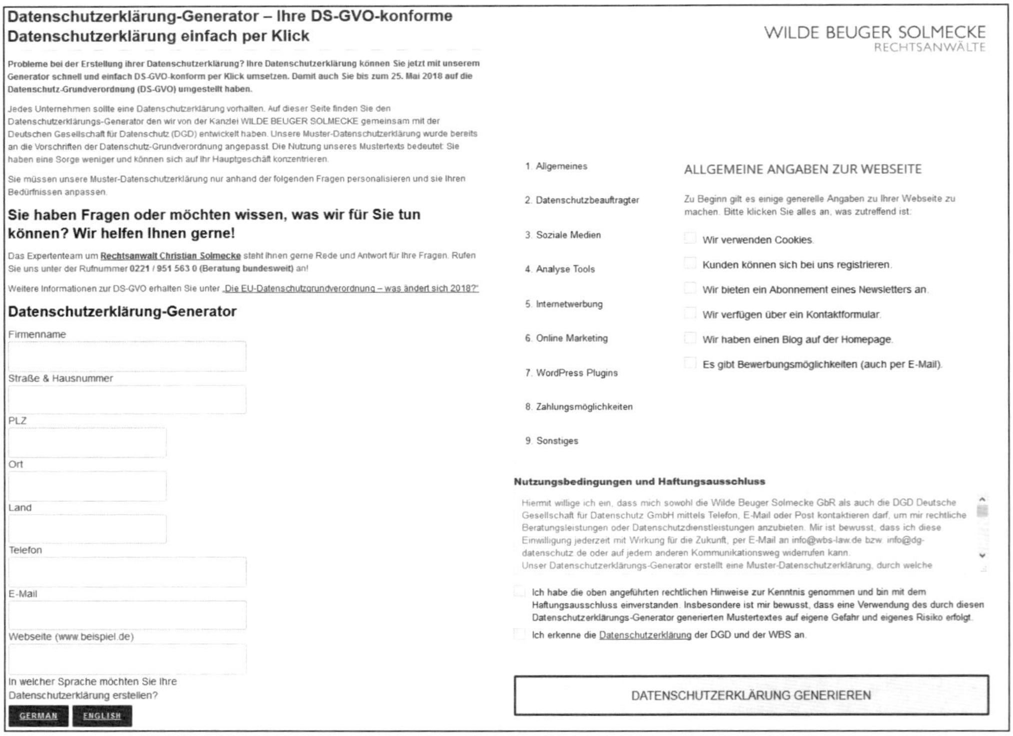

Abbildung 6.23 Der »Datenschutzerklärung-Generator« braucht im Gegensatz zum Abmahncheck deutlich mehr Informationen. Am Ende steht jedoch eine umfängliche Datenschutzerklärung.

Selbstverständlich bedürfen diese Tools einer dem Vorhaben entsprechend zeit- und geldaufwendigen Entwicklung. Hier sind Sie aber gefragt: Haben Sie gute Ideen für weitere Tools? Welcher Teil Ihrer Arbeit lässt sich in irgendeiner Weise automatisieren und in Form eines Tools kostenlos online bereitstellen? Bekommen Sie etwa zu einem rechtlichen Teilbereich ständig Anfragen, die für Sie überhaupt nicht relevant sind? Dann sollten Sie über eine Art Filter nachdenken, über den Website-Besucher vorab klären können, ob sie mit ihrem Anliegen bei Ihnen richtig sind.

Ähnlich funktioniert auch der Lebensversicherungs-Checker von *helpcheck* (https://helpcheck.de) zum Widerruf von Lebensversicherungen. Das Tool prüft vorab kostenlos, ob Sie überhaupt einen Anspruch geltend machen können (siehe Abbildung 6.24). Sofern das der Fall ist, wird Ihnen kostenpflichtige Hilfe bei der Durchsetzung dieses Anspruchs angeboten. Auf diese Weise spart sich helpcheck die Arbeit, selbst vermutlich aussichtslose Mandate durchzuprüfen. Der Kunde hingegen freut sich über den kostenlosen Service – und erst recht, wenn ihm ein durchsetzbarer Anspruch in Aussicht gestellt wird.

Abbildung 6.24 Der Beginn der Prüfung einer Lebensversicherung und etwaiger Ansprüche über die Plattform von »helpcheck«

Website-Tools bedeuten Aufwand, stellen aber – wie oben bereits angekündigt – das i-Tüpfelchen Ihrer Website dar. Ein gut entwickeltes Tool mit einer intelligenten Idee dahinter ist daher jeden Zeit- und Geldaufwand wert! Darüber hinaus ist das Ihr erster Einstieg in die Legal-Tech-Szene.

6.5 SEO

Die folgenden Abschnitte stammen von den erfahrenen Experten der Digitalagentur »mindshape GmbH« aus Köln. Der Geschäftsführer und bekannte SEO-Experte **Sebastian Erlhofer** präsentiert Ihnen mit seinem Autorenteam Martina Kölsch (SEO), Josef Fischer (SEA), **Tobias Häring** (Webanalyse) sowie **Dorothea Brenner** (Konzeption) alles Wissenswerte und gibt wertvolle Tipps und Tricks für den Alltag eines Website-Optimierers.

Essenziell für die Akquise im Internet ist, dass Sie dort überhaupt gefunden werden. Mit den bisherigen Abschnitten wurde dafür gesorgt, dass es überhaupt etwas gibt, was gefunden werden kann: Website, Profile in sozialen Medien und Beiträge auf verschiedenen Online-Portalen. Im Folgenden soll es darum gehen, Wegweiser zu schaffen, die potenzielle Mandanten auf Ihre Inhalte und nicht auf die Ihrer Konkurrenten führen. Die Navigationsgeräte des Internets sind Suchmaschinen. Diese Suchmaschinen gilt es zu Ihren Gunsten zu manipulieren. Wie das funktioniert? Weiterlesen!

Suchmaschinen-Optimierung (engl. *search engine optimization*, kurz: *SEO*) bezeichnet Arbeiten an der Website mit dem Ziel, dass diese Website von Suchmaschinen als besonders relevantes Ergebnis für Suchanfragen von Nutzern bewertet wird. Diese Arbeiten können sowohl technischer und inhaltlicher Natur sein (*OnPage*) als auch Online-PR betreffen (*OffPage*).

Im deutschsprachigen Raum wird SEO mit einer Optimierung für die *Google-Suche* gleichgesetzt, da die Suchmaschine etwa 90–95 % des Marktvolumens abdeckt. Wer bei Google für relevante Begriffe gut gefunden wird, erhält beachtlichen Besucherverkehr auf seiner Website, sprich *Traffic*. Abbildung 6.25 zeigt, dass die *Klickrate* einer Website – also die Wahrscheinlichkeit, dass ein Besucher auf Ihre Website in den Suchergebnissen klickt – steigt, je weiter oben die Website gelistet wird. Man spricht hier vom *Ranking* einer Website in den Suchergebnissen.

Rang	Alle Keywords
1	45 %
2	40 %
3	26 %
4	17 %
5	13 %
6	10 %
7	8 %
8	6 %
9	5 %
10	5 %

Abbildung 6.25 Durchschnittliche Klickrate in einem Informationsportal nach Rang in der Google-Suche (Quelle: SEO-Tool serplorer, www.serplorer.com)

Das macht SEO zu einem attraktiven Akquise-Kanal: Potenzielle Mandanten suchen selbst aktiv. Insbesondere bei rechtlichen Fragestellungen recherchieren Betroffene zunächst online nach Lösungen. Hier setzt SEO an, um genau diese Internet-Nutzer zu Website-Besuchern und schließlich zu Mandanten zu machen.

6.5.1 Technische Voraussetzungen

Technische Faktoren bilden die Basis einer guten Website und sind auch ein wichtiger SEO-Faktor. Eine perfekt konzipierte, informative und perfekt polierte Website, die jedoch 20 Sekunden zum Laden braucht und es technisch nicht erlaubt, die wichtigsten SEO-Angaben einzupflegen, bringt niemandem etwas. Bei der Wahl des richtigen technischen Setups können Sie grundsätzlich die Empfehlungen aus Abschnitt 6.1.2, »Wahl des Dienstleisters und der Technologie«, befolgen. Ergänzend dazu haben wir für Sie im Folgenden diejenigen technischen Aspekte aufgeführt, die ein direkter *Ranking-Faktor* sind oder die indirekt auf andere Faktoren einwirken.

Das richtige CMS – 10 Kriterien für grundlegende SEO

Die Wahl des *Content-Management-Systems* (CMS) ist nicht nur für die technische Erstellung einer Website wichtig, sondern auch für die Optimierung der Seiten. Folgende Eigenschaften sollte Ihr CMS aus SEO-Sicht mitbringen beziehungsweise durch die Erweiterung mithilfe von Plug-ins und Extensions erfüllen (warum diese Eigenschaften SEO-relevant sind, erfahren Sie in den folgenden Abschnitten):

1. Das CMS erlaubt es Redakteuren, neben reinem Text auch Grafiken, Videos, Listen, Downloads, Tabellen und sonstige Sonderformate einzupflegen.
2. Die *Meta-Elemente* »Title« und »Description« können von Redakteuren bearbeitet werden. Das sind die beiden Elemente, über die Sie die Anzeige Ihrer Website als Suchergebnis in der Google-Suche direkt beeinflussen können, um Nutzer anzusprechen.
3. Redakteure können Bildern ein *Alt-Tag* (auch: *Alt-Attribut*) sowie ein *Title-Tag* (auch: *Titel-Attribut*) zuweisen. Das Alt-Attribut kommt zum Einsatz, wenn das Bild (zum Beispiel aufgrund technischer Fehler) nicht angezeigt werden kann. Das Titel-Attribut zeigt sich beim Mouse-Over über dem Bild.
4. Für Ratgeber, Blogs und ähnliche Formate sollte zudem die Möglichkeit bestehen, Bilder in einer *Bildunterschrift* näher zu erläutern.
5. Neue Inhalte lassen sich in Themenblöcke innerhalb der Website-Struktur eingliedern. Sie werden nicht ohne Struktur abgelegt. Soll zum Beispiel der Fachbereich »Arbeitsrecht« eine Hauptkategorie sein, sollten Redakteure im selben Themenblock Themenseiten wie beispielsweise zu Arbeitsverträgen und Datenschutz anlegen können. Nicht alle CMS lassen eine hierarchische Struktur zu, bei TYPO3 und WordPress ist sie aber problemlos möglich.
6. Redakteure können die URLs manuell bearbeiten bzw. eingeben. Eine Seite mit dem Titel: »Datenschutz-Grundverordnung (DSGVO) – Das müssen Unternehmen beachten« kann also manuell auf den prägnanten Dateinamen: */datenschutz-grundverordnung.html* gekürzt werden.
7. Redakteure können die *Navigation* und den *Footer* selbstständig auch ohne Programmierkenntnisse anpassen, sodass sie neue, wichtige Links gut auffindbar platzieren können.

8. Ratgeber-Artikeln kann eine Bewertungsmöglichkeit für den Leser hinzugefügt werden (z. B. »Wie hilfreich war dieser Artikel?«). Achten Sie darauf, dass diese Bewertungsoption so programmiert ist, dass sie maschinell ausgelesen werden kann. Google nutzt solche Bewertungsangaben und stellt sie in den Suchergebnissen in Form der »Sterne«-Bewertung dar.
9. Es ist möglich, echte *Überschriften* (h1) und *Zwischenüberschriften* (h2 bis h6) im Text zu verwenden – und diese werden im Quelltext auch als solche ausgezeichnet (und nicht nur durch Formatierung hervorgehoben).
10. Bestenfalls können Redakteure auch Elemente der *Breadcrumb*-Navigation beeinflussen.

Diese Anforderungen an das Content-Management-System sind vorwiegend auf die Möglichkeiten für die Redakteure ausgerichtet. Daneben gibt es einige technische Faktoren, die für SEO eine besondere Bedeutung haben – PageSpeed, mobile Darstellung und die Indexierbarkeit.

PageSpeed

Die Geschwindigkeit, mit der sich eine Website im Browser aufbaut, wird *PageSpeed* genannt. Sie spielt eine enorme Rolle – nicht nur für SEO, sondern für das gesamte *Online-Marketing*. In Studien wurde festgestellt, dass nach drei Sekunden Ladezeit ein Drittel der Deutschen die Interaktion mit einer Webs(e)ite abbricht (*http://etailment.de/news/stories/Ungeduldige-Online-Kunden-Drei-Sekunden-bis-zum-Abbruch-3070*). Eine Website wie die Startseite der Bundesregierung dürfte mit über 17 (!) Sekunden Ladezeit (siehe Abbildung 6.26) viele Abbrüche verzeichnen.

Abbildung 6.26 Die Startseite von www.bundesregierung.de benötigt über 17 Sekunden, bis sie fertig geladen ist. (Quelle: Screenshot aus Chrome Web Developer Tools am 08.06.2018)

Google bewertet eine *Ladezeit* von über einer Sekunde, bis erste Inhalte zu sehen sind, bereits nicht mehr als »gut«, sondern nur als »durchschnittlich«. (Mehr zum Thema »Page Speed« und Googles Bewertungskriterien finden Sie unter: *https://developers.google.com/speed/pagespeed/insights*)

Diesen Wert erreichen in der Praxis (noch) nicht alle Websites. Für anstehende (Re-)Launches sollte es allerdings ein Benchmark sein, dass sich für den Nutzer zumindest das HTML-Gerüst in unter einer Sekunde aufbaut.

Um dies zu erreichen, gibt es einige Best Practises, die Sie auch für Ihre Website nutzen können und sollten:

- Kontaktieren Sie Ihren Hoster bezüglich eines schnelleren und performanteren Hosting-Pakets. Die meisten Basis-Pakete decken den Einsteiger-Bedarf, sind aber für professionelle Unternehmensseiten zu langsam.
- Für sensible Informationen, zu denen rechtliche Fragestellungen, Personendaten und ähnliche Inhalte gehören, sollten Sie unbedingt das sichere *HTTPS-Protokoll* nutzen. Dieses schützt Ihre Besucher zu einem gewissen Grad davor, dass ihre eingegebenen Daten durch unberechtigte Dritte abgefangen werden können. Für das dazu benötigte *SSL-Zertifikat* wenden Sie sich an Ihre Technik-Betreuung beziehungsweise an Ihren Hoster. Ist das sicherere Protokoll bereits im Einsatz, können Sie mit dem sogenannten *HTTP/2* eine performantere Form der Inhaltsübertragung an den Browser Ihrer Nutzer einsetzen.
- Verzichten Sie auf zu aufwendige, animierte Effekte und Grafiken, wie beispielsweise riesige Slider im Kopf Ihrer Website, da solche Elemente Ihre Seiten unnötig aufblähen. Auch aus Nutzersicht machen sich automatisch bewegende Elemente Ihren Webauftritt nicht attraktiver, denn sie nehmen Ihren Besuchern das Gefühl der Kontrolle und selbstbestimmten Erkundung Ihrer Website.
- Idealerweise sollten Sie Ihre Website technisch so einstellen, dass Ihre Besucher mit ihrem Browser identische Inhalte (Bilder etc.) nur einmal laden müssen. Dieses Verfahren nennt sich *Caching*. Hat beispielsweise ein Mandant Ihre Startseite in der Vergangenheit schon einmal besucht, sollten vor allem größere Inhalte der besuchten Seite, wie z. B. Bilder und andere Medien, in Form von »temporären Internetdateien« bereits auf seinem Computer gespeichert sein. Beim erneuten Besuch der Seite müssen die Bilder nicht noch einmal übertragen werden, was erheblich (Lade-)Zeit spart. Auch serverseitig gibt es die Möglichkeit, dass Ihre Website nicht bei jedem Aufruf die Datenbank nach den Inhalten abfragen und die Seite jedes Mal aus den Elementen zusammensetzen muss. Stattdessen kann eine temporäre »fertige« Version zwischenspeichert werden – auch hier wird (serverseitig) *gecacht*.
- Binden Sie Dateien jeweils in dem Format ein, in dem Sie sie benötigen. Binden Sie zum Beispiel Bilder in passender Größe ein, anstatt sie einfach überall in voller Auflösung zu verwenden, denn so vermeiden Sie mehrere Megabyte (Ladezeit-)Ballast.
- Komprimieren Sie Ihre Website-Inhalte zusätzlich, um die Dateigrößen zu verringern. Für Bilder können Sie zur *Komprimierung* bereits vor dem Hochladen die Option FÜRS WEB SPEICHERN verwenden, die viele hochwertige Bildbearbeitungsprogramme anbieten. Für andere Dateiformate können Sie die *technische Komprimierung* einschalten (z. B. »gzip«).

- Bei sehr bildreichen Seiten sollten Sie Ihr System so einstellen, dass die eingebundenen Bilder, wie beispielsweise auf langen Ratgeber-Seiten, erst dann geladen werden, wenn der Nutzer auch wirklich bis zur entsprechenden Stelle hinuntergescrollt hat. So erhält der Nutzer zunächst ein schlankes Dokument und kann schon einmal mit dem Lesen beginnen. Bei Bedarf werden die übrigen Bilder dann im Hintergrund nachgeladen. Dieses Verfahren nennt sich *Lazy Loading*.

> **Praxistipp: Ladezeit-Potenziale nutzen**
>
> Mit dem Google-Tool *PageSpeed Insights* unter *https://developers.google.com/speed/pagespeed/insights* können Sie die Potenziale Ihrer Website zur PageSpeed-Optimierung auswerten lassen. Die oben erwähnte Website der Bundesregierung weist hier, wie erwartet, sehr viel Luft nach oben auf (siehe Abbildung 6.27).

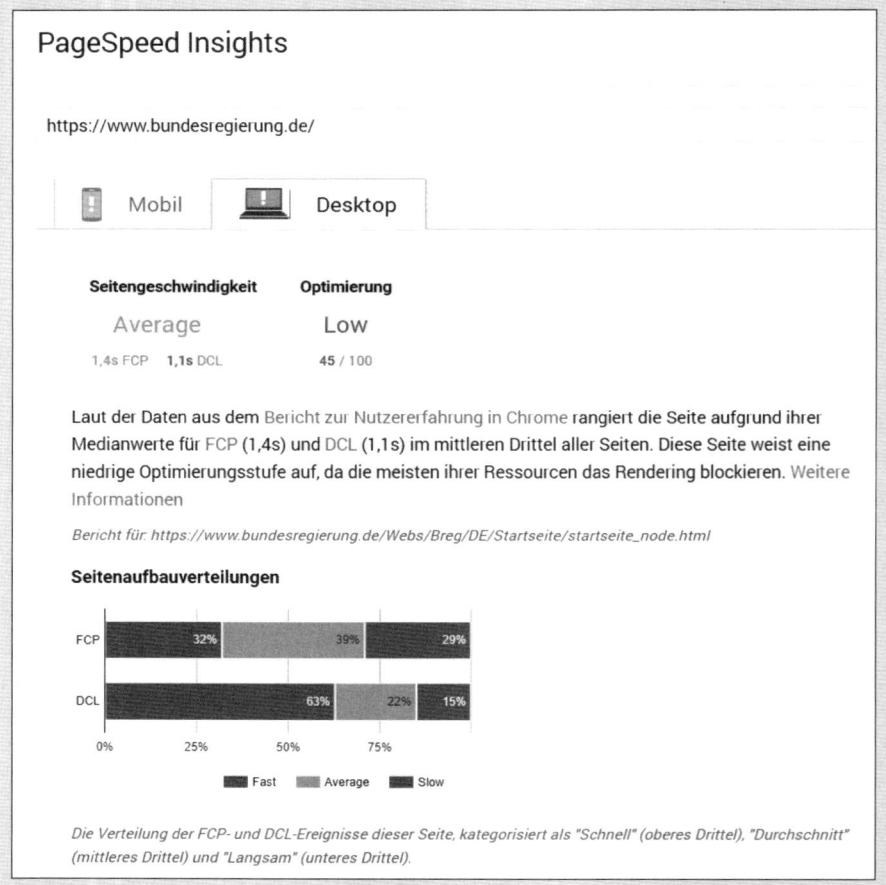

Abbildung 6.27 Screenshot von Googles Einschätzung der Ladezeit von www.bundesregierung.de (Quelle: https://developers.google.com/speed/pagespeed/insights am 05.06.2018)

Mobile Darstellung

In Deutschland entstehen mehr als 50 % aller Google-Suchanfragen über Mobilgeräte – Tendenz steigend. Entsprechend muss Ihre Website unbedingt auch für mobile Besucher optimiert sein. Google hat die Wichtigkeit von mobilen Nutzern längst erkannt und bezieht die Darstellung auf Mobilgeräten immer stärker in die Bewertung mit ein. Um Ihre Website für die Zukunft zu rüsten, müssen Sie Ihre Inhalte also auch mobil ansprechend und vollständig gestalten.

Um mobile Nutzer zu erreichen, gibt es verschiedene technische Lösungen. Zu den populärsten zählen folgende:

- *Responsive Websites* stellen dieselben Inhalte auf verschiedenen Endgeräten dar. Die Inhalte werden automatisch an die Displaygröße des Nutzers angepasst. Diese Variante ist sehr populär und wird von den meisten Content-Management-Systemen unterstützt.
- *Mobile Website-Varianten*, zum Beispiel unter *m.domain.de*, ermöglichen es, unterschiedliche Inhalte auszuspielen. So werden auf der Haupt-Domain die Inhalte für Desktop-User angezeigt und unter der mobilen Variante die Inhalte, die speziell für Desktop-User angelegt werden. Der Nachteil dieser Variante ist in der Regel ein doppelter Redaktions- und Programmieraufwand.
- *Apps* bedienen in der Regel nur Teilfunktionen der Website. Sie sind für den Erstkontakt eher ungeeignet und dienen meist der Mandantenbindung oder der Vereinfachung von Prozessen bei bestehenden Mandanten (Kommunikation, Dokumentation, Abwicklung etc.). Apps laufen auf dem Endgerät des Nutzers. Um Inhalte einer App an Googles Index zu übergeben, sind zusätzliche technische Maßnahmen notwendig.
- *Web Applications* (Web-Apps) sind über den Browser aufrufbare Anwendungen, deren Einsatzmöglichkeiten im Vergleich zu vollen Apps eingeschränkt sind.

> **Praxistipp: Responsive Websites sind die beste Wahl**
> Aufgrund des geringsten Extra-Programmieraufwands sind responsive Websites in der Regel die beste Wahl, um ein Unternehmen zu präsentieren. Zudem zeigen sie auf mobilen Geräten dieselben Inhalte wie in der Desktop-Version und nicht nur eine abgespeckte Version – schlussendlich können Sie bei Suchen von Mobilgeräten nur für solche Inhalte Rankings erzielen, die auch wirklich mobil erreichbar sind.

Indexierung und Crawlbarkeit

Neben der Wahl des Content-Management-Systems sollten Sie bedenken, welche *Formate* Sie zur Präsentation Ihrer Inhalte nutzen. Es gibt Formate, die nicht suchmaschinenfreundlich sind, und wiederum andere, die zwar von Suchmaschinen verarbeitet werden können, aber aus marketing-technischer Sicht problematisch sind.

Beispielsweise wurde früher das *Flash-Format* genutzt, um Websites durch Animationseffekte zu beleben. Dieses Format hat gleich mehrere Nachteile: Zum einen kann Google Flash-Inhalte nicht vollständig korrekt *crawlen*, d. h. auslesen und auswerten. Zum anderen enthält das Format Sicherheitslücken, weswegen viele populäre Browser das Format nicht mehr unterstützen (siehe die Fehlermeldung in Abbildung 6.28). Nicht zuletzt ist die Darstellung von Flash-Inhalten auf Mobilgeräten grundsätzlich problembehaftet. Kurzum: Flash ist heutzutage ein Format, das Sie nicht mehr nutzen sollten. Stattdessen können Sie wesentlich modernere Effekte durch das flexiblere HTML5 sowie durch gewisse Programmiersprachen erzielen – ohne Google-Bots oder Ihre Besucher bei der Betrachtung Ihrer Website zu beeinträchtigen.

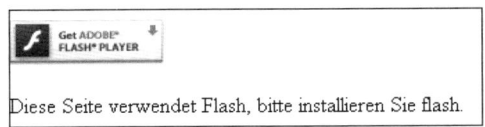

Abbildung 6.28 Typische Warnmeldung der aktuellen Browser-Generation zu Flash

Ein weiteres SEO-Hemmnis sind PDF-Dokumente. Allerdings ist hier die Problematik anderer Art: PDFs sind für Kanzlei-Websites häufig das Mittel der Wahl, um neuste Meldungen und Urteile zu veröffentlichen. Sind die Inhalte ausführlich und keine Kopien bereits vorhandener Inhalte, haben Sie gute Chancen, dass diese Inhalte auch prominent bei Google zu finden sind. Das Problem: Eine PDF-Datei ist nicht unmittelbar in Ihren Webauftritt integriert. Der Nutzer kann nur erschwert weitere Informationen über Ihr Unternehmen aufrufen, da die PDF-Datei nicht das Navigationsmenü der Website bereitstellt. Zudem kann eine PDF-Datei aus technischen Gründen keine Besucherströme messen, was für Ihre Erfolgsmessung ungünstig ist.

> **Praxistipp: PDF-Inhalte immer als HTML-Version einstellen**
> In der Praxis empfiehlt es sich, eine Zusammenfassung des entsprechenden Inhalts, wenn nicht sogar den kompletten Inhalt, auf Ihrer Website einzustellen. Die PDF-Datei sollte maximal als ergänzender Service zum Download angeboten werden. Technisch sollte ein *Canonical-Attribut* hinterlegt sein, um für Suchmaschinen von der PDF-Datei auf die Web-Version zu verweisen.

6.5.2 Schaffen Sie eine Grundlage für guten SEO-Content

Neben der technischen Komponente benötigt erfolgreiche SEO heute eine solide *Website-Konzeption*. Zwar funktionieren auch wahllose Postings, allerdings zumeist nur für wenig gesuchte Begriffe und Nischenthemen. Ihre Website wird also aus SEO-Sicht erfolgreicher sein, wenn Google inhaltliche Schwerpunkte erkennt und sie somit als Experte für bestimmte Themenbereiche identifizieren kann. Durch sogenannte *Themen-Cluster*, auch *Themen-Silos* genannt (siehe Abbildung 6.29), zeigen Sie sowohl Suchmaschinen als auch Ihren Website-Besuchern, dass Sie zu Ihrem Fachgebiet eine gewisse Themen-Autorität haben.

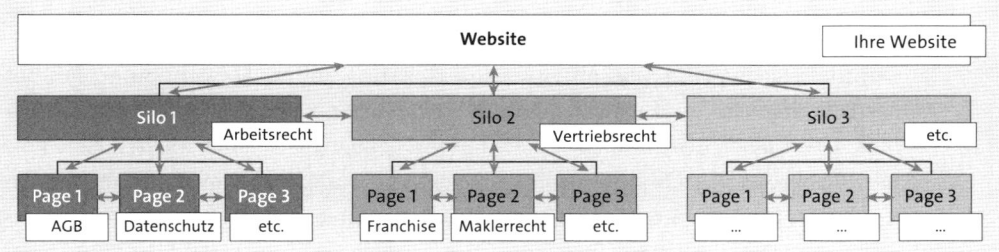

Abbildung 6.29 Beispielhaftes Siloing für eine Kanzlei, die unter anderem Arbeits- und Vertriebsrecht bearbeitet

Die Erstellung einer erfolgreichen Website erfordert sechs Phasen:

1. Definieren Sie Ihre Zielgruppen, und bestimmen Sie die Nutzer-Intention(en). Wer soll Ihre Website besuchen, und was wollen diese Besucher?
2. Bauen Sie eine sinnvolle, besucherorientierte Informationsarchitektur auf, in die Sie Ihre Inhalte einfügen können.
3. Recherchieren Sie geeignete Begriffe, für die Sie gefunden werden möchten (*Keyword-Recherche*, siehe unten).
4. Weisen Sie die Keywords den Seiten Ihres Webauftritts zu (*Keyword-Mapping*, siehe unten).
5. Optimieren Sie die Inhalte jeder Seite für das entsprechende Keyword.
6. Verlinken Sie die Unterseiten aus einem Seitenbereich (Themen-Silo) miteinander auf Basis der zuvor konzipierten Website-Struktur (*Siloing*).

Das ganze Thema *Website-Konzeption* umfasst zahlreiche Aspekte, die mehrere Bücher füllen können (zur nutzerzentrierten Website-Konzeption empfehlen wir das Buch »Website-Konzeption und Relaunch« von Sebastian Erlhofer und Dorothea Brenner (2018)). An dieser Stelle geben wir Ihnen nur einen ersten Abriss über die Recherche und Implementierung geeigneter *Keywords* zur Suchmaschinenoptimierung Ihrer Website. Mit diesen beiden Schritten können Sie aber durchaus bereits erste Ideen und Grobkonzepte für Ihre Website entwickeln.

8 Schritte für Ihre Keyword-Recherche und Ihr Keyword-Mapping

Mit einer *Keyword-Recherche* ermitteln Sie zunächst diejenigen Suchbegriffe, die Ihre potenziellen Mandanten bei Google und Co. eingeben, wenn sie beispielsweise nach einer Lösung für ihr Rechtsproblem suchen.

Diese Begriffe gruppieren Sie zu Themen-Clustern, bewerten sie und wählen schließlich die für Sie am besten geeigneten Begriffe aus, mit denen Sie gefunden werden möchten: sogenannte *Keywords*. Anschließend verteilen Sie diese Keywords auf die Seiten innerhalb der Themen-Silos. Die einzelnen Seiten können Sie anschließend für das jeweilige Keyword optimieren. Gehen Sie dabei wie folgt vor:

1. Sammeln Sie Begriffe rund um Ihre Dienstleistung und Ihr Unternehmen. Für obiges Beispiel wären das unter anderem: *Arbeitsrecht, Kanzlei, Beratung, Arbeitnehmer, Arbeitgeber, AGB, Franchise-Recht* usw. Die Begriffe in einer solchen Liste können Sie bereits beim Brainstorming in verschiedene Kategorien einteilen (Service-Angebote, Zielgruppen, thematische Schwerpunkte etc.).

2. Ergänzen Sie diese Begriffe um solche, die Ihre Wettbewerber und die Boulevard-Medien verwenden. So berücksichtigen Sie den allgemeinen Sprachgebrauch im jeweiligen Themenbereich.

3. Geben Sie die Schlagworte gefolgt von einem Leerzeichen in die Google-Suchmaske ein. Google zeigt Ihnen durch die Auto-Complete-Funktion ergänzende Suchvorschläge an, die auf tatsächlich gesuchten Begriffen beruhen (siehe Abbildung 6.30). Notieren Sie sich die Begriffe, die zum Kontext passen. Passt keine der Ergänzungen zu Ihren Themen, ist das ein Zeichen, dass solche Begriffe bei Google nicht als Bezeichnung für Ihre Dienstleistung verwendet werden. Somit sollten Sie diese Begriffe von der weiteren Analyse ausschließen.

Abbildung 6.30 Vorschläge von Google zur Verfeinerung des Themas »Arbeitsrecht« (Quelle: www.google.de)

4. Bilden Sie aus den gesammelten Begriffen sinnvolle Kombinationen von zwei bis vier Wörtern. Ein einfaches, aber nützliches Tool für diese Aufgabe finden Sie unter *http://mergewords.com*.

5. Rufen Sie *Googles Keyword-Planer* auf (*https://ads.google.com/intl/de_de/home/tools/keyword-planner*), um das monatliche *Suchvolumen* für Ihre Wort-Liste zu ermitteln. Die Verwendung des Tools ist kostenfrei, allerdings wird die aktive (kostenpflichtige) Teilnahme am *Google Ads*-Werbeprogramm benötigt. Ist dies nicht der Fall, bieten diverse andere Tools die Daten für zwei- bis dreistellige Beträge an.

6. Teilen Sie diejenigen Begriffskombinationen, die Sie ermittelt haben, nach folgenden Nutzerintentionen auf:
   - *Navigatorische Keywords*: Der Nutzer hat schon eine Website, eine Marke oder einen Ansprechpartner im Sinn. Diese Keywords zeichnen sich durch Markennamen, Richtungsanweisungen (»Website von XY«) und URL-Bestandteile (»www«, ...) aus. In der Regel sind solche Begriffe nicht für SEO geeignet. Dennoch sollten Sie auch Seiten auf Ihre eigene Kanzlei oder Ihren Namen optimieren. Theoretisch könnten Sie auch Rankings für fremde, bekannte Namen erhalten, indem Sie den Wettbewerber-Namen mehrfach prominent auf Ihrer Website nennen – allerdings bringt Ihnen das keine qualifizierte Mandantschaft und ist zudem in der Regel wettbewerbswidrig.
   - *Transaktionale Keywords*: Die Nutzerintention ist hier, mögliche Anbieter zu vergleichen (»gute Arbeitsrecht-Anwälte«), eine gewisse Aktion (»Hersteller XY verklagen«) oder direkt einen Abschluss zu tätigen (»Immobilienanwalt in Köln Kontakt«). Diese Begriffe sind besonders interessant für SEO, da eine Konversion von Besuchern hin zu Mandanten sehr wahrscheinlich ist, sofern Sie mit Ihrem Angebot überzeugen können. Entsprechend hart ist aber auch der Wettbewerb für diese Keywords um die oberen Positionen bei Google.
   - *Informatorische Keywords*: Nutzer sind hier (noch) nicht auf der Suche nach konkreten Dienstleistungen. Stattdessen googeln sie nach Lösungswegen zu aktuellen Problemen (»Mahnbescheid von Firma XY«, »Was tun gegen Anrufe von XY?«, »Checkliste Datenschutz-Grundverordnung«). Aus solchen Anfragen werden Sie in der Regel nicht sofort Mandanten generieren. Durch hilfreiche Informationen können Sie allerdings Ihren Website-Besuchern im Gedächtnis bleiben, sodass sie gegebenenfalls zu einem späteren Zeitpunkt Ihre Leistungen in Anspruch nehmen. Langfristig ist die Nutzung informatorischer Keywords also eine sinnvolle (SEO-)Strategie.
7. Bewerten Sie die Keywords hinsichtlich der Stärke der aktuellen Top10-Rankings, der Wirtschaftlichkeit (siehe Nutzerintention) und in Relation zu Keywords im selben Themen-Cluster. Das Keyword »Rechtsanwalt« hat beispielsweise ein hohes Suchvolumen. Wenn Sie den Begriff allerdings selbst einmal bei Google eingeben, werden Sie sehen, dass die Top10 vollständig mit renommierten Kanzleien und spezialisierten Web-Diensten (Verzeichnisse, Wirtschaftslexika) besetzt ist. Zudem ist der Begriff sehr allgemein – Sie können nicht sicher sagen, ob der Suchende eine Definition (informatorisches Keyword), einen Dienstleister (transaktionales Keyword) oder etwas ganz anderes sucht.

   Dagegen zeigt das weniger stark gesuchte »AGB Erstellung Anwalt« eine einzige, klare Nutzerintention. Auch für solche Keywords werden Sie Wettbewerber haben, allerdings sind die ersten Suchergebnisse auch von teilweise kleinen Anbietern mit wahrscheinlich überschaubarem Online-Marketing-Budget besetzt. Hier ist es deutlich realistischer, ein Top10-Ranking zu erzielen. Aus dieser Potenzial-Einschätzung für die einzelnen Keywords können Sie Ihr persönliches Keyword-Ranking mit mehr oder weniger guten Keywords erstellen.

8. Verteilen Sie die relevanten Keywords, die ein hohes Potenzial haben, auf Ihre Website-Struktur. Falls Sie bereits eine Website haben, kann es unter Umständen notwendig sein, Ihren Web-Auftritt komplett umzustrukturieren oder neue Themenbereiche und Inhalte zu ergänzen.

Nachdem Sie diese strukturellen Gedanken formuliert haben, können Sie im nächsten Schritt Ihre Seiteninhalte auf die zugewiesenen Keywords ausrichten.

6.5.3 Guten Content produzieren

Google ist mittlerweile sehr gut darin, seinen Nutzern genau die Inhalte zu präsentieren, die sie tatsächlich benötigen. Insbesondere bei solchen Themen, die das Leben einer Person stark beeinflussen, ist Google sehr anspruchsvoll. Google spricht dies unter dem Thema »Your Money or your Life« (YMYL) unter anderem in den Website-Bewertungsrichtlinien an (*https://static.googleusercontent.com/media/www.google.com/de//insidesearch/howsearchworks/assets/searchqualityevaluatorguidelines.pdf*).

Zu diesen Themen gehören unter anderem *Gesundheit, Finanzen* und *Rechtsberatung*. Neben Googles Standard-Repertoire an *Qualitätssicherungsmaßnahmen* (»Panda«-Filter, »Rank Brain« etc.) ist davon auszugehen, dass die menschlichen Qualitätsbewerter YMYL-Themen kritischer betrachten. Menschliche Bewerter prüfen hierbei vor allem solche Faktoren, die eine Maschine (noch) nicht zweifelsfrei selbst bestimmen kann. Häufig handelt es sich hierbei um subjektive Eindrücke, denn es wird auf folgende Kriterien geachtet:

- professionelles Webdesign
- einfach zu erreichende Kontaktinformationen (Impressum, Nennung von Ansprechpartnern, Kontaktdaten etc.)
- fachliche Tiefe der Inhalte
- erkennbare Autorität zu einem Themengebiet (Trust-Elemente, wie Zertifikate, Siegel, Auszeichnungen etc.)
- regelmäßige redaktionelle Aktualisierung (z. B. bei Rechtsthemen regelmäßige Updates zu aktuellen Urteilen)
- positive Reputation im Internet (Empfehlungen, Nennungen und Verlinkungen auf neutralen Websites etc.)

Wenn es um die Qualität der Inhalte selbst geht, so gibt es ebenfalls einiges zu beachten. Vieles davon sollte selbstverständlich sein – ist es aber nicht, wenn man sich viele Websites im WWW ansieht. Schlecht bis gar nicht recherchierte Textwüsten, die von Laien für »6,85 Euro je 500 Wörter« heruntergeschrieben werden, sind nicht das, was Internet-Nutzer suchen.

Halten Sie Abstand von vermeintlich günstigen »SEO-Texten«, denn diese haben mit professioneller SEO wenig zu tun. Heutzutage ist inhaltlich hochwertiger Inhalt unverzichtbar, um in Googles Suchergebnisseiten ganz oben mitzuspielen.

Bevor Sie also neue Inhalte erstellen (lassen), sollten Sie all Ihre vorhandenen Inhalte kritisch prüfen:

- Sind alle Inhalte von Personen erstellt, die fach- und sachkundig und somit tief in der Materie sind? Inhalte, die diese Vorgabe nicht erfüllen, sollten Sie dringend entfernen oder überarbeiten.
- Sind Inhalte veraltet? Gerade Pressemeldungen, News und Gerichtsurteile haben häufig ein Ablaufdatum. Veraltete Inhalte beeinträchtigen die Qualität Ihrer Website. Löschen Sie solche Inhalte, oder markieren Sie sie zumindest mit *noindex*, um sie aus der Google-Suche zu entfernen.

Erst nachdem Sie den gesamten Content Ihrer Website gründlich geprüft haben, können Sie die Optimierung vornehmen: Um für Ihre Inhalte gezielt *Keyword-Rankings* zu erhalten, müssen Sie der Suchmaschine eine möglichst einfache Themenzuordnung ermöglichen. Dies erreichen Sie, indem Sie folgende Elemente einer Inhaltsseite mit dem ausgewählten Keyword spicken (natürlich in grammatikalisch angepasster Form):

- Überschrift (h1)
- Zwischenüberschriften (h2 bis h4)
- Metadaten *Title* und *Description* (Das Meta-Tag »Keywords« können Sie auslassen, da es von Google ohnehin nicht ausgewertet wird.)
- URL: Denken Sie daran, dass eine Weiterleitung von der alten URL notwendig ist, falls Sie bestehende URLs ändern.
- *Alt-Tag* und *Title-Tag* von Bildern
- Dateinamen von Bildern (und anderen Dateien)
- *Ankertexte* von Links, die von anderen Seiten zu diesem Inhalt führen

Aber Achtung! Vorrang hat immer der Nutzer, nicht die Suchmaschine. Sollte eine Keyword-Platzierung in Einzelfällen unnatürlich wirken, verwenden Sie *Synonyme* (Google erkennt semantische Verwandtschaften in der Regel) oder lassen Sie das Keyword an dieser Stelle lieber aus. Ist das Keyword generell nur schwer in den vorhandenen Text einzufügen, aber ein Keyword, für das Sie gefunden werden möchten, platzieren Sie es lieber auf einer anderen Seite.

Haben Sie eine solide Grundoptimierung durchgeführt, geht es an die Kür, um Ihre Texte weiter aufzuwerten und auch für Ihre Besucher ansprechender zu gestalten: Fügen Sie, falls noch nicht vorhanden, optisch auflockernde Content-Elemente ein. Passend zum Inhalt können das Fotos, Grafiken, schematische Darstellungen, Listen, Tabellen, Videos und andere Formate sein. Mit einer solchen *multimodalen Darstellung* Ihrer Inhalte erzeugen Sie einen besonders positiven und hochwertigen Eindruck, was sowohl Ihre Besucher als auch Suchmaschinen wertschätzen. Dies ist insbesondere bei der Nutzerintention *informatorische Suchanfragen* (siehe oben, Abschnitt 6.5.2) wichtig: Google zeigt bei informatorischen Suchanfragen Tabellen und Listen häufig direkt in den Suchergebnissen als komplexe Vorschauen, sogenannte *Featured Snippets*, an (siehe Abbildung 6.31).

Abbildung 6.31 Beispiel einer direkt gezeigten Liste für die Suchanfrage »Wie werden Überstunden bezahlt?« (Quelle: www.google.de)

Wenn Ihre Inhalte thematisch passend sind, sichern Sie sich mit solchen Vorschauen die Aufmerksamkeit der Internet-Nutzer und ziehen sie auf Ihre Website.

6.5.4 Inhalt und Leistungen gut zugänglich machen

Guter Content allein reicht allerdings nicht aus, denn ohne Hinweise auf die Existenz der Inhalte wird keine Suchmaschine Ihre Inhalte finden und an die Suchenden ausspielen können. Der erste Schritt ist hier die Anmeldung Ihrer Domain in der *Google*

Search Console unter www.google.com/webmasters. (*Google Search Console* (GSC) hieß ehemals *Webmaster-Tools*, das Dashboard sehen Sie in Abbildung 6.32.)

Bei GSC handelt es sich um eine kostenfreie Online-Plattform, auf der Sie direkt von Google Informationen zu Ihrer Website erhalten, beispielsweise bestimmte Fehler auf Ihrer Website, die gute Rankings verhindern könnten. Auch können Sie in der GSC in gewissem Maße das *Crawling* durch die Google-Bots und die *Indexierung* Ihrer Seiten steuern.

Abbildung 6.32 Das Dashboard der Google Search Console
(Quelle: www.google.com/webmasters/tools/home)

In der GSC können Sie Google über den Punkt SITEMAPS eine Liste all Ihrer Inhaltsseiten (als *XML-Sitemap*) übermitteln. Damit helfen Sie den Google-Bots dabei, die Struktur Ihrer Seite leichter zu erfassen, und erleichtern ihnen so das Crawlen.

Ergänzend können Sie auch einen Account bei dem kleineren Wettbewerber *Bing* anlegen. Anmeldungen bei noch kleineren Suchmaschinenanbietern sind in der Regel unwirtschaftlich, da diese nur einen Bruchteil des Marktes ansprechen und Ihre Inhalte bei Befolgung der nachfolgenden Hinweise über kurz oder lang auch finden werden – nur gegebenenfalls langsamer.

Um Ihre Inhalte für Ihre Website-Besucher auffindbar zu machen, kommen die *Navigation* und die *interne Verlinkung* Ihrer Website zum Tragen. Diese Verbindungen zwischen den einzelnen Seiten Ihres Webauftritts helfen Ihren Nutzern, diejenigen Inhalte zu finden, die Sie präsentieren möchten. Aber auch Crawler folgen den Navigationspunkten und internen Links.

Mit der Navigation beispielsweise über das *Hauptmenü* und den *Footer* bieten Sie Ihren Nutzern in der Hauptnavigation einen Überblick über Ihre thematischen Schwerpunkte. Führen Sie diese möglichst zuzüglich der direkten Unterseiten auf. Verzichten Sie allerdings bei großen Seiten darauf, jede einzelne Seite bis zur x-ten Ebene in der Hauptnavigation aufzuführen – leiten Sie den Nutzer stattdessen über Verlinkungen im Inhalt auf tiefergehende Informationsseiten weiter.

Im Footer bietet es sich an, solche Inhalte zu verlinken, die potenzielle Mandanten nicht zwingend direkt beim Erstkontakt finden müssen, die aber dennoch wichtig sind. Das können beispielsweise Inhalte sein, die Ihre zusätzliche Expertise zeigen, die aus rechtlichen Gründen vorhanden sein müssen oder die für kleinere Zielgruppen relevant sind, wie z. B. für die Presse. Beispiele hierfür sind:

- **der Standard:** Impressum, AGB, …
- **wichtige Themen:** Hier können Sie durchaus auch solche Seiten verlinken, die nicht in der Navigation stehen, aber häufig bei Ihnen angefragt oder bei Google gesucht werden, z. B. Presseinformationen.
- **»Freebies«:** Downloads, Whitepaper, E-Books etc. (natürlich nur Ihre eigenen)

Parallel sollten Sie all Ihre Inhalte auf Ihrer Domain innerhalb der Themen-Silos (siehe Abschnitt 6.5.2) untereinander verlinken. Hier spricht man von *interner Verlinkung*. Damit helfen Sie Ihren Nutzern wie auch Maschinen, Ihre Inhalte in gut strukturierter und thematisch passender Weise zu finden. Das heißt:

- Verlinken Sie von der Startseite auf alle wichtigen Kategorien-Seiten und Fokus-Themen.
- Verlinken Sie top-down von Kategorien-Seiten auf alle Unterseiten im entsprechenden Themen-Silo.
- Verlinken Sie auch bottom-up von den Unterseiten zurück zu den Kategorien – hier bietet sich eine *Breadcrumb*-Navigation an.
- Verlinken Sie Unterseiten auf derselben Ebene im selben Themen-Silo untereinander. Das kann zum Beispiel in einem Content-Bereich mit dem Titel »Ähnliche Leistungen« geschehen.

Neben der internen Verlinkung, die Sie selbst auf Ihrer Domain steuern können, sind auch externe Links, *Backlinks* genannt, förderlich für die Sichtbarkeit Ihrer Inhalte. Wenn andere Domains mit Backlinks auf Ihre Website verweisen, stuft Google diese Empfehlung als positives Merkmal und Ihre Website als vertrauenswürdig ein – allerdings *nur*, wenn die Links organisch entstehen und von vertrauenswürdigen Domains kommen.

In der Vergangenheit, aber auch heute noch werden Backlinks häufig eingekauft oder durch andere unlautere Methoden gewonnen – also nicht »verdient«. Google geht allerdings massiv gegen Links vor, die allein zur Manipulation der Suchmaschinen-Rankings erstellt werden. Der beste Weg ist also, wenn Sie saubere *Linkbuilding*-Maßnahmen verfolgen und Ihre Backlinks in Synergie mit sonstigen Marketing-Tätigkeiten »auf natürliche Weise« generieren. Übliche, erfolgreiche Wege sind:

- gute informatorische Inhalte mit Mehrwert, die in verschiedenen Online-Medien (Fachpresse, Online-Magazine, andere fachliche Websites, Blogger etc.) gern zitiert werden
- Kooperationen mit anderen Experten der Branche für einen Beitrag auf Ihrer Website (Experten verlinken in der Regel zu Beiträgen, an denen sie mitgewirkt haben.)
- Veröffentlichungen von fachlich tiefgehenden Expertenmeinungen zu aktuellen Themen in Form von Gastbeiträgen, Interviews und weiteren Formaten im Rahmen von PR-Maßnahmen (Hier wird häufig auf die Website hingewiesen.)
- Listung in von der Branche anerkannten, wichtigen Verzeichnissen, die auch tatsächlich von potenziellen Mandanten besucht werden. Verzichten Sie auf unbekannte oder veraltet wirkende Portale, diese haben keinen SEO-Mehrwert.
- Teilnahme an Diskussionen in Foren, Blog-Kommentaren und anderen Medien im Rahmen von PR-Maßnahmen unter eigenem Namen. Teilweise erlauben diese Diskussionsportale die Angabe Ihrer Website. Verzichten Sie allerdings darauf, Ihre Website im Beitrag selbst zu nennen, da dies in vielerlei Hinsicht problematisch sein kann (Netiquette, UWG, …).
- Teilnahme an lokalen Veranstaltungen und Fach-Events: Vortragende und Sponsoren werden in der Regel im Netz genannt und ihre Website wird dabei verlinkt.

Auch der Kauf von Links funktioniert in vielen Fällen noch. Allerdings sprechen zwei Dinge dagegen, solche Leistungen ohne tiefe Kenntnisse der Materie zu erwerben: Zum einen ist Google eifrig bemüht, solche Links zu entwerten. Selbst wenn ein Link aktuell noch Benefit für Rankings bringt, kann dies niemand langfristig versprechen. Zweitens sind solche Links, die Effekt haben und Google noch nicht bekannt sind, in der Regel einen hohen drei- bis mittleren vierstelligen Betrag wert – pro Link wohlgemerkt. Ein solides Linkbuilding-Budget beginnt also im fünfstelligen Bereich.

In der Praxis sind noch immer viele Plattformen im Linkkauf-Geschäft aktiv, nämlich überall dort, wo der Wettbewerb für ein Keyword so hoch ist, dass eine reine Optimierung der eigenen Inhalte nicht ausreicht, um kurzfristig vorne mitzuspielen. Unsere Empfehlung lautet allerdings, zunächst alle anderen Methoden voll zu erschöpfen, bevor Sie diesen Weg in Betracht ziehen.

6.5.5 Google My Business & Local SEO

Neben klassischer SEO spielt auch die Sichtbarkeit Ihres Standortes bei der Generierung von Mandanten eine Rolle. Sucht eine Person nach Ihrer Dienstleistung und befindet sie sich dabei in Ihrer Stadt, wird in der Regel zusätzlich zu den normalen Suchergebnissen ein sogenanntes *Local Pack* angezeigt. Dies ist eine zusätzliche Einblendung in der Google-Suche, die aus einer Google-Maps-Landkarte und einer Liste von Unternehmen besteht, die bei *Google My Business* eingetragen sind. Das Local Pack kann zwischen oder oberhalb der Suchergebnisse erscheinen. Durch seine Platzierung verdrängt es alle nachfolgenden Ergebnisse weit nach unten (siehe Abbildung 6.33).

Abbildung 6.33 Lokale Suchergebnisse für »Anwalt Arbeitsrecht Köln« (Quelle: www.google.de)

In der Regel lösen transaktionale Suchanfragen mit Ortsangabe, wie z. B. »Anwalt Arbeitsrecht Stuttgart« die Anzeige solcher Local Packs aus. Eine solch gute Platzierung ist aufgrund der hohen Wahrscheinlichkeit für eine Kontaktaufnahme sehr erstrebenswert. Um eine solche Platzierung zu erreichen, können Sie *lokale SEO* nutzen.

Die lokale Optimierung ist ein Thema für sich. Im ersten Schritt sollten Sie auf Google Maps (*www.google.de/maps*) Ihr eigenes Unternehmen suchen. Haben Sie noch nicht die Eigentümerschaft bestätigt, befolgen Sie die dort angegebenen Schritte. Danach können Sie den vorhandenen Eintrag bearbeiten. Sie können auch einen gänzlich neuen Eintrag vorschlagen, falls Ihr Unternehmen noch nicht aufgeführt ist. Achten Sie bei der Eingabe insbesondere auf Folgendes:

- Achten Sie auf korrekte Angabe aller Daten, vor allem der Kontaktdaten und der Website-Adresse.
- Fügen Sie mehrere ansprechende, professionell erstellte Bilder hinzu.
- Bemühen Sie sich um (möglichst positive) authentische Rezensionen zu Ihrem Unternehmen: Die aggregierte Bewertung wird als auffällige Sterne-Bewertung angezeigt (siehe Abbildung 6.33).

Weitere Informationen zu diesem Thema finden Sie bei Google selbst: *https://support.google.com/business/answer/7091?hl=de*

6.6 SEA

SEA steht für *Search Engine Advertising*, also für das Schalten von Werbeanzeigen in Suchmaschinen. Sicherlich haben Sie eine solche Werbeanzeige in den Suchergebnissen bereits gesehen – ob über Google, Bing, Yahoo oder einen der zahlreichen anderen Anbieter. Diese Werbeanzeigen werden im oberen und unteren Bereich der Suchergebnisse eingeblendet. In Abbildung 6.34 sehen Sie gleich mehrere Werbeanzeigen. Sie sind durch den Zusatz »Anzeige« gekennzeichnet. Es handelt sich dabei um vier erweiterte Textanzeigen, die Sie im oberen Bereich über der Map sehen.

Erweiterte Textanzeigen bestehen aus einer Überschrift (aus zwei Überschriften, um genau zu sein), einer URL, einer Beschreibung und diversen Anzeigenerweiterungen (den Aufbau einer Anzeige lernen Sie in Abschnitt 6.6.1 im Detail kennen). Als letzten Eintrag in Abbildung 6.34 sehen Sie eine sogenannte *Local Box*. Dieser fehlt der Zusatz »Anzeige«, daher ist sie leicht von einer bezahlten Werbeanzeige zu unterscheiden. Ob Ihre Anzeige in den Suchergebnissen geschaltet wird oder nicht, hängt von Ihrem Gebot ab, denn *Google Ads*, das Tool, in dem Sie Ihre Anzeigen verwalten und schalten können (siehe Abschnitt 6.6.1), funktioniert – wie auch die Tools aller anderen Anbieter – nach dem *Auktionsprinzip*. Dabei wird mithilfe Ihres Gebots und der Einschätzung, ob Ihre Anzeige in den Suchkontext passt, ermittelt, welchen Rang Sie in der Auktion erhalten. Je höher Ihr Rang, desto weiter oben wird Ihre Anzeige in den Suchergebnissen ausgespielt.

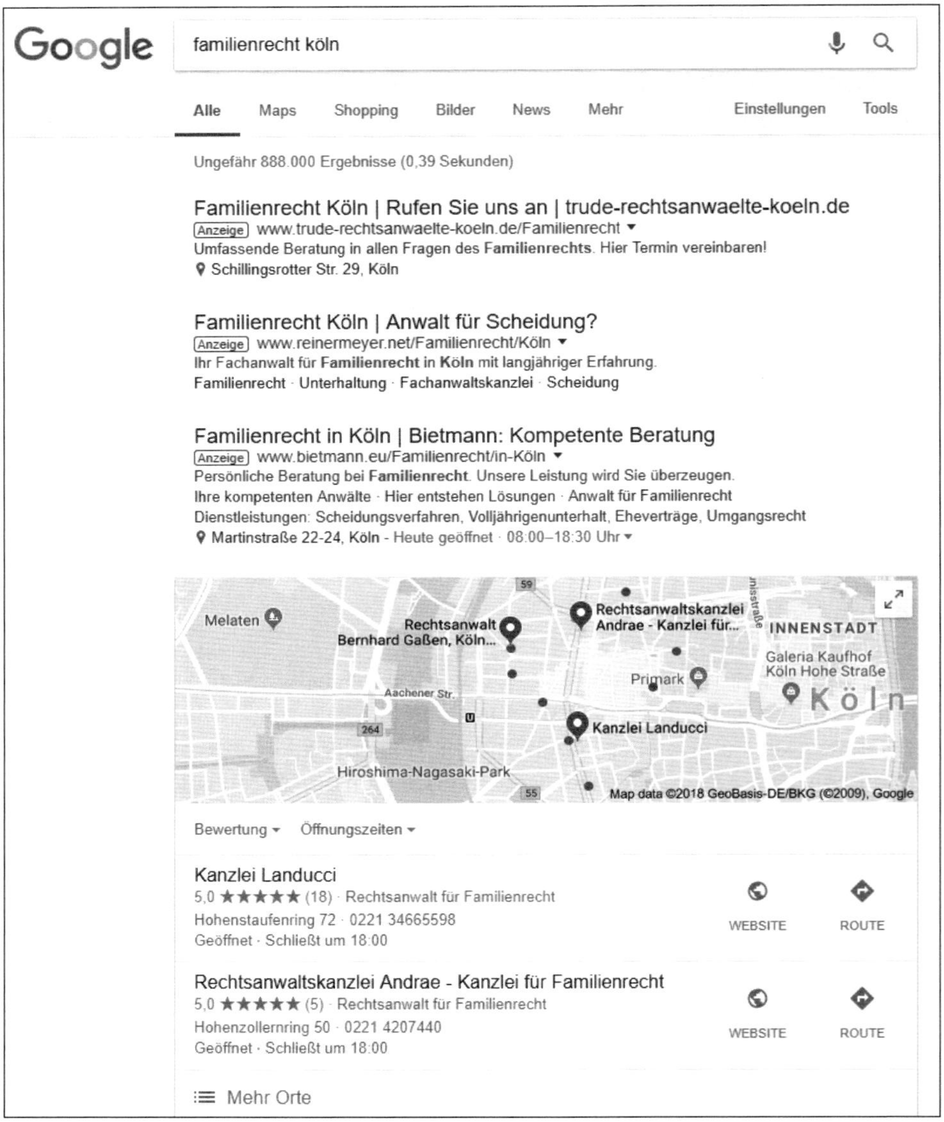

Abbildung 6.34 Werbeanzeigen in den Suchergebnissen von Google (Quelle: www.google.de zur Suchanfrage »Familienrecht Köln«)

Doch worin unterscheiden sich SEA und SEO eigentlich? Tabelle 6.1 stellt die beiden Bereiche gegenüber und erlaubt einen groben Vergleich im Hinblick auf die Aufwände, die Sie aufbringen müssen, und den Nutzen der beiden Methoden für die *Suchmaschinenwerbung*.

	SEA	SEO
Budget	Bei SEA kostet Sie jeder einzelne Klick auf eine Werbeanzeige Geld. Hinzu kommt ein gewisser Betreuungsaufwand je nach Umfang Ihres Google Ads-Kontos (siehe unten).	Ein Klick auf Ihre Einträge in den organischen Suchergebnissen ist für Sie kostenlos, jedoch ist der Arbeitsaufwand für gute SEO höher als für SEA-Kampagnen.
Zeitrahmen	Mit SEA können Sie kurzfristigen Traffic für Ihre Website generieren.	SEO ist ein langfristiger, dafür aber auch nachhaltigerer Prozess.
Zielseite	Eine für SEA optimierte Seite ist dann erfolgreich, wenn sie maximal viele Abschlüsse erzielt.	SEO hat zum Ziel, dem Nutzer auf einer optimierten Seite alle Fragen zu beantworten, die er zu dem Thema haben könnte.

Tabelle 6.1 Vergleich SEA vs. SEO im Hinblick auf Aufwand und Nutzen

Die Tatsache, dass Sie mit Ihrer Anzeige in kürzester Zeit bei Google ganz oben stehen können, macht SEA für viele Website-Betreiber unheimlich attraktiv. Denn so manch eine Geschäftsidee hat ein Ablaufdatum und SEA ist eine erfolgversprechende Möglichkeit, um schnell auf einen sich ändernden Markt zu reagieren. So können Sie beim nächsten großen Skandal umgehend mit Google-Anzeigen und Ihrer Website neue Mandanten generieren. Und das Beste daran ist: Wenn Sie ein gut eingerichtetes Webtracking auf Ihrer Website einsetzen (lesen Sie hierzu Abschnitt 6.7), können Sie prüfen, ob und wie lukrativ Ihre SEA-Kampagnen sind, und dementsprechend klügere Entscheidungen für Ihr Marketing-Budget treffen.

Doch wie lässt sich im Vorfeld einschätzen, ob SEA überhaupt sinnvoll ist, bevor Sie es aus den Analysedaten herauslesen können? Stellen Sie dazu selbst einige Überlegungen an:

▶ Ist das Internet ein geeigneter Informationskanal, auf dem sich Ihre Mandanten zu den Themen informieren, die Sie mit Ihren Dienstleistungen bedienen? In Abschnitt 6.6.1 werden wir Ihnen zeigen, wie und mit welchen Tools Sie herausfinden können, wie oft nach einem Ihrer Themen gesucht wird.

▶ Verfügen Sie über eine ansprechende Website, mit der Sie Besucher davon überzeugen können, Mandanten zu werden? Ihre Website sollte optisch den aktuellen Konventionen des Webdesigns entsprechen, technisch gut optimiert sein und Ihre Nutzer über Sie und Ihre Dienstleistungen informieren (siehe hierzu auch Abschnitt 6.2, »Veröffentlichungen«). Darüber hinaus muss Ihre Website aber vor allem eines: verkaufen! Speziell für Ihre Anzeigen optimierte *SEA-Landingpages* sollten Ihren Besuchern gute Anreize bieten, mit Ihnen in Kontakt zu treten oder eine andere Form der Interaktion einzugehen, sodass Sie die avisierten Abschlüsse erzielen. Denn für genau dieses Ziel zahlen Sie ja mit jedem einzelnen Klick auf Ihre Werbeanzeigen.

- Wie groß ist die Konkurrenz, und wie gut ist sie aufgestellt? Suchen Sie einfach mal selbst nach Ihrem Thema beziehungsweise Ihren Dienstleistungen, und analysieren Sie Ihre Wettbewerber. Sicher finden Sie andere Kanzleien oder Anwälte, die bereits Werbeanzeigen für diese Themen schalten. Lesen Sie sich die Anzeigen durch. Schauen Sie sich die Websites der Konkurrenz mal durch die Augen Ihrer Zielgruppen an. Bieten Sie selbst mit Ihren Dienstleistungen einen Mehrwert, den Sie Ihrer Konkurrenz voraushaben?

Wenn Sie alle Fragen mit »Ja« beantwortet haben, dann ist SEA ein erfolgversprechender Kanal für Sie, um neue Mandanten zu generieren.

> **Praxistipp: Wann Sie Ihr SEA-Budget lieber anders investieren sollten**
>
> Im Umkehrschluss ist SEA nicht sinnvoll, wenn es keine Suchanfragen zu den Themen gibt, also niemand nach den Themen sucht, für die Sie Ihre Dienstleistungen anbieten.
>
> Aber auch der umgekehrte Fall ist möglich: Es gibt zahlreiche Suchanfragen und auch viele Klicks auf Ihre Werbeanzeigen, aber die Nutzer springen direkt wieder ab – und das, obwohl Sie für den Klick bereits gezahlt haben. Das kann vielerlei Gründe haben: Zum einen kann es sein, dass Sie Ihre Nutzer nicht zum Abschluss animieren oder sie nicht endgültig überzeugen. In dem Fall hilft eine Optimierung der entsprechenden *SEA-Landingpages*. Es kann aber auch sein, dass Besucher mit Ihrer Website grundsätzlich nicht zurechtkommen. Dann können Sie Ihre Website mal von Experten durchchecken lassen. Im schlimmsten Fall brauchen Sie eine komplett neue Website, sonst ist jede weitere Investition in SEA sinn- und nutzlos.

6.6.1 Anleitung für Ihre erste SEA-Kampagne

Werbeanzeigen können Sie mit einen Konto bei *Google Ads* erstellen. Dabei handelt es sich neben der Google Search Console (siehe Abschnitt 6.5.4) und Google Analytics (siehe Abschnitt 6.7.1) um ein weiteres Produkt von Google, das Website-Betreiber für ihr Online-Marketing nutzen können. Mit Google Ads können Sie Werbeanzeigen im *Suchnetzwerk* (Google-Suche und alle Partnerseiten, die die Google-Suche verwenden) und im *Display-Netzwerk* schalten (auf Websites von Publishern, die Google AdSense intergriert haben).

Bevor Sie jetzt voller Euphorie und Tatendrang Ihre erste SEA-Kampagne erstellen, müssen wir Sie aber erst einmal kurz bremsen. Obwohl Google Ads simpel wirkt, ist es dennoch ein mächtiges und komplexes System, das es zu verstehen gilt. Falsch genutzt, verbrennen Sie mit Google Ads Ihr Budget im Handumdrehen, ohne daraus etwas gewonnen zu haben.

Damit Ihnen das nicht passiert, zeigen wir Ihnen zunächst die Google Ads-Kontostruktur, den Aufbau einer Werbeanzeige und wie Sie geeignete Keywords finden können. Sobald Sie mit all diesem Wissen gewappnet sind, steht Ihrer ersten Google Ads-Anzeige nichts mehr im Wege.

Google Ads-Kontostruktur: Hierarchien bieten Vorteile

Ihr AdWords-Konto besteht vereinfacht gesagt aus *Kampagnen*, *Anzeigengruppen*, *Anzeigen* und *Anzeigenerweiterungen* sowie aus *Keywords* – Letztere kennen Sie ja spätestens aus dem vorherigen Abschnitt zum Thema SEO. Ein Beispiel für eine hierarchische, aufgeräumte Kontostruktur zu verschiedenen Rechtsthemen finden Sie in Abbildung 6.35.

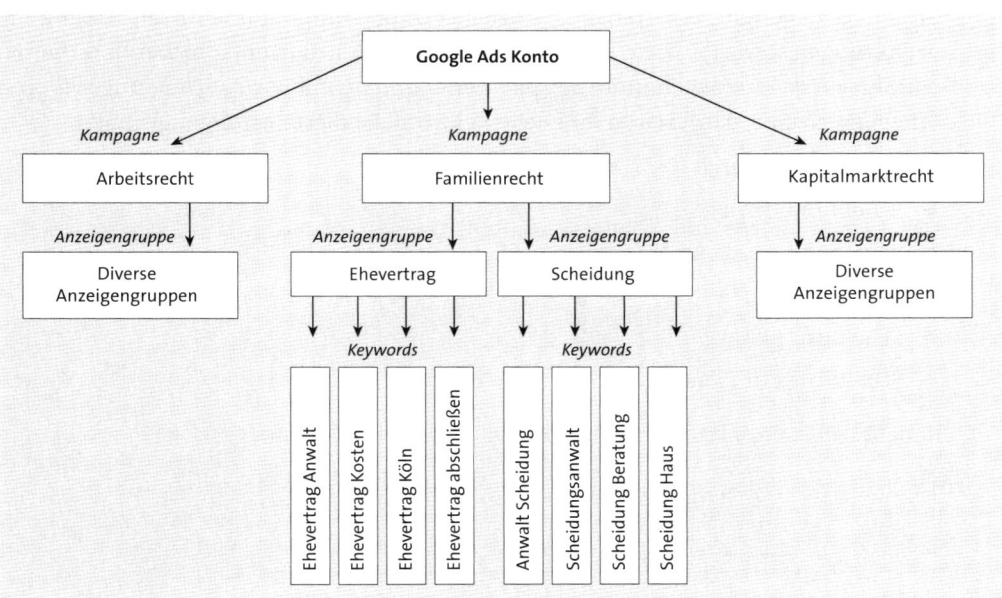

Abbildung 6.35 Schematisches Beispiel für eine aufgeräumte Google Ads-Kontostruktur

Ihre *Kampagnen* sind die größten Einheiten im Konto. Eine Kampagne beinhaltet *Anzeigengruppen*, diese wiederrum beinhalten *Anzeigen*, *Anzeigenerweiterungen* und *Keywords*. Kampagnen haben außerdem eine Vielzahl von Einstellungsmöglichkeiten. Diese sind von entscheidender Bedeutung, denn sie wirken sich auf alle Elemente innerhalb einer Kampagne aus. Folgende Kampagnen-Einstellungen sind besonders wichtig:

- **der Kampagnenstatus:** aktiv, pausiert oder entfernt
- **das Werbenetzwerk:** Suchnetzwerk und/oder Display-Netzwerk
- **die Standorte, an denen Sie werben möchten:** Die Werbung kann für ganze Länder, Bundesländer, Städte oder sogar für Adressen und einen bestimmten Radius um diese herum stattfinden.
- **die Sprache**
- **das Tagesbudget**
- **die Gebotsstrategie**

Innerhalb der Kampagnen finden Sie eine oder mehrere Anzeigengruppen. Diese dienen dazu, Ihre Themen in Subthemen zu gliedern und somit passgenaue Anzeigen zu erstellen. Wenn Sie beispielsweise eine Kampagne für das Thema »Familienrecht« planen, ergeben sich daraus diverse thematische Unterthemen, wie zum Beispiel »Ehevertrag«, »Scheidung«, »Sorgerecht« und »Unterhalt«. Diese könnten Ihre möglichen Anzeigengruppen sein. Eine Anzeigengruppe umfasst Ihre Anzeigen samt Erweiterungen sowie die darin eingesetzten Keywords zu dem entsprechenden Thema. Führen wir das zuvor genannte Beispiel weiter und nehmen wir »Scheidung« als eine Anzeigengruppe, dann wären mögliche Keywords in dieser Anzeigengruppe:

- Anwalt Scheidung
- Scheidungsanwalt
- Scheidung Beratung
- Scheidung Kosten
- Scheidung Haus
- Scheidung einreichen

Eine Anzeige dazu könnte so aussehen wie in Abbildung 6.36.

```
Anwalt für Ihre Scheidung | Wir setzen uns für Sie ein
Anzeige   ihre-domain.de/Scheidung/Ihr-Recht
Wir setzen Ihr Recht durch. Fachanwälte mit viel Erfahrung. Jetzt kontaktieren!
```

Abbildung 6.36 Beispiel für den Aufbau einer Google Ads-Anzeige

Diese Anzeige würde geschaltet werden, wenn jemand nach Keywords oder Varianten sucht, die in der Anzeigengruppe definiert sind. Da jeder Klick auf eine Anzeige Geld kostet, müssen Anzeigen stark eingegrenzt und gut auf ein Keyword optimiert sein, um die Suchanfrage der Nutzer möglichst genau zu bedienen. Deshalb ist es so wichtig, nur themenverwandte Keywords in einer Anzeigengruppe unterzubringen.

Diese Anzeige würde beispielsweise zu einer Suchanfrage zum Thema »Ehevertrag« überhaupt nicht passen, weshalb Sie zum Thema »Ehevertrag« eine separate Anzeigengruppe mit entsprechenden Keywords erstellen sollten.

> **Praxistipp: Halten Sie Ordnung**
>
> Eine saubere Kontostruktur ermöglicht Ihnen nicht nur ein leichteres Zurechtfinden innerhalb der Kontoebenen, sondern ermöglicht es Ihnen anhand der vorliegenden Daten auch, flexibel Anpassungen vorzunehmen.
>
> Sollte die Kampagne »Arbeitsrecht« beispielsweise saisonalen Fluktuationen unterliegen, könnten Sie das hinterlegte Budget auf eine profitablere Kampagne verlagern, ohne Ihre gesamte Kampagnenstruktur umordnen zu müssen.
>
> Ein weiterer Vorteil einer feingliedrigen Kampagnenstruktur (wie im obigen Beispiel dargestellt) ist, dass Sie die Profitabilität kampagnen- und anzeigengruppenspezifisch bestimmen können. So können Sie im Handumdrehen feststellen, welche Ihrer Kampagnen die erfolgreichste ist. Diese Granularität bietet eine große Entscheidungshilfe für Sie und Ihre zukünftigen Online-Marketing-Maßnahmen.

Google Ads-Anzeigen: Sehen und gesehen werden

Früher war es in der Werbebranche so, dass die Fläche der limitierende Faktor war – egal ob Plakatfläche, Werbefläche in der Zeitung oder »Fläche in Form eines TV-Spots«. Die Zeiten haben sich seitdem drastisch geändert. Nun ist Zeit der limitierende Faktor, denn die Aufmerksamkeitsspanne des Menschen ist an einem Tiefpunkt angelangt. Während sie laut einer Studie von Microsoft im Jahr 2000 noch ganze 12 Sekunden betrug, lag sie 2013 bei 8 Sekunden – Tendenz fallend (*www.webcampus.de/blog/104/die-8-sekunden-aufmerksamkeitsspanne-gibt-es-sie-wirklich*). Das bedeutet für Sie, dass Ihre Anzeige binnen weniger Sekunden überzeugen muss.

Und das ist nicht alles. Zu einer Suchanfrage werden in der Regel drei Werbeanzeigen ausgespielt, unter Umständen auch *Google Shopping-Anzeigen*, ein *Google MyBusiness-Eintrag* und organische Ergebnisse. Mit dieser Informationsflut wird der Nutzer auf einen Schlag konfrontiert, da alle Suchergebnisse – ob Anzeige oder nicht – um die Aufmerksamkeit des Nutzers buhlen. Dabei mit Ihrer Werbeanzeige herauszustechen und zu überzeugen ist eine echte Kunst.

Im folgenden Abschnitt zeigen wir Ihnen, worauf es bei einer guten Anzeige ankommt. Abbildung 6.37 zeigt den Aufbau einer einfachen Anzeige.

```
Sie lesen diesen Text zu erst | Dann lesen Sie diesen Text
[Anzeige] ihre-webseite.de/Nutzer/Orientieren
Doch wer ließt die Beschreibung? Ihre Überschriften sind viel wichtiger.
```

Abbildung 6.37 Standardaufbau einer Google Ads-Anzeige

Zuerst die Rahmenbedingungen: Die Überschrift (in Abbildung 6.37 blau) teilt sich genau genommen in zwei Überschriften, die durch den senkrechten Strich getrennt dargestellt werden. Für diese beiden Überschriften haben Sie jeweils 30 Zeichen zur Verfügung. Darunter finden Sie in Grün die angezeigte Webadresse, für die Sie zweimal 15 Zeichen aufwenden können. Ihre Domain ist dabei fester Bestandteil und zählt nicht zum Zeichenlimit. Als letztes Element gibt es noch die Beschreibung (in Abbildung 6.37 grau). Hier haben Sie ganze 80 Zeichen, um den Nutzer zu überzeugen. Wie Sie eine Anzeige hinter den Kulissen bearbeiten können, sehen Sie im Screenshot aus Abbildung 6.38. In der Maske unter NEUE TEXTANZEIGE können Sie die einzelnen Elemente eingeben. Im rechten Bereich sehen Sie dann direkt, wie Ihre Anzeige bei Google aussehen wird.

Abbildung 6.38 Die Anzeigenerstellungsmaske in Google Ads
(Quelle: https://ads.google.com/intl/de_DE/home)

Jetzt aber ans Eingemachte: Worauf kommt es bei einer guten Anzeige an?

Die kurze Version unserer Antwort lautet: Ihre Anzeige muss für den Nutzer *maximal relevant* sein. Fragen Sie sich doch einmal selbst: Welches Suchergebnis haben Sie bei Ihren letzten Suchanfragen angeklickt? Welches war für Sie als Nutzer am relevantesten? Natürlich das Ergebnis, das am besten zu Ihrer Suchintention passte. Doch wie konnten Sie dies beurteilen? Immerhin kannten Sie die Seite hinter der angegebenen URL nicht, auf der Sie letztendlich landeten und konnten somit nicht abwägen, wie relevant die Informationen für Sie sein würden und ob sie Antworten auf

Ihre Fragen enthalten. Entscheidend war also die von Ihnen wahrgenommene Relevanz der Landingpage bzw. der Informationen, die Sie aufgrund der Anzeige finden würden.

Vermutlich orientierten Sie sich daran, ob Ihr Suchbegriff in der Überschrift vorkam. In unserem obigen Beispiel zu dem Keyword »Anwalt für Ihre Scheidung« (siehe Abbildung 6.38) findet sich das Keyword in der ersten Überschrift wieder. Dies ist kein Zufall, denn erfahrungsgemäß haben diese Anzeigen die höchsten Klickraten. Ganz nach dem Motto »Don't make me think« klickt der Nutzer auf die Anzeige, die am ehesten seiner Suchanfrage entspricht – nämlich auf diejenige, die das Keyword im ersten Teil der Überschrift trägt.

Der zweite Teil der Überschrift eignet sich sehr gut für das sogenannte *Nutzenversprechen*. Es geht also darum, welche Bedürfnisse Ihr Produkt stillt oder welche Probleme es löst. Sprechen Sie die Nutzer hier emotional an: Sie sind Anwalt für Familienrecht? Ihre Dienstleistung zum Ehevertrag bringt Ihren Klienten Gewissheit, Ihre Beratung zur Scheidung Sicherheit.

Da Sie sich in den beiden Überschriften knapp fassen müssen, ist die darunter stehende Beschreibung sehr dienlich, um dem Nutzer das »Warum?« zu vermitteln. Warum bringen Ihre Dienstleistungen den Nutzen, den sie versprechen? Was macht Sie zur richtigen Wahl? In die Beschreibung gehören also überzeugende, Vertrauen schaffende Aspekte, wie Ihre langjährige Erfahrung als Anwalt, Ihre Erfolgsquote (soweit rechtlich zulässig) und Ihre Zusatzleistungen.

> **Praxistipp: Sprechen Sie Klartext!**
>
> Zwei Aspekte empfehlen wir für die Anzeigenerstellung:
>
> ▶ Vermeiden Sie Anzeigen, die abstrakt, unnötig kreativ oder ausgeschmückt sind. Seien Sie *klar* in Ihrer Kommunikation. Wenn der Nutzer nicht versteht, was genau Ihr Produkt ist, wird er nicht klicken.
>
> ▶ Versprechen Sie nicht das Blaue vom Himmel. Wenn Sie viel versprechen, schüren Sie damit die Erwartungen des Nutzers. Sollten Sie diese Erwartungen auf der Landeseite nicht erfüllen können, wird er sie sofort wieder verlassen, ohne mit Ihnen in Kontakt zu treten. Dadurch entstehen Ihnen Klickkosten, die Sie vermeiden können.

Keywords: Das Fundament

In den bisherigen Abschnitten haben Sie erfahren, dass Ihre Anzeigen bei Google nur dann ausgespielt werden, wenn jemand eine Suchanfrage mit einem der Keywords stellt, die Sie in Ihrer Anzeige verwendet haben. Doch welche Keywords sind die richtigen? Um dies herauszufinden, nutzen Sie den *Keyword-Planer* von Google. Mit dem Keyword-Planer können Sie sehen, wie viele Suchanfragen zu einem Keyword monatlich über die Google-Suche gestellt werden und wie viel ein Klick für dieses Keyword ungefähr kostet.

Bei der Recherche der richtigen Keywords für Ihre Google Ads-Anzeigen gehen Sie zunächst genauso vor wie bei der Recherche für SEO in Abschnitt 6.5.2. Anhand Ihrer Website und Ihrer Produkte erstellen Sie in einem Brainstorming eine Liste möglicher Keywords. Stellen Sie sich dazu folgende Fragen:

- Welche meiner Dienstleistungen suchen Nutzer explizit?
- Welche Probleme meiner Zielgruppen können meine Dienstleistungen lösen?
- Nach welchen Problemlösungen, die ich anzubieten habe, suchen Nutzer?

Dabei gibt es verschiedene Keyword-Arten – je nach Situation und Blickwinkel des Nutzers:

- *problemorientiert*: »Abmahnung erhalten«
- *lösungsorientiert*: »Abmahnung Hilfe«
- *lokalisierte Lösung*: »Abmahnung Hilfe Köln«
- *symptomorientiert*: »Abmahnung erhalten«
- *ursachenorientiert*: »Abmahnung Filesharing«
- *alternative Lösung*: »Abmahnung Anwalt«

Wie Sie sehen, gibt es viele Möglichkeiten, ein Problem zu lösen, und somit viele mögliche Suchbegriffe, die ein Nutzer eingeben könnte. Somit müssen sich die Keywords für Ihre Anzeigen nicht explizit um Ihre Dienstleistung drehen – sollten sie auch nicht. Seien Sie kreativ in Ihrem Brainstorming, und versetzen Sie sich in Ihre Zielgruppen hinein.

Kopieren Sie Ihre Keywords in den Keyword-Planer hinein, und überprüfen Sie diese auf ihr monatliches *Suchvolumen* und den *Klickpreis*. In Abbildung 6.39 sehen Sie die Ergebnisseite des Keyword-Planers, der Sie die Daten entnehmen können.

Gruppieren Sie die Keywords dann thematisch in verschiedene Anzeigengruppen für die spätere Verwendung in Ihrer Anzeigenkampagne. Der Übersichtlichkeit halber empfehlen wir Ihnen, diese Aufgabe in Excel auszuführen. Erstellen Sie dazu eine Tabelle mit möglichen Anzeigengruppen, und listen Sie darunter die geplanten Keywords für die späteren Anzeigen auf. Diese können Sie beim Erstellen der Anzeigengruppe kopieren und in Google Ads einfügen.

Mit diversen *Keyword-Operatoren* können Sie auswählen, mit welcher *Keyword-Option* Google Ihre Anzeigen für bestimmte Suchanfragen ausspielt, und somit festlegen, wie weit die Anzeige gestreut werden soll. Tabelle 6.2 erläutert die verschiedenen Keyword-Optionen und zeigt, wie Sie diese einsetzen können.

Match Type	Erläuterung	Keyword	Suchanfragen
Weitgehend passend	Bei dieser Keyword-Option schaltet Google Ihre Anzeige bei Suchanfragen zu dem Keyword selbst, zu Synonymen und auch zu themenrelevanten Begriffen.	Anwalt Scheidung	»Ehe annullieren« »Familienrecht Anwalt« »Scheidung Anwalt«
Weitgehend passend modifiziert	Diese Keyword-Option ist etwas restriktiver als die Option »Weitgehend passend«. Alle Elemente des Keywords müssen in der Suchanfrage vorhanden sein.	+Anwalt +Scheidung	»Scheidung Anwalt« »Anwalt für Scheidung hinzuziehen« »Anwaltshilfe für meine Scheidung«
Passende Wortgruppe	Bei dieser noch restriktiveren Keyword-Option müssen ebenfalls alle Keywords in der Suchanfrage vorkommen, und zwar in der vorgegebenen Reihenfolge.	»Anwalt Scheidung«	»Anwalt Scheidung Köln« »Guter Anwalt Scheidung«
Genau passend	Dies ist die restriktivste Keyword-Option. Die Anzeige wird nur geschaltet, wenn die Suchanfrage exakt dem Keyword entspricht.	»Anwalt Scheidung«	»Anwalt Scheidung«

Tabelle 6.2 Verschiedene Keyword-Match-Optionen für Ihre Google Ads-Anzeigen

6 Website und Blog

Abbildung 6.39 Messwerte-Seite des Keyword-Planers (Quelle: https://ads.google.com/intl/de_DE/home)

> **Praxistipp: Negative Keywords ergänzen**
>
> Im Normalfall ist es so, dass Ihre Anzeige geschaltet werden kann, wenn eines Ihrer Keywords in der Suchanfrage auftaucht. Sie haben jedoch in Google Ads auch die Möglichkeit, Ihren Anzeigen eine Liste mit sogenannten *Negativ-Keywords* hinzuzufügen. Diese können Sie innerhalb der Anzeigengruppe unter den Keywords eingeben. Dort finden Sie in der Google Ads-Benutzeroberfläche den Reiter Auszuschliessende Keywords. Damit können Sie festlegen, bei welchen Suchanfragen Sie unter keinen Umständen geschaltet werden möchten, weil Sie von vornherein wissen, dass eine Geschäftsanbahnung bei diesem Keyword nahezu unmöglich ist.
>
> Stellen Sie sich vor, Sie sind Anwalt für Immobilienrecht in Düsseldorf und möchten für Suchanfragen wie »Anwalt Immobilienrecht günstig« oder »Anwalt Immobilienrecht Freiburg« keine Werbeanzeigen schalten. Hier bietet es sich an, die negativen Keywords »günstig« und »Freiburg« der Kampagne hinzuzufügen. Dadurch verhindern Sie von vornherein Klickkosten durch nicht qualifizierte Anfragen, die ohnehin zu keiner Geschäftsbeziehung führen würden.

6.6.2 Die SEA-Landingpage

Ihre Google Ads-Kampagnen sind erstellt und aktiviert. Die Anzeigen bringen hochwertigen Traffic für Ihre Website. Nun kommt es darauf an, diese Nutzer mit Ihrer

Website zu Mandanten zu machen. Und da Sie für jeden Klick zahlen, sollte Ihre Website idealerweise jeden neuen Nutzer überzeugen.

Dafür bieten sich SEA-spezifische Landingpages an. Diese sind meist ausschließlich über die Anzeigen erreichbar und unterscheiden sich auch inhaltlich von »normalen« Landingpages. Sie sind deutlich werblicher gestaltet und so optimiert und reduziert, dass sie den Nutzer sehr gezielt zum festgelegten Ziel führen.

Wir empfehlen 13 Punkte für Ihre erfolgreiche SEA-Landingpage:

1. Erstellen Sie mehrere, sehr spezifische Landingpages statt wenigen generischen. Sie sollten eine Landingpage pro Anzeigengruppe haben. So stellen Sie sicher, dass die Seite eine hohe Relevanz für den Nutzer aufweist.
2. Alle wichtigen Informationen sollten *above the fold* zu finden sein, also so, dass der Nutzer nicht scrollen muss.
3. Die Überschrift sollte das Keyword enthalten und kraftvoll sein. Seien Sie hier ruhig selbstbewusst bezüglich Ihres Angebots, denn ohne Souveränität überzeugen Sie nicht. Ein Beispiel hierfür könnte »Anwalt für Ihre Scheidung – Sorgenfrei mit Experten an Ihrer Seite« sein.
4. Gehen Sie gleich am Anfang der Seite explizit auf die Suchanfrage ein. Da Ihre SEA-Landingpage nur über Ihre Google Ads-Anzeige gesehen werden kann, können und sollten Sie inhaltlich genau daran ansetzen.
5. Denken Sie daran, dass der Nutzer mit einer gewissen Suchintention gestartet ist. Versetzen Sie sich in ihn hinein, und holen Sie ihn bei seiner Intention ab. Getreu dem bereits oben genannten Motto »Don't make me think« möchte der Nutzer nahtlos von Suchanfragen zu Suchanzeige zu passender Website geführt werden und sich in jedem Punkt verstanden fühlen.
6. Sprechen Sie den Nutzen und den Mehrwert Ihrer Leistungen direkt an. Mandanten interessieren sich nicht für Produkteigenschaften oder »Features«. Internetnutzer interessieren sich für Lösungen für ihre Probleme, derentwegen sie überhaupt eine Suchanfrage gestartet haben. Zeigen Sie ihnen, wie Ihre Produkte oder Dienstleistungen ihnen das Leben erleichtern.
7. Nutzen Sie Emotionen in Ihrer Ansprache. Machen Sie Ihr Angebot mithilfe von *Storytelling* und Bildern greifbar.
8. Unterfüttern Sie Ihre erfolgreichen Produkte mit *Trust-Signalen*, wie zum Beispiel gewonnenen Auszeichnungen, guten Rezensionen und Ihrem ausgewählten Mandanten-Portfolio. Das schafft Vertrauen in Sie und Ihr Angebot.
9. Setzen Sie einen klaren *Call-to-Action* ein. Sagen Sie Ihren Besuchern konkret, was diese auf Ihrer Website tun sollen, und führen Sie sie zur entsprechenden Interaktion, wie beispielsweise zum Klicken eines Buttons, um ein Formular herunterzuladen.

10. Verringern Sie die Hemmschwelle, eine Handlung oder Interaktion durchzuführen, indem Sie den Prozess vereinfachen. Dies kann zum Beispiel mit einem Formular auf der Website stattfinden.
11. Erzeugen Sie Dringlichkeit durch zeitlich begrenzte Sonderangebote oder Verknappung. Die *Cialdini-Prinzipien* helfen Ihnen hier weiter.
12. Reduzieren Sie die SEA-Landingpage auf das Nötigste, und entfernen Sie jede Art von Ablenkung: Entfernen Sie die Navigation. Der Nutzer soll auf der Seite eine spezifische Handlung ausführen und sich nicht von der Navigation ablenken lassen oder die Seite über sie verlassen. Denken Sie auch an die sogenannte *Customer Journey*, also an die »Reise« des Internet-Nutzers zu Ihrem Angebot: Auf welcher Etappe befindet sich der Nutzer zu dem Zeitpunkt gerade? Jedes Element, das nicht darauf abzielt, den nächsten Schritt in der Customer Journey zu erreichen, ist Ablenkung und hat auf der Landingpage nichts verloren.
13. Nutzen Sie viel *White Space*, also viele leere Flächen, damit der Nutzer sich auf die wesentlichen Elemente konzentrieren kann.

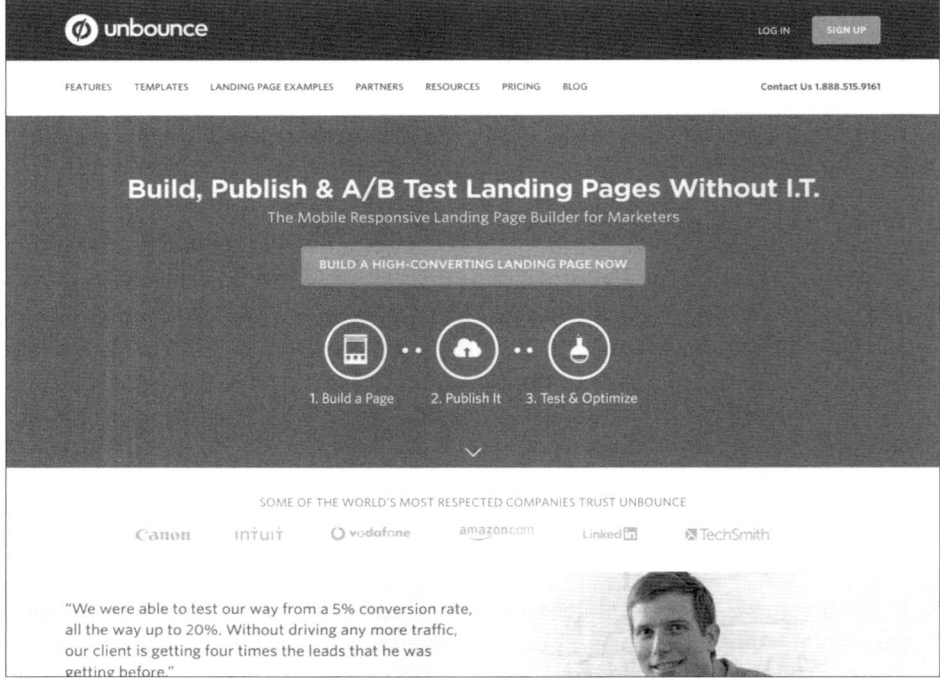

Abbildung 6.40 Beispiel für eine gute Landingpage zur Google Ads-Anzeige (Quelle: www.unbounce.com)

Die Landingpage von *unbounce* (siehe Abbildung 6.40) erfüllt bereits nahezu alle Kriterien. Die Seite verfügt über viel White Space. Die sehr reduzierte und konzentrierte

Gestaltung ermöglicht ein leichtes Zurechtfinden. In der Überschrift wird direkt auf die Intention des Nutzers eingegangen, nämlich selbstständig eine Landingpage zu bauen, ohne IT-Kosten zahlen zu müssen. Alle wichtigen Informationen finden sich *above the fold* wieder. Sie könnten Mandant werden, ohne zu scrollen! Die Seite verfügt über Trust-Signale wie ein Mandanten-Portfolio und eine Rezension. Die Rezension bringt den Besucher dazu, sich mit dem Rezensenten zu identifizieren, und macht so die Nutzung des Produkts greifbarer.

> **Praxistipp: Landingpages stetig prüfen und optimieren**
>
> Nun kann es immer noch passieren, dass zu wenige der Besucher, die Sie mit Ihren Anzeigen auf Ihre Landingpages gebracht haben, auch tatsächlich konvertieren. Ist Ihre *Conversion Rate* zu niedrig, prüfen und optimieren Sie Ihre Landingpages mithilfe der oben genannten Kriterien, um diese Rate zu steigern. Dabei sollten Sie Änderungen schrittweise und zeitlich versetzt vornehmen, um nachverfolgen zu können, welche Änderung zum gewünschten Erfolg führt.

6.6.3 Google Ads-Pflegeprogramm

Ein Google Ads-Konto bedarf der stetigen Optimierung. Das liegt zum einen daran, dass Google laufend neue Funktionen entwickelt, die eingepflegt werden, müssen und zum anderen daran, dass Google Ads nach dem Auktionsprinzip arbeitet, was bedeutet, dass Sie sich in einem Markt bewegen, der sich rapide verändert. Mit wachsender Konkurrenz schießen auch die Klickpreise in die Höhe. Daher müssen Sie Ihre Anzeigen stetig anpassen, um sich von der Vielzahl der Werbeanzeigen abheben zu können.

Der Großteil der regelmäßigen Tätigkeiten entsteht allerdings als Konsequenz aus der Analyse der Daten Ihrer Anzeigen, d. h. der Anzahl der Klicks, der Entwicklung der Klickpreise, Conversion Rate usw. Anhand der Berichte können Sie neue Erkenntnisse gewinnen und diese in Ihr Google Ads-Konto einpflegen.

Fünf Dinge, die Sie regelmäßig tun sollten

1. **Konstantes Monitoring:** Schauen Sie täglich ins Konto hinein. Was hat sich im Vergleich zum Vortag verändert? Wie entwickelt sich der Trend generell? Gibt es Ausreißer? Welche Kampagnen sind am erfolgreichsten? Welche Anzeigen funktionieren am besten? Sie können sich anzeigen lassen, zu welcher Uhrzeit, an welchem Wochentag, über welches Gerät und in welcher Region Ihre Anzeigen ausgespielt wurden. Wann waren diese am erfolgreichsten? Auf welchen Geräten? In welchen Regionen?

2. **Negative Keywords:** Prüfen Sie wöchentlich den Suchbegriffe-Report. Dieser zeigt Ihnen, für welche Suchanfragen Ihre Anzeigen ausgespielt wurden. Fügen Sie negative Keywords hinzu, wenn Sie Suchanfragen finden, von denen Sie sicher sind, dass Sie nie zur Anbahnung einer Geschäftsbeziehung führen.
3. **Gebote:** Achten Sie auf den durchschnittlichen *CPC* (*Klickpreis*) Ihrer Keywords. Google Ads ist eine Auktion. Wenn die Konkurrenz mehr bietet, müssen Sie ebenfalls Ihre Gebote anpassen, sonst werden Ihre Anzeigen nicht ausgespielt.
4. **Gebotsanpassungen:** Prüfen Sie monatlich den Erfolg Ihrer Kampagnen in Abhängigkeit von Uhrzeit, Wochentag, Region und Gerät. Passen Sie Ihre Gebote entsprechend an, damit Sie zu den Zeiten, in den Regionen und auf den Endgeräten, die für Ihre Ziele erfolgversprechend sind, präsenter auftreten. In Abbildung 6.41 sehen Sie, wie Sie Ihre Gebote prozentual in Abhängigkeit von diesen Faktoren anpassen können.

	Gerät ↑	Ebene	Hinzugefügt zu	Gebotsanp.
☐	Computer	Kampagne	Brand - msh	+30 %
☐	Smartphones	Kampagne	Brand - msh	-100 %
☐	Tablets	Kampagne	Brand - msh	–

Abbildung 6.41 Beispiel der Gebotsanpassungen auf Geräteebene (Quelle: Google Ads, https://ads.google.com/intl/de_DE/home)

5. **Anzeigen:** Testen Sie neue Anzeigen in einem zweimonatlichen Rhythmus. Pausieren Sie dafür die schlechteste Anzeige, und ersetzen Sie diese durch eine neue Version. Variieren Sie hierbei Ihre Ansprache. Möglicherweise reagieren die Nutzer eher, wenn Sie das Nutzenversprechen umformulieren oder den Call-to-Action anders gestalten.

Praxistipp: Wann sich ein externer Partner für SEA lohnt

Sollten Sie zu viel zu tun haben, um sich konstant mit Ihrem Google Ads-Konto zu beschäftigen, lohnt es sich, dafür eine Agentur einzusetzen. Denn wenn Sie Anzeigen schalten, diese jedoch nicht konstant optimieren und anpassen, verschwenden Sie mit jedem Klick bares Geld! Je größer das Google Ads-Konto ist, desto mehr Pflege ist erforderlich.

Bedenken Sie: Was für Sie ein monatlicher Arbeitsaufwand von 10 bis 20 Stunden ist, lässt sich von geschulten Experten in deutlich weniger Zeit bewerkstelligen. Die Opportunitätskosten, die Sie hier einsparen, sind beachtlich.

Der Aufwand hängt in der Regel vom eingesetzten Google Ads-Budget ab. Durch ein hohes Budget entsteht viel Traffic, was wiederum zu vielen Daten führt, die einen größeren Spielraum zur Optimierung bieten. Ab einem monatlichen Google Ads-Budget von 1500 EUR lohnt es sich, eine Agentur mit der Betreuung Ihres Google Ads-Kontos zu beauftragen. Sollte Google Ads Ihr einziger oder wichtigster Online-Marketing-Kanal sein, ist es insbesondere zu empfehlen, diesen Kanal von Experten betreuen zu lassen, um die Effektivität zu maximieren.

6.7 Tracking

Webtracking beschreibt das Erheben und Analysieren von Nutzerdaten auf Websites. Dazu werden das Verhalten und die Eigenschaften Ihrer Website-Nutzer erfasst und anschließend ausgewertet. Im Online-Marketing hat das Webtracking zwei primäre Aufgaben, die eine Nutzung auch für Ihre Website unabdingbar machen:

1. Die erste Aufgabe ist die *Analyse des Status quo* Ihrer Website. Sie können erkennen, wo genau Stolpersteine und Potenziale der Website liegen. Auf welchen Unterseiten steigen viele Nutzer aus der Website aus, weil diese vielleicht nicht die gewünschten Inhalte bietet? Welche Seiten funktionieren besonders gut, um die Nutzer von Ihrem Portfolio zu überzeugen? Die Ergebnisse der Analyse des Status quo zeigen Ihnen eine Vielzahl an Handlungsmöglichkeiten auf, um das volle Potenzial Ihres Webauftritts zu entfalten.

2. Die zweite Aufgabe ist das *Messen der Erfolge* Ihrer Online-Marketing-Kampagnen. Gerade bei digitalen Werbeformen ist es mithilfe von Webtracking-Tools sehr einfach, die Erfolge der Maßnahmen minutiös zu messen und auszuwerten. Dadurch können Sie wiederum Rückschlüsse darauf ziehen, ob sich die jeweilige zeitliche und monetäre Investition rentiert und Ihnen den gewünschten Mehrwert bringt. Ohne eine Erhebung der entsprechenden Daten können Sie nicht nachvollziehen, ob Ihre Kampagnen funktionieren, und verspielen im schlimmsten Fall zusätzlich zum vergeudeten Budget auch noch wichtige Akquise- und Umsatzchancen.

Webtracking-Tools mit unterschiedlichstem Funktionsumfang gibt es von vielen verschiedenen Anbietern. Welche Möglichkeiten es beim Webtracking gibt und was es beim Einsatz von Webtracking-Tools zu beachten gilt, verraten wir Ihnen in den folgenden Abschnitten.

6.7.1 Funktion und Implementierung von Webtracking

Für das Webtracking gibt es auf dem Markt eine Vielzahl an Tools – manche kostenlos, andere wiederum kostenpflichtig. Bei den kostenpflichtigen Tools reicht die

Preisspanne je nach Funktionsumfang bis zu sechsstelligen Beträgen im Monat. Deshalb hat sich das kostenlose Tool *Google Analytics* vom gleichnamigen Weltkonzern am Markt durchgesetzt. Analytics ist in der Basisversion, die tatsächlich für die allermeisten Nutzer vollkommen ausreichend ist, kostenfrei und bietet gleichzeitig eine Menge Vorteile, die wir Ihnen in diesem Abschnitt vorstellen. Wie Abbildung 6.42 zeigt, ist die Oberfläche des Tools zudem sehr übersichtlich und bereitet die meisten Tracking-Ergebnisse grafisch anschaulich auf. So können Sie die entsprechenden Daten auch ohne große Vorkenntnisse auswerten.

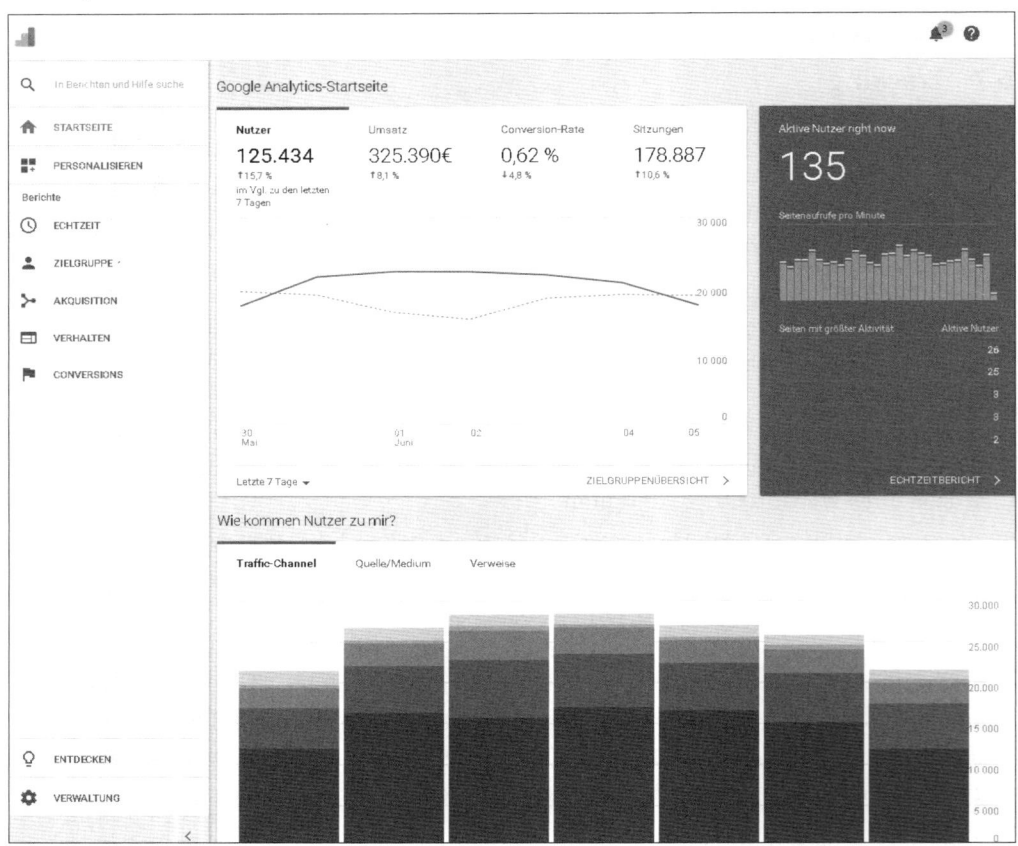

Abbildung 6.42 Das Dashboard von »Google Analytics« zeigt die aktuelle Entwicklung Ihrer Website. (Quelle: analytics.google.com)

Am wichtigsten ist wohl der Vorteil, dass Sie Google Analytics mit anderen Online-Marketing-Tools verknüpfen können: Viele Tools, die aus dem Online-Marketing nicht mehr wegzudenken sind, stammen aus dem »Google-Universum«, wodurch sich aufgrund ihrer internen Schnittstellen und Synergien unzählige Vorteile ergeben. Beispielsweise können Sie die Werbe-Zielgruppen für *Google Ads* (siehe Abschnitt 6.6, »SEA«) basierend auf allen zur Verfügung stehenden Daten in Google Analytics erstellen. Auch die Daten der *Google Search Console*, die Sie als Website-Betreiber zur Suchmaschinenoptimierung nutzen können (siehe Abschnitt 6.5.4), lassen sich bequem in Google Analytics importieren. Dank dieser Konnektivität erhalten Sie wesentlich umfangreichere Analyse-Ansätze, die ohne komplizierte Einrichtung funktionieren. Im Folgenden beleuchten wir daher Google Analytics als Webtracking-Tool ausführlicher und nennen Ihnen auch einige Alternativen.

Die Funktionsweise des Trackings ist bei den meisten Tools gleich. Für das einfache Webtracking binden Sie einen vom Tool bereitgestellten Code-Schnipsel auf Ihrer Website ein. Den Code erhalten Sie in Google Analytics unter VERWALTUNG • TRACKING-INFORMATIONEN • TRACKING-CODE (siehe Abbildung 6.43). Fügen Sie diesen Code dem Quellcode jeder Seite hinzu, und schon erfassen Sie einfache Besucherdaten, wie die Anzahl der Seitenaufrufe und die Verweildauer auf Ihren einzelnen Seiten (hierzu lesen Sie mehr im nächsten Unterabschnitt). Mithilfe des eingebundenen Code-Schnipsels werden die erhobenen Besucher-Daten an den Dienstleister – in diesem Fall Google – gesendet.

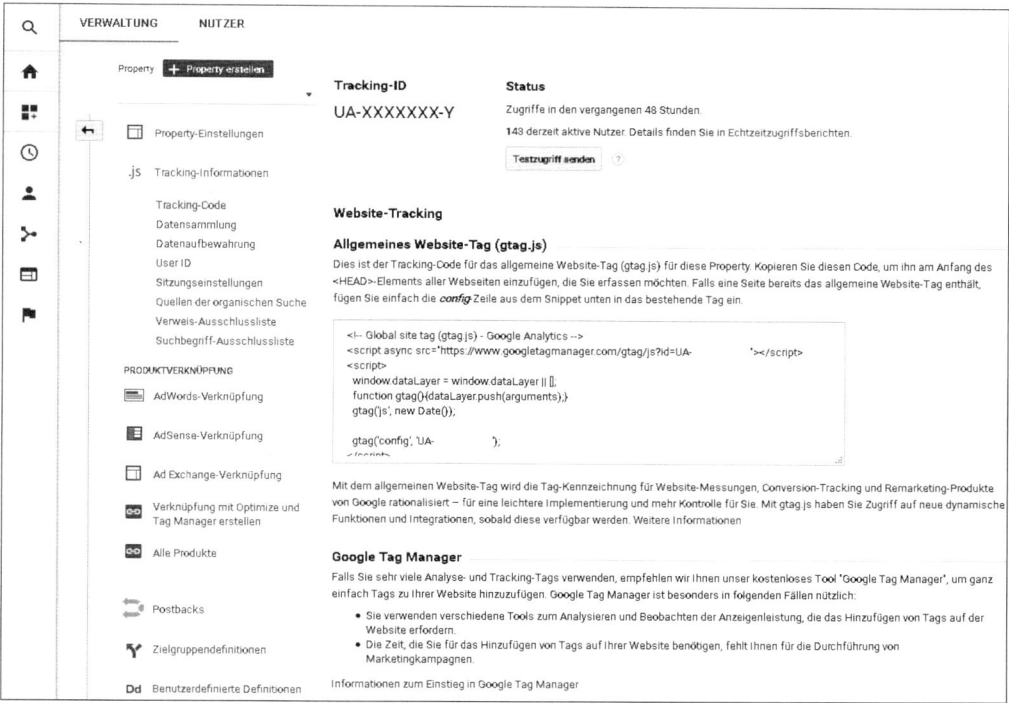

Abbildung 6.43 Bereitstellung des Tracking-Codes für Ihre Website in der Verwaltung von »Google Analytics« (Quelle: analytics.google.com)

> **Praxistipp: Plugins zur Einbindung von Tracking-Tools nutzen**
>
> Wenn Sie für Ihre Website ein gängiges *Content-Management-System* (CMS) nutzen, können Sie die Einbindung auch mithilfe eines *Plugins* vornehmen. Auf diese Weise müssen Sie keinen Webentwickler beauftragen: Nachdem Sie Ihren Account bei Google Analytics erstellt haben, fügen Sie in dem entsprechenden Plugin Ihres CMS Ihre *Account-ID* hinzu. Über diese ID wird Ihr Analytics-Account eindeutig identifiziert und die gemessenen Website-Besucher-Daten werden direkt von der Website an Google Analytics übermittelt.

Für eine erweiterte Version des Webtrackings mit Verhaltens- und Ereignistracking empfiehlt sich die Einbindung mithilfe des *Google Tag Managers*. Dabei handelt es sich um ein ergänzendes System, das dynamische Tracking-Einbindungen erlaubt. Über diese erfassen Sie nicht nur, wie viele Besucher Ihre Website verzeichnet, sondern darüber hinaus auch einzelne Interaktionen der Besucher innerhalb Ihrer Website, wie zum Beispiel das Ansehen eines Videos auf einer Unterseite.

Um den Google Tag Manager korrekt einzurichten, sollten Sie aber unbedingt einen Experten konsultieren, denn die unvollständige Einbindung des Tag Managers führt zu falschen Daten, auf deren Basis Sie letztendlich wiederum keine validen Entscheidungen treffen werden. Ein korrekt eingebundenes Tracking-Tool und die damit verbundene Datengüte sind die wichtigsten Voraussetzungen für korrekte Schlussfolgerungen und kluge Marketing-Entscheidungen.

Einblicke in den Besucherverkehr Ihrer Website

Mit der Grundeinbindung von Google Analytics erhalten Sie alle Daten, die der Nutzer mit einem einzelnen Seitenaufruf hinterlässt. Im Folgenden haben wir die wichtigsten sogenannten *weichen Kennzahlen* für Sie herausgestellt. Als weiche Kennzahlen werden im Online-Marketing die Kennzahlen bezeichnet, die sich nicht in Geld ummünzen lassen. Sie sehen in Google Analytics:

- welche Seiten wie häufig aufgerufen wurden (*Seitenaufrufe*)
- wie viele Besuche (*Sitzungen*) Ihre Website zu verzeichnen hat und wie viele *Seiten pro Sitzung* aufgerufen wurden
- wie hoch die Anzahl der Besucher (*Nutzer*) ist
- wie lange Ihre Besucher auf einer Seite bleiben (*Sitzungsdauer*)
- woher die Besucher auf Ihre Website kommen (*Quellen*, z. B. über die vorherige Google-Suche oder über eine Ihrer Google Ads-Anzeigen)

Außerdem können Sie die Eigenschaften Ihrer Besucher auswerten, die automatisch vom Browser der Nutzer abgegriffen werden, zum Beispiel:

- aus welcher Region Sie wie viele Zugriffe erhalten haben (*Standort*)
- die *Spracheinstellung* des Browsers
- ob die Sitzungen meist über mobile Endgeräte wie Tablets oder Smartphones oder über Desktop-Computer erfolgen

> **Praxistipp: Daten für gewinnbringende Marketing-Entscheidungen nutzen**
>
> Gerade der letzte Punkt ist im Zeitalter der immer stärker vertretenen mobilen Endgeräte eminent wichtig. Falls Sie noch keine mobil-fähige Website betreiben, sollten Sie dies *schnellstmöglich* ändern. Das Optimieren Ihrer Website für mobile Endgeräte könnte die Nutzer länger halten und unmittelbar mehr Mandanten generieren. Wie wir bereits in Abschnitt 6.5, »SEO«, erwähnt haben, schließt Google die Qualität der mobilen Darstellung von Websites in die Bewertung ein – somit sollten Sie diese unbedingt optimieren bzw. Ihre Website *responsiv* gestalten.
>
> Nutzen Sie auch die Daten über die Herkunft Ihrer Besucher für Ihre Marketing-Entscheidungen: Kommen die meisten Nutzer aus der näheren Region, obwohl Sie über regionale Grenzen hinaus aktiv sein wollen? Oder erhalten Sie viele Zugriffe aus Regionen, in denen Sie Ihre Dienstleistung gar nicht anbieten, sodass Sie Ihr Marketing mehr auf die umliegenden Regionen fokussieren sollten? Wenn Sie sich die Daten ansehen und diese interpretieren, bekommen Sie nach und nach ein umfangreiches Bild Ihrer Besucher. Auf dieser Basis können Sie fundierte Rückschlüsse ziehen und die für Sie passenden Optimierungs- und Marketing-Entscheidungen treffen.

Die wichtigsten Berichte in Google Analytics

Im Folgenden zeigen wir Ihnen die wichtigsten Daten-Berichte in Google Analytics und erläutern, was sich dahinter verbirgt. Diese Berichte lassen sich mit den Fragewörtern »Wer?«, »Wie?« und »Was?« zusammenfassen:

- **Zielgruppe**: Der erste Reiter, ZIELGRUPPE, beinhaltet Informationen über die Eigenschaften Ihrer Besucher. Hier finden Sie Informationen über die geografische Herkunft, die genutzte Technologie oder die Häufigkeit der Besuche. Vor allem die allgemeine Übersicht (siehe Abbildung 6.44) ist für Sie interessant, da Sie hier viele der wichtigsten Metriken direkt auf einen Blick sehen.
- **Akquisition**: Unter AKQUISITION wird die Frage »Wie?« beantwortet. Hier finden Sie alle Daten über die Herkunft Ihrer Nutzer. Damit ist jedoch nicht die geografische Herkunft gemeint, sondern die Quelle der Besuche. Kommen Ihre Nutzer vermehrt über die Google-Suche? Sind sie einem Link in Ihrem Newsletter oder in Ihrer Facebook-Anzeige gefolgt, oder haben sie vielleicht von einer anderen Website einen besonders prominenten Link erhalten, der viele Besucher auf Ihre Website bringt? Hier werden alle Fragen beantwortet, die Sie bezüglich der Akquisition haben. Besonders hervorzuheben ist hier der Bericht unter QUELLE/MEDIUM (sie-

he Abbildung 6.45). Unter diesem Punkt verbirgt sich die genaue Aufschlüsselung aller *Besucherquellen*.

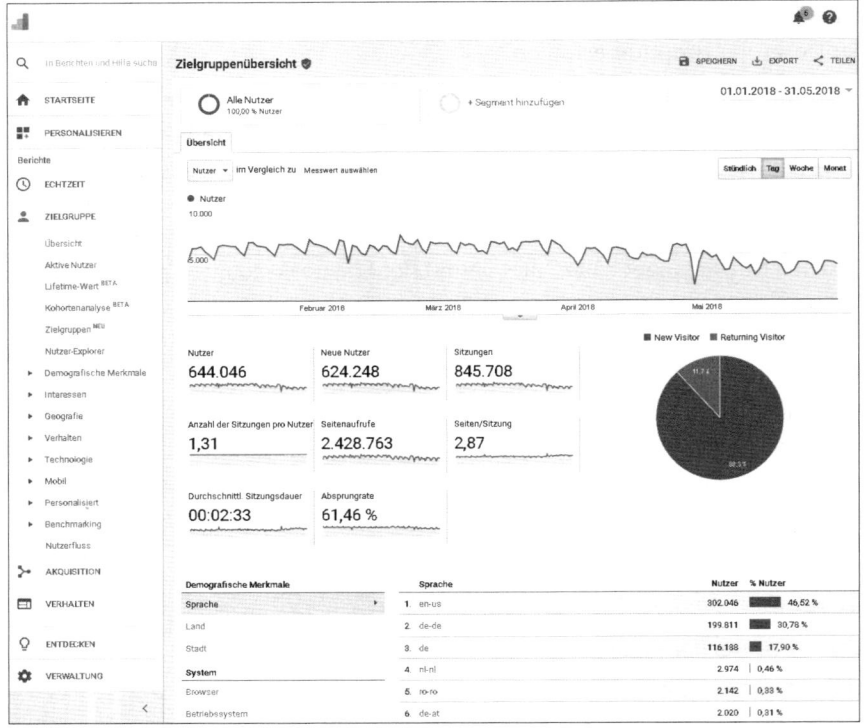

Abbildung 6.44 Die Zielgruppenübersicht in Google Analytics zeigt Ihnen die aktuelle Entwicklung Ihrer Besucherzahlen auf einen Blick. (Quelle: analytics.google.com)

Praxistipp: Vorsicht bei der Auswertung der Besucherquellen

Wurde Google Analytics nicht korrekt eingebunden, finden sich hin und wieder Quellen in diesem Bericht, die so eigentlich nicht richtig sind. Beispielsweise gibt es neuere Suchmaschinen, die vom Webtracking nicht als Quelle »Organische Suche« erkannt werden. Zu diesen gehören die immer beliebter werdenden Suchmaschinen *https://duckduckgo.com* und *www.ecosia.org*.

Besucher, die über ein Suchergebnis in den dortigen Suchergebnissen auf Ihre Seite gelangen, können in der Ansicht AKQUISITION • ÜBERSICHT fälschlicherweise als »Weiterleitung« bzw. »Referral« anstatt korrekterweise (wie auch Google-Nutzer) als »Organische Suche« bzw. »Organic Search« verbucht werden. Solche falschen Zuordnungen lassen sich nur mithilfe aufwendiger Maßnahmen korrigieren. Wenden Sie sich deshalb lieber an Experten, um die Datengüte überprüfen zu lassen, bevor Sie falsche Rückschlüsse ziehen, mit denen Sie womöglich noch gewichtige Marketing-Entscheidungen begründen.

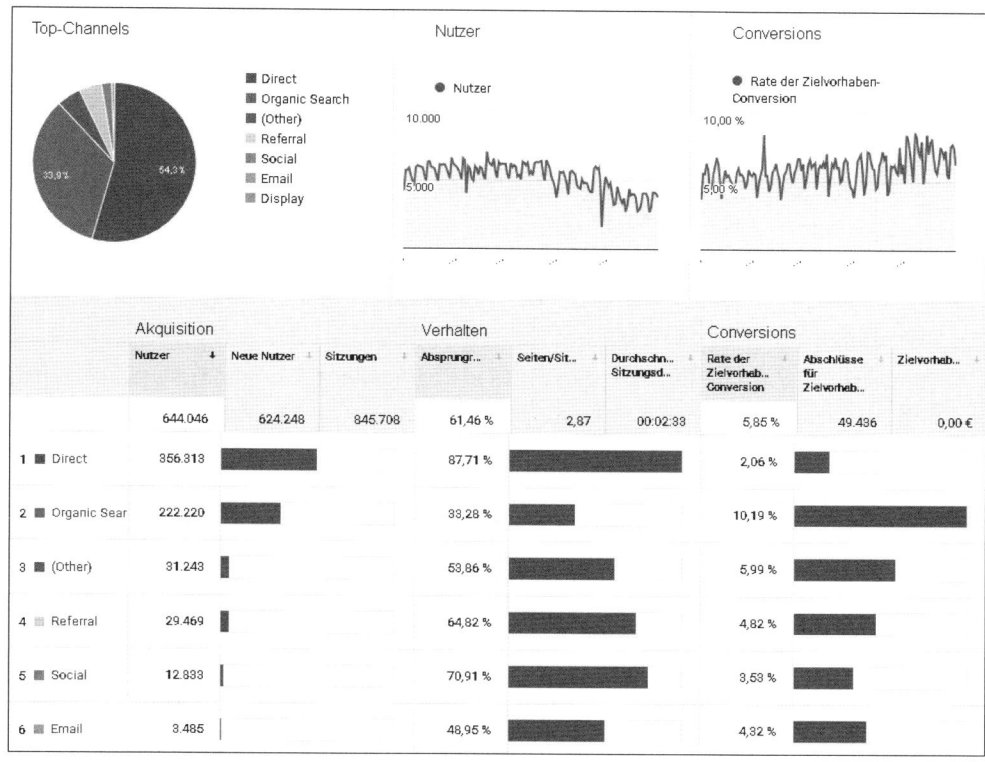

Abbildung 6.45 Die Übersicht unter »Akquisition« in »Google Analytics« verrät Ihnen, woher Ihre Besucher auf Ihre Website gekommen sind. (Quelle: analytics.google.com)

▶ **Verhalten**: Was Ihre Besucher auf Ihrer Seite machen, wird unter VERHALTEN (und CONVERSIONS, siehe unten) beantwortet. Unter VERHALTEN können Sie sich beispielsweise anschauen, welche Seiten wie häufig aufgerufen wurden, wie lange Ihre Besucher durchschnittlich auf den Seiten geblieben sind und vieles mehr. Außerdem ist der Bericht ZIELSEITEN besonders interessant, denn er zeigt, über welche Seiten die Nutzer in Ihre Seite eingestiegen sind. So können Sie Besuchermagneten ausmachen und Seiten überarbeiten, die Traffic-Killer sind. Das ist gerade für die *Suchmaschinen-Optimierung* interessant, da Sie hier überprüfen können, ob die gezielte Optimierung von Seiten zu mehr Traffic geführt hat.

Zwar ist es gut, wenn Sie viele Besucher haben, solange diese aber kein Formular abschicken, können Sie sich im wahrsten Sinne des Wortes »nichts davon kaufen«. Daher sollten Sie neben diesen weichen Kennzahlen für die Erfolgsmessung Ihrer Website auch *harte Kennzahlen* festlegen. Darunter versteht man direkte, konkrete Ziele, die Sie mit Ihrer Website verfolgen. Meist handelt es sich um bestimmte Ereignisse für Ihre Besucher, mit denen Sie den Erfolg Ihrer Website konkret messen können. Beispiele dafür sind:

- Anmeldung zum Newsletter abschicken
- ein E-Book herunterladen
- ein Kontaktformular ausfüllen

Aber auch die Dauer des Besuchs einer bestimmten Seite Ihres Webauftritts oder die Anzahl der besuchten Unterseiten pro Website-Besuch, um bestimmte Inhalte zu lesen, können Sie als harte Ziele definieren, wenn sie dem direkten Ziel Ihrer Website entsprechen, wie es beispielsweise für Betreiber von Informationsportalen der Fall ist. Solche direkten Ziele werden im Online-Marketing *Konversionen* bzw. *Conversions* genannt.

Conversions können Sie als sogenannte *Zielvorhaben* in Google Analytics anlegen, und zwar unter dem Punkt VERWALTUNG • DATENANSICHT • ZIELVORHABEN (siehe Abbildung 6.46).

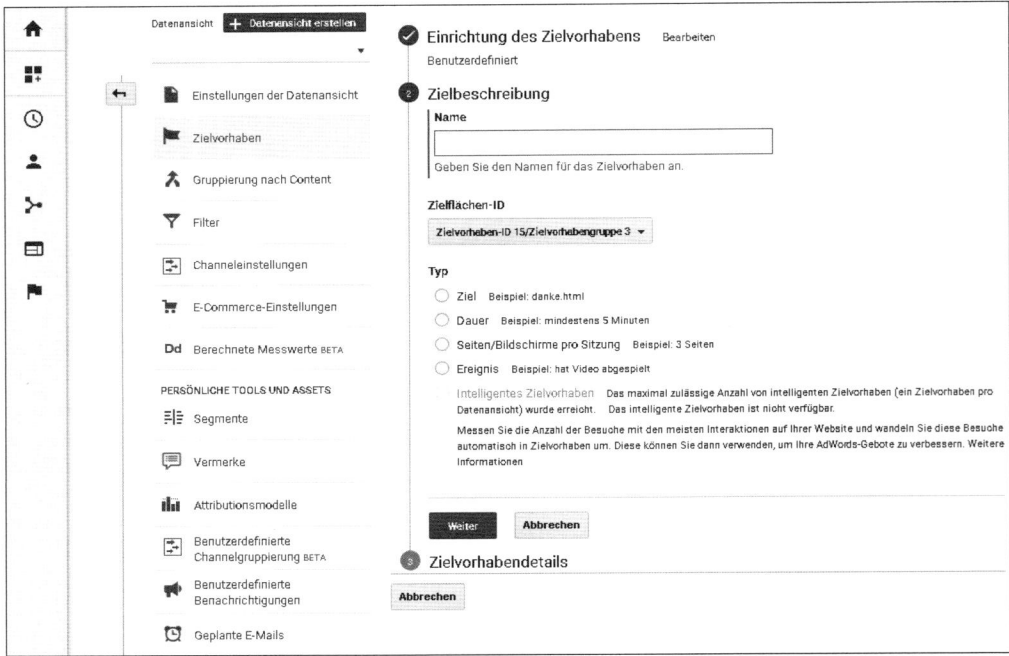

Abbildung 6.46 Definition von Zielvorhaben in der Verwaltung von »Google Analytics« (Quelle: analytics.google.com)

Haben Sie die Zielvorhaben einmal definiert, finden Sie sie in fast allen Berichten in Google Analytics wieder. Das bedeutet, dass Sie jeder Ihrer Unterseiten, jedem Ihrer Marketing-Kanäle (wie SEO, SEA, Social Media oder Newsletter) und sogar den Eigenschaften Ihrer Nutzer einen theoretischen Wert für das entsprechende Zielvorhaben beimessen können. Das heißt, dass Sie beispielsweise die Unterseite Ihres Webauftritts identifizieren, über die die meisten Kontaktformulare abgeschickt wurden, und so den für Sie wertvollsten Erfolgskanal erkennen und mit diesen Erkenntnissen wiederum Ihre Marketing-Maßnahmen gezielter steuern können (siehe Abschnitt 6.7.2, »Einsatzmöglichkeiten von Webtracking«).

Detaillierte Messergebnisse Ihrer Zielvorhaben können Sie sich unter dem Punkt CONVERSIONS – ergänzend zu den oben genannten weichen Kennzahlen – ansehen. Sie können ihre zeitliche Entwicklung nachverfolgen und detaillierte Auswertungen durchführen (siehe Abbildung 6.47).

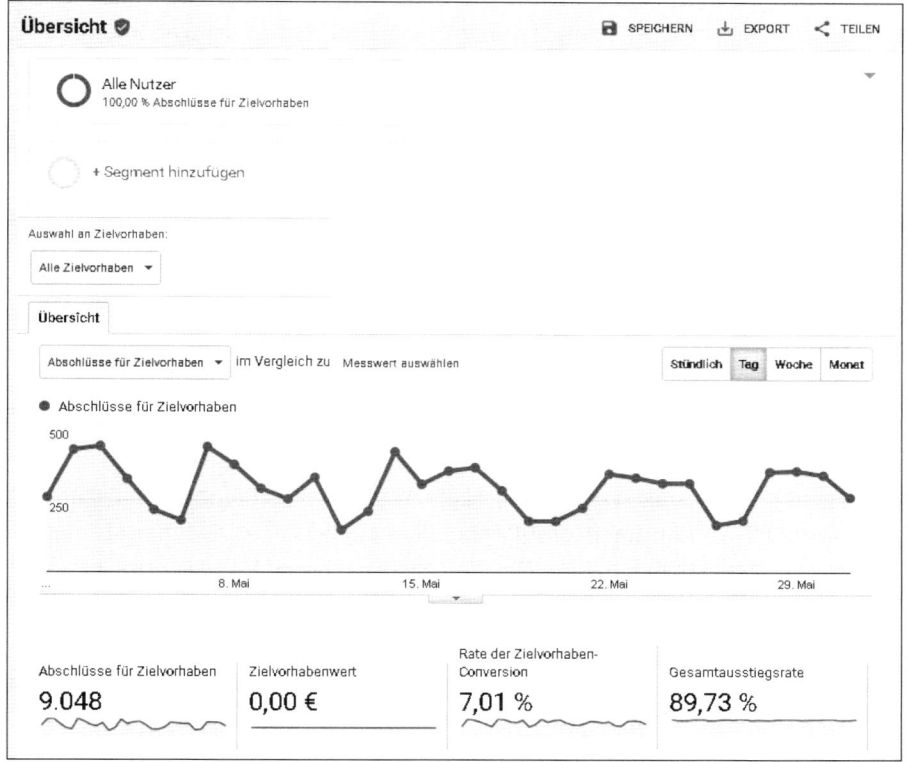

Abbildung 6.47 Die Übersicht der Zielvorhaben zeigt Ihnen den Verlauf der Abschlüsse. (Quelle: analytics.google.com)

Wie oben erwähnt, kann ein Ziel in Google Analytics auf der Basis verschiedener Ereignisse eingerichtet werden. Ziele sind zwar sehr schnell eingerichtet, Sie sollten aber ein wenig Zeit investieren, um geeignete Zielvorhaben zu definieren, denn in vielen Fällen wissen Sie letztendlich nicht, was die Nutzer auf Ihrer Seite wirklich gemacht haben. Beispielsweise könnte ein Betreiber eines Informationsportals für Rechtsthemen als eines seiner Zielvorhaben beispielsweise eine Verweildauer von 30 Sekunden einrichten. Diese wird in Google Analytics mithilfe einer Zeitmessung von

30 Sekunden eingerichtet. Wenn ein Nutzer aber in mehreren Tabs gleichzeitig surft, hat er sich nach 30 Sekunden mit Sicherheit noch nicht so ausgiebig mit der Seite beschäftigt, dass er tatsächlich am »Ziel« angekommen ist – nämlich die Inhalte darauf zu erfassen. Prüfen Sie Ihre Zielvorhaben also sorgfältig.

Im Fachjargon wird deshalb zwischen harten und weichen Konversionen unterschieden. *Harte Konversionen* sind solche, die Ihnen als Betreiber der Website einen direkten Mehrwert in monetärer Form bringen. Wenn beispielsweise ein Besucher das Kontaktformular ausfüllt und abschickt, haben Sie mit hoher Wahrscheinlichkeit einen zukünftigen Mandanten gewonnen. Gleiches gilt auch unmittelbar für ein Kauf in einem Online-Shop. Somit können Sie diesen harten Konversionen einen monetären Wert in Euro zuweisen, beispielsweise Ihr Honorar für eine bestimmte Rechtsdienstleistung, die ein Besucher durch das Absenden des Kontaktformulars beauftragt.

Weiche Konversionen hingegen beschreiben Zielvorhaben, die eine harte Konversion vorbereiten, beispielsweise das Abonnieren eines Newsletters oder den Download eines kostenlosen E-Books.

6.7.2 Einsatzmöglichkeiten von Webtracking

Webtracking liefert durch die grenzenlos individualisierbaren Datenauswertungen für jedes Unternehmen und jeden Einsatzzweck der Website die passenden Antworten. Für Ihre Websites, deren Hauptaugenmerk auf der Anbahnung neuer Kontakte für die eigenen Rechtsdienstleistungen liegt, stehen wahrscheinlich Metriken wie z. B. das Absenden von Kontaktformularen, Klicks auf E-Mail-Adressen und Telefonnummern oder der Download von PDFs als Zielvorhaben im Vordergrund. Das sind die einfach zu bemessenden Interaktionen Ihrer Website-Besucher, über die Sie – direkt oder indirekt – einen monetären Mehrwert generieren können.

Alle Zielvorhaben, die auf der Website selbst erfüllt werden, können Sie in wenigen Schritten auswerten. Im Folgenden haben wir drei Schritte zur Analyse Ihrer Zielvorhaben und Conversions für Sie zusammengefasst:

1. Zu Beginn sollten Sie sich die Frage stellen, was für Sie einen *rentablen Nutzer* ausmacht. Wie zuvor beschrieben, wird das in den meisten Fällen ein Nutzer sein, der ein Zielvorhaben erfüllt hat, dem Sie einen gewissen Wert beimessen können.
2. Im nächsten Schritt schauen Sie sich an, über welche *Kanäle* die rentablen Nutzer kommen – Organische Suche, Social Media, andere Websites, Google- oder Facebook-Anzeigen? Hierbei ist es wichtig, dass die Zielvorhaben sauber eingerichtet sind, denn nur so ist es möglich, diese den Kanälen zuzuordnen (siehe Abbildung 6.48).

Default Channel Grouping	Akquisition		Conversions Alle Zielvorhaben ▼		
	Nutzer ↓	Neue Nutzer	Rate der Zielvorhaben-Conversion	Abschlüsse für Zielvorhaben	Zielvorhabenwert
	96.839 % des Gesamtwerts: 100,00 % (96.839)	**88.189** % des Gesamtwerts: 100,10 % (88.105)	**7,01 %** Durchn. für Datenansicht: 7,01 % (0,00 %)	**9.048** % des Gesamtwerts: 100,00 % (9.048)	**0,00 €** % des Gesamtwerts: 0,00 % (0,00 €)
1. Organic Search	46.984 (47,08 %)	39.378 (44,65 %)	10,09 %	6.697 (74,02 %)	0,00 € (0,00 %)
2. Direct	37.867 (37,95 %)	36.972 (41,92 %)	3,21 %	1.367 (15,11 %)	0,00 € (0,00 %)
3. Referral	7.829 (7,85 %)	5.904 (6,69 %)	3,78 %	430 (4,75 %)	0,00 € (0,00 %)
4. (Other)	4.389 (4,40 %)	3.797 (4,31 %)	7,62 %	415 (4,59 %)	0,00 € (0,00 %)
5. Social	1.694 (1,70 %)	1.368 (1,55 %)	5,27 %	106 (1,17 %)	0,00 € (0,00 %)
6. Email	513 (0,51 %)	272 (0,31 %)	3,66 %	29 (0,32 %)	0,00 € (0,00 %)
7. Display	512 (0,51 %)	498 (0,56 %)	0,66 %	4 (0,04 %)	0,00 € (0,00 %)

Abbildung 6.48 Neben jedem Kanal sehen Sie in dieser Beispielanalyse die Messdaten zu den abgeschickten Kontaktformularen. (Quelle: analytics.google.com)

3. Da Sie nach Schritt 2 wissen, wo die rentablen Nutzer herkommen, können Sie Ihr Marketingbudget gezielt (um-)verteilen. Bauen Sie rentable Kanäle weiter aus, und optimieren Sie Kanäle, die nicht gut laufen. Kommen die wertvollsten Nutzer über Google Ads-Anzeigen? Erhöhen Sie das SEA-Budget, um noch mehr Nutzer zu erreichen. Die meisten Konversionen werden über Besucher erzielt, die über die Google-Suche auf Ihre Website kamen? Verstärken Sie Ihre SEO-Maßnahmen weiter, um Ihre Rankings zu festigen.

Bei der Messung des Erfolgs einzelner Kanäle ist es ratsam, Ihre Investitionen in die Auswertung einzubeziehen. Denn nur weil ein Kanal mehr Konversionen erzielt, muss das nicht heißen, dass dieser Kanal für Sie am rentabelsten ist.

Praxistipp: Fehlerquellen mit Webanalyse aufdecken

Neben den Erfolgen können Sie mithilfe von Webtracking und speziell durch einen Blick auf die Aufschlüsselung nach KANÄLEN unter QUELLE/MEDIUM auch Entwicklungspotenziale erkennen. Wenn über die Google-Suche viele Besucher auf Ihre Website kommen, aber kaum Konversionen entstehen, ist Ihre Website vermutlich falsch optimiert. Schauen Sie sich solche Websites genauer an. In der Regel gibt es hier zwei Fehlerquellen, nämlich die Wahl falscher Keywords oder ungünstige Nutzerführung:

- **Falsche Keywords** kommen meist unabsichtlich zum Einsatz: Stellen Sie sich vor, eine der Unterseiten Ihrer Website behandelt das Thema »Arbeitsrecht« und Sie sind den Anleitungen in Abschnitt 6.5 gefolgt, und haben das eher transaktionale Keyword »Arbeitsrecht Anwalt« zur Optimierung der Seite genutzt. Nun zitieren Sie auf dieser Seite sehr häufig bestimmte Paragraphen, in denen bestimmte Fachwörter häufig vorkommen. Durch diese Fachwörter kann Ihre Seite bei Google auch als Ergebnis für Suchanfragen zu jenen in diesen Paragraphen häufig verwendeten Wörtern (informatorische Keywords) angezeigt werden. Wer verursacht nun viel Traffic auf dieser Seite, aber keine Konversionen? Besucher, die nach diesem Paragraphen oder einem der entsprechenden Fachwörter suchen – in der Regel andere Juristen! Diese lesen den Inhalt Ihrer Artikel, möchten aber Ihre Dienstleistungen wahrscheinlich nicht in Anspruch nehmen. Somit werden auf dieser Seite trotz hohen Traffics nur wenige Konversionen entstehen.
- Ein Beispiel für eine **ungünstige Nutzerführung** wäre beispielsweise, wenn Sie auf der Einstiegsseite, die der Nutzer zum Keyword »Arbeitsrecht Anwalt« gefunden hat, keine Kontaktmöglichkeiten zu Ihrer Kanzlei bereitstellen. Der Nutzer auf der Suche nach Hilfe weiß somit nicht, welchen nächsten Schritt er tun soll, um zum Ziel zu kommen. Abhilfe schaffen hier selbstredend Buttons und Links, die den Nutzer zum Kontaktformular führen.

Ein weiteres wichtiges Anwendungsfeld von Google Analytics ist das nahtlose Zusammenspiel mit *Google Ads*, das wir in Abschnitt 6.6 vorgestellt haben. Zum einen können die Zielvorhaben aus Google Analytics in Google Ads importiert werden. So sehen Sie nicht nur in Google Analytics, welcher Kanal erfolgreich war, sondern Sie können in Google Ads genau sehen, welches Keyword mit welcher Suchanfrage den Erfolg für Ihre Google Ads-Anzeigen bringt bzw. welche Keywords Sie lieber nicht verwenden sollten.

> **Praxistipp: Erfassen Sie auch weiche Konversionen**
> Da alle Zielvorhaben aus Analytics importiert werden können, ist es auch möglich, weiche Konversionen zu erfassen, um Keywords in Ihren Anzeigen mit Teilerfolgen identifizieren zu können.

Die Verknüpfung von Google Ads und Analytics erlaubt es Ihnen außerdem, *Zielgruppen*-Daten aus Google Analytics für Google Ads freizugeben. In Google Analytics können Sie auf Basis der Messwerte über die Zielgruppenfunktion sehr detaillierte Zielgruppen erstellen, die einen Teil der Nutzer umfassen, die beispielsweise bestimmte Aktionen ausgeführt oder bestimmte Seiten besucht haben. Auf dieser Basis können Sie für genau diese Nutzer gezielt Google Ads-Anzeigen einstellen. Abbildung 6.49 zeigt die Maske für Zielgruppendefinitionen in Google Analytics. Darin können Sie viele voreingestellte Definitionen für Google Ads nutzen.

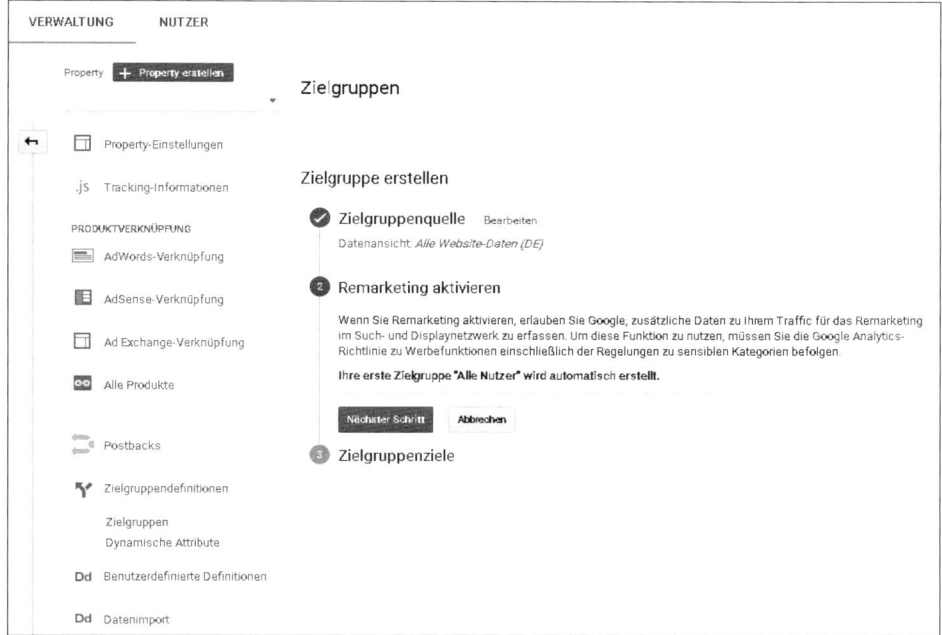

Abbildung 6.49 Zielgruppendefinition für Google Ads mit Voreinstellungen (Quelle: www.analytics.google.com)

Ein konkreter Anwendungsfall wäre beispielsweise, dass Sie Nutzern, die mehr als drei Seiten angeschaut, aber kein Formular abgeschickt haben, entsprechende Werbeanzeigen als Bannerwerbung ausspielen. Die dafür notwendigen Daten zur Definition der Zielgruppe liefert Ihnen Google Analytics.

Als letzten Punkt wollen wir die Grenzen der Webanalyse nicht unerwähnt lassen: Webtracking und die Messbarkeit des Website-Erfolgs werden erheblich erschwert, wenn der Nutzer Ihre Website verlässt.

Ein Beispiel soll erläutern, was damit gemeint ist und wie Sie das Problem lösen können: Ein Besucher kommt auf Ihre Startseite und browst durch Ihre Website, um sich über Ihre Dienstleistungen zu informieren. Da Sie ihn überzeugt haben, greift er zum Hörer und schreibt die angezeigte Telefonnummer ab, um Sie anzurufen. Für das normale Webtracking wäre die Konversion, also das Ziel der Seite, verloren. Aus Sicht von Google Analytics hat der Besucher sich die Seite angesehen, aber kein Ereignis ausgeführt, das als Konversion unmittelbar messbar ist.

Verwenden Sie nun aber zusätzlich zum normalen Webtracking auch *Telefontracking* und kombinieren die Daten, können Sie die Nutzer zuordnen und Rückschlüsse auf den Erfolg Ihrer Website ziehen: Telefontracking ordnet einem Nutzer Ihrer Website oder einer Besucherquelle/Kanal eine eigene Telefonnummer zu. Ruft ein Website-

Besucher nun die ihm zugeordnete Nummer an, kann der Anruf aufgrund der individuellen Nummer als Konversion über die Website gewertet werden. Telefontracking erfordert einen Dienstleister, der eine Vielzahl individueller Telefonnummern zur Verfügung stellt, und das verursacht nicht unerhebliche Kosten. Für sehr große Kanzleien ist diese Ergänzung zum Webtracking über Google Analytics aber gut geeignet und lohnend.

6.7.3 Webtracking und Datenschutz

Nicht erst seit dem Inkrafttreten der *Datenschutz-Grundverordnung* (*DSGVO*) am 25. Mai 2018 müssen Sie beim Sammeln von Daten auf Websites die Bestimmungen zum Datenschutz beachten, da Sie sich sonst auf abmahnfähigem Gebiet bewegen.

Grundsätzlich muss beim Webtracking zwischen internen und externen Lösungen unterschieden werden. Eine interne Lösung ist beispielsweise das Webtracking-Tool *Matomo* (früher *Piwik*), das auf Ihrem eigenen Webserver – quasi »neben« Ihrer Website – installiert werden kann. Da hier die Daten in Ihrem Besitz bleiben und nicht an einen Dienstleister übermittelt werden, ist dies wenig problematisch.

Google Analytics hingegen speichert die erhobenen Daten auf Servern in den Vereinigten Staaten und somit außerhalb der Europäischen Union. Die DSGVO enthält eine Reihe von Bestimmungen zum datenschutzkonformen Umgang mit sensiblen Mandantendaten. Daher gibt es mehrere Maßnahmen, die Sie zur datenschutzkonformen Einrichtung Ihres Webtrackings durchführen sollten:

1. Da Google die Verarbeitung der Daten in Ihrem Auftrag durchführt, müssen Sie mit Google einen Vertrag zu Auftragsdatenverarbeitung abschließen. Dazu finden Sie in Ihrem Google-Analytics-Account den Punkt ZUSATZ ZUR DATENVERARBEITUNG, den Sie akzeptieren müssen (siehe Abbildung 6.50). Zusätzlich müssen Sie dort in den Details diesen Vertrag mit einer juristischen Person verknüpfen und eine Kontaktperson hinterlegen, die als Ansprechpartner dient.

2. Ihren Trackingcode, den Sie in Ihre Website implementieren (siehe Abschnitt 6.7.1), müssen Sie um folgende Code-Zeile erweitern:

    ```
    'anonymizeIP': true
    ```

    Diese sorgt dafür, dass die letzte Stelle der IP-Adressen Ihrer Besucher anonymisiert wird. Das heißt, aus einer IP-Adresse 123.456.789.23 wird 123.456.789.0. Damit ist diese Adresse nicht mehr eindeutig identifizierbar und kann somit auch nicht mehr einem bestimmten Website-Besucher zugeordnet werden. Viele Plug-ins zur Einbindung von Google Analytics binden diesen Zusatz automatisch ein. Sollten Sie bisher *PII* (*persönlich identifizierbare Informationen*) an Google gesendet haben, sind Sie rechtlich dazu verpflichtet, die gesamten Daten zu löschen.

6.7 Tracking

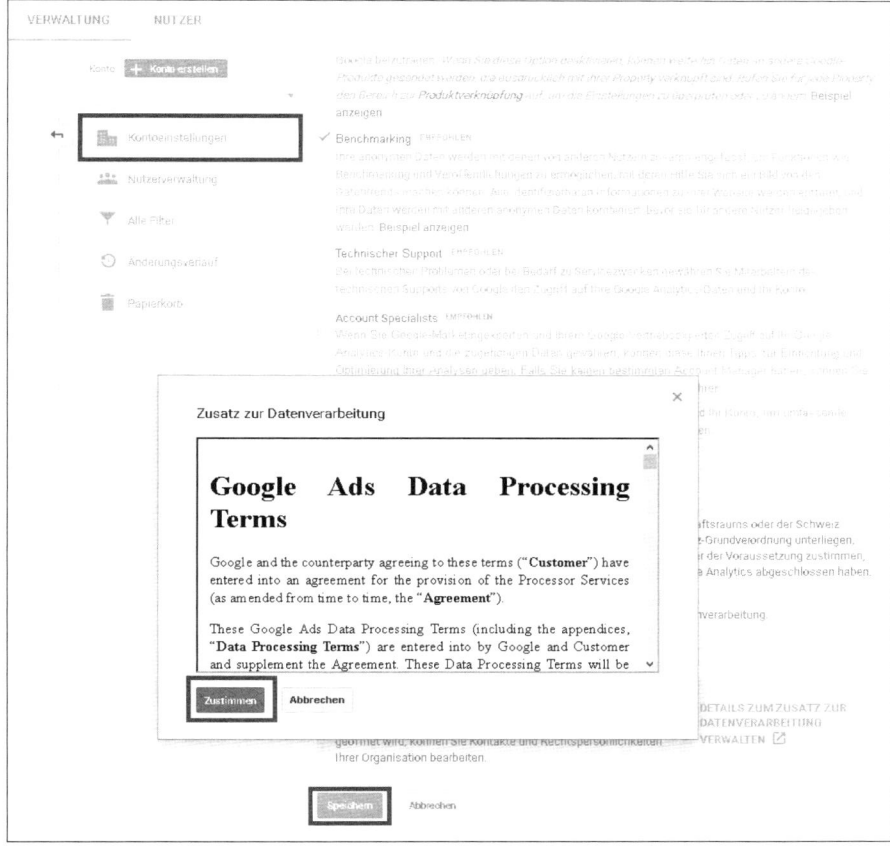

Abbildung 6.50 Zusatz zur Datenverarbeitung in Google Analytics: Mit einem Klick auf »Zustimmen« ist der Vertrag mit Google geschlossen. (Quelle: www.analytics.google.com)

3. Als letzten Punkt müssen Sie Ihre Website-Besucher über die Erhebung der Daten informieren und ihnen eine Möglichkeit geben, dieser Datenerfassung zu widersprechen. Zur Information über das Tracking sind ein *Cookie-Hinweis* und eine *Datenschutz-Seite* notwendig:

   – Der Cookie-Hinweis ist ein Banner, das sich beim ersten Besuch auf einer Website meist von unten ins Sichtfeld schiebt und über den Einsatz von Cookies und Webtracking informiert. Für solche Hinweise finden Sie zu den gängigen CMS ebenfalls entsprechende Plug-ins, die Ihnen die Implementierung erleichtern.

   – Auf Ihrer Datenschutz-Seite müssen Sie Ihre Website-Besucher detailliert über den Einsatz des Webtrackings informieren und ihnen die Möglichkeit bieten, sich diesem zu entziehen, also nicht getrackt zu werden. Das Unterbinden (*Opt-Out*) wird mithilfe eines weiteren Code-Schnipsels erlaubt, der auf Ihrer Website eingebunden werden muss. Dieser Code wird dann wiederum per Link im Datenschutz-Text referenziert, sodass der Nutzer nach Klicken des Links vom Tracking ausgeschlossen ist. Auch hierfür gibt es in für die meisten CMS Plugins, sodass Sie wiederum keinen Entwickler brauchen, der diesen Code für Sie einbindet.

> **Praxistipp: Datenschutzerklärung vervollständigen**
>
> Die Vollständigkeit der Datenschutz-Seite ist für das rechtssichere Nutzen von Webtracking unabdinglich. Da diese von außen direkt einsehbar ist, können falsche oder unvollständige Datenschutzerklärungen dazu führen, dass Sie Post von den Aufsichtsbehörden bekommen und im schlimmsten Fall sogar Bußgelder zahlen müssen. Mit Inkrafttreten der DSGVO am 25. Mai 2018 wurden diese Bußgelder drastisch erhöht und es wurde die Beweislast aufseiten der datenverarbeitenden Unternehmen eingeführt. Hierzu sollten Sie sich von Datenschutzbeauftragten oder Fachanwälten für Datenschutz beraten lassen.

Wie Sie sehen, bietet Ihnen ein gut eingerichtetes Webtracking viele Vorteile für die Erfolgsmessung Ihrer Website. Durch die vielfältigen Einsatz- sowie Kombinationsmöglichkeiten mit anderen Online-Marketing-Komponenten können Sie nur mit gezielten Webtracking-Auswertungen das Beste aus Ihrem gesamten Marketing-Budget herausholen. Ohne ein gut funktionierendes Webtracking haben Sie kaum eine Erfolgskontrolle für Ihre Marketing-Maßnahmen und verschenken bares Geld.

Kapitel 7
Newsletter

Es gibt sie schon so lange, wie es E-Mails gibt, und jeder hat schon mal einen abonniert. Die Rede ist von Newslettern. Für die einen sind sie der Inbegriff von Spam, für die anderen ein effektives Werbeinstrument. Egal was Sie persönlich darüber denken – der Newsletter ist nach wie vor beliebt und aus den Postfächern der Internetnutzer nicht wegzudenken.

Es ist ein nahezu alltägliches Szenario im Internet: Sie wollten auf irgendeiner Website etwas erfragen, einen eigentlich sinnlosen Dienst nutzen oder über einen Online-Shop etwas einkaufen. Natürlich war die Registrierung eines Accounts erforderlich. Sie mussten eine E-Mail-Adresse als Anmeldebestätigung angeben und haben gedankenverloren ein Kästchen angeklickt, wodurch Sie sich mit der Zusendung eines Newsletters einverstanden erklärt haben. Nun bekommen Sie regelmäßig Post von einer Website, die Sie nicht mehr besuchen, mit Informationen, die Sie nicht interessieren. Schöne neue Welt!

Existiert der Newsletter nur noch, weil der Durchschnittsbürger zu faul ist, ihn wieder abzubestellen? Oder gibt es tatsächlich Menschen, die bewusst Newsletter abonnieren und tatsächlich auch lesen? Bei den Massen an Newslettern, die tagtäglich in den Spamfiltern und Papierkörben der E-Mail-Postfächer landen, sind diese Fragen nach der Existenzberechtigung von Newslettern durchaus berechtigt.

Ob Sie zu den eifrigen Newsletter-Lesern gehören oder derartige Mails nicht mit der Kneifzange anfassen würden, ist erst einmal egal. Wir wollen Sie in den folgenden Abschnitten davon überzeugen, dass es jedenfalls für Ihre Kanzlei von Vorteil ist, einen Newsletter anzubieten.

7.1 Sinn und Zweck eines Newsletters

Zunächst sollten Sie sich die verschiedenen Gründe klarmachen, aus denen Newsletter abonniert werden. Das Statistik-Portal *Statista* listet als Gründe auf den ersten drei Plätzen die Benachrichtigung über neue oder zukünftige Projekte, den Erhalt von Rabatten und Sonderangeboten sowie ein generelles Interesse an einer Marke aufgrund regelmäßiger Einkäufe (*https://de.statista.com/statistik/daten/studie/ 244339/umfrage/beweggruende-fuer-das-abonnieren-von-e-mail-newslettern*).

Neben dem allgemeinen Wunsch, informiert und auf dem Laufenden gehalten zu werden, erhoffen sich viele Newsletter-Abonnenten also auch bestimmte Leistungen oder Belohnungen, etwa in Form von Rabatten.

Wer einen Kanzlei-Newsletter abonniert, wird im Regelfall nicht mit Sonderangeboten rechnen; hier steht der Informationsgehalt der E-Mail klar im Vordergrund. Das können wir aus unseren eigenen Erfahrungen mit dem WBS-Newsletter bestätigen. Unsere Abonnenten sind an der kompakten Zusammenfassung aktueller Rechtsnachrichten interessiert, die wir ihnen jede Woche schicken.

Natürlich bedeutet das bloße Bestehen einer Nachfrage noch nicht, dass Sie diese auch durch Einrichtung eines Newsletters befriedigen müssen. Schließlich kostet der Unterhalt eines Newsletter-Systems Geld, und die inhaltliche Gestaltung beansprucht Zeit. Ebenso wie bei den in Abschnitt 6.4 besprochenen Website-Tools handelt es sich auch bei dem Kanzlei-Newsletter nicht nur lediglich um eine kostenlose Dienstleistung Ihrerseits. Sie erhalten durch den Newsletter-Versand wichtige Informationen und fördern die Bindung Ihrer Abonnenten.

Was heißt das konkret? 30 % der über 100.000 wöchentlichen Empfänger öffnen den Newsletter und 6 % gelangen von dort auf die WBS-Website. Das sind Menschen, die an der Website und ihren Inhalten interessiert sind. Das ist viel wert – unabhängig davon, ob es sich bei den Abonnenten um Mandanten oder nicht handelt. Denn wer noch kein Mandant ist, der kann einer werden. Und welche Kanzlei wird diesen Personen dann zuerst in den Kopf kommen? Sehr wahrscheinlich die Kanzlei, die sie sowieso bereits kennen. Regelmäßige Newsletter rufen die Kanzlei in Erinnerung und sorgen dafür, dass der Abonnent im entscheidenden Moment weiß, an wen er sich wenden kann.

Für Newsletter-Abonnenten, die schon Ihre Mandanten sind, gilt Ähnliches. Mandate halten in der Regel nicht ewig; irgendwann ist der Fall abgeschlossen und die Vertragsbeziehung beendet. Damit ist jedoch nicht ausgeschlossen, dass der Ex-Mandant nie wieder rechtliche Probleme haben wird. Der Aufbau einer Mandantenbindung und einer Stammkundschaft gehört zur Arbeit eines jeden Anwalts. Besonders bei Durchschnittsbürgern ist eine Bindung nach Beendigung des erstmaligen Mandats schwierig, da die meisten Menschen froh sind, wenn sie keine rechtliche Beratung benötigen. Der Newsletter ist ein geeignetes Instrument, um die Kanzlei ohne große Umstände in Erinnerung zu halten.

Des Weiteren ermöglichen die meisten Newsletter-Dienste eine Erhebung interessanter Daten rund um das Verhalten der Adressaten: Wurde der Newsletter geöffnet oder umgehend gelöscht? Welche Links im Newsletter wurden besonders oft angeklickt? Diese Daten lassen darauf schließen, wann ein Newsletter gut ankommt und welche Inhalte Ihre Abonnenten besonders interessieren. Diese Informationen sind auch für die Arbeit an Ihrer Website hilfreich.

Der Newsletter ist mithin ein weiteres Akquise-Instrument, auf das Sie keinesfalls verzichten sollten. Damit Ihr Newsletter allerdings nicht mit den typischen Attributen »unnötige Werbung« und »Spam« in Verbindung gebracht wird, beschäftigen wir uns auf den nächsten Seiten etwas eingehender mit der Einrichtung und Gestaltung von Newslettern.

7.2 Technische Umsetzung

Da er eine Art Online-Version der analogen Postwurfsendung ist, wird der Newsletter in der Regel per E-Mail versandt. Einen offiziellen E-Mail-Account werden Sie mit Sicherheit besitzen. Dieser eignet sich aber nur in den wenigsten Fällen für den Newsletter-Versand. Bevor Sie also die erste Mail an Ihre Mandanten rausschicken, bedarf es einiger Vorbereitungen in technischer sowie in rechtlicher Hinsicht.

7.2.1 Auswahl des Dienstleisters

Welchen E-Mail-Dienstleister Sie verwenden, hängt zunächst vom Adressatenkreis ab. Eine niedrige zweistellige Anzahl von Empfängern lässt sich theoretisch mit einem herkömmlichen E-Mail-Dienst wie beispielsweise Outlook bewältigen.

> **Rechtshinweis: BCC bei mehreren Adressaten**
>
> Mehrere Adressaten werden entweder als *Carbon Copy* (CC) oder *Blind Carbon Copy* (BCC) hinzugefügt. Aus Datenschutzgründen müssen Sie alle Adressaten in die BCC-Adresszeile eintragen. E-Mail-Adressen, die als CC verschickt werden, sind für alle anderen Adressaten sichtbar – das wäre ein schwerwiegender Verstoß gegen das Datenschutzrecht.
>
> Tragen Sie daher Ihre eigene offizielle E-Mail-Adresse in die normale Adresszeile ein, und fügen Sie alle anderen E-Mail-Adressen als BCC hinzu.

Beachten Sie jedoch unbedingt die Nachteile dieser Variante: Je nachdem, mit welchem Programm Sie den Newsletter erstellen, kann nicht gewährleistet werden, dass er optisch wie von Ihnen beabsichtigt beim Empfänger ankommt. Wenn Sie eine in Microsoft Word erstellte E-Mail unverändert nach Outlook kopieren und versenden, erhält der Empfänger mit hoher Wahrscheinlichkeit eine andere E-Mail, als sie Ihnen im Outlook-Fenster präsentiert wird (siehe Abbildung 7.1). Das liegt daran, dass die Formatierungen der unterschiedlichen Programme nicht miteinander kompatibel sind. Um böse Überraschungen zu vermeiden, sollten Sie also den Newsletter entweder direkt in Outlook erstellen oder anschließend kontrollieren. Beide Optionen bedeuten zusätzlichen Aufwand, den Sie sich mit einem professionellen Newsletter-Dienstleister sparen können.

Abbildung 7.1 Die E-Mail wurde in Word erstellt und formatiert (❶), nach Outlook kopiert (❷) und erscheint so wie bei (❸) beim Empfänger (hier via web.de).

Ein anderer Nachteil der Nutzung von Outlook zum Newsletter-Versand ist jedoch noch viel gravierender: Eine hohe Anzahl von E-Mail-Adressen, die einer E-Mail als BCC hinzugefügt wurden, wird von vielen Providern als Indikator für Spam angesehen. Ein häufiger Versand von E-Mails, die an eine Vielzahl von Empfängern adressiert sind, fällt dementsprechend auf und wird über kurz oder lang von den Spamfiltern Ihrer Adressaten abgefangen. Das bedeutet zum einen, dass niemand mehr Ihren Newsletter erhält. Zum anderen – und das ist weitaus schlimmer – befindet sich Ihre offizielle E-Mail-Adresse nun auf einer Blacklist. Damit können Sie weder E-Mails zuverlässig versenden, noch können Sie sichergehen, dass Sie überhaupt alle an Sie geschickten E-Mails erhalten!

Professionelle Newsletter-Dienstleister umgehen das Problem, indem sie sich auf eine sogenannte *Whitelist* setzen lassen. Dadurch werden die über den Dienstleister verschickten E-Mails von Spamfiltern unbehelligt gelassen.

Doch das ist nicht der einzige Vorteil gegenüber dem manuellen Newsletter-Versand per Outlook. Die oben dargestellten Formatierungsprobleme bei der Newsletter-Erstellung stellen sich hier nicht. Alle einschlägigen Dienstleister bieten eine separate Erstellungsmaske an, die extra auf Newsletter zugeschnitten ist. Das ist nicht nur unkomplizierter und zeitsparender, es stellt auch die Gestaltung der Newsletter in einem stets einheitlichen Design sicher, was der Markenbildung Ihrer Kanzlei förderlich ist.

Darüber hinaus stellen Ihnen die Dienstleister die erforderlichen Analyse-Tools zur Erhebung der bereits angesprochenen Daten zur Verfügung (siehe Abbildung 7.2). Schließlich orientieren sich zumindest die deutschen Anbieter an der aktuellen Rechtslage, was eine rechtskonforme Gestaltung des Newsletters sicherstellt (dazu folgt mehr in Abschnitt 7.2.2).

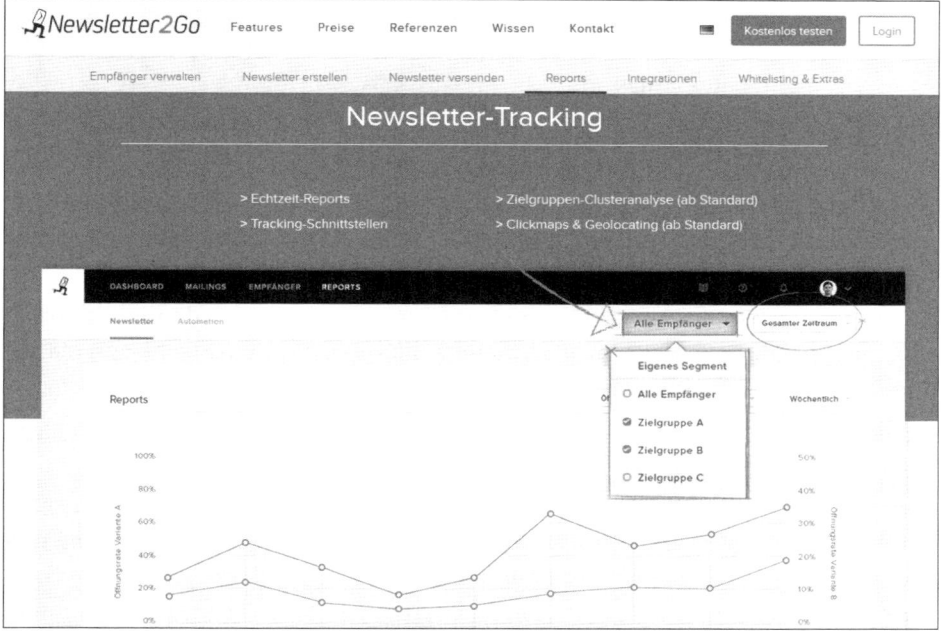

Abbildung 7.2 Eine beispielhafte Übersicht zum Tracking von Newslettern durch den Dienst »Newsletter2Go«.

Zu den weltweit führenden E-Mail-Marketing-Dienstleistern gehört das US-amerikanische Unternehmen *MailChimp* (*https://mailchimp.com*, siehe Abbildung 7.3). Der Dienst wird nach dem sogenannten *SaaS*-Modell angeboten. *Software as a Service* fällt in den Bereich des Cloud Computings (mehr hierzu folgt in Abschnitt 13.1) und bedeutet zusammengefasst, dass Ihnen eine Software über die Cloud bereitgestellt wird. Sie müssen also keine separate Software auf Ihren Rechnern installieren, sondern können über das Internet von überall auf den Dienst zugreifen. Damit bietet MailChimp größtmögliche Flexibilität.

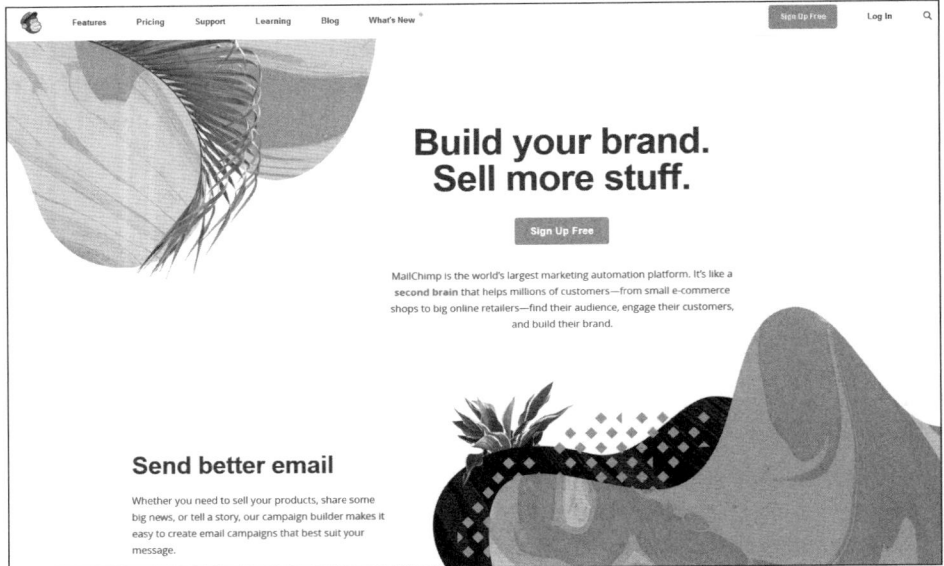

Abbildung 7.3 Die Startseite von »MailChimp«. Erkennungszeichen des Dienstleisters ist der kleine Affenkopf in der oberen linken Ecke.

Neben Tracking-Tools und der Newsletter-Erstellung, die durch den eigens dafür konzipierten Editor vereinfacht wird, bietet MailChimp auch eine Reihe von Marketing-Diensten, die für Kanzleien jedoch nur von geringer Relevanz sind.

Attraktiv ist jedenfalls das Preismodell. Der Versand von monatlich bis zu 12.000 E-Mails an 2.000 Abonnenten erfordert nur die Registrierung eines Accounts, ist aber völlig kostenlos. Der Haken an der Sache: MailChimp fügt jedem verschickten Newsletter ein Werbebanner hinzu. Wer seinen Newsletter also ohne Werbung und damit etwas professioneller versenden möchte, der muss einen kostenpflichtigen Business-Account anlegen. Dieser kostet monatlich 10 bis 199 USD, je nach Abonnentenzahl. Sofern Sie Ihren Newsletter gerade erst starten oder sowieso nicht mehr als ein paar Hundert Abonnenten haben, kommen Sie hier vergleichsweise kostengünstig weg.

Selbstverständlich hat auch MailChimp einige Nachteile, die zu berücksichtigen sind. Trotz der internationalen Ausrichtung des Anbieters werden Sie vergeblich nach einer deutschen Sprachunterstützung suchen. Wer über keine ausgereiften Englischkenntnisse verfügt, wird mit dem Dienst seine Schwierigkeiten haben.

Ein weiterer Nachteil ist der Sitz des Unternehmens. Als Anwalt in Deutschland sind Sie an das deutsche bzw. europäische Datenschutzrecht gebunden – im Gegensatz zu ausländischen Unternehmen wie MailChimp. Mit der Nutzung von MailChimp übermitteln Sie personenbezogene Daten (E-Mail-Adressen) in Drittstaaten und erlauben

Dritten, diese Daten auch zu verarbeiten. Zwar ist MailChimp nach dem Privacy Shield zertifiziert (*www.privacyshield.gov/participant?id=a2zt0000000TO6hAAG*), dennoch müssen Sie Ihre Abonnenten hierüber aufklären und eine entsprechende Einwilligung einholen.

> **Rechtshinweis: Privacy Shield**
>
> Der *Privacy Shield* ist ein Abkommen zwischen der EU und den USA und umfasst im Wesentlichen verschiedene Zusicherungen auf dem Gebiet des Datenschutzrechts. Das Abkommen existiert seit 2016 und folgte auf den vom EuGH für ungültig erklärten Safe-Harbor-Pakt. US-amerikanische Unternehmen, die sich dem Privacy Shield entsprechend zertifizieren lassen, sichern die Einhaltung europäischer Datenschutzstandards zu.
>
> Die Rechtswirksamkeit des Privacy Shields ist immer wieder Gegenstand des gesellschaftspolitischen und juristischen Diskurses. Es ist nicht ausgeschlossen, dass der Privacy Shield ebenso wie Safe Harbor einer gerichtlichen Überprüfung nicht standhalten wird. Folglich empfiehlt es sich, Entwicklungen auf diesem Gebiet mitzuverfolgen, um auf rechtliche Änderungen rechtzeitig reagieren zu können.

Sie können dieses Problem gleichwohl umgehen, indem Sie einfach auf einen deutschen Newsletter-Dienst zurückgreifen. Erwähnenswert ist der Anbieter *Newsletter2Go* mit Sitz in Berlin (siehe Abbildung 7.4). Der Funktionsumfang seines Service ist mit MailChimp vergleichbar. Darüber hinaus ist auch Newsletter2Go ohne zusätzliche Software nutzbar; es handelt sich mithin um ein SaaS-Modell. Bis zu 1.000 Newsletter monatlich lassen sich kostenlos verschicken, die Bezahlangebote starten bei 20 EUR im Monat. Der Dienst wirbt ausdrücklich mit einer rechtskonformen Datenverarbeitung; alle Daten verbleiben auf TÜV-zertifizierten deutschen Servern.

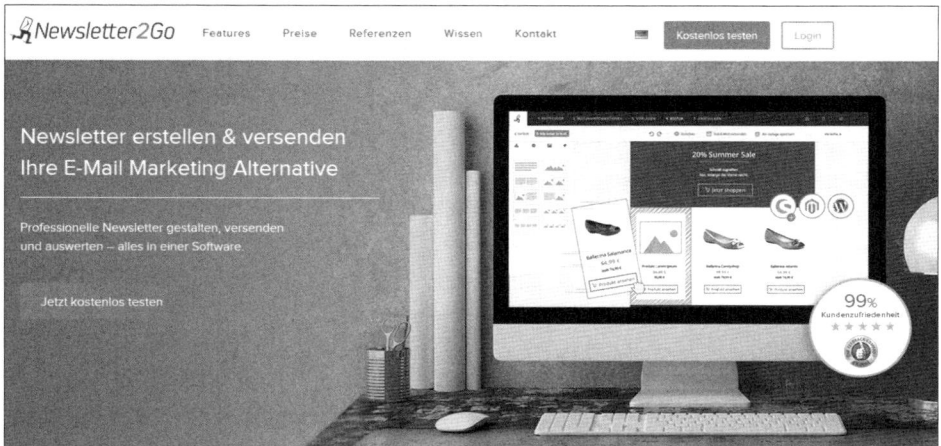

Abbildung 7.4 Die Startseite von »Newsletter2Go«

7.2.2 Anpassung an die aktuelle Rechtslage

Wir haben bereits auf das Problem der Datenverarbeitung außerhalb der EU hingewiesen und die Bedeutung der BCC-Adresszeile erklärt. Daneben gibt es noch ein paar weitere rechtliche Fallstricke, auf die wir Sie aufmerksam machen wollen.

Der Einsatz von Newslettern hat aus rechtlicher Sicht zwei wesentliche Dimensionen. Das Datenschutzrecht auf der einen Seite wird dadurch berührt, dass Sie zum Versand der Newsletter personenbezogene Daten Ihrer Abonnenten benötigen, konkret die E-Mail-Adresse. Wann immer personenbezogene Daten erhoben, gespeichert und verarbeitet werden, sind datenschutzrechtliche Regelungen einzuhalten. Auf der anderen Seite sind Newsletter als Werbung einzustufen, weshalb Verstöße das Wettbewerbsrecht berühren.

> **Rechtshinweis: Personenbezogene Daten**
>
> Personenbezogene Daten sind gemäß § 46 Abs. 1 BDSG-neu Einzelangaben über persönliche oder sachliche Verhältnisse einer bestimmten oder bestimmbaren natürlichen Person. Hierzu gehören zum Beispiel Name, Anschrift, Telefonnummer und eben auch die E-Mail-Adresse.

Konsequenzen hat das schon bei der Registrierung für einen Newsletter. Hier gilt das sogenannte *Double-Opt-In*, also ein zweistufiges Einwilligungsverfahren. Auf der ersten Stufe gibt der zukünftige Abonnent seine E-Mail-Adresse in ein dafür vorgesehenes Textfeld (auf Ihrer Website) ein. In einem zweiten Schritt muss an diese Adresse eine E-Mail mit einer Bestätigungsaufforderung verschickt werden. Erst wenn der Abonnent eingewilligt und bestätigt hat, dürfen Sie ihm Newsletter zuschicken. Zu Beweiszwecken sollten Sie die Einwilligung und die Bestätigung dokumentieren. Halten Sie diese Grundsätze nicht ein und verschicken Sie unaufgefordert Newsletter, gilt das als unzumutbare Belästigung im Sinne des § 7 UWG und ist damit abmahnfähig.

> **Rechtshinweis: Sinn und Zweck der Bestätigungsmail**
>
> Der Hintergrund der Bestätigungsmail ist schnell erklärt. Nur weil jemand eine E-Mail-Adresse in Ihren Newsletter-Verteiler eingetragen hat, heißt das nicht, dass der Inhaber dieser Adresse damit auch einverstanden ist. Der Eintragende könnte sich vertippt oder gar einen Scherz erlaubt haben. Erst durch die Bestätigungsmail haben Sie die Gewissheit, dass der Adressat tatsächlich Ihren Newsletter empfangen möchte.
>
> Beachten Sie daher unbedingt, dass die Bestätigungsmail selbst ganz neutral formuliert sein muss. Anderenfalls könnte diese Mail bereits als Spam aufgefasst werden. Ein neutrales Beispiel sehen Sie in Abbildung 7.5.

Abbildung 7.5 Diese Bestätigungsmail erhält, wer seine E-Mail-Adresse auf der WBS-Website in den Newsletter-Verteiler eingetragen hat.

Sofern Sie in Verbindung mit dem Newsletter Tracking-Tools einsetzen, müssen Sie die Abonnenten hierüber aufklären, bevor diese sich in den Verteiler eintragen. Gleiches gilt für den Fall, dass Sie einen ausländischen Newsletter-Dienst einsetzen bzw. personenbezogene Daten außerhalb der EU verarbeiten lassen. Sicherheitshalber sollten Sie auf diese Umstände auch noch einmal in der Bestätigungsmail hinweisen.

Sofern alle Einwilligungen rechtskonform eingeholt wurden, können Sie sich der inhaltlichen Gestaltung des Newsletters widmen. Denn auch hier sind Sie nicht völlig frei von rechtlichen Vorgaben. Da es sich beim Versand von Newslettern um kommerzielle Kommunikation im Internet handelt, findet das *Telemediengesetz* (TMG) Anwendung. Folglich müssen Sie sich als Absender klar zu erkennen geben, also ein Impressum im Newsletter bereithalten. Aufklärung über den Absender bedeutet aber auch, dass Sie einen aussagekräftigen Betreff wählen, durch den der Empfänger sofort Ihren Newsletter als solchen erkennt. Des Weiteren müssen Inhalt und Einwilligung übereinstimmen. Das bedeutet, dass Sie an die Abonnenten Ihres Newsletters nur die Inhalte schicken dürfen, die sie auch erwarten können. Das wäre zum Beispiel dann nicht der Fall, wenn der Kanzlei-Newsletter neben Rechtsthemen plötzlich auch Werbung für völlig andere Produkte oder Dienstleistungen enthält.

Schlussendlich muss jeder Newsletter – und damit ist jede einzelne Newsletter-E-Mail gemeint – eine Möglichkeit zur Abbestellung bereithalten. Denkbar ist eine kleine Schaltfläche oder ein kurzer, aber verständlicher Hinweis am Ende des eigentlichen Newsletters. Das Abmeldeverfahren an sich muss unkompliziert in wenigen Klicken durchführbar sein. Umwege über eine etwaige Anmeldung oder ähnliche Hürden sind nicht erlaubt.

> **Checkliste für den rechtskonformen Newsletter-Einsatz**
> - Umfassende Einwilligung einholen
> - Bestätigung der Newsletter-Bestellung einholen
> - Einwilligung und Bestätigung dokumentieren
> - Adressaten im BCC hinzufügen
> - Newsletter mit einem Impressum versehen
> - Aussagekräftigen Betreff verwenden
> - Unkomplizierte Abbestellmöglichkeit bereithalten

7.3 Zusammenstellung des Inhalts

Jetzt wissen Sie alles Wichtige über den Einsatz von Newslettern. Um zu verhindern, dass Sie sich jetzt voller Tatendrang einen Newsletter-Dienst zulegen, dann aber überhaupt keine Ahnung haben, was Sie Ihren Abonnenten schreiben wollen, haben wir nun noch ein paar Anregungen für Sie parat.

Dazu greifen wir zunächst auf ein Stichwort zurück, das bereits gefallen ist und auch noch häufiger fallen wird. Sie können es sich mit einem passenden Oxymoron merken: »Zweitverwertung first!«

Was meinen wir damit? Wenn Sie es zum Newsletter geschafft haben, dann ist es sehr wahrscheinlich, dass Sie bereits eine Website mit einigen Inhalten betreiben. Erfinden Sie also nicht immer wieder das Rad neu, sondern verwerten Sie das, was Sie bereits haben. Neuigkeiten aus Ihrer Kanzlei und der Welt des Rechts sind ideale Inhalte für einen Newsletter. Erinnern Sie sich daran, was Sie mit dem Newsletter bezwecken wollen: neue Mandanten gewinnen und alte binden.

Der Newsletter hat die Aufgabe, seine Empfänger immer wieder an die Website zu erinnern und zu ihr zurückzuführen. Das schaffen Sie durch das Setzen von Links im Newsletter. Weisen Sie im Newsletter auf eine Reihe aktueller Artikel hin, wecken Sie das Interesse durch aussagekräftige Überschriften sowie kurze Zusammenfassungen, und verlinken Sie anschließend auf die vollständigen Texte auf Ihrer Website. Falls Sie in sozialen Netzwerken aktiv sind, weisen Sie natürlich auch darauf hin.

In unserem WBS-Newsletter fassen wir sämtliche Kanzlei-Aktivitäten in der Online-Welt kompakt zusammen und versuchen unsere Abonnenten dafür zu interessieren. Dazu packen wir in den Newsletter eine Auswahl der in der letzten Woche beliebtesten Artikel, aktuelle Videos von unserem YouTube-Kanal und entsprechende Verweise auf Facebook und Twitter. Auf diese Art werden auch Abonnenten, die uns nicht ständig online verfolgen, regelmäßig über alles aus unserer Sicht Relevante informiert. Mit diesem gebündelten Wochenrückblick haben wir bisher die besten Erfahrungen gemacht.

Welche Inhalte für Ihren Newsletter optimal sind, wird sich erst nach einer Weile zeigen. Hier – wie in allen anderen Bereichen – ist es wichtig, die eigene Zielgruppe zu kennen. Nutzen Sie die Ihnen zur Verfügung stehenden Tracking-Tools, um den Inhalt des Newsletters stetig zu optimieren.

> **Praxistipp: Ein einheitlicher Kanzlei-Newsletter ist ausreichend**
> Mit den entsprechenden Kapazitäten könnten Sie auf die Idee kommen, mehrere Newsletter mit inhaltlicher Schwerpunktsetzung anzubieten. Schließlich wird sich nicht jeder Ihrer Abonnenten für jedes Thema interessieren. Bei WBS haben wir die Erfahrung gemacht, dass diese Vorgehensweise zumindest bei unserer Zielgruppe nicht so gut ankommt wie ein einheitlicher Newsletter. Unsere Abonnenten interessieren sich nicht vertieft für ein bestimmtes Rechtsgebiet, sondern erwarten eine übersichtliche Zusammenfassung der wichtigsten Rechtsthemen unabhängig vom konkreten Rechtsgebiet. Davon abgesehen sind mehrere Newsletter auf lange Sicht zu viel Aufwand.

Schon die Erstellung eines einzigen wöchentlichen Newsletters erfordert viel Disziplin. Daher haben wir uns bei WBS eine technische Lösung für die regelmäßige Zusammenstellung des Newsletters entwickeln lassen. Wöchentlich wird vollautomatisch ausgewertet, welche fünf Texte durchschnittlich in der Vorwoche auf unserer Internetseite am meisten gelesen worden sind. Diese Texte werden dann automatisch zu einem Newsletter, der genauso automatisch wöchentlich versendet wird. Das alles geschieht ohne Zutun von Menschen. Wer sich das anschauen möchte, sollte am besten jetzt unseren Newsletter auf *www.wbs-law.de* abonnieren.

7.4 Muster-Einwilligungserklärung in die Zusendung von Werbung per E-Mail

7.4.1 Einwilligung in den Erhalt eines Newsletters

Wenn Sie die Einwilligung für das Zusenden eines Newsletters abfragen möchten, empfiehlt sich die nachfolgende Formulierung: *»Bitte senden Sie mir künftig Ihren* kostenlosen Newsletter per E-Mail zu. Diesen kann ich jederzeit, zum Beispiel durch eine E-Mail an [Ihre E-Mail-Adresse], wieder abbestellen.«

> **Hinweis**
> Um nachzuweisen, dass der Nutzer tatsächlich seine Einwilligung erteilt hat, sollten Sie auf das sogenannte Double-Opt-in-Verfahren setzen. Zudem müssen Sie auf die Möglichkeit zur Abbestellung des Newsletters hinweisen.

7.4.2 Einwilligung in Erhalt eines Newsletters mittels eines Newsletter-Dienstleisters

> **Hinweis**
> Wenn Sie für den Versand Ihres Newsletters entsprechende Dienstleister wie MailChimp nutzen, dann müssen Sie auch die Einwilligungserklärung dazu auf Ihrer Website anpassen.

Für eine solche Einwilligung eignet sich beispielsweise folgende Formulierung: »Hiermit erteile ich gegenüber der [Mustermann GmbH] meine Einwilligung in die Verarbeitung folgender Daten:«, gefolgt z. B. von:

- E-Mail-Adresse
- IP-Adresse

> **Hinweis**
> Soweit im Rahmen des Newsletter-Trackings weitere personenbezogene Daten verarbeitet werden, müssen diese hier angegeben werden.

»Ich willige ein, dass mir künftig der Newsletter der [Mustermann GmbH] zugeschickt wird. Ich bin ebenfalls damit einverstanden, dass mir im Rahmen des Double-Opt-in-Verfahrens eine Bestätigungs-E-Mail zugeschickt wird.

Mir ist bewusst, dass eine Messung der verschickten und von mir empfangenen bzw. genutzten Newsletter erfolgt und diese statistischen Daten ausgewertet werden.

Die Verarbeitung verfolgt den Zweck, mir den Newsletter zuschicken zu können. Darüber hinaus erfolgt die Verarbeitung, um das Nutzerverhalten der Newsletter-Abonnenten nachverfolgen zu können und die Reichweite bzw. den Erfolg des Newsletters einschätzen zu können.

7.4 Muster-Einwilligungserklärung in die Zusendung von Werbung per E-Mail

Ich habe das Recht, diese Einwilligung jederzeit ohne Angabe von Gründen zu widerrufen (z. B. per E-Mail an [datenschutz@muster.de] oder durch das Anklicken des dafür vorgesehenen Links in dem Newsletter), ohne dass die Rechtmäßigkeit der aufgrund meiner Einwilligung bis zum Widerruf erfolgten Verarbeitung davon berührt wird.«

Kapitel 8
Social Media

Wenige Dinge haben Gesellschaft, Politik und Wirtschaft in den letzten Jahren so sehr geprägt wie die sozialen Medien. Facebook, YouTube und Co. verbinden Milliarden von Menschen auf der ganzen Welt und sind damit längst in den Fokus von Werbetreibenden aller Art gerückt. Vor allem – aber nicht ausschließlich – die anfallenden Datenmassen bieten vielfältige Nutzungsmöglichkeiten, die auch für die Anwaltsbranche durchaus von Interesse sind.

Rechtswissenschaften, Kanzlei, Anwalt – für den Durchschnittsbürger sind das eher trockene Begriffe.

Genießen Anwälte Respekt? Ja. Achtung? Vielleicht. Vertrauen? Jedenfalls dann, wenn es um den eigenen Fall geht. Der Rechtsanwalt ist vor allem eins: ein Problemlöser. Kompetenz und Seriosität sind wichtige Eigenschaften (AnwBl 10/2007, 705). Wie also passen hier die sogenannten »sozialen« Medien hinein? Ist der Berufsstand des Rechtsanwalts überhaupt dafür geeignet, sich in sozialen Medien zu präsentieren? Oder ist das alles furchtbar unseriös, ein weiterer Schritt in Richtung Prestigeverlust, ein Verrat am guten Ansehen des Anwalts? Immerhin gibt es einige Kollegen, die das behaupten – haben sie recht?

Fakt ist, dass der Beruf des Rechtsanwalts zwar weithin respektiert wird, aber sicherlich kein so gutes Ansehen genießt, wie wir es gerne hätten. Das *Institut für Demoskopie Allensbach* befragt regelmäßig die Bevölkerung, vor welchen fünf Berufsgruppen sie die meiste Achtung hat. Nur 24 % der Befragten wählten 2013 den Beruf des Rechtsanwalts, 2001 waren es immerhin noch 31 %. Das mag viele Gründe haben:

▶ das allgemeine gesellschaftliche Bild, das durch Fernsehserien geprägt ist, insbesondere durch solche aus dem anglo-amerikanischen Raum

▶ die nicht zu unterschätzende Anzahl an schlecht arbeitenden Anwälten, an Abmahn-Anwälten und denjenigen Anwälten, die dubiose Inkasso- und Abzock-Firmen vertreten

▶ einfach die Tatsache, dass der Bedarf an rechtlicher Beratung für den Durchschnittsbürger in der Regel Probleme und Kosten bedeutet

Sie als Mitglied einer einzelnen Kanzlei oder individueller Anwalt können das Ansehen unseres Berufsstands sicherlich nicht eigenmächtig verbessern. Gleichwohl liegt es allein in Ihrer Verantwortung, wie Sie sich selbst darstellen. Social Media ist Ihre direkte Verbindung zum Mandanten. Social Media ist das, was dem persönlichen Kontakt am nächsten kommt.

Machen Sie sich klar, wie bedeutend die Möglichkeiten sind, die sich Ihnen bieten: Früher fanden die Mandanten aufgrund einer Nummer im Telefonbuch, einer Zeitungsannonce oder schlicht durch Mundpropaganda zum Anwalt. Dabei war es nicht möglich, sich vorher einen Eindruck von der Person zu machen. Das Bild des Anwalts war maßgeblich von subjektiven Vorstellungen und Klischees geprägt. Jetzt ist das entschieden anders. Sie können potenziellen Mandanten genau zeigen, was sie erwartet, wer sie berät und wie das alles ablaufen wird. Mit der richtigen Herangehensweise überwinden Sie die Hürden, die der erstmalige Kontakt mit einem Anwalt für den Mandanten mit sich bringt.

Natürlich müssen Sie das nicht machen. Sie müssen nichts von sich, Ihrer Kanzlei oder Ihrer Arbeit öffentlich preisgeben. Sie können auch den Schein des unnahbaren Rechtsanwalts wahren, der in sterilen Kanzleibüros über Aktenstapeln brütet und gelegentlich im gut sitzenden, klassisch dunklen Anzug vor Gericht für die Gerechtigkeit kämpft. Bedenken Sie dabei allerdings, dass eine immer größer werdende Zahl Ihrer Konkurrenten den Kontakt zu Ihren Mandanten sucht, und zwar über die sozialen Netzwerke.

Auch geht der Vorwurf fehl, es sei unseriös, als Anwalt diese modernen Medien zu nutzen. Niemand verlangt von Ihnen, beim Eintritt in ein soziales Netzwerk Ihre Seriosität abzugeben. Ganz im Gegenteil: Präsentieren Sie sich so seriös wie Sie wollen, aber präsentieren Sie sich!

> **Exkurs: Soziale Medien und soziale Netzwerke**
>
> Wenn von *Social Media*, also *sozialen Medien*, geredet wird, dann sind damit grundsätzlich alle Plattformen gemeint, die ihre Nutzer auf irgendeine Art und Weise kommunikativ verbinden. Der Begriff *soziale Netzwerke* wird häufig synonym verwendet, bezeichnet genau genommen aber nur eine Unterkategorie. Neben der reinen Kommunikation liegt hier ein besonderer Fokus auf dem einzelnen Nutzer. So gibt es persönliche Profile, Gemeinschaften und Bereiche, die nicht nur der bloßen Interaktion, sondern auch und gerade der Eigendarstellung dienen.
>
> Die Abgrenzung ist im Einzelnen schwierig, zumal der Trend dahin geht, diese Kernmerkmale der sozialen Netzwerke auch auf andere Plattformen zu übertragen.

Lösen wir uns vom Anwaltsberuf im Konkreten, und betrachten wir einmal die generelle Social-Media-Nutzung von Unternehmen. Dem *Statistischen Bundesamt* zufolge nutzten 46 % aller deutschen Unternehmen im Jahr 2017 soziale Medien (*www.destatis.de/DE/ZahlenFakten/GesamtwirtschaftUmwelt/UnternehmenHandwerk/IKTUnternehmen/Tabellen/06_NutzungSocialMedia_IKT_Unternehmen.html*). Bei einer Beschäftigtengröße von mehr als 250 Personen sind es sogar 72 %. Diese Zahlen sind vergleichsweise niedrig: 60 % der kleinen und mittelständischen Unternehmen in Großbritannien nutzen soziale Medien (*http://businessadvice.co.uk/procurement/technology/social-media-use-amongst-small-companies-remains-frustratingly-low*), in den USA sind es sogar 76 % (*https://clutch.co/agencies/social-media-marketing/resources/small-business-2017-survey#channels*).

Gründe dafür, als Unternehmen in sozialen Netzwerken vertreten zu sein, gibt es genug. Die Hälfte der Weltbevölkerung hat Internetzugang, die Zahl der Social-Media-Nutzer soll dieses Jahr die 2,5 Milliarden erreichen (*www.business2community.com/social-media/47-superb-social-media-marketing-stats-facts-01431126#i9OhfHtlgOvP7mLj.97*). Auch wenn Deutschland kein Vorzeigeland ist, wenn es um Dinge wie Breitbandausbau und Internetkosten geht, so haben doch immerhin 88 % der Bundesbürger einen Zugang zum Netz (*www.internetlivestats.com/internet-users-by-country*). Davon nutzen dem *Social Media Atlas 2017/2018* zufolge 90 % die sozialen Medien. Das ist auch kein Phänomen, das nur die Jüngeren betrifft. Soziale Medien sind bereits vor Jahren in der Mitte der Gesellschaft angekommen: 93 % der 30–39-jährigen Internetnutzer sind in sozialen Medien aktiv; selbst bei den Über-60-Jährigen sind es 85 % (*www.faktenkontor.de/wp-content/uploads/2017/05/Infografik-Social-Media-Nutzung-Faktenkontor-Social-Media-Atlas-2016-2017.jpg*). Damit dürfte es eigentlich keine Ausrede mehr geben, den »sozialen« Teil des Internets zu meiden.

Gleichwohl sollten Sie sich gut überlegen, welche sozialen Medien Sie nutzen wollen. Weder können Sie sich mit jeder einzelnen Plattform auseinandersetzen, noch haben Sie die Zeit für die gleichzeitige Pflege mehrerer Accounts. Im Folgenden werden wir die für unsere Berufsgruppe wichtigsten sozialen Medien vorstellen, den Umgang sowie die Eigenheiten erklären und Ihnen ein paar Tipps mit auf den Weg geben.

8.1 YouTube

Sie wissen sicherlich, dass Google die größte Suchmaschine der Welt ist. Aber wissen Sie auch, welche Plattform auf Platz 2 steht? Es ist tatsächlich das ebenfalls zur Google LLC gehörende Videoportal YouTube. Mit mehr als 1,5 Milliarden Nutzern hat die Plattform eine enorme Reichweite, die in der bisherigen Internetgeschichte nahezu beispiellos ist. Im internationalen ebenso wie im deutschen Website-Ranking hat YouTube mittlerweile Facebook als populärste Website (nach Google) abgelöst (*www.alexa.com/topsites*).

Nach der *ARD/ZDF Onlinestudie 2017* nutzt knapp ein Drittel der deutschen Bevölkerung mindestens einmal in der Woche YouTube. Je jünger die Person ist, desto größer ist die Bedeutung von YouTube gegenüber dem klassischen Fernsehen – ein Trend, der Werbetreibende immer stärker auf die Videoplattform treibt.

Wir wollen Ihnen im Folgenden aber nicht erklären, wie Sie Werbung auf YouTube schalten, sondern wie Sie Ihren eigenen Videokanal aufbauen. Denn schließlich wollen Sie mit Ihrer Kanzlei auch in der zweitgrößten Suchmaschine der Welt gefunden werden. Das klingt nach sehr viel Arbeit – und das ist es am Anfang auch. Wenn der Kanal aber erst einmal steht, dann haben Sie damit ein effektives Instrument zur Zweitverwertung von Inhalten und zur Unterstützung Ihrer Website.

8.1.1 Wer traut sich vor die Kamera?

Der Erfolg von YouTube ist nicht zuletzt damit zu begründen, dass die Beziehung zwischen Kanalbetreiber und Zuschauern sehr viel persönlicher als im regulären Fernsehen ist. Hinter den meisten gut funktionierenden YouTube-Kanälen steht eine Person, die dem Kanal ihr Gesicht gibt. Das spricht die Zuschauer an, es ermutigt zur direkten Interaktion durch die Kommentierung der Videos, und auf diese Weise wird eine Bindung etabliert.

Die Person

Es sind bereits eine Menge einst erfolgreicher YouTube-Kanäle in der Versenkung verschwunden, weil das Gesicht des Kanals ausgetauscht wurde. Dieses Phänomen ist keinesfalls auf YouTube beschränkt, sondern auch in Film und Fernsehen zu beobachten: Harrison Ford ist Indiana Jones, Bruce Willis ist John McClane und Günther Jauch moderiert »Wer wird Millionär?«. Jeder neue James Bond kämpft um die Gunst der Zuschauer, und »Wetten, dass ..?« verbinden die einen mit Frank Elstner und die anderen mit Thomas Gottschalk.

Für Sie hat das die Konsequenz, dass Sie das Gesicht Ihres Kanals frühzeitig bestimmen müssen. Häufige Wechsel und wildes Herumprobieren können Sie sich nicht leisten. Problematisch ist daran, dass der Betrieb des YouTube-Kanals sehr zeitaufwendig ist. Selbst mit einem unterstützenden Team müssen regelmäßig Videos gedreht werden. Dann gilt es, gute Miene zum bösen Spiel zu machen: Die Zuschauer erwarten konstante Leistung.

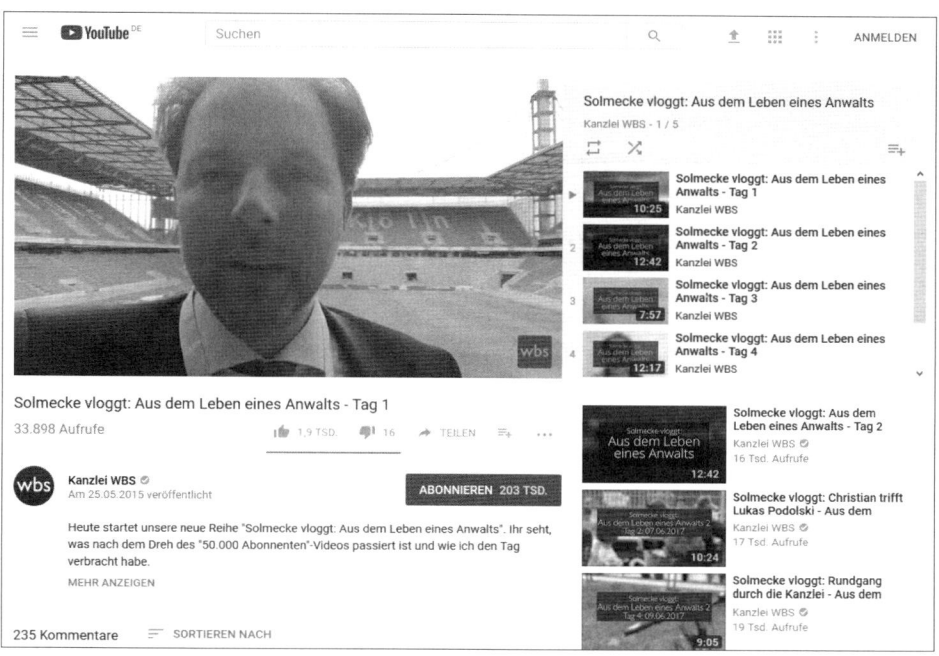

Abbildung 8.1 Christian Solmecke hat sich als Gesicht des WBS-Kanals dermaßen etabliert, dass die 2015 erstmals gestartete Reihe »Solmecke vloggt: Aus dem Leben eines Anwalts« eine beliebte und häufig nachgefragte Videoreihe ist.

WBS-Anekdote: YouTube-Promis

Ein Rechtskanal ist wohl zu spezifisch, um jemals den Promi-Status eines YouTube-Stars zu erreichen. Dennoch musste Christian Solmecke bereits mehrfach feststellen, dass sein Gesicht vielen Menschen bekannt ist (siehe Abbildung 8.1). In der Bahn, am Flughafen und sogar am Tag der offenen Tür in der Schule wurde er bereits auf seine YouTube-Aktivitäten angesprochen. Dann führte das Thema YouTube zu anregenden Gesprächen mit 55-jährigen Geschäftsleuten ebenso wie zu Fotos mit 15-jährigen Schulkindern. Unterschätzen Sie die Reichweite der Video-Plattform auf keinen Fall!

Überlegen Sie sich daher sehr gut, wen Sie vor die Kamera stellen, wer also die Kanzlei nach außen hin repräsentieren soll. Im besten Fall übernimmt den Job der Kanzlei-Inhaber bzw. einer der Partner, auch wenn der zusätzliche Zeitaufwand zunächst unverantwortlich erscheint. Denn wenn sich die Zuschauer erst einmal an ein bestimmtes Gesicht gewöhnt haben, wäre es fatal, wenn der zuständige Anwalt dann die Kanzlei verließe.

Einige Kanzleien versuchen dieses Problem dadurch zu verhindern, dass sie von Anfang an einen Cast aus jungen Associates, die im Einzelnen austauschbar sind, vor die Kamera lassen. Wirklich erfolgreich ist damit noch keiner geworden – unabhängig von der Art des YouTube-Kanals. Im Fernsehen ist es doch nicht anders: Können Sie sich populäre Fernsehshows mit ständig wechselnden Moderatoren vorstellen? Jede Show ist bis zu einem gewissen Teil vom Charakter ihres Moderators geprägt. Auf YouTube steht die Person des Kanalbetreibers noch viel stärker im Mittelpunkt.

Das Setting

Egal auf wen die Wahl am Ende fällt – um sich vor die Kamera zu trauen, ist überhaupt erst einmal eine Kamera erforderlich. Theoretisch reicht dazu bereits ein modernes Smartphone aus. Fast noch wichtiger als das Video selbst ist allerdings der Ton, weshalb wir empfehlen, etwas Geld für eine einigermaßen ordentliche Ausrüstung in die Hand zu nehmen. Hier haben wir gute Erfahrung mit den Aufnahmegeräten von *Zoom*, gekoppelt mit einem *Sennheiser*-Ansteckmikrofon, gemacht. Die Leistung ist für YouTube-Videos absolut ausreichend und der Preis akzeptabel. Für Ihr erstes komplettes YouTube-Equipment sollten Sie mit nicht mehr als 1.000 EUR rechnen. Falls sich hinterher herausstellt, dass der Ausflug in die YouTube-Welt doch nichts für Sie ist, wird diese Investition Sie nicht sonderlich schmerzen.

Abbildung 8.2 So sieht das Büro von Christian Solmecke aus, wenn Drehtag für die YouTube-Videos ist.

Neben der technischen Ausrüstung brauchen Sie auch einen geeigneten Drehort. Von Vorteil sind helle Räumlichkeiten und eine große natürliche Lichtquelle (siehe Abbildung 8.2). Alternativ lässt sich viel mit dem entsprechenden Equipment machen. Probieren Sie etwas herum, und finden Sie somit das für Sie passende Setting.

Der letzte Teil Ihrer Arbeitsumgebung ist der YouTube-Account. Die Einrichtung ist kostenlos und größtenteils unkompliziert. Zu berücksichtigen ist jedoch, dass dieser Account nicht ausschließlich für die Plattform YouTube, sondern für alle Dienste der Google LLC gilt. Dieses sogenannte *Google-Konto* umfasst beispielsweise Dienste wie Google Ads, Drive und Maps (siehe Abbildung 8.3). Zum Login wird eine einheitliche Gmail-Adresse verwendet. Sofern Sie persönlich oder als Kanzlei offiziell einen dieser Dienste nutzen, haben Sie bereits einen YouTube-Kanal.

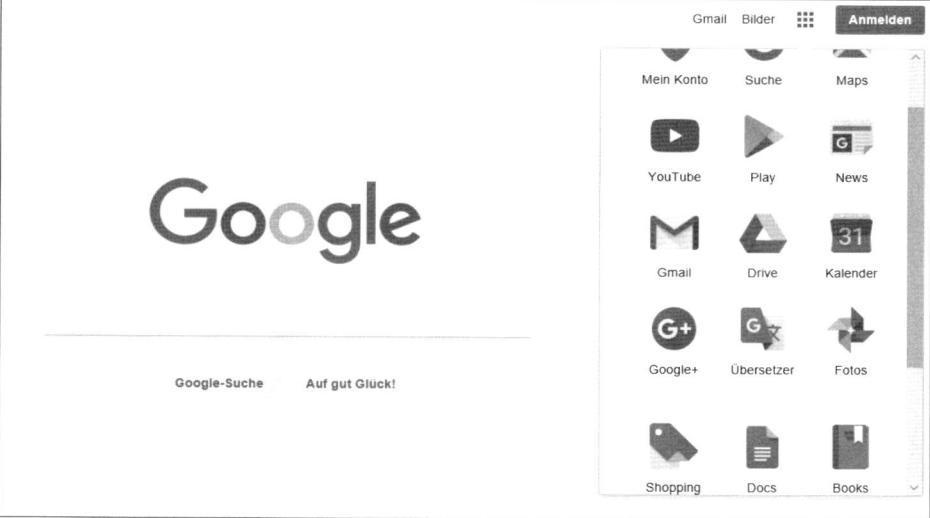

Abbildung 8.3 Ein kleiner Ausschnitt der Dienste, die Teil Ihres Google-Kontos sind

---

Praxistipp: Im Zweifel besser einen neuen Account anlegen

Ob Sie den Kanal über diesen Account auch betreiben wollen, ist Ihnen überlassen. Bedenken Sie jedoch, dass alle Aktivitäten über die einzelnen Google-Dienste mit einem einzigen Account überprüfbar sind. Falls Sie den YouTube-Kanal in der Kanzlei mit einem Team zusammen betreuen, sollten Sie also nicht Ihren privaten Google-Account benutzen – wer die Zugangsdaten zu YouTube hat, der kann auch alle E-Mails auf Gmail lesen, Google-Suchen rekonstruieren und GPS-Daten über Maps nachverfolgen.

Der Plan

Wenn die Rahmenbedingungen geschaffen sind, ist es Zeit für konkretere Überlegungen. Schauen Sie sich etwas in Ihrem neuen YouTube-Account um, und entdecken Sie die verschiedenen Möglichkeiten (siehe Abbildung 8.4). Ihre Schaltzentrale ist das sogenannte *Creator Studio*, das Sie über das runde Profilbild in der oberen rechten Ecke erreichen. Hierbei werden Sie feststellen, dass Ihr Profilbild bloß aus einem Buchstaben vor farbigem Hintergrund besteht. Wie bei Website und Newsletter sind Sie aufgefordert, Ihren YouTube-Kanal optisch zu designen. Wenn Sie unseren Rat bezüglich eines einheitlichen Designkonzepts ernst genommen haben, dann müssen Sie hier nicht lange überlegen, sondern höchsten bereits existierende Designvorlagen an die Vorgaben von YouTube anpassen.

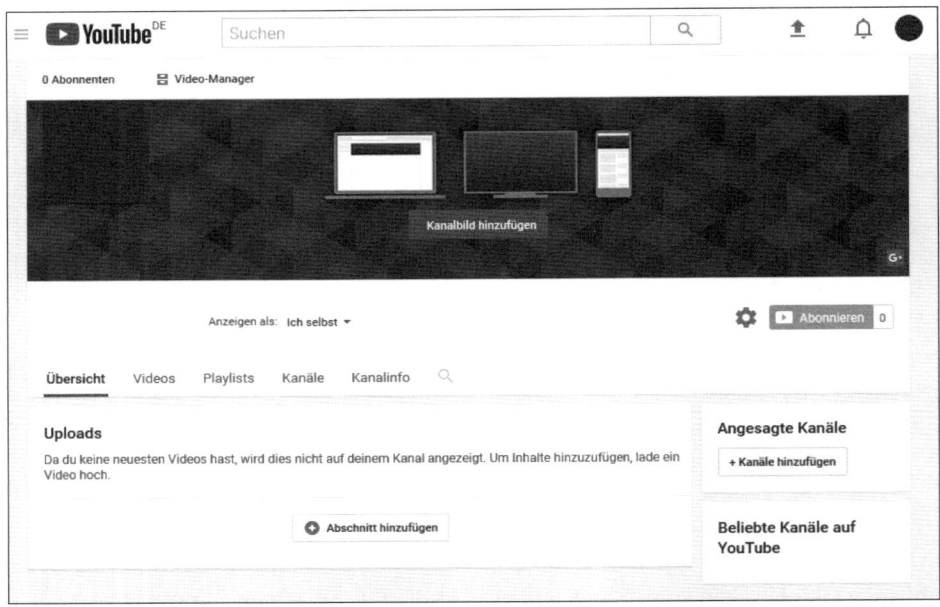

Abbildung 8.4 Ein leerer YouTube-Kanal. Abgesehen von den Videos fehlen Kanal- und Profilbild.

Unter dem Reiter KANALINFO sollte eine aussagekräftige Beschreibung Ihres Kanals, natürlich mit Kontaktmöglichkeit und Link zur Website, zu finden sein (siehe Abbildung 8.5). Auch ein Impressum darf nicht fehlen. Sobald Ihr Kanal läuft, haben Sie zudem die Möglichkeit, ein Vorstellungsvideo hochzuladen, das beim Aufruf Ihres Kanals durch neue Besucher automatisch abgespielt wird.

Eine Erläuterung sämtlicher Funktionen des Creator Studios könnte ein eigenes Buch füllen, weshalb wir hier nur auf das Wichtigste verweisen. Alles, was Sie hier vermissen, finden Sie im Buch »Video ist King!« von Sven-Oliver Funke (*www.rheinwerk-verlag.de/video-ist-king_3993*).

Das DASHBOARD gibt eine allgemeine Übersicht und informiert über alles Wesentliche, was den Kanal betrifft (siehe Abbildung 8.6). Mit dem VIDEO-MANAGER können Sie Ihre Videos verwalten. Insbesondere können Sie zusätzliche Infokarten einfügen oder einen Abspann erstellen. Darüber hinaus besteht die Möglichkeit, Playlists anzulegen, um Videos zu kategorisieren. Auch LIVESTREAMING ist eine Option.

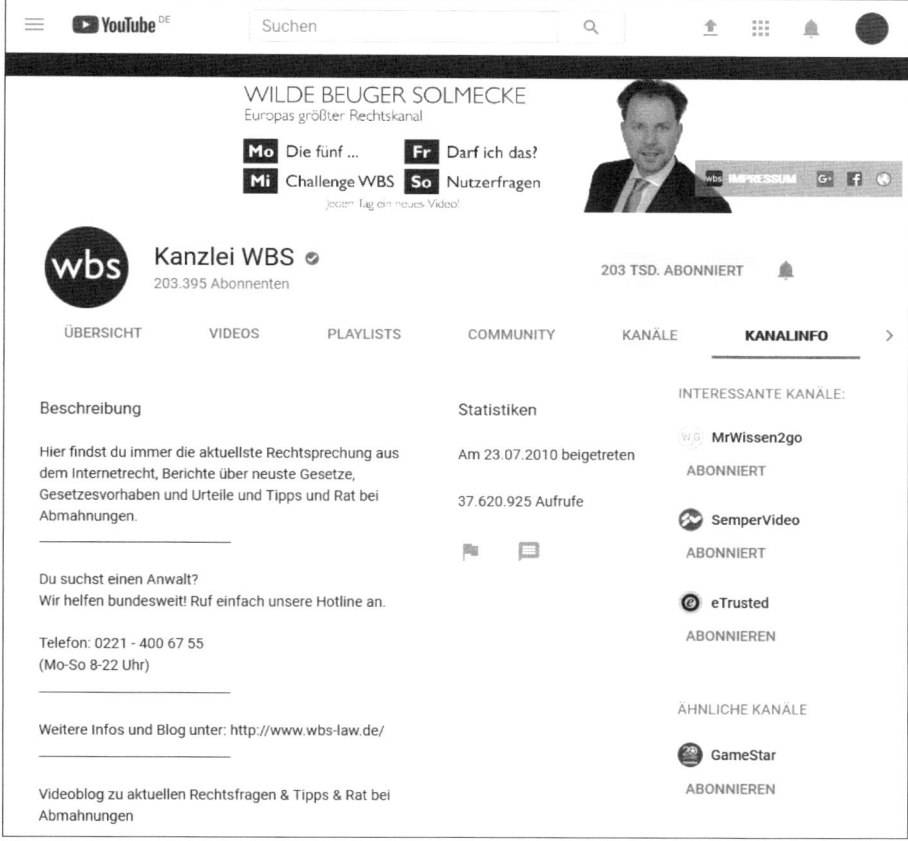

Abbildung 8.5 Im Vergleich zu Abbildung 8.4 erscheint hier der WBS-Kanal im typischen Design und mit einer ausführlichen Kanalbeschreibung.

> **Exkurs: Livestreaming**
>
> Livestreaming wird über viele Plattformen angeboten und erfordert teilweise nicht mehr als ein Smartphone und die passende App. Wenn Sie »live gehen«, dann wird alles, was Sie filmen, sofort zum Endnutzer übertragen. Eine Bearbeitung des Videomaterials ist nicht möglich. Das erzeugt die ultimative Bindung zu den Zuschauern: Immerhin können Sie in Echtzeit auf Kommentare eingehen, und die Zuschauer haben stets das Gefühl, unmittelbar dabei zu sein. Allerdings sind Livestreams mit enormem Aufwand verbunden. Gerade weil das Video nicht nachträglich kontrolliert, bearbeitet und geschnitten werden kann, ist eine ausführliche Vorbereitung unerlässlich. Fehler können nicht rückgängig gemacht werden.

Von sehr großer Wichtigkeit ist der Reiter COMMUNITY. Um dem Kerngedanken der sozialen Medien gerecht zu werden, empfiehlt sich eine intensive Beschäftigung mit den Community-Einstellungen und vor allem mit der Kommentarsektion. YouTube ist allgemein für seine chaotische und wenig freundliche Kommentarkultur bekannt, weshalb Sie um eine Moderation der Nutzerinteraktionen nicht herumkommen werden. Dafür finden Sie im COMMUNITY-Reiter Möglichkeiten, um Kommentare zu filtern, vorab zu prüfen oder schlicht nachträglich zu löschen. Daneben können Sie jederzeit mit Ihrem YouTube-Profil selbst kommentieren und folglich Nutzern auch antworten.

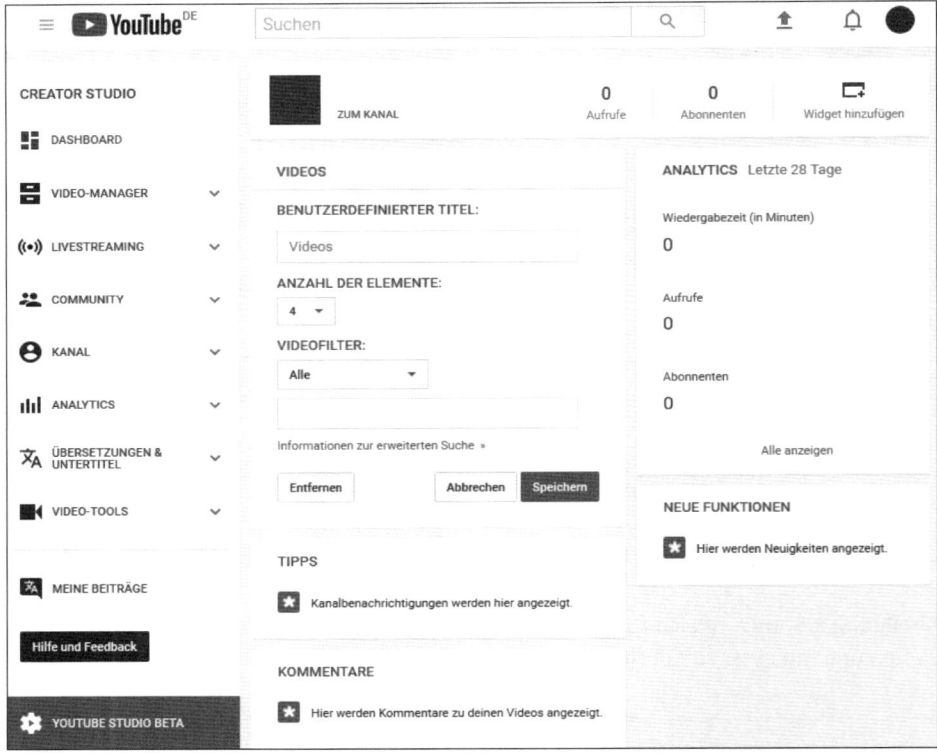

Abbildung 8.6 Ein Screenshot des Creator Studios: Am linken Rand sehen Sie die erwähnten Reiter. Das Creator Studio erreichen Sie über einen Klick auf das runde Feld oben rechts im Bild.

Der Reiter KANAL informiert über den Status Ihres YouTube-Kanals. Von hier aus können Sie Ihren Kanal weiter ausbauen. Beispielsweise könnten Sie eine benutzerdefinierte URL einrichten, das Kanallogo als Wasserzeichen in ihren Videos einsetzen oder Ihren Kanal ins YouTube-Partnerprogramm aufnahmen lassen, um ihn zu monetarisieren. Außerdem findet sich im KANAL-Reiter der Zugang zum Content-ID-

System, über das Sie Verletzungen Ihres Urheberrechts melden können. Umgekehrt können sich hier auch Nutzer melden, wenn Sie ihr Urheberrecht verletzen. Damit Ihnen Letzteres erst gar nicht passiert, empfehlen wir Ihnen, sich den Reiter VIDEO-TOOLS anzuschauen: Dort hält YouTube in einer Audio-Bibliothek frei verwendbare Musikstücke bereit.

> **WBS-Anekdote: Warum keine Monetarisierung?**
> Ein YouTube-Kanal kann *monetarisiert* werden. Das bedeutet, dass Sie als Inhaber eines Kanals Werbung vor oder während der Videos schalten können. Ein Teil der Werbeeinnahmen wird Ihnen ausgezahlt. Der Kanal WBS ist bewusst nicht monetarisiert. Das hat einen ganz einfachen Grund: Werbetreibende können gezielt Werbung auf bestimmten Kanälen schalten. In den Anfangszeiten ihres YouTube-Kanals hat die Kanzlei WBS eigene Werbung vor den Videos anderer Anwaltskollegen geschaltet. Dadurch hat der Kollege zwar geringe Centbeträge pro Klick verdient. Allerdings musste er auch damit leben, dass *vor* seinen Videos die Videos einer anderen Kanzlei liefen. Hätten Sie lieber die Aussicht auf geringe Werbeeinnahmen oder neue Mandanten?

Für Sie von Interesse ist auch der Reiter ANALYTICS. Hier erhalten Sie umfangreiche Informationen rund um die Performance Ihrer Videos und das Verhalten Ihrer Zuschauer. Es handelt sich also um die Tracking-Zentrale Ihres YouTube-Accounts.

8.1.2 Welche Inhalte bringen Geschäft?

Die Überschrift dieses Abschnitts ist eine häufig gestellte Frage, die durchaus berechtigt ist, aber dennoch fehlgeht. Vielleicht haben Sie von YouTubern gehört, die mit Ihren Videos Millionen verdienen. Hierzu werden Sie nie gehören. Sie nutzen YouTube nicht, um mit Ihren Videos Geld in Form von Werbeeinnahmen oder Ähnlichem zu generieren. YouTube ist für Sie eine Akquise-Plattform.

Überhaupt können Sie sich merken, dass Ihre Aktivität in den sozialen Medien zu 90 % aus Unterhaltung und nur zu 10 % aus Geschäft besteht. Daran müssen Sie Ihre Videoinhalte ausrichten. Niemand wird Ihnen zusehen, wie Sie Videos drehen, in denen Sie einzig und allein Ihre Kanzlei anpreisen. Genau wie bei der Website oder dem Newsletter geht es hier darum, den Zuschauern ein Mehr, also einen Dienst zu bieten.

YouTube hat dabei eines den anderen sozialen Medien voraus: Die Zuschauer sehen und hören Sie bzw. denjenigen, den Sie vor die Kamera stellen. Sie haben die wertvolle Möglichkeit, eine Person zu etablieren, die für Ihre Kanzlei steht und zu der die Zuschauer ein gewisses Verhältnis aufbauen können. Mit dieser Sache im Hinterkopf sollten Sie Ihre Videos konzipieren.

> **WBS-Anekdote: YouTube kann Nähe erzeugen**
>
> »Ich wohne zwar 800 Kilometer von Ihrer Kanzlei entfernt, aber da ich täglich Ihre YouTube-Videos schaue, habe ich das Gefühl, Ihnen ganz nah zu sein.«
>
> Diesen Satz einer Mandantin empfand Christian Solmecke als besonderes Lob, da er mit dem WBS-Kanal stets bemüht ist, eine persönliche Bindung zu den Zuschauern aufzubauen.

Inhaltlich können Sie sich an dem orientieren, was in den vorangegangenen Kapiteln gesagt wurde. Das Prinzip der Zweitverwertung gilt natürlich auch hier (siehe Abbildung 8.7). Angst davor, dass den Zuschauern irgendwann die Wiederverwertung der immer gleichen Inhalte langweilig wird, brauchen Sie nicht zu haben. Zum einen ist das passiv konsumierbare Medium Video zusammen mit einem guten Moderator etwas völlig anderes als der Text auf einer Website. Zum anderen erreichen Sie über YouTube eine größtenteils andere, nämlich jüngere und modernere Zielgruppe als mit Ihrer Website.

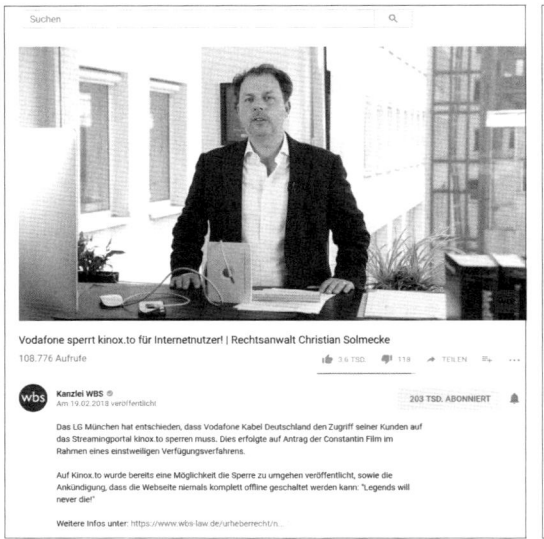 

Abbildung 8.7 Das Video auf der linken Seite berichtet über einen aktuell in den Medien diskutierten Fall, der zuvor bereits in Textform auf der Website (rechts) thematisiert wurde. Der Artikel auf der Website ist unter dem Video verlinkt.

Die Art des Konsums wirkt sich entsprechend auf die Präsentationsform der Inhalte aus. Selbst bei identischem Inhalt darf das YouTube-Video nicht zum Hörbuch für Ihren Website-Blog werden. Es ist wichtig, dass der Moderator die Inhalte auf seine eigene Art und Weise präsentiert, die bestenfalls Wiedererkennungswert hat. Diese persönliche Note trägt wesentlich zum Erfolg der Videos bei.

> **Exkurs: YouTube-Demografie**
>
> Die genaue Analyse Ihrer YouTube-Zielgruppe ist schwierig. Es ist zwar möglich, diese über den *Content Creator* anzeigen zu lassen, verlässlich ist das jedoch nicht. Aufgrund von Altersbeschränkungen für viele Videos ist es nicht unüblich, dass Nutzer ihre Profile unter falschem Datum anlegen. Sie können sich jedoch an den allgemeinen Nutzerstatistiken orientieren: In den Altersgruppen 40–49, 30–39 und 20–29 Jahre nutzen jeweils mehr als 70 %, 80 % und 90 % der Internetnutzer YouTube. Bei den Minderjährigen sind es knapp 100 %. Die meisten Studien gehen übrigens davon aus, dass etwas mehr Männer als Frauen YouTube nutzen.
>
> (Quellen: Media Perspektiven 9/2017, 447; Social Media Atlas 2017)

Das verlangt allerdings auch, dass Sie Ihre Videos nicht überfrachten. Arbeiten Sie im Vorfeld die wichtigsten Eckpunkte eines Themas heraus, und verzichten Sie im Video auf unnötige Nebeninformationen. Adressat der Videos ist ein Laien-Publikum. Zudem dürfen Sie die Aufmerksamkeit Ihrer Zuschauer nicht verlieren – was sich deutlich leichter anhört, als es ist! Je nach Umfang des Themas sollten zwischen 3 und 5 Minuten ausreichend sein.

Mehr Zeit sollten Sie für die Darstellung eines aktuellen Themas gar nicht benötigen, weshalb sich diese Art von Inhalt so gut für YouTube-Videos anbietet. Ebenfalls für kurze Videos geeignet sind Erklärungen zu speziellen Rechtsthemen und -fragen wie:

- Was bedeutet »lebenslänglich«?
- Ist es legal, für die Toilettennutzung Geld zu verlangen?
- Darf die Polizei eine einvernehmliche Schlägerei auflösen?
- Darf ich mit einem Fantasie-Namen unterschreiben?

Diese und ähnliche Videos sind auf dem WBS-Kanal erschienen (siehe Abbildung 8.8). Sie haben den Vorteil, dass es keines aktuellen Anlasses bedarf, sich mit diesen Themen auseinanderzusetzen. Dennoch sind das alles Fragen, die Ihnen so auch auf einer Party gestellt werden könnten – woran also ein generelles rechtliches Interesse besteht.

Weiterer Stoff für Videos entsteht dadurch, dass wir dieses generelle rechtliche Interesse mit aktuellen Themen kombinieren. Wie auch schon bei der Website sollen Sie kreativ werden: Welche Themen sind gerade populär und welche rechtlich interessanten Fragestellungen gehen damit einher? Nehmen Sie in den klassischen Medien behandelte Themen zum Anlass, sich selbst damit auseinanderzusetzen, Ihre rechtliche Einschätzung zu geben oder auf den ersten Blick abwegige rechtliche Dimensionen zu beleuchten.

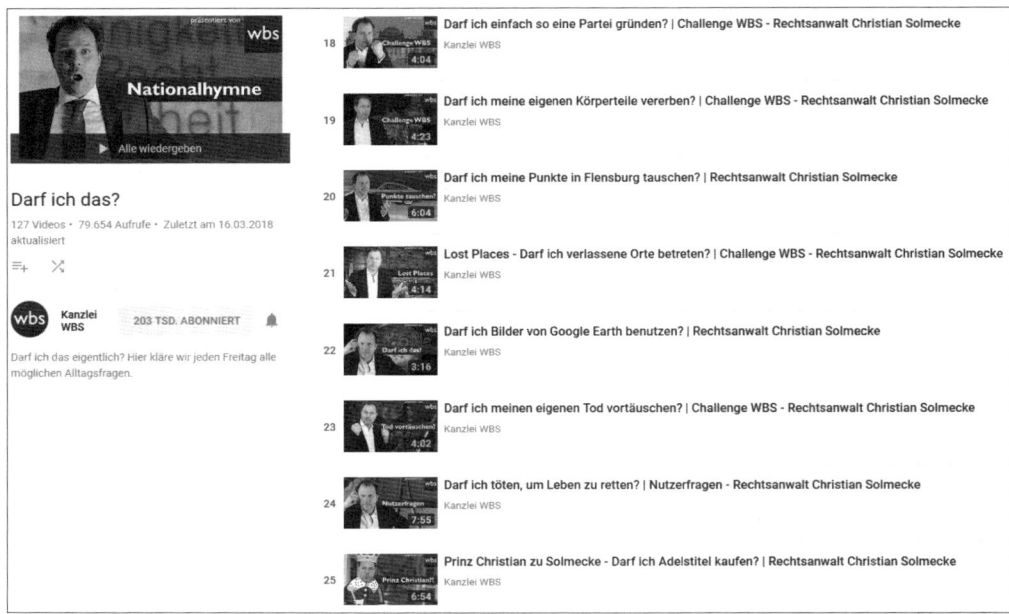

Abbildung 8.8 Auf dem WBS-Kanal sehr beliebt: die Kategorie »Darf ich das?«. Nahezu alle Fragen kommen von den Zuschauern.

> **Praxistipp: Populäre Themen auf YouTube**
>
> Welche Videothemen auf YouTube aktuell beliebt sind, erfahren Sie zum Beispiel durch einen Besuch der *YouTube-Trends*, einer Momentaufnahme der meistgeklickten Videos: *www.youtube.com/feed/trending*
>
> Daneben können Tools wie *VeeScore* (*www.veescore.com*) ganz nützlich sein.

Schließlich empfehlen wir Ihnen, die Zuschauer einzubinden und um Video-Inhalte zu bitten. Sie werden staunen, mit welchen verrückten Fragen Sie konfrontiert werden. Das macht nicht nur Spaß zu recherchieren, sondern sorgt auch für so manches lustige Video. Nicht zuletzt fühlen sich die Zuschauer dadurch, dass Sie aktiv auf sie zugehen, von Ihnen wahrgenommen.

Übrigens: Falls Sie mit einem Videothema einmal nicht warten wollen, bis Ihr Filmstudio aufgebaut und das Rohmaterial bearbeitet ist, können Sie auch ausnahmsweise zum Smartphone greifen. Fixe Videos außerhalb des gewohnten Settings zu besonders eiligen Themen lockern Ihren Kanal auf und lassen Sie bzw. den jeweiligen Moderator authentisch wirken (siehe Abbildung 8.9).

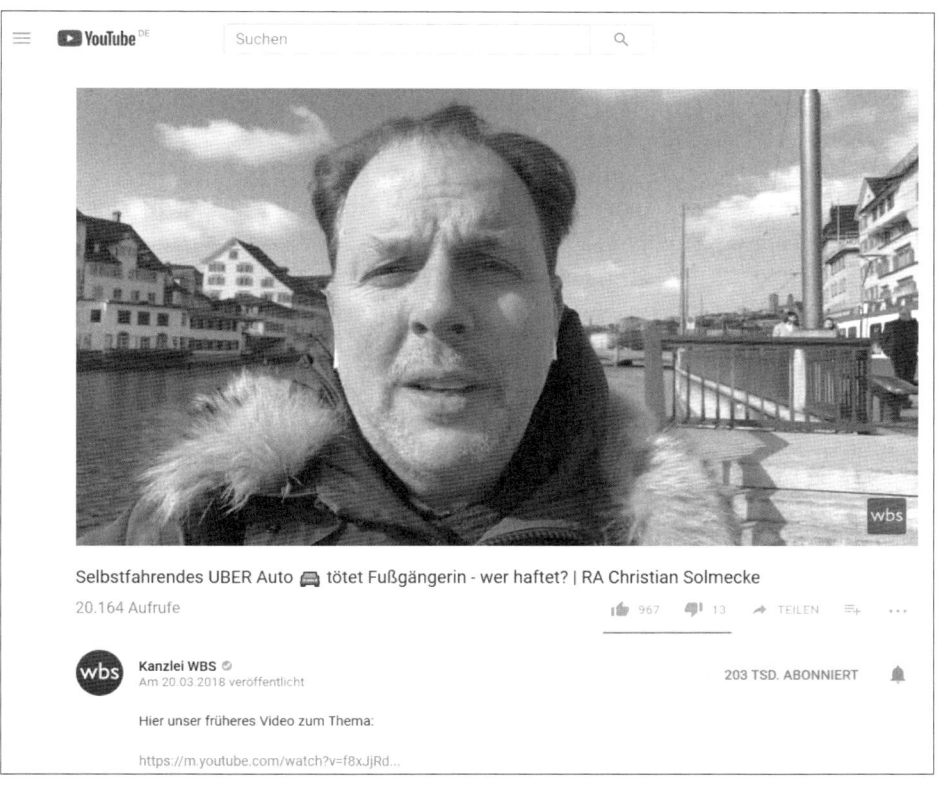

Abbildung 8.9 Weil sich Christian Solmecke gerade in Zürich aufhielt, drehte er das Video zu einem aktuellen Thema einfach vor Freiluft-Kulisse. Nebenbei war das eine gute Gelegenheit, die geschäftlichen Hintergründe seiner Reise zu schildern.

8.1.3 Wie mache ich meinen Kanal bekannt?

Kommen wir zum schwierigsten Teil: der Vermarktung. Mehr als jedes andere soziale Medium bedarf YouTube ausgefeilter Marketing-Strategien, um die eigenen Inhalte auf die Bildschirme der Zuschauer zu bringen. 300 Stunden Videomaterial werden jede einzelne Minute auf YouTube hochgeladen (*https://fortunelords.com/youtube-statistics*). Sich gegen diese Massen durchzusetzen ist für einen kleinen Kanzlei-Kanal unmöglich.

Wie gesagt, ist es auch nicht Ihr Ziel, der nächste große YouTuber zu werden. Sie wollen die Vorteile von YouTube als Suchmaschine ausnutzen, bei den relevanten Suchbegriffen gefunden werden, potenzielle Mandanten auf sich aufmerksam machen und eine rechtliche Dienstleistung in Videoform etablieren.

Viele nützliche Hinweise und Hilfestellungen zum Start mit YouTube und zum Aufbau sowie zur Vermarktung eines Kanals bietet der YouTube-Kanal »So geht YouTube« (*www.youtube.com/channel/UCwInqvNXb-GNOJHdtoul_9A/feed*).

Die Community aufbauen

Natürlich hätte es einen enormen Werbeeffekt, wenn Sie es mit einem Video in die YouTube-Trends (*www.youtube.com/feed/trending*), die Liste der zurzeit beliebtesten Videos, schaffen würden. Als Nischen-Kanal wird Ihnen das mit ziemlicher Sicherheit verwehrt bleiben. Die Funktionsweise des YouTube-Algorithmus ist ein wohlgehütetes Geheimnis. Er unterliegt zudem einem ständigen Wandel – es lassen sich mithin keine verlässlichen Aussagen darüber treffen, welche Faktoren bestimmen, ob ein Video den Nutzern empfohlen oder präsent auf der Hauptseite platziert wird. Ist es die Anzahl an Aufrufen in einer bestimmten Zeit? Die Menge an Kommentaren oder Nutzerinteraktionen in Form von Bewertungen? Oder haben gar die ununterbrochen angeschaute Videodauer und das Klickverhalten unmittelbar nach Ende eines Videos Auswirkungen?

Für den Anfang ist die Aufrufzahl der für Sie am einfachsten nachzuverfolgende Indikator für den Erfolg eines Videos. Deutlich unterschiedlichen Aufrufzahlen können Sie ein gewisses Stimmungsbild entnehmen. Mit wachsenden Abonnentenzahlen werden Sie immer häufiger Kommentare unter den Videos bekommen. Sofern inhaltlich verwertbar, empfiehlt es sich gerade zu Beginn, auf Kommentare einzugehen, Fragen zu beantworten und sich bei Lob zu bedanken. Wenn Sie zeigen, dass Feedback gerne gesehen ist und Kommentare nicht ungelesen im Äther verschwinden, geben Sie den Zuschauern das Gefühl, Einfluss nehmen zu können. Stellen Sie sich vor, Sie könnten Judith Rakers im Anschluss an einen Tagesschaubericht, der Ihrer Ansicht nach fehlerhaft war, eine E-Mail schreiben und würden sogar Antwort bekommen! YouTube lebt davon, dass die typische Distanz des linearen Fernsehens (zumindest gefühlt) überwunden wird.

Der Aufbau einer *Community* ist daher essenziell für das langfristige Bestehen auf der Plattform. Gemeint sind damit zunächst die Abonnenten. Das sind die Personen, die auf den roten ABONNIEREN-Knopf gedrückt haben. Videos von auf diese Weise abonnierten Kanälen werden in einer separaten *Abobox* angezeigt. So ist es möglich, sich auf YouTube ein eigenes Programm zusammenzustellen. Das hat natürlich auch zur Folge, dass neue Videos von Ihren Abonnenten mit hoher Wahrscheinlichkeit angesehen werden. Primäres Ziel eines YouTubers ist es also, so viele Abonnenten wie möglich zu haben.

Abonnentenzahlen alleine bringen zwar die nötige »Street Credibility« innerhalb der Szene, bringen Ihren Kanal jedoch nicht dauerhaft nach vorne. Bei einem Streifzug durch die YouTube-Welt werden Sie schnell merken, dass die Aufrufzahlen einzelner

Videos fast immer nur einen Bruchteil der Gesamt-Abonnentenzahl betragen. Denn nur weil Abonnenten am ehesten mit Ihren neuen Videos konfrontiert werden, heißt das noch lange nicht, dass sie diese auch ansehen werden. Darüber hinaus müssen Sie verhindern, dass Zuschauer nach den ersten Sekunden bereits wegklicken. Eine stabile und lebendige Stamm-Zuschauerschaft ist sehr schwer zu pflegen und noch viel schwerer zu vergrößern. Allerdings gibt es ein paar Erfolgsrezepte, die Sie sich von großen YouTubern abschauen sollten.

> **Exkurs: Abonnentenanzahl**
>
> Erfolg und Reichweite eines YouTube-Kanals werden gemeinhin anhand der Abonnentenzahl gemessen. Der am meisten abonnierte Kanal der Welt ist der des Schweden »PewDiePie« mit über 60 Millionen. Der auf Computerspiele spezialisierte YouTuber erreicht mit englischsprachigen Inhalten die größte Zielgruppe. Bei den deutschsprachigen Kanälen liegt der Lifestyle- und Beauty-Kanal »BibisBeautyPalace« mit über 5 Millionen Abonnenten weit vorne. Der WBS-Kanal ist mit mehr als 245.000 Abonnenten immerhin der größte Kanal zu juristischen Themen in Europa.
>
> Für mehr Infos: *https://socialblade.com*

Das Kanal-Konzept

Jeder YouTube-Kanal benötigt ein grundlegendes Konzept. Dazu gehört zunächst, dass Sie Ihren Kanal im gleichen Design wie Ihre Website gestalten und Ihre Marke somit langsam, aber sicher in die Welt der sozialen Medien tragen. In Abschnitt 8.1.1 haben wir Ihnen gezeigt, wie Sie im Creator Studio das äußerliche Erscheinungsbild Ihres Kanals verändern. Machen Sie von allen Ihnen zur Verfügung stehenden Individualisierungsoptionen Gebrauch! Ab einer Zahl von 100 Abonnenten und sobald Ihr Kanal mindestens 30 Tage lang existiert, können Sie zudem eine eigene URL beantragen. Dann ist Ihr Kanal unter

www.youtube.com/NAME

erreichbar. Anderenfalls müssen Sie mit einer wirren Aneinanderreihung von Buchstaben und Ziffern vorlieb nehmen. Ein Link mit Ihrem Namen lässt sich deutlich besser vermarkten. Weitere Informationen gibt es hier:

https://support.google.com/youtube/answer/6180214?hl=en

Als eigene URL nehmen Sie am besten den Namen Ihrer Kanzlei. Da sich solch eine eigene URL sehr gut zur Verlinkung über andere Netzwerke, Newsletter oder Websites eignet, sollte der Name nicht zu lang oder kompliziert sein.

Sie sollten aber nicht nur die Äußerlichkeiten des Kanals anpassen, sondern auch ein organisatorisches Konzept entwickeln. Ein Begriff ist auf YouTube von besonderer Relevanz: Regelmäßigkeit. Denn zum einen bevorzugt der YouTube-Algorithmus

Kanäle, die regelmäßig neue Videos veröffentlichen. Zum anderen fördert es die Zuschauerbindung ungemein, wenn sich Ihre Abonnenten auf feste Erscheinungstermine verlassen können. Das setzt natürlich voraus, dass Sie von vornherein festlegen, wie Ihre Videoproduktion aussehen soll. Die Videos müssen gedreht, bearbeitet und hochgeladen werden – ein Prozess, der hinsichtlich des zeitlichen Aufwands nicht unterschätzt werden sollte. Um Ihre geplanten Veröffentlichungstermine einzuhalten, bedarf es mithin der richtigen Vorbereitung.

> **Praxistipp: Feste Drehtage**
>
> Auf dem WBS-Kanal erscheint jeden Tag ein neues Video. Um das realisieren zu können, dreht Christian Solmecke zusammen mit Filmstudenten aus Köln an festen Drehtagen jeweils 10 Videos. Der Inhalt dieser Videos wird von studentischen Hilfskräften vorrecherchiert. Nach jedem Drehtag vereinbart das Film-Team mit dem Sekretariat den nächsten Termin und bearbeitet anschließend die Videos.

Die Videos selbst erfordern ebenfalls ein grobes Konzept. Das betrifft zunächst den formalen Aufbau. So sollten Sie sich überlegen, ob Sie nicht jedes Video mit einem kurzen Intro beginnen. Die WBS-Videos werden beispielsweise durch einen etwa 10 bis 20 Sekunden langen Teaser eingeleitet, auf den dann ein 5-sekündiges Intro mit dem Kanzlei-Logo folgt. Diese Art der Einleitung ist häufig bei Kurzvideos im Internet zu beobachten. Die kurze Vorschau am Anfang soll das Interesse der Zuschauer wecken, um ein schnelles Abschalten zu verhindern. Durch das anschließende Einblenden des Logos wird der Wiedererkennungswert der Marke gesteigert.

Am Ende eines Videos ist es üblich, eine sogenannte *Endcard* einzubauen. Damit ist ein Abspann gemeint, der im Kanal-Design gehalten ist und meist Links zu weiteren Videos desselben Kanals anzeigt. Die Intention dahinter ist, den Zuschauer zum nächsten Video zu führen, ohne dass das eigentliche Videofenster verlassen werden muss. Wie eine solche Endcard erstellt wird, erläutert YouTube unter:

https://support.google.com/youtube/answer/6388789?visit_id=1-636137605477206713-3311935828&p=end_screens&hl=de&rd=1

Ein fertiges Video ist mit einem aussagekräftigen Titel und einem sogenannten *Thumbnail* zu versehen. Ein Thumbnail ist ein Vorschaubild und von nicht zu unterschätzender Bedeutung auf YouTube, da ihm die Aufgabe des Blickfängers zukommt. Es empfiehlt sich, die Thumbnails stets ähnlich zu gestalten und in das Kanal-Design zu integrieren. Dabei sollten die Thumbnails immer in irgendeiner Weise das Videothema widerspiegeln, in ihrer Gesamtheit aber auch einen roten Faden aufweisen (siehe Abbildung 8.10). Mit der Zeit werden sich Ihre Zuschauer an Ihr Thumbnail-Design gewöhnen und Videos Ihres Kanals auch unter vielen anderen sofort erkennen können.

Abbildung 8.10 Die Thumbnails der WBS-Videos sind alle unterschiedlich, weisen aber im zugrunde liegenden Design Gemeinsamkeiten auf, die sie deutlich von den Videos anderer Kanäle unterscheiden.

> **Praxistipp: Clickbait vermeiden**
>
> Wenn Sie sich auf YouTube etwas umsehen, werden Sie schnell feststellen, dass ein unerbittlicher Kampf um die effekthaschendsten Titel und Thumbnails tobt. In dieses Gefilde sollten Sie sich nicht begeben. Zwar werden reißerische Titel und schockierende Thumbnails überdurchschnittlich oft angeklickt. Diese Praktiken richten sich jedoch an eine ganz andere Zielgruppe. Gerade als Betreiber eines Jura-Kanals wollen Sie seriös erscheinen. Sogenannter *Clickbait* (zu Deutsch »Klickköder«) – also irreführende Titel und Vorschaubilder zur Generierung von Klicks – hat auf Ihrem Kanal nichts verloren. Das ist eine Frage des Niveaus und des eigenen Anspruchs; vergleichen Sie etwa BILD und FAZ oder »taff« und die Tagesschau.
>
> Für Sie gilt: Populismus bringt Klicks, aber kein Geschäft!

Von diesen Hinweisen abgesehen, können und sollten Sie sich noch andere Möglichkeiten überlegen, wie Sie sich von der Konkurrenz abheben und Ihre Marke etablieren. Ob das ein persönliches Markenzeichen wie eine bestimmte Begrüßung oder Verabschiedung ist oder auch ein Maskottchen – seien Sie kreativ!

Ab einer bestimmten Anzahl von Videos lohnt es sich, Kategorien bzw. Formate einzuführen. Passend dazu bietet sich ein kleiner Sendeplan an. So erscheint auf dem WBS-Kanal etwa jeden Sonntag ein Video zu Nutzerfragen, freitags erscheint die Reihe »Darf ich das?«.

Weiterführende Marketing-Strategien

Je größer Ihr Kanal ist, desto mehr Möglichkeiten zur Vermarktung stehen Ihnen offen. Sehr hilfreich ist sogenanntes *Cross Marketing*: Im Rahmen einer Kooperation zwischen zwei YouTube-Kanälen werden mindestens zwei Videos gemeinsam erstellt, von denen eines auf jedem der beiden Kanäle veröffentlicht wird (siehe Abbildung 8.11). In den Videos wird auf die Kooperation und den jeweils anderen Kanal hingewiesen; bestenfalls sind die Videos so aufgebaut, dass die Zuschauer beide Videos ansehen müssen.

Derartige Kooperationen eröffnen den Kanälen eine völlig neue Zuschauerschaft, nämlich die des anderen Kanals. Sinn ergibt das natürlich nur dort, wo bereits Überschneidungen bestehen, da Sie Ihre eigenen Zuschauer nicht durch völlig themenfremde Kooperationen abschrecken wollen. Beispielsweise haben wir mit dem WBS-Kanal bereits Kooperationen mit Kanälen veranstaltet, die sich auf Lehrvideos spezialisiert haben.

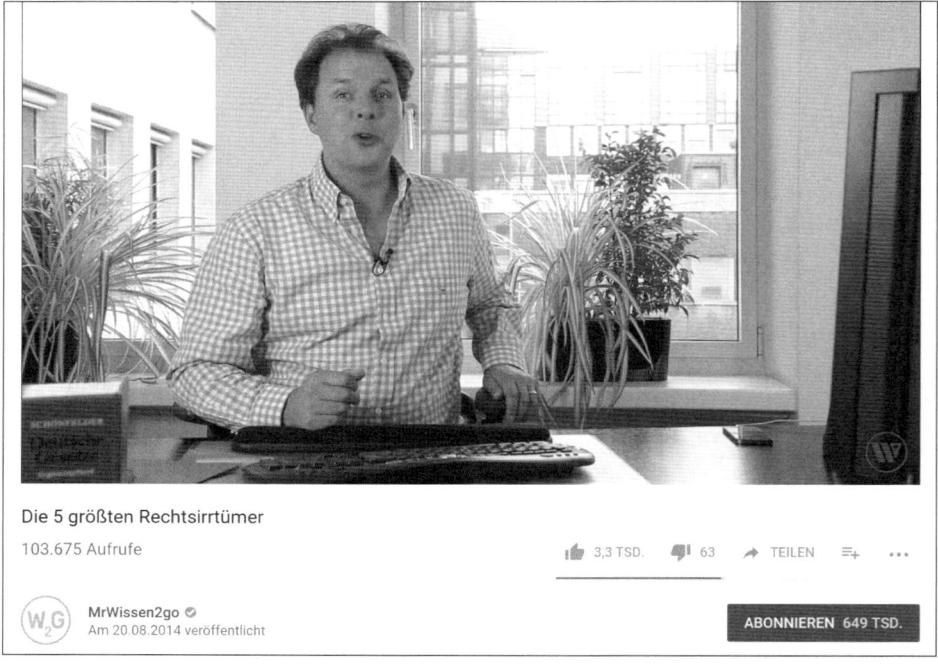

Abbildung 8.11 Hier taucht Christian Solmecke im Video des beliebten Kanals »MrWissen2go« auf und beantwortet Fragen zu Rechtsirrtümern.

Als Rechtsanwalt haben Sie den großen Vorteil, dass Sie tatsächlich fachliche Kompetenz mit auf die Plattform bringen. Rechtsfragen bestehen, gerade im Internet, immer. Sobald Sie sich auf Ihrem Gebiet einen gewissen Ruf erarbeitet haben, sollten

Sie sich nicht scheuen, auf andere YouTuber zuzugehen bzw. auf entsprechende Anfragen nach Ihrer Expertise zu antworten. Christian Solmecke hat andere YouTuber bereits häufiger in Ihren Videos unterstützt, wenn diese sich mit aktuellen rechtlichen Fragestellungen – insbesondere ihrer eigenen Zuschauer – konfrontiert sahen.

Für den Erfolg auf YouTube ist vor allem anderen wichtig, dass Sie Ihre Nische finden und sich treu bleiben. Lassen Sie sich nicht dadurch entmutigen, dass Ihre Abonnenten- und Aufrufzahlen nur sehr langsam wachsen. Der Anfang auf YouTube ist schwer, dafür macht es umso mehr Freude, Ihrem eigenen kleinen Kanal beim Wachsen zuzusehen.

8.2 Facebook

Die Plattform Facebook dürfte Ihnen als das bekannteste soziale Netzwerk aller Zeiten bereits ein Begriff sein. Mit 1,4 Milliarden täglichen und mehr als 2 Milliarden monatlichen Nutzern ist die Reichweite dieses sozialen Mediums bisher unübertroffen. Allein in Deutschland nutzen 24 Millionen Menschen täglich Facebook (*https://de.newsroom.fb.com/company-info*). Der ARD/ZDF-Onlinestudie 2017 zufolge besucht jeder dritte Deutsche mindestens einmal pro Woche das soziale Netzwerk. Ähnlich wie YouTube ist auch Facebook bei allen Altersgruppen beliebt. Bei Facebook zeichnet sich sogar ein Trend in Richtung älterer Nutzer ab (*http://meedia.de/2018/02/15/facebook-wird-zum-seniorentreff-neue-studie-sieht-zuwaechse-bei-den-alten-aber-die-jugend-nimmt-reissaus*; *www.faktenkontor.de/corporate-social-media-blog-faktzweinull/soziale-medien-fuer-gross-und-klein*).

Die scheinbare Abkehr der Jugend und die steigende Beliebtheit bei älteren Semestern mag für Facebook selbst zwar problematisch sein. Für Sie hingegen ist das jedoch gar nicht so schlecht, da Ihre Zielgruppe sowieso nicht aus Teenagern besteht. Darüber hinaus zeigen auch die wiederholten Datenskandale, dass sich Facebook mittlerweile das Attribut »too big to fail« verdient hat. Zudem sollten Sie wissen, dass zu Facebook die später noch behandelte Plattform *Instagram* und der Nachrichtendienst *WhatsApp* gehören – beides soziale Medien, die zurzeit ganz oben auf der Beliebtheitsskala stehen.

Was Facebook so erfolgreich macht, lässt sich nur vermuten. Es war bei Weitem nicht das erste soziale Netzwerk, zeichnete sich jedoch schon immer durch seine Anpassungsfähigkeit aus und hat mit Mark Zuckerberg einen zielstrebigen, aber auch radikalen Macher an der Spitze. Facebook hat den Datenhandel perfektioniert und ist damit heute mehr denn je Objekt großer Begierde von Werbetreibenden, aber auch der Politik. Fakt ist: Facebook ist so allgegenwärtig, dass Sie nicht umhinkommen, sich mit Ihrer Kanzlei auf der Plattform zu präsentieren. Ähnlich wie die Existenz einer Website wird heutzutage auch eine entsprechende Facebook-Seite erwartet.

Für diejenigen unter Ihnen, die es bisher erfolgreich geschafft haben, sich um den Internet-Giganten zu drücken, hier nun ein kurzer Abriss zur Funktionsweise der Plattform: Jeder kann sich kostenlos auf Facebook anmelden und ein eigenes Profil erstellen. Das Profil kann detailreich individualisiert und anschließend zur Verbindung mit anderen Profilen genutzt werden. Sie können Freunde hinzufügen und Ihre Lieblingsfilme, -bücher oder -promis mit einem Klick auf den berühmten GEFÄLLT MIR-Knopf »liken«. Sämtliche Aktivitäten werden in Ihrem Profil hinterlegt, das mit der Zeit ein digitales Abbild von Ihnen darstellt. Für den besseren Austausch mit anderen können Sie sich gegenseitig (private) Nachrichten schreiben oder Gruppen aus Gleichgesinnten beitreten.

Ein Hauptbestandteil der Plattform ist die sogenannte *Chronik* oder auch *Pinnwand*. Diese gibt es in jedem Profil und kann von Ihnen oder Ihren Freunden mit Bildern, Videos und Texten zugepflastert werden. Auf diese Inhalte können Sie bzw. Ihre Freunde wiederum mit »Gefällt mir«-Angaben oder Kommentaren reagieren. Über die Facebook-STARTSEITE erhalten Sie einen zusammenfassenden Überblick (den sogenannten *Feed*) über alle aktuellen Aktivitäten Ihrer Freunde sowie über Seiten, die Sie mit GEFÄLLT MIR markiert haben (siehe Abbildung 8.12).

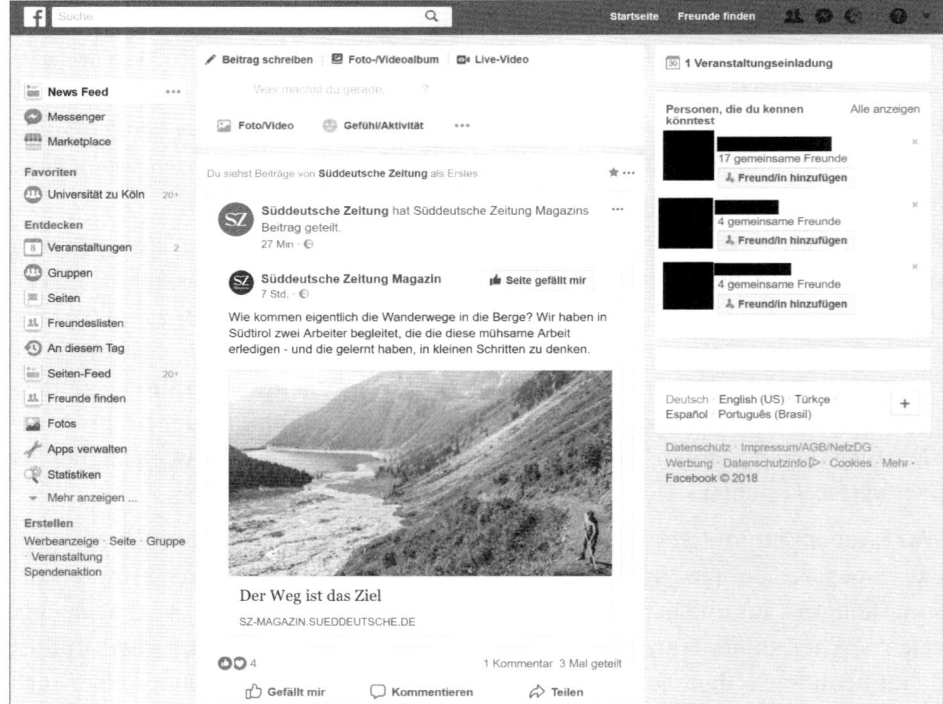

Abbildung 8.12 Die Facebook-Startseite eines aktiven Profils. Da die Seite der »Süddeutschen Zeitung« »gelikt« wurde, werden aktuelle Aktivitäten des Nachrichtenmagazins im Feed angezeigt.

Facebook ist mithin ein soziales Netzwerk im wahrsten Sinne des Wortes: Alles wird mit allem vernetzt. Dabei ist es Ihnen überlassen, ob Sie die Plattform primär zum Austausch mit Freunden, zur Nachverfolgung der Aktivitäten von Prominenten oder aber auch als Aggregator für Nachrichtenseiten benutzen.

8.2.1 Persönliche Seite vs. Kanzlei-Seite

Die wesentliche Frage bei der Einrichtung einer Facebook-Seite ist zunächst wieder einmal: Wer macht sich die Arbeit? Die Antwort hängt maßgeblich davon ab, ob es sich um eine persönliche oder eine offizielle Kanzlei-Seite handelt. Rein intuitiv werden Sie sich jetzt wahrscheinlich fragen, warum wir überhaupt die persönliche Facebook-Seite ansprechen – geht es hier nicht gerade um die Nutzung einer offiziellen Kanzlei-Seite als Akquise-Instrument? Ja und nein.

Ja, jedes Unternehmen sollte eine zumindest mittelmäßig gepflegte offizielle Facebook-Seite unterhalten, um in dem größten sozialen Netzwerk der Welt vertreten zu sein. Und ja, persönliche Facebook-Seiten gehören Privatpersonen und bilden den Großteil und das Grundgerüst der Plattform. Dennoch bedeutet das nicht, dass Sie als Unternehmer nicht auch eine private Facebook-Seite betreiben dürfen. Diese würde dann selbstverständlich nicht unter dem Namen Ihrer Kanzlei firmieren, sondern unter Ihrem eigenen.

Weshalb aber nun zusätzlich zur obligatorischen Kanzlei-Seite auch eine persönliche Facebook-Seite betreiben? Schließlich würde doch gerade das mehr Arbeit bedeuten. Aufschluss kann ein Einblick in die Facebook-Arbeit der Kanzlei WBS geben. Die offizielle Kanzlei-Seite, die Sie in Abbildung 8.13 sehen, »gefällt« über 25.000 Nutzern. Daneben betreibt Christian Solmecke ein eigenes persönliches Facebook-Profil (zu sehen unter anderem in Abbildung 8.14) mit knapp 5.000 »Freunden« und 6.000 Abonnenten.

Facebook-Seiten und -Profile unterscheiden sich in vielerlei Hinsicht. *Profile* sind die persönlichen Bereiche individueller Nutzer auf Facebook. Über Ihr Profil können Sie Ihre Interessen und Vorlieben anzeigen, sich mit Freunden vernetzen und Ihre Gedanken mit der Welt teilen. Wer Ihre Beiträge lesen kann, können Sie über die Privatsphäre-Einstellungen selbst entscheiden. So kann Ihr Steckbrief öffentlich, ein Urlaubsfoto aber nur für Ihre Freunde sichtbar sein.

Facebook-*Seiten* hingegen haben das Ziel, so viele Nutzer wie möglich zu erreichen. »Befreunden« können Sie eine Seite nicht, Sie können sie lediglich »liken«, also auf Gefällt mir klicken. Damit bringen Sie nicht nur Ihre Unterstützung für diese Seite zum Ausdruck, sondern werden auch automatisch – ähnlich wie bei Freunden – über Neuigkeiten informiert. Seiten sind also primär für Unternehmen, Vereine, Marken und Ähnliches konzipiert.

8 Social Media

Abbildung 8.13 Die offizielle Facebook-Seite der Kanzlei »Wilde Beuger Solmecke« (WBS)

Der EuGH und Facebook: Das Ende der Facebook-Seite?

▶ Mit seinem Urteil vom 05.06.2018 hat der EuGH sicherlich den Vogel abgeschossen und zunächst einmal für größte Verunsicherung gesorgt. Nach dem Urteil sind Betreiber von Facebook-Seiten in der EU gemeinsam mit Facebook Ireland als für die Datenverarbeitung Verantwortliche anzusehen.

▶ Da die Seitenbetreiber von Facebook detaillierten Einblick in die Besucherstatistiken erhalten, erfahren sie so unter anderem demografische Merkmale ihrer Nutzer. Die Erfassung dieser Daten lässt sich nicht deaktivieren. Dementsprechend sei nicht nur Facebook, sondern auch der Betreiber für den Schutz dieser Daten verantwortlich, so der EuGH. Dieses Urteil hat möglicherweise Auswirkungen auf alle Social-Media-Plattformen, YouTube, Instagram, Google Analytics und Pinterest, um nur einige zu nennen.

▶ Aber dieses Urteil bedeutet nicht das Ende von Social-Media-Plattformen. Auch in Zukunft werden wir Facebook-Seiten und YouTube-Kanäle unterhalten können. Zwei bekannte Anwälte mit einer ausgewiesenen Expertise im Medienrecht haben sich sofort geäußert: RA Christian Solmecke mit »Sind Facebook Pages nun illegal?« (*https://bit.ly/2yaYghV*) und RA Thomas Schwenke mit »Muss ich jetzt meine Facebook Seite schließen?« (*https://allfacebook.de/policy/eugh-urteil*). Alles scheint etwas in der Schwebe zu sein, und die weiteren Entwicklungen bleiben abzuwarten.

- Seitenbetreiber sollten allerdings in die eigene Datenschutzerklärung einen entsprechenden Hinweis aufnehmen, dass Daten erhoben werden. Im Übrigen empfehlen wir allen Interessierten, die immer am Puls der Zeit und topinformiert sein wollen, den Newsletter *www.wbs-law.de/newsletter* der Kanzlei Wilde Beuge Solmecke zu abonnieren. Dieser hält Sie auf dem Laufenden, damit Sie auch zukünftig in der Lage sind, Ihre Facebook-Seiten zu unterhalten.
- Aber auch Facebook hat am 15. Juni 2018 bereits eine Stellungnahme zum Urteil abgegeben und seine Nutzer informiert, dass Facebook alles tun wird, um die Datenschutzvorgaben einzuhalten:
https://de.newsroom.fb.com/news/2018/06/ein-update-fuer-betreiber-von-facebook-seiten

Wie Sie eine Facebook-Seite nutzen, erklären wir später noch. Ihnen sollte aber bereits jetzt klar sein, dass die Inhalte auf Ihrer Kanzlei-Seite repräsentativ für die Kanzlei stehen. Urlaubsfotos, Kalendersprüche oder lustige Katzenvideos haben hier nichts verloren. Stattdessen informieren Sie über Neuigkeiten, posten Artikel von Ihrer Website und animieren die Nutzer, Kontakt zu Ihrer Kanzlei aufzunehmen. Die Pflege der Seite erfolgt damit ähnlich wie die anderer sozialer Medien, des Newsletters und der Website. Diese Arbeit wird in vielen Unternehmen von einem Social-Media-Team übernommen, das gleichzeitig auch in Kontakt mit Ihrer Gefolgschaft tritt. Für Sie allein bzw. als Beschäftigung neben Ihrer normalen Anwaltstätigkeit wird die Pflege der sozialen Medien sehr schnell zu umfangreich sein.

Bei dem *persönlichen Facebook-Profil* ist das etwas anderes. Im Gegensatz zur kommerziellen Seite müssen Sie sich auf Ihrem Profil nicht professionell und distanziert geben. Sie können sich ganz normal von Ihrer persönlichen, authentischen Seite zeigen. Lange Überlegungen, was wie gepostet werden soll, fallen hier weg. Sie können Anekdoten aus Ihrem Privatleben, Bilder aus Ihrer Freizeit und andere alltägliche Dinge posten, die nicht unmittelbar mit Ihrem Berufsleben zusammenhängen. Diese Inhalte würden Sie unter Umständen unabhängig von Ihrer Rechtsanwaltstätigkeit posten; Ihnen entsteht also keinerlei Mehraufwand. Nutzer auf diese Weise einzuladen, an Ihrem Leben ein Stück weit teilzuhaben, ist zudem die effektivste Möglichkeit, um ein sympathisches und nahbares Bild von Ihnen selbst zu schaffen.

Abbildung 8.14 Ein Post auf Christian Solmeckes privatem Profil. Auf der Kanzlei-Seite wäre dieser Post fehl am Platz.

Selbstverständlich möchte sich nicht jeder auf diese Weise für fremde Menschen öffnen. Bedenken Sie aber, dass Sie allein steuern können, wie viel Sie von sich und Ihrem Privatleben teilen. Darüber hinaus können Sie auch weiterhin ein zweites privates Profil für Ihre wirklichen Freunde betreiben. Oder Sie arbeiten mit der *Abonnenten-Funktion*: Wer Ihr Profil abonniert, der wird über Ihre Posts auf dem Laufenden gehalten. Sie können Posts jedoch auch nur für Freunde freigeben; Abonnenten haben hierauf dann keinen Zugriff. Diese Funktion ist gerade für Personen gedacht, die in der Öffentlichkeit stehen. Denn für Prominente sind Facebook-Seiten nur bedingt geeignet. Profile bieten sich eher an, wobei auch Promis nicht alles mit der Öffentlichkeit teilen wollen. Die Unterscheidung zwischen Abonnenten und Freunden ist daher ein gangbarer Weg.

> **Praxistipp: Private Mandatsanfragen**
>
> Wenn Sie als Anwalt Ihre persönliche Facebook-Seite wie beschrieben in die Öffentlichkeit ziehen, werden Sie höchstwahrscheinlich auch Mandatsanfragen über diese Seite bekommen. Das ist nicht optimal, lässt sich jedoch leider nicht verhindern.
>
> Überlegen Sie daher früh, wie Sie mit derartigen Anfragen umgehen. Denkbar ist beispielsweise eine vorgeschriebene Antwort mit dem Verweis auf die regulären Kontaktmöglichkeiten. Alternativ können Sie die Anfrage auch als eigene E-Mail an Ihr Sekretariat senden. Ignorieren sollten Sie derartige Anfragen aber nicht.

Die authentische Darstellung Ihrer selbst ist allerdings nicht der einzige Vorteil der Nutzung des persönlichen Profils. Schließlich ist das Ziel Ihrer Facebook-Aktivitäten primär die Akquise neuer Mandanten. Aus diesem Grund empfehlen wir Ihnen, die

Kanzlei bzw. Ihre Anwaltstätigkeit so häufig wie möglich in Posts einzubauen. Am einfachsten funktioniert das, indem Sie jeden Beitrag wie eine kleine Geschichte aufziehen und am Ende einen Schwenk auf Ihre Kanzlei vollziehen: »*Fantastischer Wochenend-Trip! Am Montag geht es dann wieder voller Energie in die Kanzlei.*« So in etwa könnten Sie ein Urlaubsfoto wie in Abbildung 8.15 beschreiben.

Abbildung 8.15 Solche Posts passen sehr gut auf das persönliche Profil. Hier hat Christian Solmecke nicht nur den (geschäftlichen) Hintergrund seiner Reise erläutert, sondern auch gleich auf das nächste soziale Netzwerk verwiesen.

> **WBS-Anekdote: Das Bußgeld**
>
> Christian Solmecke wollte nur schnell Hemden aus der Reinigung abholen und parkte in der zweiten Reihe, weil sich wieder kein freier Parkplatz fand. Natürlich war sofort die Polizei zur Stelle und stellte ein Bußgeld über 15 EUR aus: 10 EUR für das Falschparken und weitere 5 EUR für die Warnblinkanlage.
>
> Was zunächst ärgerlich, aber auf den zweiten Blick ein lustiger Schwank aus dem Alltag ist, eignet sich auch für einen Facebook-Post. Also holte sich Christian Solmecke auf seinem persönlichen Profil nicht nur ein paar Lacher ab, sondern verwies auch kurz auf den rechtlichen Hintergrund des Bußgelds und schließlich auf die Verkehrsrecht-Abteilung der Kanzlei.

Nun da Sie die Unterschiede zwischen persönlichen Profilen und Facebook-Seiten kennen, werden wir uns mit Letzteren etwas näher beschäftigen. Ob Sie zusätzlich zur Kanzlei-Seite auch Ihr persönliches Profil öffnen, bleibt Ihnen selbst überlassen. Wir haben in der Vergangenheit die Erfahrung gemacht, dass auf der persönlichen

Seite von Christian Solmecke deutlich mehr Interaktionen stattfanden als auf der Kanzlei-Seite. Das könnte sich in Zukunft noch einmal verstärken, da Facebook im Januar 2018 angekündigt hat, den Fokus mehr auf Beiträge von Freunden als von Seiten zu legen. Insbesondere soll der neue Algorithmus Inhalte, die persönliche Interaktionen hervorrufen, stärker gegenüber bloß passiv konsumierbaren Inhalten bevorzugen. Gleichwohl ist der Facebook-Algorithmus sehr unbeständig, und um die Einrichtung einer Kanzlei-Seite kommen Sie sowieso nicht herum. Lesen Sie sich daher am besten die folgenden Informationen durch, und probieren selbst etwas herum.

8.2.2 Optimale Gestaltung einer Kanzlei-Seite

Facebook ist eine soziale Austauschplattform. Hier kommunizieren Menschen mit Menschen. Wenn Sie sich und Ihre Kanzlei hinter einer Bücherwand verstecken, dann werden Sie nicht erfolgreich sein. Gerade hier müssen Sie Gesicht zeigen, mit Ihrer Gemeinschaft kommunizieren und Geschichten erzählen, wenn Sie erfolgreich sein wollen. Vielleicht ist das einer der Gründe, weshalb so wenige Kanzleien eine gute Facebook-Präsenz haben. Anwälte haben es nie gelernt, mit ihren Mandanten spielerisch zu kommunizieren, und können sich oft nicht mit der Sprache der Facebook-Gemeinschaft anfreunden. Viele schaffen es schlicht und ergreifend auch nicht, dort mit »Du« statt mit dem steifen »Sie« zu kommunizieren.

Für die meisten Anwälte ist Facebook ein rotes Tuch und durch Datenschutzurteile, wie die des EuGH, fühlen sie sich in ihrer Abneigung bestärkt und sind deshalb auf dieser so wichtigen sozialen Plattform nicht vertreten. Den wenigsten ist aber bewusst, dass sie damit die Chance verpassen, mit einer riesigen Gemeinschaft in einer spielerischen Art zu kommunizieren.

> **Die 4 wichtigsten Tipps zur Gestaltung Ihrer Facebook-Seite**
> 1. Personalisieren Sie Ihre Kanzleiseite mit Menschen und mit Gesichtern: Das gibt Ihrer Kanzlei menschliche Züge und nimmt die Unnahbarkeit.
> 2. Erfassen Sie alle relevanten Informationen.
> 3. Laden Sie Menschen zu Ihren Veranstaltungen ein, und starten Sie Interaktionen mit Ihrer Gemeinschaft.
> 4. Branding Ihrer Seite: Sobald Ihre Seite 25 Fans hat, können Sie eine eigene URL erstellen.

Es ist wichtig, dass Sie Ihre Seite personalisieren. Wie das geht, erfahren Sie hier:

www.facebook.com/help/1217373834962306/?helpref=hc_fnav

Sie sollten mit einem aussagekräftigen *Profilbild* (das Bild links auf der Seite) und einem *Titelbild* (das Bannerbild) vertreten sein. Gut umgesetzt ist das in Abbildung 8.16.

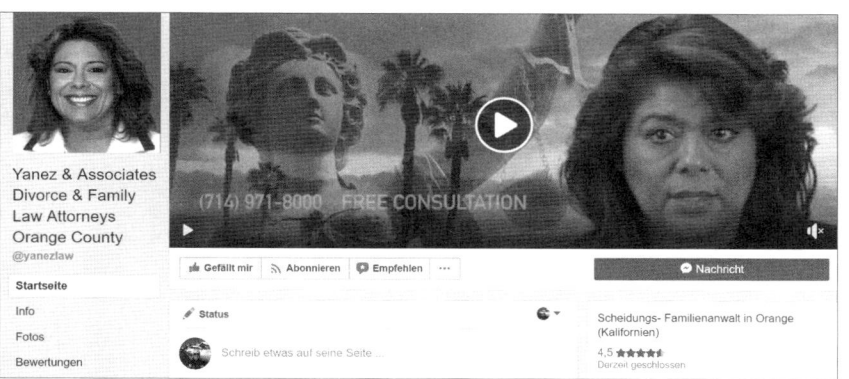

Abbildung 8.16 Auf dieser Facebook-Seite zieht das Profilbild sofort die Blicke auf sich. Das Bannerbild ist gleichzeitig ein Video und funktioniert damit multimedial.

Vermeiden Sie diese typischen »Anwaltsbilder«, auf denen alle Kanzleimitglieder in dunklen Anzügen und Kostümen vor einer Bücherwand stehen. Solche Fotos sind eher abschreckend. Einladend sind hingegen Profil- und Titelbilder mit Menschen oder aussagekräftigen Bildern (siehe Abbildung 8.17). Zunehmend werden als Titelbild jetzt Videos eingesetzt – eine ganz große Chance, die Kanzlei in zwei Minuten vorzustellen.

Abbildung 8.17 Der Kollege Dr. Schwenke hat eine optisch ansprechende Seite geschaffen, die ihn als Rechtsanwalt darstellt, ohne auf die üblichen angestaubten Bilder mit Paragraphen, Gesetzbüchern oder der Justitia zurückzugreifen.

Es muss nicht immer ein persönliches Foto auf der Facebook-Seite erscheinen. Wenn Sie sich auf einem speziellen Rechtsgebiet einen Namen gemacht haben, dann kann eine erfolgreiche Facebook-Seite auch so aussehen wie die der »it-recht kanzlei«, die Max-Lion Keller in München aufgebaut hat (siehe Abbildung 8.18).

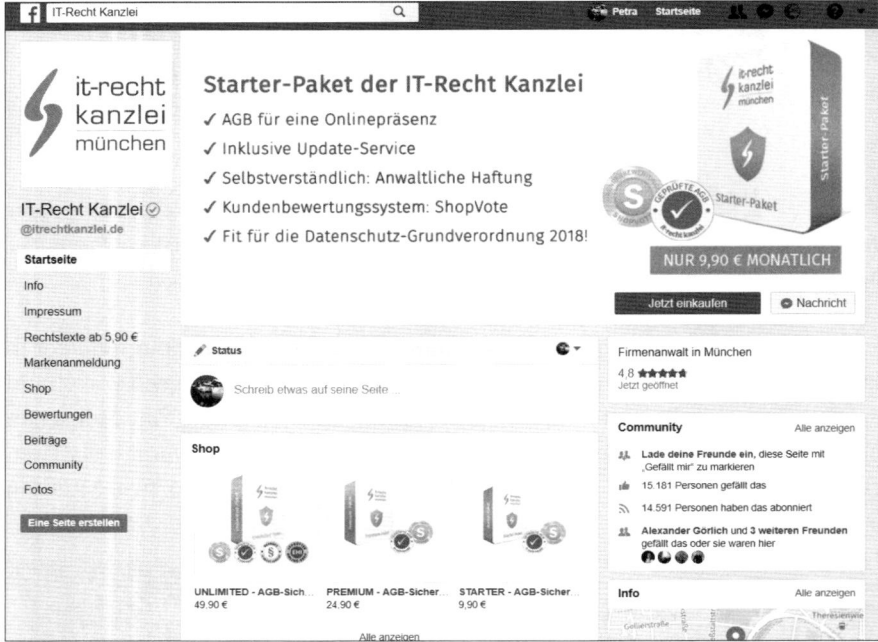

Abbildung 8.18 Hier stehen Logo und Produkt im Vordergrund – für Kanzlei-Seiten eine beliebte Vorgehensweise, um sich von privaten Profilseiten abzugrenzen.

Ein weiteres gutes Beispiel ist die Facebook-Seite der »Biker Kanzlei« des RA Sven Rathjens (siehe Abbildung 8.19). Sein Facebook-Titel- und -Profilbild sind identisch und gleichzeitig wiederum auch das Markenzeichen seiner Kanzlei.

Es sollte selbstverständlich sein, dass Ihre Facebook-Seite alle relevanten Informationen enthalten sollte. Wenn Sie sich nicht sicher sind, ob das der Fall ist, dann erhalten Sie im Hilfebereich auf Facebook mehr Informationen;

www.facebook.com/help/160672070698623

»Bilder sagen mehr als tausend Worte«: Laden Sie Menschen zu Ihren Veranstaltungen ein, und steigern Sie die Interaktionen mit »Ihrer« Gemeinschaft. Nehmen Sie z. B. Fotos von Ihrem Mandanten-Event auf, und laden Sie Ihre Mandanten und Besucher ein, diese Bilder zu markieren. Damit starten Sie einen Dialog, der weit über das Mandantengespräch hinausgeht. Wie einfach das geht, wird im Facebook-Hilfebereich erklärt:

www.facebook.com/help/186837828030552

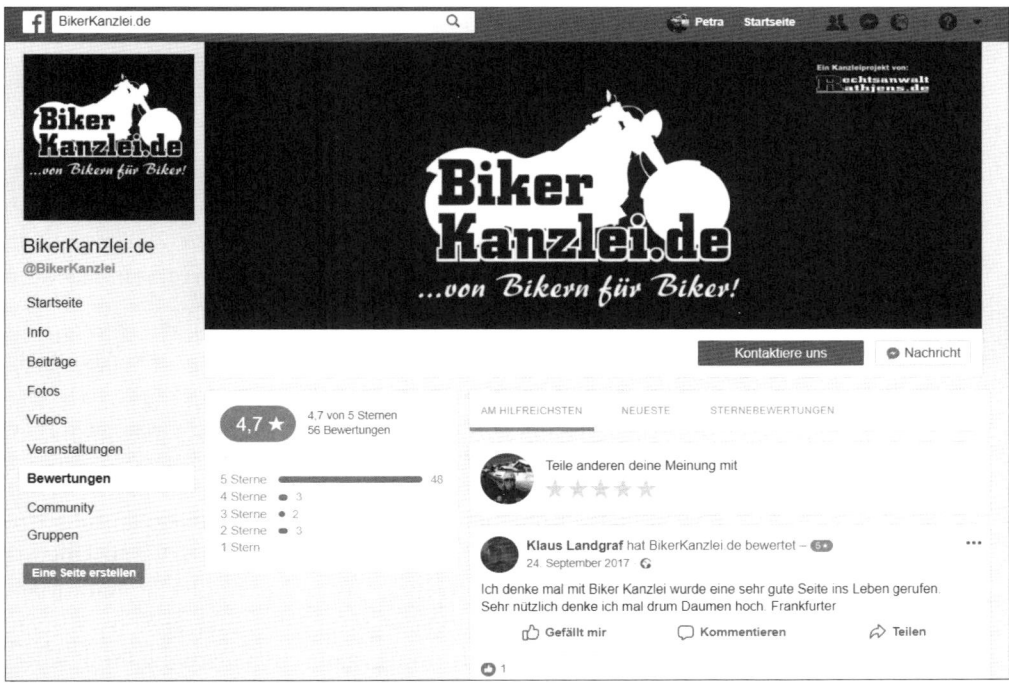

Abbildung 8.19 Auf dieser Seite steht eindeutig das Logo im Vordergrund. Die einfache, aber einprägsame Gestaltung sorgt für Wiedererkennungswert.

Wenn Sie in regelmäßigen Abständen Ihre Mandanten und solche, die es werden sollen, zu aktuellen Themen informieren, dann sollten Sie diese Veranstaltungen auch auf Facebook erstellen. Auch hier wird Ihnen im Hilfebereich von Facebook mit wichtigen Tipps gezeigt, wie einfach das ist:

www.facebook.com/help/116346471784004

Legen Sie ein Augenmerk auf das Branding Ihrer Seite, und passen Sie Ihre URL an, sobald Ihre Seite 25 Fans hat. Sie können dann Ihre eigene URL erstellen. Das bedeutet, dass Sie Ihre Seite von so etwas wie

https://www.facebook.com/pages/Test/62986293

in

https://www.facebook.com/kanzlei.schneider.de

ändern können.

Und es kann nicht genügend betont werden: Gestalten Sie ein Titelbild (das Bannerbild oben auf der Seite) und ein Profilbild (die kleinen Bilder unter dem Titelbild) so, dass beide mit der Markenbildung Ihrer Kanzlei übereinstimmen.

8.2.3 Häufigkeit und Inhalt der Postings

Wie so oft im Leben geht es um Qualität und nicht um Quantität. Eines ist sicher: Es gibt keine goldene Formel, die besagt, wie oft Sie posten sollen. »Weniger ist mehr« – solange die Qualität stimmt. Bevor Sie überhaupt starten, sollten Sie sich überlegen, wie Sie sich positionieren möchten. Wollen Sie sich mit einem bestimmten Rechtsgebiet einen Namen machen oder haben Sie eine bestimmte Zielgruppe im Auge? In Abschnitt 4.1 und Abschnitt 4.2 haben wir Ihnen gezeigt, wie Sie Ihre Zielgruppen in den sozialen Medien finden und deren Sorgen und Nöte erkunden können. Das kann der Ausgangspunkt der Positionierung Ihrer Kanzlei sein.

Wie auch immer Sie sich auf Ihrer Facebook-Seite darstellen möchten, das Wichtigste ist, die Sprache Ihrer Zielgruppe zu benutzen.

> *Das A und O im Social-Media-Posting: Sprechen Sie die Sprache Ihrer Zielgruppe – posten Sie verständlich und freundlich!*

Es geht darum, dass Sie Inhalt posten, der (für Ihre Zielgruppe) wertvoll und spannend ist. Der Inhalt muss von Ihrer Zielgruppe verstanden werden. Verabschieden Sie sich kurzfristig von allzu steifem Juristendeutsch, damit gewinnen Sie keine Mandanten. Antworten Sie auf die Probleme Ihrer Zielgruppe. Dann erreichen Sie auch, dass diese Beiträge geteilt werden und auch zum (organischen) Ranking Ihrer Seiten beitragen.

Viele Anwälte sagen, dass ihnen die Zeit fehlt, in regelmäßigen Abständen zu posten. Das ist verständlich, aber ist Ihnen eigentlich bewusst, wie viel Inhalt Sie quasi »auf Halde« liegen haben? Inhalt, den Sie, leicht aufbereitet, Ihrer Gemeinschaft zur Verfügung stellen könnten? Wenn Sie sich in ein Spezialgebiet eingearbeitet haben, dann verfügen Sie mit Sicherheit über Aufsätze und/oder Vorträge, die Sie zu diesem Thema gehalten oder veröffentlicht haben. Nehmen Sie einzelne Blöcke aus diesen Aufsätzen heraus, und erstellen Sie daraus kurze und prägnante neue Inhalte und Geschichten. In vielen Fällen können Sie auch Evergreen Content ins Netz stellen. (Evergreen Content haben wir in Abschnitt 6.2.4 im Einzelnen vorgestellt.) Diese Evergreen-Themen können Sie problemlos in den verschiedensten Social-Media-Netzwerken positionieren.

Aber pushen Sie niemals Inhalte, ohne zu Gesprächen beizutragen oder mit Ihrer Community zu kommunizieren!

Vielen ist nicht bewusst, dass Facebook keine Einbahnstraße, sondern eine Kommunikationsplattform ist. Bei Facebook geht es darum, Beziehungen aufzubauen, also ist es genauso wichtig, zuzuhören, wie Informationen über sich selbst zu verbreiten. Neben ihren eigenen Inhalten stellen Unternehmen, die auf Facebook erfolgreich sind, in der Regel Fragen oder bitten um Feedback und kommentieren andere Beiträge, um die Kommunikation zu fördern. Sie teilen ferner andere Facebook-Seiten und veröffentlichen branchenrelevante Ressourcen, die für die jeweilige Zielgruppe von Relevanz sind.

Und wie schon in Abschnitt 8.1.1 angesprochen: Wer traut sich vor die Kamera? Anders ausgedrückt, die ganz Mutigen unter Ihnen sollten unbedingt die *Live Chats* von Facebook nutzen und in ihre Arbeit integrieren:

www.facebook.com/help/1636872026560015?helpref=search&sr=6&query=Live%20

Sie brauchen dazu lediglich ein Streaming-Software-Programm, wie z. B. die *Open Broadcaster Software* (*https://obsproject.com/forum/resources/how-to-stream-to-facebook-live.391*), und schon können Sie von Ihrem eigenen PC oder Laptop Ihre Live-Chats und Videos starten. Wenn Sie daran Spaß haben, dann legen Sie einfach los. Diese Livestreams sollen und dürfen nicht »perfekt« sein. Die Gemeinschaft möchte die menschlichen Züge »ihres« Anwalts sehen und nicht in das Gesicht eines professionellen Tagesschau-Sprechers blicken. Aber starten Sie mit Live-Videos nur dann, wenn das wirklich Ihr Metier ist, denn nur dann kommen Sie auch entsprechend authentisch rüber. Ist das nicht der Fall, dann lassen Sie die Finger davon.

8.2.4 Wie mache ich meine Facebook-Seite bekannt?

Im Wesentlichen haben Sie zwei Möglichkeiten, Ihre Seite bekannt zu machen. Marketing Experten unterscheiden vereinfacht gesagt zwischen sogenannter *organischer* und *bezahlter Werbung*.

Mit dem Begriff *bezahlte Reichweite* bezeichnet Facebook die Anzahl der Personen, auf deren Bildschirm bezahlte Posts von Ihrer Seite angezeigt wurden. Der Begriff *organische Reichweite* meint die Anzahl der Personen, auf deren Bildschirm unbezahlte Posts von Ihrer Seite angezeigt wurden. Hier geht es zu den Einzelheiten:

www.facebook.com/help/285625061456389

Organisches Facebook-Marketing basiert darauf, dass Sie Ihrer Zielgruppe auf Ihren Seiten dauerhaft wertvolle Inhalte zur Verfügung stellen und damit dort eine *Fangemeinde* aufbauen. Sie ahnen es schon: Organisches Marketing erfordert Zeit, Inhalt und das Gespür für die richtigen Themen Ihrer Zielkunden.

Das Posten von wertvollen Inhalten kann Ihnen niemand abnehmen. Es gibt darüber hinaus mehrere, einfach zu implementierende organische Facebook-Marketing-Strategien, die Kanzleien und Anwälte nutzen können, um organische Reichweite aufzubauen. Geben Sie auf Ihrer Facebook-Seite alle relevanten Informationen an, sodass potenzielle Mandanten Sie jederzeit und unproblematisch auch erreichen können (siehe Abbildung 8.20).

Aber, wenn Sie Facebook als Kanzlei wirklich nutzen wollen, dann holen Sie sich Anleihen bei den »Stars« der Branche. Dazu gehören die schon mehrfach erwähnte

Rechtsanwältin Sabrina Keese-Haufs und der Mitautor dieses Buches, Christian Solmecke. Beide arbeiten mit Videos und einfach dargestellten Themen und haben es so verstanden, eine echte Fangemeinde aufzubauen.

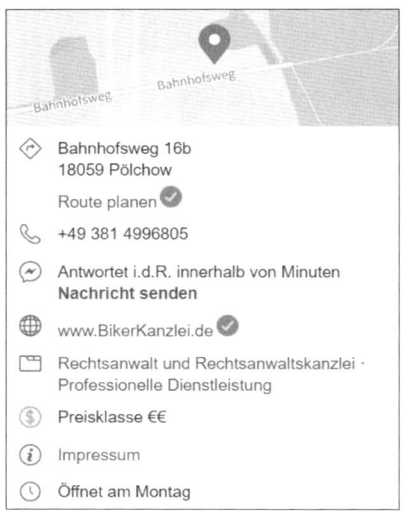

Abbildung 8.20 Eine Facebook-Seite nutzt Ihnen nichts, wenn Sie darüber nicht gefunden werden können. Hinterlegen Sie also alle wichtigen Kontaktinformationen!

Sie müssen sich aber darüber im Klaren sein, dass sich komplexe Rechtsthemen nicht dazu eignen, in Kurzvideos dargestellt zu werden. Zudem müssen Sie der »Typ« sein, der hinter der Kamera stehen möchte, und es ist auch wichtig, dass Sie professionelle Aufnahmen machen lassen. Wenn das auf Sie zutrifft, dann nutzen Sie Videos!

Wenn es um das Marketing und den Aufbau einer Online-Präsenz geht, haben Anwälte mit dem Aufbau von Vertrauen mehr zu kämpfen als die meisten anderen Unternehmen. Aber in Videos sind Sie Mensch, Sie sprechen, lachen und lächeln. Menschen können Ihre Körpersprache sehen und den Ton Ihrer Stimme hören; das ist auf einem Foto nicht möglich. Mit kurzen, maximal 3-minütigen Videos zu Ihrem Thema können Sie Vertrauen zu potenziellen Mandanten aufbauen, lange bevor sie mit Ihnen in Kontakt treten.

Und schließlich bitten Sie Ihre Mandanten um Feedback – gute Bewertungen haben einen Einfluss auf das Ranking. Wie Sie mit negativem Feedback umgehen, haben wir in Abschnitt 6.3.3 dargelegt.

Facebook und die bezahlte Werbung – das ist eine weitere Möglichkeit, Ihre Seite bekannt zu machen. Sobald Sie Ihre Facebook-Seite optimiert und einsatzbereit gemacht haben, können Sie mit der Ausführung von Facebook-Werbung beginnen. Auch zu diesem Thema bietet Facebook einen umfassenden Leitfaden:

www.facebook.com/business/help/200000840044554

Es würde den Rahmen dieses Buches sprengen, Ihnen die Einzelheiten der unzähligen Möglichkeiten der Facebook-Werbung zu erklären. Ganz generell: Mit Facebook-Werbeanzeigen können Sie die Social-Media-Reichweite Ihres Unternehmens erhöhen und zielgenau Ihre Kundschaft erreichen. Sie haben die Möglichkeit, Ihre Zielgruppe nach allen nur erdenklichen soziodemografischen Gesichtspunkten zu erreichen, und das mit den verschiedensten Marketingzielen.

Das Herzstück der Facebook-Werbung ist der sogenannte *Facebook-Werbeanzeigenmanger*, der für Werbetreibende unzählige Möglichkeiten bietet, zielgenau die Werbung an ausgesuchte Gruppen zu richten. In Abbildung 8.21 sehen Sie einen Ausschnitt des Werbeanzeigenmanagers.

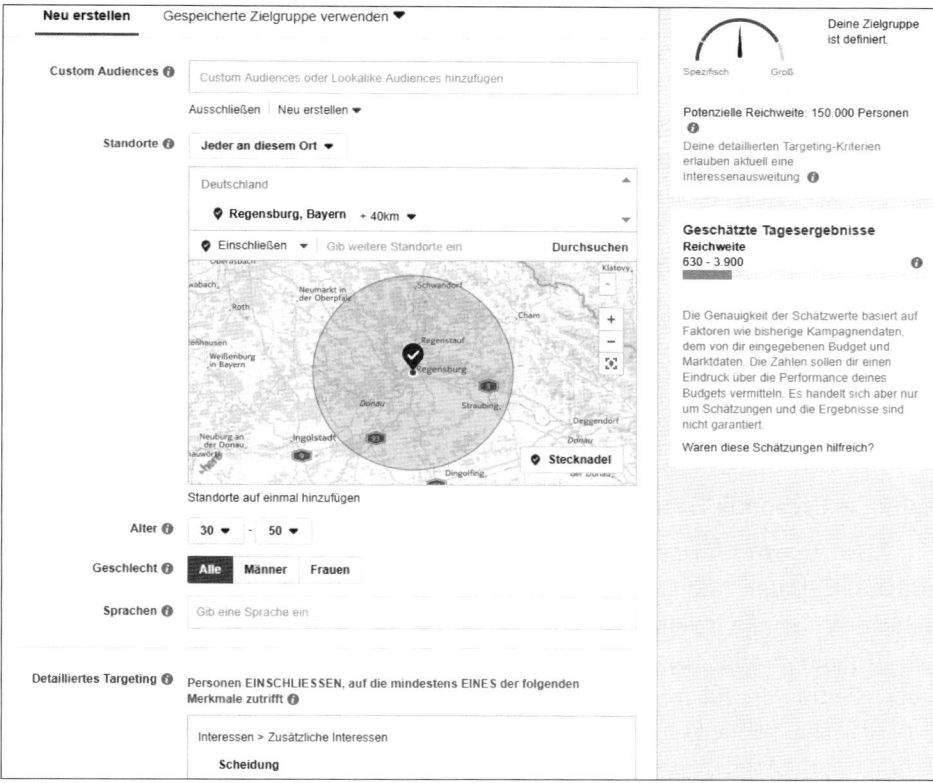

Abbildung 8.21 Anhand dieses Screenshots können Sie bereits erahnen, wie detailliert Sie Ihre Zielgruppe zuschneiden können.

Im vorliegenden Fall sind Sie Anwalt in Regensburg und wollen Scheidungsmandate akquirieren. Im Werbeanzeigenmanager können Sie den Ort, das Alter und das Thema – hier: »Scheidung« – festlegen, und der Anzeigenmanager (oben rechts) zeigt Ihnen, dass Sie mit diesem Thema potenziell 150.000 Personen ansprechen. Das von

Ihnen eingesetzte Budget (möglich ab 3 USD pro Tag) entscheidet über die geschätzte Tagesreichweite (ebenfalls rechts). Die ist ein ganz vereinfachtes Beispiel, wie der Werbeanzeigenmanager funktioniert.

> **Facebook-Werbung: Wie Sie vorgehen müssen**
> - Richten Sie eine Facebook-Unternehmensseite ein:
>   *www.facebook.com/pages/creation*
> - Definieren Sie Ihre Zielgruppe.
> - Definieren Sie Ihre Werbeziele.
> - Legen Sie Ihr Werbebudget fest.
> - Wählen Sie das gewünschte Ergebnis: »Klicks oder Impressionen«.
> - Gestalten Sie Ihre Werbeanzeige.

Sie sehen schon: Facebook-Werbeanzeigen sind komplex und es braucht Experten, um diese richtig aufzusetzen. Menschen auf Facebook wollen inhaltlich abgeholt werden, deshalb muss eine Werbeanzeigenkampagne auch inhaltlich aufgebaut und in die Anzeigenkampagne integriert werden.

In den USA gehören solche komplexen Marketingstrategien zum Alltag der Anwaltsbüros. Hierzulande hat sich diese zukunftsweisende Art des Marketings noch kaum herumgesprochen, und es wird noch einige Zeit dauern, bis Anwälte die Chancen erkennen, die bezahlte Werbung – eingebunden in eine Strategie – für ihre Kanzlei bringt.

8.2.5 In Facebook-Gruppen mitdiskutieren

Für Anwälte ist es immer eine großartige Gelegenheit, in den relevanten Gruppen mitzudiskutieren und sich so ein Profil zu erarbeiten. Es existieren zahlreiche geschlossene Gruppen (dann müssen Sie sich um eine Aufnahme bemühen) und offene Gruppen zu allen nur erdenklichen Themen. Diese Gruppen sind offen für sinnvolle Beiträge, und wenn Sie sich nicht nur auf penetrante Eigenwerbung beschränken, sondern in der Gruppe wertvolle Beiträge posten, werden Sie schon schnell erste Mandate online akquirieren.

Die beste Möglichkeit, um sich als Anwalt und als »Institution« in Ihrem Fachgebiet zu positionieren, besteht darin, dass Sie Ihre eigene Facebook-Gruppe gründen. Der große Vorteil? Sie bestimmen die Inhalte, Sie können mit Ihrer Gemeinschaft einen Dialog aufbauen und erfahren aus erster Hand, was Ihre Fans bewegt. Das nennt man »maßgeschneiderte Kommunikation«.

Es gibt zahlreiche Anwälte, die mit großem Erfolg solche Gruppen gegründet haben. Dazu gehört die Gruppe »Art Lawyers – Kultur Kunst Recht« (*www.facebook.com/*

groups/108637972496547), die von RA Christian Kah erstellte Gruppe »Trennung – Scheidung – Familienrecht« (*www.facebook.com/groups/trennung.scheidung.familienrecht*) oder auch die von Philipp Hammerich (CEO von Rightmart) erstellte Gruppe »Verkehrsrecht« (*www.facebook.com/groups/102307506822014/about*).

Wenn Sie für Ihre Zielgruppe den richtigen Inhalt liefern, dann werden Sie schon bald als Experte akzeptiert. Das ist ein Meilenstein beim Aufbau Ihrer digitalen Anwaltskanzlei.

8.3 Twitter

Selbst wenn soziale Medien für Sie etwas völlig Neues sein sollten, werden Sie sicherlich schon etwas vom Kurznachrichtendienst »Twitter« gehört haben. Denn der bekannteste Twitter-Nutzer der Welt, Donald Trump, ist seit etwa zwei Jahren nahezu jeden Tag in den Nachrichten und benutzt die Plattform als Sprachrohr. Überhaupt erfreut sich Twitter größter Beliebtheit nicht nur bei Prominenten, sondern auch bei Politikern. Jeder, der irgendwie in der Öffentlichkeit steht, hat einen Twitter-Account. Aber warum gerade Twitter? Was macht diese Plattform so einzigartig?

Wir haben Twitter eingangs als *Kurznachrichtendienst* beschrieben, und das ist auch das größte Markenzeichen. Die meisten über Twitter abgesetzten Nachrichten (sogenannte *Tweets*) erfüllen tatsächlich den Wortsinn: Im Gegensatz zu anderen sozialen Medien überwiegt auf Twitter der Nachrichten- bzw. Informationsgehalt eindeutig den Unterhaltungswert.

Selbstverständlich eignet sich Twitter auch zum Teilen von belanglosen Sprüchen, Bildern und Videos. Ein Großteil der Nutzer gebraucht den Dienst jedoch, um informiert zu werden. Ob das die aktuelle Freizeitaktivität eines Reality-Stars oder die neueste Regierungserklärung aus dem Weißen Haus ist, ist erst einmal egal. Wie Sie in Abbildung 8.22 sehen können, nutzt selbst die Bundesregierung Twitter zur Verbreitung von Informationen.

Der Informationsgehalt der Tweets gründet maßgeblich im zweiten Kernbestandteil von Twitter: der Kürze. Twitter zeichnet sich dadurch aus, dass Tweets einer Zeichenbegrenzung unterliegen. Bis Ende 2017 durften Tweets nur 140 Zeichen lang sein, dann wurde die Begrenzung auf 280 angehoben.

Nun lässt sich argumentieren, diese Einschränkungen führten zu Sätzen voller Abkürzungen, bar jeder Rechtschreibung und Grammatik. Auf der anderen Seite fördern Limitierungen allerdings auch die Kreativität. Im Fall von Twitter sorgte die Zeichenbegrenzung schon immer für eine Beschränkung auf das Wesentliche, also den eigentlichen Nachrichtengehalt – für uns Juristen natürlich eine Herausforderung!

Abbildung 8.22 Regierungssprecher Steffen Seibert informiert auf seinem offiziellen Twitter-Profil regelmäßig über die Aktivitäten der Kanzlerin.

Ein weiteres Merkmal von Twitter sind die sogenannten *Hashtags* (eingeleitet durch das Rautezeichen). Damit sind Wörter oder zusammengeschriebene kurze Sätze gemeint, vor denen ein Rautezeichen steht, beispielsweise #LegalTech oder #Anwalt. So geschrieben, wird aus einem Hashtag auf Twitter ein blau unterlegter Link. Mit einem Klick auf den Hashtag gelangen Sie zu einer Liste aller Tweets, die den gleichen Hashtag beinhalten. Klicken Sie also auf den Hashtag #Digitalisierung, sehen Sie, chronologisch geordnet, alle Tweets mit dem Hashtag #Digitalisierung. Wenn Sie nun einen eigenen Tweet mit dem Hashtag #Digitalisierung verfassen, taucht auch Ihr Tweet in dieser Liste auf.

Diese Funktion mag auf den ersten Blick banal wirken, ist aber von großem Nutzen. Zum einen ist es auf diese Weise möglich, mit einer unbestimmten Anzahl von Menschen über ein bestimmtes Thema zu diskutieren, ohne diese Menschen direkt anzuschreiben oder bewusst in die Diskussion einzubinden. Zum anderen fungieren Hashtags als wertvoller Indikator dafür, was gerade angesagt ist. In den Twitter-Trends sehen Sie, welche Hashtags gerade am häufigsten benutzt werden.

Abbildung 8.23 Der IT-Jurist Thomas Schwenke twittert zur DSGVO. Oben hat er auf einen anderen Tweet geantwortet, unten hat er zwei Tweets »retweetet«. Rechts neben den fettgedruckten Namen stehen übrigens die mit dem »@«-Zeichen eingeleiteten Profilnamen.

> **Praxistipp: Die wichtigsten Twitter-Funktionen**
>
> Neben Hashtags gibt es noch ein paar andere Funktionen, die Sie kennen sollten: Wollen Sie andere Nutzer in Ihren Tweets erwähnen bzw. direkt anschreiben, müssen Sie das »@«-Zeichen vor den Profilnamen setzen. Ein Tweet mit »@solmecke« benachrichtigt beispielsweise Christian Solmecke.
>
> Tweets anderer Nutzer können Sie mit einem Klick auf das Herz-Symbol markieren und so Ihre Zustimmung ausdrücken. Direkte Antworten oder Kommentare sind mit einem Klick auf den jeweiligen Tweet möglich. Und schließlich können Sie fremde Tweets mit einem Klick auf das Symbol der zwei Pfeile »retweeten«. Dadurch posten Sie den entsprechend gekennzeichneten Tweet in Ihrem eigenen Profil.
>
> Wie das in der Praxis aussieht, zeigt Abbildung 8.23.

Die gesellschaftspolitische Relevanz des Dienstes, der Fokus auf das Wesentliche und die Vernetzungsmöglichkeit durch Hashtags begründen den aktuellen Stellenwert von Twitter. Selbstverständlich folgt nun unsere Empfehlung an Sie, diese Plattform zu nutzen. Anders als bei unseren Empfehlungen zu Facebook und YouTube wollen wir unsere Empfehlung für Twitter aber doppelt verstanden wissen: zum einen als die aktive Nutzung in Gestalt eigener Tweets und zum anderen als die passive Nutzung der Plattform als Themenlieferant.

8.3.1 Twitter als Themenlieferant

Da Sie zum jetzigen Zeitpunkt vielleicht noch nicht so ganz von Twitter überzeugt sind, wollen wir Ihnen zunächst die passive Twitter-Nutzung genauer erklären. Denn Twitter passiv zu nutzen ist mit einer nur sehr geringen zeitlichen Investition verbunden, ist für Ihre anderen Online-Aktivitäten jedoch ungemein förderlich.

Der Kurznachrichtendienst eignet sich mehr als jedes andere soziale Medium hervorragend als Themenlieferant: Hashtags ermöglichen eine einfache Sortierung und das Filtern aktueller sowie populärer Themen, und die einzelnen Tweets sind knapp gehalten und daher schnell gesichtet. Ein richtig eingerichteter Twitter-*Feed* informiert Sie schnell und unkompliziert über alles für Sie Wichtige bei minimalem Aufwand.

Dafür benötigen Sie zu Beginn einen eigenen Twitter-Account. Sofern Sie Twitter nur passiv nutzen, also nicht unbedingt eigene Tweets posten wollen, müssen Sie sich um Name und Bild Ihres Profils keine intensiveren Gedanken machen. Sobald Ihr eigener Account registriert ist, brauchen Sie Nutzer, denen Sie *folgen* können. »Jemandem folgen« bedeutet, dass Sie auf dessen Profil den FOLGEN-Knopf gedrückt haben und anschließend über alle seine neuen Tweets informiert werden.

Um nicht von einer Fülle an für Sie völlig uninteressanten Tweets erschlagen zu werden, sollten Sie nur den Nutzern folgen, von denen Sie wirklich informiert werden wollen. Wenn das aktuelle Weltgeschehen Sie interessiert, folgen Sie einschlägigen Online-Medien und relevanten Politikern. Wer sich für Fußball interessiert, der folgt den Profilen seiner Lieblingsvereine und -fußballer. Sie wollen aber über juristische Themen auf dem Laufenden gehalten werden. In Abschnitt 6.2.3 haben wir Ihnen dafür bereits die Liste »twitternder Juristen« von Ralf Zosel empfohlen (*https://twitter.com/RalfZosel/lists/twitternde-juristen*). Entweder Sie abonnieren die gesamte Liste mit einem Klick auf den ABONNIEREN-Knopf oder Sie suchen sich einzelne Juristen heraus und folgen diesen.

Darüber hinaus empfiehlt es sich, einzelnen Online-Magazinen wie *@lto_de* bzw. den juristischen Angeboten von Nachrichtenseiten und Rundfunksendern wie *@ARD_Recht* (Frank Bräutigam) zu folgen. Falls Sie sehr spezialisiert arbeiten, sollten Sie gleichgesinnten Juristen folgen, um deren Einschätzung relevanter Themen und etwaige Neuigkeiten zu erhalten. Eine gute Liste erfolgreicher Twitter-Nutzer aus dem juristischen Bereich finden Sie auch unter:

www.lto.de/recht/feuilleton/f/10-juristen-denen-man-auf-twitter-folgen-sollte

Haben Sie sich Ihr Netz an relevanten Twitter-Nutzern eingerichtet, dauert es auch nicht mehr lange, bis auf Ihrer Startseite konstant neue Tweets eintrudeln. Sie haben nun eine konzentrierte Übersicht der für Sie wichtigen juristischen Tweets, die Sie ein- oder zweimal am Tag kurz auf interessante Neuigkeiten überprüfen können. Achten Sie auch darauf, ob einzelne Tweets häufig mit einem Herz versehen oder retweetet werden. So erhalten Sie einen Eindruck davon, wie bestimmte Themen ankommen und ob es sich lohnt, sich damit genauer auseinanderzusetzen – etwa in einem Website-Artikel.

Neben Ihrer juristischen Twitter-Liste sollten Sie auch die Twitter-Trends im Blick behalten: Welche Themen werden gerade häufig referenziert? Links auf Ihrer Startseite werden persönliche Trends mit vermutlich für Sie interessanten Hashtags angezeigt. Noch besser sind Websites wie *www.trends24.in*, die, nach Ländern und Regionen sortiert, die in bestimmten Zeiträumen meistgenutzten Hashtags anzeigen.

Sehen Sie einen Hashtag, der Sie interessiert, gelangen Sie mit einem Klick auf eine Übersicht der aktuellen Tweets zum Thema (siehe Abbildung 8.24). Auf diese Weise können Sie in Echtzeit populäre Themen ausmachen. Umgekehrt funktioniert das natürlich auch: Wenn Sie überprüfen wollen, wie relevant ein Thema gerade ist, geben Sie einen entsprechenden Begriff in die Twitter-Suche ein. Sie erhalten sogleich ein Stimmungsbild in Gestalt aktueller Tweets.

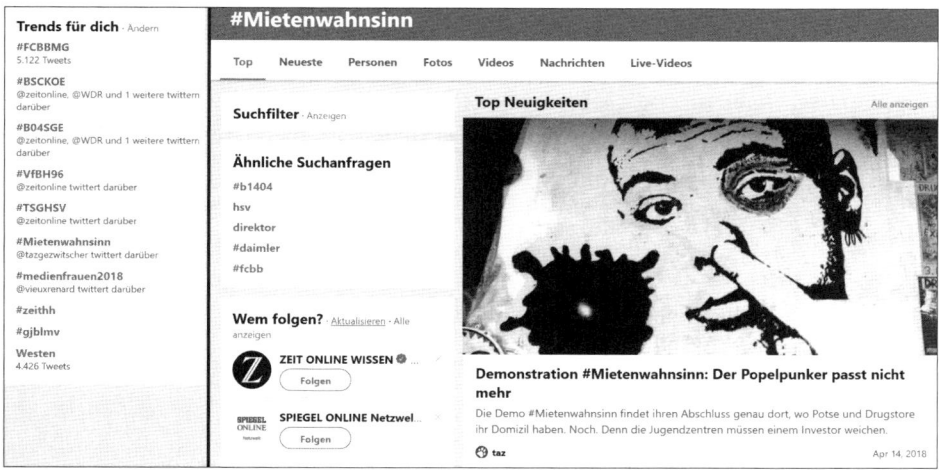

Abbildung 8.24 Links die personalisierten Trends; rechts die Übersichtsseite nach einem Klick auf den »trendenden« Hashtag »#Mietenwahnsinn«

8.3.2 Eigene Postings

Vielleicht sind Sie nun doch neugieriger auf Twitter geworden und wollen selbst aktiv werden. Dann wird es Sie freuen zu hören, dass der Einstieg in die aktive Twitter-Nutzung schnell und unkompliziert ist. Es empfiehlt sich jedoch, kurz darüber nachzudenken, ob Sie Twitter für Ihre Kanzlei oder sich selbst nutzen wollen.

Ein Kanzlei-Account eignet sich gut, um Neuigkeiten schnell zu verbreiten und Website-Artikel anzuteasern. Mit Ihrem persönlichen Account können Sie hingegen verstärkt auf die Verbreitung von Meinungen und Einschätzungen zu juristischen Themen setzen (siehe Abbildung 8.25). Auch Retweets sowie das Beteiligen an Diskussionen geht auf dem persönlichen Account einfacher. Das hat den einfachen Grund, dass auf Ihrem persönlichen Profil Ihre eigenen Ansichten wiedergeben. Der Kanzlei-Account hingegen repräsentiert Ihre gesamte Kanzlei und ist daher nur bedingt für starke Meinungen geeignet. Denken Sie immer daran, dass Sie nur 280 Zeichen haben. Für einzelne Statements reicht das; für differenzierte Analysen eher nicht.

> **Praxistipp: Automatisiertes Tweeten**
>
> Wenn Sie Inhalte Ihrer Website über Twitter bewerben wollen, empfehlen wir Ihnen, einen Blick auf *Hootsuite* (*https://hootsuite.com/de*) zu werfen. Dieser Dienst ermöglicht eine vereinfachte Verwaltung von Social-Media-Profilen, zum Beispiel in Gestalt automatisierter Tweets. Auf diese Weise können Sie die Veröffentlichung von Tweets bereits im Voraus planen und müssen den Twitter-Account nicht rund um die Uhr betreuen.
>
> Das vollautomatisierte Tweeten von Texten aus dem Kanzlei-Blog können wir Ihnen aber nur empfehlen, falls Sie nicht genügende Ressourcen für eine individuelle Betreuung des Accounts haben. Wenn nämlich immer nur Überschriften von Artikeln als Verweis zu Ihrem Blog gepostet werden, erscheint Ihr Twitter-Profil schnell unpersönlich. Das volle Potenzial von Twitter entfalten Sie aber gerade durch die persönliche Note – wie auch bei allen anderen *sozialen* Netzwerken. Arbeiten Sie also mit Hashtags und der direkten Ansprache von anderen Personen mithilfe der »@«-Verlinkung.

Der Kanzlei-Account sollte wie immer in den Kanzlei-Farben gehalten und mit einem aussagekräftigen Profilbild ausgestattet sein (Stichwort: Markenbildung). Wenn Ihr Kanzlei-Name bereits vergriffen ist, sollte das kein Problem sein. Wählen Sie einen alternativen Namen, oder ändern Sie Ihren Kanzlei-Namen minimal ab. Denn Ihr Profil können Sie nennen wie Sie wollen – egal ob es den Namen bereits gibt oder nicht. Lediglich der Account-Name muss einzigartig sein. Der Account-Name steht unter oder neben dem Profilnamen und wird durch das »@«-Zeichen eingeleitet. Wollen andere Nutzer Ihr Profil referenzieren, müssen Sie den Account-Namen in den Tweet einbauen.

Bleibt nur noch die Frage zu beantworten, wie Sie andere Nutzer dazu bringen, Ihrem persönlichen Profil oder dem Kanzlei-Profil zu folgen.

8.3 Twitter

Abbildung 8.25 Das Twitter-Profil von Christian Solmecke

Zunächst sollten Sie Ihre anderen Kanäle und Plattformen nutzen, um auf Ihr neues Twitter-Profil hinzuweisen. Auf der Website bietet sich ähnlich wie auch für Facebook und YouTube ein Verweis in Form eines Twitter-Logos an. Auch im regelmäßigen Newsletter kann auf die sozialen Netzwerke hingewiesen werden.

Daneben lohnt es sich, anderen Personen auf Twitter zu folgen, was diese wiederum zum Zurück-Folgen ermutigen könnte – das sollten Sie jedoch nicht exzessiv treiben. Wenn aktiv genutzte Accounts deutlich mehr Personen folgen als sie selbst an Followern haben, kann das als Indikator für Spam gewertet werden und wirkt darüber hinaus schlicht unseriös.

Die vielleicht etwas langsamere, dafür aber nachhaltigere Methode, sich eine Gefolgschaft aufzubauen, ist die aktive Kommunikation über die Plattform: Retweeten, Kommentieren und die Verwendung von Hashtags ziehen nicht nur die Aufmerksamkeit der retweeteten bzw. kommentierten Nutzer auf Sie, sondern auch die Aufmerksamkeit von deren Gefolgschaft. Aus diesem Grund ist es auch sinnvoll, wenn Sie Ihre Twitter-Aktivitäten primär auf den für Sie relevanten rechtlichen Bereich beschränken, da dort Ihre Zielgruppe zu finden ist.

So einfach der Einstieg und so schnelllebig die Plattform selbst auch ist – der Aufbau einer größeren Gefolgschaft ist umso schwieriger. Nutzen Sie Twitter ruhig erst einmal für ein paar Wochen passiv, um sich zurechtzufinden. Entwickeln Sie ein Gefühl dafür, wie andere Twitter-Nutzer kommunizieren, welche Tweets erfolgreich sind und wie Retweets und Hashtags funktionieren. Anschließend können Sie sich selbst daran wagen, ein aktives Twitter-Profil aufzubauen.

8.4 Instagram

Im Abschnitt zu Facebook haben wir darauf hingewiesen, dass dieses gigantische soziale Netzwerk mit Blick auf seine Nutzer-Demografie in den letzten Jahren stark gealtert ist. Wenn Sie sich gefragt haben, wo denn die ganzen jungen Leute sind, dann bekommen Sie jetzt Ihre Antwort: Instagram.

Ende 2017 nutzten mehr als 15 Millionen Deutsche monatlich Instagram, weltweit waren es mehr als 800 Millionen Menschen (*https://allfacebook.de/instagram/instagram-nutzer-deutschland*). Der *Social Media-Atlas 2017/18* sieht Instagram auf Platz 5 der beliebtesten sozialen Medien in Deutschland (*www.faktenkontor.de/pressemeldungen/das-sind-die-beliebtesten-sozialen-medien-der-deutschen*). Entsprechend beliebt ist die Plattform auch bei Werbetreibenden: Die Zahl der Business-Accounts auf Instagram hat sich im Jahr 2017 auf 2 Millionen verdoppelt (*https://business.instagram.com/blog/welcoming-two-million-advertisers*).

Instagram lässt sich am besten als digitales Fotoalbum beschreiben. Daher ist der Dienst auch im Bereich Lifestyle, Mode, Essen und Reisen sehr beliebt – alles Dinge, die sich durch Fotos wunderbar festhalten und inszenieren lassen. Für viele Unternehmen eignet sich Instagram daher sehr gut, um Werbung unterzubringen. Auf seiner Business-Seite präsentiert sich Instagram als Werbeplattform; als moderne Möglichkeit für Unternehmen, mit ihren Zielgruppen direkt in Kontakt zu treten. Dabei benutzen viele Werbetreibende sehr gerne Prominente, um ihre Produkte zu bewerben (siehe Abbildung 8.26). Insbesondere jungen Menschen dient Instagram als eine Art Fenster zu der (privaten) Welt der Stars und Sternchen.

Abbildung 8.26 Beispiel Lena Meyer-Landrut – der Sängerin folgen mehr als 2 Millionen Nutzer auf Instagram. Allein dieses Bild (in Zusammenarbeit mit dem Kosmetikhersteller »L'Oréal Paris«) wurde mehr als 73.000 Mal mit »Gefällt mir« markiert.

8.4.1 Taugt Instagram als Akquise-Instrument für Anwälte?

Jetzt werden Sie sich zu Recht fragen, warum wir Instagram überhaupt in diesem Buch ansprechen. Womöglich ist Ihnen bereits Twitter mit seiner für Juristen völlig abwegigen Zeichenbegrenzung merkwürdig vorgekommen. Aber jetzt auch noch eine Fotoplattform, auf der Prominente ihr Mittagessen für ein viel zu junges Publikum knipsen?

Zum einen wollen wir in diesem Kapitel die wichtigsten sozialen Medien vorstellen, sodass Sie einen Eindruck bekommen, was überhaupt möglich ist – erst einmal unabhängig davon, ob sich diese Plattformen tatsächlich für anwaltliche Akquise eignen. Das alte strikte Werbeverbot für Anwälte gibt es mittlerweile seit über 30 Jahre nicht mehr. Sie mögen sich eventuell gegen die hier dargestellten Akquisemöglichkeiten entscheiden – Ihre Konkurrenten aber vielleicht nicht. Es kann daher auf keinen Fall schaden, sich zumindest mit dem derzeitigen Werbemarkt auseinanderzusetzen.

Der andere Grund dafür, dass wir uns für die Vorstellung von Instagram entschieden haben, ist die Tatsache, dass Sie als Anwalt eine Dauerpräsenz haben müssen. Sie müssen da sein, wo die Mandate sind. Instagram ist weniger ein Instrument zur direkten Akquise als vielmehr ein Mittel, um sich bei potenziellen Mandanten konstant ins Gedächtnis zu rufen. Sie müssen die erste Assoziation sein, wenn der potenzielle Mandant mit Fragen des Rechts konfrontiert wird.

Die viel spannendere Frage ist also, wie Sie Instagram nutzen können, um diesen Effekt zu erreichen. Wie bereits oben erwähnt, gilt auch hier der Grundsatz: Social Media bedeutet 90 % Unterhaltung und 10 % Geschäft. Da auf Instagram Fotos dominieren, wird das auch Ihr Hauptmedium sein – für den einen oder anderen ist das unter Umständen sogar eine willkommene Abwechslung zum juristischen Alltag. Personen, die ein Faible für Fotografie haben, sind natürlich klar im Vorteil. Doch auch mit modernen Smartphones lassen sich bereits hochwertige Bilder aufnehmen, sodass der Betrieb des eigenen Instagram-Accounts keinerlei zusätzliches Equipment erforderlich macht.

Die Fotomotive sind wiederum davon abhängig, ob Sie einen persönlichen (siehe Abbildung 8.27) oder einen offiziellen Kanzlei-Account (siehe Abbildung 8.28) betreiben wollen. Die Unterschiede sind schnell erklärt: Der Kanzlei-Account sollte mehr auf den Kanzlei-Alltag fokussiert sein, während Sie auf Ihrem eigenen Account auch Bilder aus Ihrem ganz persönlichen Leben posten können. Haben Sie bereits Kanzlei-Accounts in anderen sozialen Medien, empfiehlt sich diese Wahl auch für Instagram, um Ihr Portfolio an digitalen Kontaktmöglichkeiten entsprechend zu ergänzen. Persönliche Accounts eignen sich besonders für solche Anwälte, die bereits ihre Person zu einer Art Marke gemacht haben oder das zumindest vorhaben. Anderenfalls wird es schwer sein, wildfremde Menschen vom Alltag eines Rechtsanwalts zu begeistern.

Abbildung 8.27 Ein Ausschnitt des Instagram-Accounts von Christian Solmecke. Berufsbezogene Aufnahmen mischen sich hier mit Reise-Fotos und gelegentlichen Blicken hinter die YouTube-Kamera.

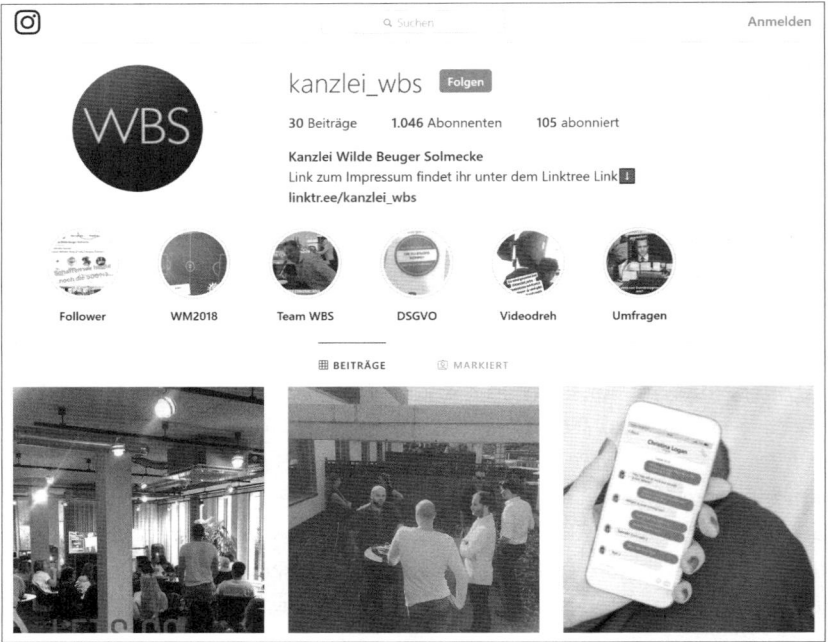

Abbildung 8.28 Das Instagram-Profil der Kanzlei »WBS«. Im Gegensatz zum persönlichen Profil von Christian Solmecke finden Sie hier primär Fotos aus der Kanzlei, von Veranstaltungen und Mitarbeitern.

Falls Sie sich für den persönlichen Account entscheiden, wollen wir Ihnen noch ein paar Tipps mit auf den Weg geben: Fotos und Videos sind in der Lage, großen Einfluss zu haben. Das können Sie zu Ihrem Vorteil nutzen: Ein Anwalt für Familienrecht kann sich auf Instagram wunderbar als Familienmensch präsentieren. Beraten Sie IT-Firmen oder gar Start-ups? Dann posten Sie Bilder, wie Sie sich mit jungen Unternehmern treffen und neue, spannende Projekte besprechen. Falls sich unter Ihren Mandanten viele mittelständische Handwerksunternehmen befinden, könnten Sie sich auf Instagram selbst als Hobby-Handwerker präsentieren. Kurz: Setzen Sie sich in Szene. Und nehmen Sie das nicht zu ernst, sondern posten Sie zur Abwechslung auch mal ein lockeres Bild wie in Abbildung 8.29.

Abbildung 8.29 Ein harmloses Bild aus dem Privatleben von Christian Solmecke, das bei der Community gut ankommt. Auch wenn es keinen direkten Bezug zur Kanzlei gibt, so zeigt es doch auf sympathische Weise, dass auch Anwälte in ihrer Freizeit normalen Aktivitäten nachgehen.

Dabei sollten Sie jedoch nie vergessen, dass es allein in Ihrer Hand liegt, wie Sie sich darstellen und wie weit Sie dabei gehen. So sollte es gerade im Anwaltsberuf einige Tabus geben. Dass Sie ohne Einwilligung Ihrer Mandanten keine Fotos machen und nicht aus dem Nähkästchen plaudern sollten, erklärt sich von selbst. Auch Mitarbeiter sollten Sie nicht vor die Linse zwingen. Das Gleiche gilt für Familienmitglieder und Freunde. Nicht zuletzt sind die hier beschriebenen Aktivitäten in sozialen Medien Teil Ihres Berufs. Eine gesunde Mischung mit Freizeit und Privatleben ist den sozialen Medien immanent, sollte jedoch stets wohlüberlegt sein.

Da Instagram keine typische Plattform für Anwälte ist, fällt der Aufbau einer Gefolgschaft hier schwerer als in anderen sozialen Medien. Damit Sie sich die ganze Mühe nicht umsonst machen, sollten Sie über andere soziale Medien, Ihre Website und Ihre Newsletter regelmäßig auf die Existenz Ihres Instagram-Accounts hinweisen.

Hilfreich ist auch sogenanntes *Cross-Posting*, also das Posten ein und desselben Inhalts auf mehreren Plattformen gleichzeitig. Diese Art der Zweitverwertung eignet sich für reine Fotos sehr gut zwischen Instagram, Facebook und Twitter. Alle drei Plattformen lassen Foto-Postings zu, weshalb zusätzlicher Aufwand aufgrund etwaiger Formatanpassungen entfällt. Posten Sie Fotos am besten immer zuerst auf Instagram und anschließend auf den beiden anderen Plattformen, jeweils mit Verweisen auf Instagram als »Quelle«. Nutzer, die ohnehin bereits auf Instagram registriert sind, werden Ihnen dann mit hoher Wahrscheinlichkeit auch dort folgen. Derartiges Cross-Posting sollten Sie jedoch nicht übertreiben, um den Teil Ihrer Gefolgschaft, der nicht an Instagram interessiert ist, nicht abzuschrecken.

8.4.2 Postings vs. Stories – Was funktioniert besser?

Sofern Sie nun den Einsatz von Instagram ernsthaft in Betracht ziehen, ist ein genauerer Blick auf das junge soziale Netzwerk angebracht. Denn neben den normalen Postings in Foto- und gelegentlich auch Videoform gibt es auch die Möglichkeit, sogenannte *Stories* (dt. »Geschichten«) zu erstellen.

Diese Präsentationsform ist bei Werbetreibenden besonders beliebt. Im Grunde sind Stories nichts anderes als kleine Slideshows aus Fotos und bis zu 13 Sekunden langen Videos. Sie können also beliebige Fotos und Videoschnipsel zu einem kleinen Paket zusammenschnüren und Ihren Nutzern als zusammenhängende »Geschichte« präsentieren. Die Besonderheit daran ist, dass Stories nur 24 Stunden lang existieren – danach werden sie gelöscht.

Was zunächst einmal völlig unsinnig klingt, hat für Sie jedoch einen wertvollen Vorteil. Gerade aufgrund der Unbeständigkeit von Stories, erwartet niemand die für Instagram so typischen perfekt in Szene gesetzten Hochglanzfotos. Stories sind Momentaufnahmen und dürfen bzw. sollen dann auch genau so aussehen. Folglich bestehen Stories zwar aus mehreren Fotos und Videos, erfordern in der Regel aber weniger Aufwand als so manches Einzelfoto. Inhalte einer Story können beispielsweise spontane Schnappschüsse, flotte Sprüche, kurze Gedankengänge oder witzige Motive sein. Damit eignen sich Stories besonders gut zur Dokumentation von Veranstaltungen, Geschäftsreisen oder von Tagesabläufen. die aus anderen Gründen ungewöhnlich sind.

> **Praxistipp: Links auf Instagram**
>
> Ein großer Nachteil von Instagram ist die nur sehr eingeschränkte Möglichkeit zum Setzen von Links. Postings können zwar beschriftet, aber nicht mit Links versehen werden. Selbst die Profilbeschreibung erlaubt nur einen einzigen Link. Das ist insofern ärgerlich, als Sie so nur schwer auf andere Seiten – etwa Ihre eigene Website – verweisen können.
>
> Erlaubt sind zumindest Hashtags und Verlinkungen auf andere Instagram-Profile. Auf diese Weise könnten Sie immerhin z. B. von Ihrem persönlichen Account auf Ihren Kanzlei-Account verlinken.
>
> Ebenfalls möglich ist das Setzen von Links in Stories. Das erfordert jedoch eine separate Freischaltung seitens Instagram, die erst ab einer Gefolgschaft von 10.000 Nutzern vorgenommen wird.

Um das meiste aus Postings und Stories herauszuholen, empfehlen wir Ihnen die Umwandlung Ihres Instagram-Accounts in ein Business- bzw. Unternehmens-Profil (siehe Abbildung 8.30). Damit lassen sich nicht nur Anzeigen schalten, sondern auch und vor allem Statistiken abrufen. In Echtzeit können Sie anzeigen lassen, wen Sie demografisch erreichen und wie sich Ihre Abonnenten verhalten. Wer schaut sich wann Ihre Postings an, wie lange verbleiben Nutzer auf Ihren Stories und welche Bestandteile kommen dabei besonders gut an? Diese Daten helfen Ihnen wie immer sich stetig zu verbessern und die eigenen Inhalte an den Bedürfnissen der Nutzer auszurichten, um die Reichweite der Social-Media-Aktivität bestmöglich zu erhöhen.

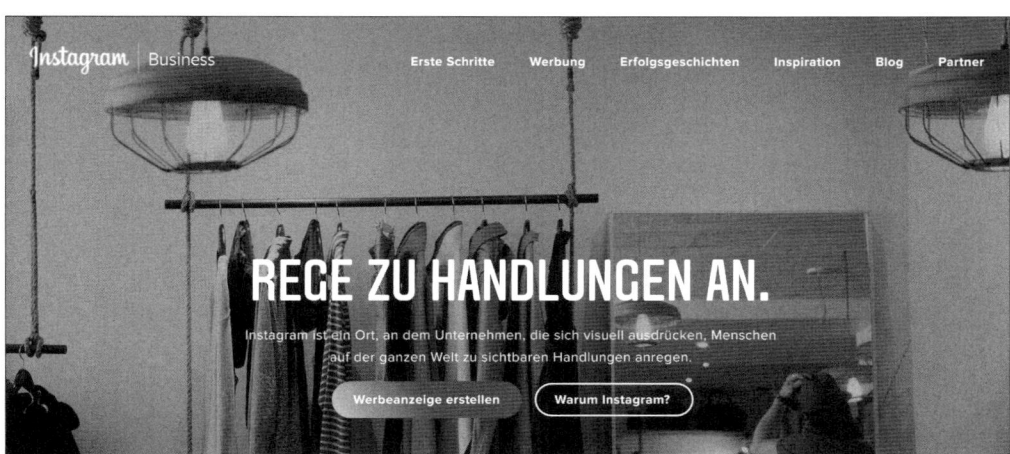

Abbildung 8.30 Die Startseite von »Instagram Business« (https://business.instagram.com): Hier finden Sie alle Informationen rund um die Nutzung der Plattform aus Unternehmersicht.

Allerdings ist die Umwandlung in ein Business-Profil derzeit nur über die Instagram-App möglich. Darüber hinaus wird eine Facebook-Seite vorausgesetzt – ein bloßes Facebook-Profil ist nicht ausreichend. Die Facebook-Seite wird anschließend mit dem Instagram-Account verknüpft, weshalb Sie nicht irgendeine Seite, sondern die offizielle Kanzlei-Seite nehmen sollten. Auf diese Weise versucht Instagram sicherzustellen, dass keine Privatpersonen, sondern primär Nutzer mit tatsächlichem Werbeinteresse einen Business-Account betreiben. Wenn Sie also bereits eine Facebook-Seite für Ihre Kanzlei haben, ist ein entsprechendes Business-Profil auf Instagram eine sinnvolle Ergänzung.

8.5 Sonstiges

Die bisher angesprochenen sozialen Medien gehören unbestritten zu den derzeit erfolgreichsten und am häufigsten genutzten der Welt. Eine zumindest grobe Kenntnis von Nutzen und Funktionsweise dieser Plattformen ist jedem Unternehmer gleich welcher Branche zu empfehlen – unabhängig davon, ob am Ende tatsächlich Gebrauch davon gemacht wird.

Daneben gibt es allerdings auch ein paar Plattformen, die weniger massentauglich, dafür aber für Juristen besonders interessant sind. Zum einen wären da die Karrierenetzwerke *XING* und *LinkedIn*. Zum anderen gibt es für den juristischen Bereich spezielle Anwaltssuchmaschinen wie etwa *Anwalt.de*.

8.5.1 Karrierenetzwerke – XING und LinkedIn

Karrierenetzwerke sind das Facebook für die Berufswelt. Profile dienen hier weniger der Vernetzung mit Freunden, sondern sind als Lebensläufe gestaltet und sollen primär potenzielle Arbeitgeber und Geschäftspartner ansprechen.

Wer sich auf Karrierenetzwerken herumtreibt, der sucht vor allem geschäftliche Kontakte. Die diesbezüglich bekanntesten Plattformen sind XING und LinkedIn (siehe Abbildung 8.31). LinkedIn ist Teil des Microsoft-Konzerns und mit knapp 550 Millionen Mitgliedern das weltweit größte Karrierenetzwerk. Der deutschsprachige Bereich hingegen wird noch von XING mit über 13 Millionen Mitgliedern (*https://corporate.xing.com/de/unternehmen/daten-und-fakten*) dominiert. Aber LinkedIn wächst stark und kommt in deutschsprachigen Ländern und Regionen mittlerweile immerhin auf ca. 11 Millionen Mitglieder (*https://windowsarea.de/2018/03/linkedin-oeffnet-ein-neues-buero-in-berlin-zaehlt-11-mio-mitglieder-in-dach*).

Für Sie sind Karrierenetzwerke doppelt interessant: Auf Ihrem persönlichen Profil können Sie sich selbst und Ihren beruflichen Werdegang präsentieren. Das Profil fungiert dann als eine Art digitale Visitenkarte, die in der Online-Welt den Kontakt mit

Geschäftspartnern erleichtert. Aufgrund des guten Rankings bei Google werden LinkedIn- und XING-Profile bei Namenssuchen häufig gleich auf der ersten Seite angezeigt. Daher sollten Sie Ihr Profil immer aktuell und aussagekräftig halten. Auf der anderen Seite können Sie sich mit Ihrer Kanzlei aber auch als Arbeitgeber präsentieren. Außer zur Vorstellung und Bewerbung Ihrer Produkte bzw. Dienstleistungen dienen Unternehmensseiten auch zur Verknüpfung der Profile Ihrer Mitarbeiter.

Abbildung 8.31 Die Logos der beiden hierzulande bekanntesten Karrierenetzwerke

Als Kanzlei sollten Sie sich auf jeden Fall um die Einrichtung einer Unternehmensseite kümmern. Das sieht nicht nur professioneller aus, sondern gibt Ihren Mitarbeitern auch die Möglichkeit, die Kanzlei als Arbeitgeber auszuwählen. Ohne existierende Unternehmensseite kann es passieren, dass aufgrund von Verlinkungen durch Mitarbeiter automatisch ein unschöner Platzhalter angelegt wird. Dabei will sich Ihre Kanzlei doch auch etwaigen Bewerbern als attraktiver Arbeitgeber darstellen! Dementsprechend können sich Unternehmen auf Karrierenetzwerken von Mitarbeitern bewerten lassen.

> **Praxistipp: Arbeitgeberbewertungen**
>
> Vielleicht haben Sie schon einmal etwas von der Plattform *Kununu* gehört. Dieser Dienst erlaubt die anonyme Bewertung von Unternehmen bzw. Arbeitgebern. Während das einem Teil der Arbeitgeber schon länger ein Dorn im Auge ist, nutzen viele andere Unternehmen Kununu zielgerichtet, um neue Bewerber zu ködern. Da die Bewertungen von jedem öffentlich eingesehen werden können und Kununu eine große Reichweite hat, sollten Sie die Möglichkeit der Bewertung Ihrer eigenen Kanzlei durchaus in Betracht ziehen. Darüber hinaus gehört Kununu zur XING AG und ist standardmäßig in das Karrierenetzwerk integriert.

Neben reinen Unternehmensseiten bietet XING zusätzlich sogenannte *Employer Branding*-Profile an (siehe Abbildung 8.32). Diese kosten jedoch mehrere Hundert

Euro im Monat und richten sich an größere Unternehmen, die XING aktiv zur Werbung nutzen. Überhaupt unterscheiden sich XING und LinkedIn von anderen Netzwerken dadurch, dass Gratis-Profile nur eingeschränkte Funktionen bieten und die meisten Nutzer monatlich für den Dienst bezahlen. Die Kostenhürde trägt allerdings auch zur Professionalisierung der Karrierenetzwerke und zur Abgrenzung von Unterhaltungsnetzwerken wie Facebook oder Instagram bei.

Abbildung 8.32 Das XING-Profil der Kanzlei »GÖRG«

> **Praxis-Tipp: Netzwerken mit Netzwerken**
>
> Nutzen Sie XING und LinkedIn aktiv und bewusst zum Aufbau eines Netzwerks aus Geschäftskontakten! Dazu empfehlen wir Ihnen, sich den Austausch von Visitenkarten auf Veranstaltungen zunutze zu machen. Suchen Sie die auf der Visitenkarte angegebene Person auf XING bzw. LinkedIn, und fügen Sie den neuen Kontakt hinzu. Sukzessive wird eine nützliche Sammlung an verschiedensten Personen entstehen, auf die Sie jederzeit zurückgreifen können.
>
> Wichtig: Belassen Sie es nicht dabei. Schreiben Sie Ihren neuen Kontakten stets eine kurze Nachricht, um zu zeigen, dass Sie sich an sie erinnern. Diese Aufgabe können Sie aus Zeitgründen unproblematisch an das Sekretariat delegieren.
>
> Ergänzend empfiehlt sich eine kurze Facebook-Suche nach den Personen, die Sie kennengelernt haben, und ein Hinzufügen zu der eigenen Freundesliste. So bleiben Sie automatisch in Kontakt und auf dem Laufenden über die Aktivitäten des jeweils anderen.

Ein weiterer Grund für die Einrichtung eines (Unternehmens-)Profils ist die Möglichkeit, ähnlich wie in anderen sozialen Netzwerken, Neuigkeiten und Artikel zu publizieren. Der große Vorteil hierbei besteht darin, dass Sie in den Karrierenetzwerken einen völlig anderen Adressatenkreis haben. Normale Rechtsnachrichten sind daher wohl auch nicht unbedingt die primär zu empfehlenden Inhalte. Hier eignen sich Veranstaltungsberichte, Bekanntmachungen der Kanzlei und solche Nachrichten, die Sie persönlich betreffen, meist besser. Wenn Sie beispielsweise ein interessantes Urteil erstritten haben, können Sie sich damit wie eine Qualifikation in Ihrem Lebenslauf schmücken. Potenzielle Bewerber und Geschäftspartner werden Sie für solche Nachrichten deutlich besser begeistern können als für mehrfach aufgewärmte Nacherzählungen aus Ihrem Blog.

Das bedeutet nicht, dass Sie nicht auch regelmäßig »normale« Artikel über die Karrierenetzwerke veröffentlichen können. Wenn Sie etwa über Dienste wie *Hootsuite* (siehe den Praxistipp in Abschnitt 8.3.2) jeden Tag automatisiert einen Blog-Artikel posten, bleiben Sie aktiv und rufen sich in Erinnerung. Dennoch sollten Sie sich immer über den besonderen Adressatenkreis in Karrierenetzwerken bewusst sein und sich das zunutze machen.

> **Expertentipp: Mit Vorträgen Kontakte sammeln**
>
> Aufbauend auf dem letzten Praxistipp nun noch eine Empfehlung für alle diejenigen unter Ihnen, die ab und zu Vorträge halten: Die meisten Vortragenden nutzen PowerPoint-Präsentationen oder ähnliche unterstützende Hilfsmittel, die von den Zuschauern im Anschluss häufig angefragt werden. Bitten Sie alle Interessenten um deren Visitenkarten, sodass Sie ihnen die Präsentation zuschicken können. Auf diese Weise kommen Sie schnell an stapelweise Kontakte für Ihr XING- bzw. LinkedIn-Profil.
>
> Ab einer bestimmten Anzahl an Kontakten bietet sich eine Kategorisierung an, sodass Sie einzelne Personen beispielsweise als Anwaltskollege, Geschäftspartner oder Mitglied einer bestimmten Branche später gezielter ansprechen können.

8.5.2 Welche Anwaltssuchmaschinen nutzt der Markt?

Das letzte netzwerkähnliche Akquise-Instrument, auf das wir einen Blick werfen wollen, sind die Anwaltssuchmaschinen (siehe Abbildung 8.33). Gemeint sind Online-Portale, über die sich Nutzer rechtlichen Beistand suchen können. Dieser Beistand muss nicht unbedingt eine Mandatierung sein, sondern kann ebenso in der Beantwortung einer Frage erfolgen. Die bekanntesten Anwaltssuchmaschinen auf dem deutschen Markt sind *Anwalt.de* (www.anwalt.de), *123recht.de* (www.123recht.net) und *Anwalt24.de* (www.anwalt24.de).

Alle genannten Plattformen bieten ein umfangreiches Portfolio an Diensten aus dem Bereich des Rechts. Dadurch fungieren diese Seiten als Anlaufstation für all die Menschen, die Rechtsrat in abstrakten Fragestellungen oder konkreten Sachverhalten suchen und dafür (noch) keinen eigenen Anwalt haben.

Für Anwälte wiederum stellen Anwaltssuchmaschinen eine interessante Werbemöglichkeit dar. Um diese Möglichkeit tatsächlich nutzen zu können, wird im Regelfall ein monatlicher Betrag fällig. Anschließend können Sie sich ein Profil erstellen, in dem Sie sich, Ihre Kanzlei und Ihr Beratungsangebot vorstellen. Die Anwaltssuchmaschinen werben damit, dass sie dafür Sorge tragen, dass Ihr Profil bei relevanten Suchanfragen über Google und Co. so weit oben wie möglich angezeigt wird.

Abbildung 8.33 Die Startseite von »Anwalt.de«

Um Ihre Reichweite zu erhöhen, können Sie über die Anwaltsplattformen Artikel veröffentlichen, sich in Foren mit potenziellen Mandanten austauschen und sich öffentlich den Fragen der Internetnutzer stellen. Ihr Profil samt Bild und Anschrift begleitet Sie bei jeglicher Aktivität auf der Plattform, wodurch Sie sich als besonders aktiver Anwalt einen Namen machen können. Artikel und beantwortete Fragen können anschließend von den Nutzern bewertet werden; häufig gibt es zusätzlich eine separate Wertung für Sie selbst.

Das alles hört sich attraktiv an, ist aber auch mit einer Menge Arbeit verbunden. Aus diesem Grund wollen wir im Folgenden auf ein paar Aspekte hinweisen, die Sie in Ihre Überlegungen, ob Sie einer solchen Plattform beitreten, mit einfließen lassen sollten.

Zunächst muss Ihnen bewusst sein, dass die Anwaltssuchmaschinen von Ihrer Nutzung am meisten profitieren. Das mag selbstverständlich klingen, schließlich bezahlen Sie für den Dienst. Allerdings versorgen Sie die Plattformen stetig mit neuen Inhalten – zusätzlich zu den monatlichen Abo-Kosten. Sie liefern die Artikel, Ratgeber und Hilfestellungen, mit denen die Anwaltssuchmaschinen Klicks und Umsätze generieren.

Falls Sie bisher gut aufgepasst haben, erwarten Sie von uns an dieser Stelle sicherlich eine Empfehlung mit dem Zauberwort »Zweitverwertung«. Leider müssen wir Sie enttäuschen; hier raten wir Ihnen ausdrücklich von einer Zweitverwertung Ihrer Website-Inhalte ab! Der Grund dafür ist das sogenannte *Duplicate Content*-Problem (*https://support.google.com/webmasters/answer/66359?hl=de*). Suchmaschinen wie Google haben das Bestreben, möglichst treffende und aussagekräftige Suchergebnisse zu liefern. Dopplungen werden dabei so gut es geht vermieden. Das hat zur Folge, dass identische Artikel auf verschiedenen Seiten nicht gleich gerankt werden können. Google rankt dann den Artikel höher, der auf derjenigen Seite veröffentlicht wurde, der Google am meisten vertraut. Dann wird Ihre Kanzlei-Website gegen die hochfrequentierte Anwaltssuchmaschine regelmäßig den Kürzeren ziehen. Im Ergebnis schaden Sie sich selbst, weshalb wir für Artikel in Anwaltssuchmaschinen nur originäre oder stark abgeänderte Inhalte empfehlen können.

Das wiederum bedeutet mehr Aufwand für Sie. Sofern Sie die Ressourcen dafür nicht haben, ist von einer Nutzung der Anwaltssuchmaschinen abzuraten. Aus eigener Erfahrung wissen wir, dass Anwaltssuchmaschinen als Werbeinstrument durchaus nützlich sein können. Der hier investierte Aufwand rentiert sich jedoch in keiner Weise, solange Sie dadurch Ihre eigenen Inhalte vernachlässigen.

> **Praxistipp: Telefonnummern als Tracking-Instrument**
>
> Ein Tracking bzw. eine Analyse der Reichweite und des Nutzens Ihrer Aktivitäten in den Anwaltssuchmaschinen ist nur begrenzt möglich. Zwar bekommen Sie mitunter Feedback in Form von Kommentaren und Bewertungen, Rückschlüsse auf erfolgreiche Mandatierungen lassen sich daraus jedoch nicht ziehen.
>
> Gleichwohl können Sie im Regelfall in Ihrem Profil und neben Ihren Artikeln eine Telefonnummer als Kontaktmöglichkeit angeben. Wenn Sie hier eine separate Nummer für die spezielle Anwaltssuchmaschine einrichten, ist es möglich, Anfragen oder gar Mandate direkt auf die Plattform zurückzuführen. Dieses Vorgehen hilft Ihnen auch nachzuvollziehen, ob die Anwaltssuchmaschine den gewünschten Effekt hat.

Falls Sie sich anfangs noch gegen die Einrichtung eines Profils bei einer Anwaltssuchmaschine entscheiden, sollten Sie dennoch den Markt beobachten. Die Anwaltssuchmaschinen entwickeln ihre Angebote stets weiter, und ähnliche Plattformen werben mit neuen Ideen um Ihre Gunst. *Frag-einen-Anwalt* (*www.frag-einen-anwalt.de*) etwa bittet Nutzer um Rechtsfragen, die registrierte Anwälte anschließend gegen kleine Geldbeträge beantworten können. *Iurratio* (*www.iurratio.de*) ermöglicht eine bessere Vernetzung mit dem Nachwuchs, also Studenten und Referendaren. Darüber hinaus geht der Trend zurzeit stärker in die Richtung von separaten Rechtsdienstleistungen wie zum Beispiel Vertragsprüfungen und -erstellungen. Auf *Anwalt.de* können Sie im Bereich RECHTSPRODUKTE Ihre eigenen Dienstleistungen zu Pauschalpreisen anbieten und bewerben.

8.6 Wie gestaltet man ein Impressum?

In den vergangenen Jahren führte ein Thema immer wieder zu Diskussionen und hatte teure Abmahnungen zur Folge: die Impressumspflicht in sozialen Netzwerken. Das Impressum, auch Anbieterkennzeichnung genannt, stellt eine gesetzlich vorgeschriebene Informationspflicht dar und beinhaltet die Angabe zu der Person oder dem Unternehmen, die bzw. das das Social-Media-Profil geschäftsmäßig betreibt.

Bis vor einiger Zeit bestand Streit darüber, wann für Profile in sozialen Netzwerken überhaupt ein Impressum erforderlich ist, mittlerweile ist die dahingehende Rechtsprechung recht eindeutig. Wie diese aussieht und wie ein Impressum rechtskonform gestaltet werden kann, soll in diesem Abschnitt erläutert werden.

8.6.1 Inhalt der Impressumspflicht

Da Auftritte auf den Social-Media-Plattformen in der Regel ähnliche Inhalte und Funktionen wie eine Homepage aufweisen, ist mittlerweile anerkannt, dass Sie auch bei der Verwendung sozialer Netzwerke der Impressumspflicht unterliegen, wenn Sie das Profil zu Marketingzwecken benutzen, da dann nicht nur eine reine private Nutzung vorliegt.

In der Folge stellt sich nun die Frage, welche Bestandteile das Impressum bei Unternehmen mindestens enthalten muss. Dazu gehören gemäß § 5 Abs. 1 TMG in jedem Fall die Angabe von (siehe Abbildung 8.34):

- Name und Anschrift des Unternehmens, in diesem Fall also Ihrer Kanzlei
- bei juristischen Personen deren Rechtsform und deren vertretungsberechtigten Personen
- E-Mail-Adresse und Telefonnummer
- gegebenenfalls Angaben zur ständigen Aufsichtsbehörde
- gegebenenfalls Angaben zum Handelsregister, Vereinsregister, Partnerschaftsregister oder Genossenschaftsregister und die entsprechende Registernummer
- Angabe der Umsatzsteueridentifikationsnummer

8.6 Wie gestaltet man ein Impressum?

- gegebenenfalls verlinkter Hinweis zur EU-Online-Streitbeilegungsplattform
- Hinweis auf die (Nicht-)Teilnahme an Streitbeilegungsverfahren vor einer Verbraucherschlichtungsstelle

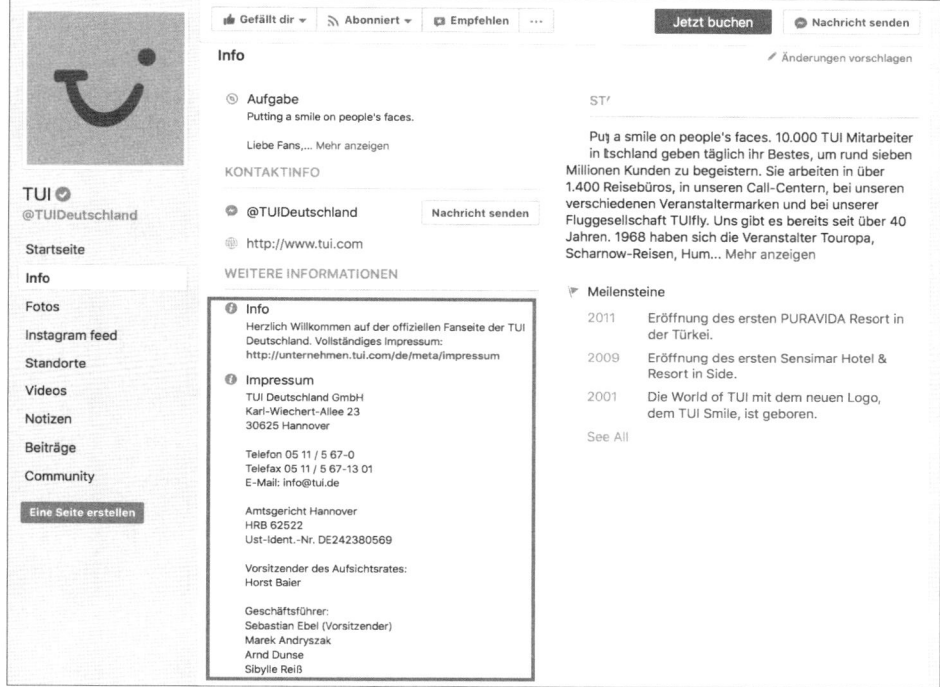

Abbildung 8.34 Beispiel für ein inhaltlich rechtskonformes Impressum eines Unternehmens

> **Achtung: Neue Informationspflichten!**
> Wenn Sie auf Ihren Profilen oder Seiten in sozialen Netzwerken nicht nur Ihre Kanzlei präsentieren, sondern Ihre Produkte und Dienstleistungen auch zum Kauf anbieten, dann gelten darüber hinaus seit 2016 bzw. 2017 weitere Informationspflichten, die Sie im Impressum umsetzen müssen. Dazu gehört einerseits der Hinweis zur EU-Online-Streitbeilegungsplattform und andererseits der Hinweis zur Teilnahme an Streitbeilegungsverfahren vor einer Verbraucherschlichtungsstelle.

8.6.2 Platzierung und Erreichbarkeit

Darüber hinaus hat der Gesetzgeber auch klare Vorstellungen darüber, wo das Impressum hingehört und wie es zu erreichen ist. Danach müssen die Informationen vom Betreiber der Seite leicht erkennbar, unmittelbar erreichbar und ständig verfügbar gehalten werden. Das bedeutet, dass die Informationen ohne wesentliche Zwischenschritte abgerufen werden können müssen.

Der Bundesgerichtshof (Urteil vom 20.07.2006, Az. I ZR 228/03) geht davon aus, dass diese Voraussetzungen erfüllt sind, wenn das Impressum über zwei Klicks erreicht werden kann – die sogenannte *Zwei-Klick-Lösung*. Dies ist beispielsweise im Fall von Facebook gewährleistet, wenn der Nutzer mit dem ersten Klick auf die Schaltfläche INFO oder MEHR auf eine Seite gelangt, auf der der zweite Klick auf einen Link erfolgt, der dann zum Impressum auf der eigenen Kanzleiwebsite führt (siehe Abbildung 8.35).

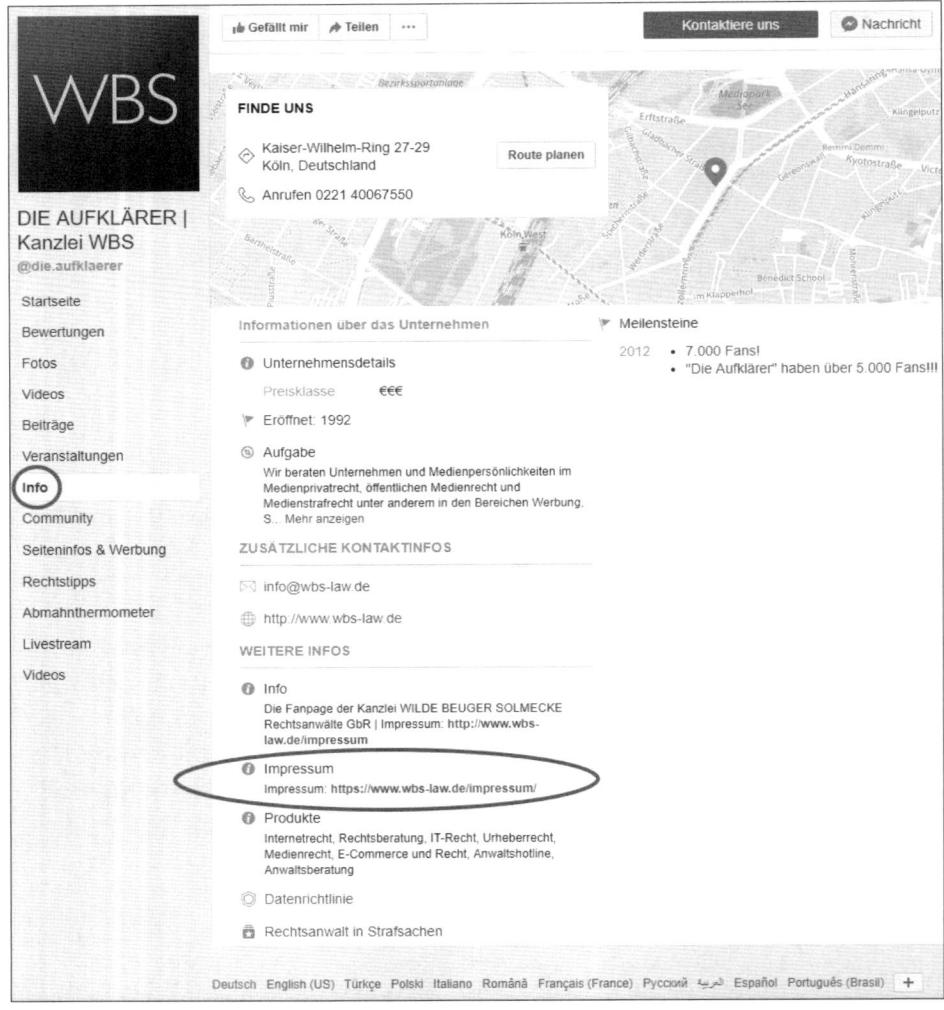

Abbildung 8.35 Beispiel für die Erreichbarkeit des Impressums über zwei Klicks

Im Rahmen der Social-Media-Auftritte stellt sich aufgrund der beschränkten gestalterischen Möglichkeiten darüber hinaus die Frage, wo das Impressum rechtssicher platziert werden kann. Da an dem Design der Plattformen keine Änderungen vorgenommen werden können, muss der Nutzer mit den Möglichkeiten arbeiten, die ihm zur Verfügung stehen.

So war es bisher beispielsweise eher schwierig, der Impressumspflicht auf den Facebook-Seiten nachzukommen. Zwar führte das soziale Netzwerk eine Funktion zum Erstellen eines »Business Accounts« ein, darin wurden bislang die Daten jedoch unter dem Punkt INFO im Profil hinterlegt. Jedoch ist es nach der Rechtsprechung zweifelhaft, ob die Angabe INFO ausreicht.

Doch vor einigen Jahren führte Facebook zum Erstellen eine Impressums-Rubrik ein, die relativ einfach bedient werden kann: Sie können in das Feld IMPRESSUM alle erforderlichen Angaben eintragen. Der Vorteil besteht darin, dass Sie damit ein rechtssicheres Impressum erstellen können. Dazu gehen Sie folgendermaßen vor:

1. Rufen Sie Ihre Seite auf.
2. Öffnen Sie die Seiteneinstellungen.
3. Wechseln Sie in den Bereich TAB/SEITENINFO.
4. Suchen Sie das Feld IMPRESSUM heraus, und tragen Sie dort Ihre Angaben ein.
5. Sichern Sie die Seite.

> **Hinweis**
>
> Sollten sich mehrere Stellen für die Platzierung des Impressums anbieten, so sollten Sie alle nutzen, um eine rechtssichere Gestaltung zu gewährleisten. Auch sollten Sie im laufenden Betrieb auf Designänderungen der Plattformbetreiber achten, da ein neues Design auch zu einer Verschiebung des Links führen kann. Ein Verstoß gegen die Impressumspflicht kann dann eine Abmahnung oder als Ordnungswidrigkeit auch ein Bußgeld von bis zu 50.000 EUR zur Folge haben.
>
> Sollten Sie verschiedene Social-Media-Plattformen nutzen, so bietet es sich an, ein zentrales Impressum auf Ihrer Website zu erstellen, auf das Sie dann jeweils verlinken. Dies hat den Vorteil, dass nur einmalig ein Impressum gepflegt werden muss. Ändert sich also beispielsweise der Name Ihrer Kanzlei, da ein Partner ausgestiegen ist, kann diese Änderung an zentraler Stelle verwaltet werden. So werden die Risiken eines falschen Impressums minimiert.

Kapitel 9
Pressearbeit

Trotz aller Aufregung um neue Medien, soziale Netzwerke und andere Errungenschaften der digitalen Zeit darf eines nicht vergessen werden: Der klassische Journalismus hat die Deutungshoheit um die öffentliche Meinungsbildung nicht verloren und ist nach wie vor in der Mitte der Gesellschaft verankert. Damit sollte auch die Pressearbeit ein fester Bestandteil des Kanzleialltags sein.

Neben den bisherigen Kapiteln zum Bereich der digitalen Akquise wirkt der Begriff *Pressearbeit* auf den ersten Blick wie ein Schritt in die Vergangenheit. Gleichwohl hat sich die Medienbranche genauso wie alle anderen Branchen gewandelt und an die neuen Bedingungen angepasst. Renommierte Zeitungen und Nachrichtenmagazine sind der digitalen Welt beigetreten, veröffentlichen ihre Angebote mitunter vollständig online, agieren in sozialen Netzwerken und nutzen die neu entstandenen Kanäle, um ihre Produkte in Echtzeit um den Globus zu schicken. Dass dieser Weg seine Opfer gefordert hat und die Branche selbst noch immer im Umbruch steckt, ist nicht von der Hand zu weisen. Dennoch ändern die Probleme des modernen Journalismus nichts daran, dass er für die allermeisten Menschen eine große Bedeutung hat.

In diesem Sinne wäre es fatal, klassische Medien zu unterschätzen. Ganz im Gegenteil ist es von großer Wichtigkeit, die sich bietenden Möglichkeiten zu erkennen und für sich selbst zu nutzen. Lokale und überregionale Medien haben einen großen Adressatenkreis und erreichen oftmals eine für Sie attraktive Zielgruppe. Im Gegensatz zu kleinen Blogs im Internet und Posts von Privatpersonen in sozialen Netzwerken beanspruchen professionelle Journalisten eine hohe Glaubwürdigkeit für sich, von der Sie profitieren können. Die große Frage ist bei alldem nur das »Wie?«:

▶ Wie funktioniert Pressearbeit?
▶ Wie nehmen Sie Kontakt mit Journalisten auf?
▶ Wie ziehen Sie Ihren Nutzen aus dem Aufwand?

9.1 Lohnt sich aktive Pressearbeit?

Neben dem Aufbau der eigenen Website, der regelmäßigen Erstellung von Artikeln und der Pflege von Profilen in sozialen Netzwerken erscheint Pressearbeit wie unnützes Beiwerk, dessen Aufwand in keinem Verhältnis zum Nutzen steht. Das mag in gewissen Grenzen stimmen: Der Aufwand ist groß und die Erfolge sind nicht immer unmittelbar spürbar.

Fingerspitzengefühl, Geduld und Kommunikationstalent sind unentbehrliche Eigenschaften, wenn es um die anwaltliche Pressearbeit geht. Sobald Sie sich jedoch einmal als Rechtsexperte und unter Journalisten beliebter Ansprechpartner etabliert haben, macht diese Arbeit nicht nur Spaß, sondern hat das Potenzial, erfolgreicher zu sein als die meisten anderen Formen der Werbung.

> **WBS-Anekdote: Die RedTube-Abmahnwelle**
>
> Ende 2013 wurden Zehntausende Deutsche wegen des angeblichen Streamings von Porno-Filmen auf der Plattform *RedTube* abgemahnt. Die völlig haltlosen Vorwürfe gingen wochenlang durch die Medien und Artikel zum Thema auf der WBS-Website zogen in der Anfangszeit mehr als 100.000 Besucher an einem einzigen Tag an – die Sorge, ebenfalls eine der Abmahnungen zu erhalten, schien groß.
>
> Dadurch wurden auch Medienvertreter auf die Kanzlei aufmerksam und baten um Stellungnahmen. Nachdem Christian Solmecke am ersten Wochenende des Skandals bereits mehrere Fernsehinterviews gab, schaukelte sich das Thema immer weiter hoch und führte allein bei der Kanzlei WBS zu knapp hundert Interviews in der Folgewoche. In derselben Woche konnte die Kanzlei rund 1.000 neue Mandate gewinnen.

Doch werfen wir zu Beginn einen Blick darauf, was mit anwaltlicher Pressearbeit überhaupt gemeint ist. Die Grundüberlegung ist folgende: Journalisten sind im Regelfall gut ausgebildete Berichterstatter, die sich in Schrift und mitunter auch Videoform dem aktuellen Tagesgeschehen widmen. Dabei herrscht nachvollziehbarerweise häufig Zeitdruck, denn die Artikel müssen recherchiert, geprüft, geschrieben und veröffentlicht werden. Wichtige Ereignisse müssen zeitnah behandelt und anschließend korrekt eingeordnet werden.

Im rechtlichen Bereich führt das nicht selten zu Problemen. Harmlos ist es, wenn Kammern und Senate vertauscht werden, Richterbezeichnungen falsch und Gerichtsnamen fehlerhaft sind. Peinlicher wird es, wenn Urteilsgründe verkehrt wiedergegeben oder Straf- und Zivilgerichte verwechselt werden.

Bezeichnend für die Folgen des zweifelhaften Strebens nach Schnelligkeit, gekoppelt mit unzureichendem juristischen Verständnis, war die Urteilsverkündung des Bundesverfassungsgerichts im NPD-Verbotsverfahren im Januar 2017. Damals wurde die anfängliche Verlesung der Anträge von den anwesenden Journalisten zum Anlass genommen, so schnell wie möglich das Verbot der NPD an die Redaktionen weiterzugeben. Nachrichtenportale wie Spiegel Online, Zeit Online, das Erste und Phoenix publizierten die »Eilmeldung« auf allen Kanälen und schickten ihren Abonnenten entsprechende Mitteilungen auf die Smartphones. Als anschließend das anderslautende Urteil verkündet wurde, erkannten die Reporter ihren Fehler. Die daraus resultierende mediale Aufarbeitung fand ein nahezu ebenso großes Echo wie das BVerfG-Urteil selbst.

Diese ärgerlichen und durchaus vermeidbaren Fehler machen eines deutlich: Sie werden gebraucht! Natürlich kann Ihr Expertenwissen Blamagen wie die zum NPD-Urteil nicht verhindern. Aber in den meisten anderen Fällen sind Juristen ein bei Journalisten gern gesehener Kommunikationspartner. Rechtsfragen, Gerichtsprozesse und -urteile sind aufgrund der zu erwartenden Reaktionen bei den Lesern stets spannende und erfolgversprechende Themen. Aber ein rechtlich nicht vorgebildeter Journalist hat weder Zeit noch Lust, sich Woche für Woche in die verschiedensten Tiefen juristischer Fachsimpelei einzuarbeiten und das Ganze anschließend wieder für Laien ansprechend aufzuarbeiten. Es braucht also Experten, und da kommen Sie ins Spiel.

Abbildung 9.1 Christian Solmecke bei einem Interview im WDR zum Thema »Fake News« vom 11.07.2017

Sobald Sie sich einmal als verlässlicher Ansprechpartner für Fragen aus einem bestimmten Rechtsbereich einen Namen gemacht haben, werden Sie immer wieder Anfragen bekommen. Gastartikel, Interviews, Debattenbeiträge und Talkshow-Auftritte wie in Abbildung 9.1 sind dann nichts Ungewöhnliches mehr. Wir wollen nicht abstreiten, dass diese Dinge zeitaufwendig sind. Die vor einem Interview erforderliche Recherche können Sie noch an Dritte ausgliedern. Den Termin selbst jedoch müssen Sie persönlich wahrnehmen. Bei Radiointerviews sind das wenige Minuten, im Fernsehen gerne auch mal ein paar Stunden.

Diese mediale Präsenz hilft Ihrem eigenen Namen und dem Ihrer Kanzlei aber ungemein. Von den klassischen Medien ganz prominent als Rechtsexperte dargestellt zu werden ist eine Werbung, die Sie sonst nirgendwo bekommen. Auf eine zusätzliche finanzielle Vergütung werden Sie wohl oder übel verzichten müssen – nur ganz selten gibt es bei TV-Sendungen eine Aufwandsentschädigung. Die Werbung ist folglich Ihr einziger Profit. In Print- und Online-Medien gibt es allerdings darüber hinaus die Möglichkeit, seine Kontaktdaten neben dem jeweiligen Artikel zu platzieren. Diese Möglichkeit ist durchaus lukrativ und entschädigt für den Zeitaufwand. Allerdings sollten Sie derartige Kontaktkästen und Verlinkungen nicht dem Belieben des Redakteurs überlassen, sondern aktiv nachfragen und darauf hinwirken.

9.2 Kommunikation mit Journalisten

Zum Rechtsexperten der Massenmedien werden Sie natürlich nicht einfach so. Sie brauchen den Kontakt zu Journalisten, müssen sich einen Ruf erarbeiten und diesen pflegen. Dafür ist es unabdingbar, zu verstehen, wie Journalisten arbeiten und auf welche Weise Sie diese Arbeit erleichtern können. Wenn Sie aus Zeitgründen eine Anfrage auf den nächsten Tag vertrösten, Rückrufbitten nicht umgehend befolgen oder Informationen nur unvollständig liefern, werden Sie mit ziemlicher Sicherheit nicht noch einmal um Auskunft gebeten. Journalisten müssen strenge Zeitpläne einhalten und ihre Artikel um jeden Preis fertigstellen. Wenn Sie für einen Interviewtermin um 6 Uhr morgens angefragt werden, dann ist es sehr unwahrscheinlich, dass dieser Termin nur für Sie verlegt wird.

9.2.1 Einen eigenen Presseverteiler aufbauen

Um überhaupt Anfragen zu erhalten, müssen Sie die Aufmerksamkeit der Journalisten auf sich lenken. Einen guten Anfang macht ein eigener Presseverteiler. Das ist eine Liste mit den Kontaktdaten verschiedener Journalisten, die für unterschiedliche Medien arbeiten. Über diesen Verteiler werden Pressemitteilungen verschickt. Damit sind wiederum öffentliche Informationen gemeint, die etwa Veranstaltungshinweise, Neuigkeiten zu einzelnen Fällen oder Stellungnahmen zu bestimmten Themen beinhalten.

Die erste Hürde ist also der Aufbau eines Presseverteilers. Wenn Sie einfach abwarten, dass Sie von Journalisten kontaktiert werden, dann kann das lange dauern – hier ist Ihre Initiative gefragt. Die wenigsten Journalisten werden von sich aus die sozialen Netzwerke nach geeigneten Rechtsexperten durchforsten. Selbst wenn Sie bereits einen gewissen Bekanntheitsgrad auf Ihrem Rechtsgebiet haben, hilft Ihnen das nur bedingt. Die klassischen Medien sind sehr selbstreferenziell, orientieren sich also stark aneinander, um gute Themen und interessante Personen zu finden. Sobald Sie einmal in den Medien sind, wird der Rest zum Selbstläufer. Der Einstieg jedoch ist dafür umso schwerer.

Suchen Sie selbst in sozialen Netzwerken und auf den Websites der großen Medienhäuser nach Journalisten, um Ihren Presseverteiler aufzubauen. Da viele Journalisten Freiberufler sind, finden sich einige Websites und Profile dieser Personen im Netz, auf denen die gesuchten Kontaktdaten öffentlich einsehbar sind. Einige Nachrichtenportale legen auch selbst Profile Ihrer Mitarbeiter an oder stellen E-Mail-Adressen für geschäftliche Anfragen zur Verfügung. Sie können auch noch einen Schritt weiter gehen und einzelne Journalisten direkt ansprechen. Sollten Sie Zweifel haben, ob sich eine bestimmte E-Mail-Adresse tatsächlich für die Aufnahme in einen geschäftlichen Verteiler eignet, ist eine kurze Nachfrage bei der jeweiligen Person zu empfehlen.

> **WBS-Anekdote: Kontaktanfrage über XING**
>
> Im Jahr 2007 waren Filesharing-Abmahnungen selbst für einen Großteil der Anwaltschaft noch ein Novum. Christian Solmecke hatte sich zu diesem Thema bereits vereinzelt in den Medien geäußert, merkte aber schnell, dass die breite Öffentlichkeit noch viel zu wenig informiert war. Also suchte er auf XING gezielt nach Mitarbeitern des Fernsehmagazins *stern TV* und stieß auf eine Journalistin, der er seine Idee zur ausführlichen Behandlung des Themas erläuterte. Das Interesse der Journalistin war geweckt und führte nach einem persönlichen Treffen zu einer Einladung in die Fernsehsendung. Einen Tag später erreichten die Kanzlei WBS knapp 200 Anrufe von Personen mit Filesharing-Problemen. Auch in der stern TV-Redaktion wurde die Sendung als Erfolg aufgefasst, und eine Woche später durfte sich Christian Solmecke live einen Schlagabtausch mit einer gegnerischen Kanzlei liefern.

Selbstverständlich wollen wir Ihnen nicht vorenthalten, dass es auch einen einfacheren Weg gibt. Die Datenbank *(der) Zimpel* (www.newsaktuell.de/zimpel) enthält mehrere Hunderttausend Kontaktdaten von Medienschaffenden aus allen Bereichen (siehe Abbildung 9.2). Der Zugriff ist selbstverständlich nicht umsonst, weshalb es nicht schaden kann, wenn Sie sich zunächst selbst am Aufbau eines Presseverteilers versuchen.

Ohne einen zumindest groben Überblick über die deutsche Medienlandschaft und die verschiedenen Ressorts der populären Magazine werden Sie mit dem pauschalen Ankauf einiger Hundert Adressen sowieso keine Erfolge haben. Ihr Ziel sollte es sein, Experte bzw. Ansprechpartner auf einem konkreten Rechtsgebiet zu werden. Dafür benötigen Sie eine gezielt ausgesuchte Sammlung relevanter Journalisten in Ihrem Verteiler. Anderenfalls werden sich Ihre Kontakte entweder sehr schnell wieder aus Ihrem Verteiler austragen lassen oder Sie schlicht nie anfragen.

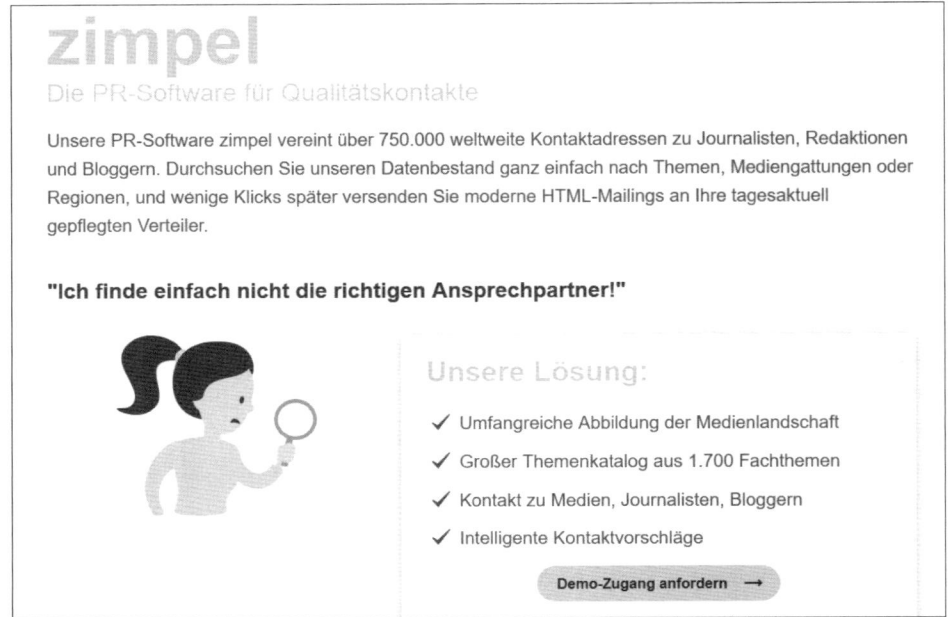

Abbildung 9.2 »Der Zimpel« wurde in den 70er-Jahren erstmals von Dieter Zimpel herausgebracht und hat sich schnell zum führenden Nachschlagewerk der PR- und Medienbranche entwickelt. Die ursprüngliche Loseblattsammlung ist heute online abrufbar.

9.2.2 Die erste Pressemitteilung

Sobald Sie die ersten E-Mail-Adressen angesammelt haben, können Sie mit dem Versenden von Pressemitteilungen beginnen. Dabei ist es sehr wichtig, die adressierten Journalisten nicht zu nerven. Häufigkeit, Stil und Inhalt entscheiden darüber, ob Ihre Pressemitteilungen tatsächlich gelesen werden oder ob der Verteiler schneller tot ist, als Sie ihn aufgebaut haben. Ist ein Journalist erst einmal verloren, wird es Ihnen umso schwerer fallen, ihn zurückzugewinnen. Hier ist also enormes Fingerspitzengefühl gefragt.

Keinesfalls sollten Sie Pressemitteilungen mit Ihrem Newsletter oder Ihrem Nachrichten-Blog verwechseln. Die Meldungen, die Sie an Journalisten schicken, müssen mit Bedacht ausgewählt und formuliert werden. Der Inhalt muss aus Informationen bestehen, die originär aus Ihrer Kanzlei stammen und in dieser Art nicht in anderen Quellen gefunden werden können.

Das beste Beispiel sind Berichte über gewonnene Prozesse: Hier waren Sie unmittelbar dabei, haben das Verfahren begleitet und kennen alle Einzelheiten, die zu der Entscheidung des Gerichts geführt haben. Neben der Gegenkanzlei stellen Sie die einzige Primärquelle dar. Allerdings muss das Urteil von gewisser Relevanz für die Zielgruppe der Journalisten sein. In Abschnitt 6.2.3 haben wir in einer Anekdote vom »Morpheus«-Urteil berichtet, das die Kanzlei WBS erstritten hatte. Dort hatte sich der BGH zur Haftung der Eltern bei der Internetnutzung ihrer Kinder geäußert – ein praxisrelevantes Thema, das in jeder Tageszeitung Anklang finden würde.

Selbstverständlich produziert niemand von uns am laufenden Band bahnbrechende Präzedenzfälle – sie sind eher die Ausnahme. Für Ihren Presseverteiler können aber auch andere Themen von Interesse sein, solange sie nur originär von Ihnen kommen. Damit können Stellungnahmen zu aktuell öffentlich diskutierten Themen, Urteilen und Gesetzesentwürfen gemeint sein. Wichtig ist es, dass Sie Pressemitteilungen nicht inflationär herausgeben, sondern nur circa einmal im Monat und nur zu einem bestimmten Rechtsgebiet. Bewegen Sie sich in einem zu breiten Themenspektrum, werden Sie von den Journalisten nicht als Experte wahrgenommen. Wenn Sie als Arbeitsrechtler wahrgenommen werden wollen, sollten Sie sich nicht zu familienrechtlichen Themen äußern. Anders ist das, wenn Sie verschiedene Anwälte Ihrer Kanzlei als Experten auftreten lassen wollen – das muss dann aber entsprechend dargestellt und kommuniziert werden. In diesen Fällen kann es nicht schaden, die Erstellung eines zweiten Presseverteilers in Betracht zu ziehen.

Mit Blick auf den bereits angesprochenen Zeitdruck der Journalisten ist zu einer einfachen Sprache und zur Beschränkung auf die wesentlichen Informationen zu raten. Niemand wird zwei Seiten juristisches Kauderwelsch durchlesen und sich anschließend den Kopf zerbrechen, wie daraus ein zweispaltiger Artikel für den hinteren Teil der städtischen Lokalzeitung gebastelt werden kann. Formulieren Sie kurz und prägnant, stets mit dem Ziel, Ihrem Leser die gewünschten Informationen auf dem Silbertablett zu servieren. Von Vorteil sind zitierfähige Passagen, die Ihren Standpunkt prägnant vermitteln und ohne Weiteres in den fertigen Artikel übernommen werden können.

> **Praxistipp: ots-Meldungen**
>
> Die Website *news-aktuell.de*, eine Tochter der Deutschen Presseagentur, bietet die Versendung sogenannter *ots-Meldungen* (ots = Orginaltextservice) an. Das sind Presseaussendungen Dritter, die von Agenturen im Originaltext auf einschlägigen Presseportalen veröffentlicht und bestenfalls prominent und zielgruppenorientiert platziert werden. Über die oben genannte Website können Sie Ihre Pressemitteilungen also direkt in einem Presseportal veröffentlichen lassen und erreichen somit eine große Anzahl an Journalisten auch außerhalb Ihres Presseverteilers. Natürlich ist dieser Service kostenpflichtig.

Falls einer der Journalisten Ihre Pressemitteilung nun interessant findet, wird er sie für einen Artikel verwenden. Geld gibt es hierfür selbstverständlich nicht; Sie sind nur die Quelle und stellen Ihre Informationen mit der Intention, sie weiterzuverbreiten, einem größeren Publikum zu Verfügung.

Ebenso wenig dürfen Sie enttäuscht sein, wenn der Name Ihrer Kanzlei in dem fertigen Artikel nicht als Quelle genannt wird. Zwar wird regelmäßig der Experte referenziert, auf die Nennung der Kanzlei haben Sie hingegen keinen Anspruch. Daher wiederum der Hinweis, dass ein Großteil des Erfolgs vieler Akquise-Instrumente an der Person des jeweiligen Anwalts hängen bleibt. Scheidet dieser Anwalt aus Ihrer Kanzlei aus, besteht die Gefahr, einen Teil der erarbeiteten Reputation zu verlieren.

9.2.3 Umgang mit Presseanfragen

Nicht nur Sie suchen den Kontakt zu Journalisten, sondern das geschieht auch andersherum. Nach den ersten Erwähnungen in einschlägigen Medien werden Sie Anfragen zu Interviews oder Stellungnahmen bekommen. Auf diese Weise mit Aufmerksamkeit bedacht zu werden ist ein schönes Resultat Ihrer Bemühungen, bedeutet allerdings auch weitere Arbeit. Da Sie für Journalisten nur dann einen Wert haben, wenn Sie als Ansprechpartner kompetent und verlässlich sind, sollten Sie früh ein Konzept entwickeln, wie Sie mit Kontaktanfragen umgehen.

Der Anruf eines Senders kann jederzeit kommen und muss mitunter innerhalb von Minuten positiv beschieden werden. Jetzt ist es von Vorteil, dass Sie sich als Experte für einen konkreten Rechtsbereich etablieren wollen und nicht auf Biegen und Brechen zu allem eine Meinung haben müssen. Denn oftmals haben Sie nicht viel Zeit, um eine Stellungnahme vorzubereiten. Eine nachträgliche Prüfung oder Korrektur Ihres Gesagten ist nicht möglich. Wenn Sie eines nicht wollen, dann ist es öffentlich im Fernsehen oder Radio eine rechtlich falsche Empfehlung abzugeben – ausdrücklich im eigenen Namen.

Wir können Sie allerdings beruhigen. Aus eigener Erfahrung wissen wir, dass gerade die zeitlich knappen Stellungnahmen nur sehr kurz sind und sich auf grundlegende Informationen beschränken. Für Anfragen von Tageszeitungen haben Sie in der Regel etwa eine Stunde Zeit, sodass eine schnelle Notfall-Recherche noch möglich sein sollte. Längere Interviews von mehreren Minuten, unter Umständen verbunden mit einem persönlichen Auftritt in der Sendung, werden üblicherweise mit einer gewissen Vorlaufzeit angefragt. Häufig werden Sie sogar auf die Fragen vorbereitet, sodass Sie sich aussagekräftige und allgemeinverständliche Antworten überlegen können.

Wahrscheinlich sind Sie nicht ständig für jeden erreichbar. Dann stellt sich die Frage, wie mit eiligen Presseanfragen umgegangen wird. Sollten Sie eine Anfrage ablehnen oder gar ignorieren, wird der nächste Kontakt angerufen und Ihre Priorität in der jeweiligen Expertendatenbank sinkt. Um das zu verhindern, empfiehlt sich die Einrichtung von Workflows in der Kanzlei. Wie das im Detail funktioniert, erklären wir weiter unten im Kapitel zum Sekretariat (siehe Abschnitt 13.1).

Für Presseanfragen sollten Sie zunächst einen separaten Bereich auf Ihrer Website einrichten, der sich an Journalisten richtet und gesonderte Kontaktmöglichkeiten bereithält. Die dort angegebene Telefonnummer sollte stets frei sein und vom Sekretariat betreut werden. Ist ein Journalist in der Leitung, empfiehlt sich die sofortige Durchstellung an den Partner und nachrangig die Vermittlung über eine andere zuständige Person. Nach unserer Erfahrung hat es sich bewährt, Presseanfragen an das Handy des Partners weiterzuleiten. Auf diese Weise wird sichergestellt, dass sofort auf die Anfrage reagiert werden kann. Ferner kann eine Terminkontrolle durch das Sekretariat vorgeschaltet werden, um nicht realisierbare Anfragen zu filtern. Eine Absage ist dann nicht weiter schlimm, wenn sie sofort erfolgt und nicht zur Regel wird.

9.3 Eigenes Presse-Team

Sollten Sie tatsächlich sämtliche bisherigen Empfehlungen aus diesem Teil des Buches umsetzen, dann wird Ihre Kanzlei selbst zu einer Art kleinem Medienunternehmen mutieren: Auf Ihrer Website veröffentlichen Sie regelmäßig Artikel, mittels Newsletter verteilen Sie Ihr Nachrichtenangebot in den digitalen Briefkästen Ihrer Abonnenten und in den sozialen Netzwerken kämpfen Sie jederzeit für mehr Reichweite und stehen Ihrer Leserschaft Rede und Antwort. Diese ganze Arbeit können Sie neben Ihren eigentlichen Aufgaben unmöglich selbst erledigen. Spätestens jetzt wollen wir Ihnen daher die Beschäftigung eines eigenen Presse-Teams nahelegen.

Zwar sind viele der aufgelisteten Arbeiten stark auf Ihre Person fokussiert, Unterstützung ist jedoch in vielen Bereichen unproblematisch möglich. Stellungnahmen können vorbereitet, geeignete Nachrichten gesichtet, interessante Themen recherchiert und Termine organisiert werden. In der Kanzlei WBS sind mittlerweile zwei Volljuristen regulär mit der Pressearbeit betraut. Gerade in der Anfangszeit muss das jedoch nicht sein. Je nach der Größe Ihrer Kanzlei, der Anzahl zu pflegender Internetprofile und dem Umfang der von Ihnen produzierten Nachrichten kann ein Presse-Team schon aus einem Mitarbeiter in Teilzeit bestehen. Darüber hinaus können viele Aufgaben des Presse-Teams, wie etwa die Recherche, von Studenten oder wissenschaftlichen Mitarbeitern erledigt werden.

Alternativ ist die Beauftragung von PR-Agenturen möglich. Das ist zwar nicht ganz billig, sorgt aber definitiv für brauchbare Ergebnisse und eine reibungslose Organisation. Förderlich ist es, wenn die Agentur-Mitarbeiter selbst eine juristische Vorbildung oder Erfahrung in der Betreuung von Kanzleien haben. Der große Nachteil ist leider der Umstand, dass PR-Agenturen ihre eigenen Presseverteiler haben. Sollten

Sie sich also später von der Agentur trennen wollen, stehen Sie ohne Journalistenkontakte da. Dennoch ist die Zusammenarbeit mit Agenturen gerade in der Anfangsphase keine schlechte Idee, da Sie dann auf Ihrem Weg zum Rechtsexperten professionelle Hilfe bekommen. Sollten Sie sich später doch noch für den Aufbau eines eigenen Presse-Teams entscheiden, können Sie von Ihrem Expertenstatus sowie von Ihrer gesammelten Expertise profitieren fallen nicht auf null zurück.

TEIL IV
Digitale Abarbeitung

Kapitel 10
Einführung: Anwaltsarbeit im Zeitalter der Digitalisierung

Es gibt Veränderungen, auf die wir reagieren können, und solche, auf die wir reagieren müssen. Für uns Anwälte bedeutete die Digitalisierung lange Zeit ein »Können«. Jetzt, fast zwanzig Jahre nach der Jahrtausendwende, wandelt sich das immer mehr in ein »Müssen«. Die Anwaltsarbeit ist nicht mehr dieselbe wie vor ein paar Jahrzehnten. Wer nicht reagiert, wer sich nicht an das Zeitalter der Digitalisierung anpasst, der wird immer stärker mit Problemen zu kämpfen haben.

Wir haben uns in Teil 3 dieses Buches mit der Akquirierung von Mandanten, primär unter Zuhilfenahme moderner Technologien und Medien, beschäftigt. Doch all diese Tipps, Hinweise und Erklärungen sind nutzlos, wenn Sie es nicht schaffen, Ihren neuen Mandantenstamm angemessen abzuarbeiten. Was ist der nächste Schritt nach der Kontaktaufnahme mit einem Hilfesuchenden? Wie gehen Sie mit einer großen Anzahl an Anfragen gleichzeitig um? Wie arbeitet Ihr Sekretariat, und ist diese Arbeit effizient? Wie werden Akten sinnvoll angelegt, gepflegt und verstaut? Haben Sie einen Überblick über alle von Ihnen verwalteten fremden Daten, und können Sie diese angemessen schützen?

Die Liste an Fragen könnte ein eigenes Kapitel füllen, und sicherlich haben Sie auch ein paar gute Antworten parat. Wenn der Kanzlei-Alltag für Sie nicht etwas völlig Neues ist, dann werden Sie mit den Abläufen und der Mandatsbearbeitung in gewissem Maße vertraut sein. Dennoch stellen auch hier die Digitalisierung und die sich mit ihr bietenden neuen Möglichkeiten einen Faktor dar, den Sie nicht unterschätzen sollten. Wer diesen Faktor für sich zu nutzen weiß, der hat unbestritten einen Vorteil. Das sollte gerade den erfahreneren Anwälten unter Ihnen bekannt sein: Meist wird nach RVG abgerechnet, und dann ist Zeit Geld. Sie werden nicht besser bezahlt, nur weil Sie länger und intensiver recherchieren, lange Schriftsätze schreiben und ausführliche Mandantengespräche führen. Vieles davon wäre zwar wünschenswert, bei einer normalen RVG-Abrechnung ist das mit Blick auf die Uhr allerdings nicht möglich.

Der intelligente Einsatz neuer Technologien und die aktive Nutzung der digitalen Infrastrukturen können diese Kosten-Nutzen-Rechnung zu Ihren Gunsten manipulieren. Gleiches gilt für die von Mandanten immer häufiger geforderten Pauschalrechnungen. Je mehr Arbeit Sie dank Legal Techs und ähnlicher Technologien auslagern können, desto mehr Zeit können Sie auf andere Aspekte Ihrer Tätigkeit verwenden. Aus keinem anderen Grund ist jede Kanzlei auf ein kompetentes Sekretariat angewiesen. Sie wollen sich auf Ihre Kernarbeit konzentrieren und geben deshalb so viel Arbeit wie möglich an Dritte ab. Wenn Sie einmal in sich gehen, dann werden Sie mit an Sicherheit grenzender Wahrscheinlichkeit feststellen, dass es noch weitere Arbeitsbereiche gibt, deren Auslagerung Ihren Alltag vereinfachen würde.

Vielleicht sind Sie aber auch der Ansicht, dass Ihr Arbeitsalltag bereits optimiert ist, dass Sie weder weitere Aufgaben an Mitarbeiter delegieren noch an Computerprogramme auslagern wollen. Der Knackpunkt liegt gleichwohl woanders. Nur weil Sie sich gegen eine Veränderung oder Anpassung Ihres Kanzlei-Alltags wehren, bedeutet das nicht, dass Ihre Kollegen bzw. Konkurrenten ebenfalls die Füße stillhalten. An dieser Stelle des Buches ist es für Sie nichts Neues mehr, wenn wir Ihnen sagen, dass die Digitalisierung der Anwaltsbranche schon seit Jahren stetig voranschreitet. Aufgrund des Konkurrenzdrucks wagen findige Juristen immer wieder neue kreative Ideen, um sich auf dem umkämpften Markt einen Vorteil zu verschaffen.

> **Praxisbeispiel: Recherche, Analyse und Textauswertung**
> Tätigkeiten, die viele Anwälte gern an junge Kollegen, wissenschaftliche Mitarbeiter oder gar Studenten abgeben, sind Recherchen und Textanalysen. Due-Diligence-Prüfungen bei Unternehmenskäufen sind ein gutes Beispiel für den Einsatz ganzer Recherche-Teams, die in Datenräumen tagelang Verträge lesen. Hier wird die auf dem Markt verfügbare Software immer besser, was Zeit und Arbeitskraft einspart.
>
> Die Wirtschaftskanzlei »CMS« testete 2017 eine Software namens *Kira*, die Verträge und andere juristische Dokumente analysiert und auswertet. Dabei soll die Software ständig dazulernen und sich selbst verbessern. Die Kanzlei erhoffte sich davon, lange und rechtlich mitunter komplizierte Texte schnell erfassen und die wichtigsten Elemente filtern zu können.
>
> Ein anderes Beispiel ist der Dienst *Drooms* in Abbildung 10.1.

Um sich klarzumachen, dass die Konkurrenz nicht schläft, eignet sich eine JUVE-Umfrage vom Januar 2018. Die Pressemitteilung zur Umfrage wird mit folgendem Satz eingeleitet:

> »Unter den Teilnehmern der JUVE-Umfrage ist der Anteil der Ahnungslosen mittlerweile verschwindend gering.«

Abbildung 10.1 Das europäische Unternehmen »Drooms« bietet eine KI-unterstützte Automatisierung von Due-Diligence-Prozessen an und ist damit seit Jahren sehr erfolgreich.

In der Tat zeigt die Umfrage, dass die Digitalisierung des Anwaltsberufs längst nichts Neues mehr ist. Nicht nur hatten 97 % der Befragten das Thema auf dem Schirm. Ein Fünftel der Befragten hatten sogar ein festes Legal-Tech-Budget in Höhe von durchschnittlich 118.000 EUR. Zwar ist die Investitions- und Entwicklungsbereitschaft bei Großkanzleien am größten. Allerdings beabsichtigte laut der Umfrage auch die Mehrheit der Kanzleien mit weniger als 20 Berufsträgern die Entwicklung neuer Beratungsangebote. Interessant ist schließlich eine weitere Zahl: 18 % der Befragten entscheiden sich gezwungenermaßen aufgrund ihrer Mandanten zum Einsatz von Legal Tech. Alle anderen gaben den Wettbewerbsdruck als Motivator an.

> **Quelle: JUVE-Umfrage**
>
> Informationen zur Studie können Sie unter folgendem Link abrufen:
>
> www.juve.de/nachrichten/namenundnachrichten/2018/03/kanzleien-zu-legal-tech-mission-ist-klar-umsetzung-noch-nicht
>
> Befragt wurden 201 Kanzleien unterschiedlicher Größen; davon insgesamt 58 % mit weniger als 20 Berufsträgern und 13 % mit mehr als 100 Berufsträgern.

Häufig entstehen innovative Ideen auch aus einer reinen Notwendigkeit heraus. Hier bietet sich wieder einmal eine Anekdote aus der Kanzlei WBS an. Wie bereits im vorigen Buchteil erwähnt, schaffte es die Kanzlei im Jahr 2012 durch geschicktes Marketing, etwa 20.000 Tauschbörsennutzer zu vertreten. Das war das Ergebnis einer modernen und effektiven Akquise-Strategie. Leider wurde durch den Fokus auf die Akquise die entsprechende Abarbeitung des neu gewonnenen Geschäfts vernachlässigt. Beispielsweise hatten noch alle Akten ein Buchungsvorblatt, in das jede einzelne Buchung eingetragen wurde. Allerdings zahlten nun sehr viele der Tauschbörsennutzer in Raten à 50 EUR. Mit einer Gesamtsumme von 600 EUR mussten diese Akten zwölfmal aus dem Keller geholt werden, bis sie endgültig weggelegt werden konnten. Bei mehreren Tausend Akten führte das zu so vielen Märschen in den Keller, dass hierfür eigens zwei Studenten angestellt wurden. Neben diesen beiden ständig im Keller beschäftigten Mitarbeitern war ein weiterer Student mit dem Heraussuchen der jeweiligen Akten beschäftigt. Das ganze Unterfangen war nicht nur personal- und zeittechnisch völlig unverhältnismäßig: Wollten Mandanten Auskunft zu ihrem Fall bzw. ihrem Zahlungsstand haben, konnte dieser Anfrage nur mit einem Tag Vorlaufzeit entsprochen werden. Das Chaos war maximal – es musste sich dringend etwas ändern.

Natürlich war es nicht so, dass in der Kanzlei WBS zu diesem Zeitpunkt überhaupt nicht digital gearbeitet wurde. Computer waren im ständigen Einsatz, und mit *RA-MICRO* gab es sogar eine Kanzleisoftware. Das Hauptproblem lag jedoch darin, dass die damals existierenden technischen Hilfsmittel nicht auf die speziellen Bedürfnisse der Kanzlei – die massenhafte Verteidigung von Tauschbörsennutzern – zugeschnitten waren. Ein individuelles Konzept musste her; die einseitige Modernisierung der Akquise war nutzlos, wenn im Bereich der Abarbeitung nicht gleichgezogen werden konnte.

Die erste Maßnahme war, zur Kanzleisoftware RA-MICRO weitere Software hinzuprogrammieren zu lassen. Mit der Zeit entstand so *WINNI*, das *Wilde Beuger Solmecke News-, Nachrichten- und Infosystem* (siehe Abbildung 10.2). Das Ziel dieser neuen Software war die Digitalisierung der Akten und die damit verbundene schnellere Erfassung größerer Datenmengen, was schrittweise zu einer automatisierten Abarbeitung von Mandaten führte. Dadurch konnte die Arbeit in der Kanzlei nicht nur erheblich schneller abgewickelt werden, die Mandanten waren zudem deutlich zufriedener.

> **Hinweis: Die weitere Geschichte von WINNI**
>
> Mittlerweile ist WINNI in seiner damaligen Form nicht mehr im Einsatz. Der Grund hierfür ist aber nicht etwa eine Ablösung durch ein besseres Produkt, sondern eine über die Jahre stetig vorangetriebene Entwicklung hin zu einer völlig neuen Software, die unter der Bezeichnung *Legalvisio* Marktreife erlangt hat. Der interessanten Entwicklungsgeschichte von WINNI, dem aktuellen Legalvisio und Kanzleisoftware im Allgemeinen widmen wir uns in Kapitel 11 im Detail.

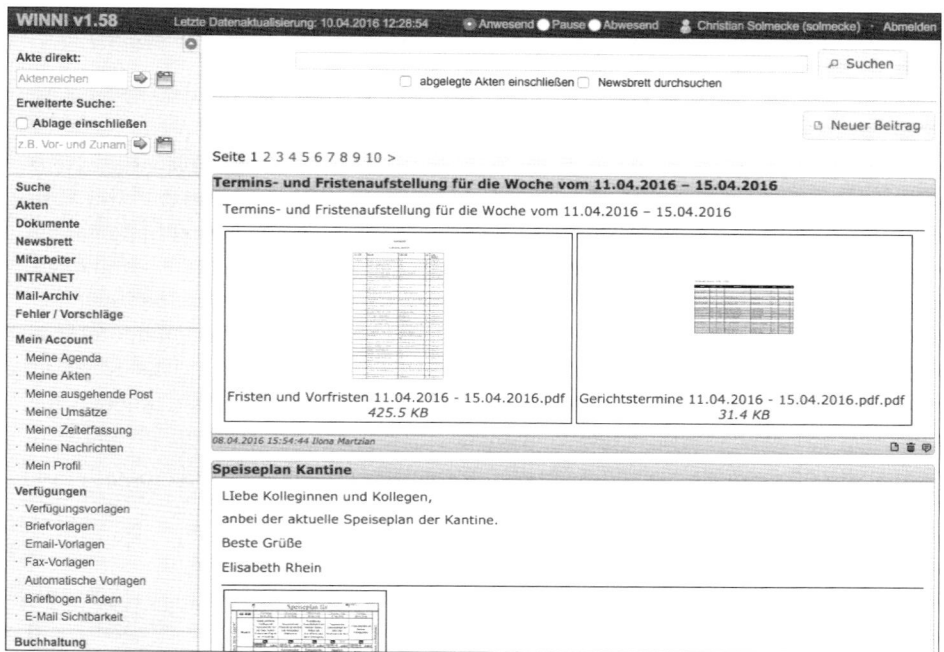

Abbildung 10.2 Die Startseite der von der Kanzlei WBS selbst programmierten Kanzleisoftware »WINNI«

Das Bedürfnis, die Akten zu digitalisieren, resultierte auch aus einem weiteren, vordergründig banalen Problem, das aber gar nicht so untypisch für eine stark wachsende Kanzlei ist: Kopierer und Faxgerät hielten den Belastungen der Massen an neuen Mandaten nicht mehr Stand und mussten nahezu wöchentlich repariert werden. Die dadurch entstandene Kostenquote von zeitweise bis zu 90 % war nicht mehr zu vertreten.

Eine weitere Veränderung musste das Sekretariat durchmachen. Selbst mit einem Dutzend Mitarbeiter war es unmöglich, sämtliche eingehende und ausgehende Telefonate hinreichend abzuwickeln. Abgesehen vom Zeitfaktor spielt auch die Kundenzufriedenheit eine bedeutende Rolle, die verständlicherweise unter Akkordarbeit leidet. Dass das kein akzeptables System sein kann, war schnell klar. Als Lösung wurde ein Dienstleister zwischengeschaltet, der alle neu eingehenden Anfragen annahm und in einem ersten Schritt die Spreu vom Weizen trennte. Alle in Betracht kommenden neuen Mandate wurden dann digital erfasst, kategorisiert und mit den wichtigsten Informationen versehen. Anschließend wurden die Mandate an die jeweils zuständigen Anwälte weitergeleitet, wo sie dann bearbeitet werden konnten. Dieses Vorgehen sorgte innerhalb der Kanzlei für ein wesentlich ruhigeres Arbeiten; vor allem standen die Mitarbeiter nicht mehr unter ständigem Stress. Darüber hinaus stieg die Kundenzufriedenheit wieder merklich an. Denn dadurch, dass der externe

Dienstleister bereits die zahlreichen Anfragen vorfilterte, konnte sich die Kanzlei auf ihre tatsächlichen Mandanten konzentrieren.

> **Hinweis: Externes Anwaltssekretariat**
>
> Das Outsourcing des Sekretariats an externe Dienstleister bzw. Callcenter ist ein spannendes und facettenreiches Thema, mit dem wir uns in Abschnitt 13.1.4 näher auseinandersetzen werden. Eines vorweg: Zwar werden externe Sekretariate immer spezialisierter und professioneller. Die Erfahrung zeigt jedoch, dass die Mandanten viel Wert auf den persönlichen Kontakt mit der Kanzlei und dem sie betreuenden Rechtsanwalt legen. Daher sollten die Aufgaben zwischen externem und internem Sekretariat klar verteilt werden. Das Filtern der eingehenden Anfragen ist eine Sache. Mit Begründung eines neuen Mandats darf aber gern der unmittelbare Kontakt zur Kanzlei bzw. dem Anwalt hergestellt werden.

Abbildung 10.3 zeigt einen der größten Anbieter externer Anwaltssekretariate.

Abbildung 10.3 Der Anbieter »anwaltssekretariat.de« stellt Kanzleien einen externen Telefondienst zur Verfügung. Hinter dem Service steht die »ebuero AG«, ein Online-Dienstleister, der externe Sekretariate für verschiedenste Berufsgruppen anbietet.

Die oben genannte Geschichte aus der Kanzlei WBS soll als kleines Beispiel dafür dienen, wie ein Digitalisierungsprozess aussehen kann. Es ist nicht möglich, von einem auf den anderen Tag komplett digital zu arbeiten. Viele verschiedene Dinge müssen beachtet werden. Jederzeit können sich neue Fragen ergeben, auf die Sie nicht sofort eine Antwort parat haben. Aber das ist völlig normal und sollte Sie nicht entmutigen, diesen Schritt zu gehen.

In diesem Teil des Buches wollen wir zwei Bereiche abdecken: Der Fokus liegt auf der Digitalisierung der klassischen Anwaltsarbeit. Dabei werden wir aber auch nicht umhinkommen, immer wieder auf Grundlagen zurückzugreifen. Das hilft jungen Anwälten und Kanzleigründern beim Einstieg in die komplexe Welt der Rechtsanwaltskanzleien und soll gleichfalls zu eigenen kreativen Ideen anregen. Vor dem Hintergrund des digitalen Wandels ist das aber auch für »alte Hasen« keineswegs uninteressant, denn die Veränderungen und neuen Möglichkeiten sind enorm.

Inhaltlich konzentrieren wir uns im Wesentlichen auf vier große Teilbereiche. Zunächst widmen wir uns in Kapitel 11 der *Kanzleisoftware* als dem Fundament einer jeden digital arbeitenden Kanzlei. Anschließend werden wir in Kapitel 12 einen Blick auf das *Cloud Computing* werfen. Der Dauerbrenner unter den Digitalisierungsthemen bietet revolutionäre Möglichkeiten für Anwälte und darf daher in diesem Buch nicht fehlen. Allerdings werden Sie mit all dem Wissen um neue aufregende Technologien nichts anfangen können, wenn wir es nicht konkret auf die Abläufe in Rechtsanwaltskanzleien anwenden. Aus diesem Grund beschäftigen wir uns in Kapitel 13 ausschließlich mit den sogenannten *Workflows* in einer digital arbeitenden Kanzlei, wobei wir Schwerpunkte auf das Sekretariat einerseits und die Anwälte andererseits legen werden. Aus aktuellem Anlass werfen wir in Kapitel 14 einen kurzen Blick auf das besondere elektronische Anwaltspostfach (beA). Abschließend wollen wir dafür sorgen, dass auch dieses Buch nicht gänzlich ohne Paragraphen auskommt: Ein gesondertes Kapitel 15 zum Datenschutz und insbesondere dem Kanzleidatenschutz nach der DSGVO soll den in diesem Buch besprochenen Einsatz moderner Technologien auf eine rechtswirksame Grundlage stellen. Aber keine Sorge – auch dieses Kapitel versuchen wir so praxisnah wie möglich zu gestalten!

Kapitel 11
Brauche ich eine Kanzleisoftware?

Ja. Das ist die kurze, aber richtige Antwort auf die Frage in der Überschrift. In einer modernen, digital arbeitenden Kanzlei ist eine funktionierende Kanzleisoftware unerlässlich. Das ist aber einfacher gesagt als getan, denn der Weg von der Papier-Akte bis zur digitalen Kanzlei ist aufwendig und erfordert das gemeinsame Engagement aller Mitarbeiter. Das Ergebnis entlohnt Sie allerdings um ein Vielfaches für all Ihre Mühen.

Eine gute Kanzleisoftware digitalisiert nicht nur Ihre Papier-Akten. Nahezu alle Anbieter werben mit umfangreichen Funktionen, die vor allem administrative Prozesse vereinfachen oder ganz automatisieren sollen. Neben der Aktenverwaltung sind daher Produkte wie Kalender und Arbeitszeiterfassung standardmäßig im Gesamtpaket enthalten. Auch eine Buchhaltungssoftware wird immer häufiger angebunden, weshalb eine moderne Kanzleisoftware die Tätigkeiten aller Mitarbeiter in irgendeiner Weise beeinflusst.

Zusätzlich dazu ermöglichen viele Anbieter auch die Kombination ihrer Software mit Drittsoftware. So ist es etwa üblich, die Anwendungen von Microsoft Office mit der eigenen virtuellen Kanzlei zu verknüpfen, um beispielsweise in Microsoft Word verfasste Schriftsätze unmittelbar der elektronischen Akte hinzuzufügen.

Der administrative Teil der Software wird in der Regel durch eine Reihe von Anwendungen zur Kommunikation ergänzt. Neben der internen Kommunikation mit Kollegen, die über die Kanzleisoftware erfolgt, betrifft das auch die Kommunikation nach außen, also mit Mandanten, Gerichten oder der Gegenseite.

Mit einer funktionierenden und eingespielten Kanzleisoftware erschaffen Sie eine digitale Kopie Ihrer Kanzlei, deren Mehrwert außer Frage steht. Das hat sich auch längst herumgesprochen, denn die Arbeit mit einer Kanzleisoftware ist in Deutschland nichts Ungewöhnliches mehr.

11.1 Der Prozess der Digitalisierung: Wo fange ich an und worauf muss ich achten?

Es ist schwer zu sagen, was einfacher ist: der Umstieg einer klassisch mit Papier arbeitenden Kanzlei auf das digitale Arbeiten mit einer Kanzleisoftware oder aber der Einsatz einer Kanzleisoftware von Anfang an in einer neu gegründeten Kanzlei? Letzteres erscheint offensichtlich, immerhin fällt der Umgewöhnungsprozess weg und auch die Digitalisierung aller Papier-Akten ist obsolet. Gleichwohl funktionieren Kanzleisoftwares häufig als gute Ergänzung zur klassischen Arbeit mit Papier-Akten. Ein Umstieg von heute auf morgen ist weder realistisch noch empfehlenswert. Der parallele Einsatz klassischer und moderner Arbeitsmethoden und -mittel stellt die Norm dar. Anwälten, die neu in den Kanzleimarkt einsteigen möchten, würden wir aber den sofortigen Gebrauch einer Kanzleisoftware empfehlen.

Eine Kanzleisoftware verbessert die Arbeit in einer Kanzlei ungemein – sie ist aber nur so gut wie ihre Anwender. Sie muss an den individuellen Bedürfnissen der Mitarbeiter ausgerichtet sein und den internen Arbeitsabläufen angepasst werden. Auf diese Weise können gewohnte Prozesse noch besser und schneller gestaltet werden. Wer aber schon nicht auf Erfahrungswerte bei der Kanzleiorganisation zurückgreifen kann, der steht auch mit der besten Software vor dem Problem, dass sich effektives Arbeiten erst einmal etablieren muss.

Die Einrichtung einer Kanzleisoftware sowie die gesamte Digitalisierung einer Kanzlei ist daher – ungeachtet ob die Kanzlei schon existiert oder sich in der Neugründung befindet – ein Prozess. Auf diesen Prozess müssen sich sämtliche Mitarbeiter einlassen. Dabei sollte niemand zurückgelassen werden, da die Führungsebene dringend auf das Feedback ihrer Beschäftigten angewiesen ist. Alte Arbeitsschritte bedürfen einer Revision und mitunter der Anpassung; neue Arbeitsschritte müssen erlernt werden. Je intuitiver das Arbeiten in der digitalen Kanzlei ist, desto größer sind die Vorteile.

Der Prozess der Digitalisierung ist schleichend. Wer innerhalb der ersten paar Tage nach Implementierung neuer Software die große Erleuchtung erwartet, der wird enttäuscht werden. Wer die Modernisierung der Kanzlei übereilt vorantreibt, der wird langfristig mit Problemen kämpfen.

Der übliche Vorgang bei der Einrichtung einer Kanzleisoftware sieht daher so aus, dass Papier-Akten noch einige Zeit nebenher verwendet werden und nur sukzessive durch ihre digitalen Pendants abgelöst werden. Das bedeutet gerade in der Anfangsphase unter Umständen etwas mehr bzw. sogar doppelten Aufwand. Um alle Mitarbeiter an das neue System zu gewöhnen, bestimmte Arbeitsschritte zu etablieren und möglicherweise irreversible Fehler zu vermeiden, ist dieses Vorgehen aber unvermeidbar.

11.1 Der Prozess der Digitalisierung: Wo fange ich an und worauf muss ich achten?

> **Praxishinweis: Nichts überstürzen**
>
> Solange Sie sich bei Sicherheitskopien, bei dem Archivierungskonzept oder der Datenwiederherstellung noch unsicher fühlen, kann es nicht schaden, sicherheitshalber Papier-Akten parallel zu führen. Mit ein paar falschen Klicks sind wichtige Daten schnell einmal gesperrt, überschrieben oder gar unwiederbringlich gelöscht. Fehler passieren immer und müssen gerade in der Anfangsphase derartiger organisatorischer Umstrukturierungen erwartet werden. Schreddern Sie nach der Digitalisierung also nicht gleich die Akten, sondern gewähren Sie sich selbst und Ihren Mitarbeitern Übergangszeiten.

Machen Sie sich ferner darauf gefasst, dass die Digitalisierung nicht bei jedem auf Gegenliebe stößt. Je mehr Mitarbeiter in einer Kanzlei beschäftigt sind und je älter die Belegschaft ist, desto größer ist die Wahrscheinlichkeit, dass es Gegenwind gibt. Das ist allerdings völlig verständlich! Wer Jahrzehnte als Rechtsanwalt oder in einem Anwaltssekretariat ohne Einflüsse der Digitalisierung gearbeitet hat, dem wird eine Umgewöhnung schwerfallen. Niemand gibt gerne seine vertraute Umgebung auf, schon gar nicht, wenn bisher alles einwandfrei funktioniert hat. Denn die Digitalisierung hat nicht primär den Anspruch, Fehler zu beseitigen, sondern bereits funktionierende Abläufe zu verbessern. Nicht jeder traut der Digitalisierung; manche halten das Ganze für einen Trend oder fürchten um ihren Arbeitsplatz.

Allerdings können Sie diesen Mitarbeitern keine Vorzugsbehandlung zukommen lassen. Der langsame Wandel zur digitalen Arbeit verhindert es zwar, dass Gewohntes vom einen auf den anderen Tag verschwindet. Wer sich jedoch an Vergangenes klammert, wird es im neuen Arbeitsumfeld sehr schwer haben, sich zu integrieren. Es ist daher von Anfang an darauf hinzuwirken, dass alle Mitarbeiter in gleichem Maße an diesem Wandel beteiligt sind.

> **Praxistipp: Vorteile neuer Technologien aufzeigen**
>
> Analoges Arbeiten hat so viel Gutes! Papier-Akten sind schnell durchgeblättert, die Orientierung ist viel einfacher und Eselsohren oder Post-its sind schnell angebracht. Wer in der Digitalisierung nur Entbehrung und Verlust sieht, der ist nur schwer vom Gegenteil zu überzeugen.
>
> Aus diesem Grund sollte von Anfang an ein positives Klima geschaffen werden. Betonen Sie nicht nur die Vorteile, sondern zeigen Sie diese auch, werden Sie aktiv. Zeigen Sie beispielsweise, wie Sie mithilfe einer Texterfassung in Dokumenten mit Hunderten Seiten innerhalb von Sekunden nach einzelnen Wörtern suchen können. Arbeiten Sie mit großen Bildschirmen, um zu zeigen, dass mehrere Aktenseiten gleichzeitig angezeigt und in Bezug zueinander gesetzt werden können. Und vergessen Sie nicht, dass sämtliche digitalen Dokumente jederzeit auf Knopfdruck wieder ausgedruckt werden können.

Bisher war viel die Rede von Software. Unbestritten liegt der Fokus des Legal-Tech-Markts auf Software – ohne die entsprechende Hardware gerät die Digitalisierung der Kanzlei allerdings schnell ins Stocken. Machen Sie sich daher darauf gefasst, neue Ausrüstung anschaffen zu müssen. Dass funktionierende und halbwegs moderne Computer erforderlich sind, ist evident. Angemessen große Bildschirme, bestenfalls sogar zwei pro Arbeitsplatz, erleichtern die Arbeit mit elektronischen Akten ungemein und sollten deshalb in die Budgetplanungen einbezogen werden.

Darüber hinaus ist ein leistungsstarker Scanner (je nach Kanzleigröße auch mehrere) unbedingt erforderlich. Insbesondere in der Übergangszeit von analog auf digital werden Sie Unmengen an Papier scannen müssen. Sie kennen Ihre eigenen Akten am besten: Jedes einzelne Blatt muss eingescannt, benannt, verschlagwortet und zusammen mit den anderen Blättern der jeweiligen Akte korrekt abgespeichert werden. Wie viel Zeit und wie viele Mitarbeiter können Sie für diese Arbeit entbehren? Die Anschaffung eines auf die Aktendigitalisierung spezialisierten Hochleistungsscanners ist auf lange Sicht definitiv wirtschaftlicher. Denn auch dann, wenn die Digitalisierung Ihrer Kanzlei abgeschlossen ist, werden Sie den Scanner noch brauchen – seltener zwar, aber immer wieder einmal. Bedrucktes Papier wird schließlich auch in zehn Jahren noch in der Kanzlei eingehen.

> **Praxishinweis: Scanner**
> Gute Aktenscanner sind nicht nur schnell, sondern können beispielsweise auch Post-its oder Büroklammern entfernen und Tackernadeln ignorieren. Zudem liefern sie ein hochauflösendes Bild, was wiederum der Kanzleisoftware bzw. anderen Dokumentenerfassungsprogrammen die Textsuche, Inhaltserfassung und Kategorisierung erleichtert. Die Kosten für ein solches Gerät liegen bei etwa 3.000 EUR. Mit dem Thema »Scanner« beschäftigen wir uns auch noch mal in Abschnitt 13.1.2.

Wenn Sie sich das Vorstehende bewusst gemacht haben, abschätzen können, was auf Sie bzw. Ihre Kanzlei zukommen wird, und sich den Umstieg auf das digitale Arbeiten zutrauen, dann können Sie den Prozess der Digitalisierung damit einleiten, sich konkret mit den verschiedenen Möglichkeiten auf dem Markt auseinanderzusetzen. Bevor wir allerdings einen Blick auf die verschiedenen Kanzleisoftware-Produkte werfen, bedarf es einer generellen Weichenstellung: Wollen Sie eine *Cloud-* oder eine *Offline-Lösung*?

Letztere entspricht dem derzeitigen Standard: Die meisten Kanzleisoftwares arbeiten mit stationären Servern innerhalb der Kanzlei und ermöglichen keinen oder nur einen begrenzten Zugriff von außerhalb. *Offline- bzw. Desktop-Lösungen* funktionieren in einem geschlossenen internen Netzwerk und sind nicht zwingend auf eine Internetverbindung angewiesen. Die Software wird in der Regel auf den einzelnen Arbeitsrechnern installiert und kann zentral, etwa von der eigenen IT, verwaltet werden. Akten und andere Daten werden auf gemeinsamen Servern abgespeichert, sodass ein Zugriff mit jedem Kanzlei-Computer möglich ist. Häufig bieten die Hersteller eine App an, mit deren Hilfe auch von unterwegs auf einen Teil der Akten zugegriffen werden kann. Der Umfang der App ist dabei in der Regel auf das Nötigste beschränkt. Leider sind die meisten Apps noch immer nur für Apple-Produkte verfügbar.

Der Digitalisierungsprozess findet in diesem Fall ausschließlich innerhalb der Kanzlei statt. Alle Computer müssen entsprechend eingerichtet werden; stabile und sichere Netzwerkverbindungen müssen hergestellt werden und zuverlässige Hardware muss angeschafft werden. Je nach Kanzleigröße werden Sie um einen separaten Serverraum und eine eigene IT-Abteilung nicht herumkommen. In jedem Fall müssen Sie bei der Einrichtung auf die Hilfe von Fachleuten zurückgreifen. Wenn Ihre kanzleiinternen IT-Strukturen aufgebaut und abgestimmt sind, hört die Arbeit aber nicht auf.

Um ein reibungsloses Arbeiten mit der Kanzleisoftware zu gewährleisten, ist eine ständige Wartung des Systems, eine Überprüfung auf etwaige Fehler oder Gefahrenquellen und das regelmäßige Aufspielen von Updates erforderlich. Aber nicht nur die Kanzleisoftware bedarf einer Überwachung, dasselbe gilt auch für die restliche Software sowie für das Betriebssystem Ihrer Rechner. Hier kann es immer wieder zu Kompatibilitätsproblemen kommen, beispielsweise wenn Microsoft das Windows-Betriebssystem updatet. Selbst wenn Sie die fachliche Expertise besitzen, derartige Probleme zu erkennen und zu lösen, werden Sie nicht die dafür erforderliche Zeit aufbringen können. Sie werden zwangsläufig zu dem Punkt kommen, an dem eine eigene IT unerlässlich ist.

Wenn Sie sich für eine *Cloud-Lösung* entscheiden, gestaltet sich der Prozess der Digitalisierung ein wenig anders. Zwar werden Sie auch in diesem Fall nicht auf die eigene IT-Abteilung verzichten können. Die Wartung und das Updaten der Kanzleisoftware erfolgt jedoch herstellerseitig.

Bei einer Cloud-Lösung befindet sich die eigentliche Software in der Cloud, also auf externen Servern und nicht in Ihrer Kanzlei. Dasselbe gilt für den Großteil der Daten. Je nach Art der Kanzleisoftware erfolgt der Zugriff entweder über eine Anwendung auf Ihrem Rechner oder aber vollständig über den Internetbrowser – so als ob Sie eine Internetseite aufrufen würden.

Bedenken bestehen häufig hinsichtlich der Datensicherheit – immerhin werden wichtige und sensible Daten außerhalb der eigenen vier Wände bei einem völlig Fremden gespeichert. Solange Sie sich auf dem deutschen Markt bewegen, sind diese Sorgen gleichwohl unbegründet: Die gängigen Cloud-Lösungen für deutsche Kanzleien speichern die Daten innerhalb Deutschlands, in spezialisierten und zertifizierten Rechenzentren. Die dortigen Sicherheitsbestimmungen sind entsprechend hoch, sämtliche Verarbeitungsvorgänge richten sich nach geltendem Datenschutzrecht und stehen unter Beobachtung der zuständigen Aufsichtsbehörden. Im Zweifel sind die Daten in einer solchen Cloud besser aufgehoben als in Ihren Kanzleiräumlichkeiten. Wie viele Personen haben bei Ihnen zumindest theoretisch die Möglichkeit, Akten einzusehen oder auf Server zuzugreifen?

Das alles ist allerdings nur möglich, sofern jeder Arbeitsrechner über eine ständige Verbindung zum Internet verfügt. Da Sie große Mengen an Daten hoch- und herunterladen, sind Sie zudem auf eine leistungsstarke Internetverbindung angewiesen. Aus diesem Grund sollten Sie bei der Überlegung, welche Kanzleisoftware für Sie am besten geeignet ist, auch Faktoren wie den Standort Ihrer Kanzlei und die Angebote der örtlichen Telekommunikationsanbieter berücksichtigen.

WBS-Erfahrung: Die Wahl der Internetverbindung

Ohne permanenten Internetzugriff sind Cloud-Lösungen nicht angemessen nutzbar. Bei der Wahl der Internetverbindung dürfen Sie sich nicht nur auf den *Downstream* verlassen, also auf die Angabe, wie schnell Sie Daten herunterladen können. Aufgrund des ständigen Datenaustauschs mit der Cloud ist der *Upstream*, also die Geschwindigkeit beim Hochladen, ebenso wichtig. Idealerweise mieten Sie sich eine Standleitung an. Das ist mit teilweise mehreren Hundert Euro im Monat allerdings sehr teuer. Als Alternative können Sie auch auf die herkömmlichen Angebote von Telekommunikationsanbietern zurückgreifen, die auch von Privatanwendern genutzt werden. Diese sind jedoch nicht so stabil und leistungsstark wie Standleitungen.

Aufgrund seiner Erfahrungen in der Kanzlei WBS empfiehlt Christian Solmecke die zusätzliche Bereithaltung einer Sicherheitsleitung. Die Kanzlei WBS verfügt gleich über mehrere Internetverbindungen. Und sollte tatsächlich mal ein Bagger beim Aufbuddeln des Fußgängerwegs vor der Kanzlei alle Kabel durchtrennen, so ist noch der Rückgriff auf UMTS, also eine Funkverbindung, möglich.

Falls Sie mit Cloud-Lösungen noch nicht so viel anfangen können, ist das absolut kein Problem. Diese Technologie ist nicht unkompliziert und die verschiedenen Einsatzmöglichkeiten erschließen sich nicht immer ohne entsprechendes Hintergrundwissen. In Kapitel 12 werden wir uns daher genauer mit dem Cloud Computing befassen.

Im Folgenden sehen Sie aber schon einmal eine kurze Zusammenfassung der wichtigsten Vor- und Nachteile von Offline- und Cloud-Lösungen:

Offline-Lösung

+ volle Kontrolle über Daten, Infrastruktur und Arbeitsabläufe
+ viele Anbieter mit langjähriger Erfahrung und gutem Support

- + Sobald das System einmal steht, verfügt die Kanzlei über eine ideale Ausgangsposition für weitere Projekte und Entwicklungen.
- − stark abhängig von kompetentem IT-Personal
- − hohe Kosten für den Aufbau der Infrastruktur und IT-Abteilung
- − kein oder nur begrenzter Zugriff von außen

Cloud-Lösung
- + erleichtert Arbeitsformen wie Home-Office
- + Zugriff von überall möglich, Voraussetzung ist nur eine Internetverbindung
- − bisher nur wenige Anbieter; der Markt entwickelt sich noch
- − totale Abhängigkeit von einer funktionierenden Internetverbindung

Zwar ist es jeder Kanzlei selbst überlassen, die für sie richtige Wahl zu treffen. Dennoch ist es in der Regel so, dass große Kanzleien Offline-Lösungen favorisieren, während Cloud-Lösungen primär von kleinen und mittleren Kanzleien gewählt werden. Das liegt hauptsächlich daran, dass Offline-Lösungen mit großem finanziellen und zeitlichen Aufwand verbunden sind. Cloud-Lösungen können auch ohne große Investitionen zunächst erst einmal ausprobiert werden und haben daher keine mit Offline-Lösungen vergleichbare Bindungswirkung.

Expertentipp: Microsoft Exchange Server

Ein weiterer Bereich, den Sie im Prozess der Digitalisierung Ihrer Kanzlei überdenken können, ist die E-Mail-Kommunikation. Viele Kanzleien betreiben mittlerweile einen eigenen *Microsoft Exchange Server*. Dabei handelt es sich um einen separaten Server innerhalb Ihrer Kanzlei, über den Microsoft-Anwendungen wie *Outlook* zentral verwaltet werden können. Neben E-Mails werden auch Termine, Kontakte und Aufgaben auf dem gemeinsamen Server gespeichert, was eine deutlich bessere Zusammenarbeit innerhalb der Kanzlei ermöglicht.

Über das neue *Microsoft Office 365* ist nunmehr auch der sogenannte *Exchange Online* möglich, was die Nutzung der Microsoft-Cloud anstelle eigener Server bedeutet.

11.2 Gängige Kanzleisoftware auf dem Markt

Software zur Unterstützung der alltäglichen Anwaltsarbeit gibt es bereits seit Jahrzehnten, und auch kompakte Gesamtlösungen für Kanzleien sind nicht erst seit gestern im Einsatz. Vielen Anwälten wird *RA-MICRO* ein Begriff sein. Lange Zeit war das die Standardanwendung auf den Computern der Rechtsanwaltskanzleien. Zwar ist

RA-MICRO noch immer eine der meistgenutzten Kanzleisoftwares auf dem deutschen Markt. Von der damaligen Monopolstellung ist aber nicht mehr viel übrig; zahlreiche neue Konkurrenten bieten verschiedenste Lösungen an.

Dabei werden häufig unterschiedliche Schwerpunkte gesetzt, um der facettenreichen Branche gerecht zu werden. Keine Software kann jedoch allen Bedürfnissen gerecht werden – eine auf Wirtschaftsrecht spezialisierte Großkanzlei benötigt eine andere Software-Lösung als eine mittelständische Baurechtskanzlei. Zwar benötigen alle Kanzleien gleichermaßen eine Dokumentenverwaltung, elektronische Akten und Terminkalender. Gleichwohl spielen Details wie vorgefertigte Textbausteine, Abrechnungsmöglichkeiten oder Kommunikationswege in unterschiedlichen Kanzleien unterschiedlich große Rollen. Viele der größeren Marken bieten daher auch separate oder kombinierbare Branchenlösungen an.

Kurz gesagt: Es ist nur schwer möglich, eine Rangliste der besten Kanzleisoftwares zu erstellen, nach deren Lektüre Sie sich einfach für den am höchsten bewerteten Platz entscheiden. Vielmehr werden wir ausgewählte Kanzleisoftwares vorstellen, sodass Sie anhand der bereitgestellten Informationen einen hinreichenden Überblick darüber erhalten, welche Lösung sich für Ihre Kanzlei am besten eignen könnte.

11.2.1 Offline-Lösungen

Beginnen wir zunächst mit den Software-Angeboten, die primär auf Offline-Lösungen setzen. Da Cloud-Dienste immer stärker Einzug halten, bieten auch die ursprünglich reinen Offline-Lösungen vermehrt Services aus dem Bereich des Cloud Computing. Wie oben erwähnt, fokussieren sich gerade die älteren und etablierten Marken auf Offline-Lösungen. Sie werden daher vermutlich von einigen der Produkte schon einmal gehört haben.

RA-MICRO

Da RA-MICRO (siehe Abbildung 11.1) bereits angesprochen wurde, steigen wir direkt mit der wohl bekanntesten Kanzleisoftware ein.

Abbildung 11.1 Das Logo der Kanzleisoftware »RA-MICRO«

Der Marktführer wirbt mit einem umfangreichen Angebot für alle Bedürfnisse von Anwälten und mit einem zuverlässigen Service.

Für Einsteiger und noch Unentschlossene gibt es die kostenlose Version *RA-MICRO 1*. Neben dem standardmäßigen Aktenmanagement umfasst der Funktionsumfang dieses Startermodells auch eine digitale Kanzleiorganisation in Gestalt von Terminplaner, Finanzbuchhaltung, Mahnverfahren, Zwangsvollstreckung und die entsprechenden Möglichkeiten zur Schaffung eines Workflows. Allerdings erlaubt diese Version nur 100 Akten pro Jahr und einen einzigen Arbeitsplatz – eine Kanzleiorganisation ist also nur möglich, wenn die Kanzlei aus einer Person besteht. Um sich einen ungefähren Eindruck vom System, den Möglichkeiten und der Benutzeroberfläche (siehe Abbildung 11.2) zu machen, dürfte das allerdings ausreichen. Angesprochen werden sollen zudem Einzelanwälte mit geringem Mandantenaufkommen.

Die *Standardversion* bietet zusätzliche Funktionen wie das Anlegen von Unterakten, Datenpools, die betriebswirtschaftliche Auswertung und Anlagenbuchhaltung. Weitere zusätzlich buchbare Optionen umfassen ein Notariat, eine Bilanzbuchhaltung und einen Telefonassistenten. Die Beschränkungen hinsichtlich der Anzahl der Akten und Arbeitsplätze sind selbstverständlich aufgehoben. Die monatlichen Lizenzkosten für einen Arbeitsplatz betragen 48 EUR. Rechtsanwälte bis zwei Jahre nach der Erstzulassung profitieren von Sonderkonditionen.

Abbildung 11.2 Die Benutzeroberfläche von »RA-MICRO« – hier das Hauptmenü

Das Service-Angebot ist wie beworben sehr umfangreich: Der kostenlose Telefon-Support inklusive 24-Stunden-Notfall-Hotline sorgt für einen flächendeckenden Support, falls einmal etwas schiefläuft. Darüber hinaus sind RA-MICRO-Teams regelmäßig in ganz Deutschland mit Informations- und Werbeveranstaltungen unterwegs. Entsprechend viele Schulungsmöglichkeiten werden angeboten: Neben einer

Mediathek mit Erklärvideos und einem Online-Lernsystem können Webinare und Präsenztrainings gebucht werden.

Dass sich auch RA-MICRO über die letzten Jahre weiterentwickelt hat, zeigt zum Beispiel die *RA-MICRO App*, die nicht nur für Rechtsanwälte, sondern korrespondierend dazu auch für Mandanten angeboten wird. Daneben stehen – teilweise kostenpflichtig – weitere Apps von *DictaNet* zur Verfügung. Nennenswert sind eine mobile Anwendung zur Gesetzessuche und die Diktiersoftware von DictaNet. Jedoch sind die meisten der Apps nur auf Apple-Produkten nutzbar (die Kanzleisoftware selbst benötigt Windows).

Einen Vorstoß ins mobile Arbeiten wagt RA-MICRO mit seinem Produkt *RA-MICROv*. Dieses System soll das interne Kanzleinetzwerk virtualisieren und es dadurch ermöglichen, einzelne Arbeitsplätze über LAN- oder Internetverbindung auf stationären Computern oder mobilen Endgeräten hinzuzuschalten. Das ist dem Cloud Computing gar nicht so unähnlich, setzt aber unter anderem voraus, dass in der Kanzlei bereits ein physisches Hardware-System existiert.

Insgesamt überzeugt RA-MICRO durch seine Funktionsfülle und den guten Support. Daher richtet sich die Kanzleisoftware auch grundsätzlich an alle Arten von Kanzleien; sie ist als »Allround«-Lösung zu verstehen. Für Einsteiger gibt es mit RA-MICRO 1 wie schon erwähnt eine Testversion, die ein unverbindliches Erkunden der Software ermöglicht. Das ist auch definitiv zu empfehlen, etwa um die Benutzeroberfläche auszuprobieren. Berücksichtigen Sie auch die vergleichsweise hohen Systemvoraussetzungen!

> **Weitere Informationen: RA-MICRO**
> ▶ **Funktionsumfang**: *www.ra-micro.de/kanzleisoftware/#toggle-id-13*
> ▶ **Preisliste** (PDF-Datei): *www.ra-micro-online.de/rmo_preise*
> ▶ **Systemvoraussetzungen**: *www.ra-micro.de/ra-micro-systemvoraussetzungen*

AnNoText

Die *Anwalt und Notare Text- und Datenverarbeitung*, kurz *AnNoText* (siehe Abbildung 11.3), ist eine Kanzleisoftware, die ebenso wie RA-MICRO schon seit den 80er-Jahren existiert. Bis heute hat sich die Software stetig weiterentwickelt; mittlerweile wird sie von dem unter Juristen nicht unbekannten Informationsdienstleister *Wolters Kluwer* vertrieben.

AnNoText wirbt mit einer papierlos funktionierenden Kanzlei und legt daher viel Wert auf die Optimierung von Workflows. Die digitale Aktenverwaltung mit gemeinsamem Zugriff aller Mitarbeiter stellt dabei den Mittelpunkt der Software dar. Schnittstellen bestehen zu Microsoft-Office-Anwendungen, Outlook und je nach Bedarf zu Externen wie Auskunftsdiensten oder Branchennetzen wie dem *e.Consult Schadenmanager*.

Abbildung 11.3 Die Startseite der Homepage von »AnNoText«

Neben den typischen Funktionen einer Kanzleisoftware wie Terminkalender, Zeiterfassung und Textbausteinen, bietet AnNoText die betriebswirtschaftliche Auswertung, ein erweitertes Forderungsmanagement und eine vollständig digitale Mandatsführung aus der elektronischen Akte heraus. Für Apple-Geräte ermöglicht eine App den mobilen Zugriff auf die elektronischen Akten. Ergänzend kann auch dem Mandanten ein Online-Zugriff auf seine Akte eingerichtet werden. Mit der Einhaltung der geltenden Datenschutzstandards nach der DSGVO wird explizit geworben; entsprechende Dokumente und Hilfestellungen stehen zum Abruf bereit.

Die Benutzeroberfläche (siehe Abbildung 11.4) von AnNoText erinnert an die der neueren Microsoft-Office-Versionen und könnte dadurch einigen Anwendern den Einstieg erleichtern. Für Probleme und Fragen ist ein via Telefon, E-Mail und Fax erreichbarer Helpdesk eingerichtet, dessen Service-Mitarbeiter Ferndiagnosen durchführen können. Im Bereich der Schulungen bietet AnNoText themenspezifische Software-Trainings, Webinare, Vor-Ort-Coachings und für die individuelle Beratung Consulting-Teams an. Darüber hinaus wirbt AnNoText aktiv mit der Bereitstellung von Spezialisten zur Realisierung der schnellen und verlässlichen Umstellung auf die Kanzleisoftware.

AnNoText richtet sich primär an mittelgroße bis große Kanzleien mit entsprechenden Möglichkeiten zur Einrichtung einer IT-Infrastruktur. Eigenes IT-Personal wird empfohlen. Insbesondere die Schnittstellen zu bestimmten Branchennetzen macht die Software attraktiv für Kanzleien, die schwerpunktmäßig etwa mit Versicherern zusammenarbeiten. Pauschale Preismodelle hat AnNoText allerdings nicht im Programm. Vielmehr ist die Rede von einem einmaligen Lizenzpreis, einem monatlichen Wartungsbetrag pro Arbeitsplatz und bedarfsabhängigen Kosten für Implementierung oder Schulungen. Für Einzelanwälte, Einsteiger und Boutique-Kanzleien eignet sich AnNoText also wohl nur bedingt. Dafür dürfte der umfangreiche Service gerade für Großkanzleien mit einer komplexen internen Organisation attraktiv sein.

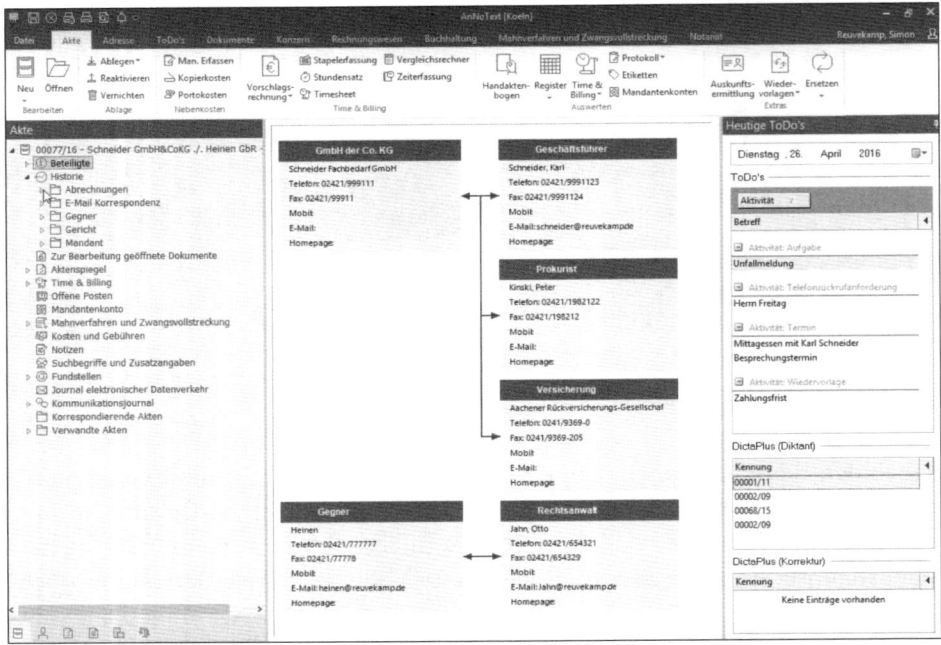

Abbildung 11.4 Screenshot der Benutzeroberfläche von »AnNoText« aus dem Einführungsvideo (Quelle: www.youtube.com/watch?v=xTfZH81XMiU)

> **Weitere Informationen: AnNoText**
>
> ▸ **Funktionsumfang:** *www.annotext.de/entdecken*
> ▸ **Technische Hilfestellungen:** *www.annotext.de/itundupdate*
> ▸ **Mögliche Erweiterungen:** *www.annotext.de/erweiterungen/ubersicht*

DATEV Anwalt classic

Die *DATEV* wird den meisten von Ihnen sicherlich ein Begriff sein. Als IT-Dienstleister hat sich das Unternehmen unter anderem auf die Bereitstellung von Software-Lösungen für Rechtsanwälte und Steuerberater spezialisiert. Im Gegensatz zu den zuvor genannten Unternehmen stellt die DATEV also nicht nur Kanzleisoftware her, sondern verfügt über eine breite Software-Palette für unterschiedliche Branchen. Eines der Standardprodukte von DATEV ist die Kanzleisoftware *Anwalt classic* (siehe Abbildung 11.5).

Beworben wird die Software als »ganzheitliches Kanzleisystem für Rechtsanwälte und interdisziplinäre Kanzleien«. Dementsprechend versucht DATEV mit intuitiven

11.2 Gängige Kanzleisoftware auf dem Markt

Workflows, einer ansprechenden Benutzeroberfläche (siehe Abbildung 11.6) und umfangreichen, aber einfach zu bedienenden Funktionen zu überzeugen. Akten werden innerhalb eines Dokumentenmanagementsystems organisiert und erinnert optisch an die typische Windows-Ordnerstruktur. Daneben bietet DATEV Controlling-Auswertungen zur Steuerung der Kanzlei, Terminkalender, Textbausteine, Rechnungserstellung, Zeiterfassung und Schnittstellen unter anderem zu Outlook.

Abbildung 11.5 Die »Anwalt classic«-Kanzleisoftware von DATEV

Der DATEV-Partner *datatronic* steuert eine Diktiersoftware mit Spracherkennung bei. Zusätzlich zu der grundlegenden Kanzleisoftware können Sie weitere Produkte wie beispielsweise das digitale Notariat, den Inkasso-Import oder die juristische Textanalyse erwerben.

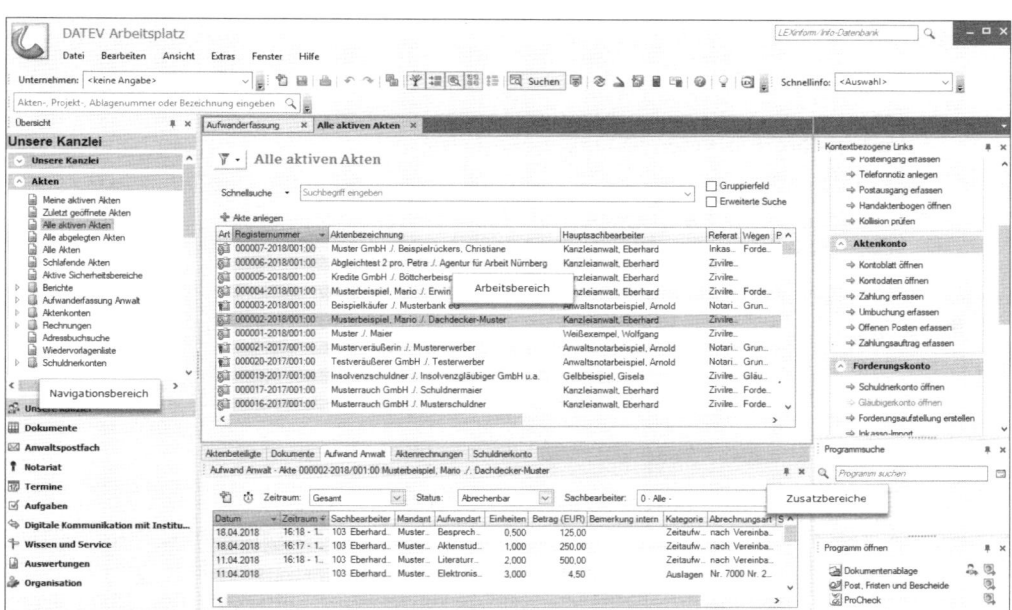

Abbildung 11.6 Die Benutzeroberfläche der DATEV-Software
(Quelle: www.datev.de/dnlexom/client/app/index.html#/start)

345

Neben Selbsthilfeangeboten wie einer offline verfügbaren Programmhilfe sowie einer Online-Info-Datenbank kann auch eine persönliche Betreuung durch Experten in Anspruch genommen werden. Bei einem Umstieg von einer anderen Software auf *DATEV Anwalt classic* hilft die *AdvoService GmbH*, die auch eine lückenlose Datenübernahme ermöglicht. Eine gesonderte Einrichtungsberatung unterstützt die Mitarbeiter im Umgang mit der Software durch Schulungen und individuelle Hilfestellungen. Sämtliche Service-Leistungen sind nicht in den normalen Lizenzkosten enthalten.

Kanzleineugründungen unterstützt DATEV zwei Jahre lang mit dem *Startpaket classic* und damit verbundenen prozentualen Ermäßigungen in den ersten drei Jahren in Höhe von 50 %, 30 % und 20 %.

Für Rechtsanwälte, deren Zulassung maximal drei Jahre zurückliegt oder deren Jahresumsatz 10.000 EUR nicht übersteigt, hat DATEV das *Startpaket compact* mit einer Obergrenze von 25 Akten pro Halbjahr zum monatlichen Preis von 15 EUR im Programm.

Die konkreten Preise der Vollversionen für reguläre Kanzleien müssen individuell erfragt werden und werden als »flexibel« beworben.

DATEV Anwalt classic dürfte für Einzelanwälte ebenso wie für kleine und mittlere Kanzleien eine geeignete Kanzleisoftware sein. Insbesondere die Startpakete lohnen einen Blick für Einsteiger. Es ist zu empfehlen, die eigenen Bedürfnisse frühzeitig abzuklären, da einige Funktionen kostenpflichtig hinzugebucht werden müssen. Sofern zu viele dieser Zusatzangebote benötigt werden, könnte eine andere Software wirtschaftlicher sein.

Weitere Informationen: DATEV Anwalt classic

- **DATEV für Rechtsanwälte:** *www.datev.de/web/de/top-themen/rechtsanwaelte/weitere-themen/leistungsspektrum-fuer-rechtsanwaelte-und-interdisziplinaere-kanzleien*
- **Leistungsbeschreibung:** *https://apps.datev.de/dnlexka/#/document/0903155*
- **DATEV-Startpakete:** *www.datev.de/web/de/top-themen/rechtsanwaelte/start-mit-datev*

11.2.2 Cloud-Lösungen

Die Cloud-Lösungen haben im Kern den gleichen Funktionsumfang und unterscheiden sich von den Offline-Lösungen – wie bereits dargestellt – primär in der zugrunde liegenden Technologie, der einfacheren Einrichtung und dem Zugriff von überall per Internetverbindung.

Kleos

Ein weiteres Produkt von Wolters Kluwer, diesmal im Cloud-Bereich, ist die im Vergleich zu AnNoText noch sehr junge Kanzleisoftware *Kleos* (siehe Abbildung 11.7). Wolters Kluwer richtet sich mit dieser Cloud-Variante einer Kanzleisoftware an alle, »*die flexibel und zeitsparend die digitalen Möglichkeiten für ihr Kanzleimanagement ausschöpfen möchten, ohne sich um IT-Themen kümmern zu müssen.*«

Damit ist auch direkt der Punkt einer unkomplizierteren Einrichtung angesprochen, was einen der größten Unterschiede zum internen Konkurrenten AnNoText ausmacht.

Abbildung 11.7 Das Logo der Kanzleisoftware »Kleos«

Auch Kleos verfügt über den typischen Funktionsumfang einer Kanzleisoftware: elektronische Akte, Terminplaner, Zeiterfassung, Textbausteine, Dokumentenverwaltung und Schnittstellen zu Microsoft Office und Outlook. Wie für Cloud-Softwares üblich, liegt der Fokus auf einer verstärkten Verknüpfung und einer Synchronisation der einzelnen Anwendungen untereinander. So erscheint etwa eine Frist, die noch im Gerichtssaal eingetragen wird, umgehend auf der Agenda des zuständigen Sekretariats.

Der Dokumentenaustausch erfolgt über das sogenannte *Kleos Connect*, ein Online-Portal, auf das Anwälte und Mandanten gleichzeitig zugreifen können und das vom Hersteller als intelligente und vor allem sichere Alternative zu anderen Kommunikationsmitteln wie der E-Mail beworben wird.

Abbildung 11.8 Die Website von »Kleos«

Die Einrichtung der Kanzleisoftware ist erwartungsgemäß einfach. Eine Server-Infrastruktur innerhalb der Kanzlei wird nicht benötigt, und auch die Wartung wird zu einem Großteil vom Hersteller selbst durchgeführt. Das betrifft auch regelmäßige Sicherheitskontrollen, was Sie aber natürlich nicht von eigenen Sicherheitsvorkehrungen entbindet. Die Software wird als konfigurierbar beworben, Sie müssen also nicht erst Ihre Kanzlei mit neuen High-End-Geräten versorgen. Unterstützt werden Windows-PCs, mobile Endgeräte von Apple und solche mit Android-Betriebssystem (siehe Abbildung 11.8).

Preislich präsentiert sich Kleos flexibel. Mit *Kleos Essential*, *Pro* und *Business* gibt es gleich drei verschiedene Angebote, die zu einem monatlichen Pauschalpreis von 39 EUR bzw. 59 EUR oder 69 EUR pro Arbeitsplatz zu haben sind.

Unterschiede gibt es hier im Funktionsumfang. So enthält etwa die Essential-Version keine Kanzleibuchhaltung und Zeiterfassung. Dafür sind alle Angebote monatlich kündbar – ein weiteres Merkmal, das sich fast alle Cloud-Softwares teilen.

Darüber hinaus gibt es die Möglichkeit, sich ein unverbindliches individuelles Angebot erstellen zu lassen. Für Unentschlossene gibt es eine 30-tägige kostenfreie Testversion. Im Falle einer Kündigung stellt Kleos Ihnen eine Sicherungsdatei mit allen Daten zur Verfügung, die Sie bei der Arbeit mit der Software gespeichert haben.

Die einfache Einrichtung und Handhabung von Kleos macht die Kanzleisoftware zu einem guten Einstiegsprodukt in die Cloud-Lösungen. Flexibilität ist hier nicht nur bei der mobilen Nutzung, sondern auch bei der Preisgestaltung kennzeichnend, weshalb es sich für Kanzleien wie auch für Einzelanwälte lohnt, sich mit der Software zu beschäftigen – und sei es nur probehalber.

Weitere Informationen: Kleos
- **Kleos entdecken:** *www.kleos.wolterskluwer.com/de/kleos-entdecken*
- **Infobroschüren:** *www.kleos.wolterskluwer.com/de/infothek*
- **Kleos-Connect:** *https://kleos.wolterskluwer.com/Connect/Account/Login?ReturnUrl=%2FConnect%2F*

Legalvisio

Von *Legalvisio* (siehe Abbildung 11.9) hatten wir Ihnen bereits an anderer Stelle berichtet. Hierbei handelt es sich um die Kanzleisoftware, die aus der teilweise selbst programmierten Plattform *WINNI* der Kanzlei WBS hervorgegangen ist. Konkret ist Legalvisio das Ergebnis einer Zusammenarbeit zwischen der Kanzlei WBS und der *HW Partners AG* aus Bonn. Letztere hat langjährige Erfahrung auf dem Gebiet des Cloud Computings und ist mit der Unternehmenssoftware *Scopevisio* auf dem Markt etabliert.

11.2 Gängige Kanzleisoftware auf dem Markt

Abbildung 11.9 Das Logo der Kanzleisoftware »Legalvisio«

Besonders an Legalvisio ist, dass die Software von Anwälten entwickelt wurde. Das betrifft zum einen die Erfahrungen im Umgang mit WINNI, die in das Projekt eingeflossen sind. Zum anderen haben aber auch Rechtsanwälte an der Programmierung mitgearbeitet und somit ihre Sichtweise aus der Praxis in der Software verewigt. Das ist an vielen Kleinigkeiten zu merken (siehe Abbildung 11.10): Beispielsweise kann aus den Daten der Zeiterfassung die Lukrativität der Akten ermittelt werden; auch der Zahlungsstand einzelner Akten lässt sich anzeigen. Legalvisio erlaubt bei Bedarf die Auswertung eines Großteils der anfallenden Daten und erstellt Übersichten zu Arbeits- und Überstunden oder Umsätzen. Das ermöglicht jedem einzelnen Mitarbeiter, seine Zeit zu optimieren und die Arbeit effektiver zu gestalten.

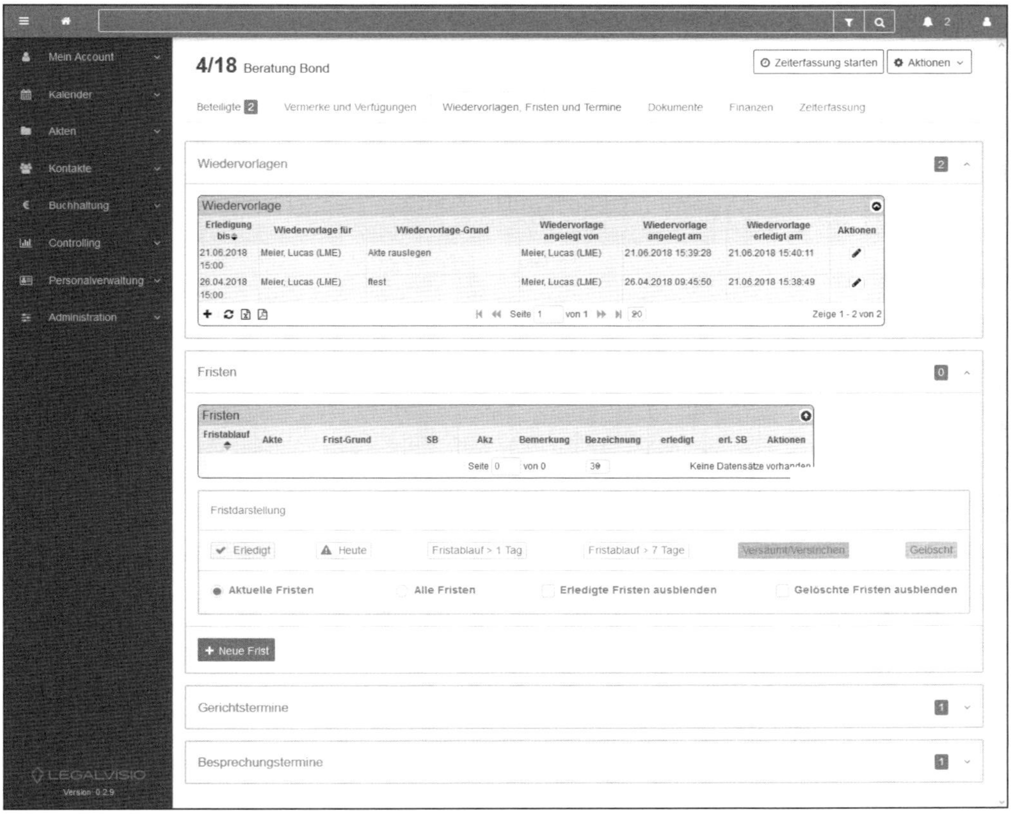

Abbildung 11.10 Die Aktenübersicht in Legalvisio, über die eine Vielzahl von Arbeitsabläufen gesteuert und auch optimiert werden kann

Der Kern von Legalvisio ist die *Agenda* (siehe Abbildung 11.11). Hier wird jedem Mitarbeiter angezeigt, welche Termine und Aufgaben an einem bestimmten Tag anstehen. Aus dieser persönlichen Zentrale heraus kann die eigene Arbeit überwacht und gesteuert werden. Wird in einer Akte eine Frist oder Verfügung angelegt, erscheint diese umgehend an der richtigen Stelle in der eigenen Agenda sowie in der Agenda aller Mitarbeiter, die von dieser Frist ebenfalls betroffen sind – also etwa das zuständige Sekretariat.

Arbeitsabläufe werden bei Legalvisio in jeder Hinsicht größtmöglich automatisiert. Das betrifft auch den Schriftverkehr, der aus der Software heraus verschickt werden kann – egal ob es sich dabei um E-Mails oder reguläre Postsendungen handelt. Selbst das Mahnverfahren erfolgt auf Knopfdruck und wird in seinem Verlauf von der Software selbst überprüft.

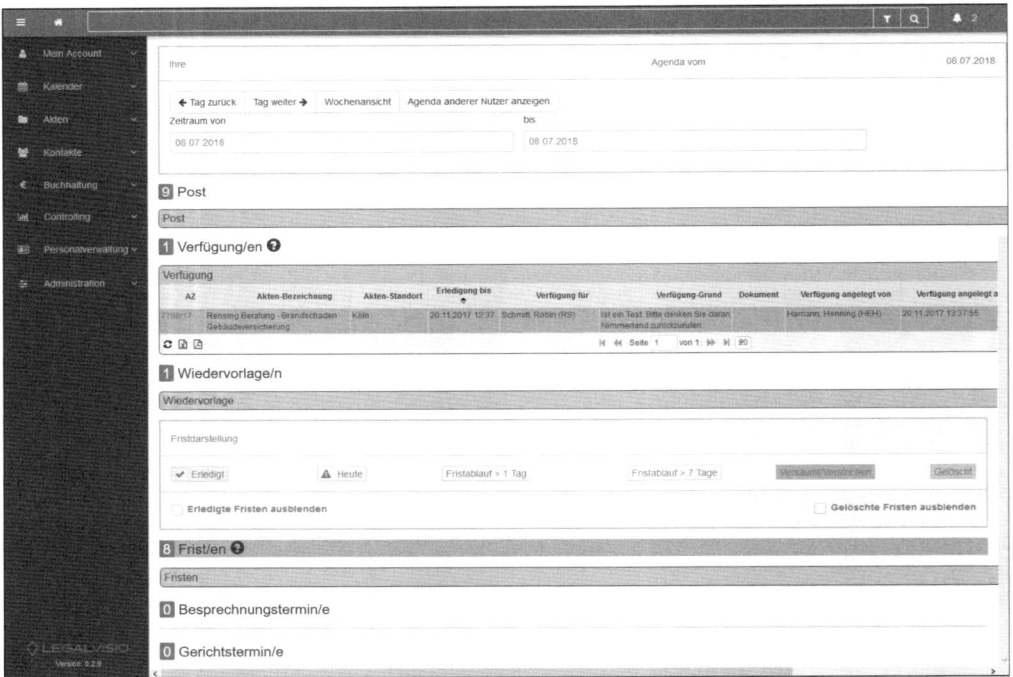

Abbildung 11.11 Die Übersicht einer Agenda in Legalvisio

Innerhalb der Software können verschiedene Zugriffsrechte vergeben werden. Auf diese Weise kann der Partner zum Beispiel allein auf Controlling und Personalverwaltung zugreifen. Überhaupt lässt sich Legalvisio in diesem Bereich stark individualisieren. Nicht alle Funktionen müssen von jedem genutzt werden; die Alltagsarbeit soll für alle Mitarbeiter so einfach wie möglich abzuwickeln sein.

Da Legalvisio eine cloudbasierte Kanzleisoftware ist, ist die Arbeit mit dem Programm von überall aus möglich. Hervorzuheben ist, dass es keine Bindung an irgendein Endgerät oder Betriebssystem gibt. Voraussetzung ist lediglich ein Internetbrowser (siehe Abbildung 11.12). So wie Sie sich in Ihren Webmail- oder Facebook-Account einwählen, funktioniert auch der Legalvisio-Zugang. Alle Daten, die Sie über Legalvisio speichern und bearbeiten, liegen in einem BSI-zertifizierten Rechenzentrum in Deutschland.

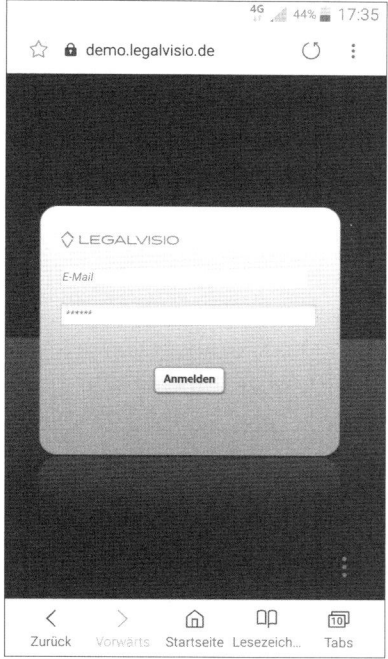

Abbildung 11.12 Screenshot des Login-Bildschirms von Legalvisio auf einem Android-Smartphone

Die Einrichtung der Kanzleisoftware ist unkompliziert, besondere Hardware ist nicht erforderlich. Legalvisio richtet sich primär an Einzelanwälte, kleine und mittlere Kanzleien. Die Bedienweise der Software kann sich der Anwender über Videos entweder selbst beibringen oder er kann eine professionelle Schulung buchen. Große Teile von Legalvisio sind jedoch intuitiv und erfordern überhaupt keine weitere Einarbeitung.

> **Weitere Informationen: Legalvisio**
> - **Website:** *https://www.legalvisio.de*
> - **Vorstellungsvideo:** *www.youtube.com/watch?v=EkkBVxrEvuE*
> - **Erklärvideo:** *www.youtube.com/watch?v=B4aIvx5YRIQ*

Rainmaker

Aus einer Zusammenarbeit zwischen *ReNoStar*, einem Software-Dienstleister für rechtsberatende Berufe, und der *Hans Soldan GmbH*, der führenden Anbieterin von Kanzleibedarf, Fachmedien und Bürodienstleistungen, entstand die Kanzleisoftware *Rainmaker* (siehe Abbildung 11.13).

Dabei greift die Bezeichnung als »Kanzleisoftware« wohl zu kurz, da Rainmaker den Anspruch erhebt, über die Kanzleiorganisation hinaus weitere Teilbereiche des Anwaltsberufs in seiner Software-Lösung zu vereinen. Dennoch wollen wir Rainmaker in diese Übersicht aufnehmen, da es uns wichtig ist, auch neue Entwicklungen auf dem Markt aufzuzeigen.

Abbildung 11.13 Das Logo der Kanzleisoftware »Rainmaker«

Das Kanzlei-Management-System mit den bereits bekannten Funktionen stellt den Kern von Rainmaker dar (siehe Abbildung 11.14). Ergänzt wird dieser Part durch das *virtuelle Büro*, das nichtjuristische Kanzleifunktionen wie einen Telefonservice und Anwendungen zur Abrechnungen umfasst.

Ebenfalls Teil der Software ist ein Recherche-Tool, das abonnierte Verlagsdatenbanken anbindet und gleichzeitig eine Übersicht über die internen und externen Informationsquellen der Kanzlei bietet. Dadurch soll die Recherche direkt aus der Kanzleisoftware heraus ermöglicht werden, also ohne störende Umwege über andere Seiten.

Des Weiteren ist ein Akquise-Tool angegliedert, das potenzielle Mandate von Online-Plattformen wie *rechtsberater.de* oder *advo-assist.de* anzeigt.

Schließlich bietet Rainmaker ein innovatives *Legal Process Toolset*. Mithilfe von strukturierten, systematisierten und individualisierbaren Fragenkatalogen versucht dieses Tool, neue Mandate vorab einzuordnen und bis zu einem gewissen Grad sogar abzuarbeiten.

Die über Rainmaker abgespeicherten Daten werden in einem zertifizierten deutschen Rechenzentrum verwaltet. Eine Umstellung von einer anderen Kanzleisoftware auf Rainmaker soll durch eine separate Exportfunktion ermöglicht werden und eine langwierige Migration verhindern. Rainmaker soll allerdings auch zusammen mit einer vorhandenen Kanzleisoftware nutzbar sein.

Die Preise für Rainmaker reichen von 9,90 EUR bis 69,90 EUR pro Monat und Arbeitsplatz. Unterschiede gibt es vor allem bei der Anzahl der zulässigen Akten. Aber auch

Funktionen wie Buchhaltung und Zwangsvollstreckung sind erst in der Pro-Version für 39,90 EUR enthalten. Dafür kann Rainmaker zwei Monate lang kostenfrei getestet werden.

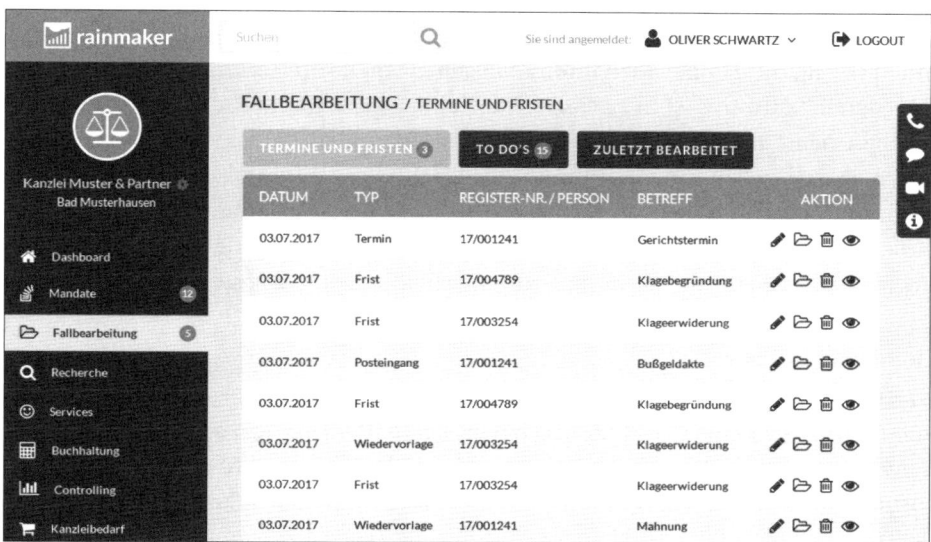

Abbildung 11.14 Screenshot der Benutzeroberfläche von »Rainmaker« aus dem Vorstellungsvideo

Die insgesamt vier verschiedenen Lizenzmodelle können für Einzelanwälte und kleine Kanzleien je nach Bedarf finanziell attraktiv sein. Von der Preisgestaltung abgesehen, verdient die Kanzleisoftware aber gerade aufgrund ihrer verschiedenen Tools eine nähere Betrachtung. Sollte sich Rainmaker in dieser Hinsicht bewähren, ist zu erwarten, dass auch andere Kanzleisoftwares ihren Funktionsumfang entsprechend anpassen.

Weitere Informationen: Rainmaker
- **Website:** *https://rainmaker.de*
- **Preise:** *https://rainmaker.de/#preise*

11.2.3 Sonstige

Es gibt noch eine ganze Reihe weiterer Kanzleisoftwares, die wir aus Platzgründen nicht vorstellen können. Trotzdem sollten Sie sich, bevor Sie eine endgültige Entscheidung treffen, ein umfassendes Bild vom aktuellen Markt machen. Dafür bietet sich die Übersichtsseite des *JuraWikis* zu Anwalts-Software an:

www.jurawiki.de/AnwaltsSoftware

11.3 Entscheidung und Implementierung

Wenn Sie sich einen Überblick über die am Markt verfügbaren und für Sie in Betracht kommenden Kanzleisoftwares verschafft haben, müssen Sie sich nun für eine entscheiden. Je größer Ihre Kanzlei ist, desto schwerer ist diese Entscheidung. Denn was Ihnen gefällt, muss nicht auch Ihren Kollegen gefallen. Ein Herumprobieren mit verschiedenen Softwares ist in größeren Kanzleien logistisch unmöglich und davon abgesehen meist mit Zeitaufwand und Kosten verbunden. Um keine bösen Überraschungen zu erleben, einen zeitintensiven Wechsel durchführen zu müssen oder gar auf lange Sicht an eine eigentlich unliebsame Software gebunden zu sein, bedarf diese Entscheidung reichlicher Überlegungen. In den folgenden Abschnitten betrachten wir die Fragen, die Sie sich zur Entscheidungsfindung stellen sollten.

Cloud oder offline?

Zu diesem Zeitpunkt sollten Sie sich immerhin entschieden haben, ob Sie eine Offline-Lösung oder eine Cloud-Lösung bevorzugen. Wie schon an anderer Stelle angemerkt, wird diese erste Entscheidung häufig von der Kanzleigröße beeinflusst. Cloud-Lösungen richten sich aufgrund der Skalierbarkeit und der unkomplizierteren Einrichtung grundsätzlich an kleinere und mittelgroße Kanzleien. Voraussetzung ist dann jedoch eine verlässliche Internetverbindung, weshalb auch der Kanzleistandort eine nicht zu unterschätzende Rolle spielt.

Erfüllen Sie die Hardware-Voraussetzungen?

Sollte Ihre Wahl auf eine Offline-Lösung fallen, ist die Überprüfung der Systemvoraussetzungen unbedingt erforderlich. Es wäre fatal, wenn Sie beim ersten Test merken, dass die Kanzleisoftware gar nicht oder nur mit Problemen läuft.

Planen Sie auch immer die Anzahl der Mitarbeiter ein, die gleichzeitig mit der Software arbeiten. Die Anbieter von Offline-Lösungen geben meist zwei verschiedene Systemvoraussetzungen an; es ist zu unterscheiden zwischen den *Arbeitsplatzrechnern* und den *Servern*. Letztere fallen bei cloudbasierter Kanzleisoftware weg, da diese Ressourcen gerade über die Cloud bereitgestellt werden. Aber auch im Falle einer Cloud-Lösung müssen Sie die Systemvoraussetzungen abklären – besonders dann, wenn Sie sich auf diesem Gebiet nicht so gut auskennen. Es wäre ärgerlich, wenn Sie extra eine Cloud-Software anschaffen und dann merken, dass Sie sich nun neue mobile Endgeräte anschaffen müssen.

In der Regel wird es jedoch so sein, dass Cloud-Software erheblich geringere Systemvoraussetzungen erfordert als Offline-Software. Bei manchen Anbietern wie Legalvisio wird sogar nur ein Browser benötigt.

Arbeiten Sie bereits mit einer Kanzleisoftware?

In diesem Fall sollten Sie sich – sofern Sie bisher eine Cloud-Lösung genutzt haben – beim Anbieter der neuen Software über eine Datenmigration erkundigen. Da Sie bei einer Offline-Lösung stets selbst Herr über Ihre Daten sind, stellt sich das Problem des erforderlichen Datenexports nur nachrangig.

Hier ist es dafür umso wichtiger, dass Sie die Kompatibilität Ihrer bisherigen Hardware mit der neuen Software abklären. Damit der Übergang von der einen auf die andere Kanzleisoftware den Arbeitsalltag nicht unnötig aufhält, ist eine Koordination mit dem neuen Anbieter empfehlenswert.

Darüber hinaus bietet es sich auch an, die alte und die neue Kanzleisoftware eine Zeit lang parallel laufen zu lassen. Beim Umstieg von einer Offline-Lösung auf eine andere wird das nur begrenzt möglich sein, dennoch sollten Sie eine zu harte Zäsur vermeiden – auch Ihren Mitarbeitern zuliebe.

Welchen Eindruck macht die E-Akte?

Bedenken Sie, dass die Kanzleisoftware einen Großteil Ihres Arbeitsalltags ausmachen wird. Wenn Sie also mit der Software nicht klarkommen, die Bedienung umständlich finden und die Struktur nicht nachvollziehen können, werden Sie sich nur ärgern und wertvolle Zeit verlieren, die Sie eigentlich einsparen wollten.

Ein sehr guter Indikator dafür, ob Sie mit einer Kanzleisoftware arbeiten können, ist die E-Akte. Denn sie ist der Kernbestandteil einer jeden Kanzleisoftware, ebenso wie sie Kernbestandteil der anwaltlichen Arbeit ist. Wenn Sie mit der E-Akte nicht gut arbeiten können, dann raten wir Ihnen von der zugehörigen Kanzleisoftware ab.

Eine weitere Möglichkeit, um festzustellen, wie gut Sie mit einer Kanzleisoftware arbeiten können, ist die *Klick-Regel*: Zählen Sie die Anzahl an Mausklicks, die Sie benötigen, um bestimmte Aufgaben zu erledigen, Prozessabläufe in Gang zu setzen und zwischen verschiedenen Arbeitsumgebungen hin- und herzuwechseln. Wie lange benötigen Sie, um aus der E-Akte heraus Ihrem Sekretariat eine Frist zu senden oder eine Rechnung zu erstellen? Ein intuitiver Umgang mit der Kanzleisoftware ist enorm wichtig. Wenn Sie gegenüber der analogen Arbeit mit der Papier-Akte keine Zeit einsparen, ergibt die Anschaffung einer teuren Kanzleisoftware wenig Sinn!

Ist die Kanzleisoftware wirtschaftlich?

Informieren Sie sich über Preise, Sonderkonditionen und Kündigungsfristen. Wie oben im Überblick bereits dargestellt, setzen die Anbieter auf verschiedene Preismodelle. Je weniger Mitarbeiter Sie haben, desto eher bieten sich Pauschalpreise an. Umgekehrt ist es empfehlenswert, den Anbieter direkt zu kontaktieren und ein individuelles Angebot einzuholen. Nehmen Sie möglichst Abstand von langen Vertragsbindungen. Zwar ist ein frühzeitiger Wechsel auf eine andere Kanzleisoftware eher zu vermeiden. Allerdings wollen Sie sich auch nicht auf mehrere Jahre an eine Software binden, die von einem regelmäßigen Support abhängig ist und auf einem extrem wechselhaften Markt viele Konkurrenten hat. Je kürzer die Kündigungsfristen sind, desto mehr Schutz haben Sie und desto stärker ist der Anbieter an Ihrer Zufriedenheit interessiert.

Wir empfehlen Ihnen, kostenfreie Testversionen und ähnliche Angebote von Kanzleisoftware-Anbietern zu nutzen. Testen Sie verschiedene Softwares aus, und beziehen Sie auch Ihre Mitarbeiter in diese Testdurchläufe mit ein.

Wenn die Entscheidung gefallen ist

Ist die Entscheidung gefallen, steht die Implementierung der neuen Kanzleisoftware an – der Digitalisierungsprozess Ihrer Kanzlei hat begonnen. Wer sich frühzeitig und ausführlich informiert hat, der kann diesem Prozess vorbereitet und daher gelassen entgegensehen.

Empfehlenswert ist immer eine gute Zusammenarbeit mit dem Anbieter der Kanzleisoftware. Nehmen Sie Schulungen wahr, damit Fragen beantwortet und Probleme beseitigt werden können. In den ersten Wochen der Anwendung werden zwar erfahrungsgemäß eine ganze Reihe neuer Fragen aufkommen. Die Eingewöhnung erfolgt jedoch sehr viel schneller, wenn ein gewisses Maß an Vorbereitung erfolgt. Nicht umsonst werben viele Anbieter mit Service-Angeboten wie Webinaren und Vor-Ort-Coachings.

Achten Sie in der Anfangszeit darauf, dass alle laufenden Akten immer vollständig in das neue System übertragen werden. Papier-Akten sollten in der Übergangszeit parallel zu den digitalen Akten geführt werden, und auch anschließend können Sie sich die digitalen Akten gerne ausdrucken. Der Fokus muss allerdings stets auf den digitalen Akten liegen! Es kommt immer wieder vor, dass der Papier-Akte trotz Kanzleisoftware mehr Beachtung als der digitalen Akte geschenkt wird. Das ist jedoch gefährlich: Wenn die digitalen Akten nicht vollständig sind, kann das im weiteren Verlauf der Abarbeitung zu Folgefehlern führen.

Der Umstieg auf eine (neue) Kanzleisoftware verläuft nie ohne Probleme. Alle müssen sich an das neue System gewöhnen und ihren liebgewonnenen Arbeitsalltag an dem neuen System ausrichten. Erwarten Sie daher kein reibungsloses Arbeiten an Tag 1. Geben Sie sich selbst und Ihren Mitarbeitern etwas Zeit, sich zurechtzufinden. Sobald sich einmal Routine eingestellt hat, werden Sie Ihre Kanzleisoftware schnell zu schätzen wissen.

11.4 Arbeit mit der elektronischen Akte

Die meisten Kanzleisoftwares werben mit einem umfangreichen Funktionsangebot. Das bietet viele Möglichkeiten, setzt aber auch voraus, dass Sie den Überblick behalten und die ganzen Funktionen verstehen und nutzen können. Vor allem Anwälte, die noch nie mit einer Kanzleisoftware gearbeitet haben, können leicht überfordert sein.

Um das zu verhindern, geben wir im Folgenden einen Überblick darüber, wie die Alltagsarbeit eines Rechtsanwalts mit der elektronischen Akte aussehen kann. Welche Kanzleisoftware Sie nutzen, ist dabei egal; die meisten dargestellten Funktionen finden Sie in allen Softwares. Hier geht es vielmehr darum, den grundlegenden Nutzen der Kanzleisoftware zu verstehen.

In diesem Kapitel konzentrieren wir uns allerdings primär auf die elektronische Akte. Wie Sie die Kanzleisoftware als umfassendes Werkzeug zur Verbesserung der Kanzleiorganisation nutzen, erklären wir in Kapitel 13, in dem es um digitale Workflows geht.

Zur Verdeutlichung einzelner Funktionen greifen wir mitunter auf Bilder der Kanzleisoftware Legalvisio zurück, da wir selbst mit dieser Software arbeiten.

11.4.1 Die elektronische Akte im Kanzlei-Alltag

Die elektronische Akte (E-Akte) ist eine digitale Version einer normalen Papier-Akte. Inhaltlich unterschieden sich die beiden Varianten nicht voneinander: Korrespondenz, Schriftsätze, Vermerke, Abrechnungen und alle anderen Informationen, die aus Ihrer Sicht für einen Fall wichtig sind, gehören ebenso in die E-Akte wie in die Papier-Akte.

Viele Rechtsanwälte haben gerne beide Optionen zur Verfügung. Sofern darauf geachtet wird, dass beide Akten aktuell gehalten und keine einzelnen Seiten verschlampt werden, ist das auch unproblematisch. Sie müssen jedoch damit rechnen, dass die doppelte Aktenführung mehr Ressourcen in Gestalt von Geld und Personal in Anspruch nimmt.

Der Informationsaustausch zwischen den Akten erfolgt zum einen durch Scannen und zum anderen durch das Ausdrucken. Beim Scannen muss lediglich darauf geachtet werden, dass neu eingescannte Dokumente zur richtigen E-Akte hinzugefügt werden und dass keine Verwechslungen geschehen.

Wenn Sie morgens in die Kanzlei kommen, ist der erste Schritt nach dem Hochfahren des Computers das Starten der Kanzleisoftware. Damit öffnet sich in der Regel auch die E-Akte (siehe Abbildung 11.15). Dringende Fristen, Termine und Aufgaben aus den einzelnen Akten werden Ihnen angezeigt, sodass Sie Ihren Arbeitstag direkt strukturieren können.

Abbildung 11.15 Die E-Akte der Kanzleisoftware »Legalvisio« ist geöffnet. Mithilfe der oben stehenden Reiter navigieren Sie schnell durch die einzelnen Bereiche der Akte.

Um eine bestimmte Akte zu öffnen, die Ihnen nicht im heutigen Terminplan angezeigt wird, geben Sie den Namen eines Beteiligten oder das interne Aktenzeichen in die Suchfunktion ein. Der Zugriff auf bestimmte E-Akten sollte nie länger als ein, zwei oder drei Mausklicks dauern. Somit können Sie in Sekundenschnelle reagieren, falls etwa plötzlich ein Mandant am Telefon ist: Name in die Suchleiste eingeben, Akte öffnen, und schon werden Ihnen alle wichtigen Informationen strukturiert auf dem Bildschirm angezeigt.

> **Expertentipp: Telefonanlage und Kanzleisoftware koppeln**
>
> Es ist auch möglich, die Telefonanlage mit der Kanzleisoftware zu verbinden. Das könnten Sie dazu nutzen, eine konkrete E-Akte automatisch auf Ihrem Bildschirm öffnen zu lassen, sobald Sie den Anruf eines in der Akte registrierten Mandanten entgegennehmen.
>
> Denken Sie das noch einen Schritt weiter: Die Beendigung des Anrufs wird ebenfalls von der Kanzleisoftware registriert, und die Anrufdauer wird über die Zeiterfassung in der jeweiligen Akte eingetragen.
>
> Nicht alle Kanzleisoftwares bieten diese Funktionen an, weshalb Sie hier unter Umständen selbst tätig werden müssten.

Die Arbeit mit der E-Akte erfolgt entweder über die Kanzleisoftware selbst oder durch Drittprogramme. Die Kanzleisoftware ist meist für die administrativen Änderungen an der E-Akte zuständig: Fristen, Vermerke und Gerichtstermine eintragen, Arbeitszeiten erfassen und abrechnen. Diese Änderungen notiert sich die Software auch für andere Bereiche – etwa Ihren Kalender – und optimiert so die Workflows, die wir in Kapitel 13 behandeln werden.

Wenn Sie aber einen neuen Schriftsatz erstellen wollen, dann geht das nur über Drittprogramme, was in den meisten Fällen wohl Microsoft Word sein wird. Wenn Sie bisher nicht mit der Schreibmaschine gearbeitet haben, dann wird Word nichts Neues für Sie sein. Einziger Unterschied: Der fertige Schriftsatz wird nicht (nur) ausgedruckt, sondern über die Kanzleisoftware in der E-Akte abgespeichert. Mittlerweile bieten die meisten Kanzleisoftwares Schnittstellen zu Microsoft Word an. Das bedeutet, dass Ihrer Word-Version ein paar neue Buttons hinzugefügt werden, über die Sie einzelne Dokumente mit nur einem Klick in der jeweiligen E-Akte abspeichern.

Gleiches gilt für E-Mails, die Sie über Outlook empfangen. Auch hier bieten alle Kanzleisoftwares Schnittstellen an, über die eingehende E-Mails ohne große Umstände einer bestimmten E-Akte hinzugefügt werden können. Schließlich bieten einige Kanzleisoftwares auch den Versand von Dokumenten aus der E-Akte heraus an.

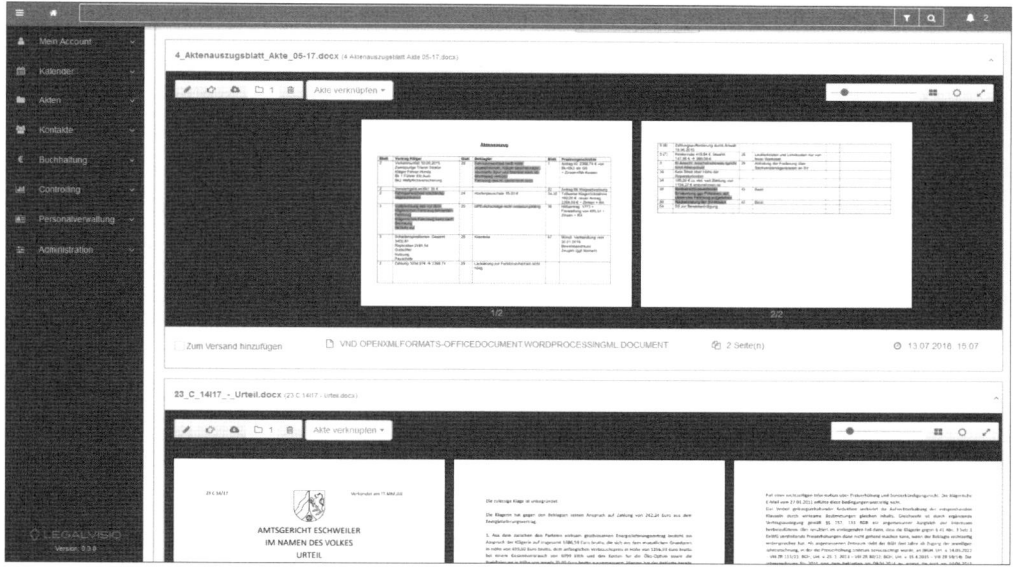

Abbildung 11.16 Dokumentenübersicht in der E-Akte. Verschlagwortet, kategorisiert und je nach Darstellung einzeln oder zusammenhängend, werden alle Dokumente, die sich auch in einer Papier-Akte befinden würden, auf dem Computerbildschirm angezeigt.

Die abgespeicherten Dokumente können Sie nun nach Belieben sortieren und anzeigen lassen (siehe Abbildung 11.16). Hier bietet sich natürlich ein großer Computer-Bildschirm an (bestenfalls sogar mehr als einer). Während Sie in Ihren Papier-Akten stets blättern müssen, können auf durchschnittlichen Monitoren zwei bis vier Seiten gleichzeitig gut lesbar dargestellt werden. So können Sie mit dem Mausrad langsam durch die Akte scrollen und sich wunderbar einen Überblick verschaffen.

> **Praxishinweis: Warum die E-Akte Dokumente besser anzeigen kann**
>
> Gerne wird darüber gestritten, ob Bücher besser analog oder als E-Book zu lesen sind. Im Endeffekt ist das wohl eine Typsache, dieser Streit lässt sich nicht rational entscheiden – ganz anders als die Wahl zwischen E-Akte und Papier-Akte! Im Gegensatz zu einem Roman wird die Anwalts-Akte selten streng von vorne nach hinten durchgeblättert. Die Arbeit mit einer Anwalts-Akte gestaltet sich als wildes Hin- und Herblättern und konsumiert mehr Post-its als so manches studentische Lehrbuch. Das liegt ganz einfach daran, dass Papier-Akten natürlicherweise auf die Anzeige von immer nur einer Seite beschränkt sind. Das ist aber häufig nicht ausreichend. Die Möglichkeit der E-Akte, mehrere Seiten auf einmal anzeigen zu können, macht sie in diesem Punkt der Papier-Akte ganz klar überlegen.

Selbstverständlich können Sie auch Lesezeichen in der E-Akte und einzelnen Dokumenten setzen, um schneller zu bestimmten Informationen springen zu können. Ein großer Vorteil der E-Akte ist die Volltextsuche, die mittlerweile etliche Kanzleisoftwares anbieten. Mithilfe einer Volltextsuche können Sie beliebig lange Texte nach einzelnen Wörtern durchsuchen. Das ist besonders nützlich bei Akten mit mehreren Hundert Seiten. Sie können die einzelnen Dokumente noch so gut verschlagworten und kategorisieren – wenn es etwa darum geht, einen bestimmten Namen, ein Datum oder eine Zahl herauszusuchen, sparen Sie wertvolle Zeit, wenn eine Software die Suche für Sie in einem Sekundenbruchteil erledigt.

> **Praxistipp: Vorteile der überlegten Wahl von Schlagworten**
>
> Weisen Sie bestimmten Dokumententypen passende Schlagworte zu, die Sie immer wieder verwenden. Eine abgespeicherte E-Mail kann mit »Mail« und »Korrespondenz« verschlagwortet werden, ein eingescannter Brief mit »Brief« und »Korrespondenz«. Im Anschluss können Sie die Akte nach bestimmten Schlagworten filtern: Der Filter »Brief« zeigt Ihnen alle ein- und ausgegangenen Briefe in diesem Fall an, der Filter »Korrespondenz« hingegen zeigt darüber hinaus auch alle E-Mails an.
>
> Überlegen Sie sich bestimmte Schlagwörter, die für Sie persönlich aussagekräftig und eingängig sind. Idealerweise verwendet die gesamte Kanzlei einheitliche Schlagwörter zur Organisation der E-Akten. Dadurch entsteht ein System, das Routine schafft und Arbeitsabläufe vereinfacht.

Verlassen Sie sich aber nicht ausschließlich auf die Volltextsuche. Ein Vorteil der E-Akte besteht darin, dass Sie Ihre Akten anders und besser strukturieren können als Papier-Akten. Auf Knopfdruck können Sie beispielsweise zwischen einer chronologischen oder alphabetischen Listenansicht wechseln. Sie können mehrere Dokumente bündeln und Aktenteile nach Themenbereichen sortieren. Eine strenge Bindung an ein Sortierformat gibt es bei E-Akten nicht. Gleichwohl hat all das eine wichtige Voraussetzung: Sie müssen neue Dokumente immer mit aussagekräftigen Namen abspeichern (siehe Abbildung 11.17). »pdf1« oder »seite5« sind keine geeigneten Namen für digitale Dokumente. Auf diese Weise schaffen Sie mehr Chaos, als mit einer Papier-Akte jemals möglich wäre.

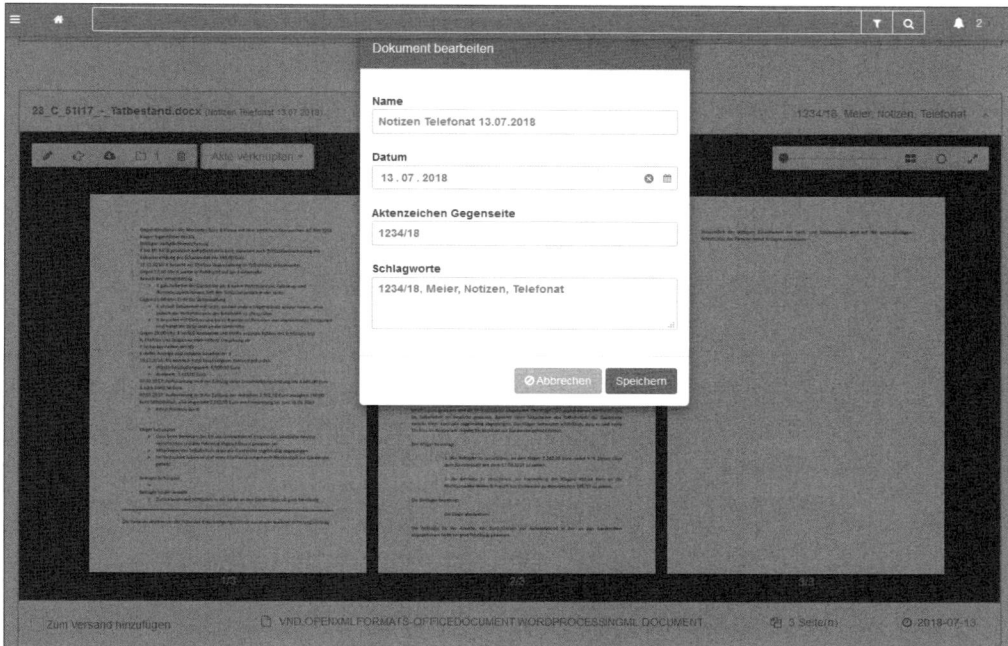

Abbildung 11.17 Ein Teil der Informationen zu jedem Dokument wird hier von »Legalvisio« automatisch vorgegeben, etwa Datum oder Dateityp. Nutzen Sie die Schlagwort-Funktion, um weitere Filtermöglichkeiten bzw. Kategorisierungen zu schaffen und die Navigation in der Akte zu erleichtern.

Resümieren wir einmal bis hierhin: Die E-Akte verwaltet alle relevanten Dokumente eines Mandats wie auch die Papier-Akte und bietet darüber hinaus bessere Möglichkeiten zur Organisation und Suche in der Akte. Neue Dokumente werden mit einem Klick in der Akte abgespeichert und anschließend kategorisiert. Fristen, Termine und Verfügungen erfolgen aus der E-Akte heraus und werden von der Kanzleisoftware automatisch verwaltet (siehe Abbildung 11.18). Was schätzen Sie, wie viel Arbeitszeit Sie dadurch einsparen können? Vielleicht merken Sie bereits, dass Kanzleisoftwares in Teilen die Aufgaben des Sekretariats übernehmen. Vor allem kleine Kanzleien können hiervon profitieren und die eine oder andere Arbeitskraft einsparen.

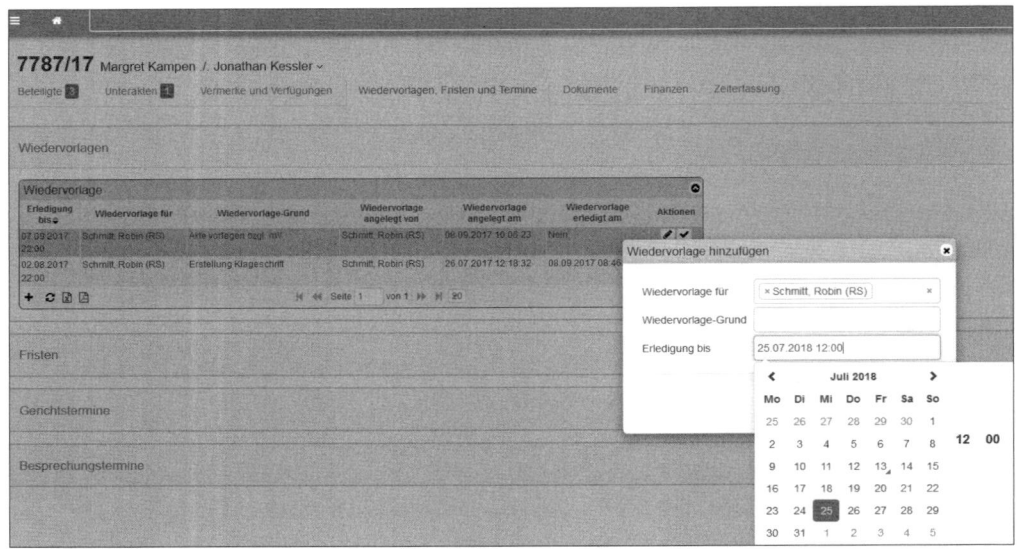

Abbildung 11.18 Jeder Mitarbeiter kann zum Beispiel Wiedervorlagen anlegen, die von der Kanzleisoftware automatisch verarbeitet werden. Nur ein paar Klicks – den Rest erledigt die Software.

Das bedeutet keineswegs, dass Sekretariate durch Software abgelöst werden – hiervon sind wir noch weit entfernt. Allerdings kann eine gut funktionierende Kanzleisoftware so manche Kanzlei davon abhalten, ihr Sekretariat vorschnell zu vergrößern. Einzelanwälte und in der Neugründung befindliche kleine Kanzleien könnten überlegen, ob eine Kanzleisoftware nicht (zunächst) vollkommen ausreichend ist. Das anwaltliche Kerngeschäft lässt sich mit einer Kanzleisoftware gut bewältigen. Bevor Sie aber auf die Idee kommen, Ihr eigenes Sekretariat einer kritischen, wirtschaftlichen Betrachtung zu unterziehen, sollten Sie Abschnitt 13.1 studieren. Denn von den offensichtlichen Vorteilen eines Sekretariats mit speziell ausgebildeten Mitarbeitern abgesehen, dient eine Kanzleisoftware gerade auch zur Unterstützung dieser Mitarbeiter.

Ein weiterer Vorteil der E-Akte ist, dass sie Ihnen eine flexiblere Arbeitsweise ermöglicht. Bei Cloud-Lösungen können Sie von überall auf die E-Akte zugreifen. Offline-Lösungen bieten in der Regel einen Fernzugriff an, sodass Sie sich unter Umständen in Ihrer Privatwohnung einen Zugang zur E-Akte einrichten können. Mit dieser Option des flexiblen Zugriffs dürfte die Führungsebene dem Home-Office gegenüber aufgeschlossener sein. Des Weiteren könnte (hoffentlich nur in Ausnahmen erforderliche) Wochenendarbeit einen Teil ihres Schreckens verlieren, wenn sie von zu Hause aus erledigt werden könnte. Im Falle einer plötzlichen Erkrankung wäre es denkbar, unaufschiebbare Arbeiten noch schnell vom Krankenbett aus zu erledigen. Schließlich können Sie es auch so machen wie Christian Solmecke in Abbildung 11.19.

Abbildung 11.19 Christian Solmecke wählt sich in seine Kanzleisoftware auch gern mal von einem Strandkorb in Holland aus ein.

11.4.2 Mit der elektronischen Akte zu Gericht

Falls Sie eine Cloud-Lösung oder die App einer Offline-Lösung nutzen, können Sie die E-Akte auch in digitaler Form mit zu Gericht nehmen. Dann profitieren Sie von allen bisher dargestellten Vorteilen der E-Akte auch in der Gerichtsverhandlung. Als Beispiel sei auf die Volltextsuche verwiesen. Folgende Situation: Sie streiten sich um die Abwicklung eines Verkehrsunfalls. Das Gericht schlägt eine Einigung bezüglich eines Teils der geltend gemachten Reparaturkosten vor. Hier geht es häufig um viele kleine Schadenspositionen: Lackierkosten, Arbeitsaufwand, Fahrzeugreinigung, Airbag-Prüfung, UPE-Aufschläge. Sie wissen, dass Sie diese Zahlen im Kostenvoranschlag der Werkstatt oder im Regulierungsgutachten der Versicherung finden. Aber wo genau auf den ca. 20 mit Tabellen bedruckten Seiten? Spätestens jetzt geht das große Blättern und Suchen los. Mit einer Volltextsuche ist das kein Problem: ein Stichwort eingeben, und das Ergebnis wird angezeigt. Es kommt nicht selten vor, dass einer oder alle Beteiligten zur Klärung von Detailfragen unnötig lange in ihren Akten herumsuchen. Mit Volltextsuche und E-Akte sind Sie immer perfekt vorbereitet.

Falls Sie Bedenken hinsichtlich der Darstellungsfähigkeit mobiler Endgeräte haben, brauchen Sie sich nur ein wenig in einem Elektronikfachhandel Ihrer Wahl umzuschauen. So gibt es beispielsweise 10,5-Zoll-Tablets wie das iPad Pro, mit dem sich Dokumente im DIN-A4-Format vollständig anzeigen lassen.

Trotz der neuen Möglichkeiten zeigt die bisherige Praxis, dass eine gewisse Scheu vor der Nutzung einer E-Akte bei Gericht besteht. Anwälte fürchten häufig einen Ausfall der Technik oder des Internets und sehen sich dann völlig unvorbereitet ohne Akte. Dann wird lieber sofort die Papier-Akte mitgenommen, die funktioniert immer und überall.

Richter hingegen äußern andere Bedenken bezüglich elektronischer Geräte im Gerichtssaal: Man wisse ja nicht, was die Anwälte dann mit ihren Geräten machen würden – zum Beispiel die Verhandlung aufzeichnen oder im Internet nach Urteilen und Aufsätzen suchen. Diese Argumente sind offensichtlich nicht ernst gemeint, sondern drücken einfach nur eine allgemeine Abneigung aus. Mitschneiden kann die Verhandlung jeder, der ein Smartphone oder Diktiergerät in der Tasche hat. Und eine schnelle Internetrecherche zu einer plötzlich aufgekommenen Fragestellung ist in keiner Weise verwerflich – ganz im Gegenteil.

Wir können Ihnen nur empfehlen, es einmal selbst zu versuchen. Am besten eignet sich ein Termin ohne Mandant, dann müssen Sie sich nicht sorgen, dass Ihre Unsicherheit eventuell auffällt. Sicherheitshalber können Sie die Papier-Akte als Rückversicherung mitnehmen. Achten Sie darauf, dass das Endgerät Ihrer Wahl – Laptop oder Tablet – voll aufgeladen ist. Trotzdem sollten Sie auch immer ein Ladegerät dabeihaben. Schließlich bleibt noch das Problem mit der Internetverbindung. Tatsächlich sind die Gerichte in dieser Hinsicht noch nicht sehr modern aufgestellt. Der Empfang ist vor allem in den Sälen unzuverlässig, und falls es tatsächlich einmal WLAN gibt, ist das häufig nur auf bestimmte Bereiche beschränkt.

Allerdings benötigen Sie überhaupt keine stehende Internetverbindung. Sämtliche E-Akten bieten einen Offline-Zugang und/oder einen Export an (siehe Abbildung 11.20). Wird für eine E-Akte die Offline-Verfügbarkeit aktiviert, so erstellt das System ein Abbild der Akte, das auch ohne Internetverbindung abrufbar ist.

Beachten Sie, dass jede offline verfügbare Akte Speicherplatz benötigt. Sollten Sie diese Funktion zu oft nutzen, wird die Festplatte Ihres mobilen Endgeräts schnell vollaufen. Da Sie diese zwischengespeicherten Offline-Akten nach dem Gerichtstermin nicht mehr benötigen, ist eine regelmäßige Löschung empfehlenswert. Solange die Original-Akte besteht, können Sie immer neue Offline-Versionen erstellen.

Die Alternative zur Offline-Funktion ist ein Export der kompletten Akte in ein PDF-Dokument. Der Unterschied zwischen einem Offline-Abbild der Akte und einem PDF-Dokument besteht darin, dass das Offline-Abbild grundsätzlich nur über die Software der E-Akte abgerufen werden kann. Das PDF-Dokument beinhaltet die vollständige Akte und kann daher auch verschickt und auf anderen Geräten geöffnet werden. Allerdings beansprucht die PDF-Akte noch deutlich mehr Speicherplatz als das Offline-Abbild.

11.4 Arbeit mit der elektronischen Akte

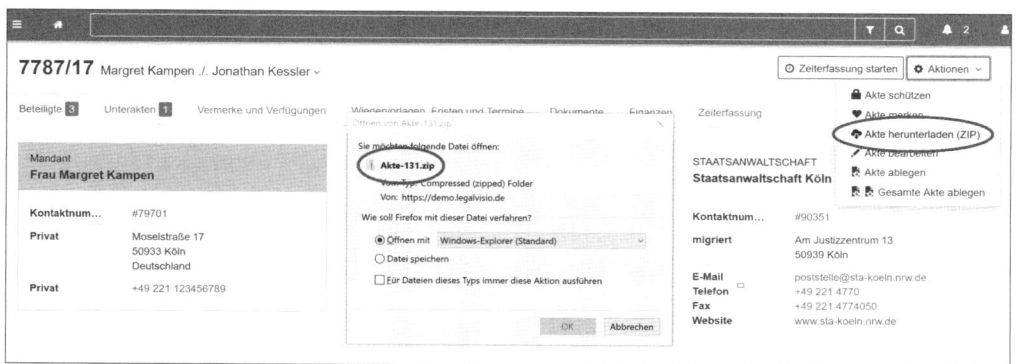

Abbildung 11.20 Hier kann in der Cloud-Software »Legalvisio« die Akte vollständig als ZIP-Datei heruntergeladen werden. In diesem ZIP-Ordner finden Sie alle Dokumente der Akte zur weiteren Verwendung.

Praxishinweis: Export-Funktion

Der eigentliche Sinn der Export-Funktion besteht nicht in der Umwandlung der kompletten Akte in ein PDF-Dokument, sondern von Teilen der Akte. Jedes einzelne Dokument kann aus der E-Akte heraus in ein PDF-Dokument umgewandelt und dadurch verschickt werden. Häufig ist auch der Export in ein Word-Dokument möglich (siehe Abbildung 11.21). So können Sie beispielsweise einen Schriftsatz aus der E-Akte in ein Word-Dokument umwandeln und dieses anschließend separat bearbeiten, ohne irgendetwas an der Akte selbst zu verändern.

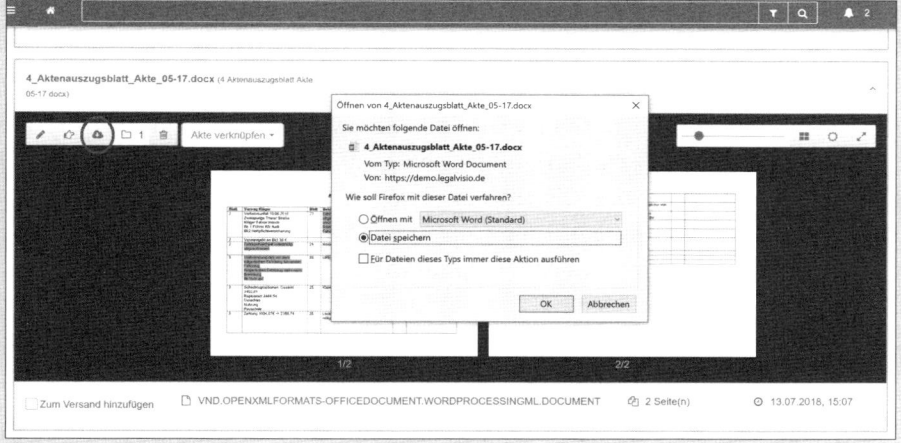

Abbildung 11.21 Ein Klick auf die Wolke mit dem Pfeil nach unten, und das gewünschte Dokument wird aus der Cloud als Word-Dokument auf den eigenen Computer heruntergeladen.

Sie sehen, dass eigentlich keine guten Argumente gegen den Einsatz der E-Akte bei Gericht sprechen. Ohnehin ist zu erwarten, dass mit der Digitalisierung der Justiz auch die anwaltliche E-Akte verstärkt Einzug in die Gerichtssäle hält. Je mehr die Richter selbst mit E-Akten arbeiten, desto größer ist die allgemeine Akzeptanz gegenüber derartigen Neuerungen. Seit 2016 führen die Bundesländer nach und nach den elektronischen Rechtsverkehr in der Justiz ein. Lange wird es also nicht mehr dauern, bis Anwälte mit Laptops und Tablets ein völlig normaler Anblick bei Gericht sind.

11.4.3 Mandantenzugriff

Der letzte Bereich, für den die E-Akte einen Nutzen bietet, ist die Kommunikation mit dem Mandanten. Bisher war es der Normalfall, dass der Schriftverkehr mit dem Mandanten per Post geführt wurde. Das betrifft die interne Kommunikation sowie die Weiterleitung aller fallrelevanten Dokumente wie die Schriftsätze der Gegenseite und Gerichtspost. Das ist mitunter logistisch aufwendig und papierintensiv, kann aber auch zum eigenen Vorteil genutzt werden. So verwenden Kanzleien üblicherweise förmliche Anschreiben mit dem eigenen Briefkopf, gedruckt auf festem Papier. Das macht Eindruck und kann auch in Zeiten der elektronischen Kommunikation je nach Adressat durchaus geboten sein.

Vermehrt hat sich in den letzten Jahren jedoch auch die E-Mail als Kommunikationsmittel der Wahl durchgesetzt. Das geht schneller, verbraucht weniger Papier, und alle wichtigen Dokumente können als PDF im Anhang verschickt werden. Insbesondere in weniger umfangreichen Fällen und solchen, die von den Kanzleien besonders häufig übernommen werden, wird die E-Mail als willkommene Alternative aufgefasst. Zudem wünschen sich viele Mandanten den Kontakt per E-Mail, denn für viele Menschen ist das der neue Standard.

Allerdings ist der anwaltliche Gebrauch von E-Mails vor dem Hintergrund des Datenschutzrechts problematisch. Eine unverschlüsselte E-Mail bietet nicht viel mehr Sicherheit als eine Postkarte. Gleichwohl verfügen die wenigsten Mandanten über die technischen Vorkehrungen zum Empfang von verschlüsselten E-Mails. Das ist auch oft überhaupt nicht gewünscht – einfach und schnell soll es gehen. Anwälte stellt das vor so einige Probleme.

> **Praxistipp: Datenschutz und E-Mail**
>
> Dieses Thema hat eine große Relevanz und soll uns daher später noch beschäftigen. In Kapitel 15, »Umgang mit Daten in der modernen Kanzlei«, widmen wir uns neben allgemeineren datenschutzrechtlichen Fragestellungen auch konkreten Praxisproblemen. Somit verweisen wir an dieser Stelle schon einmal auf Abschnitt 15.4.4 zur datenschutzrechtskonformen Kommunikation.

Eine mögliche Lösung für diese Probleme stellt eine besondere Form der E-Akte dar. Noch ist es nicht Standard, aber immer mehr Kanzleisoftwares rüsten ihre E-Akten dahingehend um, dass ein Mandantenzugang eingerichtet werden kann. Das bedeutet, dass sich der Mandant über das Internet mit einem eigenen Passwort in einem Online-Portal einloggen und darüber auf seine eigene E-Akte zugreifen kann. Sie als zuständiger Anwalt können die Zugriffsmöglichkeiten auf alle oder bestimmte Dokumente beschränken bzw. eine separate Akte mit ausgewählten Dokumenten freigeben. Werden neue relevante Dokumente zur E-Akte hinzugefügt, wird der Mandant über die Aktualisierung seiner Akte informiert, zum Beispiel durch einen standardisierten Hinweis per E-Mail. Umgekehrt kann auch der Mandant eigene Dokumente hochladen, die Sie für die Fallbearbeitung benötigen.

Falls Ihre Kanzleisoftware diese Funktion (noch) nicht unterstützt, können Sie auch auf einen anderen Service zurückgreifen. Hier empfiehlt sich die *WebAkte* der *e.Consult AG*, die bereits seit mehreren Jahren erfolgreich eine E-Akte für Kanzleien anbietet (siehe Abbildung 11.22). Die einfache und vor allem sichere Kommunikation mit dem Mandanten sowie die Möglichkeit eines Datenaustauschs sind zentrale Elemente der WebAkte.

Abbildung 11.22 Die Hauptseite der »WebAkte«

Darüber hinaus wird die WebAkte explizit mit der Kompatibilität zu Kanzleisoftwares beworben. Sie soll die E-Akte Ihrer Kanzleisoftware also nicht ersetzen, sondern eine sinnvolle Ergänzung darstellen. Die Preisgestaltung orientiert sich dementsprechend auch nicht an der Anzahl der Arbeitsplätze, sondern es gibt einen monatlich zu entrichtenden Kanzleipreis. Hinzu kommt ein Centbetrag pro aktiver

Akte. Damit verdient das Angebot durchaus eine nähere Betrachtung, falls Sie die zusätzlichen Funktionen für eine nützliche Ergänzung halten. Anhand der Anzahl der vorliegenden Akten und der Speicherdauer sollten Sie allerdings vorher grob die Kosten der WebAkte abschätzen.

> **Weitere Informationen: WebAkte**
> - **Übersichtsseite:** *www.e-consult.de/blog/die-webakte-fuer-rechtsanwaelte*
> - **Preise:** *www.webakte.de/preise.php*
> - **Vorstellungsvideo:** *www.youtube.com/watch?v=x6n5Y4UfFI4*

Kapitel 12
Cloud Computing als Turbo für die Anwaltschaft

Alles dabei, immer und überall: Cloud Computing revolutioniert eine Branche nach der anderen. Anwendungsfelder finden sich überall, weshalb ein Ende des Höhenflugs nicht in Sicht ist. Längst wurde auch der Anwaltsmarkt erobert.

Der Begriff ist nun bereits mehrmals und an verschiedenen Stellen gefallen: *Cloud Computing* bzw. das *Arbeiten in der Cloud* ist nicht mehr aus dem Internet wegzudenken. Sie wissen bereits aus dem vorangegangenen Kapitel, dass Sie auf Cloud-Dienste über das Internet zugreifen und verschiedene Service-Leistungen abrufen können. Ein Beispiel war die Kanzleisoftware in der Cloud, die keine Installation auf dem eigenen Rechner mehr benötigt, sondern vollständig in der Cloud liegt und dort vom Hersteller gewartet wird. Im Rahmen der E-Akte haben wir auch festgestellt, dass Dateien zentral in der Cloud abgespeichert werden und anschließend von überall per Internetverbindung wieder abgerufen werden können.

Sicherlich haben Sie auch privat schon Kontakt mit diversen Cloud-Diensten gehabt. So sind bei Privatanwendern insbesondere die Dienste von *Dropbox* (siehe Abbildung 12.1) und *Google Drive* (siehe Abbildung 12.2) beliebt. Bei beiden Services können Sie Ihre Daten in der jeweiligen Cloud speichern, um sie anschließend zum Beispiel unterwegs auf dem Smartphone wieder abzurufen. Das macht die betreffenden Daten zum einen sehr mobil. Zum anderen werden sie durch Systemabstürze oder beschädigte Festplatten nicht beeinträchtigt – Sie können Ihre Daten jederzeit wieder aus der Cloud herunterkopieren. Zusätzlich können Sie bestimmte Ordner aus Ihrer Cloud auch für andere Personen freigeben. Diese Personen sind dann berechtigt, die dort befindlichen Daten anzusehen, zu bearbeiten oder eigene hinzuzufügen. Welche Rechte diese Personen genau erhalten, lässt sich individuell und sehr detailliert einstellen. So könnte eine Person nur lesenden Zugriff erhalten, eine andere auch schreibenden.

Abbildung 12.1 Der wohl bekannteste Cloud-Dienst ist »Dropbox« (www.dropbox.com/de). Nicht nur Privatpersonen können eine Dropbox nutzen, mit »Dropbox Business« gibt es auch ein Angebot für Unternehmen.

Die Möglichkeiten, die sich durch das Abspeichern von Daten für Privatanwender ergeben, sind zahlreich: Während die einen ihre Urlaubsbilder mit Familie und Freunden teilen, nutzen andere die Dropbox zum Austausch von Materialien unter Studienkollegen oder schlicht aus dem Grund, bei Bedarf jederzeit auf wichtige Arbeitsunterlagen zugreifen zu können. Eine Daten-Cloud ist wie ein digitaler USB-Stick, auf dessen Inhalt Sie mit nur einem Klick und auf jedem internetfähigen Endgerät zugreifen können.

Abbildung 12.2 Der andere unter Privatanwendern sehr beliebte Cloud-Dienst ist »Google Drive« (www.google.com/drive). Mittlerweile ist die zugehörige App auf den meisten Android-Smartphones vorinstalliert.

Cloud-Dienste, die Software oder IT-Infrastrukturen anbieten, werden eher von Unternehmen genutzt. Die Möglichkeit, bedarfsabhängig konkrete Dienstleistungen über das Internet abrufen zu können, macht die Cloud zu einer Art digitaler Steckdose: Stecker rein, und der Strom kann nach Belieben abgezapft werden.

Trotz dieser scheinbar endlosen Möglichkeiten haben insbesondere neue Cloud-Dienste immer wieder mit Bedenken und Zweifeln potenzieller Kunden zu kämpfen. Es herrscht ein generelles Misstrauen gegen Cloud Computing, das zum Teil sicherlich auf Unkenntnis zurückgeführt werden kann. Die Technologie ist noch immer neu und bringt viele Veränderungen mit sich, was stets auf eine gewisse Abneigung stößt.

Ein anderer Teil der Kritik hängt mit dem Datenschutz zusammen und ist definitiv nicht unberechtigt. Die eigenen Daten einem Cloud-Dienst zu überlassen, bedeutet auch, ein Stück der eigenen Verfügungsgewalt über diese Daten abzugeben:

- Ist die Cloud vor dem Zugriff unberechtigter Dritter geschützt?
- Wo stehen die Server, auf denen meine Daten gespeichert sind?
- Was macht der Cloud-Dienst mit meinen Daten?
- Kann ich mich gegen eine ungerechtfertigte Weitergabe meiner Daten wehren?
- Was passiert bei einer Insolvenz des Dienstes?

Aber auch hierfür gibt es genügend Lösungen, wie etwa den Dienst *Nextcloud* (siehe Abbildung 12.3).

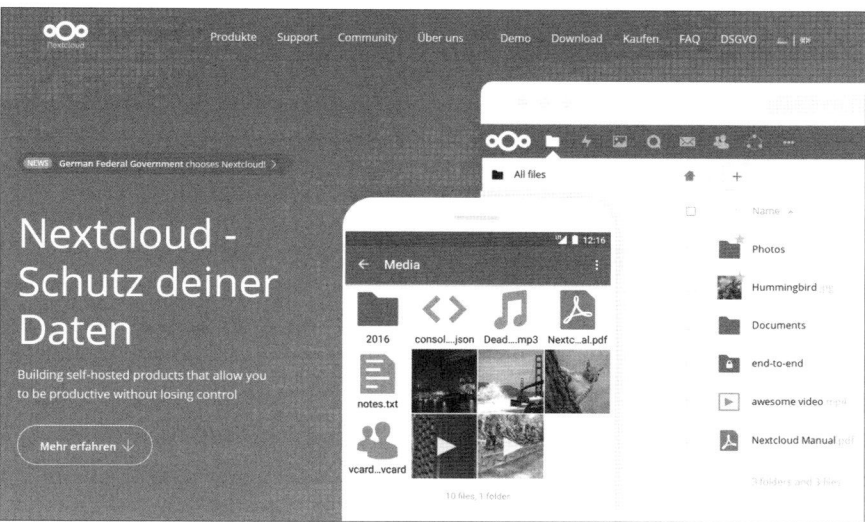

Abbildung 12.3 »Nextcloud« ist eine quelloffene und freie Cloud-Software, die Sie auch auf privaten Servern installieren können. Dadurch behalten Sie die volle Kontrolle über Ihre Daten. Insbesondere dann, wenn Sie selbst IT-Kenntnisse mitbringen, lohnt sich ein Blick auf diesen Dienst.

Wir wollen im Folgenden sowohl die technischen als auch die datenschutzrechtlichen Bedenken ansprechen, Erklärungen liefern und Lösungen anbieten. Schließlich werden wir Einsatzbereiche von Cloud Computing für Rechtsanwälte aufzeigen und Ihnen helfen, diese Technologie für sich selbst bzw. Ihre Arbeit nutzbar zu machen.

12.1 Was ist Cloud Computing?

Cloud Computing beschreibt ein Modell zur Speicherung, Nutzung und Verarbeitung von Daten über ein Netzwerk. Das Hauptmerkmal von Cloud Computing ist, dass sich die betreffenden Daten nicht mehr an einem lokalen Ort befinden – zum Beispiel auf dem eigenen Rechner –, sondern ausgelagert werden. Der Zugriff auf die Daten erfolgt über das Internet oder ein anderes, beispielsweise firmeninternes Netzwerk. Durch diese Möglichkeit der Auslagerung von Ressourcen eröffnet sich eine Vielzahl von praktischen Möglichkeiten.

In den meisten Fällen können drei grundlegende Arten von Cloud Computing unterschieden werden.

- *IaaS* (Infrastructure as a Service) beschreibt das Zurverfügungstellen von IT-Infrastruktur, also Rechenleistung, Speicherkapazitäten und Netzwerken.
- Darauf baut *PaaS* (Platform as a Service) auf. Hier werden ganze Softwareumgebungen über die Cloud nutzbar gemacht. Das ermöglicht zum Beispiel die Entwicklung und Anwendung eigener Software.
- Die dritte Stufe ist *SaaS* (Software as a Service), womit die Bereitstellung von fertiger, nutzbarer Software gemeint ist.

Der Begriff der Cloud selbst kann in *private* und *öffentliche Clouds* unterteilt werden. Standardmäßig wird unter einer Cloud die sogenannte *Public Cloud*, also die »öffentliche« Cloud verstanden. Der Zugriff erfolgt über das Internet. An dem Merkmal der »Öffentlichkeit« wird auch ein Charakteristikum von Cloud Computing deutlich: Eine Cloud ist nicht für einen konkreten Nutzer angepasst. Vielmehr kann ein und dieselbe Cloud von vielen verschiedenen Nutzern gleichzeitig beansprucht werden. Die *Private Cloud* kommt vorwiegend in Großkonzernen zum Einsatz. Der Zugriff erfolgt nicht über das Internet, sondern über ein internes Netzwerk, das sogenannte *Intranet*.

Im privaten Bereich ist Cloud Computing längst fester Bestandteil des Internet-Alltags. Mit wenigen Klicks werden private Daten in der Cloud gespeichert. Per Internetzugang sind die Daten zu jeder Zeit und ortsunabhängig abrufbar. Als Endgerät können neben dem klassischen Desktop-Computer auch Laptops, Tablets und Smartphones genutzt werden. Das garantiert nicht nur die größtmögliche Flexibilität, sondern ermöglicht auch das Teilen der Daten mit Dritten ohne den Einsatz von externen Datenträgern.

Für Unternehmen bedeutet die Auslagerung von Daten zunächst eine deutliche Einsparung von Kapazitäten auf mehreren Ebenen. Große unternehmensinterne Rechen- und IT-Zentren können eingespart werden. Somit entfallen auch die Wartung der Hardware und die Sicherung sowie das regelmäßige Updaten der Software. Diese Aufgaben werden zusammen mit den betreffenden Daten an den Cloud-Anbieter ausgelagert.

Ein großer Vorteil von Cloud Computing ist, dass die Bereitstellung ebenso wie die anschließende Abrechnung bedarfsabhängig erfolgt. Somit entstehen dem Unternehmen lediglich laufende Kosten, große Investitionen in umfangreiche IT-Zentren entfallen komplett. Das bedeutet gleichzeitig bessere Organisationsmöglichkeiten und mehr Flexibilität.

12.1.1 Anwendungsbeispiele

Abstrakte Erklärungen lassen sich nur schwer merken. Aus diesem Grund haben wir im Folgenden noch ein paar praktische Anwendungsbeispiele für die verschiedenen Arten von Cloud Computing aufgelistet.

Infrastructure as a Service (IaaS)

Infrastruktur in diesem Sinne meint eine IT-Infrastruktur, die aus physischen Servern und der erforderlichen Software besteht. Ein Serverraum in einem Unternehmen ist zum Beispiel eine solche Infrastruktur. Die drei Arten von Cloud Computing werden grafisch häufig als eine Pyramide dargestellt. IaaS nimmt dabei den untersten Platz in dieser Pyramide ein. Denn IaaS zeichnet sich dadurch aus, dass keine fertigen Lösungen angeboten werden, sondern schlicht fundamentale technische Komponenten, auf denen sich andere Dinge aufbauen lassen.

Sehr viele Unternehmen sind heutzutage auf eine funktionsfähige, regelmäßig gewartete und leistungsstarke IT-Infrastruktur angewiesen. Wenn ein Unternehmen diese Voraussetzungen nicht selbst erfüllen kann, stellen IaaS-Dienste gute Alternativen oder Ergänzungen dar. Aber nicht nur Unternehmen nutzen Cloud-Dienste mit IaaS-Geschäftsmodell. Die oben bereits genannten Beispiele *Dropbox* und *Google Drive* sind auch nichts anderes als Cloud-Dienste, die ihren Nutzern eine Server-Infrastruktur zur externen Lagerung von Daten anbieten.

Platform as a Service (PaaS)

Der mittlere Teil der Cloud-Pyramide, PaaS, ist IaaS gar nicht so unähnlich. Beide Geschäftsmodelle haben das Zurverfügungstellen einer bestimmten Art von Infrastruktur zum Gegenstand.

Doch während IaaS auch Hardware in Gestalt von Servern zur Verfügung stellt, stehen bei PaaS rein virtuelle Umgebungen im Mittelpunkt. Diese Umgebungen werden primär von Entwicklern genutzt, um eigene Softwareanwendungen zu entwickeln, zu testen oder auch anzubieten. Anbieter derartiger Services sind beispielsweise der Amazon-Dienst *AWS Elastic Beanstalk* (https://aws.amazon.com/de/elasticbeanstalk) oder *SAP Cloud Platform* (siehe Abbildung 12.4). Die Nutzungsmöglichkeiten für Nicht-Entwickler sind begrenzt, weshalb Sie sich mit diesem Thema nicht näher auseinandersetzen müssen.

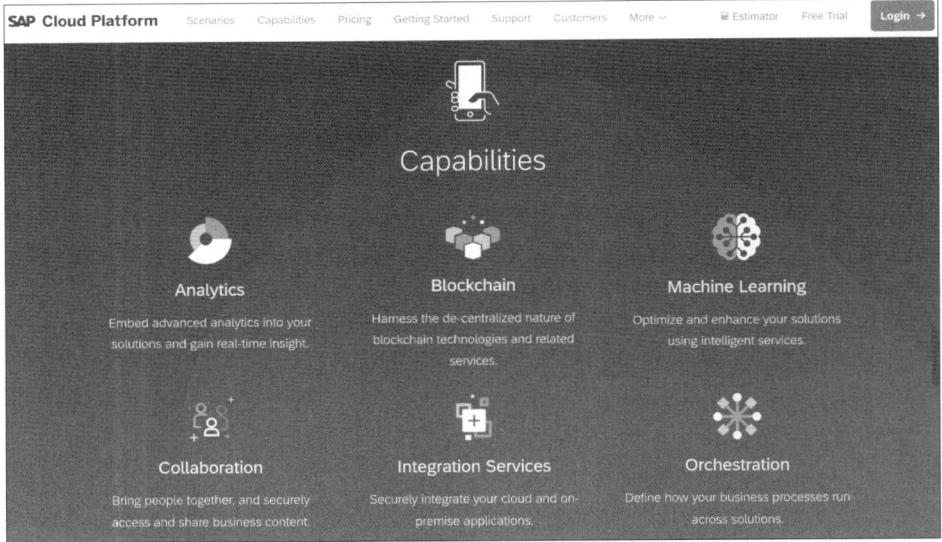

Abbildung 12.4 Ein Teil der von SAP vorgestellten Anwendungsfelder des Cloud-Dienstes »SAP Cloud Platform« (https://cloudplatform.sap.com/index.html)

Software as a Service (SaaS)

Die Spitze der Pyramide, technisch wie logisch auf den anderen Cloud-Arten aufbauend, stellt SaaS dar. Hier geht es darum, komplette Anwendungen, also fertige Software, über die Cloud bereitzustellen, wie die bereits vorgestellte Cloud-Kanzleimanagement-Software Legalvisio oder der Dienst Office 365 von Microsoft (siehe Abbildung 12.5).

Im Gegensatz zu herkömmlicher Software muss bei SaaS nichts auf dem eigenen Computer installiert werden. Mitunter bedarf es eines sogenannten *Clients*, der ähnlich einem Browser als eine Art Eingangstür genutzt wird. In anderen Fällen genügt ein Internet-Browser allein, um Zugang zu der Cloud-Software zu erhalten. Die betreffende Software wird dann nicht mehr wie früher – etwa in Form einer CD – gekauft, sondern bloß zeitweise angemietet.

Die vorgestellten cloudbasierten Kanzleisoftwares sind SaaS-Dienste: Sie müssen nichts installieren und können von überall und mit jedem Endgerät auf die Software zugreifen. Natürlich erlauben die Kanzleisoftwares auch das Abspeichern von Daten und weisen damit Elemente des IaaS auf. Allerdings bieten die meisten Cloud-Anwendungen auch entsprechende Infrastruktur an, da SaaS nun mal auf IaaS aufbaut. Eine Abgrenzung ist mitunter schwierig.

Abbildung 12.5 Ein sehr bekannter SaaS-Dienst ist »Microsoft Office365«. Wie bei anderen Office-Versionen sind beispielsweise Word, Excel und PowerPoint offline verfügbar. Das Ganze gibt es jedoch auch als eigenständige Webanwendung. Dateien können in der Cloud abgespeichert und zusammen mit Freunden oder Arbeitskollegen bearbeitet werden.

12.2 Praktischer Nutzen für den Anwalt

»Alles schön und gut, aber was bringt mir das persönlich?«, werden sich jetzt sicherlich einige von Ihnen fragen. Zunächst einmal: Probieren Sie es doch einfach aus! Einer der Vorteile von Cloud Computing ist der unschlagbar einfache Einstieg. Da in der Regel alle erforderlichen Ressourcen in der Cloud liegen, können Sie jederzeit interessante Cloud-Dienste testen, ohne irgendwelche Bindungen einzugehen. Weder benötigen Sie leistungsstarke Hardware noch spezielle Endgeräte. Egal ob Sie mit einem Mac oder einem Windows-Rechner arbeiten – solange Sie Internet haben, funktioniert auch die Cloud-Software. Die Preismodelle der meisten Cloud-Dienste sind entsprechend flexibel ausgestaltet: kostenfreie Testversionen und monatliche Kündigungsmöglichkeiten sind Normalität.

Cloud Computing ist auch deshalb so beliebt, weil sämtliche Ressourcen aus der Cloud bedarfsabhängig beansprucht werden können. Sie müssen nur für so viel bezahlen, wie Sie auch tatsächlich nutzen wollen – denken Sie an das Beispiel mit dem Strom aus der Steckdose.

Die meisten Unternehmen sind auf eine umfangreiche Infrastruktur angewiesen. Bei Bedarfsspitzen oder Serverausfällen kann es ganz schnell zu Beeinträchtigungen des Betriebsablaufs kommen. Um das zu verhindern, wenden einige dieser Unternehmen viel Geld auf, um stets freie Kapazitäten bereitzuhalten, die die meiste Zeit überhaupt nicht gebraucht werden. Wirtschaftlicher sind Cloud-Lösungen: Ressourcen gibt es im Überfluss, bezahlt werden muss aber nur für das, was tatsächlich genutzt wird. Die Skalierbarkeit macht Cloud Computing daher zu einer wertvollen Technologie für die Wirtschaft.

Ihre persönliche Arbeit profitiert in den Bereichen Mobilität und Flexibilität von Cloud Computing. Wo und wann Sie arbeiten, ist egal, da Sie aufgrund der Cloud weder von starren Bürozeiten noch dem Büro selbst abhängig sind. Dadurch bieten sich Alternativen zu der klassischen Arbeit zu festen Zeiten in einem festen Büro. Home-Office beispielsweise profitiert enorm von Cloud-Lösungen. In Zeiten, in denen vor allem die jüngeren Generationen sehr viel Wert auf eine angenehme Work-Life-Balance legen, stellt das Home-Office auch für Kanzleien ein gutes Konzept dar, um für mehr Zufriedenheit der Mitarbeiter zu sorgen und sich als moderner, attraktiver Arbeitgeber zu präsentieren.

Das bedeutet zwar nicht, dass das Home-Office die neue Normalität wird: Ein guter Zusammenhalt innerhalb der Kanzlei ist wichtig und basiert nicht zuletzt auf regelmäßigen sozialen Kontakten. Aber bereits ein (frei wählbarer) Home-Office-Tag pro Woche kann viel bewirken. Private Termine können besser gelegt werden, die Familie profitiert und subjektiven Befindlichkeiten kann besser Rechnung getragen werden. Diese zunehmende Flexibilisierung der Arbeit wird als *Entgrenzung* bezeichnet und lässt sich in allen Branchen beobachten. Cloud Computing stellt eine gute Lösung dar, um den verstärkten Wunsch nach mehr Selbständigkeit und Flexibilität der Arbeitnehmer mit den Interessen der Arbeitgeber in einen angemessenen Ausgleich zu bringen.

> **Vorteile von Cloud Computing**
> - bedarfsabhängig skalierbar
> - keine bereits vorhandene IT-Infrastruktur notwendig
> - keine langwierigen Installationen oder Einweisungen erforderlich
> - nicht an bestimmte Endgeräte, Betriebssysteme oder Marken geknüpft
> - Internetverbindung als einzige Voraussetzung
> - hohe Kompatibilität mit anderen Diensten
> - ortsungebunden
> - ermöglicht flexibles Arbeiten
> - Zusammenarbeit mit Kollegen auch über große Entfernungen
> - nie mehr Mangel an IT-Ressourcen

- mehr Innovationsfreudigkeit
- Schutz vor Systemausfall und Datenverlust
- unproblematisch auszutesten und einfach zu kündigen
- keine langen Vertragslaufzeiten bei Cloud-Diensten
- keine langfristige Bindungen, schnelle Wechsel zwischen Diensten möglich
- Unternehmen sind unabhängiger in ihren IT-Entscheidungen
- kein Ende in Sicht; immer mehr Unternehmen setzen auf Cloud Computing.
- Datenschutz ist ein zentrales Konzept moderner Cloud-Anwendungen.

12.3 Besondere Anforderungen an Cloud-Lösungen in Kanzleien

Sollten Sie mit dem Gedanken spielen, Cloud-Dienste in Ihrer Kanzlei einzusetzen, müssen Sie ein paar Dinge beachten. Die einen sind eher praktischer, die anderen rechtlicher Natur. Beginnen wir mit Letzteren, da sich aus den rechtlichen Anforderungen einige Folgen für die Praxis ergeben.

Wie wir in Kapitel 15 zum Datenschutz noch genauer betrachten werden, verarbeiten Sie in Ihrer Kanzlei durchgehend personenbezogene Daten fremder Menschen. Dabei treffen Sie zum einen datenschutzrechtliche, zum anderen aber auch berufsrechtliche Pflichten, wie zum Beispiel die anwaltliche Verschwiegenheitspflicht. Sie müssen also Ihren Mandanten gegenüber Sorge tragen, die Ihnen anvertrauten Daten sorgsam zu behandeln und vor einem unberechtigten Zugriff Dritter zu schützen.

Wenn Sie sich bei Ihrer täglichen Arbeit technischer Hilfsmittel wie Cloud-Anwendungen bedienen, dann müssen Sie auch hier die Einhaltung der datenschutzrechtlichen Regelungen gewährleisten können. Da Sie jedoch nur schwer mit jedem einzelnen Cloud-Hersteller über den korrekten Datenumgang reden oder gar individuelle Sonderregeln aushandeln können, stehen Sie vor einem Problem: Dürfen Sie Cloud-Dienste überhaupt nutzen?

Die Antwort ist wie immer: Es kommt darauf an. Gerade als Rechtsanwalt sollten Sie Ihre datenschutz- und berufsrechtliche Verantwortung sehr ernst nehmen und Cloud-Dienste nach gewissen Kriterien auswählen. Wenn Sie bei der Verarbeitung von Daten – darunter fällt beispielsweise die Nutzung der E-Akte – einen externen Dienstleister einsetzen, handelt es sich um eine sogenannte *Auftragsdatenverarbeitung*. Voraussetzung ist dann der Abschluss eines Auftragsdatenverarbeitungs-Vertrags (ADV-Vertrags). In diesem Vertrag wird geregelt, welche Daten-Kategorien verarbeitet werden und zu welchem Zweck. Darüber hinaus legt der Auftragsdatenverarbeiter dar, welche technischen und organisatorischen Maßnahmen er zum

Schutz der Daten ergreift. Auch Haftungsfragen und die Datenverarbeitung durch Subunternehmer sind häufig Gegenstand der ADV-Verträge.

In gewissen Fällen muss der Auftragsdatenverarbeiter zusätzliche Garantien wie die Teilnahme an genehmigten Zertifizierungsverfahren nachweisen. Ob eine Vorlage dieser Garantien erforderlich ist, hängt davon ab, in welchem Land die Daten verarbeitet werden. Welche Staaten außerhalb der EU als *sichere Drittländer* gelten, legt die EU-Kommission fest. Die Anzahl unterliegt einem steten Wandel. Schließlich verlangt die neue DSGVO die Aufnahme der Auftragsdatenverarbeitung in das Verarbeitungsverzeichnis, also eine Dokumentation (dazu lesen Sie mehr in Abschnitt 15.4.2).

> **Weiterführende Hinweise: ADV-Verträge**
>
> Im Internet finden Sie zahlreiche Websites mit ADV-Musterverträgen. Ein Beispiel ist das Muster des Branchenverbands Bitkom (PDF-Datei): *http://r-wrk.de/v635601*
>
> In Art. 28 Abs. 3 DSGVO sind zudem alle erforderlichen Bestandteile eines ADV-Vertrags aufgelistet. Damit korrespondierend enthält Art. 30 Abs. 1 DSGVO eine Liste mit den in das Verarbeitungsverzeichnis aufzunehmenden Informationen.
>
> Die DSGVO können Sie auf der folgenden Seite einsehen:
>
> *https://dsgvo-gesetz.de*

Aber keine Sorge: Sie müssen nicht über jeden Cloud-Dienst Erkundigungen einziehen und anschließend ein umfangreiches Vertragswerk aushandeln. ADV-Verträge werden meist von den Diensten selbst bereitgestellt und sind ein gutes Indiz dafür, wie vertrauenswürdig diese Dienste sind. Trotzdem sollten Sie sich diese Verträge einmal genauer ansehen und im Einzelnen überprüfen.

Sollten Sie Bedenken hinsichtlich der Einhaltung europäischer Datenschutzstandards haben, lassen Sie besser die Finger von dem Dienst. Das könnte zum Beispiel der Fall sein, wenn die Formulierungen sehr pauschal gehalten sind, Erläuterungen zu den technischen und organisatorischen Schutzmaßnahmen fehlen oder wenn nicht ersichtlich wird, in welchem Staat die Server stehen, auf denen die Daten abgespeichert werden. Wenn Sie sich bereits ein wenig genauer über die cloudbasierten Kanzleisoftwares informiert haben, werden Sie festgestellt haben, dass die Gewährleistung des Datenschutzes ein zentrales Element in der Werbung für diese Dienste einnimmt. In Europa und insbesondere in Deutschland wird sehr viel Wert auf Datenschutz gelegt, weshalb Cloud-Dienste sehr aktiv ihre jeweiligen Schutz-Konzepte herausstellen (siehe Abbildung 12.6).

Bevor Sie sich für einen Cloud-Dienst entscheiden, sollten Sie schließlich noch ein paar praktische bzw. technische Erwägungen anstellen. Zunächst empfiehlt sich eine Überprüfung der Angaben zur Internetverbindung und Synchronisation. Wie bereits

12.3 Besondere Anforderungen an Cloud-Lösungen in Kanzleien

erwähnt, müssen Sie sich zur optimalen Nutzung von Cloud-Diensten eine leistungsstarke Internetverbindung anschaffen, um auch große Daten ohne lange Wartezeiten hoch- und wieder herunterladen zu können. Das alles bringt Ihnen jedoch nichts, wenn der Cloud-Anbieter von sich aus die Verbindung drosselt – etwa um Sie zum Abschluss eines schnelleren, aber teureren Vertragsmodells zu bewegen. Davon ist abzuraten! Zusätzliches Geld sollten Sie nur für optionale Erweiterungen wie zusätzlichen Speicherplatz bezahlen. Die Geschwindigkeit des Dienstes sollte immer gleich sein: schnell.

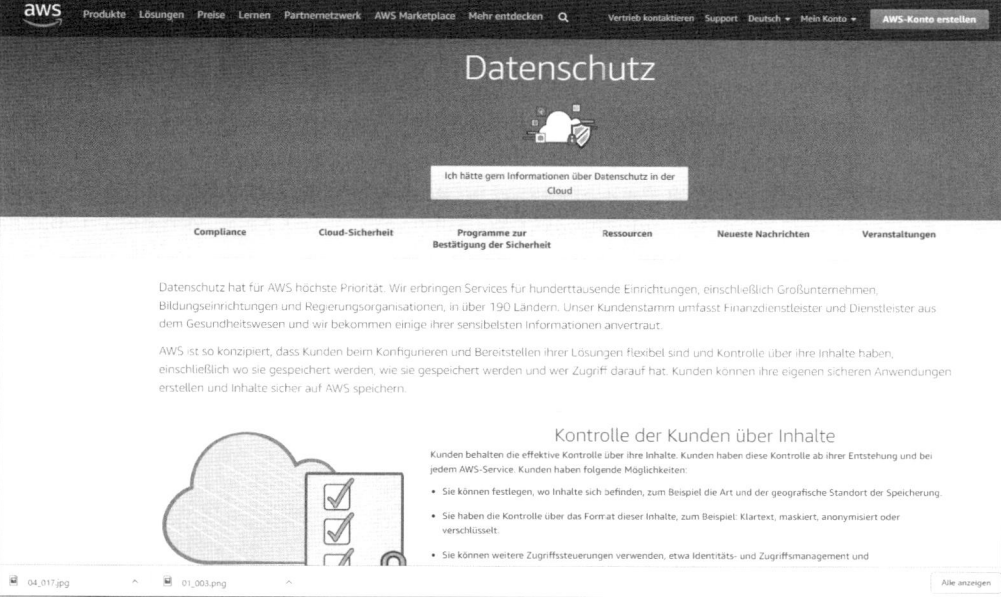

Abbildung 12.6 Der Cloud-Dienst »AWS« von Amazon hat eine ganze Informationsseite zum Datenschutz mit Informationen über das europäische Recht, ADV-Vertragsmustern und umfangreichen Whitepapers.

Expertentipp: Offene Schnittstellen für die eigene Entwicklung

Wenn Sie oder Ihre Kollegen innovationsfreudig und programmiertechnisch begabt sind, empfiehlt sich ein Blick auf die Angebote des Cloud-Anbieters bezüglich einer individuellen Weiterentwicklung des Dienstes bzw. einer Koppelung an andere Software. Die größeren Diensteanbieter auf dem Markt werden dem eher skeptisch gegenüberstehen. Allerdings gibt es nicht wenige Anbieter, die einzelne Schnittstellen Ihrer Software öffnen oder sogar den gesamten Quellcode offenlegen (*Open Source*). Insbesondere bei umfangreichen administrativen Cloud-Lösungen wie Kanzleisoftwares kann es sehr nützlich sein, auf entwicklungsoffene Dienste zu setzen.

Des Weiteren ist die Offline-Verfügbarkeit wichtig. Insbesondere eine E-Akte sollten Sie sich nicht anschaffen, wenn der Dienst ausschließlich über das Internet zu erreichen ist. Die Möglichkeit, Dokumente auch offline abspeichern und abrufen zu können, gibt Ihnen Sicherheit für das Szenario eines Internetausfalls.

In diesem Zusammenhang müssen Sie unbedingt auf die Verfügbarkeit des Dienstes selbst achten! Werbesprüche wie »Garantierte 99 % Verfügbarkeit im Jahr« klingen gut, bedeuten aber nichts anderes, als dass Sie theoretisch mit jährlich dreieinhalb Tagen Systemausfall rechnen müssen. Bei einer Kanzleisoftware wäre das fatal. Wichtiger als derartige Werbungen sind daher vorgestellte Notfallkonzepte und Ausweichlösungen.

Die Cloud-Lösung sollte eigenständig laufen, also nicht auf zusätzliche Software angewiesen sein. Dementsprechend sollte der Cloud-Dienst auf möglichst vielen Endgeräten einsatzfähig sein. Optimal ist der Zugriff über den Browser, was selbst mit Smartphone und Tablet ohne Weiteres möglich ist. Schließlich bedarf die Software regelmäßiger Updates und ständiger Wartung, was in der Regel von dem Anbieter selbst übernommen wird.

> **Praxishinweis: Worauf sollten Sie bei Cloud-Diensten achten?**
> - Informationen zum Datenschutz auf der Website
> - Vertrag zur Auftragsdatenverarbeitung
> - Standort der Server
> - keine Drosselung der Internetgeschwindigkeit
> - kurze Kündigungsfristen
> - hohe Verfügbarkeit
> - einfache Synchronisation und Offline-Verfügbarkeit
> - herstellerseitige und regelmäßige Updates
> - Verfahren bei Systemausfall
> - hohe Kompatibilität

12.4 Technische und organisatorische Umsetzung

Die technische Umsetzung bzw. Einrichtung einer neuen Cloud-Software ist vergleichsweise einfach und unkompliziert. Ein mehrtägiger Einsatz eines IT-Teams zur Umrüstung der Kanzlei-Infrastruktur und Installation der Software ist nicht mehr nötig oder nur in einem sehr geringen Maße. Im Grunde buchen Sie lediglich die Software, und nach wenigen Klicks können Sie anfangen zu arbeiten.

Ein wenig Arbeit verursacht allerdings noch das sogenannte *Onboarding*. Damit ist die Anpassung der nackten Software an das bestehende System gemeint. Handlungsbedarf besteht etwa in Kleinigkeiten wie in der Koppelung mit anderer Software, der Festlegung von Speicherorten und der Vergabe von Benutzerrechten. Es wird also eine gewisse Eingewöhnungsphase auf Sie zukommen. Die meisten Anpassungen erfolgen sukzessive; beim Arbeiten merken Sie oder Ihre Kollegen, dass etwas nicht so funktioniert wie früher oder dass etwas vielleicht auch unnötig umständlich oder zeitaufwendig ist. Dann geht es an die Feinjustierung.

Das alles ist nichts Ungewöhnliches, weshalb die meisten Hersteller auch verschiedene Einstiegshilfen bereitstellen (siehe Abbildung 12.7). Je nach Umfang des gebuchten Cloud-Dienstes kann ein Handbuch ausreichen oder aber eine professionelle Einweisung bzw. Fortbildung der Mitarbeiter erforderlich sein. Der plötzliche Umstieg auf eine völlig neue Kanzleisoftware ist ohne entsprechende Schulung nicht zu empfehlen. Hingegen bedarf es bei der Einrichtung eines neuen Cloud-Speichers nur weniger Handgriffe, um eine reibungslose Einpassung in den Kanzlei-Alltag zu gewährleisten.

Abbildung 12.7 Microsoft stellt für seine Software »Office 365« ein umfangreiches Hilfecenter mit zahlreichen Erklärvideos für verschiedene Adressaten zur Verfügung.

Beachten Sie, dass nicht jeder Mitarbeiter die gleiche Einweisung benötigt: Das Sekretariat wird andere Dinge interessieren als die Anwaltschaft, die IT-Abteilung oder die

Partner. Wenn jeder alles erklärt bekommt, dann verschwenden Sie unnötig die Zeit und Nerven Ihrer Kollegen.

Sofern Sie der Ansicht sind, dass eine persönliche Einweisung in Form einer Schulung erforderlich ist, sollten Sie sie früh genug organisieren und festlegen, wer wann an welcher Schulung teilnimmt. Diese Organisation übernimmt bestenfalls jemand, der sich bereits etwas mit der neuen Software auskennt und eine entsprechende Einschätzung abgeben kann. Im Zweifelsfall hilft es, sich an die Hersteller zu wenden, die in der Regel hilfsbereit sind.

Sollten Sie zum Schluss kommen, dass eine Schulung übertrieben ist, empfiehlt sich die Erstellung einer übersichtlichen und knappen Anleitung in Form einer E-Mail oder einer PDF-Datei. Überhaupt eignet sich eine Zusammenstellung der wichtigsten Fragen und Antworten sowie Hilfestellungen samt Angabe einer Kontaktperson in einem Dokument. Auf diese Weise können Mitarbeiter bei Problemen zunächst auf diese Übersicht zurückgreifen, was vor allem für neue Kollegen hilfreich ist. Praktisch sind Videoschulungen, wie sie beispielsweise von Legalvisio angeboten werden. Hier entscheidet jeder Anwender selbst, für welche Teilbereiche der Software er sich interessiert und wann er sein Wissen vertiefen möchte.

Schließlich muss noch einmal betont werden, wie wichtig eine leistungsstarke Internetleitung ist (siehe auch Abschnitt 11.1). Cloud-Dienste benötigen nicht viel, aber ohne Internet funktioniert überhaupt nichts. Kümmern Sie sich daher früh genug darum, und schaffen Sie ausreichende Voraussetzungen, um nicht nach Anschaffung der Cloud-Software feststellen zu müssen, dass der wichtigste Teil fehlt!

Absolut empfehlenswert sind hier sogenannte *symmetrische Internetleitungen*. Diese unterscheiden sich von den asymmetrischen Leitungen, die vielfach von Privatpersonen eingesetzt werden, dadurch, dass Sie in gleicher Geschwindigkeit Daten hoch- und herunterladen können. Außerdem zeichnen sich symmetrische Internetleitungen dadurch aus, dass ihre Verfügbarkeit sehr hoch ist und damit kaum Ausfälle zu verzeichnen sind. Natürlich haben diese schnellen Leitungen ihren Preis. Dieser ist jedoch gerechtfertigt, wenn man bedenkt, dass schon bei einem einzigen Ausfall direkt die gesamte Kanzlei stillgelegt ist.

12.5 Cloud-Lösungen für jeden Anwendungsbereich

Zum Ende dieses Kapitels wollen wir noch einige Cloud-Lösungen vorstellen, mit denen wir gute Erfahrungen gemacht haben. Vielleicht ist etwas darunter, was Sie auch anspricht. Da Testversionen oder Probemonate meist kostenlos sind, schadet es nicht, bei Interesse ein paar der Softwares auszuprobieren. Zögern Sie nicht, darüber hinaus auf eigene Faust nach nützlichen Cloud-Diensten zu suchen. Cloud Computing boomt – regelmäßig kommen neue vielversprechende Services auf den Markt.

12.5.1 Google G-Suite

Hinter dem Begriff *Google G-Suite* verbirgt sich nicht nur eine, sondern gleich eine ganze Reihe von Cloud-Softwares, von denen Sie einige sicherlich bereits kennen: *Google Drive*, den Cloud-Speicher haben wir oben bereits erwähnt, *Google Mail* bzw. *Gmail* wurde in diesem Buch auch bereits angesprochen. Mit *Google Documents* können Texte, Tabellen und Präsentationen unmittelbar in der Cloud erstellt und bearbeitet werden. Das ist insbesondere dann hilfreich, wenn Sie unterwegs sind und die Zeit sinnvoll nutzen wollen.

Die G-Suite funktioniert auf den meisten Smartphones und Tablets. So können Sie jederzeit da weitermachen, wo Sie an Ihrem Schreibtisch aufgehört haben. Davon abgesehen eignet sich das Softwarepaket der G-Suite dazu, verschiedene Dateiformate auf Ihren mobilen Endgeräten anzeigen zu können. Solange Sie an Ihrem regulären Computer oder Laptop arbeiten, ist nicht einmal eine Installation erforderlich: Alles läuft einwandfrei über den Webbrowser.

Ein wenig problematisch ist leider der Datenschutz. Insbesondere Berufsgeheimnisträger wie Rechtsanwälte sollten Google G-Suite nicht unbedacht einsetzen. Mittlerweile bietet Google gesonderte DSGVO-konforme Vertragsklauseln für Unternehmen in der EU an. Hierfür ist unter Umständen eine spezielle Konfiguration des Google-Kontos erforderlich. Daher empfehlen wir vor Einsatz der G-Suite in der Kanzlei eine Lektüre der aktuellen Datenschutzinformationen auf diesen beiden Seiten:

- *https://cloud.google.com/security/?hl=de*
- *https://cloud.google.com/security/security-design/?hl=de*

Google präsentiert sich gern als Vorreiter im Bereich des Datenschutzes, was nicht zuletzt mit dem nicht zu unterschätzenden Druck der EU zusammenhängt. Mit Blick auf die vielen Datenskandale großer Internetkonzerne in der jüngsten Vergangenheit sollten Sie sich regelmäßig über datenschutzrechtlich relevante Ereignisse informieren.

12.5.2 TeamDrive

Einen besonderen Fokus auf die Sicherheit Ihrer Daten legt der Cloud-Speicher *TeamDrive* (siehe Abbildung 12.8). Die Server stehen in Deutschland, sind zertifiziert und die Synchronisation der Daten erfolgt verschlüsselt. Diese hohen Sicherheitsstandards bewirbt der Anbieter nicht ohne Grund: Zielgruppe der Cloud sind unter anderem Berufsgeheimnisträger.

Da ist es auch nicht verwunderlich, dass der *Deutsche Anwaltverein* (DAV) eine offizielle Kooperation mit TeamDrive eingegangen ist und seinen Mitgliedern entsprechende Vergünstigungen anbietet (*https://anwaltverein.de/de/mitgliedschaft/*

rabatte#panel-kommunikation-technik). Derartige Sicherheitsstandards können bei vielen Mandanten einen großen Pluspunkt darstellen. Sie müssen keine Fragen vermeintlich übervorsichtiger Mandanten oder Geschäftspartner fürchten, sondern können aktiv damit werben, dass Sie von sich aus Wert auf dieses sensible Thema legen.

Abbildung 12.8 Die Website von »TeamDrive«

12.5.3 WebMerge

WebMerge ist ein nützlicher Service zum professionellen und automatisierten Zusammenfügen und Optimieren von Dokumenten (siehe Abbildung 12.9). Der Dienst ist dann interessant, wenn Sie viele verschiedene Dokumente erstellen und versenden, diese aber in einem einheitlichen Design halten wollen.

WebMerge nutzt von Ihnen erstellte Vorlagen, um diese Dokumente entsprechend einheitlich anzupassen. Rechnungen, Verträge, Schriftsätze und viele weitere Schreiben können mit WebMerge erstellt, einheitlich designt und immer wieder verwendet werden. Dabei können Sie auch Drittsoftware integrieren, die WebMerge wiederum mit Informationen versorgt. Mit WebMerge können Sie den Verarbeitungsprozess zwischen Dokumentenerstellung und -versand komplett automatisieren.

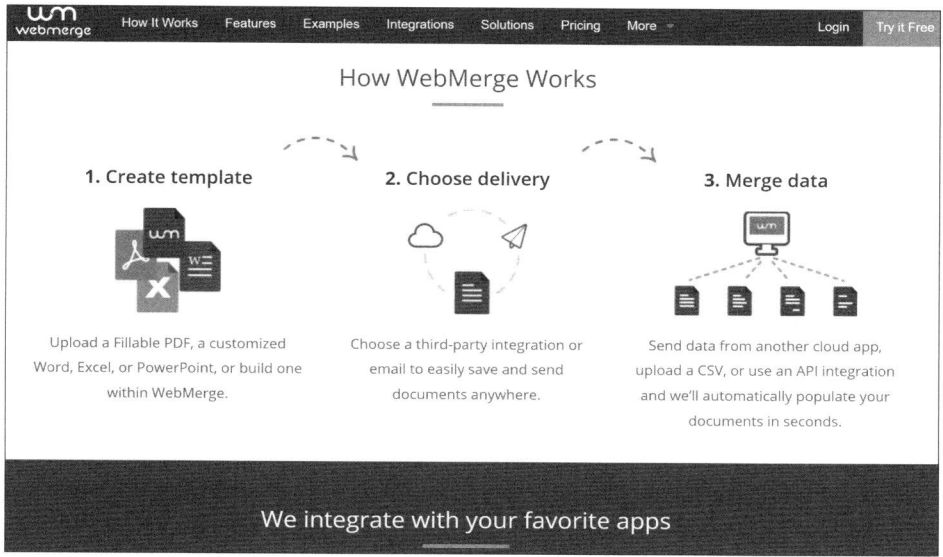

Abbildung 12.9 Die Website von »WebMerge«: Die Anleitungen sind umfangreich, aber leider nur auf Englisch verfügbar.

Zu Beginn mag der Umgang mit WebMerge ungewohnt erscheinen, zumal die gesamte Plattform auf Englisch ist. Schnell werden Sie feststellen, dass der Dienst eine wertvolle Funktion als Schnittstelle zwischen der Erstellung und dem Versand von Dokumenten einnehmen kann. Durch die Möglichkeit, einmal erstellte Dokumentenvorlagen zu speichern, sparen Sie im Laufe der Arbeit mit WebMerge zunehmend Zeit ein. Gleichwohl müssen Sie berücksichtigen, dass Ihre Mitarbeiter im Sekretariat einen großen Teil der Arbeit mit dem Dienst übernehmen werden, weshalb sie in den Prozess der Entscheidungsfindung einbezogen werden sollten.

12.5.4 Bereits angesprochene Dienste

Natürlich können wir auch die von uns auf den vorherigen Seiten angesprochenen Dienste empfehlen. Microsoft Office 365 sollte sich jeder einmal genauer angesehen haben. Mit den Microsoft-Office-Lösungen wie Word und PowerPoint werden Sie sowieso bereits Erfahrung haben – warum also nicht auch einmal die Cloud ausprobieren? Achten Sie dabei aber ebenso wie bei der Google G-Suite auf die Einhaltung der datenschutzrechtlichen Anforderungen.

Eine absolute Empfehlung gilt auch der Nextcloud. Falls Sie einen Cloud-Speicher suchen, aber Bedenken bezüglich des Datenschutzes haben, ist Nextcloud die ideale Lösung. Für IT-Interessierte bieten sich hier zudem viele Möglichkeiten für Experimente. Allerdings erfordert eine umfassende Nutzung der Nextcloud wiederum eine ausreichende IT-Infrastruktur im Unternehmen. Falls Sie lieber eine sofort einsetzbare Komplettlösung bevorzugen, dann ist die TeamDrive-Cloud eher für Sie geeignet. Mit zunehmender Größe einer Kanzlei, vor allem wenn die Kanzlei sowieso über ein eigenes IT-Team verfügt, ist die Nextcloud jedoch aufgrund der vielfältigen Möglichkeiten zur individuellen Anpassung besser geeignet.

Kapitel 13
Digitale Workflows

In einer Kanzlei existieren, wie in jedem anderen Unternehmen auch, zahlreiche Arbeitsabläufe. Hier bietet sich mit Blick auf die Digitalisierung erhebliches Potenzial zur Optimierung. »Digitale Workflows« sorgen für eine bessere Abarbeitung und revolutionieren jede noch so banale Tätigkeit.

Wie schnell und effizient in Ihrer Kanzlei gearbeitet wird, hängt zu einem großen Teil von deren Organisation ab. Auch die kompetentesten Mitarbeiter werden in ihrer Arbeit gebremst, wenn keine Strukturen existieren, auf die sie sich verlassen können. Insbesondere standardisierte Tätigkeiten gewährleisten ein flüssiges Arbeiten. Allerdings lassen sich gerade diese standardisierten Abläufe durch digitale Workflows sehr gut automatisieren. *Digitale Workflows* bedeutet dabei nichts anderes als die Modernisierung manueller und repetitiver Prozesse durch entsprechende Software. Es geht also weniger darum, ganze Arbeitskräfte zu ersetzen, als vielmehr um die Identifizierung und anschließende Optimierung gewisser Arbeitsschritte. Gewünschtes Ergebnis ist ein insgesamt schnelleres, einfacheres und angenehmeres Arbeiten.

Abstrakt ist das mitunter nur schwer verständlich. Ein praktisches Anwendungsbeispiel ist die Verwendung von Textbausteinen: Gewisse Schreiben sind stets nach dem gleichen Schema aufgebaut. Eine Terminsnachricht an den Mandanten lässt beispielsweise nur wenig Raum für individuelle Gestaltung. Abgesehen vom Namen des Mandanten und der Zeit und des Orts seines Gerichtstermins wird der Inhalt Ihres Schreibens immer derselbe sein. Folglich wäre es verschwendete Zeit, jede Terminsnachricht neu aufzusetzen. Sie verwenden den bereits existenten Text, fügen die aktuellen Informationen ein und schicken das Schreiben raus. Und selbst diesen Prozess können Sie mit der richtigen Software noch optimieren: Viele Kanzleisoftwares bieten die Möglichkeit an, bestimmte Standardschreiben aus der E-Akte heraus mit einem Knopfdruck zu erstellen und mit einem zweiten Knopfdruck abzuschicken (siehe Abbildung 13.1). Die Funktionsweise dieser Tools ist simpel – alle relevanten Daten des Mandanten befinden sich bereits in der Akte und werden automatisch in einen vorgefertigten Textbaustein eingefügt.

13 Digitale Workflows

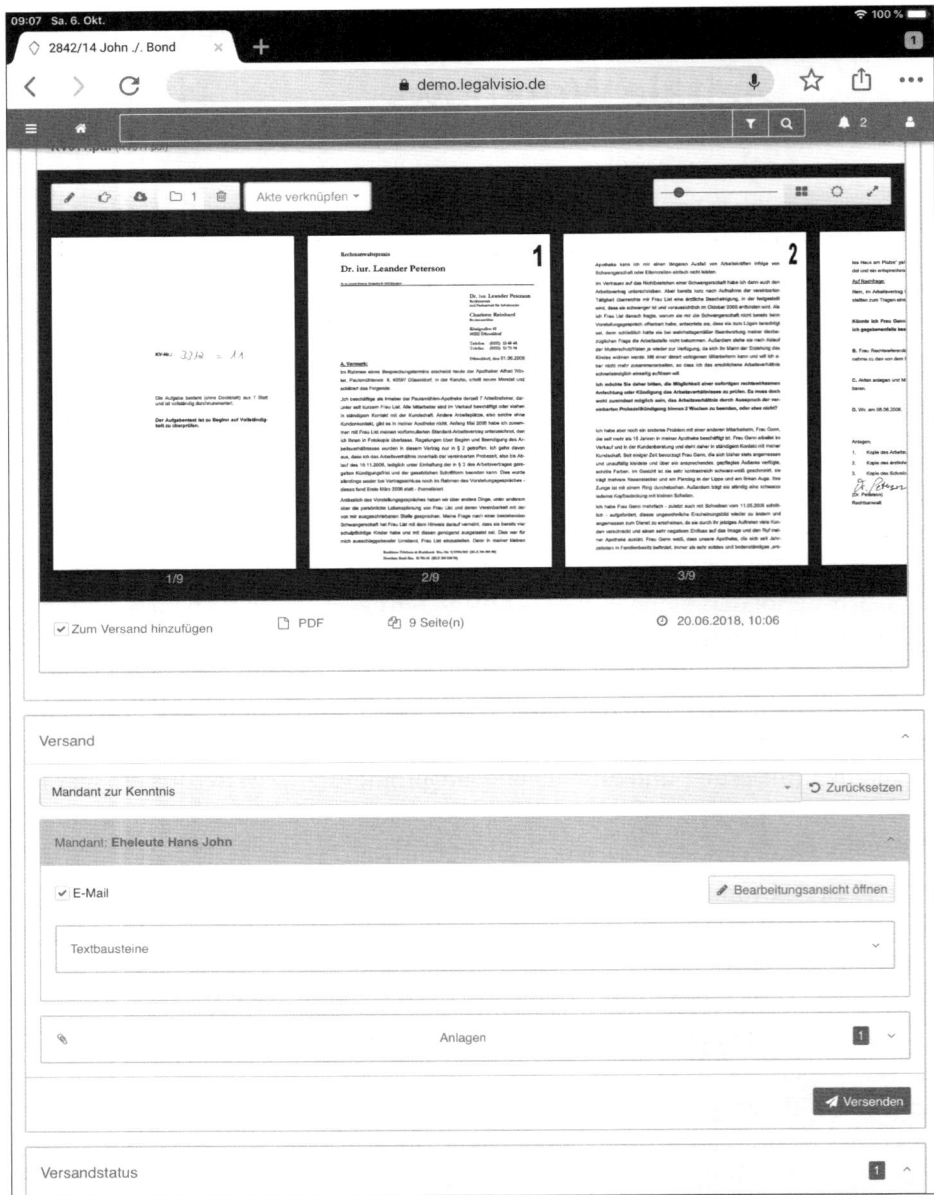

Abbildung 13.1 Bei der Kanzleisoftware »Legalvisio« erfolgt die Kommunikation unmittelbar aus der Akte heraus.

Überlegen Sie einmal, wie viele der von Ihrer Kanzlei verschickten Schreiben auf diese Weise optimiert werden können. Davon abgesehen: Welche Prozesse in Ihrer Kanzlei laufen ähnlich standardisiert ab und könnten sich durch den Einsatz digitaler Workflows automatisieren oder auf andere Art und Weise effizienter gestalten?

Kanzleisoftwares bieten in der Regel eine breitgefächerte Palette an verschiedenen Tools zur Verbesserung von Workflows innerhalb der Kanzlei. Dabei ist zu berücksichtigen, dass hiervon nicht nur Ihre Arbeit als Rechtsanwalt betroffen ist. Vor allem im Bereich des Sekretariats sowie an den Schnittstellen zwischen Sekretariat und Anwalt besteht Potenzial zum Einsatz digitaler Workflows. Im Folgenden wollen wir Sie für diese Bereiche sensibilisieren. Denn auch wenn viele Tätigkeiten in allen Kanzleien ähnlich ablaufen dürften, so sind gerade die detaillierten Prozessabläufe mitunter stark individualisiert. Ihre Aufgabe ist es, diese Prozesse zu untersuchen und Optimierungsmöglichkeiten zu identifizieren. Dabei wollen wir Ihnen helfen.

13.1 Sekretariat

Wenn Sie dieses Buch lesen, sind Sie höchstwahrscheinlich Rechtsanwalt. Innerhalb dieses Kapitels kann das ein Problem sein. Denn als Rechtsanwalt haben Sie eine ganz bestimmte, berufsbedingte Perspektive. Für Ihre Arbeit ist das selbstverständlich gut und erforderlich. Wenn es jedoch, wie jetzt gerade, um die Organisation einer modernen Kanzlei geht, werden Sie mit Ihrer anwaltlichen Sicht schnell an Ihre Grenzen stoßen. Denn sofern Sie kein Einzelanwalt mit überschaubarem Arbeits- und Organisationsaufwand sind, fehlen Ihnen Kenntnisse in einer Tätigkeit, die für eine erfolgreiche Kanzlei essenziell ist: das Sekretariat.

Ohne Beteiligung des Sekretariats ist die Digitalisierung der Kanzlei zum Scheitern verurteilt. Durch Kanzleisoftware und andere Legal Techs ändert sich zuerst und vor allem die Arbeit des Sekretariats. Es wird auf Unverständnis und Ablehnung stoßen, wenn Sie diesen Mitarbeitern ungefragt neue Soft- und Hardware vorsetzen und erwarten, dass nach einer kurzen Übergangszeit alles einwandfrei läuft.

Kennen Sie die Tätigkeit Ihres Sekretariats? Was machen Ihre Mitarbeiter morgens als Erstes? Wie sieht deren Tagesablauf aus? Was passiert mit einer Verfügung, sobald Sie diese an Ihr Sekretariat geschickt haben? Wenn Sie diese Fragen nicht detailliert beantworten können – und das erwartet auch niemand, ansonsten haben Sie vielleicht den falschen Beruf –, warum sollten Sie sich dann anmaßen, diese Tätigkeit völlig umzukrempeln? Es geht hierbei nicht bloß um die Zufriedenheit Ihrer Mitarbeiter. Wenn das Sekretariat mit dem neuen System nicht klarkommt, wird darunter auch Ihre eigene Arbeit leiden. Betrachten Sie die Digitalisierung Ihrer Kanzlei daher als ein Gesamtprojekt, das alle Mitarbeiter gleichermaßen betrifft und daher auf deren Input zwingend angewiesen ist!

Im Folgenden wollen wir daher ein wenig die Sicht des Sekretariats beleuchten. Nehmen Sie dieses überblicksartige Kapitel zum Anlass, Schwerpunkte der Sekretariatsarbeit in Ihrer Kanzlei zu identifizieren. Versuchen Sie die Tätigkeit Ihrer Kollegen im Sekretariat in Grundzügen nachzuvollziehen, um zu den wesentlichen Punkten frühzeitig deren Meinung einzuholen.

> **Praxistipp: Struktur**
>
> Ein Hinweis vorweg: Nichts ist wichtiger als ein sorgfältig strukturierter Übergang. Sie werden sehr schnell feststellen, dass sich neben Ihren Anwaltskollegen auch das Sekretariat über Hilfsmittel wie Leitfäden und Zeitpläne freut. Daran müssen Sie sich nicht binden, Raum für Korrekturen gibt es immer. Aber Sie bieten Ihren Mitarbeitern dadurch etwas, worauf sie bei Schwierigkeiten zurückgreifen können, und verhindern, dass Probleme unausgesprochen bleiben.
>
> In Abschnitt 13.1.3 haben wir Ihnen eine abgewandelte Version des Leitfadens abgedruckt, der in der Kanzlei WBS verwendet wird.

13.1.1 Wie arbeitet das Sekretariat in einer digitalisierten Kanzlei?

Ähnlich wie die Anwälte haben auch die Mitarbeiter im Sekretariat eine Agenda, die es über den Tag abzuarbeiten gilt. Diese Agenda ist idealerweise mit der Kanzleisoftware verknüpft, sodass die einzelnen Punkte nicht manuell, sondern automatisch als Reaktion auf bestimmte Ereignisse (wie Verfügungen oder E-Mails) erstellt werden.

Der Tag beginnt dann in der Regel mit der Abarbeitung der nach Dienstschluss eingegangenen E-Mails vom Vortag. Sobald das erledigt ist, wird der aktuelle Tag angegangen. In der Regel beginnt das Sekretariat seinen Arbeitstag etwa eine Stunde früher als die Anwälte. Auf diese Weise erfolgt ein Teil der täglichen Organisation bereits früh am Morgen. Dadurch werden Kapazitäten für den Rest des Tages geschaffen, denn dann fungiert das Sekretariat als ständige Schnittstelle zwischen Anwaltschaft, Mandantschaft und Dritten: Verfügungen werden abgearbeitet, Termine koordiniert und Anfragen beantwortet. Da Art und Umfang der einzelnen Aufgaben stark variieren kann, stellt die zentrale Agenda stets einen hilfreichen Überblick über den eigenen Arbeitstag dar.

> **Praxistipp: E-Akten nicht nur für Mandate anlegen**
>
> E-Akten können für alles Mögliche angelegt werden; eine Beschränkung allein auf aktive Mandate ist nicht erforderlich. Weil Kanzleisoftwares im Regelfall darauf ausgelegt sind, E-Akten automatisch abzurechnen, ist es nicht verkehrt, eine E-Akte für jede Tätigkeit anzulegen, für die eine Rechnung erstellt werden soll. Das können beispielsweise auch Vorträge, bestimmte Meetings, Tutorien oder ähnliche Termine ohne konkreten Bezug zu einem bestehenden Mandat sein. Als eigenständige E-Akte mit separatem Aktenzeichen wird nicht nur die Abrechnung, sondern auch die Organisation, die Terminierung und die gemeinsame Arbeit an der Akte zwischen Anwälten und/oder dem Sekretariat erleichtert.

Mit zunehmender Größe einer Kanzlei ist eine Aufteilung des Sekretariats sehr zu empfehlen. Einzelne Sekretariate werden dann bestimmten Anwälten zugeordnet und arbeiten verstärkt zusammen. Über den Tag ist es eine Hauptaufgabe, die Wiedervorlagen und Verfügungen der jeweils zugeordneten Anwälte abzuarbeiten. Alle diese Tätigkeiten laufen zentral über die entsprechende Sekretariats- oder Anwalts-Agenda.

> **Praxishinweis: Vor- und Nachteile der Zuweisung von Sekretariaten**
>
> Diese Koppelung von Sekretariaten an Anwälte innerhalb der Kanzlei hat mehrere Vorteile: Es bilden sich schneller eingespielte Teams heraus und die Zusammenarbeit zwischen Anwälten und Sekretariaten kann untereinander abweichend vom Rest der Kanzlei geregelt werden. Die wichtige Vertrauensbeziehung ist deutlich ausgeprägter, wenn stets dieselben Personen zusammenarbeiten.
>
> Gleichwohl birgt dieses System auch Risiken, die Sie von Anfang an durch entsprechende organisatorische Maßnahmen minimieren müssen: Urlaub, Krankheiten und ähnliche Ausfälle können kleinere Sekretariatseinheiten empfindlich treffen und dann auch die Arbeit der jeweiligen Anwälte nachteilig beeinflussen. Eine zu starke Individualisierung verhindert die Kompensation von Ausfällen durch Vertretungen aus anderen Sekretariaten. Daher sollte es in der gesamten Kanzlei einheitliche Arbeitsabläufe geben, von denen nur in engen Grenzen abgewichen werden darf.

Neben den bestimmten Anwälten zugeordneten Sekretariaten kann es sich anbieten, weitere Mitarbeiter für anwaltsunabhängige und rein organisatorische Aufgaben abzustellen. Der diesbezügliche Bedarf variiert stark je nach Größe, Spezialisierung und Bedürfnissen einer Kanzlei.

Wichtig für jede Kanzlei dürfte jedoch die Funktion des Postbeauftragten sein. Diese Person ist für die gesamte eingehende Post zuständig. Zwar dürfte die Menge an Briefpost mit zunehmender Digitalisierung des Rechtsverkehrs in Deutschland abnehmen, ganz wegzudenken ist sie jedoch nicht. Der Postbeauftragte nimmt die neue Post entgegen, sortiert und verteilt sie auf die jeweils zuständigen Sekretariate.

Bis ein Schriftstück aus der Post als Teil der E-Akte beim zuständigen Anwalt ankommt, bedarf es jedoch einer Reihe von Zwischenschritten, die wiederum teilweise automatisiert werden können. Alle diese Schritte können zentral von einem Postbeauftragten übernommen bzw. überwacht werden: Zunächst wird die Post geöffnet und mit einem Eingangsstempel versehen. Anschließend sollte stets eine Fristenkontrolle erfolgen. Sobald das erledigt ist, startet der Digitalisierungsprozess mithilfe des Scanners.

> **Praxishinweis: Schneller arbeiten mit besseren Scannern**
>
> In Abschnitt 11.1 haben wir bereits auf die Bedeutung eines leistungsstarken Aktenscanners hingewiesen. Üblicherweise muss der Postbeauftragte die digitale Datei benennen, einen Speicherort auswählen und den Upload in die jeweilige E-Akte veranlassen. Einige Scanner bieten in diesem Bereich Funktionen, die den Prozess noch vereinfachen bzw. verkürzen. Durch eine Koppelung mit der Kanzleisoftware beispielsweise sendet der Scanner alle Dokumente direkt an vorgesehene Speicherorte.
>
> Bestimmte Trennblätter mit Barcodes können zwischen einzelne Dokumentensätze gelegt werden. Der Scanner erkennt den Barcode und speichert alle Dokumente zwischen solchen Trennblättern als eine Datei ab. Die Trennblätter selbst werden natürlich nicht mitgescannt, sondern automatisch aussortiert. Dadurch entfällt die mühsame Aufgabe, umfangreiche PDF-Scans in einzelne Dokumente aufzutrennen.
>
> Informieren Sie sich vor dem Kauf eines Scanners über dessen Funktionsumfang, und integrieren Sie diese Funktionen aktiv in Ihre Arbeitsprozesse.

Sobald ein Schriftstück vollständig digitalisiert ist, kann es vom Postbeauftragten unter Angabe des Aktenzeichens an die E-Akte gesendet werden. Kanzleisoftwares haben für die Zuordnung neuer Dokumente verschiedene Lösungen, sodass sich die diesbezügliche Arbeit des Postbeauftragten auf ein Minimum beschränkt. In der Regel genügt die Angabe eines Aktenzeichens. Alle Dokumente, die von der Kanzleisoftware nicht zugeordnet werden konnten, werden entweder gemeldet oder finden sich an einem zentralen Auffangort zur weiteren Verarbeitung. Verloren geht nichts. Sobald eine E-Akte durch Hinzufügen eines neuen Dokuments aktualisiert wurde, bekommt der zuständige Anwalt bzw. dessen Sekretariat eine entsprechende Meldung über seine Agenda.

Die nun nicht mehr gebrauchten Papier-Dokumente dürfen natürlich nicht einfach geschreddert werden. Falls parallel noch Papier-Akten oder zumindest überblicksartige Handakten geführt werden, können die Dokumente dort abgelegt werden. Sofern ausschließlich die E-Akte genutzt wird, können alle Papier-Dokumente umgehend archiviert werden.

Aber auch das meint keine ungeordnete Stapelbildung in irgendeinem Kellerraum. Aus verschiedenen Gründen, etwa zu Beweiszwecken, kann es immer wieder erforderlich sein, archivierte Dokumente ohne großen zeitlichen Aufwand herauszusuchen. Daher empfiehlt sich auch bei der Archivierung ein irgendwie geartetes System. Am einfachsten dürfte es sein, das Archiv nach dem Datum des Eingangs zu sortieren. Die Akten sind dann zwar nicht mehr komplett vorhanden, einzelne Schriftstücke können jedoch anhand des Eingangsdatums im Original wiedergefunden und reproduziert werden. Wichtige Dokumente, die – wie vollstreckbare Ausfertigungen – im Original vorhanden sein müssen, sollten gar nicht erst auf diesen Stapel gelangen, sondern in einem Aktenordner gesondert abgeheftet sein. Über die elektronische Akte muss dann klar sein, in welchem Ordner und an welcher Stelle sich das jeweilige Dokument befindet.

Ähnlich wie mit der Post kann auch mit E-Mails umgegangen werden. Die Hemmschwelle, eine (anonyme) E-Mail zu schreiben, ist erheblich niedriger, als einen förmlichen Brief zu verschicken. Daher kann es erforderlich sein, dass ein E-Mail-Beauftragter alle eingehenden E-Mails vorfiltert. Jede E-Mail muss geöffnet, überflogen und auf Seriosität sowie Eilbedürftigkeit geprüft werden. Erst dann erfolgt die Weiterleitung an das zuständige Sekretariat, eine nochmalige Prüfung und eventuell eine Vorbereitung eines Mandats oder Termins und schließlich die Weiterleitung an den zuständigen Anwalt. Für eine bessere Zuordnung sollten Mandanten darauf hingewiesen werden, immer das Aktenzeichen in die Betreffzeile zu schreiben. Alle anderen (Erst-)Anfragen können über eine einheitliche Kanzlei-Adresse laufen.

> **Praxishinweis: Arbeitsschritte analysieren und zentralisieren**
>
> Die Organisation einer Kanzlei bedarf – insbesondere wenn die Kanzlei wächst – einer stetigen Evaluation. Identifizieren Sie einzelne Arbeitsschritte, die Sie ausgliedern und bei bestimmten Personen bündeln können.
>
> Die Sichtung der eingehenden E-Mails ist ein gutes Beispiel: Jeder Anwalt kann eine E-Mail selbst lesen, bewerten und bei Bedarf in ein Mandat umwandeln. Die Einschätzung, ob eine E-Mail-Anfrage aber überhaupt als neues Mandat in Betracht kommt, kann auch das für den Anwalt zuständige Sekretariat übernehmen. Um die Frage zu beantworten, ob es sich bei der E-Mail um eine ernst gemeinte Anfrage oder nur um Spam handelt, braucht man weder eine rechtliche Vorbildung noch tiefere Kenntnisse der kanzleiinternen Abläufe. Folglich können Sie die übergeordnete Frage – ob eine konkrete E-Mail der Betreuung eines Anwalts bedarf – in mehrere Arbeitsschritte unterteilen und diese wiederum verschiedenen Personen zuordnen. Wenn dann der Anwalt erstmals mit der E-Mail in Kontakt kommt, findet er bereits ein Aktenzeichen auf seiner Agenda und einen Telefontermin in seinem Terminkalender.

Die Digitalisierung betrifft auch Teilbereiche der Sekretariatsarbeit. So lassen sich etwa sehr viele Schreiben mit der entsprechenden Software in einem Bruchteil der früher benötigten Zeit bewältigen. Ein Beispiel: Der Fristverlängerungsantrag. Wenn das Sekretariat die Bitte eines Anwalts um Beantragung einer Fristverlängerung erhält, wird das mit wenigen Klicks erledigt: Die notwendigen Adressdaten hält die Kanzleisoftware bereit. Entsprechende Anschreiben werden häufig vollautomatisch generiert. Der Inhalt des Schreibens besteht aus einem vorgefertigten Textbaustein. Folglich muss nur noch der korrekte Baustein ausgewählt werden, zum Beispiel »Fristverlängerung wegen hohem Arbeitsaufkommen« oder »Fristverlängerungsantrag wegen Urlaub«. Der Versand erfolgt selbstverständlich ebenfalls automatisch aus der Kanzleisoftware heraus. Die Alternative – Antrag erstellen, ausdrucken, unterschreiben lassen, wieder einscannen und abschicken – erscheint nach einiger Zeit in der digitalisierten Kanzlei undenkbar.

Ein weiteres gutes Beispiel ist der Schriftverkehr mit den Rechtsschutzversicherungen. Denn die arbeiten selbst elektronisch und erwarten daher eine entsprechende Kommunikation per E-Mail oder Telefax mit den Kanzleien. Die Versendung von Schreiben aus der E-Akte heraus bietet sich hier also nicht nur aufgrund der generellen Schnelligkeit an. Kanzleien, die nicht über E-Akten und Software zur Dokumentenverarbeitung verfügen, müssen das Schreiben am Computer erstellen, ausdrucken, unterschreiben lassen, an die Rechtsschutzversicherung faxen, den Sendebericht zur Akte nehmen, unter Umständen den Sendebericht und das unterschriebene Dokument nochmals zur digitalen Speicherung einscannen und schließlich das Schreiben zur Kenntnisnahme an den Mandanten senden. Das nimmt unnötig Zeit in Anspruch, verhindert die Abarbeitung wichtigerer Dinge und ist aufgrund der vielen Arbeitsschritte fehleranfällig. Dann doch lieber ein Schreiben, eine E-Mail und ein Knopfdruck.

13.1.2 Wie ist der Wandel zu bewältigen?

Wie so vieles ist auch der Wandel vom klassischen zum digitalisierten Sekretariat in weiten Teilen eine reine Gewöhnungssache. Anfangs mag die Arbeit etwas schleppend gehen und nicht jeder Mitarbeiter wird sich sofort zurechtfinden. Aber nach einiger Zeit stellt sich die Routine ein und selbst die Skeptiker finden sich mit dem neuen System ab. Das Sekretariat müssen Sie ebenso in diesen Prozess einbeziehen wie Ihre Anwaltskollegen. Kommunizieren Sie offen, was Sie planen und wie Sie sich die Umsetzung vorstellen. Gleichzeitig sollten Sie Bedenken und Vorschläge ernst nehmen und in Ihre Überlegungen einbeziehen.

Im Folgenden betrachten wir ein paar Punkte, die Sie bei der Digitalisierung des Sekretariats beachten sollten.

Niemand wird wegrationalisiert

Die Debatte um die Digitalisierung der Arbeitswelt macht vielen Menschen Angst. Nicht ganz unberechtigt steht häufig die Sorge im Mittelpunkt, dass durch eine zunehmende Digitalisierung Mitarbeiter ersetzt oder eingespart werden – Stichwort: Arbeitsplatzsicherheit.

Auch in diesem Buch haben wir mehrfach darauf hingewiesen, dass klug eingesetzte Legal Techs nicht nur Prozessabläufe automatisieren und vereinfachen, sondern damit einhergehend auch bestimmte Tätigkeiten völlig überflüssig machen. Allerdings bedeutet das nicht etwa, dass mit der Installation einer Kanzleisoftware ein Prozentsatz an Sekretariatsmitarbeitern pauschal arbeitslos wird. Vielmehr schafft die Digitalisierung freie Kapazitäten, die für wichtigere Arbeit verwendet werden können. Feste Mitarbeiter müssen sich in der Regel keine Sorgen um ihren Job machen. Unter Umständen werden gewisse Hilfstätigkeiten wie das Kopieren von Dokumenten oder das Anlegen von Papier-Akten überflüssig. Die Kerntätigkeit des Sekretariats fällt jedoch ebenso wenig weg wie die des Rechtsanwalts.

Reduzierung des Papieraufwands

Mit der Etablierung der E-Akte wird in Ihrer Kanzlei erheblich weniger Papier benötigt. Abgesehen von den positiven Auswirkungen auf die Umwelt und auf das Aktenchaos, das dann hoffentlich der Vergangenheit angehört, dürften auch die Schreibtische leerer werden. Das gefällt nicht jedem, denn Papier hilft vielen Menschen dabei, Ordnung zu schaffen und einen Überblick zu behalten. Es kann daher kontraproduktiv sein, die Umstellung von Papier auf digitale Daten zu abrupt durchzuführen. Es sollte Ihren Mitarbeitern freistehen, gewisse Dokumente jederzeit auszudrucken.

Darüber hinaus sollten Sie die Organisation der digitalen Daten nicht vernachlässigen, sondern bestenfalls einheitliche Leitlinien aufstellen. Ein wahllos mit Dokumenten zugemüllter Dateiordner ist das digitale Pendant zum unsortierten Papierstapel auf dem Schreibtisch. Damit haben Sie nichts gewonnen.

Informationen gehen nicht verloren

Wenn das Papier so langsam aus der Kanzlei verschwindet, ändert sich damit zwangsläufig die Art der Informationsgewinnung. Was früher noch auf Papier verkörpert war, findet sich nun im Computer, konkret in der E-Akte.

»Finden« ist dabei das richtige Stichwort. Denn wer sein gesamtes Berufsleben immer mit Papier-Akten gearbeitet hat, wird mitunter Probleme haben, relevante Informationen ebenso schnell zu finden und zu verarbeiten wie vorher. E-Akten sind anders aufgebaut als Papier-Akten, und obwohl selbstverständlich keinerlei Informationen verloren gehen, so bedarf es dennoch einer detaillierten Auseinandersetzung mit dem neuen System.

Seien Sie daher besonders mit den älteren Mitarbeitern geduldig. Erläutern Sie Aufbau und Funktion der E-Akte mehr als einmal, und erstellen Sie einen entsprechenden Leitfaden oder zumindest eine Funktionsübersicht.

Die richtige (Kanzlei-)Software

Nicht nur Anwälte müssen mit der Kanzleisoftware arbeiten. Ein Großteil der Funktionen betrifft ausschließlich die Sekretariatsarbeit. Es ist daher sinnvoll, Ihr Sekretariat bereits in die Entscheidungsfindung einzubeziehen. Nutzen Sie Testversionen und Probemonate, und lassen Sie Ihr Sekretariat mit den verschiedenen Kanzleisoftwares arbeiten. Sammeln Sie Feedback, insbesondere Verbesserungsvorschläge und

Probleme, und diskutieren Sie diese sofern möglich mit dem Hersteller. Selbstverständlich sollte das Sekretariat an etwaigen Schulungen teilnehmen.

Was raus ist, ist raus!

Eine wichtige Umstellung, an die sich das Sekretariat gewöhnen muss, besteht darin, dass viele Handlungen endgültig und unumkehrbar sind. Auf Knopfdruck werden Schriftsätze und E-Mails versandt – ohne eine Möglichkeit zur Korrektur.

Wenn also der Inhalt nicht stimmt, der Schriftsatz unfertig ist oder gar die falsche Adresse eingetragen wurde, kann das sehr unerfreuliche Folgen haben. Auch hierfür können Sicherheitsvorkehrungen getroffen werden – viele Softwares bieten diese auch standardmäßig an. In Betracht kommen Pop-up-Fenster mit Warnungen oder eine erforderliche Bestätigung durch den zuständigen Sachbearbeiter. Einige E-Mail-Programme, wie etwa Outlook, ermöglichen darüber hinaus den zeitversetzten Versand von E-Mails. Unter gewissen Voraussetzungen sind sogar Rückruf und Überschreiben von bereits gesendeten, aber ungelesenen E-Mails möglich.

Vereinheitlichung

Die Arbeit mit der Kanzleisoftware und anderen Legal Techs sollte in der gesamten Kanzlei einheitlich sein. Das gilt auch dann, wenn in Ihrer Kanzlei mehrere Sekretariate für unterschiedliche Anwälte existieren. Nur auf diese Weise kann gewährleistet werden, dass Ausfälle unproblematisch kompensiert und neue Mitarbeiter effektiv angelernt werden können. Zudem sind das Verständnis und der Austausch unter den Mitarbeitern besser, wenn keine wesentlichen Abweichungen in den Arbeitsabläufen herrschen. Ein verbindlicher Leitfaden für alle Mitarbeiter ist daher sehr empfehlenswert.

Strukturen schaffen

Das Vorhaben, die Kanzlei und damit auch das Sekretariat zu digitalisieren, sollte von vornherein strukturiert angegangen werden. Hilfreich sind ein Zeitplan, die sukzessive Implementierung der Software und einzelner Funktionen in den alltäglichen Arbeitsablauf und die frühzeitige Erstellung des Leitfadens.

13.1.3 Beispiel: Leitfaden zum Umgang mit E-Akten

Im Folgenden wollen wir Ihnen einen Leitfaden präsentieren, der in der Kanzlei WBS zum Umgang mit den E-Akten durch das Sekretariat genutzt wird. Die Erstellung einer Anleitung war erforderlich, damit alle Mitarbeiter auf dem gleichen Stand sind, neue Kollegen schnell eingearbeitet werden können und in der gesamten Kanzlei einheitlich vorgegangen wird.

Zur Optimierung der kanzleiinternen Workflows ist es zwingend erforderlich, dass sich alle Mitarbeiter an dieselben Regeln halten und nach einem identischen Schema vorgehen.

Ab einer bestimmten Kanzleigröße kommen Sie nicht umhin, eine ähnliche Anleitung zu erstellen. Wir haben den WBS-Leitfaden dergestalt überarbeitet und verallgemeinert, dass Sie darauf aufbauen und eigene Punkte unproblematisch hinzufügen können. Die Screenshots sind für ein besseres Verständnis der Arbeitsvorgänge hilfreich – sofern Sie also eine andere Kanzleisoftware als die in der Kanzlei WBS verwendete Software Legalvisio nutzen, sollten Sie die Screenshots entsprechend anpassen.

Aktenanlage

1. Die Verfügung zur Aktenlage erfolgt durch den Anwalt per E-Mail über Outlook.
2. Als Aktenstandort wird die E-Akte angegeben (siehe Abbildung 13.2).

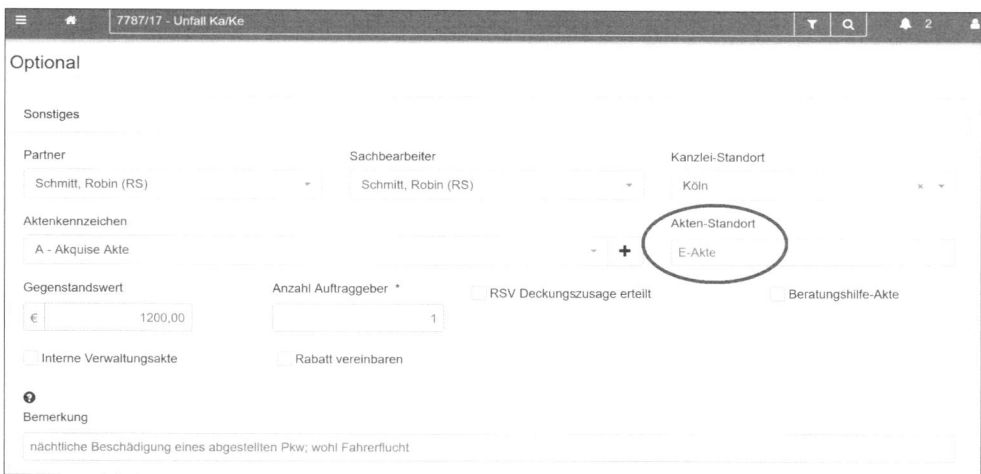

Abbildung 13.2 Der Aktenstandort und weitere optionale Akteneigenschaften unter »Legalvisio«

3. Nach der Aktenanlage muss die »Akten-Anlage-Verfügung« nebst gegebenenfalls weiteren E-Mails und Anhängen sortiert an das Archiv übersandt werden. *Hier gibt es Folgendes zu beachten:*
   - Einzelne Seiten, die gegebenenfalls ein Dokument bilden, müssen als PDF-Datei zusammengepflegt werden (hierzu kann das Programm »PDF24« genutzt werden), sodass die PDF-Datei am Ende vollständig in Legalvisio zu finden ist.
     INFO: PDF24 kann auch Bilddateien in PDF-Dateien umwandeln.
   - Dateien müssen getrennt werden, wenn mehrere Dokumente in einer Datei enthalten sind. (Hierzu kann ebenfalls das Programm PDF24 genutzt werden.)

- Mandantenfragebögen, Vollmachten und Vergütungsvereinbarungen sollten jeweils als einzelnes Dokument in Legalvisio zu finden sein.
- Die Dateien, die in ZIP-Ordnern übersandt werden, müssen auf den Desktop oder in einen Ordner extrahiert werden und in Legalvisio über den Dokumenten-Upload hochgeladen werden.

  INFO: Es können mehrere Dateien gleichzeitig hochgeladen werden! Zur Markierung mehrerer Dokumente die »Strg«-Taste gedrückt halten.)

4. Wenn in der Akten-Anlage-Verfügung weitere E-Mails (dies betrifft insbesondere E-Mails, welche vorab zwischen Anwalt und potenziellen Neumandanten geführt wurden) als Anlage beigefügt sind, müssen diese separat geöffnet und an das Archiv geschickt werden. Anderenfalls wird die E-Mail in Legalvisio nicht korrekt dargestellt.
5. Die Schriftsätze müssen auf Fristen kontrolliert werden!
6. Fristen müssen dann in Legalvisio notiert werden.
7. Über den Legalvisio-Aktenvermerk wird sodann eine E-Mail an die Postbeauftragte übersandt:

   Liebe XXX,

   bitte notiere für [...] die folgenden Fristen / die folgende Frist:

   VF:

   FA:
8. Nach der Aktenanlage erhält der sachbearbeitende RA einen Legalvisio-Aktenvermerk:

   NEUE E-AKTE ANGELEGT!

   (gegebenenfalls mit Fristeninformation)

   Alternative: Der RA erhält seine Akten-Anlage-Verfügung per E-Mail unter Angabe des Aktenzeichens im Betreff und des Archivs im CC zurück.
9. Als Letztes wird in Legalvisio eine entsprechende Wiedervorlage notiert – dies kann von Sekretariat zu Sekretariat variabel gehandhabt werden. Hier ein paar Beispiele:

   WV 1 Tag nach Aktenanlage: Erstvorlage – neue Akte

   WV 1 Woche nach Aktenanlage: Allg. WV

   WV 1 Woche an das Sekretariat: VV / ORIGINAL VM / MFB da?

   Es ist wichtig, dass gewährleistet wird, dass die E-Akte zeitnah auf der Agenda des Sachbearbeiters auftaucht. Daher ist es sinnvoll, immer direkt eine WV mitzuverfügen.

> **Wichtiger Hinweis für Anwälte und Sekretariate**
>
> Es ist *wichtig*, dass immer alle E-Mails, Dokumente und relevanten Akteninhalte an das Archiv geschickt werden. Nur so ist eine lückenlose Aktenführung gewährleistet.
>
> Sollten E-Mails aus Outlook unmittelbar an die Mandantschaft übersandt werden, muss auch hier im *BCC* immer das Archiv stehen. Alternativ kann die gesendete E-Mail auch noch einmal separat an das Archiv geschickt werden. (Warum BCC? Damit der Mandant diese E-Mail-Adresse nicht sehen kann!)
>
> Außerdem muss im Betreff immer das *Aktenzeichen* stehen. Ansonsten kann die E-Mail nicht an das Archiv zugestellt werden.

Verfügungen

Verfügungen seitens der Anwälte erfolgen entweder per Outlook oder per Legalvisio-Aktenvermerk.

▶ **Beispiel – per Outlook:**

Wichtig ist hier, dass immer das Archiv im CC sowie das Aktenzeichen korrekt in der Betreffzeile stehen und alle relevanten Anlagen der E-Mail beigefügt sind (siehe Abbildung 13.3).

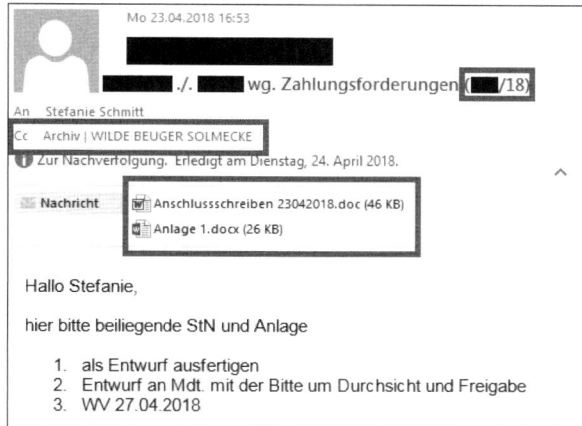

Abbildung 13.3 Im Betreff steht das Aktenzeichen, das Archiv im CC; relevante Unterlagen befinden sich im Anhang, und im E-Mail-Text stehen kurz die wesentlichen Informationen.

▶ **Beispiel – per Legalvisio:**

Vermerke werden innerhalb der jeweiligen E-Akte erstellt und ausgewählten Mitarbeitern zugeordnet (siehe Abbildung 13.4). Falls die zugehörigen Dokumente noch nicht per Outlook in die Akte gelangt sind, ist ein Upload über die E-Akte selbst möglich.

13 Digitale Workflows

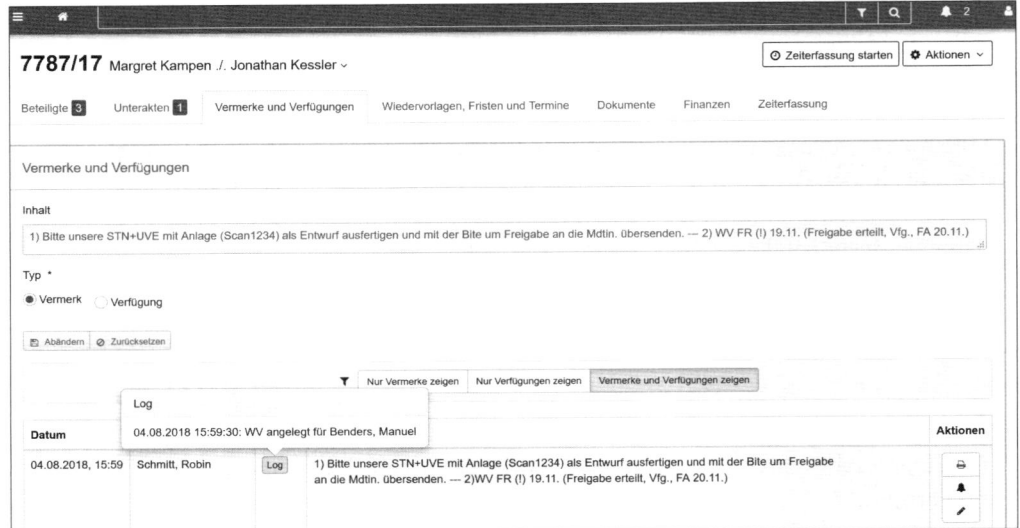

Abbildung 13.4 Anlegen eines Vermerks per »Legalvisio«: Mit einem Klick auf die Glocke (unten rechts) kann der Vermerk allen relevanten Mitarbeitern auf die jeweilige Agenda gesetzt werden.

Wiedervorlage

1. Es ist wichtig, dass *immer* eine WV in Legalvisio notiert wird. So ist gewährleistet, dass die E-Akte nicht untergeht.
2. Hier sollte regelmäßig (eventuell alle zwei Wochen bzw. alternativ einmal im Monat) über das Legalvisio-Tool AKTEN OHNE WIEDERVORLAGE geprüft werden, ob es Akten ohne Wiedervorlage gibt (siehe Abbildung 13.5).

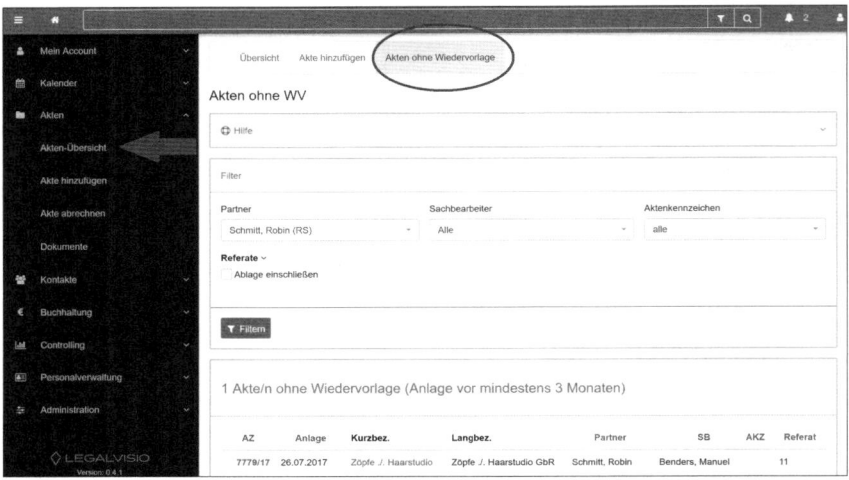

Abbildung 13.5 In der Akten-Übersicht findet sich der Reiter »Akten ohne Wiedervorlage«.

E-Mail-Agenda

Das Sekretariat erhält täglich automatisch über Legalvisio die E-Mail-Agenda seines jeweiligen Anwalts per E-Mail im CC. So haben alle tagesaktuell einen Überblick über alle Wiedervorlagen, Gerichtstermine und Fristen.

Die Übersendung der E-Mail-Agenda kann über unseren Anwalt mit Administratorrechten eingestellt werden.

Monatliche Abarbeitung der Timesheets-Listen

Bei der monatlichen Abarbeitung der Timesheets-Listen führen verschiedene Wege zum Ziel.

Variante 1:

1. Die Timesheets-Listen werden – wie gehabt – zum 1. eines Monats ausgedruckt und den Sekretariaten vorgelegt.
2. Das Sekretariat ruft die entsprechende Akte auf, die abgerechnet werden soll.
3. Über den Export in Legalvisio die Zeiteinheiten in Word öffnen.
4. Sodann das Dokument über DATEI • FREIGEBEN • E-MAIL • ALS ANLAGE SENDEN.
5. Daraufhin öffnet sich eine Outlook-E-Mail. Hier müssen der entsprechende Anwalt, das Archiv und der korrekte Betreff (Name des Mandanten und das Aktenzeichen) ergänzt werden (siehe Abbildung 13.6).

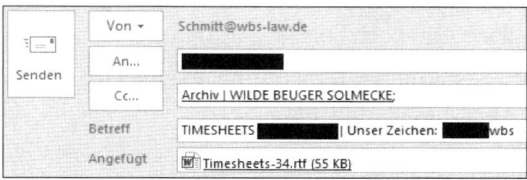

Abbildung 13.6 Alle relevanten Informationen an der jeweils korrekten Stelle

6. Der Anwalt bearbeitet die Timesheets per Word mit einer anderen Farbe (siehe Abbildung 13.7).

/18		J.	
Zeitraum:	23.04.2018 - 24.04.2018		

Datum	Rechtsanwalt	Tätigkeit	Stunden
23.04.2018		Anfertigung Screenshots, Entwurf Abmahnung, Entwurf Unterlassungserklärung	0,18 0,25
24.04.2018		Finalisierung Entwürfe, Vfg.	0,07 0,00
			0,25

Abbildung 13.7 Die aus der E-Akte exportierte Word-Tabelle zu den Zeiteinheiten

7. Sodann schickt der Anwalt das überarbeitete Dokument über DATEI • FREIGEBEN • E-MAIL • ALS ANLAGE SENDEN an das Sekretariat und an das Archiv zurück.

Variante 2:

1. Die Timesheets-Listen werden zum 1. eines Monats ausgedruckt und den Sekretariaten vorgelegt.
2. Die Listen werden den jeweiligen Anwälten vorgelegt, die händisch ihre Abrechnungsvorschläge eintragen.
3. Der Anwalt reicht die Liste an das Sekretariat zurück.
4. Das Sekretariat rechnet die Liste nach und nach ab.
5. Die Liste wird nach erfolgter und vollständiger Abrechnung an eine eigens für die Timesheets-Listen angelegte Akte per E-Mail übersandt.

Variante 3:

1. Die Timesheets-Listen werden zum 1. eines Monats als Word-Datei per Outlook an die Sekretariate rundgemailt.
2. Die Sekretariate leiten die Word-Datei mit einem entsprechenden Anschreiben an die jeweiligen Anwälte weiter.
3. Die Anwälte verfügen in einer anderen Farbe in der Word-Datei ihre Abrechnungsvorschläge und schicken die überarbeitete Word-Datei im Anschluss an das Sekretariat zurück.
4. Das Sekretariat rechnet die Liste nach und nach ab.
5. Die Liste wird nach erfolgter und vollständiger Abrechnung an eine eigens für die Timesheets-Listen angelegte Akte per E-Mail übersandt.

Rechnungen

Die Rechnungen werden mit *digitaler Unterschrift* erstellt.

1. Die Rechnung wird über Legalvisio erstellt und mit digitaler Unterschrift ausgefertigt. Das hat den Vorteil, dass die Rechnungen in der Regel schneller gezahlt werden – oft innerhalb von 1 bis 2 Tagen nach Rechnungserhalt.
2. Die Rechnung wird einmal für die Buchhaltung ausgedruckt.
3. Die Rechnungen können in Legalvisio mit den folgenden Textbausteinen übersandt werden:
4. Rechnung an Mdt.
5. Rechnung an RSV
6. *Sonderregelungen mit den Mandanten* müssen individuell vom jeweiligen Sekretariat beachtet und ausgeführt werden.

TIPP: Hierzu eignet sich das Mandanten-Informationsfeld. Die Vermerke werden sodann automatisch in alle weiteren Akten übernommen.

WICHTIG: Sollte ein Mandant uns nicht bezahlen und erheben wir hier eine Honorarklage, muss dem Mandanten vorher eine Rechnung im Original zugesandt werden.

Fax- und E-Mail-Posteingänge

Die Verwaltung der Fax- und E-Mail-Posteingänge gestaltet sich sehr einfach.

1. [Zuständige Person] schickt den Fax- oder E-Mail-Posteingang per E-Mail an das Sekretariat und das Archiv.
2. Das Sekretariat prüft den Posteingang auf Fristen und Termine, notiert diese und schickt den Fax- oder E-Mail-Posteingang mit einem entsprechenden Vermerk an den Anwalt (siehe Abbildung 13.8).

Abbildung 13.8 Eine E-Mail mit sämtlichen relevanten Informationen an den zuständigen Anwalt

Posteingänge

Hier können Sie wieder wählen.

Variante 1:

1. Posteingänge werden dem Sekretariat vorgelegt.
2. Das Sekretariat prüft den Posteingang und notiert diesen entsprechend.
3. Der Anwalt verfügt den Posteingang per Legalvisio-Aktenvermerk oder per Outlook.

4. Das Sekretariat führt die Verfügung aus und sortiert den Posteingang sodann im Sekretariat X in den Ablagekasten für den jeweiligen Tag ein (siehe Abbildung 13.9). Jeder Stapel hat hier ein tagesaktuelles Deckblatt.
5. Mit Ablauf der Woche werden die Ablagekästen geleert und die Dokumente nach ihrem Eingangsdatum archiviert.

Abbildung 13.9 Über die Führung der E-Akte darf natürlich nicht der strukturierte Umgang mit ein- und ausgehenden Papier-Dokumenten vernachlässigt werden.

Variante 2:

1. Posteingänge werden dem Sekretariat vorgelegt.
2. Das Sekretariat prüft den Posteingang auf Fristen und Termine und notiert diese entsprechend.
3. Das Sekretariat versendet den Posteingang über das Tool INTERN SENDEN an den Anwalt und dieser verfügt den Posteingang sodann über Outlook oder einen Legalvisio-Aktenvermerk.

Vorbereitung der Gerichtstermine

Auch Gerichtstermine lassen sich unkompliziert vorbereiten.

1. Zur Vorbereitung von Gerichtsterminen muss bei [zuständiger Person] das iPad reserviert werden.

2. Es muss eine PDF-Datei mit allen relevanten Unterlagen und einem Inhaltsverzeichnis erstellt werden, sodass der Anwalt problemlos alle Dokumente auf dem iPad finden kann. Dieses PDF wird dann per E-Mail an die iPad-Adresse geschickt. Über die App auf dem iPad können dann (über das Inhaltsverzeichnis) die Dokumente eingesehen werden.

3. Alternativ kann auf dem iPad ein Ordner zum Gerichtstermin für die relevanten Dokumente angelegt werden.

Ablage der E-Akten

E-Akten werden nur im System über Legalvisio abgelegt (siehe Abbildung 13.10).

Abbildung 13.10 Einzelne Akten und solche mit Unterakten können über das Schaltfeld für allgemeine Aktionen abgelegt werden.

13.1.4 Sonderfall: Externes Anwaltssekretariat

Zum Abschluss dieses Kapitels wollen wir noch kurz einen Blick auf das Thema »Externes Anwaltssekretariat« werfen. Das ist besonders für jene unter Ihnen interessant, die entweder noch gar kein Sekretariat haben oder deren aktuelles Sekretariat an der Belastungsgrenze arbeitet – etwa aufgrund von Auftragsspitzen oder Unterbesetzung. Davon abgesehen kann sich überhaupt nicht jeder Anwalt ein eigenes Sekretariat leisten. Insbesondere zu Beginn einer selbstständigen Tätigkeit als Anwalt werden die meisten zunächst versuchen, ohne Sekretariat auszukommen und die anfallenden Aufgaben selbst zu übernehmen.

Externe Sekretariate sollen für die Fälle Lösungen anbieten, in denen zwar Sekretariatsarbeit erledigt werden muss, jedoch keine (ausreichenden) Kapazitäten bereitstehen. Das Stichwort ist *Outsourcing*. Gemeint ist damit die Auslagerung der anfallenden Arbeit aus dem eigenen Unternehmen an einen externen Dienstleister. Das grundlegende Konzept des Outsourcings ist natürlich nicht neu, dennoch ist Skepsis angebracht: Kann das in einer Anwaltskanzlei funktionieren, und wie ist es möglich, ein komplettes Sekretariat auszulagern?

Zugegebenermaßen geht es beim externen Anwaltssekretariat meistens weniger um die Auslagerung des gesamten Sekretariats als vielmehr um die Auslagerung einzelner Aufgaben. Nehmen wir als Beispiel die eingehenden Anrufe von Erstkontakten. Abhängig vom Erfolg Ihrer Akquise-Strategie können diese Anrufe einen Sekretariatsmitarbeiter gerne mal den ganzen Tag beschäftigen. Die Anzahl der Anrufe, die sich tatsächlich in ein Mandat umwandeln lassen, steht vielleicht in keinem Verhältnis zu dem Aufwand, den Ihr Sekretariat hat. Selbst wenn sich die Anrufe in Grenzen halten, kann es für die zuständigen Mitarbeiter sehr störend sein, ihre eigentliche Arbeit ständig unterbrechen zu müssen. Eine Möglichkeit zur Bewältigung dieses Problems ist, einen Mitarbeiter anzustellen, der nur für die Entgegennahme von Erstkontakten per Telefon zuständig ist.

Eine andere Möglichkeit ist das Outsourcing dieser Tätigkeit an ein externes Sekretariat. Der Anrufer hat keine Ahnung, ob sein Gesprächspartner in der Kanzlei sitzt oder Hunderte Kilometer weit weg in einem Callcenter. Für ihn ist es nur wichtig, dass sich jemand sein Problem anhört und bei entsprechender Eignung eine Weiterleitung an einen zuständigen Anwalt veranlasst. Wenn die Mitarbeiter des externen Sekretariatsdienstes diese Aufgabe zufriedenstellend bewältigen, spricht nichts gegen diesen Service.

> **Praxishinweis: Externen Dienst nicht für alle Anrufe nutzen**
> An anderer Stelle haben wir bereits darauf hingewiesen, dass feste Mandanten stets die Nummer des für sie zuständigen Anwalts bzw. Sekretariats bekommen sollten. Denn hier ist eine persönliche Betreuung wichtig! Zwar ist es auch beim Einsatz eines externen Sekretariats möglich, bestimmte Mandanten, die für die Kanzlei besonders wichtig sind, schnell zu einem Anwalt direkt durchstellen zu lassen. Anders als beim Sekretariat vor Ort klappt das allerdings nicht für alle Mandanten, da das externe Callcenter keinen Zugriff auf die Mandatslisten hat.

Neben dieser Zuweisung bestimmter Aufgaben ist es natürlich auch möglich, den Dienst nur für bestimmte Situationen in Anspruch zu nehmen. Wenn das eigene Sekretariat derzeit aufgrund von Krankheit oder Urlaub unterbesetzt ist, bietet sich die kurzzeitige Inanspruchnahme eines externen Sekretariats an. Noch spezifischer: Sie selbst sind (noch) Ihr eigenes Sekretariat, aber gerade bei Gericht oder in einer Besprechung und können Anrufe daher nicht entgegennehmen. Alles kein Problem, wenn diese Engpässe durch kurzfristiges Outsourcing überbrückt werden.

Wie funktioniert es?

Anbieter externer Sekretariate finden sich mittlerweile unproblematisch im Internet. Das Konzept scheint gut anzukommen, die anfängliche Skepsis ist größtenteils verschwunden. Gleichwohl empfehlen wir Ihnen, nur solche Dienste zu nutzen, die sich explizit an Rechtsanwälte und Kanzleien richten. Auch in dieser Nische gibt es noch genügend Anbieter, sodass Sie den passenden für Ihre Bedürfnisse finden werden. Spezielle externe Anwaltssekretariate haben gegenüber den regulären externen Sekretariaten den Vorteil, dass die Mitarbeiter in der Regel juristisch geschult sind und mit den auf sie zukommenden Aufgaben besser umgehen können. Das erleichtert zum einen die Integration in Ihre Kanzlei und stellt zum anderen auch einen besseren Service gegenüber Anrufern dar.

> **Anbieter externer Anwaltssekretariate**
> - **Anwaltssekretariat:** *www.anwaltssekretariat.de*
> - **Bueroservice24:** *www.bueroservice24.de/anwaltssekretariat.html*
> - **My Mobile Office:** *www.my-mobile-office.de/anwaltssekretariat*
> - **Office-rs:** *www.office-rs.de/service/optimale-erreichbarkeit/branchenbeispiele/rechtsanwaelte/anwaltssekretariat*
> - **TELiAS:** *www.telias.de/anwaltssekretariat*

Alle Anbieter arbeiten nach einem ähnlichen Konzept, wie zum Beispiel Abbildung 13.11 im Falle von Bueroservice24 verdeutlicht. Im Grunde besteht der gesamte Ablauf aus drei Schritten:

1. **Einrichtung**

   Sie sind zunächst gefragt, den ausgewählten und gebuchten Dienst nach Ihren konkreten Anforderungen einzurichten. Das betrifft etwa die Frage, wie sich die externen Sekretariatsmitarbeiter am Telefon melden und verhalten sollen, welche Fragen sie stellen sollen, welche Informationen von besonderer Wichtigkeit sind und was am Ende festgehalten werden soll. Einige Dienste bieten sogar den Einsatz mehrsprachiger Mitarbeiter an.

2. **Entgegennahme von Telefonaten**

   Sobald der Dienst eingerichtet ist, können Sie loslegen. Entweder ist der Dienst durchgehend aktiv oder Sie legen bestimmte Zeiten fest bzw. geben an, zu welchen Zeiten Telefonate an Sie persönlich durchgestellt werden können und wann das externe Sekretariat einspringen muss. Die externen Mitarbeiter nehmen dann alle eingehenden Anrufe entgegen, verfahren nach Ihren Vorgaben und notieren alles Relevante.

3. **Bericht**

   Zu jedem Telefonat wird ein Bericht erstellt, der Ihnen anschließend übersandt wird. Dort finden Sie alle wichtigen und von Ihnen gewünschten Informationen zum Telefonat und zum Anrufer. Sodann können Sie wieder übernehmen.

Abbildung 13.11 So läuft ein Anruf über den Dienst »Bueroservice24« ab.

Preislich finden selbst junge Kanzleigründer mit beschränkten finanziellen Mitteln ein passendes Angebot. Alle Dienste haben verschiedene Pakete im Angebot, die mit etwa 25 EUR im Monat anfangen und damit eine durchaus interessante Alternative zum Verzicht auf ein Sekretariat darstellen. Ab einer bestimmten Anzahl müssen weitere Anrufe gesondert bezahlt werden, die Pakete sind aber in der Regel bedarfsabhängig gestaffelt.

Zusatzleistungen wie Urlaubsvertretungen, mehrsprachige Mitarbeiter, abendliche und Wochenendgeschäftszeiten, persönliche Sekretariate oder der Wunsch nach verschiedenen Telefonnummern können separat hinzugebucht werden bzw. sind in teureren Paketen enthalten. Vereinfacht kann gesagt werden, dass die Annahme eines Telefonats (je nach Umfang der Notiz) zwischen einem und zwei Euro kostet.

Ist das überhaupt rechtlich erlaubt?

Das Outsourcing des Sekretariats ist rechtlich nicht ganz unbedenklich. Wir werden uns in Abschnitt 15.3 noch mit Ihren verschiedenen Pflichten beschäftigen, die sich aus dem Datenschutz- und dem Berufsrecht ergeben.

Da Sie selbst Rechtsanwalt sind, dürften Sie hinreichend über Ihre Verschwiegenheitspflicht informiert sein. Nun ist es durchaus fraglich, ob Sie der anwaltlichen Verschwiegenheitspflicht – deren Verletzung nach § 203 StGB mit Strafe bedroht ist – beim Einsatz eines externen Sekretariats überhaupt nachkommen können. Selbst bezüglich der internen Kanzleimitarbeiter gibt es viele datenschutz- wie berufsrechtliche Fragestellungen, die nicht immer ganz zufriedenstellend beantwortet werden können (siehe Abschnitt 15.4.2). Externe Mitarbeiter sind noch einmal ganz anders zu beurteilen, zumal Sie die Dienste eines externen Anwaltssekretariats unter Umständen nur zeitweise in Anspruch nehmen und Ihnen dabei eventuell sogar wechselnde

Mitarbeiter zugeteilt werden. Davon abgesehen, bedarf es immer einer erhöhten Wachsamkeit, wenn Ihnen anvertraute personenbezogene Daten Dritter die Kanzlei verlassen.

Detailliert beschäftigen wir uns mit der Frage der Einhaltung der Verschwiegenheitspflicht mit Bezug auf Kanzleimitarbeiter in den Abschnitten 15.3.1 und 15.3.2. Dort werden Sie feststellen, dass es erst kürzlich Gesetzesänderungen gab, um den durch die Digitalisierung bedingten Änderungen in der Praxis gerecht zu werden. Die Thematik rund um die Bedeutung der berufsrechtlichen Verschwiegenheitspflicht für Externe firmiert unter der Bezeichnung *non-legal outsourcing*.

Zum externen Anwaltssekretariat kann die rechtliche Lage wie folgt zusammengefasst werden: Sie bewegen sich im zulässigen rechtlichen Rahmen, wenn Sie einen deutschen Dienst nutzen und die Datenverarbeitung vertraglich geregelt haben. Alternativ kann nach Maßgabe der DSGVO auch ein Dienst mit Sitz im europäischen Ausland genutzt werden – wichtig ist nur, dass die personenbezogenen Daten, die das externe Anwaltssekretariat für Sie verarbeitet, innerhalb Deutschlands bzw. Europas und damit im Anwendungsbereich der DSGVO verbleiben. Das betrifft nicht nur den Standort des Callcenters, sondern auch und vor allem den Standort der Server, auf denen die Daten gespeichert werden. Da Sie in der Regel sowieso nur deutsche Anwaltssekretariate in Anspruch nehmen werden, dürfte dieser Punkt weniger praxisrelevant sein.

Dafür werden Sie um den Abschluss eines sogenannten *ADV-Vertrags* nicht herumkommen. In Auftragsdatenverarbeitungsverträgen werden die wesentlichen datenschutzrechtlichen Eckpunkte der Zusammenarbeit zwischen Ihnen und dem Auftragsdatenverarbeiter, hier also dem Anwaltssekretariat, geregelt. Auch dieses Thema hatten wir bereits an anderer Stelle angesprochen, in Abschnitt 12.3, in dem es um Cloud-Lösungen ging. Im Falle des externen Anwaltssekretariats sollten Sie darauf achten, dass der Diensteanbieter Ihnen die Einhaltung der Verschwiegenheitspflicht zusichert. Auch das ist ein Grund, warum Sie auf einen der spezialisierten Anbieter von Anwaltssekretariaten zurückgreifen sollten. Diese Anbieter kennen sich grundsätzlich mit den Besonderheiten des Anwaltsberufs aus und treffen entsprechende Vorkehrungen.

13.2 Anwälte

Kommen wir nun zu den Anwälten. Auch deren alltägliche Arbeit wird sich in der digitalisierten Kanzlei verändern. Die größte Umstellung ist natürlich die von der Papier- auf die E-Akte. Diesbezüglich bleiben wir bei unserer Empfehlung, Papier-Akten auch nach Einführung der E-Akte für einige Zeit parallel weiterlaufen zu lassen. Mit einer zu abrupten Umstellung ist niemandem geholfen. Allerdings wird nicht nur die

Akte digitalisiert; ähnlich wie beim Sekretariat läuft ein Großteil der Anwaltsarbeit nun vollelektronisch ab.

13.2.1 Arbeit mit der digitalen Agenda

Das beginnt bereits mit dem Ablauf des Arbeitstags. Idealerweise arbeitet der Anwalt in einer digitalisierten Kanzlei mit einer Kanzleisoftware. Dann beginnt der Arbeitstag wie im Sekretariat auch mit einem Blick auf die Agenda (siehe Abbildung 13.12). Dort sollte alles stehen, was vom Vortag noch übrig ist und am neuen Tag ansteht: Fristen, Wiedervorlagen, Verfügungen und Besprechungs- sowie Gerichtstermine. Im günstigsten Fall sind Outlook und Terminkalender mit der Agenda verknüpft, sodass Sie gleichzeitig Ihre noch nicht abgearbeiteten E-Mails sehen und alle relevanten Ereignisse auf Ihrem Kalender überblicken können.

Abbildung 13.12 Beispiel für eine Agenda in »Legalvisio«, die gerade abgearbeitet wird. Neu angelegte Fristen und Termine erscheinen dort automatisch.

Mitunter bieten Kanzleisoftwares Alternativen zu der hier beschriebenen Agenda an oder greifen auf eine vollständige Integration von Outlook zurück. Terminkalender, Postfach und To-do-Liste gibt es jedenfalls bei jeder Software und diese sollten der Dreh- und Angelpunkt Ihrer alltäglichen Arbeit sein.

Nutzen Sie nicht zu viele einzelne Softwares, da dann die Gefahr besteht, dass Sie Termine übersehen oder eine Synchronisation unbemerkt fehlschlägt. Stellen Sie sich die Agenda Ihrer Kanzleisoftware als das digitale Pendant zu Ihrem analogen Schreibtisch vor: je aufgeräumter, desto übersichtlicher. Sie wollen wissen, wo was ist und was wie funktioniert. Alle wichtigen Dinge, wie Terminkalender, Postablage und Notizblock, sollten immer greifbar auf dem Schreibtisch liegen. Um jederzeit und überall Einsicht in die Agenda nehmen zu können, empfiehlt sich die Versendung der Agenda per Mail am frühen Morgen. Das könnte dann so aussehen wie in Abbildung 13.13.

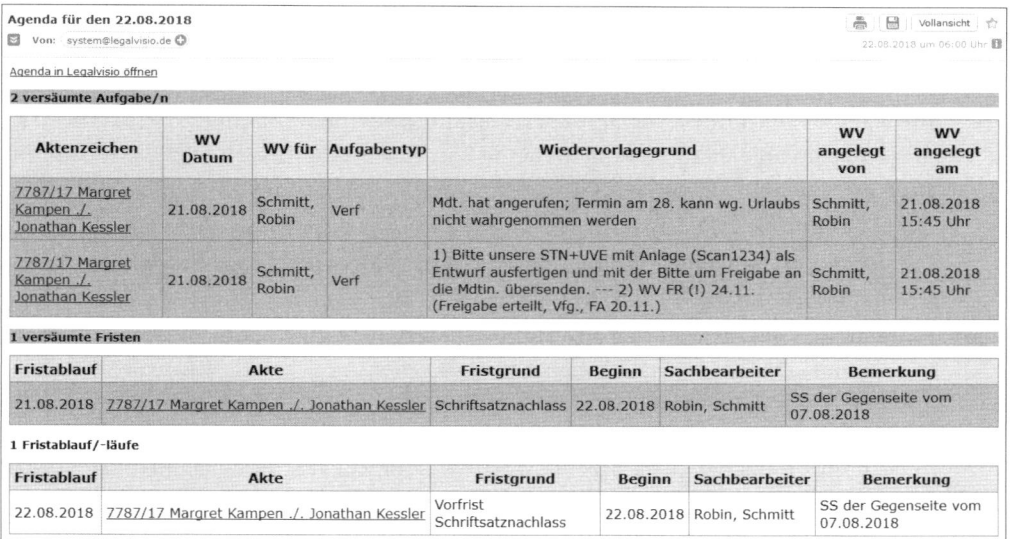

Abbildung 13.13 Eine automatisch generierte E-Mail mit der Agenda für den Arbeitstag. Versäumnisse und vom Vortag liegen gebliebene Aufgaben werden rot markiert – hier wurde wohl etwas zu langsam gearbeitet. Zum Glück handelt es sich nur um eine Probe-Akte!

Die Agenda begleitet den Anwalt den gesamten Tag über. Erledigte Aufgaben werden mit einem Klick abgehakt und dringende Aufgaben entsprechend farblich markiert, wie in Abbildung 13.12 zu sehen ist. Mit individualisierbarem Alarm bei drohendem Fristablauf erinnert die Agenda regelmäßig an dringende Aufgaben und priorisiert diese nach ihrer Relevanz. Ebenso meldet sich die Agenda bei neuen Verfügungen oder Posteingängen und ist mit der jeweiligen Agenda des Sekretariats sowie der anderer Mitarbeiter verknüpft, sodass Aufgaben mit einem Klick verteilt werden können. Wer seine Agenda zum Mittelpunkt seiner Arbeit macht, der bekommt schnell ein besseres Gefühl für das eigene Zeitmanagement.

Diese administrativen Vorzüge kommen insbesondere Dezernatsleitern und Partnern zugute. Neben ihrer persönlichen Agenda haben sie je nach Konfiguration der Software die Möglichkeit, auf die Agenden ihrer Mitarbeiter zuzugreifen. Das ermöglicht die Verteilung und Delegation von Aufgaben. Darüber hinaus können Teams zur gemeinsamen Bearbeitung größerer Fälle gebildet und über deren jeweilige

Agenden koordiniert werden. Schließlich erhalten die Partner über die Agenden einen hilfreichen Überblick, um festzustellen, welche Fälle von wem bearbeitet werden, wo sich die Arbeit staut und wer noch freie Kapazitäten hat. Partner sollten diese Funktion aktiv nutzen, um einer Überarbeitung einzelner Mitarbeiter entgegenzuwirken, Aufgaben angemessen zu verteilen und insgesamt ein besseres Arbeitsklima zu schaffen.

Der Arbeitstag endet mit einem abschließenden Blick auf die hoffentlich leere Agenda. Wurden alle Termine wahrgenommen und Fristen eingehalten? Muss irgendetwas noch schnell erledigt werden? Spätestens jetzt lohnt sich auch die Erweiterung des Agenda-Zeitraums vom aktuellen Tag auf die aktuelle Woche. Die farbliche Priorisierung der anstehenden Aufgaben und Termine ermöglicht eine vorausschauende Planung und eine effiziente Strukturierung der Arbeitswoche.

> **Praxishinweis: Agenda vor dem Erwerb einer Kanzleisoftware testen**
> Von den beschriebenen Vorteilen der Arbeit mit einer digitalen Agenda profitieren Sie nur, sofern Ihre Kanzleisoftware dies unterstützt. Zwar ist die digitale Agenda oder eine ähnliche Aufgabenübersicht in den meisten Kanzleisoftwares enthalten. Deren Ausgestaltung unterscheidet sich jedoch mitunter. Da die Agenda eine zentrale Funktion in der Tätigkeit aller Kanzleimitarbeiter einnimmt, sollten Sie deren Tauglichkeit bei der Wahl der Kanzleisoftware berücksichtigen. Nehmen Sie daher Testangebote in Anspruch!

13.2.2 Arbeiten mit Timesheets

Der Tagesablauf steht, und über die digitale Agenda haben Sie alles im Blick. Nun geht es um Ihr Kerngeschäft, das Bearbeiten der Mandate. Hierfür benötigen Sie im Wesentlichen drei Dinge: die zugehörige E-Akte, ein Textbearbeitungsprogramm wie Microsoft Word und ein Timesheet.

Die ersten beiden Dinge sollten selbsterklärend sein – die E-Akte beinhaltet alle relevanten Informationen zu einem Fall, und mit Word erstellen Sie neue Schriftsätze. Aber wissen Sie eigentlich genau, wie viel Zeit Sie für das alles brauchen? Nicht nur ungefähr, sondern auf die Minute genau? Wie gehen Sie sicher, dass Sie korrekt abrechnen und Ihre Zeit angemessen auf die verschiedenen alltäglichen Aufgaben verteilen? Möglichkeiten gibt es genug, sei es der Einsatz spezieller Stoppuhren oder die gute alte handschriftliche Notiz. Aber nichts ist zuverlässiger und gleichzeitig einfacher als ein Timesheet.

Ein Timesheet ist mit einem Arbeitszeitkonto vergleichbar; die tatsächlich gearbeitete Zeit wird über die Kanzleisoftware erfasst und tabellarisch abgespeichert. Anhand der schlussendlichen Tabelle kann abgerechnet und der zeitliche Aufwand einer konkreten Tätigkeit nachvollzogen werden. Im Rahmen der Kanzleisoftware haben Timesheets weniger die Funktion eines Knipskarten-Systems für die einzelnen Mitarbeiter, sondern sollen vielmehr die in ein bestimmtes Mandat investierte Zeit messen. Dazu ist üblicherweise jede Akte mit einem Timesheet-Button versehen. Sobald dieser aktiviert wird, wie in Abbildung 13.14, läuft eine Stoppuhr im Hintergrund.

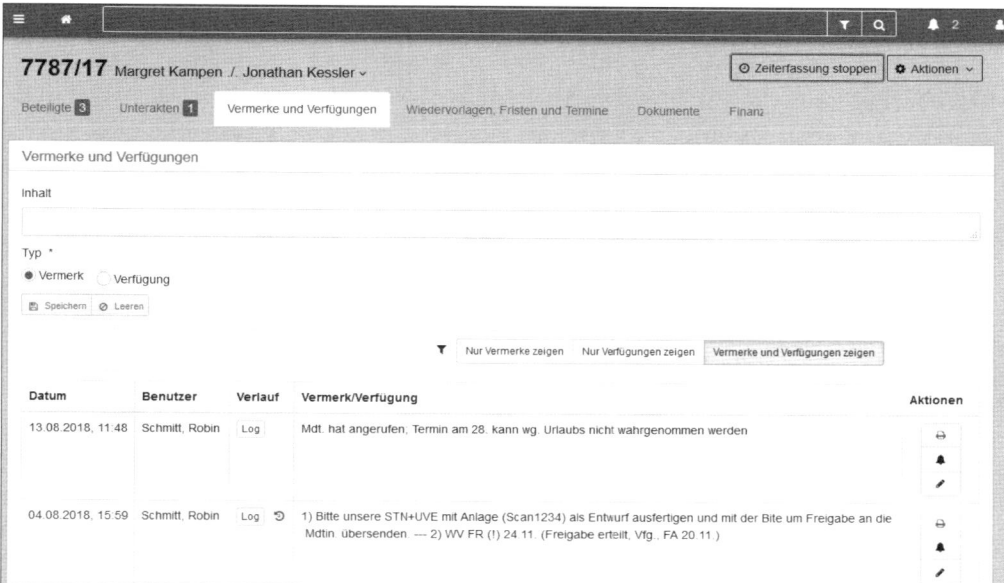

Abbildung 13.14 Mit einem Klick auf den Button »Zeiterfassung starten/stoppen« oben rechts wird die Timesheet-Funktion gestartet. In »Legalvisio« wird das durch die orange Hintergrundfarbe verdeutlicht, sodass die aktivierte Zeiterfassung stets erkennbar ist.

Ist die Arbeit an dem Mandat fürs Erste beendet, wird die Zeiterfassung wieder deaktiviert und die gemessene Zeit in der Akte hinterlegt. Auf diese Weise sollte sich bis zum Abschluss des Mandats ein tabellarisches Timesheet gebildet haben (siehe Abbildung 13.15).

Ebenfalls ist in Abbildung 13.15 zu sehen, dass die erfasste Zeit nicht zwingend mit der abzurechnenden Zeit übereinstimmen muss. Hier können nachträglich Änderungen vorgenommen werden. Ob und wie Sie das machen, ist Ihnen überlassen – jedenfalls sollte die Möglichkeit bestehen. Falls Sie Ihren Mandanten in der Endabrechnung eine komplette Aufstellung der erfassten Zeit übermitteln, könnte eine Abrundung der abgerechneten Zeiteinheiten unter Umständen einen positiven Effekt haben.

Zur Erstellung der Rechnung bedient sich die Kanzleisoftware der Timesheets. Abgesehen von einigen individuellen Anpassungen erledigt die Software den Rest von allein. Das Ergebnis ist dann die in Abbildung 13.16 dargestellte Rechnung.

13 Digitale Workflows

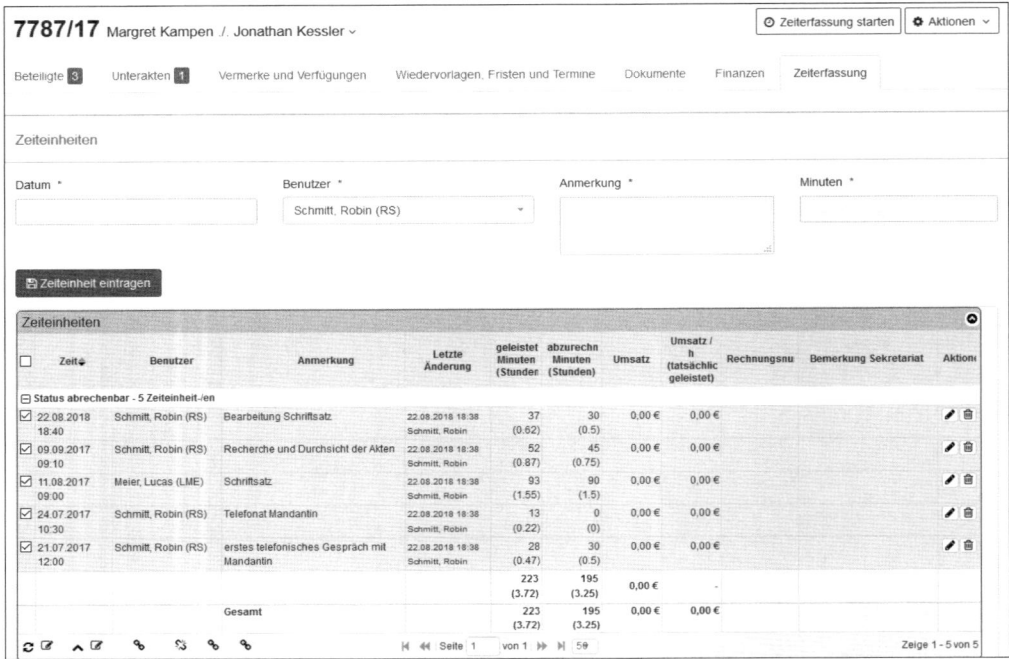

Abbildung 13.15 Für jede Akte kann die bisher investierte Zeit eingesehen werden. Im Idealfall beschreiben die zuständigen Mitarbeiter die einzelnen erfassten Zeiten kurz mit wenigen Worten.

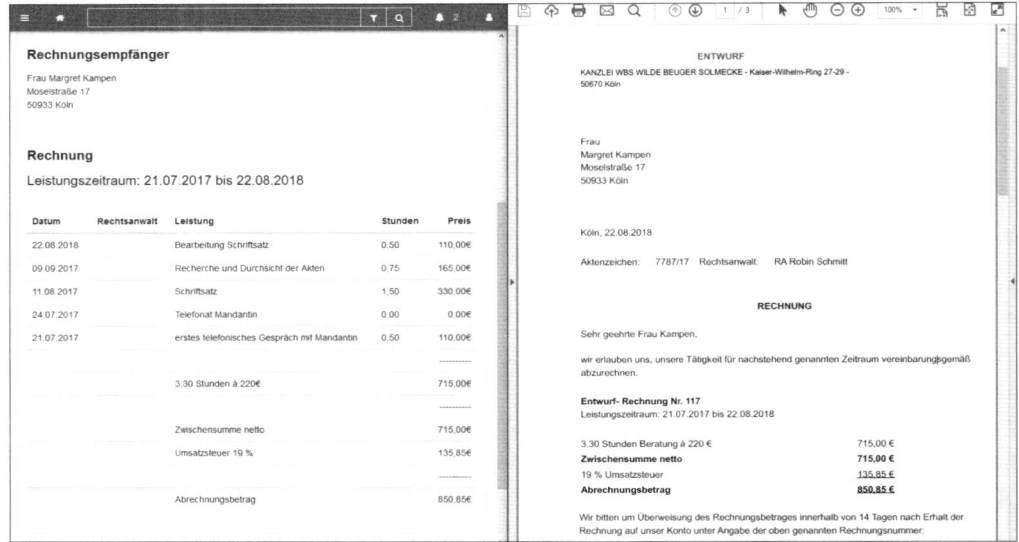

Abbildung 13.16 Links das Ergebnis der von der Kanzleisoftware automatisch aus der Akte ermittelten Informationen; rechts der daraus generierte Rechnungsentwurf

Selbstverständlich eignet sich das primär für Mandate, die nach Stundenhonorar abgerechnet werden. Aber auch in anderen Bereichen ist die Nutzung von Timesheets nützlich. Zum einen ist ein detaillierter Überblick darüber, für was die Arbeitszeit verwendet wurde, hilfreich für das eigene Zeitmanagement. Diese Selbstkontrolle hilft zudem dabei, effizienter zu arbeiten. Mit einiger Erfahrung kann der Zeitaufwand für bestimmte Aufgaben im Voraus genau abgeschätzt werden, was wiederum mehr Planungssicherheit bei der Strukturierung des Terminkalenders bietet.

Eine weitere wichtige Funktion der Timesheets ist die Bewertung der Lukrativität von Akten. Insbesondere RVG-Akten können nur eine bestimmte Zeit lang bearbeitet werden, bis die aufgewendete Arbeitszeit und der wirtschaftliche Wert des Mandats nicht mehr in einem vernünftigen Verhältnis zueinander stehen. Damit Sie Ihren Mandanten stets die beste Qualität liefern können, empfiehlt sich eine regelmäßige Kontrolle des bisherigen Zeitaufwands. Einige Kanzleisoftwares zeigen unlukrative Akten in einem separaten Bereich an, wie Abbildung 13.17 zeigt.

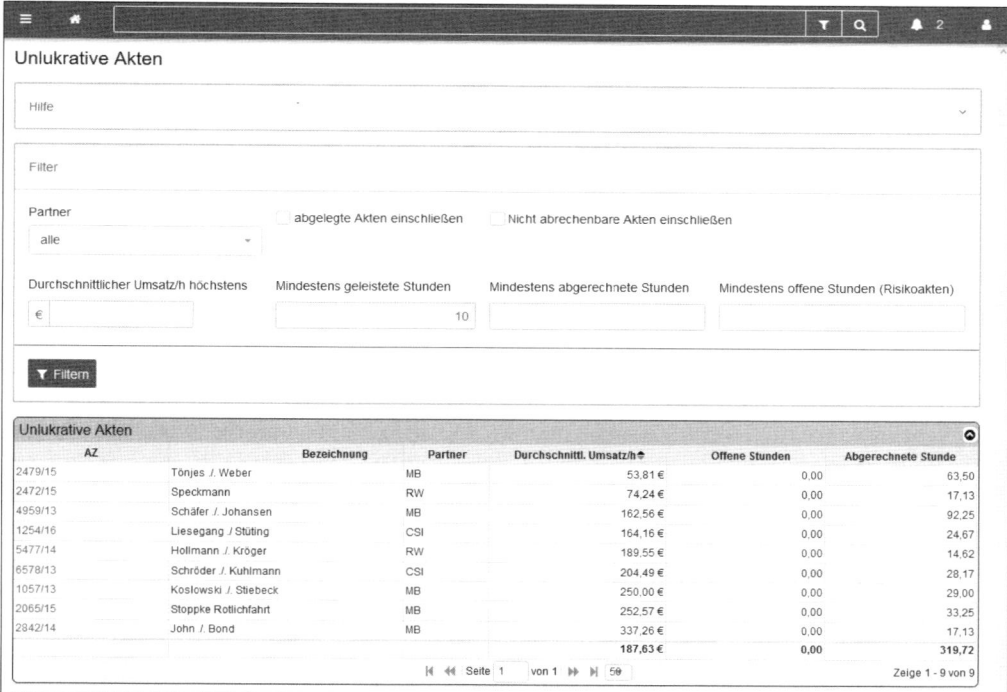

Abbildung 13.17 In diesem Bereich von »Legalvisio« kann nach unlukrativen Akten gesucht werden – ein nützliches Tool vor allem für Partner.

Damit ist noch nicht Schluss. Neben der Lukrativität einzelner Akten kann die Kanzleisoftware über die Zeiterfassung auch eine Vielzahl anderer Informationen ermitteln: durchschnittlich realisierter Stundensatz, Leistung einzelner Anwälte, Lukrativität einzelner Rechtsgebiete und Dezernate, durchschnittliche Dauer für die Bearbeitung von Pauschalaufträgen oder die Erstellung gewisser Schriftsätze.

Hier sind auch Sie gefragt, diese Informationen zu nutzen, ins Verhältnis zu setzen und für Ihre Kanzlei wichtige Rückschlüsse zu ziehen. Behalten Sie jedoch stets im Hinterkopf, dass Sie die gewonnenen Informationen nicht dazu nutzen sollten, Ihre Mitarbeiter unter Stress zu setzen. Die vielen Möglichkeiten zur Optimierung einzelner Arbeitsabläufe und Tätigkeiten wird zunichte gemacht, wenn Sie Ihren Mitarbeitern durch den Einsatz von Timesheets das Gefühl vermitteln, überwacht zu werden.

13.2.3 Arbeiten mit Textbausteinen und automatisierten Dokumenten

Jetzt, wo wir uns damit beschäftigt haben, Zeit zu messen, können wir einen Blick darauf werfen, wie Sie unter Umständen Zeit sparen können. Sogenannte *Textbausteine* sind zwar ein altes, aber im Zeitalter der Digitalisierung häufig unterschätztes Mittel zur Zeitersparnis. Anwendung finden Textbausteine nicht nur im Sekretariat, wie oben am Beispiel des Fristverlängerungsantrags erklärt, sondern auch in der anwaltlichen Tätigkeit. Sehr viele anwaltliche Schreiben sind bis zu einem gewissen Grad standardisiert. Insbesondere wenn Sie viele Fälle aus einem Rechtsgebiet bearbeiten, werden Sie schnell auf immer gleiche Formulierungen zurückgreifen. Warum auch das Rad neu erfinden? Ein Schriftsatz hat nicht den Anspruch, ein literarisches Meisterwerk zu sein. Zudem interessiert es niemanden, wenn sich Schriftsätze inhaltlich ähneln. Wichtig sind eine gute Struktur und die verständliche Vermittlung der wesentlichen Informationen. Die Formalien sind in jedem Schriftsatz dieselben und der Aufbau mehrerer Schriftsätze zu ähnlich gelagerten Fällen gleicht sich schon aus logischen Gründen.

Es ist auch nicht so, dass Textbausteine eine Eigenart der unternehmerisch denkenden Anwaltschaft sind. Formularhandbücher sind nichts anderes als Textbausteine. Gerichte beispielsweise bedienen sich regelmäßig vorgefertigter Textbausteine. Ich erinnere mich an eine Verhandlung, in der der Richter den Parteien erklärte, dass die Rechtsprechung des Gerichts zu einem bestimmten Rechtsgebiet derart gefestigt war, dass es dafür einen eigenen Textbaustein gab. Jeder Anwalt, der wiederholt Urteile zu ähnlichen Fällen ein und desselben Gerichts gelesen hat, wird bestätigen können, dass auch Richter nicht das Bedürfnis haben, bei einem Schreibwettbewerb zu gewinnen.

Das alles bedeutet nicht, dass Ihre Schriftsätze nicht »schön« oder »gut geschrieben« sein sollen. Ganz im Gegenteil! Aber wenn Sie einmal einen Ihrer Ansicht nach sehr guten Schriftsatz verfasst haben, sollten Sie ihn anschließend auf potenziell wiederverwertbares Material kontrollieren. Denn so groß das Potenzial der Nutzung von digitalen Textbausteinen auch ist, hier sind Sie gefragt.

Zwar verfügen die meisten Kanzleisoftwares über eine kleine Sammlung an Textbausteinen, diese sind jedoch in der Regel eher trivialer Natur. Insbesondere die im Sekretariat genutzten Textbausteine bedürfen nur minimaler oder überhaupt keiner Anpassung, da sich ihr Inhalt nicht groß verändern kann (siehe Abbildung 13.18). Bei einem Fristverlängerungsantrag kann noch der Antragsgrund variiert werden, die Anzeige zur Verteidigungsbereitschaft hingegen lässt wenig Spielraum für Individualisierungen. Ganz banal wird es bei Standard-E-Mails wie Geburtstagswünschen an Mandanten.

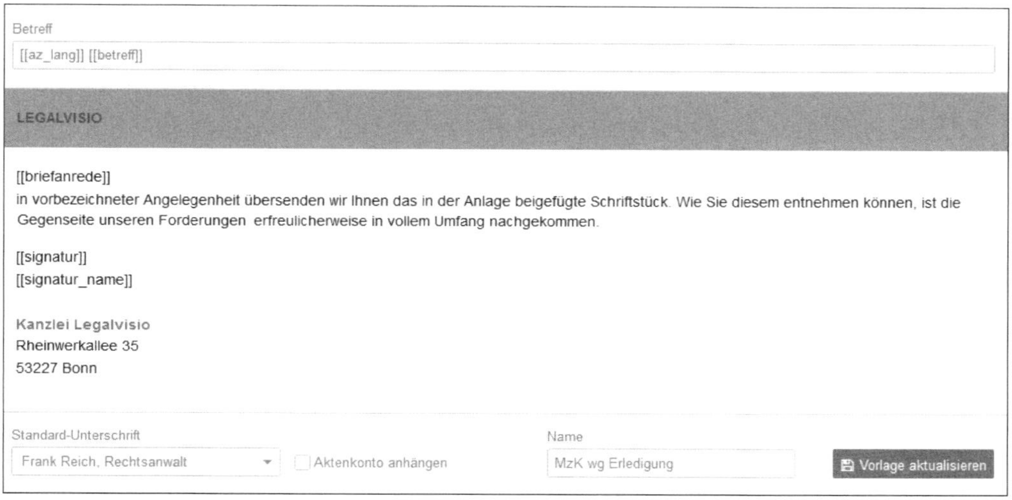

Abbildung 13.18 Dieser einzeilige Textbaustein hat keinen eigenen Mehrwert, sondern dient lediglich als Anschreiben an den Mandanten bei der Versendung eines Schriftstücks der Gegenseite.

Demgegenüber zeigt sich bei Schriftsätzen, dass jeder Anwalt in irgendeiner Art und Weise doch seinen eigenen Stil hat. Darüber hinaus stellen auch Kanzleien selbst mitunter bestimmte formelle und inhaltliche Anforderungen an die Schriftsätze ihrer Mitarbeiter. In diesen Bereichen fällt es schwer, auf von Kanzleisoftwares mitgelieferte Textbausteine zurückzugreifen. Vielmehr sind Sie gefragt, Potenziale für Textbausteine zu identifizieren, diese dann zu erstellen und in die Kanzleisoftware einzupflegen.

Anfangs mag das etwas arbeitsaufwendiger sein. Denken Sie nur immer daran, dass Sie diese Arbeit ein einziges Mal zu erledigen haben. Danach können Sie jederzeit mit einem einzigen Klick auf die Textbausteine zurückgreifen. Im Idealfall trägt die Kanzleisoftware die für das jeweilige Mandat spezifischen Informationen automatisch in den Textbaustein ein, so wie in Abbildung 13.19 gezeigt.

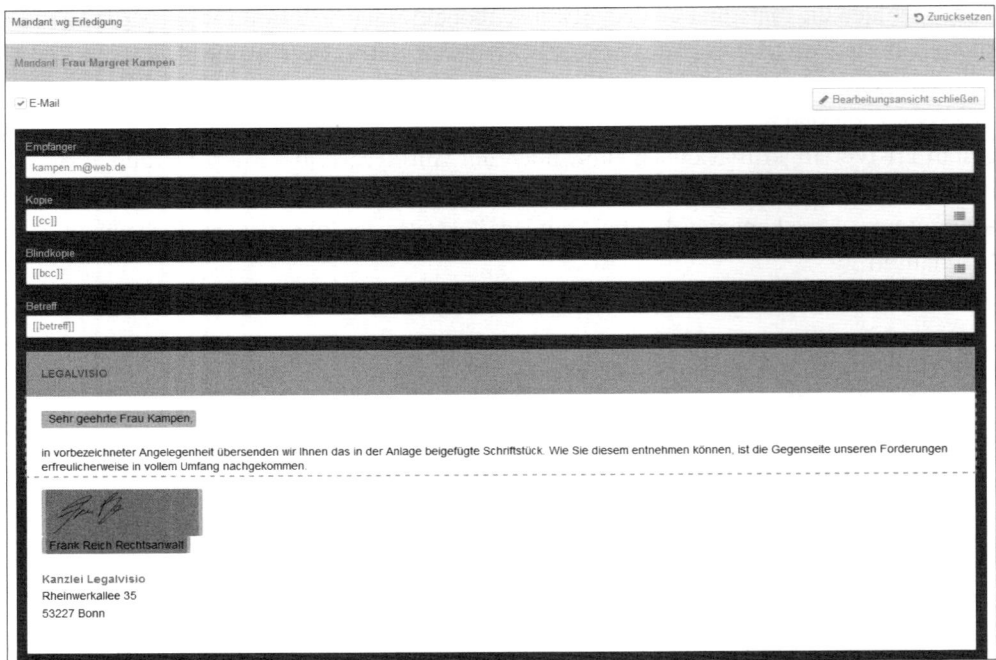

Abbildung 13.19 Hier wurde der Textbaustein aus Abbildung 13.18 innerhalb einer bestimmten Akte generiert. Name und Kontaktdaten wurden ebenso wie die Signatur von der Kanzleisoftware automatisch eingefügt. Mehr als einen Knopfdruck benötigte die Erstellung dieser E-Mail nicht.

Diese Funktion zeigt, dass digitale Textbausteine doch noch einen Schritt weiter gehen als herkömmliche Formularhandbücher mit ihren vorgefertigten Mustertexten. Moderne Software kann mithilfe der richtigen Textbausteine und einer Informationsquelle wie der E-Akte gesamte Dokumente vollautomatisch generieren. Derartige Software fällt unter den Sammelbegriff der *Document Automation* und wird gezielt zur Optimierung von Workflows entwickelt. Erfolgreiche Anbieter von Document-Automation-Software begnügen sich nicht mit der automatisierten Erstellung von Standard-E-Mails, sondern fokussieren sich auf größere Texte wie Verträge, Allgemeine Geschäftsbedingungen und ähnliche Vereinbarungen.

Dem liegt meist ein vergleichsweise simples Frage-Antwort-Prinzip zugrunde. So bestehen AGB etwa häufig aus einer Aneinanderreihung von Standardklauseln. Die Software fragt Sie, welche dieser Klauseln in welcher Form Sie benötigen, wer die Vertragsparteien sind und wie bestimmte Dinge wie Rücktritts- und Widerrufsrechte geregelt werden sollen. Aus Ihren Angaben werden schließlich in Sekundenschnelle fertige und verwendbare AGB generiert. Ähnlich, nur auf einer etwas kleineren Skala funktionieren auch die Rechtstexter, die wir Ihnen in Abschnitt 6.2.1 vorgestellt haben.

Falls Sie sich für dieses Thema genauer interessieren – wir können dies aufgrund der Zeitersparnis aus eigener Erfahrung nur empfehlen –, sollten Sie einen Blick auf den Anbieter *Smart Documents* werfen (siehe Abbildung 13.20). Neben allgemeinen Leistungen wie Layout und Versand der generierten Texte sowie der Möglichkeit, ein Corporate Design (zur Markenbildung) einzustellen, spricht Smart Documents auch gezielt Rechtsanwälte an und wirbt mit der Integration von E-Akten.

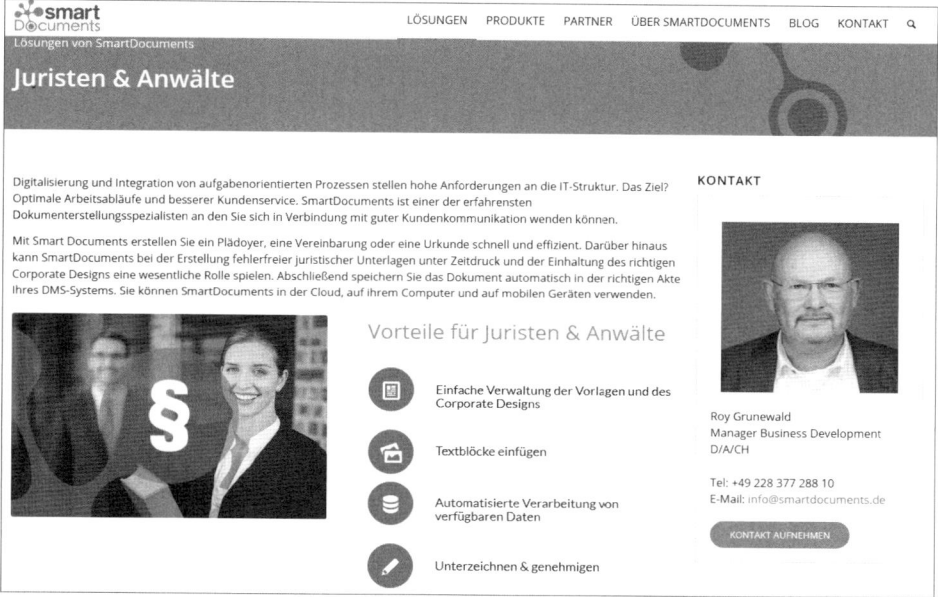

Abbildung 13.20 Auf der Website von »Smart Documents« (https://smartdocuments.eu/de) finden Sie auch Informationen speziell für Anwälte.

Ein anderer Anbieter, der sich ausschließlich an Rechtsanwälte richtet, ist *Lawlift* (www.lawlift.de). Dieser Dienst legt den Fokus auf juristische Dokumente, hat zahlreiche Vorlagen für verschiedene Vertragstypen im Angebot und wirbt mit detaillierten Fragenkatalogen (siehe Abbildung 13.21). Während Sie die Fragen beantworten, können Sie bei der Erstellung des Dokuments zusehen und notfalls Anpassungen vornehmen. Dabei sind die einzelnen Fragen systematisch aufgebaut: Die Option eines Widerrufsrechts in AGB gibt es beispielsweise überhaupt nicht, wenn sich die AGB nicht an Verbraucher richten.

Wir empfehlen Ihnen uneingeschränkt, sich mit Document Automation oder zumindest einfachen Textbausteinen auseinanderzusetzen. Natürlich ist das wieder ein Bereich, in den Sie sich unter Umständen noch einarbeiten müssen, was wertvolle Zeit kostet. Die sich bietenden Ersparnisse gleichen das aber deutlich aus! Stellen Sie sich vor, Sie sollen mit einer stumpfen Säge eine Reihe von Bäumen fällen. Entweder Sie beginnen sofort und quälen sich bis zum Ziel. Oder Sie nehmen sich die Zeit, um die

Säge zu schärfen, und gestalten Ihre Arbeit dann mühelos und sparen auf lange Sicht eine Menge Zeit.

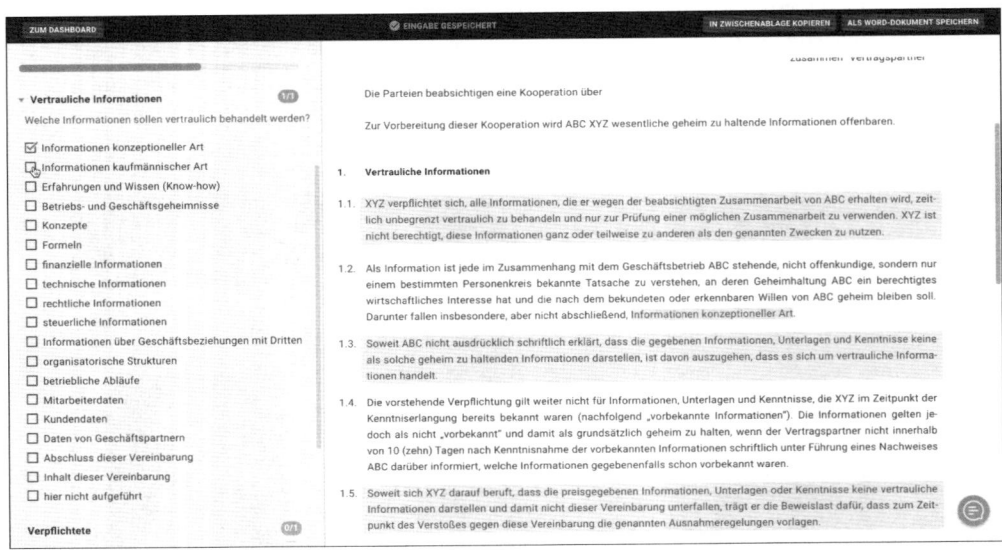

Abbildung 13.21 Erstellung eines Dokuments per »Lawlift«: links der Fragenkatalog, rechts das gerade bearbeitete Dokument

> **WBS-Anekdote: Zeitersparnisse durch Document Automation**
>
> Im Januar 2016 wurden rund 1.000 von der Kanzlei WBS vertretene Tauschbörsennutzer gleichzeitig verklagt. Eine Klageerwiderung nahm durchschnittlich 90 Minuten in Anspruch – ein scheinbar aussichtsloses Unterfangen. Die Vielzahl an gleichgelagerten Fällen bot jedoch auch Raum für Automatisierungen. Mit der Software von *Smart Documents* konnte so der Zeitaufwand für die Erstellung einer Klageerwiderung immerhin auf 15 Minuten gesenkt werden.

13.2.4 Terminsvertreter digital finden und beauftragen

Der Übergang zur digitalen Arbeit ist fast geschafft – hier folgt noch ein kurzer Blick auf ein weiteres Thema. Bei der Bearbeitung Ihrer Fälle kommen Sie unter Umständen häufiger an praktische Grenzen und benötigen Unterstützung. Gemeint ist nicht das Sekretariat – diese Art der Unterstützung haben wir schon abgehandelt. Vielmehr geht es um die persönliche Wahrnehmung der Gerichtstermine. Denn egal ob Sie Einzelanwalt oder Mitarbeiter in einer Großkanzlei sind, für eine mündliche Verhandlung mehrere hundert Kilometer durch Deutschland zu reisen kostet unnötig Zeit, Geld und Nerven.

Terminsvertreter, also unterbevollmächtigte Anwälte am Standort des Gerichts, sind daher eine gängige Lösung für dieses Problem. Womöglich haben Sie selbst bereits (außerhalb Ihrer Referendarzeit) Gerichtstermine für andere Kanzleien wahrgenommen. In der Regel läuft das wie folgt ab: Der Terminsvertreter erhält rechtzeitig vor dem Termin eine Kopie der Akte oder eine abgespeckte Handakte und arbeitet sich in groben Zügen in den Fall ein. Bei Bedarf erhält er zusätzliche Informationen, die prozessbeendigende Erklärungen oder die Vergleichsbereitschaft des Mandanten betreffen. Darüber hinaus wird dem Terminsvertreter eine (im rechtlichen Umfang begrenzte) Untervollmacht ausgestellt. Diese wird dann bei Gericht vorgelegt, und der Terminsvertreter verhandelt anstelle des Hauptbevollmächtigten. Im Anschluss erstellt der Terminsvertreter einen Terminsbericht für den Hauptbevollmächtigten, in dem er wesentliche Informationen aus der Verhandlung sowie eigene Einschätzungen einzelner Probleme oder der gesamten Sachlage mitteilt.

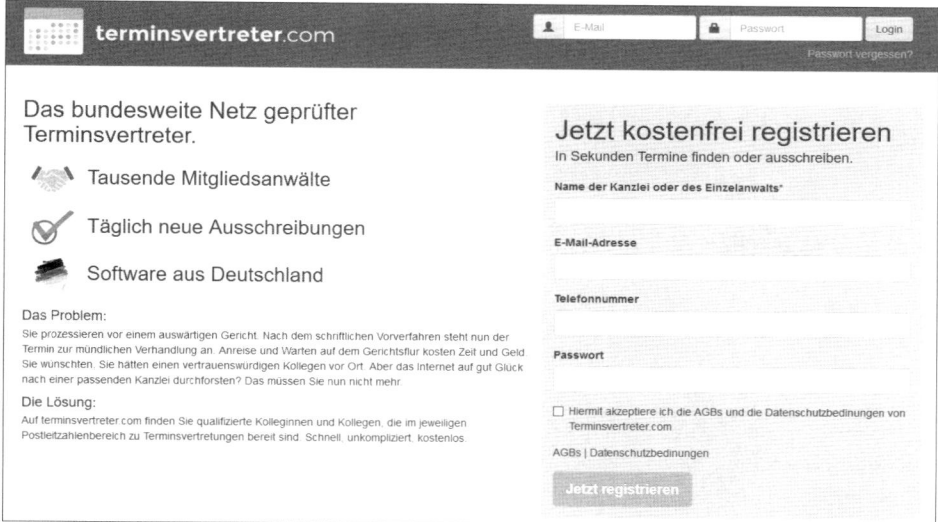

Abbildung 13.22 Die Website von »terminsvertreter.com«, die Sie über die wenig überraschende URL www.terminsvertreter.com erreichen

Doch wo finden Sie Terminsvertreter? Größere Kanzleien haben Partnerschaften mit anderen Kanzleien etabliert, was sich gerade bei regelmäßigen Terminsvertretungen anbietet. Aber wie Sie sich sicherlich bereits vorstellen können, gibt es auch in diesem Bereich mittlerweile entsprechende Legal Techs.

Einer der Anbieter ist *terminsvertreter.com* (siehe Abbildung 13.22). Dort können Sie entweder als Kanzlei inserieren und nach Terminsvertretern suchen, oder Sie bieten sich selbst als Terminsvertreter an. Letzteres ist für junge Kanzleigründer eine gute Möglichkeit für einen kleinen Nebenverdienst, bei dem gleichzeitig weitere Erfahrung vor Gericht gesammelt werden kann.

Über die Plattform erfolgt die gesamte Korrespondenz; das gilt auch für die Übersendung der Akten. Hier zeigt sich wieder, dass Sie durch die Nutzung einer Kanzleisoftware einen großen Vorteil haben: Anstatt die Akte umständlich und unter Inkaufnahme der Zeitverzögerung per Post zu schicken, exportieren Sie Ihre E-Akte mit einem Klick in ein PDF-Format und verschicken das Dokument mit einem weiteren Klick.

Abbildung 13.23 Auch »Advo Assist« vermittelt Terminsvertreter an Kanzleien und umgekehrt.

Ein anderer Dienst, der ähnlich wie »terminsvertreter.com« funktioniert, ist *Advo Assist* (*www.advo-assist.de*). Auch dieser Anbieter wirbt damit, dass die Vermittlung von Terminsvertretern über eine Online-Plattform deutlich unkomplizierter und zeitsparender ist als die klassische Methode der manuellen Suche. Dabei legt Advo Assist besonderen Wert auf die Qualität der Terminsvertretung, weshalb die Terminsvertreter bewertet werden können (siehe Abbildung 13.23).

Advo Assist geht zudem noch einen Schritt weiter und beschränkt sich nicht nur auf Terminsvertretungen. Auch für Ortsbesichtigungen und Akteneinsichten können Vertreter gesucht werden, und sogar die Abgabe eines kompletten Mandats ist möglich. Im Gegensatz zu terminsvertreter.com überlässt Advo Assist die Gebühren für die Terminsvertretung jedoch nicht den Nutzern ihrer Plattform, sondern hat feste Pauschalen.

Schließlich darf ein Verweis auf *www.anwalt.de* nicht fehlen, deren umfangreiche Servicepalette ebenfalls eine Vermittlung von Terminsvertretern umfasst. Unter *https://terminsvertretung.anwalt.de/terminsvertretung* können Sie auf ein Netzwerk von über 20.000 Anwälten zugreifen. Für Mitglieder ist der Dienst kostenlos – die Nutzung dieser Plattform bietet sich also vor allem dann an, wenn Sie sowieso bereits einen kostenpflichtigen Account bei anwalt.de haben.

Demgegenüber ist die Nutzung von terminsvertreter.com und Advo Assist kostenlos. Dafür verdienen diese Dienste in der Regel durch kleine Aufschläge auf die Vertretungsgebühren, die bei anwalt.de nicht anfallen. Für welchen Dienst Sie sich entscheiden ist daher weniger eine Frage des Geldes, sondern eine rein individuelle Entscheidung. Jedenfalls stellen derartige Vermittlungsplattformen für Terminsvertreter sinnvolle Ergänzungen in Ihrem Berufsalltag dar.

13.3 Automatisiere, was automatisiert werden kann!

Damit wären wir am Ende des Kapitels zu den digitalen Workflows, aber noch lange nicht am Ende des Themas an sich. Wir haben uns nur mit den Grundlagen beschäftigt, an der Oberfläche gekratzt. Zum Abschluss wollen wir Sie motivieren, selbst aktiv zu werden. Könnten Sie sich weitere Prozesse aus Ihrem eigenen Arbeitsalltag vorstellen, die das Potenzial zur Automatisierung haben?

Vielleicht sind Ihnen bereits beim Lesen dieses Kapitels weitere Anwendungsbereiche oder Vorgehensweisen eingefallen, die nur auf ihre Umsetzung warten. Begreifen Sie das als eine kleine arbeitsbegleitende Herausforderung: Wann immer Sie das Gefühl haben, ein Arbeitsschritt sei überflüssig oder eine Tätigkeit redundant, überlegen Sie sich eine Lösung dafür. Informieren Sie sich über die Funktionen beliebter Kanzleisoftwares, und beschäftigen Sie sich auch mit den scheinbar belanglosen Feinheiten. Schreiben Sie eigene Textbausteine, und beziehen Sie auch Ihre Mitarbeiter ein.

Sobald Sie meinen, Problem und eine etwaige Lösung identifiziert zu haben, suchen Sie im Internet nach entsprechenden Legal Techs – Sie glauben gar nicht, was es alles gibt. Falls in Ihrer Kanzlei eine eigene IT-Abteilung existiert, noch besser: Schildern Sie Ihre Vorstellungen, und lassen Sie sich erklären, wie Lösungsansätze aussehen könnten und ob deren Umsetzung realistisch ist.

Die Möglichkeiten sind zahlreich. Im Folgenden ein paar Gedanken, die Sie gerne weiterspinnen dürfen:

- ▶ vorgefertigte Strukturen für verschiedene Arten von Schriftsätzen
- ▶ Textbausteine als Lückentexte zur besseren Individualisierung
- ▶ vom Mandant ausfüllbare Masken zur Filterung der Mandate

- Integration häufig genutzter Software in die zentrale Kanzleisoftware
- Vereinfachung der Kommunikationswege zwischen den Mitarbeitern
- Vereinfachung der Kommunikationswege zu den Mandanten
- Aufbau eines Kommunikationsnetzwerks zwischen Kanzleien
- Schaffung übersichtlicherer Nutzeroberflächen
- Überprüfung derzeitiger Arbeitsabläufe auf Optimierungspotenzial
- standardisierte Fragebögen für verschiedene Anrufer
- standardisierte Online-Kontaktformulare, die automatisiert ausgewertet werden können
- automatisch versendete E-Mails zu bestimmten Anlässen wie Geburtstagen oder Weihnachten
- Verbesserung des Zusammenspiels von Kanzleisoftware und Hardware wie Drucker, Scanner, Faxgerät und Telefonanlage
- Automatisierung des Postversands über entsprechende Dienstleister
- verbesserte Einbindung externer Mitarbeiter wie Studenten, wissenschaftliche Mitarbeiter oder Freelancer über Online-Portale und kanzleieigene Kommunikationsplattformen
- zentrale Organisation von einzelnen Aufträgen zur einfacheren und schnelleren Verteilung innerhalb der Kanzlei oder an Externe

Kapitel 14
Besonderes elektronisches Anwaltspostfach

Die Digitalisierung des deutschen Rechtswesens – ist das die Zukunft? In allen Bereichen der Justiz wird seit einigen Jahren aufgerüstet. Der elektronische Rechtsverkehr soll zu einem neuen Standard werden. Auch die Rechtsanwaltskammern beteiligen sich an diesem Prozess – bisher leider nur wenig erfolgreich.

Alles wird digitalisiert, vom *E-Government* bis zur *E-Justice* war es daher nur ein kleiner und wenig überraschender Schritt. Doch in Deutschland, das häufig als »digitales Entwicklungsland« verschrien ist, läuft es mal wieder nicht so rund. Dabei ist das Bemühen um einen elektronischen Rechtsverkehr (nichts anderes meint der etwas undurchsichtige Begriff »E-Justice«) unterstützenswert und zukunftsgemäß. Über die Vorteile digitalen Arbeitens konnten Sie in den vorangegangenen Kapiteln ausreichend lesen. Wenn diese Form der Arbeit zum Standard erhoben würde, könnte das den derzeitigen Rechtsverkehr revolutionieren: verbesserte Kommunikation, weniger Zustellungsprobleme, schnellere Prozesse, erleichterte Akteneinsicht, besserer Zugang für alle Bürger, vereinfachte Verwaltung und Bearbeitung großer Datenmengen.

Gerne hätten wir uns in diesem Kapitel mit dem anwaltlichen Beitrag zum elektronischen Rechtsverkehr beschäftigt, dem *besonderen elektronischen Anwaltspostfach* (beA). Aber aus verschiedenen, mittlerweile fast nicht mehr nachvollziehbaren Gründen wurde dieses Projekt noch immer nicht endgültig realisiert. Dabei stammen die ersten Planungen aus dem Jahr 2013, und obwohl es zwischen 2016 und 2017 bereits nutzbar war, musste das beA mehrfach abgeschaltet werden und blickt damit auf eine kurze, aber zunehmend desaströse Geschichte zurück.

Aber beginnen wir von vorn: Mit dem *elektronischen Gerichts- und Verwaltungspostfach* (EGVP) gab es bereits früh einen optionalen Kommunikationsstandard zwischen Gerichten, Behörden und Rechtsanwälten. Im Jahr 2013 brachte dann das *Gesetz zur Förderung des elektronischen Rechtsverkehrs mit den Gerichten* dergestalt Bewegung in die Sache, als dass es unter anderem die *Bundesrechtsanwaltskammer* (BRAK) zur Einrichtung des besonderen elektronischen Anwaltspostfachs bis zum 01.01.2016 verpflichtete (siehe Abbildung 14.1). Das beA sollte frühere Infrastrukturprobleme und insbesondere das aufwendige Signaturverfahren des EGVP ablösen und einen einheitlichen, dafür aber auch zwingenden Standard gewährleisten. Bis 2018 sollten ebenfalls das *besondere elektronische Notarpostfach* (beN) und das *besondere elektronische Behördenpostfach* (beBpo) an den Start gehen.

Abbildung 14.1 Die Informationsseite der BRAK zum besonderen elektronischen Anwaltspostfach (http://bea.brak.de)

Gesetzlich zur Umsetzung verpflichtet, machte sich die BRAK an die Arbeit und engagierte mit *Atos IT Solutions and Services* einen renommierten IT-Dienstleister. Ende 2015 wurde erstmals eine Verzögerung des Projekts in Aussicht gestellt – die Qualität des beA entspräche noch nicht den Erwartungen der BRAK. Der neue Starttermin am 29.09.2016 wurde jedoch im einstweiligen Rechtsschutz durch den Anwaltsgerichtshof Berlin verhindert. Problem war die Freischaltung des empfangsbereiten beA für alle Rechtsanwälte ohne deren ausdrückliche Zustimmung. Die Nutzungspflicht für Anwälte sollte allerdings erst ab dem 01.01.2018 gelten – für den AGH Berlin ein Eingriff in die Berufsfreiheit. Zwei Monate später hob der AGH Berlin die einstweiligen Verfügungen wieder auf, und das beA wurde am 28.11.2016 erstmals freigeschaltet.

Das lief ein ganzes Jahr lang gut, bis die BRAK das beA im Dezember 2017 wegen Wartungsarbeiten offline nahm. Am 27.12.2017 erklärte die BRAK in einer Presseerklärung, dass das beA aus Sicherheitsgründen auch weiterhin offline bleibe. Zudem wurde allen Rechtsanwälten geraten, ein zuvor empfohlenes Sicherheitszertifikat aufgrund von »Sicherheitsrisiken für die individuelle PC-Umgebung« dringend zu deinstallieren.

Im Januar 2018 – zu diesem Zeitpunkt sollte eigentlich die Empfangspflicht für alle Rechtsanwälte beginnen – wurden die Probleme rund um das beA in der breiten Öffentlichkeit diskutiert. Grund hierfür war auch ein Bericht des *Chaos Computer Club* (CCC). Dessen IT-Experten hatten sich das beA einmal genauer angesehen und der BRAK ein desaströses Zeugnis ausgestellt. »*Zahlreiche Skandale und ein fragwürdiges Sicherheitsverständnis prägen das Projekt*«, hieß es in einer Presseerklärung des CCC vom 18.01.2018. Auch die Kosten des beA wurden in den Mittelpunkt gerückt: Über 30 Millionen Euro an Mitgliedsbeiträgen flossen zwischen 2015 und 2018 in das beA.

Ein halbes Jahr später legte die BRAK einen erneuten Starttermin auf den 03.09.2018. Bis zuletzt wurde kritisiert, dass eine vollständige Ausräumung der Sicherheitslücken nicht ersichtlich sei. Vielmehr habe die BRAK das beA schlicht selbst für »sicher« erklärt. Der sichere Nachrichtenversand über das beA konnte jedoch bis September 2018 nicht gewährleistet werden. Der Deutsche Anwaltverein sah ein hohes Risiko für die Vertraulichkeit der Daten und befürchtete neue Ausfälle. Immerhin: Der September-Termin wurde eingehalten, und seitdem läuft die aktuelle Version des beA. Zumindest bei Reaktionsschluss für dieses Buch war das beA noch immer online – aber auch unsicher: Öffentliche Einblicke in Listen mit noch nicht registrierten Rechtsanwälten, manipulationsanfällige Nachrichten und fehlerhafte Logout-Optionen sind nur die am häufigsten diskutierten Probleme. Die Zukunft des beA bleibt abzuwarten.

Trotzdem wollen wir noch einen kurzen Blick auf die Funktionsweise des beA werfen. Voraussetzung für die Nutzung des beA sind Ihre persönliche (kostenpflichtige) beA-Chipkarte, ein Kartenlesegerät und die Software der BRAK. Die Chipkarte können Sie über die Seite der Bundesnotarkammer (*https://bea.bnotk.de/bestellung*) bestellen, wofür Sie Ihre beA-Safe-ID benötigen, die in der Regel allen Rechtsanwälten von der BRAK zugeschickt wird.

Nach dem Herunterladen und Installieren der Software (siehe Abbildung 14.2) können Sie mithilfe Ihrer Karte die Erstregistrierung sowie weitere Einstellungen zum zukünftigen Umgang mit Ihrem persönlichen Postfach vornehmen.

Abbildung 14.2 Die Anmeldeseite für das beA (www.bea-brak.de): Mit einem Klick auf eines der unten in der Mitte aufgeführten Betriebssysteme laden Sie die für die Erstregistrierung erforderliche Software herunter.

> **Praxishinweis: Jeder zugelassene Rechtsanwalt benötigt ein beA**
>
> Beachten Sie, dass Sie als zugelassener Rechtsanwalt ein beA auch dann benötigen, wenn Sie in einer Kanzlei angestellt sind. Außerdem können Sie sich von der beA-Pflicht nicht durch eine Weiterleitung der eingehenden Nachrichten befreien. Sie sollten daher stets sicherstellen, dass Sie über etwaige Post in Ihrem persönlichen beA umgehend benachrichtigt werden!
>
> Das Gleiche gilt für im Ausland tätige Rechtsanwälte. Solange Sie in Deutschland zugelassen sind, unterstehen Sie der beA-Pflicht.

Neben der normalen beA-Karte können Sie auch eine Signaturkarte über die Website der Bundesnotarkammer bestellen. Diese ist etwas teurer, ermöglicht dafür jedoch auch die Erstellung qualifizierter elektronischer Signaturen. Beide Karten fungieren gleichzeitig als Zugangsschlüssel zum beA, sofern Sie bei der Erstregistrierung nichts anderes eingestellt haben. Dafür rufen Sie über einen Internetbrowser die Anmeldeseite des beA (siehe Abbildung 14.2) auf und halten das Kartelesegerät bereit.

Nun können Sie Ihrer Pflicht aus § 31 Abs. 6 BRAO nachkommen:

Der Inhaber des besonderen elektronischen Anwaltspostfachs ist verpflichtet, die für dessen Nutzung erforderlichen technischen Einrichtungen vorzuhalten sowie Zustellungen und den Zugang von Mitteilungen über das besondere elektronische Anwaltspostfach zur Kenntnis zu nehmen.

Nachrichten, die Sie über das beA versenden, dürfen maximal 100 Anhänge mit insgesamt 60 MB beinhalten. Das ist nicht viel, die Begrenzung wird aber voraussichtlich noch erweitert oder ganz aufgehoben werden. Da eine Weiterleitung neu eingehender Nachrichten an eine andere (häufiger genutzte) Adresse nicht möglich ist, empfehlen wir Ihnen, die Benachrichtigungsfunktion einzuschalten. Diese Funktion finden Sie in den Einstellungen des beA unter POSTFACHVERWALTUNG. Dort können Sie eine individuelle E-Mail-Adresse angeben, über die Sie informiert werden wollen. Sicherheitshalber sollten Sie das beA trotzdem regelmäßig auf neue Eingänge überprüfen. Diese Aufgabe kann auch von einem Ihrer Mitarbeiter übernommen werden, der dafür ebenfalls eine spezielle beA-Mitarbeiter-Karte benötigt. Die Registrierung von Mitarbeitern auf Ihrem beA-Postfach wird auf den folgenden Seiten ausführlich erklärt:

- Registrierung von Mitarbeitern:
  www.bea-brak.de/xwiki/bin/view/BRAK/%2300081
- Zuordnung registrierter Mitarbeiter zum eigenen Postfach:
  www.bea-brak.de/xwiki/bin/view/BRAK/%2300089

Der Weg über die Mitarbeiter-Karte ist empfehlenswert, da dieser Zugang nicht an die Person des konkreten Mitarbeiters gebunden werden muss. Auf diese Weise können Sie die Karte ähnlich einem physischen Schlüssel bei Ausscheiden des Mitarbeiters an sich nehmen und an einen anderen Mitarbeiter weitergeben.

Schließlich bleibt die Möglichkeit einer Anbindung des beA an die Kanzleisoftware. Nahezu alle Anbieter von Kanzleisoftware haben dieses Vorhaben in Aussicht gestellt oder sogar bereits realisiert. Durch die Integration des beA in die von Ihnen sowieso rund um die Uhr genutzte Kanzleisoftware wird der Umgang mit dem beA erleichtert, ohne auf die strengen Sicherheitsvorkehrungen zu verzichten. Sie als Nutzer der Software müssen dafür nichts weiter unternehmen; der Kanzleisoftware-Anbieter übernimmt die Anbindung über die von der BRAK bereitgestellte Schnittstelle, sodass Sie direkt mit dem fertigen Produkt arbeiten können.

Weiterführende Hinweise: Einrichtung und Nutzung des beA

- **Allgemeine Fragen und Antworten zu Ihrer beA-Karte; PDF der Bundesnotarkammer:** *https://bea.bnotk.de/documents/FAQ_beA_180704.pdf*
- **Kompletthilfe der BRAK:** *www.bea-brak.de/xwiki/bin/view/BRAK*
- **Linksammlung mit Anleitungen rund um das beA:** *https://bea.bnotk.de/faq.html*

Kapitel 15
Umgang mit Daten in der modernen Kanzlei

Datenschutz gehört zu den gegenwärtig am häufigsten diskutierten Themen und ist auch in Zukunft nicht wegzudenken. Spätestens seit Inkrafttreten der Datenschutz-Grundverordnung ist die Relevanz dieses Themas jedem Unternehmer bewusst. Anwälte sind hiervon nicht ausgenommen – auch wenn so einige Besonderheiten gelten.

Sehr viele der in diesem Buch angesprochenen Themen haben eine datenschutzrechtliche Komponente, die Ihren Arbeitsalltag beeinflusst oder beeinflussen könnte. Aus diesem Grund kommen wir nicht umhin, einen Exkurs zum Datenschutzrecht einzuschieben. Das mag für einige Leser ein leidiges Thema sein, zumal das Datenschutzrecht im Jahr 2018 wie kein anderes Rechtsgebiet öffentlich diskutiert wurde. Der Grund hierfür war die ab dem 25.05.2018 Anwendung findende Datenschutz-Grundverordnung. Das europäische Großprojekt hat Diensteanbieter weltweit beschäftigt und auch hierzulande über Monate hinweg für Unverständnis und Verzweiflung gesorgt.

Dabei hat sich durch die DSGVO für Deutschland gar nicht mal so viel geändert – immerhin war das deutsche Datenschutzrecht in großen Teilen Vorbild für das neue Regelwerk der EU. Zwar ist die DSGVO in vielen Bereichen durchaus kritikwürdig und insbesondere gezeichnet durch die Lobbyarbeit großer Konzerne. Die öffentliche Debatte hat jedoch vor allem gezeigt, dass das Datenschutzrecht an sich in der Vergangenheit häufig entweder völlig ignoriert wurde oder schlicht unbekannt war.

Genau hier wollen wir ansetzen. Mit dem folgenden Kapitel haben wir nicht die Absicht, Sie zum Fachanwalt für Datenschutzrecht auszubilden. Wir wollen Ihnen vielmehr strukturiert die Grundlagen vermitteln, Sie für potenzielle Gefahren und Risiken sensibilisieren und Ihnen schließlich die Scheu vor dem Thema nehmen. Ob Sie bereits eine Kanzlei führen bzw. in einer arbeiten oder mit dem Gedanken der Gründung spielen – Sie werden zwangsläufig mit dem Datenschutzrecht konfrontiert werden. Hierauf werden wir Sie vorbereiten.

Nach einer kurzen Erläuterung der Bedeutung des Datenschutzrechts werden wir daher zunächst die Grundlagen klären: Welche Gesetze sind relevant, wie sind sie aufgebaut und durch welche elementaren Funktionen zeichnet sich das Datenschutzrecht aus? Anschließend werden wir einen Blick auf die Besonderheiten des anwaltlichen Berufsrechts werfen und erläutern, wie diese Spezialregelungen im Verhältnis zum Datenschutzrecht zu verstehen sind. Sodann können wir uns der praktischen Umsetzung des Datenschutzrechts in Ihrer Kanzlei widmen und Punkt für Punkt einzelne Fragestellungen genauer betrachten.

Während der Lektüre dieses Kapitels sollten Sie stets im Hinterkopf behalten, dass das Datenschutzrecht ein Rechtsgebiet ist, das einem ständigen Wandel unterliegt. Nicht nur neue Technologien, sondern auch Politikwechsel und gesellschaftlich relevante Ereignisse haben enormen Einfluss auf diesen Teil des Rechts, weshalb wir Sie ausdrücklich zu einer aktiven Auseinandersetzung mit dem öffentlichen Diskurs ermutigen.

15.1 Bedeutung des Datenschutzes

Beginnen wir mit einem kurzen Abriss über die Bedeutung des Datenschutzes. Viel zu oft werden Datenschutz und Datensicherheit mit Überregulierung, Schikane und staatlicher Einflussnahme in Verbindung gebracht. Dabei dienen strenge Datenschutzgesetze vor allem Ihnen selbst. Daten haben in der heutigen Zeit einen hohen Wert. Warum also sollen andere ohne jede Gegenleistung von Ihren Daten profitieren?

Neben der wirtschaftlichen Dimension bedeuten Daten darüber hinaus auch Macht über die Person, der sie zugeordnet werden können. Je mehr ein anderer Mensch, ein Konzern oder ein Staat über Sie weiß, desto mehr Macht hat er über Sie. Schließlich hilft Datenschutz nicht nur Ihnen als Dateninhaber, sondern auch als Verwalter fremder Daten. Klare Richtlinien und Gesetze unterstützen Sie im Umgang mit den Daten Ihrer Kunden; festgeschriebene Rechte und Pflichten bringen Struktur in hochspezialisierte technische Fachbereiche, in denen Sie sich ansonsten nicht zurechtfinden würden.

Die aktuelle Diskussion um das Datenschutzrecht täuscht darüber hinweg, dass es sich hierbei nicht um eine Ausprägung der Digitalisierung und des technologischen Fortschritts handelt. Es braucht keine Computer, um Daten zu verarbeiten. Zwar haben moderne Computer die automatisierte Datenverarbeitung auf ein völlig neues Level gehoben. Die Gedanken von Datenschutz und Datensicherheit existieren aber schon weitaus länger.

Das Bundesdatenschutzgesetz ist bereits 1978 in Kraft getreten, und einen Meilenstein in der Geschichte des Datenschutzrechts stellt das Volkszählungsurteil von 1983 dar. Mit diesem Urteil schuf das Bundesverfassungsgericht das Grundrecht auf informationelle Selbstbestimmung. In der Urteilsbegründung heißt es:

15.1 Bedeutung des Datenschutzes

> *Freie Entfaltung der Persönlichkeit setzt unter den modernen Bedingungen der Datenverarbeitung den Schutz des Einzelnen gegen unbegrenzte Erhebung, Speicherung, Verwendung und Weitergabe seiner persönlichen Daten voraus. Dieser Schutz ist daher von dem Grundrecht des Art. 2 Abs. 1 in Verbindung mit Art. 1 Abs. 1 GG umfaßt. Das Grundrecht gewährleistet insoweit die Befugnis des Einzelnen, grundsätzlich selbst über die Preisgabe und Verwendung seiner persönlichen Daten zu bestimmen.*

Die freie Entfaltung der Persönlichkeit als Grundlage für den Datenschutz zu sehen mag übertrieben klingen, ist jedoch – den Gedanken zu Ende geführt – folgerichtig:

> *Wer nicht mit hinreichender Sicherheit überschauen kann, welche ihn betreffende Informationen in bestimmten Bereichen seiner sozialen Umwelt bekannt sind, und wer das Wissen möglicher Kommunikationspartner nicht einigermaßen abzuschätzen vermag, kann in seiner Freiheit wesentlich gehemmt werden, aus eigener Selbstbestimmung zu planen oder zu entscheiden.*

Diese Aussagen des Bundesverfassungsgerichts von vor mehr als 35 Jahren sind heute mindestens genauso aktuell. Nicht nur sind die Erhebung und Verarbeitung großer Mengen an Daten viel einfacher geworden. Wir selbst sind auch deutlich ungehemmter, wenn es um die Weitergabe unserer eigenen Daten geht. Insbesondere Dienste von Konzernen wie Google oder Facebook haben die Daten ihrer Nutzer als neue Währung auserkoren. Bereitwillig wird alles mit jedem geteilt. Darunter finden sich banale Dinge wie Fotos vom Frühstück, ein neu entdecktes Lied oder Geburtstagswünsche, aber auch privatere Inhalte wie Kinderfotos, GPS-Daten oder Fitness-Werte.

Ganz ohne die Erhebung von Daten geht es jedoch auch nicht. Wie sollen Sie Ihren Mandanten verteidigen, wenn dieser Ihnen keine Informationen geben möchte? Wo sollen die Informationen herkommen, wenn die Polizei nicht ermitteln darf, Auskunftsansprüche nicht befriedigt werden müssen, Versicherer keine Unfalldaten sammeln dürfen oder Gutachter ihre Arbeit nicht machen können?

Das ständige Ausgleichen widerstreitender Interessen ist, wie in so vielen anderen Rechtsbereichen auch, eines der Kernelemente des Datenschutzrechts. Für Sie als Jurist dürfte das eine willkommene, vertraute Konstante sein, wenn diesmal nicht Ihre eigenen Interessen in der Waagschale liegen würden.

Aber wir wollen Sie erst einmal beruhigen: Beim Datenschutz geht es weniger darum, überhaupt eine Weitergabe von Daten zu verhindern, als vielmehr darum, dafür zu sorgen, dass mit weitergegebenen Daten sorgsam umgegangen wird. Ähnlich wie das Bundesverfassungsgericht die informationelle Selbstbestimmung als essenziell für eine freie Rechts- und Gesellschaftsordnung angesehen hat, ist der Datenaustausch wesentliches Element unserer modernen digitalen Gesellschaft.

> **Datensparsamkeit**
>
> Auch wenn das Datenschutzrecht nicht zum Ziel hat, die Datenerhebung an sich zu unterbinden, so gibt es mit der »Datensparsamkeit« ein Konzept, das die Datenerhebung zumindest auf das Erforderliche zu begrenzen versucht. Danach sind Unternehmen angehalten, nur so viele Daten zu erheben, wie tatsächlich auch benötigt werden. Mit der Datensparsamkeit verbunden ist auch ein Appell an die Betroffenen, nur die jeweils erforderlichen Daten weiterzugeben.
>
> Ausdrücklich gesetzlich geregelt ist das Konzept der Datensparsamkeit nicht. Nicht wenige Unternehmen versuchen sich allerdings daran auszurichten, um die Erhebung unnötiger Daten zu verhindern und die eigenen Prozesse effizienter zu gestalten.

Auf den folgenden Seiten werden wir uns also hauptsächlich damit beschäftigen, wie mit den in Ihrer Kanzlei anfallenden Daten gesetzeskonform umzugehen ist. Das betrifft die Daten Ihrer Mandanten ebenso wie die Daten der Nutzer Ihrer Internetangebote.

15.2 Rechtliche Grundlagen

Wie jedes Rechtsgebiet folgt auch das Datenschutzrecht einigen elementaren Grundsätzen, deren Kenntnis für jegliche Problemstellung vorausgesetzt wird. Selbst ein grobes Verständnis von Struktur und Systematik der einschlägigen Gesetze hilft bei einer Konfrontation mit neuen Fragen ungemein.

15.2.1 Gesetzeswerke

Wie Sie sicherlich mitbekommen haben, ist im Bereich der Datenschutzgesetze in den letzten Jahren viel passiert. Die DSGVO hat nicht nur erstmals ein europaweites Datenschutzrecht geregelt, sondern auch dafür gesorgt, dass unser bisheriges deutsches Bundesdatenschutzgesetz überholt ist und ersetzt werden musste. Neben diesen beiden ausschließlich dem Datenschutz gewidmeten Werken finden sich allerdings auch in einigen anderen Gesetzen Spezialregelungen, die Berücksichtigung verdienen.

BDSG alt

Als wichtigstes Gesetzeswerk des Datenschutzes in Deutschland galt bis 2018 das *Bundesdatenschutzgesetz* (BDSG a.F.). In seiner vergleichsweise kurzen Geschichte wurde das BDSG a.F. mehrfach novelliert – Gründe hierfür waren etwa das oben bereits angesprochene Volkszählungsurteil und diverse Anpassungen an EG-Richtlinien.

Inhaltlich regelte das BDSG a.F. den Umgang mit sogenannten *personenbezogenen Daten*. Das sind nach § 3 Abs. 1 BDSG a.F. »Einzelangaben über persönliche oder sachliche Verhältnisse einer bestimmten oder bestimmbaren natürlichen Person (Betroffener)«. Unterschieden wurde zwischen der Datenverarbeitung durch öffentliche und nicht öffentliche Stellen. Verstöße wurden mit Bußgeldern und in Ausnahmefällen mit Freiheits- oder Geldstrafe sanktioniert.

BDSG neu

Als am 24. Mai 2016 die DSGVO in Kraft trat, war das BDSG a.F. in weiten Teilen überholt. Um das Gesetz entsprechend anzupassen, hat der Bundestag am 30. Juni 2017 eine Neufassung des BDSG beschlossen, die zusammen mit der DSGVO ab dem 25. Mai 2018 Anwendung fand und das alte BDSG vollständig ablöste.

Warum aber überhaupt das Gesetz neu fassen und nicht komplett abschaffen? Immerhin hat die DSGVO als europäische Verordnung unmittelbare Geltung in allen Mitgliedsstaaten. Der Grund hierfür sind vor allem die vereinzelten Öffnungsklauseln in der DSGVO, die den nationalen Gesetzgebern einen eingeschränkten Gestaltungsspielraum gewähren. Deutschland hatte im europäischen Vergleich deutlich strengere Datenschutzregeln und nutzt im neuen BDSG einige der Öffnungsklauseln, um den alten Standard zu halten. Gebrauch von den Öffnungsklauseln wurde daher vor allem beim Beschäftigtendatenschutz, den Bußgeldvorschriften sowie dem Datenschutzbeauftragten gemacht.

Des Weiteren deckt das BDSG diverse Bereiche ab, die nicht in den Anwendungsbereich von Unionsrecht fallen, was etwa die Datenverarbeitung durch bestimmte Bundesbehörden wie Verfassungsschutz, Bundesnachrichtendienst und Militärischen Abschirmdienst betrifft. Gleichzeitig wird mit dem neuen BDSG die Richtlinie (EU) 2016/680 umgesetzt, die den Schutz personenbezogener Daten bei einer Nutzung durch Polizei- und Strafverfolgungsbehörden regelt.

Dementsprechend gliedert sich das neue BDSG in vier Teile: einen allgemeinen Teil, einen Teil zur Umsetzung der DSGVO, einen Teil zur Umsetzung der Richtlinie (EU) 2016/680 und einen Teil für nicht vom Unionsrecht erfasste Sonderfälle.

DSGVO

Die europäische Datenschutz-Grundverordnung ist seit dem 25. Mai 2018 die primäre Rechtsquelle des Datenschutzes in der gesamten EU. Sie trat bereits am 24. Mai 2016 in Kraft, sah jedoch eine zweijährige Übergangszeit zur Umsetzung der neuen Regelungen vor. Zumindest in Deutschland schien diese Zeit nicht von jedem gut genutzt worden zu sein: Im Frühjahr 2018 dominierte die DSGVO nicht nur den juristischen Diskurs, sondern war auch aus der allgemeinen öffentlichen Medienberichterstattung nicht mehr wegzudenken.

Dabei häufte sich auch die Kritik an der Verordnung, die laut zahlreichen Artikeln in Tages- und Wochenzeitungen besonders hart den Mittelstand treffen würde. Die neuen Anforderungen würden kleine Unternehmer von ihrer eigentlichen Arbeit abhalten und den technologischen Fortschritt in Europa behindern.

Gleichwohl war der Schutz von personenbezogenen Daten nicht das einzige Ziel des rechtlichen und politischen Mammutprojekts, das die DSGVO ohne Frage war. Ein wesentlicher Grund für die Vereinheitlichung des europäischen Datenschutzrechts war die Gewährleistung eines freien Datenverkehrs innerhalb des Europäischen Binnenmarkts. Es ist heutzutage nichts Ungewöhnliches mehr, als Unternehmen seine Dienste grenzüberschreitend anzubieten. Der alte datenschutzrechtliche Flickenteppich in der EU hat vielfach für Überforderung der Diensteanbieter, Unverständnis und rechtlichen Grauzonen gesorgt. Nun haben nicht nur europäische Unternehmen einen einheitlichen Datenschutzstandard zur Orientierung – aus Angst vor Sanktionierung haben sich vor allem Online-Diensteanbieter weltweit am europäischen Standard ausgerichtet.

Unbestritten hat die DSGVO ihre Schwächen. Einige der Pflichten, die datenverarbeitende Stellen treffen, sind praxisfern und gehen an der Lebensrealität vorbei. So ist es ganz nett, wenn Unternehmen dazu verpflichtet werden, ihre Datenverarbeitung einmal genauer unter die Lupe zu nehmen und auf deren Erforderlichkeit zu überprüfen. Die teilweise damit verbundenen Dokumentations- und Nachweispflichten stellen jedoch eine nicht zu unterschätzende Belastung mit fragwürdigem Nutzen dar. Einer der Vorwürfe lautet daher, dass die DSGVO eine bloße Arbeitsbeschaffungsmaßnahme für Juristen zulasten der heimischen Wirtschaft darstelle.

Da Sie selbst Jurist sind, werden Sie dieses Argument sicherlich aus anderen Rechtsgebieten kennen. Wie so häufig ist hier viel Hysterie im Spiel. Gerade in Deutschland änderte sich durch die DSGVO überhaupt nicht so viel. Einige der »neuen« europäischen Regelungen stammen sogar unmittelbar aus dem deutschen Datenschutzrecht und waren den anderen Mitgliedsstaaten größtenteils völlig unbekannt. So war etwa manchen Mitgliedsstaaten das Konzept des Datenschutzbeauftragten vollkommen neu.

Zudem darf nicht vergessen werden, dass die DSGVO bei Weitem nicht so wirtschaftsfeindlich ist, wie teilweise suggeriert wird. Jahrelange Lobbyarbeit hat zu einem schwammigen Regelwerk geführt, dessen dehnbare und auslegungsbedürftige Formulierungen den einen oder anderen Rechtsstreit provozieren werden. Die wirklich zukunftsträchtigen Themen wie Big Data, intelligente Gesundheitsdaten oder künstliche Intelligenz werden nur am Rande geschnitten. Viele der in naher Zukunft zwangsläufig aufkommenden Probleme wurzeln nicht in der Existenz der Verordnung selbst, sondern in dem Unwillen von Politik und Wirtschaft, sich diesen Fragen frühzeitig zu stellen.

Da wir zum einen keine prophetischen Fähigkeiten besitzen und zum anderen an einer strukturierten Vermittlung der Grundlagen in der gebotenen Kürze interessiert sind, werden wir eine intensivere Auseinandersetzung mit etwaigen Spezialproblemen und Meinungsstreiten so gut es geht vermeiden.

> **Praxishinweis: Überblick im Internet**
>
> Einen sehr guten Überblick über die DSGVO, die zugehörigen Erwägungsgründe und das neue BDSG bietet die Website *https://dsgvo-gesetz.de*. Sie ermöglicht auch eine Ansicht des englischen Textes, der für Unternehmen mit grenzüberschreitendem Adressatenkreis von Interesse sein kann.

Spezialnormen

Zahlreiche weitere Gesetze beinhalten datenschutzrechtliche Vorschriften. Entsprechende Normen finden sich etwa im Beamten-, Sozial oder Strafrecht sowie im Berufsrecht von Ärzten oder auch Anwälten. Gegenüber diesem sogenannten *bereichsspezifischen Datenschutz* war das BDSG nur subsidiär bzw. ergänzend anwendbar. Auch mit der DSGVO wird sich hieran nicht viel ändern. Diverse Öffnungsklauseln lassen bereichsspezifische Regelungen auch weiterhin zu, was aufgrund der vielen Besonderheiten in den speziellen Rechtsgebieten nur vernünftig ist.

15.2.2 Wesentliche Funktionen des Datenschutzrechts

Die Vielzahl an datenschutzrechtlichen Normen aus verschiedensten Gesetzen und Rechtsbereichen und das Zusammenspiel von bereichsspezifischen, bundesrechtlichen und unionsrechtlichen Regelungen kann sehr verwirrend sein. Gleichwohl folgt das Datenschutzrecht im Allgemeinen einigen wenigen Grundsätzen, die auf die meisten Fälle anwendbar sind. Da unser deutsches Datenschutzrecht der DSGVO im Wesentlichen als Vorbild gedient hat, dürfen Sie keine weltbewegenden Veränderungen erwarten.

Personenbezogene Daten

Ausgangspunkt des Datenschutzrechts sind die personenbezogenen Daten. Denn nur dann, wenn personenbezogene Daten verarbeitet werden, findet das Datenschutzrecht – sei es das nationale oder europäische – Anwendung. In einem ersten Schritt sollten wir uns also klarmachen, wann Daten einen solchen Personenbezug aufweisen. Hier hilft uns der Begriffskatalog des Art. 4 DSGVO. Demnach sind personenbezogene Daten:

> *... alle Informationen, die sich auf eine identifizierte oder identifizierbare natürliche Person (im Folgenden »betroffene Person«) beziehen; als identifizierbar wird eine natürliche Person angesehen, die direkt oder indirekt, insbesondere mittels Zuordnung zu einer Kennung wie einem Namen, zu einer Kennnummer, zu Standortdaten, zu einer Online-Kennung oder zu einem oder mehreren besonderen Merkmalen identifiziert werden kann, die Ausdruck der physischen, physiologischen, genetischen, psychischen, wirtschaftlichen, kulturellen oder sozialen Identität dieser natürlichen Person sind.*

Kurz gesagt: Wenn ein konkretes Datum einer konkreten Person zugeordnet werden kann, ist das Datum personenbezogen. Das gilt für eine ganze Menge an Daten, weshalb der Anwendungsbereich des Datenschutzrechts so weitreichend ist.

Beispiele für personenbezogene Daten

- allgemeine Informationen wie Name und Adresse
- Kontaktinformationen wie E-Mail und Telefonnummer
- Kennzahlen wie Kunden-, Ausweis- und Steuernummer
- Online-Daten wie Tracking-Cookies, die IP-Adresse und GPS-Standorte

Wie der Definition des Begriffs *identifizierbar* zu entnehmen ist, muss die Zuordnung eines bestimmten Datums nicht zwangsläufig von Ihnen persönlich der konkreten Person zugeordnet werden können. Die theoretische Zuordnung ist ausreichend.

Es ist möglich, den Personenbezug von Daten zu beseitigen. Beispielsweise ist eine Pseudonymisierung durch das Ersetzen einzelner Daten mit (vom Betroffenen selbst gewählten) Kennungen möglich. Dieses Verfahren ergibt nur bei größeren Datensätzen Sinn, da einzelne personenbezogene Daten lediglich voneinander getrennt werden. Dadurch wird die Zuordnung aller Daten zu einer Person erschwert. Bei einer Zusammenführung der einzelnen pseudonymisierten Daten wird der Personenbezug natürlich wiederhergestellt.

Praxisbeispiel: Pseudonymisierung

Wenn Sie sich auf einer Website anmelden, dann wählen Sie häufig nicht Ihren Klarnamen, sondern einen sogenannten *Nickname* bzw. ein Pseudonym.

Beispiel: Max Mustermann registriert sich auf Twitter mit dem Namen »MaMu16«. Dieser Name ist kein personenbezogenes Datum, da »MaMu16« keine eindeutigen Rückschlüsse auf die dahinterstehende Person zulässt.

Gibt Max Mustermann jedoch gleichzeitig seine E-Mail-Adresse *maxmustermann@gmail.com* an, so kann sein Nickname »MaMu16« über die E-Mail-Adresse wieder seiner konkreten Person zugeordnet werden.

Daneben kommt auch eine Anonymisierung in Betracht. Demnach entfällt ein Personenbezug, wenn die Daten so verändert werden, dass eine Identifizierung nicht mehr möglich ist.

Im Zweifelsfall sollten Sie immer von einem Personenbezug ausgehen.

Der Einwilligungsvorbehalt

Im deutschen und jetzt auch im europäischen Datenschutzrecht gilt das sogenannte Verbot mit Erlaubnisvorbehalt. Personenbezogene Daten dürfen folglich nur dann erhoben, gespeichert, verarbeitet oder weitergegeben werden, wenn die betroffene Person einwilligt.

Eine besondere Form oder Art der Einwilligung ist nicht gefordert; auch die mündliche oder konkludente Einwilligung ist wirksam. Aus Gründen der Beweisbarkeit ist aber jedenfalls eine irgendwie wahrnehmbare, bestenfalls schriftliche Einwilligung zu empfehlen.

Die Einwilligung hat darüber hinaus freiwillig zu erfolgen. Dabei ist der Begriff der Freiwilligkeit etwas differenzierter zu betrachten. Niemand erwartet ernsthaft, dass Sie versuchen, Einwilligungen zu erpressen. Hintergrund dieser Voraussetzung ist vielmehr die praktisch sehr häufige Kopplung der Einwilligung an einen Dienst:

> »Laden Sie sich noch heute unser kostenloses E-Book zum Datenschutzrecht herunter. Dafür müssen Sie einfach nur Ihre E-Mail-Adresse in unseren Newsletter-Verteiler eintragen.«

Dieses Angebot hört sich verlockend an. Aber ist die mit der Eintragung der E-Mail-Adresse verbundene Einwilligung zum Empfang von Newslettern noch freiwillig, wenn es dem Nutzer nur um das E-Book geht? In Art. 7 Abs. 4 der DSGVO heißt es:

> *Bei der Beurteilung, ob die Einwilligung freiwillig erteilt wurde, muss dem Umstand in größtmöglichem Umfang Rechnung getragen werden, ob unter anderem die Erfüllung eines Vertrags, einschließlich der Erbringung einer Dienstleistung, von der Einwilligung zu einer Verarbeitung von personenbezogenen Daten abhängig ist, die für die Erfüllung des Vertrags nicht erforderlich sind.*

In unserem obigen Beispiel könnte das E-Book auch ohne Anmeldung zum Newsletter zum Download angeboten werden. Die hier vorgenommene Kopplung ist mithin nicht erforderlich und daher unzulässig.

Expertentipp: Umgang mit dem Kopplungsverbot

Das Kopplungsverbot der DSGVO ist erheblich strenger als das des alten BDSG. Hinzu kommt der nochmals verschärfende und teils widersprüchliche Erwägungsgrund 42, der Juristen einige Kopfschmerzen bereitet. Wollen Sie dennoch Newsletter-Anmeldungen mit der Zurverfügungstellung von Diensten erreichen, empfehlen wir zwei Dinge:

1. Stellen Sie das Rechtsgeschäft eindeutig als solches dar. Obiges Beispiel ist nichts anderes als ein Bezahlen des E-Books mit den eigenen Daten. Wenn Sie diesen »Preis« des E-Books verständlich und offen kommunizieren, ist die Bezahlung tatsächlich »erforderlich« im Sinne der DSGVO.
2. Völlige Transparenz! Verzichten Sie auf Formulierungen wie »kostenlos« (siehe Beispiel oben), die Ihre Nutzer über den Charakter des Rechtsgeschäfts in die Irre führen, und klären Sie über die Art und den Umstand der Datenerhebung auf.

Rechtfertigungsgrundlagen

Die Einwilligung ist zwar Grundsatz und Ausgangspunkt beim Umgang mit personenbezogenen Daten. Es liegt aber auch auf der Hand, dass nicht jede Datenerhebung und -verarbeitung von der Einwilligung der Betroffenen abhängig gemacht werden kann. Aus diesem Grund gibt es in Art. 6 der DSGVO eine Reihe von Rechtsgrundlagen, auf die eine Datenverarbeitung gestützt werden kann.

Rechtsgrundlagen nach Art. 6 DSGVO
- Einwilligung
- erforderlich für Erfüllung eines Vertrags
- erforderlich zur Erfüllung einer rechtlichen Pflicht
- erforderlich zum Schutz lebenswichtiger Interessen
- erforderlich zur Wahrnehmung von Aufgaben im öffentlichen Interesse
- erforderlich zur Wahrung berechtigter Interessen

Der Art. 6 DSGVO steht im Mittelpunkt des Datenschutzrechts und verdient daher entsprechend Aufmerksamkeit. Da in Datenschutzerklärungen nunmehr auch für jede einzelne Datenverarbeitung die jeweilige Rechtsgrundlage angegeben werden muss, kann es nicht schaden, den Inhalt des Art. 6 DSGVO zu kennen.

Überblick über die datenschutzrechtlichen Pflichten

Wenn Sie nun personenbezogene Daten aufgrund einer Einwilligung oder einer anderen Rechtsgrundlage erheben, speichern, verarbeiten oder weitergeben, müssen Sie eine Reihe von Pflichten und Maßnahmen beachten. Die für Sie als Anwalt relevantesten Pflichten und Maßnahmen werden wir in Abschnitt 15.4 genauer beleuchten.

Nicht zu unterschätzen ist die Pflicht zur Information über die erhobenen Daten, die zugrunde liegende Rechtsgrundlage und den Zweck der Datenerhebung (siehe Abschnitt 15.4.2). Diese grundlegenden Transparenzregeln werden dadurch ergänzt, dass Sie Betroffenen jederzeit individuell über deren personenbezogene Daten Auskunft geben können müssen (siehe Abschnitt 15.4.6).

Auskunfts- und Informationspflichten werden wiederum durch eine Dokumentationspflicht ergänzt. Daneben sind Sie zum Schutz der Ihnen anvertrauten Daten verpflichtet (siehe Abschnitt 15.4.2). Ab einer bestimmten Kanzleigröße müssen Sie zudem einen Datenschutzbeauftragten bestellen (siehe Abschnitt 15.4.5).

15.3 Besonderheiten für Anwälte und Kanzleien

Anwälte haben naturgemäß einen sehr weitreichenden Zugriff auf die Daten ihrer Mandanten, die je nach Einzelfall von besonderer persönlicher, wirtschaftlicher oder ideeller Bedeutung sein können. Aus diesem Grund sind viele Anwälte von vornherein für das Interesse ihrer Mandanten am Schutz dieser Daten sensibilisiert. Nicht umsonst gilt das Verhältnis zwischen Anwalt und Mandant als eine spezielle Beziehung, die primär auf Vertrauen gründet.

Dem trägt auch das Gesetz Rechnung – oder besser gesagt: mehrere Gesetze. Insbesondere im anwaltlichen Berufsrecht und im Strafrecht finden sich mehrere Normen, die die Sonderstellung des Anwalts thematisieren und damit mittelbar oder unmittelbar datenschutzrechtliche Dimension besitzen.

Zum einen ist eine Kenntnis dieser Normen zu empfehlen. Zum anderen müssen wir uns die Frage stellen, welche Folgen sich hieraus für das allgemeine Datenschutzrecht ergeben.

15.3.1 Berufsrecht

Das anwaltliche Berufsrecht speist sich im Wesentlichen aus der *Bundesrechtsanwaltsordnung* (BRAO) und der *Berufsordnung für Rechtsanwälte* (BORA). Erstere regelt die Rechte und Pflichten von Rechtsanwälten in Deutschland und ist ein Bundesgesetz. Die BORA hingegen ist eine Satzung der Bundesrechtsanwaltskammer und beinhaltet Standesrecht. Damit ergänzt und konkretisiert sie im Einzelfall die Regelungen der BRAO.

Darüber hinaus existieren seit nunmehr über 30 Jahren die Berufsregeln der Rechtsanwälte der Europäischen Union, die vom *Council of Bars and Law Societies of Europe* (CCBE) beschlossen wurden. Inhalt sind vor allem die Stellung des Rechtsanwaltsberufs und Verhaltensregeln der Rechtsanwälte untereinander sowie gegenüber Mandanten und Gerichten.

§ 43a BRAO – Verschwiegenheitspflicht

Erste datenschutzrechtlich relevante Sonderregelungen finden sich in der Bundesrechtsanwaltsordnung (BRAO). In § 43a Abs. 2 BRAO ist die Verschwiegenheitspflicht der Rechtsanwälte als eine ihrer Grundpflichten geregelt:

> *Der Rechtsanwalt ist zur Verschwiegenheit verpflichtet. Diese Pflicht bezieht sich auf alles, was ihm in Ausübung seines Berufes bekanntgeworden ist. Dies gilt nicht für Tatsachen, die offenkundig sind oder ihrer Bedeutung nach keiner Geheimhaltung bedürfen. Der Rechtsanwalt hat die von ihm beschäftigten Personen in schriftlicher Form zur Verschwiegenheit zu verpflichten und sie dabei über die strafrechtlichen Folgen einer Pflichtverletzung zu belehren. Zudem hat er bei ihnen in geeigneter Weise auf die Einhaltung der Verschwiegenheitspflicht hinzuwirken. Den von dem Rechtsanwalt beschäftigten Personen stehen die Personen gleich, die im Rahmen einer berufsvorbereitenden Tätigkeit oder einer sonstigen Hilfstätigkeit an seiner beruflichen Tätigkeit mitwirken. [...]*

Mithin erstreckt sich die Verschwiegenheitspflicht auf alles, was nicht offenkundig oder bedeutungslos ist. Das gesamte Mandantenverhältnis inklusive seiner Existenz ist damit geheim zu halten – eine weitreichende Pflicht, die sich auch auf die Kanzleimitarbeiter erstreckt, die nicht unmittelbar der BRAO unterfallen.

Wenn Sie sich einmal bewusst machen, welche Informationen hiervon umfasst werden, werden Sie feststellen, dass sich viele datenschutzrechtliche Überlegungen und Differenzierungen hiermit bereits erübrigen. Ohne ausdrückliche Einwilligung Ihrer Mandanten sind Sie nicht zur Veröffentlichung von Informationen aus dem Mandantenverhältnis befugt. Im Gegensatz zum allgemeinen Datenschutzrecht können Sie sich auch nicht auf andere Rechtfertigungstatbestände wie etwa »berechtigte Interessen« berufen. Darüber hinaus haben Sie bei einer Zuwiderhandlung nicht »nur« ein Bußgeld, sondern strafrechtliche Sanktionen (siehe Abschnitt 15.3.2) zu befürchten.

Nicht erlaubt ist folglich die Werbung mit berühmten bzw. angesehenen Mandanten oder auch mit der Veröffentlichung erstrittener Urteile, sofern diese Rückschlüsse auf das Mandantenverhältnis zulassen. Hierfür benötigen Sie die explizite Einwilligung des Betroffenen.

§ 50 BRAO – Führen von Handakten

Kein Grundpfeiler des Anwaltsberufes, aber dennoch eine datenschutzrechtlich bedeutsame Norm ist der § 50 BRAO. Danach haben Anwälte die Pflicht zum Führen von Handakten sowie zu deren Aufbewahrung für mindestens 6 Jahre, beginnend mit dem Ablauf des Jahres, in dem das Mandat endete. Das ist eine lange Zeit, in der nicht nur der Zugriff auf die in den Handakten befindlichen Informationen, sondern auch deren ordnungsgemäßer Schutz gewährleistet werden muss. Gleiches gilt für sämtliche Dokumente, die Sie während Ihrer Tätigkeit von Ihrem Mandanten erhalten.

Allerdings dient die lange Aufbewahrungsdauer auch dem Interesse des Anwalts, um Auskunfts-, Rechenschafts- und Herausgabepflichten der Mandantschaft nachzukommen, Regressansprüche abzuwehren und berufs- sowie steuerrechtlichen Pflichten zu genügen. In diesem Zusammenhang ist zu berücksichtigen, dass der § 50 BRAO erst 2017 – auch vor dem Hintergrund der DSGVO – geändert wurde. Die 6-Jahres-Frist ist das Ergebnis einer Abwägung zwischen den vorgenannten Interessen der Anwälte und dem Löschinteresse der Mandanten. Ein datenschutzrechtlicher Löschanspruch der Mandantschaft ist während der 6 Jahre ausgeschlossen.

> **Rechtshinweis**
>
> Haben Sie gut aufgepasst? Dann werden Sie bemerkt haben, dass die Aufbewahrungspflicht in § 50 BRAO eine Rechtspflicht und damit eine Rechtsgrundlage zum Speichern von Daten im Sinne des Art. 6 DSGVO ist!

Im Rahmen der Gesetzesänderung wurden übrigens die Begrifflichkeiten so angepasst, dass sie nunmehr unzweifelhaft auch auf die digitale Welt anwendbar sind. Statt »Schriftstücke« und »Briefwechsel« heißt es jetzt »Dokumente« und »Korrespondenz«.

§ 2 BORA – Verschwiegenheitspflicht

Mit § 2 BORA wird die Verschwiegenheitspflicht aus der BRAO weiter konkretisiert. Zum einen erweitert die Norm die Pflicht auch auf den Zeitraum nach Beendigung des Mandats. Dass die personenbezogenen Daten Ihrer Mandanten mit Ende des Mandatsverhältnisses nicht vogelfrei werden, sollte nachvollziehbar sein, hier steht es nun noch einmal schwarz auf weiß.

Zum anderen enthält die Norm ähnlich wie in DSGVO und BDSG einen Einwilligungsvorbehalt sowie weitere Rechtsgrundlagen, bei deren Vorliegen nicht gegen die Verschwiegenheitspflicht verstoßen wird.

> *Ein Verstoß ist nicht gegeben, soweit das Verhalten des Rechtsanwalts*
>
> *mit Einwilligung erfolgt oder*
>
> *zur Wahrnehmung berechtigter Interessen erforderlich ist, z. B. zur Durchsetzung oder Abwehr von Ansprüchen aus dem Mandatsverhältnis oder zur Verteidigung in eigener Sache, oder*
>
> *im Rahmen der Arbeitsabläufe der Kanzlei einschließlich der Inanspruchnahme von Leistungen Dritter erfolgt und objektiv einer üblichen, von der Allgemeinheit gebilligten Verhaltensweise im sozialen Leben entspricht (Sozialadäquanz).*

Im Gegensatz zur BRAO können sich Anwälte nach der BORA also doch auf die Wahrnehmung berechtigter Interessen berufen. Das aufgeführte Beispiel macht jedoch deutlich, dass hiermit keineswegs Werbeinteressen oder Ähnliches gemeint sind, sondern rechtliche Interessen des Anwalts selbst. Auch das scheint selbstverständlich – immerhin wäre es hochproblematisch, wenn die berufsrechtliche Verschwiegenheitspflicht eine adäquate Verteidigung gegen frühere Mandanten verhindern würde.

Bedeutsamer ist dagegen der Ausnahmetatbestand der Sozialadäquanz. Diese Regelung existiert erst seit 2015 in der BORA und wurde vor dem Hintergrund der Digitalisierung in das Standesrecht eingefügt. Die Intention war es, den Einsatz externer Dienstleister im Kanzlei-Alltag nicht ständig von der Einwilligung der Mandantschaft abhängig zu machen und ihn womöglich sogar daran scheitern zu lassen. Bestes Beispiel ist die Nutzung von Cloud-Lösungen.

Die Sache hat allerdings einen Haken: Wie wir in Abschnitt 15.3.2 noch feststellen werden, haben Verstöße gegen die anwaltliche Verschwiegenheitspflicht auch eine strafrechtliche Relevanz. Die Bundesrechtsanwaltskammern als Urheber der BORA haben jedoch keine Kompetenz zur Schaffung strafrechtlicher Erlaubnistatbestände. Der Ausnahmetatbestand der Sozialadäquanz schließt mithin nur berufsrechtliche Konsequenzen aus, berührt aber nicht eine etwaige Strafbarkeit!

> **Wichtig: non-legal outsourcing**
>
> Diese Thematik, die unter dem Namen *non-legal outsourcing* firmiert, hat sich in den letzten Jahren allerdings weiterentwickelt. Mitte 2017 wurden Strafgesetzbuch (StGB) und Strafprozessordnung (StPO) angepasst. Mit § 43e BRAO wurde zudem ein neuer Paragraph zur Regelung der Inanspruchnahme von Dienstleistungen eingeführt.
>
> Ähnliche Anpassungen finden sich in nahezu allen Berufsordnungen, die eine Verschwiegenheitspflicht vorsehen. Inwiefern dadurch völlige Rechtssicherheit gewährleistet werden kann, bleibt schon mit Blick auf den stetigen technischen Wandel abzuwarten.
>
> Falls Sie sich für das Thema *non-legal outsourcing* genauer interessieren, folgen hier noch ein paar weiterführende Informationen:
>
> - **zur strafrechtlichen Dimension:** siehe Abschnitt 15.3.2
> - **Übersicht über alle gesetzlichen Änderungen 2017:** *www.buzer.de/gesetz/12857/index.htm* und zugehörige BT-Drucksache 18/11936
> - **Bewertung der Änderungen im Anwaltsblatt:** *https://anwaltsblatt.anwaltverein.de/de/anwaeltinnen-und-anwaelte/berufsrecht/non-legal-outsourcing-in-kanzleien-go-fuer-regierungsentwurf*

2.3 CCBE – Grundpflicht der Vertraulichkeit

Erneut erwähnt wird die Verschwiegenheitspflicht in Ziff. 2.3 der *Berufsregeln der Rechtsanwälte der Europäischen Union*, die nach ihrem Beschlussorgan auch *CCBE* abgekürzt werden. Neben einem grundsätzlichen Bekenntnis zur Verschwiegenheitspflicht als dem Grundpfeiler der Vertrauensbeziehung zwischen Anwalt und Mandant heißt es dort:

> Der Rechtsanwalt hat die Vertraulichkeit aller Informationen zu wahren, die ihm im Rahmen seiner beruflichen Tätigkeit bekannt werden.
>
> Die Pflicht zur Wahrung des Berufsgeheimnisses ist zeitlich unbegrenzt.
>
> Der Rechtsanwalt achtet auf die Wahrung der Vertraulichkeit durch seine Mitarbeiter und alle Personen, die bei seiner beruflichen Tätigkeit mitwirken.

Das liest sich wie eine gelungene Zusammenfassung des zuvor Gesagten: Die Verschwiegenheitspflicht erstreckt sich auf alle im Rahmen der beruflichen Tätigkeit erlangten Informationen, ist zeitlich unbegrenzt und schließt auch Mitarbeiter und sonstige mitwirkende Personen ein. Unter Ziff. 2.6 CCBE wird zudem nochmals betont, dass persönliche Werbung stets unter Wahrung der Verschwiegenheitspflicht zu erfolgen hat.

15.3.2 Strafrecht

Schließlich spielen noch einige Normen in anderen, nicht spezifisch berufsrechtlichen Gesetzeswerken eine Rolle. Allen voran steht natürlich das StGB, das den Geheimnisverrat durch Berufsgeheimnisträger zusätzlich sanktioniert. Ferner verdienen die Zeugnisverweigerungsrechte in der StPO Berücksichtigung.

§ 203 StGB – Verletzung von Privatgeheimnissen

In § 203 StGB wird die Offenbarung von anvertrauten Geheimnissen mit einer Freiheitsstrafe von bis zu einem Jahr oder Geldstrafe bedroht. Als einer unter vielen Paragraphen im Abschnitt »Verletzung des persönlichen Lebens- und Geheimbereichs«, hat der § 203 StGB gerade Berufsgruppen im Blick, die sich durch ein besonderes Vertrauensverhältnis auszeichnen. Das hat die Besonderheit, dass hierdurch nicht allein Individualinteressen geschützt werden sollen, sondern mittelbar auch Allgemeininteressen. Denn Ärzte, Psychologen oder aber auch Anwälte sind darauf angewiesen, dass in der Gesellschaft ein allgemeines Vertrauen in die Funktionsfähigkeit dieser Berufsgruppen und in die Integrität der einzelnen Berufsträger herrscht.

Die einzelnen Voraussetzungen der Strafbarkeit bedürfen an dieser Stelle keiner detaillierten Erläuterung mehr. Wenn Sie als Anwalt Geheimnisse, die Ihnen von Ihren

Mandanten anvertraut wurden, Dritten mitteilen, dann machen Sie sich nach § 203 StGB strafbar. Selbstverständlich gibt es auch hier Einschränkungen: Die Einwilligung des Betroffenen schließt eine Strafbarkeit aus. Ferner machen Sie sich nicht strafbar, wenn Sie gesetzlich zur Offenlegung des Geheimnisses verpflichtet sind.

Eine Offenbarung liegt gleichwohl ausdrücklich dann nicht vor, wenn Geheimnisse »*berufsmäßig tätigen Gehilfen oder den bei ihnen zur Vorbereitung auf den Beruf tätigen Personen*« und »*sonstigen mitwirkenden Personen*« zugänglich gemacht werden. Erstere Personengruppe umfasst jeden, der in der Kanzlei mitarbeitet und dadurch zwangsläufig mit den Geheimnissen in Kontakt kommt.

> **Definition: »berufsmäßig tätiger Gehilfe«**
>
> »*Ein berufsmäßig tätiger Gehilfe im Sinne des § 203 Absatz 3 Satz 1 StGB-E ist, wer innerhalb des beruflichen Wirkungsbereichs des Berufsgeheimnisträgers eine auf dessen berufliche Tätigkeit bezogene unterstützende Tätigkeit ausübt, welche die Kenntnis bzw. die Möglichkeit der Kenntnisnahme fremder Geheimnisse mit sich bringt, wobei der Gehilfe nicht selbst seinen Beruf ausüben muss.*«
>
> (Quelle: BT-Drucksache 18/11936, S. 21)

Das ist nur folgerichtig, schon um einen reibungslosen Arbeitsablauf zu gewährleisten. Das hat selbstverständlich zur Folge, dass diese Personengruppe ebenfalls in die Strafbarkeit miteinbezogen wird.

Abzugrenzen ist die zweite Gruppe der »*sonstigen mitwirkenden Personen*«. Hierunter versteht die Gesetzesbegründung solche Personen, die in der Kanzlei mitarbeiten, dabei aber nicht organisatorisch in die Sphäre des Berufsgeheimnisträgers eingegliedert werden. Gemeint sind hiermit also vor allem externe Dienstleister und Auftragsdatenverarbeiter, denen sich Kanzleien im Rahmen ihrer Tätigkeit bedienen. Es handelt sich somit um die oben bereits angesprochene Änderung von 2017 zum *non-legal outsourcing*.

Nach dieser neuen Regelung ist eine Offenbarung von Geheimnissen auch dann nicht strafbar, wenn sie sonstigen mitwirkenden Personen zugänglich gemacht wurden, sofern das für die Ausübung von deren Tätigkeit erforderlich ist. Welche Arten von Tätigkeiten von sonstigen mitwirkenden Personen ausgeübt werden können, listet die Gesetzesbegründung auf:

- Schreibarbeiten
- Rechnungswesen
- Annahme von Telefonanrufen
- Aktenarchivierung und -vernichtung
- Einrichtung, Betrieb, Wartung – einschließlich Fernwartung – und Anpassung informationstechnischer Anlagen

- Anwendungen und Systeme aller Art
- Bereitstellung von informationstechnischen Anlagen und Systemen zur externen Speicherung von Daten
- Mitwirkung an der Erfüllung von Buchführungs- und steuerrechtlichen Pflichten des Berufsgeheimnisträgers

Wie die regulären Kanzleimitarbeiter unterfallen dann auch die sonstigen mitwirkenden Personen der Strafbarkeit des § 203 StGB. Dabei ist zu berücksichtigen, dass hiervon auch ganze Subunternehmerketten umfasst werden können. Sie als Anwalt bzw. Berufsgeheimnisträger stehen am Anfang dieser Kette und haben dafür zu sorgen, dass sich jedes einzelne Kettenglied seinerseits zur Verschwiegenheit verpflichtet.

Für die Praxis bedeutet das, dass Sie zunächst Ihren unmittelbaren Vertragspartner vertraglich zur Verschwiegenheit verpflichten müssen. Beauftragt Ihr Vertragspartner Subunternehmer, sollten Sie sich schriftlich nachweisen lassen, dass jeder einzelne Subunternehmer zur Verschwiegenheit verpflichtet wurde. Bestenfalls sammeln Sie die einzelnen Verschwiegenheitserklärungen zu Beweiszwecken.

§§ 53, 53a StPO – Zeugnisverweigerungsrecht

Die Zeugnisverweigerungsrechte der StPO stehen solchen Personen zu, deren Aussage aus sachlichen oder persönlichen Gründen eine besondere Konfliktlage im Verhältnis zu dem in einem strafrechtlichen Ermittlungsverfahren Beschuldigten führen würde. Bei Angehörigen liegt das auf der Hand, aber auch Rechtsanwälte sehen sich aufgrund der besonderen Vertrauensbeziehung zu ihrem Mandanten in einer solchen Konfliktlage. Daher normiert § 53 StPO ein Zeugnisverweigerungsrecht für Berufsgruppen wie die des Rechtsanwalts, und § 53a StPO erstreckt dieses Recht auf dessen juristische Mitarbeiter sowie das Büropersonal.

Allerdings gibt es auch hier wiederum Ausnahmen, etwa wenn der Beschuldigte durch Entbindung des Rechtsanwalts von der Verschwiegenheitspflicht einwilligt. Daneben sieht das Gesetz einige wenige ausdrücklich geregelte Ausnahmetatbestände vor, in denen Rechtsanwälte auch ohne Einwilligung des Beschuldigten ihr Zeugnis nicht verweigern dürfen.

15.3.3 Zusammenwirken von Berufsrecht und Datenschutzrecht

Es stellt sich nun die Frage, wie sich das anwaltliche Berufsrecht und die damit verbundenen Sondernormen mit dem allgemeinen Datenschutzrecht vertragen.

Sie haben sicherlich bemerkt, dass sich bestimmte Grundsätze durch alle angesprochenen Regelungswerke ziehen. Sei es Datenschutzrecht, Berufsrecht oder Strafrecht – das Verbot ist die Regel, aber die Einwilligung die Ausnahme. Zudem kennt jedes

Regelwerk bestimmte Rechtsgrundlagen, die ebenfalls als Ausnahme herangezogen werden können; etwa eine Ihnen auferlegte gesetzliche Pflicht zur Offenlegung der Ihnen anvertrauten Informationen.

Dennoch sind Berufsrecht und Datenschutzrecht bei Weitem nicht in allen Einzelheiten kongruent. Insbesondere einzelne datenschutzrechtliche Pflichten, wie die zur Bestellung eines Datenschutzbeauftragten sind vor dem anwaltsrechtlichen Hintergrund gesondert zu betrachten (siehe Abschnitt 15.4.5). Die Pflicht zur Auskunft gegenüber den Datenschutzbehörden kann im Einzelfall sogar in direktem Konflikt mit der Verschwiegenheitspflicht stehen (siehe Abschnitt 15.4.6).

Gleichwohl besteht mittlerweile nahezu Einigkeit darüber, dass das anwaltliche Berufsrecht durch das Datenschutzrecht ergänzt wird und dieses keinesfalls ersetzt. Das im Zentrum stehende Vertrauensverhältnis zwischen Anwalt und Mandant bedarf spezieller Regelungen, denen die allgemein gehaltenen Datenschutzgesetze nicht genügen. Das ist auch nicht deren Aufgabe, sonst bedürfte es keines bereichsspezifischen Datenschutzes.

In den Randbereichen, die durch das anwaltliche Berufsrecht nur tangiert oder grob skizziert werden, bedarf es jedoch zusätzlicher Regelungen, was einen Rückgriff auf die Datenschutzgesetze ermöglicht. Das gilt auch und vor allem für die DSGVO. Betroffen sind etwa Fragen der Kommunikation, des Beschäftigtendatenschutzes und der ordnungsgemäßen Kanzleiorganisation.

Als Faustregel können Sie sich daher merken: Sofern eine Kollision mit dem besonderen anwaltlichen Vertrauensverhältnis ausgeschlossen ist, ergänzen die Datenschutzgesetze das anwaltliche Berufsrecht.

15.4 Der praktische Kanzleidatenschutz im Einzelnen

Nachdem wir die Grundlagen nun geklärt haben, können wir uns den praxisrelevanten Einzelfragen widmen und Ihnen dabei helfen, Ihre Kanzlei datenschutzrechtlich einwandfrei aufzubauen und zu optimieren.

15.4.1 Datenschutz im Netz

Nur ganz kurz wollen wir einen Blick auf die digitale Seite der Datenerhebung und -verarbeitung werfen. Nahezu alle relevanten Probleme in diesem Bereich sind im Internet angesiedelt. Wie Sie Ihre Kanzlei-Website datenschutzrechtlich sicher gestalten, welche Anforderungen an Seiten bzw. Profile in sozialen Netzwerken zu stellen sind und wie eine korrekte Datenschutzerklärung aussieht, können wir unmöglich zufriedenstellend in diesem Kapitel erklären.

Darüber hinaus werden an Sie als Anwalt hier keine besonderen Anforderungen gestellt, sondern Sie treffen die gleichen Rechte und Pflichten wie alle anderen Internetnutzer und Diensteanbieter auch. Aus diesem Grund begnügen wir uns damit, Ihnen ein paar Quellen zu nennen, über die Sie sich im Detail mit diesbezüglichen Fragestellungen auseinandersetzen können.

> **Praxistipp: Datenerhebung im Internet**
>
> ▶ DSGVO-konformer Datenschutzerklärungsgenerator auf der WBS-Website:
> *www.wbs-law.de/it-recht/datenschutzrecht/datenschutzerklaerung-generator*
>
> ▶ Das Buch »DSGVO für Website-Betreiber« von Christian Solmecke und
> Sibel Kocatepe:
> *www.rheinwerk-verlag.de/4801*
>
> ▶ Das Buch »Recht im Online-Marketing: So schützen Sie sich vor Fallstricken
> und Abmahnungen« von Christian Solmecke und Sibel Kocatepe:
> *www.rheinwerk-verlag.de/4793*

15.4.2 Mandatsverhältnis und Kanzleiorganisation

Abgesehen von der digitalen Welt erheben und verarbeiten Sie allerdings auch Daten in der analogen Welt, vorrangig im Mandatsverhältnis. Mit dem ersten Kontakt zu einem potenziellen Mandanten erlangen Sie personenbezogene Daten wie Name, Adresse oder Telefonnummer.

Greifen wir auf die zuvor dargelegten Grundlagen zurück, werden wir schnell zu dem Ergebnis kommen, dass das eigentlich nur mit der Einwilligung des Betroffenen möglich ist. Da Sie derjenige sind, der kontaktiert wird, sollte das aber kein Problem darstellen. Alternativ können Sie sich zudem auf eine Datenverarbeitung zur Erfüllung eines Vertrags berufen.

> **Rechtsproblem: Informationspflicht bei Datenerhebung**
>
> Vor dem Hintergrund von Art. 13 DSGVO besteht ein Meinungsstreit darüber, ob bei der erstmaligen Datenerhebung eine umfassende Aufklärung des Betroffenen erfolgen muss. Das würde zu der absurden Situation führen, dass Ihr Sekretariat jedem potenziellen Mandanten erst einmal seitenweise Datenschutzerklärungen vorlesen müsste.
>
> Das kann natürlich nicht die Lösung des Problems sein. Ziel des Art. 13 DSGVO sind nach den Erwägungsgründen 60 ff. die Transparenz der Datenverarbeitung und die Möglichkeit des Betroffenen, eine informierte Entscheidung zu treffen.
>
> Wer telefonisch mit Ihnen einen Termin vereinbart, der muss zwangsläufig damit rechnen, dass Sie sich seine (freiwillig übergebenen) Daten notieren (speichern). Er

> wird es sogar erwarten bzw. voraussetzen, um eine ordnungsgemäße Durchführung des Termins zu gewährleisten. Eine separate Aufklärung über Datenverarbeitungsvorgänge ist nur dann erforderlich, wenn das vernünftigerweise zu erwarten ist (beispielsweise vor Vertragsschluss), wenn eine erneute Rechtsgrundlage für die Erhebung erforderlich ist (Beispiel: Nutzung zu Werbezwecken; Newsletter) oder wenn die Daten nicht (mehr) zu dem Zweck gespeichert/verarbeitet werden sollen, zu dem sie ursprünglich erhoben wurden.
>
> Auf der anderen Seite sind Sie selbstverständlich dann zur Information verpflichtet, wenn der Betroffene das verlangt.

Vor Abschluss eines Mandatsverhältnisses sollten Sie Ihrem neuen Mandanten eine schriftliche Datenschutzerklärung aushändigen. Auf diese Weise wahren Sie Transparenz und werden der Informationspflicht aus Art. 13 DSGVO gerecht. Wir empfehlen Ihnen, eine umfangreiche Datenschutzerklärung individuell für Ihre Kanzlei auszuarbeiten und ähnlich wie andere standardisierte Vertragstexte jedem neuen Mandanten noch vor Vertragsschluss mit den anderen Unterlagen zur Verfügung zu stellen. Ferner können Sie eine Version der Datenschutzerklärung als herunterladbares PDF-Dokument auf Ihrer Website bereithalten.

Der Inhalt sollte aus zwei wesentlichen Elementen bestehen: Zum einen informieren Sie über alle datenschutzrechtlich relevanten Abläufe in Ihrer Kanzlei. Zum anderen empfiehlt es sich, gleichzeitig alle nötigen Einwilligungserklärungen einzuholen. Daher sollten Sie Ihre Datenschutzerklärung auch mindestens zweifach ausgeben und eine vom Mandanten ausgefüllte und unterschriebene Version zu Ihren eigenen Akten nehmen.

Praxistipp: Inhalt der Datenschutzerklärung

Wie Sie Ihre Datenschutzerklärung konkret gestalten, richtet sich nach Ihren internen Prozessen und Bedürfnissen. Im Folgenden aber ein paar Anregungen:

- allgemeine Informationen zu Art und Umfang der gespeicherten Daten
- Information über zugriffsberechtigte Personen und über von Ihnen ergriffene Schutzmaßnahmen wie Passwörter und Verschlüsselungen
- kurzer Einblick in die relevanten internen Betriebsabläufe; Aktenführung, Archivierung und Aufbewahrungsdauer
- Information über relevante Software und Hilfsmittel Dritter sowie eine etwaige Datenweitergabe an Dritte
- Information über sonstige Rechtsgrundlagen, auf die eine Datenverarbeitung gestützt wird (insbesondere im Falle der berechtigten Interessen)
- Wichtig: Information über die Rechte des Betroffenen

- generelle Einwilligung in die Datenverarbeitung zur Bearbeitung des Mandats einholen
- Einwilligung in die Weitergabe der Daten an Dritte einholen
- Einwilligung in den Empfang von vertragsunabhängigen E-Mails wie Newslettern oder auch Geburtstagsgrüßen einholen
- Klärung des Kommunikationswegs (verschlüsselt/unverschlüsselt, E-Mail, Telefon, VoIP, E-Akte etc., siehe hierzu auch Abschnitt 15.4.4)

Machen Sie es sich und Ihren Mandanten einfach! Wenn Sie einmal eine umfangreiche, aber übersichtliche und strukturierte Datenschutzerklärung erstellt haben, ist dieser Teil der Mandatsbearbeitung in Zukunft nur noch ein Automatismus. Selbst Anpassungen können unkompliziert vorgenommen werden, wenn das Grundgerüst sicher steht. Und auch Ihre Mandanten werden es Ihnen danken!

> **Praxishinweis: Information des Prozessgegners**
>
> Im Rahmen der Mandatsbearbeitung werden Sie zwangsläufig auch personenbezogene Daten von Personen der Gegenseite erheben und verarbeiten. Da diese Datenerhebung nicht unmittelbar beim Prozessgegner selbst erfolgt, ist die Frage berechtigt, ob dieser denn trotzdem irgendwie informiert werden muss. Hierfür hat der deutsche Gesetzgeber in § 29 Abs. 2 des neuen BDSG eine Spezialvorschrift erlassen:
>
> »*Werden Daten Dritter im Zuge der Aufnahme oder im Rahmen eines Mandatsverhältnisses an einen Berufsgeheimnisträger übermittelt, so besteht die Pflicht der übermittelnden Stelle zur Information der betroffenen Person gemäß Artikel 13 Absatz 3 der Verordnung (EU) 2016/679 nicht, sofern nicht das Interesse der betroffenen Person an der Informationserteilung überwiegt.*«

Eine wohlüberlegte Datenschutzerklärung ist der erste Schritt zu einem gelungenen Datenschutzkonzept. Denn ohne ein solches Konzept werden Sie in Schwierigkeiten kommen. Spätestens dann, wenn einer Ihrer Mandanten von seinem Auskunftsrecht Gebrauch macht und Sie mühevoll sämtliche Datenverarbeitungsvorgänge betreffend die individuellen Daten Ihres Mandanten nachvollziehen und aufbereiten müssen, werden Sie sich wünschen, von Anfang an ein Konzept gehabt zu haben.

Ein gewisses Maß an Konzept ist sogar gesetzlich vorgeschrieben. Die Rede ist vom sogenannten »Verzeichnis von Verarbeitungstätigkeiten«. Nach Art. 30 DSGVO hat jeder, der personenbezogene Daten verarbeitet, ein solches Verzeichnis zu führen. Das klingt nach viel Aufwand, ist aber – wie die Datenschutzerklärung auch – eine einmalige Sache, die zukünftig ein wertvoller Bestandteil Ihrer Kanzleiorganisation sein wird.

Der Inhalt des Verzeichnisses ist gesetzlich vorgeschrieben, die konkrete Ausgestaltung aber jedem selbst überlassen. Unverzichtbar sind die persönlichen Angaben zur Kanzlei und den verantwortlichen Personen. Darüber hinaus müssen alle Verarbeitungstätigkeiten erläutert und aufgeschlüsselt werden. Der Zweck, die erforderliche Rechtsgrundlage und die davon betroffenen Personen müssen für jede einzelne Datenverarbeitung genannt werden. Daher bietet es sich an, das Verzeichnis als Tabelle aufzubauen und die Verarbeitungstätigkeiten in Kategorien wie »Personalwesen«, »Buchhaltung« und »Online-Aktivitäten« zu gliedern. Auf diese Weise sind nachträgliche Anpassungen ebenso wie das Hinzufügen neuer Verarbeitungstätigkeiten unproblematisch.

Schließlich müssen auch die *technischen und organisatorischen Maßnahmen* (TOM) im Verarbeitungsverzeichnis aufgeführt werden. So sind Sie als Datenverarbeiter gemäß Art. 32 DSGVO im zumutbaren Rahmen zu einer sicheren Datenverarbeitung unter Berücksichtigung des jeweiligen Stands der Technik verpflichtet. Im Verarbeitungsverzeichnis müssen Sie dann über die von Ihnen getroffenen Maßnahmen zum Schutz der Daten vor Verlust, Zerstörung sowie vor dem unbefugten Zugriff durch Dritte informieren.

> **Praxistipp: Muster des Deutschen Anwaltvereins**
>
> An dieser Stelle wollen wir auf ein nach unserer Ansicht sehr gelungenes Muster eines Verarbeitungsverzeichnisses des Deutschen Anwaltsvereins hinweisen. In einer übersichtlichen Excel-Tabelle sind die wesentlichen von der DSGVO geforderten Elemente aufgelistet. Das Ganze wurde so aufbereitet, dass eine individuelle Anpassung an die eigene Kanzlei unkompliziert möglich ist. Das Muster finden Sie unter:
>
> *https://anwaltsblatt.anwaltverein.de/de/anwaeltinnen-und-anwaelte/berufsrecht/dsgvo-jede-kanzlei-muss-handeln*

15.4.3 Elektronische Arbeitsgeräte

Ohne Computer geht heutzutage nichts mehr. Ohne Frage sind elektronische Geräte in nahezu jedem Betrieb im Einsatz und damit auch in den meisten Fällen für die Verarbeitung personenbezogener Daten verantwortlich. Aus datenschutzrechtlicher Sicht ist das zweifach relevant: Zum einen eröffnet der Gebrauch elektronischer Arbeitsgeräte Dritten potenziellen Zugriff auf die damit verarbeiteten personenbezogenen Daten; zum anderen kommen mit jedem weiteren Endgerät und jeder weiteren Software potenzielle Sicherheitsrisiken hinzu.

Stellen Sie sich vor, Sie arbeiten in einer E-Akte Ihrer Kanzleisoftware über einen Computer mit Windows-Betriebssystem und surfen gleichzeitig aus Recherche-

Gründen im Internet. Wissen Sie, ob und wenn ja welche Dritten potenziell Zugriff auf die von Ihnen verarbeiteten personenbezogenen Daten haben oder ob alle genutzten Programme virenfrei und sicherheitstechnisch unbedenklich sind?

Praktisch können Sie das überhaupt nicht wissen – das kann niemand von Ihnen verlangen. Gleichwohl sind Sie verpflichtet, zumutbare Maßnahmen zu treffen, um bekannte Gefahren zu minimieren, Drittzugriffe einzuschränken und generell Missbrauch zu verhindern.

Betriebssystem

Das beginnt bereits bei der Wahl und Konfigurierung des jeweiligen Betriebssystems. Ein Betriebssystem (auch *OS* für »Operating System« genannt) stellt die Grundlage eines funktionsfähigen Computers dar, verwaltet die Systemressourcen und ermöglicht die Installation zusätzlicher Software. Insbesondere aktuelle Betriebssysteme wie Windows 10 nutzen ihre elementare Bedeutung gerne aus und teilen sehr viele Daten ihrer Benutzer mit dem Hersteller. Darüber hinaus bergen unsichere Betriebssysteme ein enormes Gefahrenpotenzial, da Sicherheitslücken potenziellen Angreifern Zugang zu elementaren Dateistrukturen gewähren. Neben Datenverlust besteht damit auch das Risiko eines Totalausfalls.

Nach der in Art. 32 DSGVO normierten Pflicht zu einer sicheren Datenverarbeitung nach dem aktuellen Stand der Technik müssen Sie sich folglich auch um ein ordnungsgemäßes Betriebssystem für Ihren Arbeitsrechner bzw. die Computer in Ihrer Kanzlei kümmern. Der Standard für Betriebssysteme ist nach wie vor Windows. Da nach und nach der Support für die älteren Versionen eingestellt wird, sollten Sie stets auf die aktuellen Versionen zurückgreifen. Denn nur die regelmäßigen herstellerseitigen Updates schützen Sie ausreichend vor aktuellen Sicherheitsrisiken. Die Verwendung alter Versionen mit eingestelltem Support wie etwa Windows XP ist mindestens fahrlässig und stellt ein Haftungsrisiko dar.

Sofern Sie etwa Windows 10 verwenden, müssen Sie sicherstellen, dass das System so konfiguriert ist, dass ein Herstellerzugriff auf personenbezogene Daten ausgeschlossen bzw. auf ein erforderliches Minimum reduziert wird. Der Vorteil eines Windows-Systems liegt darin, dass die meiste zusätzliche Software ohne Weiteres mit dem Betriebssystem kompatibel ist und auch weniger erfahrene Computernutzer damit umgehen können.

> **Praxishinweis: Windows for Business**
>
> Microsoft bietet verschiedene Windows-Versionen für Unternehmen an. *Windows Pro*, *Windows Enterprise E3* und *Windows Enterprise E5* unterscheiden sich in Funktionsumfang und Preis. Eine Gegenüberstellung finden Sie hier:
>
> www.microsoft.com/de-de/windowsforbusiness/compare

Selbstverständlich sind auch das Betriebssystem von Apple oder gar ein individualisierbares Linux-System denkbar. Von großen Experimenten raten wir jedoch ausdrücklich ab! Der Wechsel zwischen Betriebssystemen ist extrem aufwendig und führt im schlimmsten Fall dazu, dass die meisten Ihrer installierten Programme nicht mehr kompatibel sind und Sie Ihr gesamtes Arbeitsumfeld neu aufsetzen und sogar neue Lizenzen erwerben müssen.

Software

Ebenso wie Betriebssysteme stets auf dem neuesten Stand gehalten werden müssen, so gilt das auch für jede andere Software. Lizenzen für Firmenkunden sind meist teuer, weshalb viele Unternehmen in Teilen auch auf kostenlose Angebote zurückgreifen. Das hat mitunter zur Folge, dass Updates oder wesentliche Funktionen nicht verfügbar sind. Sparen Sie nicht auf Kosten der Sicherheit Ihrer Mandanten! Wenigstens der Kern Ihrer regelmäßig im Einsatz befindlichen Software sollte von bekannten Herstellern stammen und regelmäßig gewartet werden. Das gilt ohne Zweifel für die Kanzleisoftware, aber auch für Textverarbeitungs- und Dokumentenverwaltungsprogramme.

Wenn Sie kostenlose Software nutzen, sollten Sie sich von der Vertrauenswürdigkeit der Hersteller überzeugen. Informieren Sie sich im Internet, suchen Sie nach Rezensionen und Testberichten, bevor Sie die Software installieren.

In größeren Kanzleien mit einer eigenen IT-Abteilung ist es von Vorteil, den Einsatz neuer Software zunächst mit dem erfahrenen IT-Personal abzusprechen. Die IT-Abteilung sollte neue Updates auch überwachen und bei Bedarf auf alle Computer spielen. In Firmennetzwerken ist es unabdingbar, dass die IT-Sicherheit möglichst lückenlos gewährleistet wird.

Mobile Endgeräte

Die Nutzung mobiler Endgeräte ist ein seit Jahren aktuelles Problem, das auch in Zukunft nicht wegzudenken sein wird. Denn mit dem technischen Fortschritt seit der Jahrtausendwende sind Computer immer mobiler geworden. Smartphones sind fähiger als je zuvor und Laptops ersetzen den stationären Arbeitsplatz. Das bedeutet Flexibilität sowie besseres Zeitmanagement und ermöglicht moderne Arbeitsformen wie das Home-Office.

Hierbei darf jedoch nicht vergessen werden, dass jedes mobile Endgerät ein potenzielles Sicherheitsrisiko darstellt. Während Sie bzw. Ihre IT-Abteilung das kanzleiinterne Netzwerk so gut wie möglich überwachen können, sind Sie hinsichtlich der privaten Smartphones Ihrer Mitarbeiter zunächst machtlos. Sie können Ihren Mitarbeitern nicht vorschreiben, welche Smartphones sie benutzen dürfen, welche Apps erlaubt sind und wie oder wann Updates eingespielt werden müssen.

> **Beispiel: Risiko des Datenverlusts**
>
> Stellen Sie sich vor, Sie erlauben Ihren Mitarbeitern die Arbeit an elektronischen Akten auf ihren privaten Laptops. Nun verliert einer Ihrer Mitarbeiter sein Gerät oder es wird gestohlen. Können Sie jetzt noch sicher sein, dass ein Zugriff Dritter auf die Daten ausgeschlossen ist? Hoffentlich ist der (Fern-)Zugriff auf die Akten passwortgeschützt. Aber selbst dann: Liegen alle Daten sicher in der Cloud oder sind auch Dokumente auf der lokalen Festplatte abgespeichert? Wie sieht es mit zwischengespeicherten Daten aus? Können Passwörter, etwa für das Kanzlei-Intranet ausgelesen werden?

Für diese Probleme gibt es zwei effektive Lösungen. Zum einen können Sie den Einsatz privater Endgeräte komplett verbieten und Ihren Mitarbeitern stattdessen *Dienst-Handys bzw. -Laptops* zur Verfügung stellen. Diese Geräte können Sie mit der gewünschten Software ausstatten, verschlüsseln, unter Umständen Fernzugriffe auf den Kanzlei-Arbeitsplatz sowie die E-Akte in der Cloud zulassen und zentral Wartungen oder Sicherheitsupdates durchführen. Diese Variante ist allerdings auch mit nicht zu unterschätzenden Kosten verbunden und daher möglicherweise etwas zu viel des Guten.

Die andere Möglichkeit ist die Etablierung einer sogenannten *Internet-Policy*. Damit sind interne Richtlinien gemeint, die von allen Mitarbeitern unterschrieben und akzeptiert werden müssen. Mögliche Regelungen können den Umgang mit mobilen Endgeräten oder das leidige Thema der privaten Internetnutzung am Arbeitsplatz umfassen. Verstöße gehen dann zunächst zulasten der jeweiligen Mitarbeiter selbst. Um die praktische Effektivität der Policy zu gewährleisten und die rechtliche Haftung der Kanzleileitung zu begrenzen, ist eine konsequente Durchsetzung erforderlich – das gilt auch und gerade für etwaige Sanktionen.

Mobile Datenspeicher

Das gleiche Problem stellt sich wieder beim Umgang mit mobilen Speichergeräten wie USB-Sticks und externen Festplatten. Fehler sind hier schnell gemacht: Der Mitarbeiter hat auf seinem Heimrechner wichtige Unterlagen, die er gern auf seinem Arbeitsrechner abspeichern und bearbeiten würde. Also benutzt er einen handlichen USB-Stick zum Transfer der Daten. Doch was, wenn der Stick auf dem Weg verloren geht? Oder noch schlimmer: Jeder Mitarbeiter ist für die Organisation seines Heimrechners selbst verantwortlich. Aber wollen Sie Ihre Hand dafür ins Feuer legen, dass Ihre Mitarbeiter nicht vielleicht doch Viren auf ihren Computern haben, die sie per USB-Stick nun in der Kanzlei verbreiten?

Dass Firmennetzwerke durch Mitarbeiter mit mobilen Speichersticks kompromittiert werden, ist ein gängiges und mittlerweile schon so altes Problem, dass ein fehlendes Schutzkonzept an grobe Fahrlässigkeit grenzt. Als Lösung bietet sich wiederum eine entsprechende Regelung in der Internet-Policy an. Private Sticks sollten bestenfalls komplett verboten sein. Ob »Dienst-USB-Sticks« eine realistische Option sind, kann bezweifelt werden. Eine Infizierung an Rechnern außerhalb der Kanzlei ist schnell geschehen und bleibt in der Regel unbemerkt. Auch eine Verschlüsselung der Speichergeräte ist nur bedingt erfolgversprechend, schon weil es viel bessere Möglichkeiten zur sicheren Datenübertragung gibt.

So bietet sich entweder ein Versand per E-Mail oder über die Cloud an. Beide Kommunikationskanäle können auf Mitarbeiter beschränkt, passwortgeschützt und verschlüsselt werden. Darüber hinaus können ankommende Daten vor einer Speicherung im internen System auf potenzielle Gefahren gescannt werden. Für USB-Sticks oder externe Festplatten besteht daneben kein Bedarf mehr. Probleme könnte es höchstens bei größeren Datenmengen geben. Das sollte jedoch nicht die Regel sein, weshalb in diesen Fällen Ausnahmen gemacht werden können, die dann separat überwacht werden sollten.

15.4.4 Kommunikation

In diesem Zusammenhang können auch gleich die verschiedenen Kommunikationswege betrachtet werden. Für das beA verweisen wir auf Kapitel 14. In diesem Abschnitt wollen wir uns mehr auf die Kommunikation innerhalb der Kanzlei sowie mit Ihren Mandanten fokussieren.

Infrastruktur

Für eine kanzleiinterne Infrastruktur gibt es mittlerweile sehr viele verschiedene Lösungen, die alle ihre Vor- und Nachteile haben und daher stets im Einzelfall bewertet werden sollen. Die am häufigsten eingesetzten Infrastrukturen sind Cloud-Lösungen, ein Intranet sowie eine Kombination aus beidem. Zusätzlich verwenden die meisten Kanzleien (wie auch andere Unternehmen) das E-Mail-Programm Outlook als Ausgangspunkt für die interne sowie die externe Kommunikation.

Zu Cloud-Lösungen verweisen wir auf die Kapitel 11 zu Kanzleisoftware und 12 zum Cloud Computing. Ein Intranet kann am besten als eine Art eigene, lokale Version des Internets für Ihre Kanzlei beschrieben werden. Nur im Intranet registrierte Rechner können dieses Netzwerk erreichen; ein Zugriff von außen ist nicht möglich. Umgekehrt können Sie aus dem Intranet heraus keine Verbindung zum regulären Internet herstellen. Es handelt sich hierbei lediglich um ein eigenes Computernetzwerk Ihrer Kanzlei.

Je größer ein Unternehmen wird, desto mehr lohnt sich ein solches Intranet. Informationen wie Newsletter, Bekanntmachungen, Formulare und Termine können im

Intranet für alle zugriffsberechtigten Mitarbeiter veröffentlicht werden und auch eine eingeschränkte interne Kommunikation ist möglich. Es handelt sich mithin um eine Art digitales schwarzes Brett.

Die Einrichtung eines Intranets setzt einen abhängig von der Größe der Kanzlei leistungsstarken Server, die Installation der entsprechenden Software auf allen Kanzleicomputern sowie die regelmäßige Überprüfung, Kontrolle und Wartung des Systems voraus. Ohne IT-Personal ist daher von einem Intranet eher abzuraten.

Teil der allgemeinen Kanzleiinfrastruktur ist des Weiteren ein hinreichend belastbares *Wireless Local Area Network*, kurz WLAN. Ohne WLAN kein Internet – mit zunehmender Digitalisierung Ihrer Kanzlei stellt das WLAN mithin einen essenziellen Bestandteil Ihrer Kanzleiinfrastruktur dar. An dieser Stelle sollten finanzielle Abstriche wenn möglich vermieden werden. Wie genau Sie Ihr WLAN einrichten und konfigurieren, welcher Anbieter am besten und welche Bandbreite erforderlich ist, hängt von einer Vielzahl an Faktoren ab, die Sie für Ihre Kanzlei individuell klären müssen.

Zwei Dinge sollten gleichwohl immer beachtet werden: Zum einen dürfen Sie keine Abstriche im Bereich der WLAN-Sicherheit machen. Eine entsprechende Verschlüsselung ist Pflicht; Mitarbeitern müssen Passwörter zugewiesen und ein sorgsamer Umgang eingeschärft werden. Die andere Sache ist das sogenannte Gäste-WLAN: Unternehmen, die häufig Kunden in ihren Räumlichkeiten empfangen, bieten diesen als Service oftmals eine WLAN-Nutzung an. Von einer Vergabe von Gast-Passwörtern zum eigenen WLAN ist aber dringend abzuraten. Ein getrenntes Gast-Netzwerk bietet mehr Sicherheit vor unberechtigtem Zugriff und lässt sich grundsätzlich unproblematisch einrichten.

Praxishinweis: WLAN-Sicherheit

Bedenken Sie immer eines: Wer in ein fremdes WLAN eindringen möchte, braucht hierzu keine physische Verbindung zu Ihren Computern oder gar einem etwaigen Server-Raum. Das Signal alleine reicht hierfür aus – und dafür genügt es, sich vor Ihrer Kanzlei auf der Straße oder im nahegelegenen Café zu befinden. Mehr als einen Laptop oder ein Smartphone braucht es nicht, um unsichere Netzwerke zu »hacken«. Sie werden es also nicht oder erst zu spät bemerken, wenn sich jemand Unbefugtes Zugriff auf Ihr WLAN und darüber auf Ihre Daten verschafft hat. Wenn Sie Ihren Mandanten, der Aufsichtsbehörde und gegebenenfalls der Staatsanwalt nicht erklären wollen, warum Sie ein unsicheres WLAN betrieben haben, dann räumen Sie der Sicherheit Ihres Netzwerks bitte von vornherein die höchste Priorität ein.

Das bedeutet: Vergeben Sie individuelle und komplexe Passwörter, verbieten Sie Weitergabe von Zugängen, und verwenden Sie die jeweils aktuellen Verschlüsselungsverfahren (derzeit: WPA2).

E-Mail

Der Versand von personenbezogenen Daten per E-Mail war schon immer hochumstritten und dürfte spätestens seit Inkrafttreten der DSGVO gänzlich verworfen werden können. Das bedeutet nicht, dass Sie überhaupt keine E-Mails versenden dürfen. Dabei müssen Sie aber ein paar Regeln einhalten:

1. **Verwenden Sie E-Mail-Programme wie Outlook**

    Solche Programme werden lokal in der Kanzlei bzw. auf den jeweiligen Computern gespeichert, womit eingehende E-Mails in Ihrem internen Sicherheitssystem geschützt sind. Webmail-Anwendungen wie *web.de, t-online.de* oder *gmail.com* speichern ein- und ausgehende E-Mails ebenso wie Datenanhänge und Kontaktbücher beim Provider, der dann auch Zugriff auf diese Mails hat. Zur Verdeutlichung ein Vergleich mit der analogen Welt: Bei E-Mail-Programmen befindet sich Ihr Briefkasten bei Ihnen zu Hause. Im Falle von Webmail-Anwendungen wird Ihr Briefkasten von einem Dritten verwaltet.

2. **Verschlüsselung**

    Um den Vergleich weiterzuführen: Die Wahl des E-Mail-Programms beeinflusst den Standort Ihres Briefkastens. Die Frage nach der Verschlüsselung betrifft die Frage des Versands. E-Mails sind digitale Postkarten – einfach abzufangen und zu lesen. Sie können nun entweder die E-Mail selbst verschlüsseln oder deren Inhalt. Der Unterschied hat primär praktische Hintergründe:

    – Die für Sie einfachste und sicherste Methode ist die Verschlüsselung der E-Mail selbst. Sogenannte *Ende-zu-Ende-Verschlüsselungen* stellen sicher, dass die E-Mail auf dem Weg zum Empfänger nicht abgefangen werden kann. An dieser Stelle wollen wir aus Platzgründen auf die technischen Details verzichten und lediglich festhalten, dass in der Regel auf die Verschlüsselungsverfahren *PGP* und *S/MIME* zurückgegriffen wird. Der Nachteil an diesen Verfahren besteht für Sie darin, dass Ihr Kommunikationspartner ebenfalls die entsprechenden Voraussetzungen zur Generierung und zum Austausch der Schlüssel bereithalten müssen. Das ist grundsätzlich bei der E-Mail-Kommunikation mit größeren Unternehmen und insbesondere (Rechtsschutz-)Versicherungen der Fall. Ihre Mandanten werden in der Regel jedoch nicht über die erforderlichen Mittel zur Realisierung dieser Verschlüsselungsmethoden verfügen.

    – Für die Kommunikation mit Mandanten bietet sich allerdings die zweite Methode an: die Verschlüsselung des E-Mail-Inhalts. Dann können E-Mails ganz normal versandt, empfangen und geöffnet werden. Da der Text bzw. der Anhang jedoch (meist als PDF) verschlüsselt wurde, kann der Inhalt nur gelesen werden, nachdem man ein Passwort eingegeben hat. Dieses Passwort müssen Sie für jeden Mandanten gesondert generieren und anschießend zur Verfügung stellen. Dabei lässt sich vortrefflich darüber streiten, ob es ausreichend ist, dem

Mandanten das Passwort per E-Mail zukommen zu lassen – denn diese ist dann natürlich unverschlüsselt. Es besteht also die (wenn auch geringe) Wahrscheinlichkeit, dass ein unbefugter Dritter die E-Mail mit dem Passwort abfängt und anschließend alle folgenden E-Mails mitliest. Alternativ können Sie das Passwort, wie es beispielsweise bei Banken üblich ist, per Post verschicken. Im Falle eines persönlichen Kontakts, etwa bei einem Beratungsgespräch, ist selbstverständlich auch eine Übergabe in Person denkbar. In jedem Fall sollten Sie den jeweiligen Vorgang aus Beweiszwecken dokumentieren.

3. **BCC beachten**

Wir haben es schon an anderen Stellen angesprochen: Achten Sie beim Versand einer E-Mail an mehrere Empfänger immer darauf, die einzelnen E-Mail-Adressen in die BCC-Zeile einzutragen. Anderenfalls sind die E-Mail-Adressen für alle Empfänger sichtbar, was unbedingt zu vermeiden ist.

4. **Einwilligung einholen**

In jedem Fall müssen Sie die Übermittlung von personenbezogenen Daten per E-Mail-Kommunikation in Ihrem Verarbeitungsverzeichnis erläutern. Auch in Ihrer Datenschutzerklärung sollten Sie die E-Mail zusammen mit den anderen Kommunikationsformen erwähnen und den Mandanten um Einwilligung in die gewünschte Form bitten. Im gleichen Dokument sollte über die jeweiligen Vor- und Nachteile der angebotenen Kommunikationsmittel aufgeklärt werden. Sollte der Mandant auf einer unverschlüsselten E-Mail-Kommunikation bestehen, ist das nur möglich, sofern keine personenbezogenen Daten Dritter in diesen E-Mails übermittelt werden.

Praxishinweis: Betreffzeile

Teilweise wird argumentiert, die Betreffzeile müsse neutral formuliert sein, dürfe also keinen Rückschluss auf eine Mandatierung zulassen. Denn mangels Verschlüsselung der Betreffzeile könnten Verbindungen zwischen dem Text in der Betreffzeile und dem Inhaber der E-Mail-Adresse hergestellt werden. Allerdings handelt es sich hierbei nicht um eine unzulässige Verarbeitung von personenbezogenen Daten. Eine aussagekräftige Betreffzeile ist erforderlich, um eine Zustellung zu gewährleisten. Davon abgesehen, ließe sich eine derartige Datenverarbeitung im Rahmen eines laufenden Mandats regelmäßig auf die Rechtsgrundlage der Erforderlichkeit zur Vertragsdurchführung stützen.

De-Mail

Das Kommunikationsverfahren *De-Mail* stellt eine Alternative zur regulären E-Mail dar. Es wurde von der Bundesregierung in Zusammenarbeit mit Privatunternehmen als Reaktion auf die EU-Dienstleistungsrichtlinie geschaffen und hat das De-Mail-Gesetz von 2011 zur Grundlage. Ziel ist die Bereitstellung eines sicheren und vertrauenswürdigen Kommunikationsmittels, was in der Praxis durch gesetzlich geregelte Akkreditierungsverfahren und technische Authentifizierungen sowie durch Zertifizierungen der Teilnehmer realisiert wird. Neben sämtlichen deutschen Behörden nutzen auch zahlreiche Unternehmen De-Mail zur sicheren Kommunikation.

Da die De-Mail mit Ende-zu-Ende-Verschlüsselungen und digitalen Signaturen arbeitet, ist der Einsatz nur möglich, wenn auch der Empfänger eine De-Mail-Adresse hat, was auf die wenigsten Privatpersonen zutreffen dürfte. Auch wenn die De-Mail seit Anfang 2018 als Behördenstandard neben beA und EGVP gilt (vgl. den neuen § 130a ZPO), so dürfen Sie sich davon nicht darüber hinwegtäuschen lassen, dass dieses Kommunikationsmittel teils stark kritisiert wird.

So musste die Verschlüsselungstechnik nach öffentlicher Kritik von Experten mehrfach angepasst werden. Auch der Einfluss des Staates wird mitunter skeptisch gesehen: Das De-Mail-Gesetz lässt Raum für ein Mitlesen der E-Mails durch die akkreditierten Provider, und auch ein Zugriff durch Strafverfolgungsbehörden oder eine Vorratsdatenspeicherung sind nicht ausgeschlossen. Hinzu kommt, dass eine Einrichtung der De-Mail das Durchlaufen eines Identifizierungsverfahrens voraussetzt, wodurch unnötig viele personenbezogene Daten zentral bei der Bundesnetzagentur gesammelt werden und von allen akkreditierten Stellen abgerufen werden können.

Grundsätzlich mag die De-Mail eine gute Idee sein. Sicherlich kann es nicht schaden, als Kanzlei auch über einen De-Mail-Account zu verfügen. Für die Kommunikation mit Mandanten erscheint dieser Weg allerdings als wenig praktikabel.

E-Akte

Die E-Akte haben wir bereits in Kapitel 11 erläutert, zu den Details verweisen wir also auf das Kapitel zur Kanzleisoftware. Als Kommunikationsmittel eignet sich die E-Akte dann, wenn Sie dem Mandanten Zugriff auf seine eigene Akte gewähren. Solche Mandantenzugänge sollten selbstverständlich eingeschränkt sein; eine Bearbeitung der Akte muss Ihnen vorbehalten sein. Allerdings reicht der Zugriff an sich bereits zur Information des Mandanten über alle relevanten Dokumente.

Dann ist jedoch § 11 Abs. 1 BORA zu beachten, wonach der Mandant über alle wesentlichen Vorgänge und Maßnahmen zu unterrichten und über die erhaltenen oder versandten Schriftstücke in Kenntnis zu setzen ist. Die bloße Zurverfügungstellung über die E-Akte dürfte damit nicht ausreichen.

Zusätzlich müssten Sie den jedes Mal Mandanten über Aktualisierungen der E-Akte informieren. Das könnten Sie – sofern das nicht bereits automatisch durch entsprechende technische Automatismen realisiert wird – durch einen kurzen Hinweis per E-Mail vornehmen. Personenbezogene Daten werden dabei nicht übermittelt.

VoIP

Voice over IP (VoIP) ist eine andere Bezeichnung für IP- bzw. Internet-Telefonie und meint die Telefonie über den Internetanschluss. Neben einer funktionierenden Internetverbindung brauchen Sie dazu einen VoIP-Anbieter, die entsprechende Software sowie gegebenenfalls geeignete Hardware wie ein Headset.

Damit VoIP als Alternative zur herkömmlichen Telefonie taugt, muss die Sicherheit der Verbindung gewährleistet werden können. Während VoIP vor ein paar Jahren noch eine Nische war, wandelte es sich spätestens seit der Abschaltung von ISDN bei der Telekom bis Ende 2018 zum neuen Standard. Damit ist es auch kein Problem mehr, verlässliche Anbieter zu finden, die sicheres VoIP auf dem neuesten Stand der Technik bereitstellen. Die im Auftrag des Bundesministeriums für Wirtschaft und Energie 2018 veröffentlichte Studie »Kompass IT-Verschlüsselung« kommt sogar zu dem Ergebnis, dass das häufig angebotene Verschlüsselungsprotokoll ZRTP eine bessere Abhörsicherheit als klassische Telefonnetze bietet (*www.bmwi.de/Redaktion/DE/Publikationen/Studien/kompass-it-verschluesselung.html*).

15.4.5 Datenschutzbeauftragter

Ein Datenschutzbeauftragter ist für die Einhaltung der datenschutzrechtlichen Standards in Unternehmen zuständig. Er kontrolliert die zur Datenverarbeitung eingesetzten Programme und beschäftigten Mitarbeiter. Dabei fungiert er zum einen als eine Art Aufsichtsperson und zum anderen als Ansprechpartner für alle datenschutzrelevanten Fragen. Mithin sorgt ein Datenschutzbeauftragter dafür, dass die Datenverarbeitung in einem Unternehmen ordnungsgemäß abläuft.

Bestellung

Nach altem BDSG war jeder Betrieb zur Bestellung eines Datenschutzbeauftragten verpflichtet, wenn mindestens zehn Personen ständig mit der automatisierten Verarbeitung von personenbezogenen Daten beschäftigt sind. Die DSGVO überlässt die Ausgestaltung der Pflicht – mit Ausnahme einiger Ausnahmefälle – den Mitgliedsstaaten. Deutschland hat die Regelung aus dem BDSG a.F. übernommen, weshalb sich hier nicht viel geändert hat. Die 10-Mitarbeiter-Grenze erreichen Kanzleien sehr schnell, zumal auch zeitlich begrenzte Arbeitskräfte wie wissenschaftliche Mitarbeiter oder Referendare in diese Rechnung mit einfließen. Sobald in Ihrer Kanzlei zehn Personen arbeiten (Sie natürlich eingeschlossen), sollten Sie von einer Pflicht zur Bestellung eines Datenschutzbeauftragten ausgehen.

Beachten Sie unbedingt, dass die Kontaktdaten des Datenschutzbeauftragten auf der Website veröffentlicht und der zuständigen Aufsichtsbehörde mitgeteilt werden müssen.

Stellung, Rechte und Pflichten

Der Datenschutzbeauftragte ist direkt der Unternehmensleitung unterstellt und ansonsten vollkommen weisungsfrei. Auf diese Weise soll seine Unabhängigkeit gewährleistet werden. Damit er in seinen Aufgaben nicht eingeschränkt oder beeinflusst werden kann, sehen sowohl DSGVO als auch BDSG ein Benachteiligungsverbot vor.

Die Tätigkeit des Datenschutzbeauftragten bezieht sich ebenso auf die mit der Datenverarbeitung beschäftigten Mitarbeiter wie auch auf die zur Datenverarbeitung eingesetzten Programme. Seine Aufgabe beschränkt sich gleichwohl nicht nur darauf, Fehler zu erkennen und Missstände zu beseitigen. Er wird vor allem präventiv tätig, sodass es gar nicht zu Problemen kommt. Wichtige Bestandteile seiner Aufgaben sind daher die Sensibilisierung, Einarbeitung und Fortbildung der Mitarbeiter in technischer sowie rechtlicher Hinsicht.

Kommt es dennoch einmal zu Problemen, so übernimmt der Datenschutzbeauftragte eine beratende Funktion bei deren Lösung, schlägt Verbesserungen vor und unterstützt die zuständigen Mitarbeiter bei der Optimierung der Systeme. Der Datenschutzbeauftragte muss dabei jedoch nicht selbst tätig werden; er ist nicht für die aktive und lückenlose Beseitigung datenschutzrechtlicher Verstöße zuständig. Die Verantwortung für die Einhaltung der Gesetze liegt bei seinem Arbeit- bzw. Auftraggeber. Umgekehrt bedeutet das, dass der Datenschutzbeauftragte auch überhaupt keine Möglichkeiten hat, in die Betriebsabläufe einzugreifen. Schlägt er Verbesserungen vor oder merkt er Probleme an, kann er die verantwortliche Stelle nicht zum Handeln zwingen.

Die herausragende Stellung und die Unabhängigkeit des Datenschutzbeauftragten wirft mit Blick auf die anwaltliche Verschwiegenheitspflicht die Frage auf, ob das Berufsrecht überhaupt die Bestellung eines Datenschutzbeauftragten zulässt. Da der Datenschutzbeauftragte selbst gesetzlich zur Geheimhaltung verpflichtet ist, besteht jedoch weitgehend Einigkeit darüber, dass auch Anwaltskanzleien zur Bestellung verpflichtet sind. Das ist auch vor dem Hintergrund sinnvoll, dass der Datenschutzbeauftragte die Sicherheit der Datenverarbeitung in der Kanzlei weiter verbessern soll und von ihm damit gerade keine Gefahr ausgeht.

> **Hintergrundinfo: Auffassung der BRAK**
>
> Größter Kritiker dieser Auffassung war lange Zeit die BRAK. Sie vertrat die Ansicht, die Regelungen im BDSG a.F. zum Datenschutzbeauftragten seien subsidiär zum Berufsrecht. Spätestens mit der DSGVO hat sich das geändert.
>
> Im Dezember 2016 hatte die BRAK in einer Stellungnahme vorgeschlagen, zwar einen Datenschutzbeauftragten für Kanzleien zu akzeptieren, diesen dann jedoch auch als einzige Aufsichtsbehörde anzusehen. Die datenschutzrechtlichen Aufsichtsbehör-

den seien nicht qualifiziert genug, die berufsrechtlichen Besonderheiten der Rechtsanwälte hinreichend zu berücksichtigen.

In der aktuellen Stellungnahme vom Mai 2018 ist davon jedoch nichts mehr zu lesen. Sowohl die Regelungen der DSGVO zum Datenschutzbeauftragten als auch zu den Aufsichtsbehörden werden vollumfänglich akzeptiert:

www.brak.de/fuer-anwaelte/datenschutz/faqs-ds-gvo/?plid=157403&bs=10#result

Intern oder extern?

Eine andere Frage ist die nach der Zulässigkeit externer Datenschutzbeauftragter. Datenschutzbeauftragte können entweder aus dem eigenen Mitarbeiterkreis rekrutiert oder von außen hinzugeholt werden. Letzteres wird als *externer Datenschutzbeauftragter* bezeichnet, was sowohl eine natürliche als auch eine juristische Person sein kann.

Insbesondere wenn keiner der eigenen Mitarbeiter für die Position des Datenschutzbeauftragten qualifiziert ist, kann die Beauftragung eines externen Dienstleisters Zeit und Geld für entsprechende Schulungen und Fortbildungen sparen. Davon abgesehen, verfügen die von spezialisierten Dienstleistern zur Verfügung gestellten externen Datenschutzbeauftragten sehr häufig über umfangreiches Fachwissen und langjährige Erfahrungen. Des Weiteren ist der externe Datenschutzbeauftragte völlig unabhängig vom Unternehmen, womit die Gefahr von Interessenkonflikten (z. B. aus Angst vor arbeitsrechtlichen Konsequenzen) deutlich geringer ist als bei einem zum Datenschutzbeauftragten fortgebildeten internen Mitarbeiter.

Trotzdem ist es fraglich, ob der Beauftragung externer Dienstleister in Kanzleien nicht die Verschwiegenheitspflicht entgegensteht. Insbesondere häufige Wechsel durch auslaufende Verträge könnten als Gegenargument angeführt werden. Gleichwohl trifft das Gleiche auch auf alle anderen Mitarbeiter zu: Die Stellung als Datenschutzbeauftragter hindert Ihre Mitarbeiter nicht an der Kündigung des Arbeitsverhältnisses. Solange die berufsrechtlichen Besonderheiten im Vertrag mit dem externen Datenschutzbeauftragten festgehalten werden, steht einer Bestellung nichts entgegen. Bei einer kurzen Recherche werden Sie ganz schnell feststellen, dass es mittlerweile viele Dienstleister gibt, die externe Datenschutzbeauftragte speziell für Rechtsanwaltskanzleien anbieten.

15.4.6 Auskunftspflichten

Die für die Datenverarbeitung »verantwortlichen Stellen« treffen gesetzliche Auskunftspflichten. Nach Art. 15 DSGVO muss dem Betroffenen auf Anfrage eine Kopie seiner durch Sie verarbeiteten personenbezogenen Daten zur Verfügung gestellt werden. Das soll zum einen Transparenz und zum anderen ein gewisses Maß an Kontrolle über die eigenen Daten gewährleisten. Aber auch hier müssen die berufsrechtlichen Besonderheiten der Rechtsanwälte berücksichtigt werden. Der Auskunftsanspruch kann von verschiedenen Beteiligten geltend gemacht werden, die unterschiedlich zu beurteilen sind.

Gegenüber Mandanten

Der Großteil der anfallenden Daten wird von Ihren Mandanten stammen. Da diese jedoch bereits gemäß § 11 BORA über alle wesentlichen Unterlagen zu informieren sind, kann sich der Auskunftsanspruch nur auf andere Daten beziehen. Eine Auskunft über die persönlichen Daten des Mandanten, wie Alter, Anschrift und Kontaktdaten, sollte unproblematisch erfüllt werden können.

Wie bereits oben festgestellt wurde, können Löschansprüche des Mandanten keinen Erfolg haben, da alle fallbezogenen Daten für mindestens 6 Jahre lang aufbewahrt werden müssen. Insgesamt hat der datenschutzrechtliche Auskunftsanspruch des Mandanten neben den berufsrechtlichen Regelungen nur wenig praktische Relevanz.

Gegenüber Dritten

Das Auskunftsrecht kann grundsätzlich auch durch Ihren Prozessgegner oder andere Dritte geltend gemacht werden. Zwar werden Sie über die Gegenseite bei Weitem nicht so viele personenbezogene Daten haben wie über Ihre Mandanten. Dennoch fallen bei der Mandatsbearbeitung regelmäßig auch Daten Dritter an. Sofern es um die typischen Daten wie Name, Adresse und Kontakt geht, dürfte auch hier ein Auskunftsanspruch unproblematisch zu befriedigen sein. Gleichwohl sollte auf der Hand liegen, dass dieses Auskunftsrecht nicht unbegrenzt gelten kann.

Zunächst besteht immer die Möglichkeit, evident missbräuchliche Auskunftsansprüche abzulehnen. Darüber hinaus hat der deutsche Gesetzgeber aufgrund einer entsprechenden Öffnungsklausel im neuen BDSG weitere Ausnahmen geregelt. Die für Rechtsanwälte wichtigste Regelung ist der § 29 Abs. 1 Satz 2 BDSG (neu). Demnach besteht das Auskunftsrecht nicht, »*soweit durch die Auskunft Informationen offenbart würden, die nach einer Rechtsvorschrift oder ihrem Wesen nach, insbesondere wegen der überwiegenden berechtigten Interessen eines Dritten, geheim gehalten werden müssen.*«

Gegenüber Behörden

Jedes Bundesland hat eine Aufsichtsbehörde eingerichtet, deren Aufgabe in der Überwachung der Einhaltung datenschutzrechtlicher Vorschriften durch nichtöffentliche Stellen besteht. Auch wenn es die Aufsichtsbehörden schon nach altem

Recht gab, haben sie im Wege der Einführung der DSGVO durch neue Befugnisse und die deutlich größeren Sanktionsmöglichkeiten erheblich an Bedeutung gewonnen. Auf Anfrage sind Sie verpflichtet, der für Sie zuständigen Aufsichtsbehörde Ihr Verarbeitungsverzeichnis vorzulegen.

Grundsätzlich sind die Aufsichtsbehörden auch dazu befugt, Zugang zu allen personenbezogenen Daten und Informationen zu verlangen, die zur Erfüllung ihrer Aufgaben notwendig sind. Das umfasst auch den Zugang zu Räumlichkeiten. Aber auch hier sieht der § 29 BDSG (neu), diesmal in Absatz 3, eine Sonderregelung für Berufsgeheimnisträger vor. Dennoch könnten Sie im Einzelfall dazu verpflichtet werden, bestimmte Informationen bereitzustellen. Inwiefern das noch über das Verarbeitungsverzeichnis hinausgeht, muss die Praxis zeigen.

> **Praxishinweis: Meldepflicht bei Datenschutzverletzung**
>
> Im Falle eines Datenverlusts bzw. -lecks oder anderer Verletzungen des Datenschutzes müssen Sie innerhalb von 72 Stunden eine entsprechende Meldung bei der Aufsichtsbehörde machen. Eine Ausnahme von dieser Meldepflicht gilt nur, wenn die Datenschutzverletzung »*voraussichtlich nicht zu einem Risiko für die Rechte und Freiheiten natürlicher Personen führt*«. Dieser Ausnahmetatbestand sollte zur Vermeidung von Bußgeldern restriktiv ausgelegt werden!

15.4.7 Verwaltung der Daten und Datensicherheit

Aus dem Vorstehenden sollte bereits klar geworden sein, dass technische Datensicherheit häufig auch praktische Maßnahmen voraussetzt. Mit ordnungsgemäßen Sicherheits- und Archivierungskonzepten sorgen Sie dafür, dass Sie den Überblick über alle diese Maßnahmen behalten, etwaige Lücken und Risiken erkennen und frühzeitig neuen Gefahren vorbeugen.

Falls in Ihrer Kanzlei IT-Personal beschäftigt ist, empfehlen wir, die beiden folgenden Unterpunkte detailliert zu besprechen. Lassen Sie sich von technisch geschultem Personal beraten, hören Sie auf Vorschläge, und versuchen Sie gemeinsam, die besonderen Bedürfnisse einer Rechtsanwaltskanzlei mit den Möglichkeiten der Technik in Einklang zu bringen.

Sicherheitskonzept

Zunächst einmal ein vermeintlich banaler, aber dennoch viel zu oft missachteter Hinweis: Erstellen Sie Sicherheitskopien! Damit sind keine bloßen Kopien einzelner Dateiordner an unterschiedlichen Stellen derselben Festplatte gemeint. Vielmehr müssen Sie alle relevanten Daten regelmäßig auf externen Datenträgern speichern und diese dann separat aufbewahren. Informieren Sie sich genau über die verwendeten Datenträger, um Beschädigungen aufgrund falscher Lagerung oder Benutzung vorzubeugen. Stellen Sie jederzeit sicher, dass zumindest von Ihren wichtigsten Daten Sicherheitskopien existieren, auf die Sie im Falle eines Systemausfalls, Datenverlusts oder gar einer Zerstörung der Datenträger zugreifen können.

Des Weiteren kommen Sie um *Virenscanner* und *Firewall* nicht herum. Beide Anwendungen müssen stets auf dem neuesten Stand der Technik sein und aktuell gehalten werden. Achten Sie bei Virenscannern unbedingt auf deren Funktionsumfang. Das bloße Scannen von lokal gespeicherten Daten wird im Regelfall nicht ausreichen. Je nach Ausgestaltung Ihres IT-Systems kann es von Vorteil sein, eingehende E-Mails sofort zu scannen, ebenso wie angeschlossene externe Geräte. Diensthandys und -laptops sollten ebenfalls über eigene Virenscanner verfügen. Es ist Teil Ihres Sicherheitskonzepts, hier den Überblick zu behalten, etwaige ungeschützte Geräte schnellstmöglich zu identifizieren und Lösungen anzubieten.

Ebenfalls Teil des Sicherheitskonzepts ist die bereits mehrfach erwähnte *Internet-Policy*, in der Sie Ihre Mitarbeiter über den korrekten Umgang mit Computern, mobilen Endgeräten und dem Internet aufklären. Informieren Sie auch über häufige Betrugsmaschen wie Spam-Mails oder E-Mails mit dubiosen Anhängen. Selbst wenn für Sie das alles ein alter Hut und völlig selbstverständlich ist, dürfen Sie das nicht von Ihren Mitarbeitern erwarten. Gerade bei der Einführung neuer, komplexer Technologien ist die Durchführung einer Schulung oder Fortbildung zu empfehlen.

Archivierungskonzept

Datenschutzrechtliche Pflichten enden nicht mit der Beendigung des Mandats oder dem Volllaufen einer Computerfestplatte. Zwar werden Archivräume im digitalen Zeitalter immer mehr verschwinden – und vielleicht dem IT-Büro Platz machen.

Trotzdem müssen Sie alte Daten archivieren. Das gilt unabhängig davon, ob Informationen auf Papier gedruckt oder auf einer Festplatte abgespeichert sind. Denken Sie nur an Ihre Pflicht aus § 50 BRAO zur Aufbewahrung der Handakten für mindestens 6 Jahre. Achten Sie bei der Archivierung von Datenträgern auf eine ordnungsgemäße Lagerung! Starke Temperaturschwankungen, Feuchtigkeit und ein ungeschützter Transport können die Datenträger und die darauf gespeicherten Daten beschädigen.

> **Praxistipp: Weiterführende Informationen**
> Selbst ohne die DSGVO wäre es nicht möglich, das umfangreiche Datenschutzrecht angemessen in diesem Kapitel darzustellen. Falls Sie einige Themen näher interessieren, Sie weitere Fragen haben oder gar manche Dinge komplett vermisst haben, wollen wir Ihnen hier noch ein paar Leseempfehlungen geben:

15.4 Der praktische Kanzleidatenschutz im Einzelnen

- Fragen und Antworten zur DSGVO und zum BDSG-neu der BRAK vom Mai 2018: *www.brak.de/fuer-anwaelte/datenschutz/faqs-ds-gvo/?plid=157403&bs=10#result*
- Checkliste für Rechtsanwältinnen und Rechtsanwälte zur EU-Datenschutz-Grundverordnung und weitere hilfreiche Dokumente: *www.brak.de/fuer-anwaelte/datenschutz*
- DAV-Merkblatt: Umsetzung der Datenschutz-Grundverordnung in Anwaltskanzleien: *https://anwaltverein.de/de/praxis/datenschutz*
- Fit für die DSGVO – Checklisten, Muster und Erläuterungen für Rechtsanwälte, Steuerberater und Unternehmer, von Christian Sitter und Christian Solmecke: *www.deubner-recht.de/shop/internet-und-medienrecht/fit-fuer-die-dsgvo-299.html*
- DSGVO für Website-Betreiber: Ihr Leitfaden für die sichere Umsetzung der EU-Datenschutz-Grundverordnung, von Christian Solmecke und Sibel Kocatepe: *www.amazon.de/DSGVO-Website-Betreiber-EU-Datenschutz-Grundverordnung-Aktualisierte-Facebook-EuGH-Urteil/dp/3836267128*
- Spezialreport Datenschutzgrundverordnung 2018: *www.deubner-recht.de/themen/eu-dsgvo-2018-in-der-anwaltskanzlei/dl/report-dsgvo-2018.html*

TEIL V
Legal Tech 3.0 – ein Ausblick

Kapitel 16
Neue digitale Businessmodelle

Legal Tech: Chance oder Risiko? Im Prinzip gibt es nur eine Antwort auf diese Frage: Richtig verstanden, ist Legal Tech ganz klar eine Chance. Denn der »Access to Justice«-Markt, der sich an diejenigen richtet, die bisher kaum Zugang zum Recht hatten, eröffnet mit Legal-Technologie neue Betätigungsfelder für Anwälte. Aber Legal Tech spielt eigentlich nur die zweite Geige: Viel wichtiger ist die Implementierung neuer digitaler Geschäftsmodelle, auf die wir in diesem Kapitel eingehen möchten, bevor wir einen Blick in die Zukunft des Legal Tech werfen.

Vorweg: Es gibt einige Aspekte, die kurz beleuchtet werden müssen, um die rasante (internationale) Entwicklung von Legal Tech besser verstehen zu können. Dazu gehören aus unserer Sicht zunächst die Globalisierung des Rechtsmarktes, die steigende Anzahl von Patentanmeldungen im Bereich Legal Tech und die entscheidende Wende in der Rolle von Legal Tech seit dem Jahr 2008.

Die neuen Businessmodelle entstehen, weil der durch neue Technologien entstandene Rechtsmarkt enormes Marktpotenzial mit sich bringt. Der schon mehrfach erwähnte A2J-Markt (*Access to Justice*, dt. *Zugang zum Recht*) spielt dabei eine wesentliche Rolle, insbesondere in den Schwellen- und Entwicklungsländern. Dabei spielt das Verhältnis Anwalt/Bevölkerung eine ganz erhebliche Rolle.

> **Praxisbeispiel**
> Während in Industriestaaten wie den USA das Verhältnis Anwalt pro Bürger 1:250 beträgt, herrschen beispielsweise in dem Schwellenland Indonesien Verhältnisse von teilweise 1:10.000.

Schon dieses Praxisbeispiel zeigt, dass es in manchen Regionen der Welt Millionen von Menschen gibt, die noch nie Zugang zum Recht hatten. Diese Unterversorgung ist der Treiber von Legal Tech und erklärt auch, dass wir wohl spätestens im Jahre 2020 asiatische Unternehmen an der Spitze des Legal Tech sehen werden (dazu Kapitel 17).

Im Folgenden möchten wir nun auf die bereits angesprochenen drei Faktoren eingehen, die im Wesentlichen die Entwicklungen des Legal-Tech-Marktes beeinflussen.

Beginnen möchten wir dabei mit der Finanzkraft des globalen Rechtsmarktes (siehe Abbildung 16.1).

Abbildung 16.1 Globaler Rechtsmarkt (mit freundlicher Genehmigung von Axiom Analysis – Sandy Devine Head New Market Development Axiom)

Dieser Markt ist riesig. Und dieser Markt weckt Begehrlichkeiten! Die zahlreichen Venture-Capital-Gesellschaften in den USA und Asien suchen nach Investitionsmöglichkeiten und investieren im großen Stil in diesen äußerst lukrativen Zukunftsmarkt. Patentanmeldungen im Bereich Legal Tech wachsen jährlich mit fast 500 % (siehe Abbildung 16.2). Angeführt wird diese Liste der *World International Property Organization* von den USA mit 38 %, knapp dahinter folgt schon China mit 34 %, und mit 15 % macht auch Südkorea auf sich aufmerksam. Der Wettbewerb im Bereich Legal Tech findet damit erkennbar außerhalb Europas statt.

Abbildung 16.2 Thomson-Reuters-Analyse 2017

Schon heute haben Legal-Tech-Unternehmen einen Teil des globalen Rechtsmarktes erobert und sich quasi »von unten« in den Markt hineingearbeitet. Einfache Aufgaben können heute digitalisiert und standardisiert werden. Mit der Entwicklung von künstlicher Intelligenz wird es Legal-Tech-Unternehmen gelingen, in Zukunft auch schwierigere Arbeiten wie die Dokumentenanalyse und das Management von »Big Data« zu übernehmen.

Abbildung 16.3 verdeutlicht diese Entwicklung sehr gut. Dabei wird zwischen *Pre-ALSP* und *Early ALSP* unterschieden, wobei die Abkürzung ALSP für *Alternative Legal Service Provider* steht, also für die Legal-Tech-Unternehmen. Mit dem Begriff *Pre-ALSP* wird die Zeit vor der Finanzkrise und vor der Einführung des Apple-Smartphones im Jahre 2008 eingestuft. Legal Tech bekam also erst richtig nach dieser Zeit Aufwind.

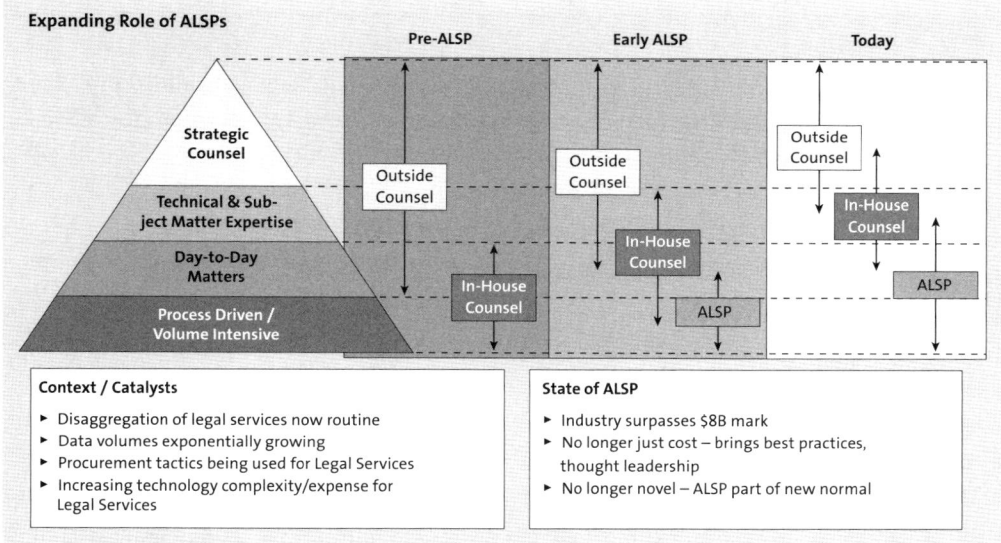

Abbildung 16.3 Ausweitung der Legal-Tech-Unternehmen seit 2008 (mit freundlicher Genehmigung von »Thomson Reuters Legal«)

Dabei wird deutlich, dass sich die eigentliche Anwaltsarbeit immer weiter hin zu den Spezialisten verschiebt. Zukünftig werden Anwälte bei der Lösung komplexer Sachverhalte tätig sein. Dies sind vor allem Tätigkeiten, die neben ausgewiesenen juristischen Fähigkeiten auch Einfühlungsvermögen und Empathie verlangen. Denn gerade diese menschlichen Elemente wird Legal Tech wohl niemals offerieren können.

Das Potenzial des globalen Rechtsmarktes, das durch Legal Tech erschlossen werden wird, die Anzahl der in diesem Bereich angemeldeten Patente und die Entwicklung der Legal-Tech-Unternehmen seit dem Jahr 2008 sind alles Komponenten, die Sie im Hinterkopf behalten sollten, wenn Sie nun einen Blick auf die neuen digitalen Businessmodelle werfen.

16 Neue digitale Businessmodelle

16.1 Digitale Businessmodelle

Der Kunde ist König und nur derjenige, der seine Kunden entsprechend behandelt, wird in der digitalen Welt erfolgreich sein. In Abschnitt 1.3 hatten wir Ihnen schon zahlreiche neue Businessmodelle vorgestellt, die den Endnutzer im Visier haben. Schwerpunktmäßig konzentrieren sich diese Unternehmen auf einen Massenmarkt – auf die Menschen, die wegen der komplizierten, langwierigen und kostenintensiven Wege bisher auf Rechtsrat verzichtet haben bzw. überhaupt gar keinen Zugang zu ihm hatten. Solche Geschäftsmodelle werden auch in Zukunft wie Pilze aus dem Boden schießen. Für Anwälte stellt sich nun die Frage, wie sie an diesen Entwicklungen partizipieren können.

> **Praxistipp**
>
> Vorweg lässt sich sagen, dass – wenn von Innovation die Rede ist – die Technologie nur ein Teil des Puzzles ist. Bevor Technologie und Legal Tech überhaupt ins Spiel kommen, müssen Sie die zugrunde liegenden Geschäftsmodelle erneuern. Das ist die erste Hürde. Erst wenn das umgesetzt ist, setzen Unternehmen Legal Tech ein. Es geht also im ersten Schritt darum, die Geschäftsmodelle anzupassen.
>
> Die meisten fangen mit einfachen Services an, wie mit der Automatisierung von Dokumenten; andere implementieren schon künstliche Intelligenz und analysieren große Datenmengen und Verträge. Allen erfolgreichen neuen »Legal-Unternehmen« ist gemeinsam, dass sie ihre Geschäftsmodelle immer wieder auf neue Gegebenheiten umstellen und diese ständig anpassen – Legal Tech wird erst im zweiten Schritt implementiert.

Neue digitale Businessmodelle erfordern neue Konzepte. Dabei ist Technologie nicht der Retter, wenn die zugrunde liegende Basis nicht stimmt. Bei den neuen Geschäftsmodellen heißt es daher, sich einmal außerhalb der Anwaltswelt umzuschauen. Vor allem in den USA nehmen Anwälte sich bei ihrer Neupositionierung ein Vorbild an anderen wirtschaftlich erfolgreichen Unternehmen. Sie analysieren, was dort funktioniert und wie sie dies mit Erfolg vermarkten können.

Im Folgenden möchten wir Ihnen nun die vier neuen digitalen Businessmodelle unternehmerischer Anwälte aufzeigen.

16.1.1 Das Franchise-Modell

Jeder kennt die gängigen Franchise-Modelle von Anwaltskanzleien, die vornehmlich durch ein gemeinsames Logo und das Auftreten unter einer gemeinsamen Marke gekennzeichnet sind. Beim *US-Franchise-Modell* geht es aber nicht um die diese äußeren Merkmale, sondern um die Implementierung gänzlich neuer Geschäftsideen. Um sich neu zu erfinden und sich für die Zukunft optimal zu positionieren, sollten

Anwälte sich daher bei erfolgreichen Unternehmen außerhalb ihrer eigenen Branche umschauen und daraus neue Geschäftsmodelle entwickeln.

> **Praxisbeispiel**
>
> Wer würde heute noch eine Buchhandlung inmitten einer der begehrtesten Einkaufsstraßen einer Hauptstadt eröffnen? In einer Zeit, in der fast jede Buchhandlung mit dem Überleben kämpft? Wohl niemand? Ausgerechnet die US-Anwaltskanzlei *Legal Force* war sich sicher, dass es für einen trendigen sogenannten BookFlip-Laden auf der University Avenue in Palo Alto direkt neben einem der größten Apple Stores der Welt eine Nachfrage geben würde (siehe Abbildung 16.4).
>
>
>
> **Abbildung 16.4** Anwälte im Buchladen – »Legal Force Palo Alto«
>
> Gut, dass der Gründer des Ladens, Raj V. Abhyanker, mehr als nur Bücher verkauft: Neben rund 2.000 Werken, die von Bestsellern der New York Times über Magazine bis hin zu Kinderbüchern reichen, werden im dreigeschossigen, 8.000 Quadratmeter großen Event-Ort auch Google-Nexus-Tablets und vor allem eine 15-minütige Rechtsberatung von Legal Force zu einem Preis von 45 USD verkauft. Das Angebot wird angenommen und ist ein Erfolg.
>
> Das zeigt einmal mehr, dass Anwälte mit ganz neuen Konzepten und unter Einbeziehung anderer Dienstleister erfolgreich sein können. Legal Force implementiert daraus gerade ein Franchise-System, allerdings auf einer kleineren kiosk-ähnlichen Basis. Es versteht sich dabei von selbst, dass die Kanzlei Chatbots einsetzt und auch große Teile des Dokumentenmanagements digitalisiert hat.

Der große Schweizer Rechtsschutzversicherer *Coop* (www.cooprecht.ch/de/home) plant nun, sich mit einem ähnlichen Geschäftsmodell namens *Law 2 Go* in den Bahnhöfen der großen schweizerischen Städte zu platzieren. Ähnlich dem US-amerikanischen Vorbild soll Rechtsberatung in einem zeitlich begrenzten Zeitraum zu einem Fixpreis an *Rechtskiosken* angeboten werden.

16.1.2 Das Horseback-Modell

Horseback Law ist das Geschäftsmodell von Google: Die Rechtsabteilung von Google muss Antworten auf Fragen haben, zu denen es weder Gesetze noch Rechtsprechung gibt. Es gilt beispielsweise, zukunftsgerichtete Fragen der Start-up-Szene zu berücksichtigen. Denn neue Geschäfte entwickeln sich in einem Tempo, dem die meisten Rechtsordnungen nicht gewachsen sind.

Deshalb hat Google beim Aufbau der Rechtsabteilung ein Umfeld geschaffen, in dem Anwälte ihre Arbeit ganz anders angehen können. Chefsyndikus Kent Walker nennt diesen Ansatz gern *Horseback Model* und meint damit einen Ansatz, demzufolge es in bestimmten Situationen oft ausreichend ist, eine schnelle (kurze) Beurteilung vorzunehmen und dann weiterzugehen. Denn in der Anfangsphase eines neuen Projekts wird die Analyse ohnehin nicht zu hundert Prozent korrekt sein können. In solchen Situationen ist es nicht die Aufgabe des Anwalts, jedes denkbare rechtliche Problem im Detail auszuleuchten, sondern in eine unvorhersehbare Zukunft zu blicken und den Führungskräften eine fundierte und schnelle Anleitung zu geben.

Das Horseback-Law-Modell funktioniert aber nur, wenn der Anwalt ein integraler Bestandteil des Geschäfts- und Produktteams ist und nicht nur bei Problemen gerufen wird. Dies setzt voraus, dass Sie mit Ihrer Zielgruppe kommunizieren, deren Sorgen und Nöte kennen und auch zeitnah antworten. Denn erst dann sind Sie Teil des Teams und können sich als *Horseback-Anwalt* positionieren.

> **Praxisbeispiel**
>
> Ein deutsches Beispiel ist zum einen Rechtsanwalt Christian Solmecke, der mit seinem YouTube-Kanal vorausschauend die Fragen seiner Zuschauer beantwortet. Solche Horseback-Anwälte zeigen auch in unsicheren und noch wenig geklärten Rechtssituationen praxisgerechte Lösungen auf.
>
> Besonders gefragt sind solche Anwälte auch in Situationen, in denen die Rechtsprechung scheinbar Anlass zu sofortigem Tätigwerden gibt und damit in der Bevölkerung Rechtsunsicherheit herrscht. Das war in jüngster Zeit zum Beispiel bei den Änderungen durch die Europäische Datenschutz-Grundverordnung (DSGVO) der Fall: Christian Solmecke gab erste rechtliche Einschätzungen und Handlungsempfehlungen.
>
> Ähnlich agiert auch die Rechtsanwältin Sabrina Keese-Haufs, die in der Facebook-Gruppe *LawLikes* in wöchentlichen Live-Talks ihre Fangemeinschaft rund um die Themen DSGVO und Online-Marketing-Recht informiert (siehe Abbildung 16.5).

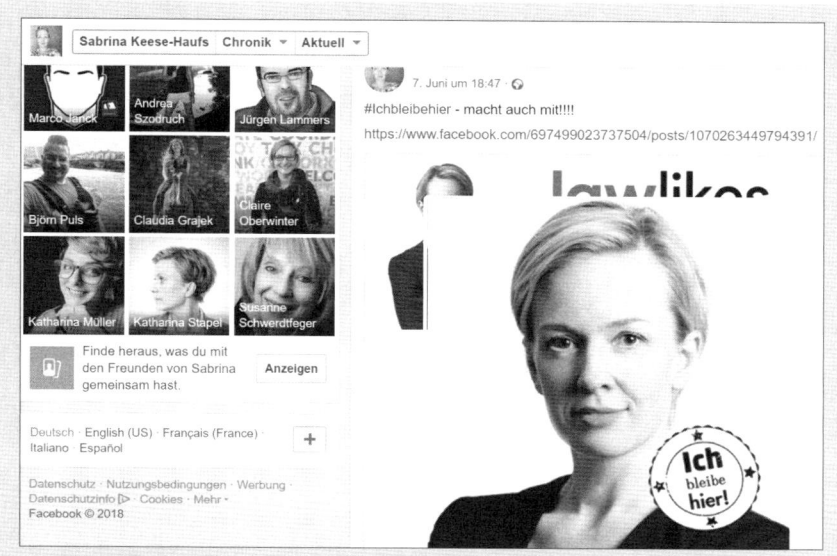

Abbildung 16.5 »Ich bleibe hier« – Rechtsanwältin Sabrina Keese-Haufs nach dem EuGH-Urteil zu Datenschutz und Facebook

Beide Anwälte setzen im Rahmen ihrer Tätigkeit Legal Tech ein und erreichen ihre Kunden im Internet sowie unter Einsatz digitaler Tools. Ihr Geschäftsmodell ist ohne Einsatz digitaler Medien und Techniken gar nicht umsetzbar. Aber der Erfolg dieser Rechtsanwälte basiert auf der im ersten Schritt vorgenommenen Umstellung der Businessmodelle. Legal Tech spielt erst in einem zweiten Schritt eine Rolle.

16.1.3 Das Walmart-Modell

Das Unternehmen *Walmart* gehört in den USA zu den größten *Department Stores*, also Kaufhäusern. Es gibt praktisch keinen größeren Ort in den USA ohne einen Standort der Kaufhauskette Walmart. Das juristische Walmart-Modell zielt darauf ab, Menschen dort zu erreichen, wo sie sich bewegen – also auch in Supermärkten. Tausende von Kunden kaufen dort nicht nur ihre Lebensmittel ein, sondern auch Rechtsdienstleistungen (siehe Abbildung 16.6).

Dieses Konzept geht auf, da einerseits Anwaltsbüros in einem Supermarkt dem Kunden von vornherein die Schwellenangst nehmen und andererseits das Angebot zu fixen Preisen in einer ungezwungenen Atmosphäre rund um die Uhr verfügbar ist. Das steckt hinter dem sogenannten *Walmart Model* und wird sich schneller als gedacht in der Zukunft etablieren. Anstatt dass Rechtsanwälte also nach eigenen Büroräumen suchen, schließen sie sich mit Unternehmen mit völlig anderer Ausrichtung zusammen, um Synergien zu erreichen.

Abbildung 16.6 »The Law Store« im Walmart

> **Praxisbeispiel**
>
> Ein weiteres Beispiel ist die Discount-Anwaltskanzlei *Axess Law* (*www.axess-law.com*), die von mehreren Walmart-Standorten und anderen Supermarktketten im Großraum Toronto aus tätig ist (siehe Abbildung 16.7).
>
>

Abbildung 16.7 Discount-Anwaltskanzlei in Supermärkten

Bei diesem Modell muss wieder betont werden, dass diese Unternehmen mit Legal Tech arbeiten, indem sie etwa Chatbots auf der Website anbieten oder auch die Möglichkeit der Automatisierung von Dokumenten. Legal Tech kommt jedoch auch hier erst an zweiter Stelle. Voraussetzung einer Implementierung einfachster Legal-Tech-Applikationen ist es, ein neues Geschäftsmodell einzuführen. Von dort aus kann dann die Digitalisierung starten. Richtig verstanden, nimmt diese Implementierungsreihenfolge im Ergebnis auch Ihnen Furcht vor Legal Tech.

16.1.4 Das Affiliate-Modell

Affiliate Model lässt sich kurz und bündig mit *Partnerprogrammen* übersetzen. Dabei arbeiten zwei (oftmals branchenfremde) Unternehmen mit dem Ziel zusammen, gemeinsam Kunden zu akquirieren.

> **Hinweis**
>
> Für rechtliche Fragen im Zusammenhang mit Affiliate-Marketing verweisen wir an dieser Stelle auf die Ausführungen in dem Praktiker-Handbuch »Recht im Online-Marketing«, das von Christian Solmecke und Sibel Kocatepe verfasst und ebenfalls im Rheinwerk Verlag veröffentlicht wurde.

Beim Affiliate-Modell benötigen Sie nur eine Schnittmenge mit einem Unternehmen, die Ihnen dann einen neuen Mandantenkreis eröffnen kann.

> **Praxisbeispiel**
>
> Zugegeben etwas skurril klingt die Möglichkeit der Zusammenarbeit zwischen einem Rechtsanwalt für Erbrecht und einem Beerdigungsinstitut (vgl. Abbildung 16.8).

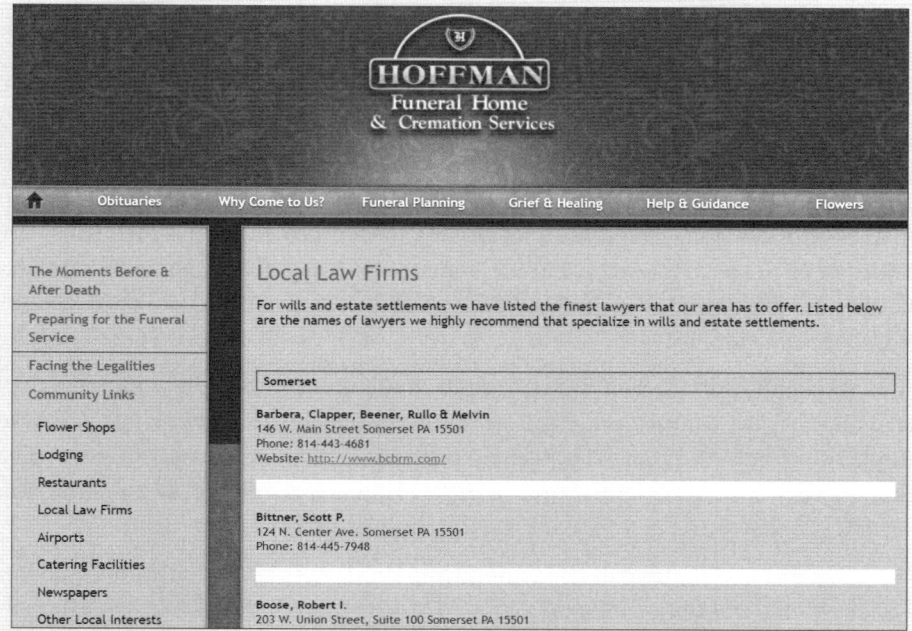

Abbildung 16.8 Affiliate-Modell »Anwalt und Beerdigungsinstitut«

Dieses Konzept befürworten beispielsweise US-amerikanische Anwälte, die die Erben des von dem Beerdigungsinstitut bestatteten Erblassers als potenzielle Mandanten

> betrachten. Denn da sich Erben in zwei von drei Fällen über das Erbe streiten, sitzt der potenzielle Kunde beim Beerdigungsinstitut. Die Erben haben ein Interesse daran, rechtzeitig Klarheit und Gerechtigkeit zu schaffen, und werden dazu auch gewillt sein, in ihrer Not bald einen Anwalt aufzusuchen. Auch wenn diese Idee für den einen oder anderen einen faden Beigeschmack haben mag, muss man ganz klar sagen: Affiliate-Programme funktionieren für beide Seiten.

Die Implementierung eines neuen Geschäftsmodells ist oftmals wichtiger als die pure Implementierung von Legal Tech. Die Digitalisierung folgt der Modernisierung. Und das können Sie auch, denn Digitalisierung ist ein Kinderspiel, wenn Ihr Geschäftsmodell erst einmal steht: Sobald Sie wissen, welche Dienstleistung im Vordergrund steht, können Sie diese auch an erster Stelle digitalisieren.

Dabei geht es letztlich aber auch darum, schnell zu sein und zu den Ersten zu gehören. Denn im digitalen Zeitalter gelten andere Gesetze als in der analogen Welt. Klaus Schwab, der Gründer des *World Economic Forum* in Davos, fasst das neue digitale Geschäftsleben ganz richtig wie folgt zusammen: »It's not the big fish that eats the small fish, it's the quick fish that eats all the fish!«

16.2   Neue digitale Marktplätze

Zwar gibt es bereits zahlreiche Bewertungsportale für Rechtsanwälte, wie zum Beispiel *Anwalt.de*, *Anwaltssuche.de* oder *Rechtsanwalt.net*, doch während diese Portale von Drittanbietern betrieben werden, die ihrerseits mit dem Betrieb der Plattform ihr Geschäft machen, kreieren nun Branchenriesen ihre eigenen Plattformen und diktieren ihre eigenen Gesetze. Dadurch entstehen völlig neue digitale Marktplätze, die die Art und Weise, wie Rechtsdienstleistungen gekauft und verkauft werden, grundlegend verändern.

In einer digitalisierten Welt sind Kaufentscheidungen weniger beziehungs-, sondern eher beschaffungsorientiert. Diese Transaktionsdynamik zwischen Verkäufer und Käufer erinnert daran, dass Rechtsdienstleistungen von den Käufern im Allgemeinen mehr als austauschbar und weniger als maßgeschneidert wahrgenommen werden.

Nach *Mark A. Cohen*, einem der bedeutendsten Vordenker im Rechtsektor, ist die Zeit reif für einen *Legal Uber*, für einen digitalen Marktplatz für Rechtsdienstleistungen – nicht nur im B2B-, sondern auch im B2C-Bereich.

Dieser Ansatz basiert auf dem Gedanken, dass es Zeit für eine Veränderung ist, wenn sich mehr als zwei Drittel aller US-Bürger und Kleinunternehmer keinen Anwalt leisten können, zugleich aber Zehntausende von unterbeschäftigten und arbeitslosen Anwälten Arbeit suchen. Denn jetzt treffe laut Cohen die angestaute Marktnachfrage auf die unterausgelastete Versorgung bestimmter Bevölkerungsschichten, weshalb es aus seiner Sicht an der Zeit sei, dass Kunden rund um die Uhr Geschäfte auf neuen digitalen Marktplätzen abschließen können. Digitale »Legal-Amazon«-Plattformen für jedes Land sind für ihn in Reichweite. Die nächsten Jahre werden zeigen, ob dieses Szenario Wirklichkeit werden wird. Das Unternehmen *Amazon*, aber auch Anwaltsriesen wie *Dentons* beobachten diesen Markt jedenfalls mit Adleraugen.

> **Praxisbeispiel**
>
> Einer der größten Auftraggeber für Anwälte in den USA ist die Firma *General Electric* (GE). Sie hat kürzlich eine Website für ihr rund 800-köpfiges internes Rechtsteam eingerichtet, dem ein sogenanntes *Shared-Services-Modell* zur Verfügung gestellt wird. Die Website mit dem Namen *GE Select Counsel* ermöglicht es den Inhouse-Anwälten, die richtige Anwaltskanzlei aus 200 ausgewählten *GE Preferred Providers* zu finden.
>
> Um so ein »bevorzugter Anbieter« zu werden und ein Profil erstellen zu können, müssen Anwälte den GE-Vorgaben genügen. Dazu müssen sie z. B. eine Vereinbarung unterzeichnen, aus der genau ersichtlich ist, welche Tarife verhandelt wurden, die dann auch bindend sind. Die Kanzleien müssen im Einzelnen zeigen, welche Digitalisierungsoptimierungen sie schon eingerichtet haben.
>
> Die Website ermöglicht es dann GE-Inhouse-Anwälten, fundiertere, weniger subjektive und im Regelfall kostengünstigere »Kaufentscheidungen« zu treffen und ein zertifiziertes Anwaltsbüro zu beauftragen – alles auf der digitalen Plattform. Firmen wie GE geben die Marschroute vor, und Anwälte müssen sich bewerben, um auf diesen digitalen Marktplätzen mitzuspielen.

Kapitel 17
Ein Blick ins Ausland – wie digitalisiert sich die Welt?

Es ist nicht besonders erstaunlich, dass in Ländern, in denen es Anwälten seit Jahren erlaubt ist, Werbung zu machen, die Digitalisierung am weitesten vorangeschritten ist – allen voran in den USA. Aber zahlreiche andere Länder, vor allem in Asien und Osteuropa, holen auf.

In diesem Kapitel möchten wir Ihnen einzelne, ausgesuchte Länder und deren Legal-Tech-Entwicklungen vorstellen. Dazu gehören das Vereinigte Königreich und Frankreich sowie Staaten aus Osteuropa und Asien.

17.1 Vereinigtes Königreich Großbritannien

Ein echter Hot-Spot im Bereich Legal Tech ist das Vereinigte Königreich, in dem sich eine ganze Reihe von internationalen Anwaltsfirmen Legal Tech auf ihre Fahnen geschrieben haben.

Ebenfalls Erwähnung finden muss hier die Anwaltssozietät *Freshfields Bruckhaus Deringer*, die in Manchester ein Service-Center aufgebaut hat, das sich schwerpunktmäßig um das Thema Legal Tech kümmert. Dort wird unter anderem das Künstliche-Intelligenz-System Kira eingesetzt, um Verträge im Rahmen von Due Diligence zu überprüfen.

Aber auch die Start-up-Szene in Großbritannien hat einiges zu bieten, zum Beispiel die Plattform *www.crowdjustice.com*, auf der Einzelne per Crowdfunding Geld für ihre Rechtsstreitigkeiten sammeln können. In weniger als drei Jahren wurden 130.000 Fälle auf Crowdjustice eingestellt und mehr als 4,5 Millionen Pfund gesammelt. Dies ist im Übrigen ein weiteres Beispiel dafür, wie das Thema »Zugang zum Recht« mit Legal-Tech-Lösungen angegangen werden kann: Staatliche Institutionen wie Beratungshilfen spielen hier überhaupt keine Rolle mehr. Die *Sharing-Community* beurteilt die Erfolgsaussichten und übernimmt das Verfahren, indem sie Gelder zur Verfügung stellt – oder eben auch nicht. Diese Crowdfunding-Modelle stellen tradierte, staatlich finanzierte und komplizierte Rechtsbeihilfen zunehmend infrage.

Die Legal-Start-up-Szene in Großbritannien gehört zu den aktivsten in Europa und wird durch flankierende Events, wie zum Beispiel die beeindruckende *Legal Geek Conference* unterstützt. Hunderte von Legal-Tech-Enthusiasten versammeln sich dort jedes Jahr, und die junge Generation konzentriert sich im Bereich Legal Tech auf Anwendungen zu den Themen *Sharing-Economy* und *Zugang zum Recht*.

Praxisbeispiel

Zu diesen Firmen gehören zum Beispiel *Allen & Overy*, die im September 2017 von sich reden gemacht haben, als sie mit *Fuse* eine Art Inkubator ins Leben gerufen haben (siehe Abbildung 17.1), um regulatorische und transaktionsbezogene Lösungen zu erforschen, zu entwickeln und zu testen.

Im November 2017 haben Allen & Overy dann mithilfe von Fuse zusammen mit *Nivaura*, einem finnischen Cloud-Unternehmen, erfolgreich die weltweit erste vollautomatische, auf Kryptowährung lautende Anleihe-Emission abgeschlossen, die über eine öffentliche Blockchain-Infrastruktur abgewickelt und registriert wird.

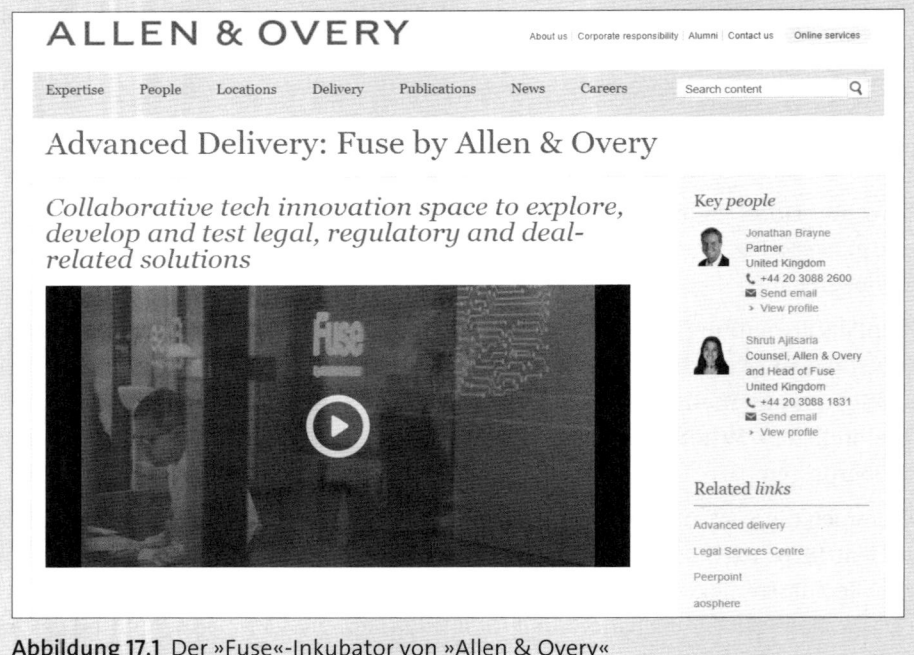

Abbildung 17.1 Der »Fuse«-Inkubator von »Allen & Overy«

17.2 Frankreich

In Frankreich ist ausgerechnet eine Anwaltskammer mit einem Inkubator Vorreiter der Förderung und Unterstützung von Rechtsinnovationen: »Die Rechtswelt steht vor beispiellosen Veränderungen in einem hart umkämpften und globalen Umfeld« –

das ist der Slogan der Webseite des *Incobateur du Barreau du Paris* (http://incubateur-barreaudeparis.com).

Die Reformen des Berufsstandes voranzutreiben ist das Ziel der Pariser Anwaltskammer. Aus dieser Motivation heraus hat sie im Jahr 2017 den Inkubator gegründet, der der Anwaltskammer angeschlossen ist. Auf der Website heißt es: »Unser Ziel ist es, regulatorische Veränderungen zu antizipieren und voranzutreiben, den Prozessbeteiligten besser zu dienen; und die Förderung des Zugangs zum Recht voranzutreiben.«

Diese Initiative hat auch international große Beachtung gefunden. Anstatt Energie aufzuwenden, um etwas zu bekämpfen, was ohnehin nicht zu bekämpfen ist, macht sich die Kammer den Feind zum Freund. Um die Entwicklungen dabei nahe an den Mitgliedern der Anwaltskammer zu halten, hat die Kammer zudem einen jährlichen Award ausgerufen, dessen ersten Preis sie selbst finanziert. Das ist einmal ein Beispiel dafür, wie man mit neuen Entwicklungen souverän umgehen kann. Hieran kann sich beispielweise auch die deutsche Anwaltskammer ein Vorbild nehmen.

17.3 Osteuropäische Staaten

Den Wenigsten von uns ist bewusst, was sich in Osteuropa im Bereich Tech und auch Legal Tech abspielt – quasi direkt vor unserer Haustür. In Osteuropa haben Universitäten schon länger die Bedeutung von Technologie und Recht erkannt – allen voran die Juristische Fakultät der Masaryk-Universität in Brünn (Tschechien). Kein Wunder, dass aus dieser Kaderschmiede erste sehr erfolgversprechende Legal-Tech-Unternehmen entstanden sind, wie zum Beispiel das im Jahr 2016 vom 26-jährigen Anwalt und Computer-Science-Spezialisten Ondra Materna gegründete Unternehmen *LEGITO*. Dabei handelt es sich um ein auf Dokumentenautomatisierung spezialisiertes Legal-Tech-Unternehmen, das heute schon in 20 verschiedenen Ländern (unter anderem auch in Deutschland) operiert.

Aber auch in Rumänien tut sich etwas. Zwar kommt einem dieser Staat nicht gleich in den Sinn, wenn man nach renommierten Adressen für hochmoderne Technologie-Start-ups sucht. Aber die Übernahme der rumänischen *Vector Watch* durch das US-Unternehmen *Fitbit* in 2017 hat bestätigt, dass Rumäniens technisch und wissenschaftlich versierte Fachkräfte, ein großer und florierender Inlandsmarkt sowie die EU-Mitgliedschaft das Land zu einem vielversprechenden europäischen Ziel für Technologieinvestoren gemacht haben.

> **Praxisbeispiel**
>
> *Code for Romania* (https://code4.ro/en/who-we-are) nennt sich eine Gruppe enthusiastischer Entwickler, die sich unter anderem »Better Access to Public Services« auf die Fahnen geschrieben hat und damit einmal mehr bestätigt, dass auch in Rumäni-

en das Thema »Zugang zum Recht« ein Treiber von Legal Tech ist. Eines der Vorzeigeprojekte ist die in Zusammenarbeit mit dem rumänischen Justizministerium entstandene Umsetzung der nationalen Antikorruptionsstrategie. Denn mithilfe von Legal Tech können Korruptionsindikatoren ermittelt werden.

17.4 Asiatische Staaten

Europa sowieso, aber auch die USA dürften bald von Legal-Tech-Innovationen aus Asien überholt werden. Denn Millionen von Menschen in dieser Region haben heute überhaupt keinen Zugang zum Recht, weshalb der schon mehrfach erwähnte A2J-Markt sich in Zukunft in Asien als *der* Wachstumsmarkt für Legal Tech etablieren wird. Denn in Rechtsordnungen wie Indonesien kommt ein Rechtsanwalt auf 10.000 Bürger, weshalb das Potenzial in diesen Ländern enorm ist.

Dabei spielt das Smartphone nach Angaben des Unternehmens *Zenith*, einem der weltweit größten Kommunikationsdienstleister, eine besondere Rolle. Denn die Regionen Westeuropa und Asien-Pazifik seien bei der Verbreitung von Smartphones weltweit führend. Das Land mit der höchsten Zahl von Smartphone-Nutzern sei China mit 1,3 Milliarden Nutzern, gefolgt von Indien mit 530 Millionen Nutzern. Hier gilt es in puncto A2J anzusetzen. Den Zugang zum Recht kann Milliarden von Menschen via Smartphone geboten werden. In Anbetracht dieser Zahlen verwundert es deshalb auch nicht, dass sowohl China als auch Indien in den Sektor Legal Tech investieren und bereits auf dem Vormarsch sind.

China ist die zweitgrößte Volkswirtschaft der Welt und ein internationaler Rechtsmarkt von wachsender Bedeutung. Es steht angesichts seiner Größe, der sehr technik-affinen Regierungsbehörden und einer Unmenge an Investoren vor einer großen Legal-Tech-Zukunft. Während wir in Deutschland derzeit das Desaster um das *besondere elektronische Anwaltspostfach* erleben und bisher nicht gelöst haben, haben beispielsweise zahlreiche Gerichte in China bereits Online-Portale für die Einreichung von Dokumenten eingerichtet.

Zu den wichtigsten Akteuren des chinesischen Legal-Tech-Marktes gehört *Wusong Technology*, ein 2014 in Peking gegründeter Internet-Rechtsdienstleister, der seiner aus Anwälten bestehenden Zielgruppe Datenbanken digital zur Verfügung stellt und nun auch in den Bereich künstliche Intelligenz weiter vorstößt. So arbeitet das Unternehmen derzeit an einem KI-Chatbot namens *Faxiaotao*, der Benutzern digitale und enorm präzise Hilfestellungen bei Fallanalysen in der täglichen anwaltlichen Praxis bieten soll. Ende des Jahres 2016 konnte dieses Unternehmen stolze 17 Millionen USD von Investoren einwerben und damit eine der größten Investitionen im Bereich Legal Tech weltweit für sich verbuchen. Das sind Summen, von denen europäische

Legal-Tech-Unternehmen nur träumen können, die zugleich aber auch vergegenwärtigen, mit welcher (finanziellen) Kraft hier Legal Tech vorangetrieben wird.

Ein weiteres ernst zu nehmendes chinesisches Legal-Tech-Unternehmen ist *Legal Miner*, eines der weltweit führenden Technologieunternehmen, das auf künstliche Intelligenz im Bereich Compliance, Kundenmanagement und Risikokontrolle setzt. Zu seinen Partnern gehören Institutionen namhafter Universitäten wie Stanford oder die New York University sowie weltweit führende Unternehmen wie *Haier*. Allen chinesischen Legal-Tech-Firmen ist gemeinsam, dass sie über internationale Netzwerke operieren. Haben sie mit Erfolg Technologien im eigenen Land ausprobiert, werden sie alles daran setzen, diese auch international zu exportieren. Schließlich haben sie die europäischen Märkte bereits im Visier.

Weitere Hot-Spots auf der asiatischen Legal-Tech-Landkarte sind Singapur, Südkorea und Indien. In Singapur wurde im April 2018 mithilfe des Staates, der Universitäten sowie von Wirtschaftsorganisationen der erste *Legal Tech Accelerator* für Südostasien gegründet. Indien wiederum macht von sich mit einer Reihe von Start-ups im Bereich KI reden (siehe *www.sumhr.com/top-artificial-intelligence-companies-india*). Auch *Infosys*, eines der mittlerweile etablierten (Legal-)Tech-Unternehmen, hat das Potenzial Indiens erkannt und dort seinen Sitz. In Hong Kong hingegen wurde unlängst das *Law & Technology Center* gegründet. Und dies ist erst der Anfang: Die asiatischen Länder werden mit einer Vielzahl von bestens ausgebildeten jungen Menschen, einer riesigen Angebotsnachfrage im Bereich A2J und viel Venture- und Risikokapital im Rücken die Legal-Tech-Szene weiter nach vorn bringen. Nach unserer Einschätzung werden sowohl die Firmenneugründungen als auch die Patentanmeldungen im Bereich Legal Tech in Asien im Jahre 2020 die derzeit noch führenden USA überholen.

17.5 Grenzen der Digitalisierung

Der schier unerschöpfliche und riesige Rechtsmarkt bietet zahlreiche Möglichkeiten für Legal-Tech-Unternehmen auf der ganzen Welt. Beflügelt wird dies durch die Art und Weise, wie wir seit dem Jahr 2008, der Geburtsstunde des Smartphones, kommunizieren. Weltweit haben heute 66 % aller Menschen ein Smartphone, und die Deckung wird weiter zunehmen. Da schätzungsweise mehr als 70 % aller Menschen aus Angst vor den Kosten keinen Rechtsrat in Anspruch nehmen und somit faktisch keinen Zugang zum Recht haben, ist die Legal-Tech-Branche in die Bresche gesprungen, und Unternehmen wie *LegalZoom* und *Rocket Lawyer* haben mit genau dieser Zielgruppe einen Markt erschlossen, der angesichts der Größe fast grenzenlos erscheint. Diesen Markt haben Anwälte schlicht und ergreifend eigentlich nie bedient, da er sowohl für die Anwälte als auch für die Mandanten wirtschaftlich bisher nicht interessant war – dies hat sich durch die tiefgreifende und rasante technische Entwicklung geändert.

Die wenigsten Anwälte haben in den vergangenen Jahren ihr Geschäftsmodell überdacht. Dafür gibt es viele Gründe. Die wichtigsten sind sicherlich, dass das *Billable Hour Model* und das Partner-Modell über Jahre hervorragend lief; und wer schlachtet schon die Cashcow?

Gleichwohl – die meisten Anwälte haben aber auch die Zeichen der Zeit nicht beachtet oder erkannt. Deshalb konnte sich Legal Tech anfangs auch sehr gut ohne Anwälte etablieren. Das Ganze erinnert ein wenig an die Geschichte des vormaligen Mobile-Phone-Anbieters Nokia. Die FORBES-Schlagzeile von 2007 lautete: »One Billion Customers – Can anyone catch the Cell Phone King?«, aber keine sieben Jahre später wurde Nokia von Microsoft gekauft (siehe Abbildung 17.2).

Abbildung 17.2 »We didn't do anything wrong, but somehow we lost«, sagte der ehemalige CEO von Nokia bei der Übernahme durch Microsoft.

Wohin auch immer die Reise im Bereich Digitalisierung und Legal Tech geht, eines verdeutlicht dieses Beispiel: Die Zeit rennt viel schneller, als vielen von uns bewusst ist.

Der rasante Aufstieg von Legal-Tech-Unternehmen und die Erschließung neuer Märkte durch Technologie sollte ein Weckruf für die Anwaltschaft von heute sein. Zahlreiche Anwälte haben erkannt, dass es sinnvoll ist, bestehende Geschäftsmodelle anzupassen und erste Schritte der Digitalisierung einzusetzen. Denn so viel ist heute schon klar: Es wird keinen Weg zurückgeben.

Allerdings wird die Digitalisierung einen Faktor nie ersetzen können: nämlich Sie als empathischen Menschen, der in menschlichen Dimensionen denken und handeln kann. Hier stößt die Digitalisierung an ihre Grenzen. Denn Digitalisierung bedeutet Automatisierung und Standardisierung, und schon hier zeigen sich die Grenzen auf. Digitalisierung wird weiter voranschreiten bei der Kostenoptimierung, im Einkauf, im Bereich Compliance, bei der Dokumentenautomatisierung, bei Vertragsanalysen und ganz generell im Back-Office.

Aber Sie als Mensch, als Anwalt mit einer engen Beziehung zu Ihrem Mandanten, der eine persönliche Beratung bei komplexen und hochindividualisierten Sachverhalten braucht, Sie werden durch keinerlei Technik ersetzt werden können. Gleichwohl werden die schnelllebigen Zeiten neue Ansprüche an Sie stellen. Dann müssen Sie flexibel sein, die Zeichen der Zeit erkennen, in gemischten Teams arbeiten und über den Tellerrand blicken, um zukünftig erfolgreich zu bleiben. Viel Erfolg dabei!

Index

123recht.de 305
3D-Druck 103
3D-Technologie 103

A

Abmahncheck 187
Abmahnschutz-Produkte 79
aboalarm 75
Above the fold 219
Additive Manufacturing 103
Ads → Google Ads
AdSense 210
Advo Assist 45, 422
Advolux 34
AdvoService 346
ADV-Vertrag 377, 409
Affiliate-Modell 479
Agenda 390, 410
  E-Mail 401
Akquisition 227
Akte
  RVG-Akte 415
  unlukrative 415
Alleinstellungsmerkmal 86
Allgemeine Verträge 78
ALSP → Alternative Legal Service Providers
Alt-Attribut 191
Alternative Legal Service Providers 65
Alt-Tag 191, 201
Angebot 142
Ankertext 201
AnNoText 33, 342
Anonymisierung 439
Anwalt.de 305, 308, 423
Anwalt24.de 305
Anwaltsgebühren Online 34
Anwaltsgeheimnis 181
Anwaltssekretariat.de 330, 407
Anwaltssuchmaschine 305
Anwaltstexte 162
Anwendungsfelder 25
Anzeigen 211
Anzeigen-Aufbau 213
Anzeigenerweiterungen 211
Anzeigengruppe 211, 212, 219

App 337
  Dictate + Connect 36
  International Legal English App 37
  jur§App 36
  juris Nachrichten 36
  Legal Tribune Online 36
  LX Gesetze 36
  RVG-Pro 37
Apple 454
Applied Cognitive Engine (ACE) 55
Apps 33, 35, 36, 195
  kostenlose 35
  kostenpflichtige 36
Arbeitsklima 412
Arbeitszeitkonto 412
Archivierung 392, 465
Archivierungskonzept 466
Asiatische Staaten 486
Aufbewahrungspflicht 443, 466
Aufgabendelegation 411
Aufmerksamkeit 213
Aufsichtsbehörde 462, 464
Auftragsdatenverarbeiter 446
Auftragsdatenverarbeitung 236, 377, 409
Augmented Reality 100
Auktionsprinzip 207
Auskunftspflicht 463
Auskunftsrecht 464
Auslagerung von Rechtsprozessen 63
Ausland 483
Auszeichnung 183
Authentizität 165, 278
Auto-Complete 198
Automatisierte Mahnverfahren 76
Automatisierung 423
  Dokumente 56
Automobilrecht 89
Autoresponder 148
Autorupt 59
Averspace 63
AWS 374, 379
Axiom Global 64

B

Backlink 188, 204
Bankright.de 70

BCC → Blind Carbon Copy
beA → Besonderes elektronisches Anwaltspostfach
beck-online 29
Bedarfsabhängigkeit 375
Belästigung, unzumutbare 246
Benachteiligungsverbot 462
Beratungsangebot 306
Berufsgeheimnisträger 445, 465
Berufsmäßig tätiger Gehilfe 446
Berufsordnung für Rechtsanwälte 441
Berufsrecht 441, 447
Besonderes elektronisches
   Anwaltspostfach 425
   Chipkarte 427
   Kanzleisoftware 429
   Pflicht 429
   Signaturkarte 428
Bestätigungsmail 246
Besucherquellen 228
Betriebssystem 453
Bewertung 286
   als Werbung 177
   beleidigende 182
   des Arbeitgebers 303
   Fake- 182
   gefälschte 176
   mit Google Ads 179
   negative 180
   ungerechtfertigte 182
Bewertungsaufforderung 179
Bewertungssystem 176
Bildunterschrift 191
Blacklist 242
Blind Carbon Copy 241, 399, 459
Blockchain 62, 105
Blog 153
Books On Demand 173
BORA → Berufsordnung für Rechtsanwälte
Brainstorming 198, 216
BRAK → Bundesrechtsanwaltskammer
Branchenlösung 340
Branchennetz 343
Brandbuilding → Markenbildung
BRAO → Bundesrechtsanwaltsordnung
Breadcrumb 192, 204
Browser 354
Buch 172
   veröffentlichen 173
   Vertrieb 173
Buchungsvorblatt 328

Bueroservice24 408
Bundesdatenschutzgesetz 432
   alt 434
   neu 435
Bundesrechtsanwaltskammer 425, 462
Bundesrechtsanwaltsordnung 441
Businessmodelle 471
Bußgeld 442

C

Caching 193
   serverseitig 193
Callcenter 330, 406
Call-to-Action 134, 141, 219
Canonical-Attribut 196
Carbon Copy 241, 399
CC → Carbon Copy
CCBE → Council of Bars and Law Societies of Europe
Chatbots 61
Checkliste 135
Chemierecht 96
China 486
Cialdini-Prinzipien 220
Clarius Legal 64
CleMa 76
Clickbait 271
Cloud
   Private 372
   Public 372
   Speicher 383
Cloud Computing 243, 342, 369, 372
   Anwendungsbeispiele 373
   Client 374
Cloud-Anbieter 35
Cloud-Lösung 336, 339, 346, 354, 362, 376, 380, 456
   einrichten 337
CMS 191
   Extensions 191
   Plug-ins 191
CMS → Content-Management-System
COIN 54
Community 262, 268, 284
Compliance 60
Content-Management-System 158, 179, 191, 226
Conversion Rate 221
Conversions 229
Cookie-Hinweis 237

Copytrack 80
Council of Bars and Law Societies
  of Europe 441, 445
CPC 222
Crawlen 196
Crawling 203
Creator Studio → YouTube
Cross Marketing 272
Cross-Posting 300

D

DAkkS 185
datatronic 345
Daten 246
  als Währung 433
  demografische 301
  personenbezogene 246, 435, 437
Datenaustausch 338
Datenbanken
  juristische 29
  kostenlose 31
Datenerhebung 237, 449
Datenschutz 431
  Bedeutung 432
  bereichspezifischer 437
  Cloud 338, 371, 377
  E-Mail 241, 244, 246, 366
  im Mandatsverhältnis 449
  im Netz 448
  Pflichten 440
Datenschutzbeauftragter 461
  Bestellung 461
  externer 463
  Stellung 462
  Unabhängigkeit 462
Datenschutzerklärung 187, 448, 450
Datenschutzerklärungs-Generator 188, 449
Datenschutz-Grundverordnung → DSGVO
Datenschutz-Seite 237
Datenschutzverletzung 465
Datensicherheit 337, 465
Datensparsamkeit 434
Datenübertragung 456
Datenverarbeitung 452, 462
Datenverlust 453, 455, 466
Datenverwaltung 465
DATEV 34
DATEV Anwalt classic 344
DAV → Deutscher Anwaltverein
DeepL 37

De-Mail 459
Description 191, 201
Design 155, 159, 243, 260, 269, 384, 419
Desktop-Lösung → Offline-Lösung
Deutscher Anwaltverein 383, 452
DictaNet 342
Digital Fabrication 103
Digitale Marktplätze 480
Digitale Signatur 56
Digitalisierung
  Ausrüstung 336
  der Anwaltsbranche 326
  der Justiz 366
  Grenzen 487
  Prozess 334, 337, 356, 391
  Umgewöhnung 335
  Wandel 394
Diktiersoftware 342, 345
Display-Netzwerk 210
Document Automation → Dokumenten-
  automatisierung
Dokumentenaustausch 347
Dokumentenautomatisierung 56, 418
Dokumentenerstellung 384
Dokumentenmanagementsystem 345
Dokumentenoptimierung 384
Dokumentenverwaltung 454
Dokumentenvorlage 385
Double-Opt-In 246
Drooms 326
Dropbox 370, 373
DSGVO 236, 238, 435
Duplicate Content Problem 307

E

e.Consult 343
E-Akte 355, 357
  Ablage 405
  Aktenanlage 397
  Aktenvermerk 398
  anlegen 390
  Archivierung 392
  bei Gericht 363
  Darstellungsfähigkeit 363
  Dokumentenübersicht 359
  Export 364
  Leitfaden 396
  Mandantenzugriff 366
  Rechnung 402
  Sicherheit 460

E-Akte (Forts.)
    Verfügung 399
    Volltextsuche 360, 363
    Wiedervorlage 398, 400
E-Book 174
edicted 41, 162
E-Government 425
EGVP → Elektronisches Gerichts- und Verwaltungspostfach
Einstieg 85
Einwilligung
    Mustertext 249
Einwilligungsvorbehalt 439
E-Justice 425
eKomi 177
Elektronische Akte → E-Akte
Elektronische Kommunikation 366
Elektronischer Rechtsverkehr 366
Elektronisches Gerichts- und Verwaltungspostfach 425
E-Mail 240, 339, 366, 456
    Analytics-Tool 150
    Anlage 398
    Autoresponder-System 148
    -Beauftragter 393
    Betreffzeile 459
    Dienstleister 241
    Integration in Kanzleisoftware 359
    Mustertext 249
    Posteingang 403
    Sicherheit 458
    Statistik-Tool 150
    Webmail 458
Endkunden 65
Entgrenzung 376
Erbrecht 139
Erklärvideo 162
ERV Mandanteninformationen 162
Erwartungen des Nutzers 215
Erweiterte Textanzeigen 207
EuGH 276
Evergreen Content 161, 170
Expertendatenbank 321
Externe Mitarbeiter 408
Externes Anwaltssekretariat 330, 405

F

Facebook 273
    Abonnenten 278
    Algorithmus 280

Facebook (Forts.)
    Bannerbild 280
    bezahlte Werbung 286
    Chronik 274
    Gruppen 288
    Hilfe 282
    Like 274
    Live Chat 285
    Post 277, 284
    Profil 275
    Profilbild 280
    Seite 275, 280
    URL 283
    Urteil 276
    Vermarktung 285
    Werbeanzeigenmanager 145, 287
Familienrecht 142
Fangemeinde → Community
FAQ → Frequently Asked Questions
Fax 403
Faxgerät 329
Featured Snippets 202
Fernzugriff 455
Finanzen 70
Firewall 466
Flash 196
Flightright 66
Fokus-Thema 204
Follow-up-E-Mails 148
Footer 191, 204
Formate 195
Formblitz 78
Frag-einen-Anwalt 307
Franchise-Modell 474
Frankreich 484
Freie Entfaltung der Persönlichkeit 433
Frequently Asked Questions 171

G

Gaming-Industrie 98
Geblitzt.de 67
Gebotsanpassungen 222
Gebotsstrategie 212
Gegendarstellung 181
Geheimnisverrat 445
Generative Fertigung 103
Glückspiele 98
Gmail 259
Google 255
    Account 259

Google (Forts.)
　Algorithmus 167
　Anzeigen 209
　Bots 203
　Konto 259
　Ranking 307
　Trends 172
Google Ads 179, 198, 207, 210, 221, 224, 234
Google Analytics 224
Google Analytics Account-ID 226
Google Docs 39
Google Drive 370, 373
Google G-Suite 383
Google Maps 177
Google My Business 176, 206
Google MyBusiness-Eintrag 213
Google Search Console 203, 225
Google Shopping-Anzeigen 213
Google Tag Manager 226
Grenzen der Digitalisierung 487
Grundrecht auf informationelle
　Selbstbestimmung 432
GSC 203
Gütesiegel → Zertifikat

H

Hafenrecht 96
Handakte 392, 442, 466
Handbuch 381
Handlungsaufforderung 141
Hardware 354
Harte Kennzahlen 229
Harte Konversionen 232
hartz4widerspruch.de 71
Hartz-IV-Bescheide 71
Hashtag → Twitter
Hauptmenü 204
helpcheck 188
Herangehensweise 85
Holzrecht 93
Home-Office 362, 376
Honorarklage 403
Hootsuite 294, 305
Horseback-Modell 476
Hosting-Paket 193
HotDocs 56
HTTP/2 193
HTTPS-Protokoll 193
Hunde-, Jagd- und Pferderecht 91

I

IaaS → Infrastructure as a Service
Impressum 187, 260
　soziales Netzwerk 308
Indexierung 203
Indien 487
Industrieparkrecht 96
Informationsarchitektur 197
Informationsaustausch 357
Informationsgewinnung 395
Informationspflicht 449
Informatorische Keywords 199
Informatorische Suchanfrage 202
Infrastructure as a Service 372, 373
Inhalte 174
　erstellen 162
　mieten 162
　verwalten 174
Initial Coin Offering 105, 108
Instagram 273, 296
　Business-Account 296
　Links 301
　persönlicher Account 299
　Stories 300
International Legal English App 37
Interne Verlinkung 204
Internet der Dinge 102
Internet-Policy 455, 456, 466
Internetverbindung 338, 364, 378
Interview 315, 320
Intranet 456
Investitionen 233
IT-Abteilung 337, 423, 454
IT-Infrastruktur 343, 348, 371, 373, 386
IT-Personal 343, 457, 465
IT-Sicherheit 454
IT-System 466
Iurratio 308

J

Journalist 314
Jurion 30
Juris 30
Juristische Datenbanken 29
JUVE 326
Juve Awards 183

495

K

Kampagnen	211
Kampagnenstruktur	213
Kanäle	232
Kanzlei	28
Kanzlei-Management-System	33, 333
Kanzleineugründung	346
Kanzleiorganisation	334, 393, 449
Kanzleisoftware	33, 333, 395, 410
Datenexport	355
Entscheidung	354
Fernzugriff	362
implementieren	356
koppeln	358
Markt	339
Schriftverkehr	394
Schulung	356
testen	412
Tools	389
Update	337
Wartung	337
Karrierenetzwerk	302
Kennzahlen	
harte	229
weiche	226
Keyword	197, 211, 212, 215, 234
Arten	216
Mapping	197
Operatoren	217
Option	217
Planer	198, 216
Rankings	201
Recherche	197
Kira	54
Kira Systems	326
Kleos	35, 48, 347
Kleos Connect	347
Klickpreis	216, 222
Klickrate	190
KMS → Kanzlei-Management-System	
knowledgeTools	58
Kommentar	181, 262
Kommunikation	215, 316
Kompatibilitätsprobleme	337
Komprimierung	193
Kontaktaufnahme	165
Konversionen	230
Kooperation	272
Kopierer	329
Kopplungsverbot	439
Kostenersparnis	56
Kostenlose Apps	35
Kostenlose Datenbanken	31
Kostenpflichtige Apps	36
Kryptowährung	105, 109
Kundenzufriedenheit	329
Kündigung	74
Kündigung.org	75
Künstliche Intelligenz	52
Kununu	303
Kurznachrichtendienst	289

L

Ladezeit	192
Landingpage	111, 133
Anbieter	146
Angebot	139
Gestaltung	140
Konzeption	139
Merkmale	134
Überschrift	140
Vorlagen	146
vs. Homepage	136
LAW APOYNT	43
Lawlift	57, 419
Lazy Loading	194
Legal Base	65
Legal Process and Project Management	50
Legal Process Management Tools	50
Legal Process Outsourcing	40
Legal Project Management	47
Legal Tech	
Budget	327
Markt	336
Legal Top 500	183
Legal Zoom	65
Legal-Project-Manager	48
Legalvisio	35, 48, 328, 348, 357, 374, 397
Legito	59
Leitfaden	390
Leverton	53
Lex Superior	35
LexisNexis	30
Lexplain	162
Linkbuilding	205
LinkedIn	302
Linkkauf	205
Linux	454
Livestream	285
Livestreaming	261

Local Box 207
Local Pack 206
Lokale SEO 206
Löschanspruch 183, 443, 464
Löschpflicht des Host-Providers 182

M

Mahnverfahren, automatisierte 76
MailChimp 243
Mandatsanfrage 278
Markenbildung 155, 173, 294, 419
Marketing
   Budget 233
   Dienstleister 111
   Konzept 85
   Kosten 114
Matomo 236
Meldepflicht 465
Meta-Elemente 191
Microsoft Exchange Online 339
Microsoft Exchange Server 339
Microsoft Office 365 .... 339, 374, 385
Microsoft Word 359
Mind Maps 88
Mindmapping 85
Mobile Endgeräte 227, 363
Mobile Nutzer 195
Mobile Website-Varianten 195
Monitoring 221
Morpheus-Urteil 169, 319
Multimodale Darstellung 202
Musikrecht 93
myRight.de 70, 77

N

Navigation 191, 204
Navigatorische Keywords 199
Negative Keywords 222
Netzwerk 304
Netzwerkverbindung 337
Neuigkeiten 165
Newsletter 239, 318
   abbestellen 248
   Bestätigung 246
   Formatierung 241
   Inhalt 248
   Mustertext 249
   Tracking 247
Newsletter2Go 245

Nextcloud 371, 385
Nische 88
   im digitalen Umfeld 96
noindex 201
Nutzenversprechen 215
Nutzerführung 234
Nutzer-Intention 197, 199
Nutzerkommentar → Kommentar

O

Offline-Lösung 336, 338, 354, 362
Öffnungsklausel 437
Onboarding 381
Online-Baukasten 157
only1life 73
Open Source 379
Optimierung 221
Opt-Out 238
Osteuropäische Staaten 485
Otris 60
ots-Meldung 319
Outlook 241, 339, 396, 458
Outsourcing 40, 63, 405
   Berufsrecht 408
   non-legal 409, 444, 446
   Sekretariat 330
Outsourcing → Externes Anwaltssekretariat

P

PaaS → Platform as a Service
PageSpeed 192
Papier-Akte 333, 356, 357
Papieraufwand 395
PDF-Dokumente 196
Perconex 64
Personenbezogene Daten → Daten
Persönlich identifizierbare
   Informationen (PII) 236
Persönlichkeit 264
PII 236
Piwik 236
Platform as a Service 372, 373
Positionierung im Markt 117
PR-Agentur 321
Presseanfrage 320
Pressearbeit 313
Pressemitteilung 318
Presseportal 319
Presse-Team 321

497

Presseverteiler 316
Privacy Shield 245
Prozessabläufe → Workflows
Prozesskostenrechner 185
Pseudonymisierung 438

Q

Qualität 200
Qualitätssicherungsmaßnahmen 200
Quelle 226, 227

R

Rainmaker 35, 352
RA-MICRO 34, 339
RA-MICROv 342
Ranking 190
Ranking-Faktor 191
Rankings 205
RAVN 55
Rechnung 413
Rechtsabteilung 50
Rechtsexperte 316
Rechtshilfe, allgemeine Verträge 78
Rechtsnachrichten 166, 240
 Recherche 168
 Twitter nutzen 168
 Urteile 169
Rechtsprodukt 308
Rechtsprozesse 40, 47
 auslagern 40, 63
 managen 47
Rechtstexter 160
Rechtsthemen 265
Reichweite
 bezahlte 285
 organische 285
Relevanz 215
ReNoStar 352
Responsive Design 227
Responsive Websites 195
Rezensionen 219
Rightmart 71
Risikomanagement 60
Rocket Lawyer 65
RSS-Feed 168
Rumänien 485
RVG 325, 415

S

SaaS → Software as a Service
Safe-Harbor-Pakt 245
Sammelklagen 76
SAP Cloud Platform 374
SAS 60
Scanner 336, 392
Scheidung 72
Scheidungsmanagement 72
Scheidungsportale 73
Schnittstelle, offene 379
Schnittstellen Google-Produkte 224
Schulung 382, 466
Scopevisio 348
SEA 207, 208
 Landingpage 209, 210, 219
 Tagesbudget 212
Search Engine Advertising → SEA
Seitenaufrufe 226
Sekretariat 389
 Arbeitsplatzsicherheit 394
 aufteilen 391
 Vereinheitlichung 396
Seniorenrecht 95
SEO 208, 233
SEO-Texte 201
Sharing Economy 101
Sichere Drittländer 378
Sicherheitskonzept 465
Sicherheitsleitung 338
Siegel → Zertifikat
Siloing 197
Singapur 487
Sitemap 203
Sitzungen 226
Skalierbarkeit 354
Slider 193
Smart Contracts 105
Smart Documents 419
SmartDocuments 59
Smartlaw 78
Smashdocs 38
Social Media 124, 253
Software as a Service 243, 372, 374
Soldan 162, 352
Sozialadäquanz 444
Soziale Medien → Social Media
Soziale Netzwerke 254
Sozialrecht 71

Spam 241, 393, 466
   Filter 242
Sportrecht 90
Spracheinstellung des Browsers 227
SSL-Zertifikat 193
Standleitung 338
Standort 227
Stockfoto 156
Storytelling 219
Strafrecht 408, 442, 445
Suchanfrage 213
Suchbegriffe-Report 222
Suchmaschine 255
Suchmaschinen-Optimierung 190, 229
   OffPage 190
   OnPage 190
Suchmaschinenwerbung 208
Suchnetzwerk 210
Suchvolumen 199, 216
Südkorea 487
Synchronisation 378
Synonym 201
Systemvoraussetzungen 354

T

TeamDrive 383
Technische Komprimierung 193
Technische und organisatorische
   Maßnahmen 452
Telefonanlage 358
Telefontracking 235
Terminsvertreter 420
terminsvertreter.com 421
Textauswertung 326
Textbaustein 387, 393, 416
Textverarbeitung 454
Textverarbeitungssysteme 37
Themen-Cluster 198
Themenlieferant 292
Themen-Silos 197, 198
Thumbnail 270
Timesheet 401, 412
Titel-Attribut für Bilder 191
Title 191, 201
Title-Tag 191, 201
TOM → Technische und organisatorische
   Maßnahmen
Tools 185
TPR Legal 64
Tracking mit Telefonnummern 307

Trackingcode 236
Traffic 190, 234
Transaktionale Keywords 199
Transaktionale Suchanfrage 206
Triggermails 148
Troll 182
Trusted Shops 160, 177
Trust-Signale 219
Tschechien 485
TÜV 184
Tweet → Twitter
Twitter 168, 289, 290
   Feed 292
   folgen 292
   Hashtag 290, 293
   Kommunikation 295
   Profil 294
   Retweet 291, 294
   Trends 290, 293
   Tweet 289, 293
   Zeichenbegrenzung 289
Typo3 158

U

Überschrift 201, 214
Überschriften (h1) 192
UMTS 338
Unterhaltungsnetzwerk 304
USB-Stick 370, 455

V

Verarbeitungsverzeichnis 451, 465
Vereinigtes Königreich Großbritannien 483
Vergaberecht 140
Verhalten 229
Verhaltens- und Ereignistracking 226
Verkehr 66
Verletzung von Privatgeheimnissen 445
Verschlagwortung 360
Verschlüsselung 458, 461
Verschlüsselungsverfahren 457
Verschwiegenheitspflicht 408, 443
Vertragsmanagement 74
Vertrauensverhältnis 445
Vertraulichkeit 445
Verwaltung von Inhalten → Inhalte
Verweildauer 226
Virenscanner 466
Voice over IP 461

499

VoIP → Voice over IP
Vortrag 305

W

Walmart-Modell 477
Wartung 455
Watson 55
Web Applications 195
WebAkte 367
Webmaster-Tools 203
WebMerge 384
Webseitenoptimierung 185
Website 153
    Agentur 159
    Aufbau 154
    Authentizität 156
    Baukasten 157
    CMS 158
    Design 156
    Dienstleister 156
    Inhalte 160
    Pflege 174
Website-Konzeption 196
Website-Ranking 255
Website-Struktur 200
Webtracking 209, 223, 237
Webtracking-Tools 223
Weebly 157
Weiche Kennzahlen 226
Weiche Konversionen 232
Werbeanzeigen 207
Werbenetzwerk 212
Werbeplattform 296
Werbeverbot 297
Wettbewerber 130, 198, 210
Wettspiele 98
WhatsApp 273
Whitelist 242
Wiedervorlage 362
Windows for Business 453
Windows XP 453
Windows 10 453
WINNI 328, 348
WLAN 457
    Sicherheit 457
Wolters Kluwer 347

WordPress 158
Workflow 174, 387, 423
    Leitfaden 397

X

XING 302, 303, 317
    Employer Branding-Profil 303

Y

Yelp 177
Your Money or your Life 200
YouTube 255, 259
    Abobox 268
    Abonnenten 268
    Account 259
    Content-ID-System 263
    Demografie 265
    Endcard 270
    Equipment 258
    Format 271
    Geld verdienen 263
    Kanal 256
    Monetarisierung 263
    Promi 257
    Trends 266
    Vermarktung 267

Z

Zeitersparnis 420
Zeitmanagement 411
Zertifikat 177, 183
Zertifizierungsprozess 185
Zeugnisverweigerungsrecht 447
Zielgruppe 117, 227
    Kommunikation 124
    Lokalisierung 121
Zielgruppen 197, 216, 234
Zielseiten 229
Zielvorhaben 230, 232
Zimpel 317
Zuschauerbindung 266, 270
Zwei-Klick-Lösung 310
Zweitverwertung 175, 248, 264, 300, 307
Zwischenüberschriften (h2 bis h6) 192, 201

- Marketing: E-Mail, Affiliate, Social Media, SEO, Content u.v.m.
- Rechtliche Fallstricke: Urheber-, Vertrags-, Wettbewerbsrecht
- Durchsetzung von Rechtsansprüchen

Christian Solmecke, Sibel Kocatepe

Recht im Online-Marketing
So schützen Sie sich vor Fallstricken und Abmahnungen

Ob für Online-Marketing, Social Media oder Online-Shops – in diesem Buch erfahren Sie anhand zahlreicher aktueller Rechtsfälle, worauf es im Online-Recht ankommt. Orientieren Sie sich an den Empfehlungen der auf den Bereich Internet-Recht spezialisierten Rechtsanwälte Christian Solmecke und Sibel Kocatepe und nutzen Sie ihre Anleitungen, Checklisten und Mustertexte. So planen Sie Websites, Online-Shops und alle Marketing-Maßnahmen von Anfang an rechtssicher.

1038 Seiten, gebunden, 59,90 Euro
ISBN 978-3-8362-6689-5
3. Auflage 2018
www.rheinwerk-verlag.de/4793

- DSGVO vollständig und verständlich erklärt
- Datenschutz rechtssicher umsetzen
- Bußgeldfallen erkennen und entschärfen

Christian Solmecke, Sibel Kocatepe

DSGVO für Website-Betreiber

Ihr Leitfaden für die sichere Umsetzung der EU-Datenschutz-Grundverordnung

Seit dem 25. Mai 2018 gilt die neue Datenschutz-Grundverordnung. Wie Sie sich gegen drohende Bußgeldbescheide absichern, erfahren Sie in diesem Buch. Die erfahrenen Rechtsanwälte Christian Solmecke und Sibel Kocatepe erklären Ihnen Schritt für Schritt, wie Sie Ihren Webauftritt vollständig rechtskonform gestalten – jederzeit verständlich und plausibel. Inklusive Muster-Datenschutzerklärungen.

275 Seiten, gebunden, 39,90 Euro
ISBN 978-3-8362-6712-0
2. Auflage 2018
www.rheinwerk-verlag.de/4801